韓國 中世의 漢詩 研究

韓國 中世의 漢詩 硏究

呂運弼

도서출판 월인

머리말

6년여 전에 고려 후기의 한시에 대한 논문만을 묶어서『高麗後期 漢詩의 硏究』를 간행하였지만, 그때도 조선시대의 한시를 도외시하지는 않았고, 그 이후라고 하여 고려시대를 떠날 수도 없었다. 그러다 보니 그 책에 실린 것들을 빼고도 중요한 시대적 분계선인 임진왜란 이전에 해당하는 논문이 적지 않게 발표되었다.

이것들을 묶으려다 보니 이름을 붙이기가 마땅치 않은 고충이 있었다. '여말선초'라는 말로는 포괄할 수 없는 문제가 있고, '고려후기 · 조선전기'라고 하려니 너무 구구하고 길다란 것이 눈에 거슬리는 한편으로, 고대 · 근대의 한시를 다루지 않았다는 점에서는 '중세'라는 말이 적절할 수도 있겠다는 느낌이 들었다. 그러나 국문학 쪽의 책에서는 여간해서 보기 어려운 말이라는 점 때문에 망설이다가 끝내 낯선 이름을 택하고 말았다.

지난번에 이미 공개된 논문들을 다시 책으로 묶을 필요가 있겠느냐는 회의를 표한 바 있지만, 이번에도 신통한 명분을 내세우기 어려움은 마찬가지이다. 작가론이라 할 것이 절반 정도인 데다, 한시만을 다루지도 않은 서지학적 성격의 글이 세 편이나 되어 집약성이 떨어질 뿐 아니라, 연구사적 의미를 지닌 글이 있다고 자부할 형편도 아니다. 더욱이 거의 대부분이 바깥의 요구 때문에 쓰인 것들이라 내용적 체계나 방법론적 통일성도 찾기 어렵다. 결국 흔한 관행대로 外華를 추수하는 우를 벗어나지 못하였음을 솔직히 시인할 수밖에 없다.

수록한 순서는 발표시기의 선후에 따르지 않고 검토대상의 시기가 빠르거나 범위가 넓은 것을 앞세우는 방식으로 하고, 그 당시의 상태를 최대한 유지하되 오자·오문·오역 등 명백한 착오로 여겨지는 부분은 수정하였다.

손길을 끌기 어려운 분야인 데다가 교재가 될 수도 없는 이런 책으로는 장사가 안 될 줄 알면서도, 12책 6,200여 면에 이르는 공저인 『역주 목은시고』 뿐만 아니라 개인저서인 『고려후기 한시의 연구』에 이어서, 또 책을 내달라는 뻔뻔스러운 요청을 들어 주신 월인의 여러 관련자들께 고맙다는 뜻을 밝힌다. 미안스럽기 짝이 없지만, 앞에 나온 책들이 모두 학술원의 기초학문 분야 우수학술도서로 선정되었던 작은 보람을 공유하자는 뜻에서 허락하신 것으로 알고 싶다. 이런 정도의 공부나마 할 수 있도록 유무형의 도움을 지속적으로 주신 한국한시학회의 위아래 여러 분들의 격려에도 깊은 사의를 표한다. 부족한 점들에 대해서는 많은 질정이 있기를 기대한다.

2010년 6월

지은이 씀

목 차

머리말 … 5

高麗時代의 漢詩와 國文詩歌 … 11

1. 序言 …… 11
2. 小樂府와 연관된 문제 …… 15
3. 여타의 문제 …… 25
4. 結語 …… 40

白元恒의 생애와 시세계 … 43

1. 서언 …… 43
2. 생애 …… 44
3. 시세계와 그 특질 …… 55
4. 결론 …… 76

牧隱詩의 多樣한 志向과 面貌 … 79

1. 서언 …… 79
2. 牧隱詩의 여러 志向과 面貌 …… 80
3. 결어 …… 113

麗末 三隱과 僧侶들의 詩的 交遊 … 117

1. 序言 …… 117
2. 三隱의 佛敎觀 …… 121
3. 三隱과 佛僧의 교유 및 關聯詩作의 槪況 …… 128
4. 贈僧詩의 題材別 樣相 …… 134
5. 結論 …… 178

⋮

『東文選』 시문의 출처에 대한 고찰 … 183
1. 序言 …… 183
2. 散文 …… 185
3. 詩 …… 196
4. 結語 …… 213

『東文選』의 編刊上의 오류에 대한 고찰 … 217
1. 서언 …… 217
2. 오류의 유형별 검토 …… 218
3. 결어 …… 238

『東文選』 詩文의 統計에 대한 管見 … 241
1. 序言 …… 241
2. 전체 시문의 편수 …… 242
3. 수록 작가의 수 …… 244
4. 시의 작품수 …… 248
5. 산문의 작품수 …… 252
6. 상위권 수록 작가의 작품수 …… 256
7. 結語 …… 258

曺偉論 … 261
1. 序言 …… 261
2. 背景的 檢討 …… 262
3. 詩世界 …… 270
4. 結語 …… 292

⋮

服齋 奇遵의 詩世界 … 295
1. 序言 …… 295
2. 生涯 및 己卯士禍와의 關聯 …… 296
3. 作品槪況과 詩의 基調 …… 304
4. 流配詩에 나타난 諷喩와 批判 …… 316
5. 結論 …… 335

晦齋 李彦迪의 삶과 시 … 337
1. 서언 …… 337
2. 生涯와 그 詩的 陳述 …… 338
3. 修養的 삶의 詩化 …… 353
4. 결론 …… 370

藥圃 鄭琢의 삶과 詩世界 … 373
1. 序言 …… 373
2. 生涯 …… 373
3. 藥圃의 詩世界 …… 381
4. 結論 …… 403

鶴峯 金誠一의 삶과 詩 … 405
1. 序言 …… 405
2. 學問探究의 姿勢와 性向 …… 410
3. 民生에 대한 關心 …… 419
4. 使行詩에 나타난 忠憤 …… 427
5. 外侵에 대한 憂慮와 國防에 대한 意志 …… 438
6. 結語 …… 446

⋮

荷谷詩 考察 … 447

1. 序言 …… 447
2. 生涯와 爲人 …… 448
3. 荷谷詩의 全般的 特質 …… 453
4. 삶의 悲哀와 그리움 …… 458
5. 女性的 情恨과 世態諷刺 …… 465
6. 結論 …… 474

▌색인 … 477

高麗時代의 漢詩와 國文詩歌

1. 序言

<詩大序>에서는 "시는 마음이 가는 바를 적은 것이다. 마음에 있을 때에는 뜻이라 하고, 말로 드러내면 시가 된다. 감정이 마음 속에서 움직이면 말로 나타나고, 말하여 부족하면 차탄하며, 차탄하여 부족하니 노래하고, 노래하여 부족하니 모르는 사이에 손을 흔들고 발을 구른다."[1]라 하고, 『禮記』「經解」에서는 "그 나라에 들어가 보면, 그 가르침을 알 수 있다. 그 사람됨이 온화하고 두터움은 詩의 가르침이요, 정사에 통달하여 옛일을 잘 앎은 書의 가르침이요, 온화하고 평안하며 양순함은 樂의 가르침이다."[2]라고 하였다. 음악[노래]과 시가 심성과의 관계, 정치사회적 반영, 교화적 기능 등 여러 부면에서 공통적 기반과 속성을 지닌 것임을 가리킨 말이다.

이러한 사유를 수용하여 "대체로 음악이라는 것은 풍속과 교화를 세우

1) "詩者, 志之所之也. 在心爲志, 發言爲詩. 情動於中而形於言, 言之不足, 故嗟嘆之, 嗟嘆之不足, 故永歌之, 永歌之不足, 不知手之舞之足之蹈之也."

2) "孔子曰, "入其國, 其教可知也. 其爲人也, 溫柔敦厚, 詩教也, 疏通知遠, 書教也, 廣博易良, 樂教也."

고 공훈과 덕택을 표현하는 것이다.(夫樂者, 所以樹風化, 象功德者也.)" 라는 주장으로 시작되는 『高麗史』「樂志」는 종묘·조정의 음악만을 취급한 기록이다. 이를 고려하면 「악지」를 근거로 삼아 논의할 수밖에 없는 고려시가를 다룬 이제까지의 방식에는 한계가 뚜렷하다.

고려시대의 시가는 대체로 高麗歌謠(長歌·別曲)라는 큰 갈래 아래 俗謠(古俗歌·靑山別曲類)와 景幾體歌(別曲體·翰林別曲類)라는 작은 갈래를 두어 설명해 왔다. 이런 이해방식은 「악지」가 국가적 음악을 기술하고 있다는 점과 그 자료를 싣고 있는 조선조의 樂書들인 『樂學軌範』·『時用鄕樂譜』·『樂章歌詞』·『大樂後譜』 또한 그러하다는[3] 점을 간과한 데 기인한다. 흔히 속요로 다룬 것들은 거의 전부 樂章인 탓에 위의 책들에 오른 것이지 민간의 노래로 취택된 것이 아니다. 설사 민요적 기원을 지녔다 하더라도 민요 자체는 아니다. 그런데도 민요와 어감이 비슷한 속요라는 말을 갈래의 이름으로 사용함으로써, 궁정가요와 민요를 혼동하게 하는 심각한 혼선을 유발하고 말았다. 그런 부작용은 국문시가에만 그치지 않고 일부 한시에도 미쳐, 小樂府의 원가의 성격을 두고 각양의 견해가 표출된 바 있다. 그러므로 여기에서는 「악지」에 언급된 것과 같은 성격의 노래인 속악가사(궁정가요·악장)와 민요(민간가요)를 구분하여 논의하기로 한다.

고려시대의 한시 중 국문시가와 연관된 작품들은 세 종류로 나눌 수 있다.

첫째, 국문시가를 絶句體로 譯解·飜解한[4] 시이다. 小樂府로 불리는

---

3) 『樂學軌範』의 序에서는 "우리나라의 음악은 세 가지가 있으니, 아악·당악·향악이라 하며, 제사에 쓰이는 것, 연향에 쓰이는 것, 마을에서 우리말로 습용되는 것이다.(我國之樂有三, 曰雅曰唐曰鄕, 有用於祭祀者, 有用於朝會宴饗者, 有習於鄕黨俚語者.)"라고 하였다.

4) 崔美汀(「高麗歌謠와 譯解樂府」, 『雨田辛鎬烈先生古稀紀念論叢』, 창작과비평사, 1983)은 번역·역해한 것으로 이해했고, 朴惠淑(「高麗末 小樂府의 樣式的 特性과 形成經緯」, 『韓國漢文學硏究』 14, 한국한문학연구회, 1991)은 단순한 번역이 아니라 원가의 테두리 안에서 시인의 적극적 창의가 개입하여 번해된 것이라고 했는데,

이런 예로는 李齊賢·閔思平의 「小樂府」 17수가 두드러지며, 『高麗史』 「樂志」의 <寒松亭>·<三藏>·<蛇龍>과 李穡의 <鞦韆>(『牧隱詩藁』 권8) 제3수와 <告風伯一章>(권25) 등도 성격이 같은 시들이다.

둘째, 국문시가를 부분적으로 수용한 시이다. 이런 자료로는 金富軾의 <聞教坊妓唱布穀歌有感>(『東文選』 권19), 白元恒의 <白絲吟>[5](『東文選』 권6), <鄭瓜亭>을 읊은 柳淑의 臨絶詩(『陶隱集』 권3), 이색의 <臣穡骨酸, 艱於騎馬, 伏想行幸將旋, 無由迎謁道左, 悵然吟成一首>[6](권20)·<驅儺行>[7](권21)·<舂米歌>(권30), 釋宏演의 <舂米行>[8](『동문선』 권8), 李崇仁의 <十一月十七日夜, 聽功益新羅處容歌, 聲調悲壯, 今人有感>(『陶隱集』 권2)·<秋日雨中有感>[9](권3) 등을 들 수 있다. 또 이

「악지」는 '譯詩解之'라고 하여 역해로, 益齋는 "飜爲新詞可也"라고 하여 飜解(飜案)로 이해했음직한 태도를 보였다. 이 글에서는 작품별로 사정이 다른 문제임을 고려하여 한역·역해·번해를 따로 구분하지 않고 시용하기로 한다.

5) 16구로 된 古詩인데, 명편으로 꼽힌 탓인지 『동문선』뿐 아니라 『青丘風雅』·『箕雅』·『大東詩選』 등에도 실려 있다. 朴惠淑, 「形成期의 韓國樂府詩 연구」(서울대 박사논문, 1989), 129면에서는 민요를 수용한 악부시로, 임주탁, 「고려가요 <安東紫青>의 문학적 성격」, 『관악어문연구』 21(서울대 국어국문학과, 1996), 324~329면에서는 「악지」의 <安東紫青>을 수용한 시로 이해한 바 있다.

6) 작품 끝에 붙인 註에서 "春日花, 用南京別曲."이라 하여, <南京別曲>의 존재를 증언한 시이다.

7) 36구의 장편으로 <처용가>, 儺禮의 의의와 준비과정, 진행절차와 가무의 내용, 등장인물과 관중 등 전반적인 것을 읊었다. 특히 "옛날 신라 때에 처용 늙은이가, 푸른 바다에서 왔다고 하네. 달밤에 고운 이빨과 붉은 입술로 노래하면서, 솟구친 어깨와 자줏빛 소매로 봄바람 속에서 춤을 추었네.(新羅昔日處容翁, 見說來從碧海中. 貝齒赬唇歌夜月, 鳶肩紫袖舞春風.)라고 한 대목은 익재의 해당시와 거의 같으며, 題下에 "聞之敬書, 上送史官."이라고 註記하고, 시 말미에서 "海東天子古樂府, 願繼一童[sic. 章]傳汗青."이라 하여, 악부라는 의식을 뚜렷이 지니고 지었음을 밝혔다.

8) <舂米歌>와 <舂米行>은 모두 장편 기속악부로서 작품 안에 각각 "舂簸易又易, 粃糠散以風. 西碓鳴于西, 東碓鳴于東.", "大婦舂東臼, 小婦舂西臼. 小郎舂南臼, 大郎舂北臼."로 된 민요를 수용한 것으로 보이는 대목이 있다. 청년기부터 노년기까지 이어진 목은과의 친분으로 보아 두 작품이 연관을 지니고 지어진 듯하다.

9) 전문이 "琵琶一曲鄭過庭, 遺響凄然不忍聽. 俯仰古今多少恨, 滿簾疏雨讀騷經."인 7절인데, 취의가 비슷한 柳淑의 臨絶詩를 부기한 것으로 보아, 좌주의 억울한 죽

제현의 시에 차운한 민사평·鄭樞·韓脩의「東國四詠」중 鄭敍의 故事를 읊은 7언절구 3수도 <정과정>을 반영하고 있다는 점에서는 같은 성격을 지녔다. 이것들은 소악부처럼 국문시가와의 관련이 직접적이거나 절구만 있는 것은 아니지만, 기속악부라는 점에서는 소악부와 성격을 같이 한다고 볼 수 있다.

셋째, 한시체·한문투의 가사에 우리말로 懸吐된 속악의 가사들이다. 詞體로 된 <風入松>·<夜深詞>·<紫霞洞>, 集句詩에 현토한『樂章歌詞』의 <漁父歌>, 한자어 중심의 특이한 글에 우리말을 일부 섞어 놓은 <翰林別曲> 등이 이런 예이다. 이것들은 사실상 국문시가인 <한림별곡>을 빼면 모두 한문으로 된 시가이므로, 국문시가와 관련시켜 논의할 여지가 적다.

이렇게 보면 고려시대에 지어진 것으로 한시와 국문시가의 관계라는 시각에서 논의할 수 있는 자료는 첫째, 둘째 부류에 드는 34편 정도이다. 이것이 결코 적은 양이 아님은 국문가사가 남은 노래의 숫자와 견줄 때 분명해진다. 국문가사가 남은 고려시가는 경기체가와 <漁父歌>를 포함시키더라도 20편을 넘지 않으며, 이는 "이러한 자료를 중심으로 한 기왕의 연구는 결과적으로 고려시대 시가의 실상뿐 아니라 고려가요의 생성문맥을 재구하는 데까지 나아가지 못하였다. 그만큼 일각을 통해 빙산의 모습을 파악하기가 어려웠던 것이다."[10]라고 개탄하게 할 만큼 零星한 분량이다. 이런 점에서 국문시가와 연관된 한시의 존재는 중요성을 지닌다고 할 것이다.

이런 시들은 국문문학 연구사의 초기부터 주목받아 왔으며, 70년대 이후에는 한문학 쪽에서도 깊이 논의되었다. 그리하여 많은 문제가 합의적

음을 맞아 공식적인 輓詞를 짓기 어려워 이 시로 애도를 표한 듯하다. 思菴이 전리로 물러날 때 지은 송별시에 "不是忠衰誠意薄, 大名之下久居難."이라는 구절이 있었는데, 辛旽이 이를 왕을 勾踐에, 자기를 范蠡에 견준 것이라고 참소하자 공민왕도 의심하였으며, 나중에 신돈이 사람을 보내 영광에서 목을 매어 죽였다.

10) 임주탁,『고려시대 국어시가의 창작·전승 기반 연구』(부산대 출판부, 2004), 351면.

수준에 도달하였지만, 쟁점으로 남아 있는 문제도 꽤 있다. 여기에서는 그런 문제들 가운데 두드러진 몇 가지에 대하여 살펴보기로 한다.

2. 小樂府와 연관된 문제

1) 개념과 자료의 확대 문제

益齋의 「小樂府」가 주목받으면서 '소악부'의 개념에 대하여 논란이 있었다. 첫 연구자가 "中原에 대한 小國이란 事大와 貶下에서 온 동방 시골의 전승민요"[11]라고 설명하자, 곧 張長弓·李維 등 현대 中國의 文學史家들이 南朝 齊·梁의 7언4구로 된 악부시를 小詩·小樂府로 설명한 데 근거하여 絶句的 小詩가 소악부[12]라고 주장하는 반론이 나왔다. 또 及菴의 「小樂府」를 소개한 분은 "중국 재래의 악부와 구별하기 위한 명칭"이자 "궁정악이 아닌 민간의 노래-속요를 시로 옮긴 것"[13]이라고 주장하였다.

이런 혼선은 "단소한 형식의 악부"[14]라는 규정에 이르러 대체로 정리되었지만, 애초부터 까다로운 문제는 아니다. 四句詩나 絶句體인 악부를 소악부라 한다는 宋代까지의 기록은 보이지 않지만, 李白·杜甫 등 唐代 詩人들이 絶句 대신에 小詩란 말을 흔히 썼고, 元 張之翰의 시에 "況復大小樂府詞"[15]라는 말이 보이며, 元 章懋가 楊維楨(1396~1370)이 절구

11) 徐首生, 「高麗歌謠의 研究-益齋 小樂府에 限하여」, 『경북대학교논문집』 5(경북대 출판부, 1962). 개제된 「益齋 小樂府의 研究」, 『高麗歌謠研究』(정음사, 1979), 180면에서 인용함.

12) 李鍾燦, 「小樂府試考」, 『東岳語文研究』 1(동악어문학회, 1965), 93면.

13) 李佑成, 「高麗 末期의 小樂府」, 『韓國漢文學研究』 1(한국한문학연구회, 1976), 10~11면.

14) 黃渭周, 「朝鮮後期 小樂府 研究」(한국정신문화연구원 석사논문, 1984), 19면.

15) 張之翰, <方虛谷以詩餞余, 至松江因和韻奉答>, 『西巖集』 권20.

체 악부를 小樂府로 일컬으며 자부하였다고[16] 증언한 데서, 소악부가 소시인 4구시·절구체로 된 악부를 가리킴이 분명히 드러난다. 또 楊鐵崖의 말 중의 小絶句가 5언절구를 가리키고, 淸 王士禛의 <詠史小樂府二十四首>(『精華錄』 권2)가 5절 24수로 이루어졌다는 점에서, 그것이 7절뿐만 아니라 5절도 포함하는 개념임을 알 수 있다. 따라서 광의의 소악부는 일단 중국과 우리나라에 다 존재했던 절구체 악부시라고 규정할 수 있다. 그러나 익재 이래로 같은 제목의 시들이 우리말 노래를 역해·번해한 것이었던 한국적 특수성을 고려하면, '우리말 노래를 역해(번해)한 절구체 한시'라는 협의의 개념을 설정할 필요가 있을 것이다.

이런 관점에서 보면 고려시대의 우리나라 소악부로 익재·급암의 작품만 있었다고 할 수는 없으므로, 이에 포함시킬 수 있는 작품들에 대하여 대략적으로 살펴보기로 한다.

<寒松亭>은 우리나라 최초의 소악부로 볼 수 있는 작품이다. 「악지」에서는 비파 밑바닥에 적힌 채 江南으로 흘러간 이 노래를 본 강남인들이 그 뜻을 알지 못했는데, 光宗朝에 張晉公이 使命을 받들고 가서[17] 다음과 같은 시를 지어 풀이해 주었다고 하였다.

달빛이 밝은 한송정의 밤이요
물결이 고요한 경포대의 가을이네.
슬피 울며 오고가는 것은
信義가 있는 백사장의 갈매기 한 마리일세.

---

16) 章懋, <新刊楊鐵崖詠史古樂府序>, 『楓山集』 권4. "鐵崖亦自謂, 余用三體詠史, 用七言絶句體者三百首, 古樂府體者二百首, 古樂府小絶句體者四十首. 絶句人易到, 古樂府不易到, 至小樂府則他人不能, 惟吾能之."

17) 李德懋의 『靑莊館全書』 권34에서는 吳越(907~978)의 왕 錢氏 때일 것이라고 하였다.

月白寒松夜, 　　波安鏡浦秋.
哀鳴來又去, 　　有信一沙鴎.

한자로 적힌 글인데도 중국인이 해독하지 못하여 궁금하게 여기다가, 고려인을 통하여 위와 같은 내용의 노래임을 알게 되었다는 내용으로 이해되니, 그 글은 鄕札이었을 것으로 보인다. 우리말 노래를 향찰로 기록한 노래, 즉 향가였던 것을 역해한 소악부인 셈이다. 또 자세한 이유는 후술하겠지만 「악지」의 <삼장>·<사룡>도 우리말 노래를 한역한 시로 보인다는 점에서 소악부에 해당한다고 볼 수 있다.

이색의 시 가운데 <鞦韆>(권8) 3수의 제3수는 다음과 같다.

높은 가래나무는 멀리 바람결에 서 있는데
붉은 그넷줄을 공중으로 차고 오르네.
그네를 당기고 미는 소년이 있어
강철 같은 마음이 秋波에 흔들리네.

堂堂楸樹逈臨風, 　　紅線鞦韆欲蹴空.
挽去推來少年在, 　　鐵腸搖蕩眼波中.

이 시는 의심할 바 없이 아래의 <翰林別曲> 제8연을 역해 내지 번해한 것이다.

唐唐唐 唐楸子 皀莢남긔
紅실로 紅글위 ᄆᆡ요이다
혀고시라 밀오시라 鄭少年하
위 ᄂᆡ 가논 ᄃᆡ ᄂᆞᆷ 갈셰라
(葉) 削玉纖纖 雙手ㅅ길헤 削玉纖纖 雙手ㅅ길헤
위 攜手同遊ㅅ景 긔 엇더ᄒᆞ니잇고

노래의 전절인 '엽' 앞의 내용을 번해한 한시임이 분명하다. <한림별곡>은 속요로 보지 않지만 속악가사임은 분명하고, 특히 마지막 연은 거의 우리말 노래라 할 수 있으므로, 이 시는 益齋·及菴의 「小樂府」와 다를 바 없다. <한림별곡>의 이 대목을 淫詞로 본[18] 이도 있지만, 이 시는 청춘남녀의 선정적 유희 정도로 표현하여 퇴폐성을 드러내지 않은 점이 눈에 띈다.

목은의 <풍백에게 빌다(告風伯一章)>(권25)도 소악부적 작품이다.

세차게 불지 말고 느리게 불어
우리 벼를 흔들지 마시라.
바라노니 큰 풍년이 들어
우리네 백성 살게 하소서.

徐而勿馳兮, 無撼我稌秔.
庶幾歲大熟, 吾民延其生.

바로 앞 작품이 풍우를 한탄한 내용인 점으로 보아, 태풍이 부는 것을 걱정하여 지은 시인 듯하다. 추수를 앞두고 부는 거센 바람에 농민들과 같은 심정이 되어, 그들의 어조로 풍백에게 풍년이 들도록 바람을 억제해 달라고 빌었다. 당시의 민요에서 취재한 것으로 보이는데, 민요풍답게 정감의 소박성과 시어의 평이성을 지녔음은 이미 지적된 바[19] 있다. 助辭를 여러 차례 쓰면서 구어적 어법을 구사한 점도 민요와의 연관 때문일 것이다. 익재의 「소악부」에도 耽羅의 民謠를 다룬 것이 2편 있으므로, 이 시 또한 소악부로 보아도 좋다고 할 것이다.

---

18) 成昊慶의 「翰林別曲의 創作時期 論辨」, 『한국학보』 56(일지사, 1989), 124~8면에서는 원 지배기에 원의 영향을 받아 성행한 동성애적 성교행위로 이해해야 마땅하다고 하였다.

19) 박혜숙, 「형성기의 한국악부시 연구」, 129면.

2) 「小樂府」의 창작시기

익재·급암의 「小樂府」는 창작시기 또한 여러 차례 논의되었다. 가장 먼저 나온 주장은 忠惠王 후3년(1342)을 전후한 시기에 『櫟翁稗說』과 함께 지어졌으리라는 것이다.[20] 급암의 시 제목에서 익재를 가리켜 '宗伯'이라고 한 점에 주목한 연구자는 종백을 禮部尙書로 보아, 익재가 選部典書였던 忠宣王 5년(1318)부터 忠肅王 2년(1320) 사이에 지어졌으리라고 추정했다.[21] 이 주장은 "우리나라 풍속에 진사시 급제자가 그 좌주의 아들을 종백이라고 부른다."[22]라는 글의 '진사'를 禮部試가 아니라 監試를 가리킨 말[23]로 오해하고, 당대인들이 쓴 종백이란 말이 거의 좌주의 아들을 가리킨다는 것을 살피지 못한 데서 나온 것이다.[24] 또 崔瀣(1287~1340)를 추모한 시여서 그 사후에 지어졌음이 분명한 익재의 <後儒仙歌>가 「소악부」보다 조금 뒤에 지어졌을 것으로 보인다는 점도 놓쳐 버렸다. 그러므로 이를 수용하지 않고 1340년 이후 조정에 있을 때라고 추정한[25] 견해가 옳기는 하지만, 익재가 1357년에야 致仕하였으니 처음 나온 주장과 별로 다를 바 없다.

이런 점에서 종백의 의미, 익재 「소악부」 후편의 제목에 등장하는 이로

---

20) 서수생, 앞의 논문, 191면.

21) 成昊慶, 「益齋·及菴 小樂府의 제작시기에 대하여」, 『韓國學報』 61(일지사, 1990), 2~21면.

22) 李穡, <憶丁亥科諸公三首>, 『목은시고』 권9. "國俗, 進士及第, 稱其座主之子曰宗伯."

23) 進士試는 監試의 별칭이기도 하지만, 이 경우는 <安輔墓誌銘>(『稼亭集』 권11)에서 "中成均試, 擢進士第, 調金州司錄藝文春秋館檢閱修撰."이라 한 예처럼 예부시를 가리킨다.

24) 좌주는 대개 禮部試 급제자가 그 시험관을 일컬을 때 쓰이던 말이지만, 감시 試官을 가리키기도 하였다. 『牧隱詩藁』에 쓰인 대부분의 사례는 禮闈와 연관되지만, 金濤·李穡의 監試 試官인 李嶠·金光載를 좌주라 한 예도 있다.

25) 朴現圭, 「李齊賢·閔思平 小樂府에 관한 硏究」, 『韓國漢文學硏究』 18(한국한문학회, 1995), 175~8면.

1352년에 등제한 익재의 문생인 郭翀龍과의 연관, <戊戌正朝> 바로 앞에 실린 점 등을 고려하여, 익재가 치사한 공민왕 6년(1357) 4월 이후, 공민왕 7년(1358) 1월 이전에 제작되었으리라고 추정한[26] 견해는 타당한 추론의 결과이다.

그러나 이는 복잡한 논증을 필요로 하지 않는 문제로 보인다. 『益齋亂藁』는 대체로 창작시기 순서로 편집되어 있지만, 편차에 출입이 다소 있고, 창작연도를 알기 어려운 작품도 많다. 그러나 권4의 편차를 보면, 安軸(1287~1248)·金永旽(?~1248)·權漢功(?~1349)·金倫(1277~1348)의 挽詞 다음에 詠史詩 14제가 실리고, 이어서 <櫟軒李侍中, (중략) 地勢一日東傾> 등 4제의 忠烈王代 재상들의 고사를 읊은 시 4제와 「소악부」 전편 및 후편이 나온다. 이어서 1358년 正旦에 지어진 <戊戌正朝>가 실려 있고, 바로 다음에 1357년 9월에 왜구들에게 탈취된 忠宣王의 眞影을 복원한 일을 읊은 것으로 보이는 <忠宣王眞容, 移安于海安寺>가 이어지며, 1제 지나서 <後儒仙歌>가 실려 있다. 이로써 보면 익재의 「소악부」는 丁酉年(1357) 말에, <후유선가>는 戊戌年 초에 지어졌으리라고 보는 것이 순리적이다.

또 『及菴詩集』 권3 첫머리에 실린 <櫟軒李侍中, (중략), 地勢一日東傾> 등 4제, <地藏寺詩老杜韻> 등 3제, <후유선가>, 「소악부」 등 9제는 모두 익재시의 和作임이 밝혀져 있다. 『及菴詩集』은 권2에 1355년에 지어진 작품이 있는가 하면 <후유선가>·「소악부」 등의 뒤에 1353년에 지어진 작품이 실려 있는 식으로 편차의 혼선이 심한 편이다. 그러나 이들 작품은 익재가 '근래에 지은 시를 기록하여 보여 준(錄示近所爲詩)' 데 화답한 것들임을 유념해야 할 것이다. 급암의 화작에 <후유선가>도 포함되어 있으니, 급암의 「소악부」는 무술년(1358년)에 지어진 작품으로

---

26) 임주탁, 「李齊賢 小樂府의 製作時期」, 『冠嶽語文硏究』 28(서울대 국어국문학과, 2000), 355~75면.

볼 수 있다.

「소악부」의 창작시기를 추정하는 데 요긴한 방증으로 『목은시고』 권5의 첫머리에 실린 작품들이 있다. 「소악부」를 뺀 급암시 8제와 제목과 순서까지 같은 <奉和益齋先生詩韻九首>가 실려 있기 때문이다. 이것들은 1358년에 지어진 작품들로 <夏日>과 <秋興> 사이에 실려 있으니, 그 해 여름부터 가을 사이에 지어졌을 것이다. 1357년 4월에 익재가 치사하고 1359년 7월에 급암이 타계했음을 고려하면, 익재가 1357년 말까지 지은 「소악부」 등 8제와 익년 초에 지은 <후유선가>를 급암·목은에게 주면서 화답을 요구하자, 급암은 모두 화답하였지만, 목은은 「소악부」를 빼고 화운했음을 알 수 있다. 따라서 익재는 1357년 말에, 급암은 1358년 초에 「소악부」를 지었다고 볼 수 있을 것이다.

3) 「小樂府」 原歌의 추정

익재·급암의 「소악부」 17수 가운데 4수는 국문가사가 현전되고, 5수는 「악지」에 인용되었으며, 익재의 후편은 민요를 원가로 택하였으므로, 원가의 정체를 추정할 필요가 있는 작품은 익재의 5번 작품과 「악지」의 <삼장>과 같은 내용인 급암의 4번을 제외한 5수 등 6수이다.

6수 가운데 급암의 2번 작품인 인생무상을 내용으로 한 것은 추정조차 어려운 노래이지만, 나머지 5수는 이미 추정이 이루어졌다. 익재의 5번은 「악지」의 <楊州>(박혜숙), 급암의 1번은 <後殿眞勺>(이우성), 3번은 <井邑詞>(박혜숙), 4번은 「악지」의 <安東紫靑>, 6번은 「악지」의 <月精花>(이우성)로 비정된 바 있다. 이 중 <안동자청>으로 비정된 작품은 재론의 여지가 없지만, 나머지 4수는 좀더 따져볼 필요가 있다.

먼저 <양주>로 추정된 익재의 5번 작품부터 살펴보기로 한다.

봄옷을 벗어서 한쪽 어깨에 걸치고
벗을 불러서 채마밭에 들어갔다네.
동쪽과 서쪽으로 달리며 나비를 좇았는데
어제의 즐거운 놀이인 듯 아직도 또렷하네.

脫却春衣掛一肩, 呼朋去入菜花田.
東馳西走追蝴蝶, 昨日嬉遊尙宛然.

「악지」에서는 <양주>에 대하여 "州民 남녀들이 한창 봄을 맞아 놀기를 좋아하여 서로 즐기면서 노래한 것이다.(州人男女, 方春好遊, 相樂而歌之也.)"라고 하였다. 젊은 남녀들이 봄날에 어울려 논 것을 내용으로 했다는 설명과 봄날에 벗들과 함께 나비를 좇으며 즐겼다는 위의 시의 내용은 잘 부합된다. 다만 禑王이 新京에 行幸한 일을 읊은 <신 색은 뼈가 시려 말을 타기 어려워서, 행행에서 곧 돌아오실 것을 생각하며 길에서 맞이할 길이 없어, 탄식하며 읊어 1수를 이룬다.(臣穡骨酸, 艱於騎馬, 伏想行幸將旋, 無由迎謁道左, 悵然吟成一首)>라는 제목으로 된 목은시의 頸尾聯에서 "겨울 하늘의 눈은 적삼과 소매를 교묘하게 적셨는데, 봄날의 꽃은 생황과 퉁소를 찬란하게 비추네. 태평시대의 참된 기상을 알고 싶거니와, 뒷날에는 七德을 춤추고 노래하리.(巧霑衫袖冬天雪, 爛映笙簫春日花. 欲識太平眞氣像, 他年七德舞仍歌.)"라고 한 내용과, "춘일화는 <南京別曲>에서 인용하였다.(春日花, 用南京別曲.)"라고 한 註記를 참고하면, <양주>의 별칭이 <남경별곡>이고, 가사에 '춘일화'라는 말과 군왕을 송축한 내용이 들어 있었으리라는 것을 덧붙여 둘 수 있다.

다음에 드는 급암의 1번 작품은 <후전진작>으로 추정된 것이다.

사랑하는 임과 서로 만날 뜻이 있거든
모름지기 황룡사 문 앞으로 오시라.

비록 빙설 같은 용안은 뵙지 못하더라도
아직도 성음만은 어렴풋이 들을 수 있으리.

情人相見意如存, 須到黃龍佛寺門.
氷雪龍顔雖未覩, 聲音仿佛尙能聞.

<후전진작>은 『世宗實錄』 원년 正朝 기사에서 상왕이 그 곡조는 좋지만 가사는 듣고 싶지 않다고 하자, 맹사성 등이 “고려 충혜왕이 음란한 성곡을 매우 좋아하여 폐행들과 함께 후전에서 새로운 성곡의 음란한 가사를 지어 스스로 즐기니, 당시 사람들이 <후전진작>이라고 일렀습니다. 그 가사뿐만 아니라 곡조도 써서는 안 됩니다.(高麗忠惠王, 頗好淫聲, 與嬖倖在後殿, 作新聲淫詞, 時人謂之後殿眞勺, 非獨其詞, 調亦不可用.)” 라고 응대했다는 노래이다. 「악지」에 포함되지 않은 이유가 음란한 내용 때문이었음을 짐작하게 하는 진술이다.

그런데 윗시는 군왕을 情人으로 여기는 여인과 연관된 노래였으리라는 점에서만 <후전진작>과 연결될 뿐, 음란성을 엿볼 단서가 없는 내용이다. 게다가 『靑丘永言』 등의 문헌에서 <北殿>·<後庭花> 등의 이름을 띤 시조형의 작품을 찾아 <북전>의 原詞를 복원한 시도에서 제시된 1~4연의 문면이나, 임금의 사랑만을 바라면서 살다가 버림받은 외로운 후궁 여인의 사랑에 대한 渴求와 절망 등 ‘淫褻’·‘鄙俚’·‘男女相悅’ 등을 내용으로 한 노래일 것이라는 해석[27]과도 동떨어진 내용이어서 수긍하기 어려운 점이 많다. 더욱이 충혜왕을 섬기면서 監察大夫·驪興君에 올랐던 중신이 그 淫行에 대한 規戒로 읽힐 수 있는 시를 굳이 지었을까 하는 점에서도 회의적이다.

---

27) 成昊慶, 「高麗詩歌 ‘後殿眞勺(北殿)’의 復原을 위한 摸索」, 『국어국문학』 90(국어국문학회, 1983).

<정읍사>로 비정된 급암의 3번 작품은 다음과 같다.

검은 다리 또한 끊어지니 더욱 위태로운데
물이 불어난 흰 강에서는 물결이 고요하네.
이처럼 캄캄한 깊은 밤중에
미끄러운 진창길에서 어디로 가고자 하는가?

黑雲橋亦斷還危, 銀漢潮生浪靜時.
如此昏昏深夜裏, 街頭泥滑欲何之.

轉結句의 내용은 <정읍사>와 통하는 바가 있지만, 起承句에서는 유사성을 찾을 수 없다. 한편으로 『櫟翁稗說』 후집 2에서 "대축 오세재가 毅廟의 미행을 풍유한 시에서 '어찌하여 날씨가 청명하더니, 검은 구름이 땅에 나지막하게 비껴 있는가? 도성 사람들이여 절대 가까이 가지 말라. 용이 그 안에서 가고 있으니.'라고 하였다.(吳大祝世才, 諷毅廟微行詩云, '胡乃日淸明, 黑雲低地橫. 都人且莫近, 龍向此中行.')"라고 한 시와는 꽤 상통하는 면이 있다. 오세재의 시가 어떤 우리말 노래와 연관이 있었다면, 그것과 같은 노래를 바탕으로 한 역해시일 법한 일이다.

급암의 4번 작품은 <月精花>로 추정된 바 있다. 「악지」는 <月精花>를 "월정화는 晉州의 기생이었는데, 司錄 魏齊萬이 그녀에게 미혹되어 부인으로 하여금 근심하고 성내다가 죽게 하였다. 읍인들이 이를 불쌍하게 여겨, 부인이 살아 있을 때에 서로 친애하지 않은 것을 돌이켜 말함으로써, 그가 미친 듯이 미혹됨을 풍자했다.(月精花, 晉州妓也, 司錄魏齊萬惑之, 令夫人憂恚而死. 邑人哀之, 追言夫人在時, 不相親愛, 以刺其狂惑也.)"라고 설명했다. 급암의 해당시는 다음과 같다.

재삼 간곡하게 거미에게 당부하노니
반드시 앞길에다 거미줄을 치렴.
득의하여 배반하고 날아간 꽃 위의 나비를
바라건대 잡아매어 제 허물을 뉘우치게 하렴.

再三珍重請蜘蛛, 須越前街結網圍.
得意背飛花上蝶, 願令粘住省愆違.

아내의 죽음을 부를 만큼 광혹함을 풍자하였다고 한 노래와 거미에게 변심하여 날아간 나비를 사로잡아 복수하라고 말한 내용의 시가 바로 연결될 수 있을지 의문이다. 李裕元의 <월정화>에서는 "진주의 기생 월정화는, 위씨에게 삼생의 사랑을 받았네. 조강지처를 화가 나서 죽게 할 수 있었기에, 미혹된 벼슬아치를 고을사람들이 한탄했네.(晉陽妓女月精華, 鍾愛三生魏氏家. 能使糟堂恚而死, 官人狂惑邑人嗟.)"라고 읊은 것을 참고할 만하다.

3. 여타의 문제

1) 〈三藏〉·〈蛇龍〉의 성격

「악지」 속악조 서두에서는 "動動及西京以下二十四篇, 皆用俚語."라고 하여, 31편 중 7편은 俚語體가 아니라고 설명했다. <動動>·<無㝵>·<西京>으로 시작하여 <翰林別曲>·<風入松>·<夜深詞>·<三藏>·<蛇龍>·<紫霞洞>으로 끝났으니, <무애>와 마지막 6편이 한문으로 된 노래[漢語體]라는 뜻으로 말한 것으로 보인다. 그러나 이렇게 보는 데에 나머지는 문제될 게 없지만, <삼장>·<사룡>은 그렇지도 않다. <삼

장>이 『악장가사』·『대악후보』에 실린 <쌍화점>의 제2연과 유사한 내용이고, <사룡> 또한 <삼장>과 성격이 다른 노래로 보기 어렵기 때문이다. 게다가 <삼장>과 같은 내용인 급암의 '三藏精廬'가 국문시가의 역해시임은 의심하기 어렵다. 그럼에도 불구하고 악지의 기술태도는 이 2편을 이어체로 보기 어렵게 하는 게 분명하다. 먼저 「악지」의 기록을 살피면서 실마리를 찾기로 하자.

> 위의 두 노래는 충렬왕조에 지어진 것이다. 왕이 뭇 소인배를 가까이하고 宴樂을 좋아하였다. 倖臣 오기·김원상과 內僚 석천보·석천경 등이 聲色으로 왕을 기쁘게 하는 데 힘써서, 管絃房과 太樂署의 재인이 부족하다고 하여, 여러 道에 倖臣을 보내서 官妓 가운데 자색과 기예가 있는 자를 고르고, 또 도성 안에서 官婢와 무당 가운데 가무를 잘하는 자를 골라서, 궁중의 장부에 등록하여 두고, 비단옷을 입히고 말총갓을 씌워 따로 한 부대를 만들어 男粧이라 일컬었다. 이 노래들을 敎練시키고 檢閱하여, 뭇 소인배들과 밤낮으로 노래하고 춤추면서 함부로 굴어, 군신 사이의 예의를 따르지 않았으며, 제공하고 내려주는 비용이 이루 기록할 수 없었다.[28)]

함께 제시된 <삼장>은 <쌍화점>의 둘째 연과 유사한 내용이지만, '某譯詩解之曰'과 같은 언급이 없이 오기 등이 '교열'했다고만 하여, 그들이 작가인 듯이 기술한 점이 우선 눈에 띈다.

이 두 시에 대하여 "당시 京都 부근에 유행된 俗謠를 그대로 採함이겠다"[29)]고 한 것처럼 초기 연구자들은 대개 민요를 한역한 시로 보았다. 그

---

28) 『高麗史』 권71 「樂志」 俗樂條. "右二歌, 忠烈王朝所作. 王狎群小, 好宴樂, 倖臣吳祈·金元祥, 內僚石天補·天卿等, 務以聲色容悅, 以管絃房太樂才人, 爲不足, 遣倖臣諸道, 選官妓有姿色伎藝者, 又選城中官婢及女巫, 善歌舞者, 籍置宮中, 衣羅綺, 戴馬鬃笠, 別作一隊, 稱爲男粧, 敎閱此歌, 與群小, 日夜歌舞褻慢, 無復君臣之禮, 供億賜與之費, 不可勝記."

29) 梁柱東, 『麗謠箋注』(을유문화사, 1947), 253면.

러나 정병욱 선생은 '별곡' 즉 고려가요가 속요나 민요가 아님을 강조하면서, 적어도 <쌍화점>에 한해서는 작가를 오잠 등에서 구할 수 있어, "고려시대의 속요가 아니라 훌륭한 창작시였다는 단안을 내릴 수 있을 줄로 안다."[30]라고 하였다. <삼장>과 <쌍화점>을 동일시하면서 민요설을 부인한 셈이다. 이에 대하여 "원래 한어체였다고 보기에는 난점이 없는 바 아니나, 정인지 등이 『고려사』를 찬하면서 이 두 노래를 접하였을 때, 이를 한어체로 보고 처리했으리라는 주장만은 일리가 있다고 본다."[31]라는 견해도 있었다. 또 <쌍화점>은 민요의 형태로 계속 전승되었고, <삼장>은 한시체로 개작된 노래[32]라고 보거나, <삼장>이 충렬왕이 비공식적인 용도에 동원하기 위하여 조직된 男粧別隊에 의하여 연행된 漢詩體 唐樂調의 궁중음악이고, 教閱此歌했다는 것은 오잠 등이 '비공식적인 궁중음악으로 '새로 만든 노래'를 뜻한다[33]고 이해한 사례도 있다. 근래에는 <삼장>과 <쌍화점>은 동일한 곡에 배악되어 연행될 수 있는 언어체만 다른 창작곡이지 여항에서 유입된 노래가 아니라고 본[34] 이도 있다. 결국 <삼장>을 한역시로 보기도 하고 창작시로 보기도 하는 논란이 계속되고 있는 셈이다.

그렇다면 그 동안 살펴지지 않았던 일이니 <삼장>·<사룡>을 한시적 관점에서 분석해 볼 필요가 있을 듯하다. 「악지」의 <삼장>에 대하여 먼저 살펴보기로 하자.

---

30) 정병욱, 『한국고전시가론』(신구문화사, 1978), 123면.

31) 朴焌圭, 「高麗俗謠 31篇에 대하여」, 『高麗時代의 言語와 文學』(형설출판사, 1975), 166면.

32) 金學成, 『國文學의 探究』(성균관대 출판부, 1987).

33) 양태순, 「정과정(진작)의 연구」(서울대 박사논문, 1991), 118~9면.

34) 임주탁, 앞의 책, 318~9면.

삼장사에 등불을 켜러 갔더니
社主가 내 손을 잡습디다.
만약 이 말이 절 밖으로 나간다면
上座 그대의 말이라고 하겠습니다.

三藏寺裏點燈去, 有社主兮執吾手.
倘此言兮出寺外, 謂上座兮是汝語.[35)]

起句 끝에 去聲字를 둔 것으로 보아 首句入韻하지는 않은 듯한데, '手'(上聲 有韻), '語'(上聲 語韻)로 압운했으니 아주 희귀한 仄韻七絶일 뿐 아니라 出韻까지 했으며, 轉·結句의 제2자를 모두 측성으로 하여 失對를 범하고, 下三仄·孤平까지 범하는 등 詩病을 크게 지니고 있다. 또 助字 '兮'를 3회나 쓰는 등 구어투의 매끄럽지 않은 구법도 두드러진다. 따라서 古詩인 古絶句로 볼 수는 있지만 정상적 절구가 아니니, 당초부터 한시를 지을 의도로 지은 것으로 보기는 어려울 것 같다. 西浦가 '其語雖俚而殊有古意', 王士禎이 '其詞古拙'이라고 한 말이 의미적 측면만이 아니라, 古風으로 측운을 쓰고 절구의 격식을 벗어난 점도 고려한 데서 나온 듯하다. 이런 점으로 보아 <삼장>은 일단 우리말 노래를 어설프게 한역한 시라고 이해해야 할 것이다. 이는 급암의 시와 비교하면 더욱 분명하다.

삼장사에 등불을 켜러 갔더니
우두머리 중이 내 손을 잡습디다.
만약 이 말이 樓門 밖으로 나간다면
응당 상좌의 쓸데없는 말 때문이라 하겠습니다.

---

35) 明 王士禎의 『居易錄』 권8에서는"그 가사가 古拙하여 <捉搦歌>의 남긴 뜻이 있어 기록한다.(其詞古拙, 有捉搦遺意, 錄之.)"라고 하였다. 『樂府詩集』 권25의 <捉搦歌> 4수는 南朝 梁의 鼓角橫吹曲으로 7언4구 형식인데, 서로 희롱하는 남녀의 정사를 노래한 것이다.

三藏精廬去點燈, 執吾纖手作頭僧.
此言若出三門外, 上座閑談是必應.

이 시는 下平聲 蒸韻으로 수구압운하여 '一韻到底'한 가운데, 평측상 孤平・下三連 등을 범하지도 않았다. 다만 起・承句의 제2자에 모두 평성을 써서 失對를 범하고, 對句相救와 本句自救의 방식으로 拗救한 변격이 있다. 이런 점은 국어시가의 핵심의미를 담으려다가 어쩔 수 없이 생겼다고 보아야 할 것이다. 그러나 <삼장>에 비해서는 '정려'・'섬수'・'삼문'・'한담'과 같은 文語를 쓰는 등 한시적 품격을 지닌 절구이다.[36] 그러므로 한역된 점은 <삼장>과 같지만, 시의 격조는 다르다고 볼 수 있다.

다음에는 <사룡>을 살펴보기로 하자.

뱀이 용의 꼬리를 물고
태산 봉우리를 넘어갔다는 말을 들었습니다.
수많은 사람이 한 마디씩 하더라도
짐작은 두 사람의 마음에 달렸답니다.

有蛇含龍尾, 聞過太山岑.
萬人各一語, 斟酌在兩心.[37]

<蛇龍>은 下平聲 侵韻으로 된 평기식 5절이다. 평측에 있어 起・承句의 제2자에 모두 평성을 써서 失對를 범하고, 轉句의 제4자 '一'은 평

36) 박혜숙, 「고려말 소악부의 양식적 특성과 형성경위」, 48면에서는 <삼장>은 축자역이고, 이 시는 창발력이 제한적이나마 적극적으로 개입한 것이라고 보았다.

37) 이 시의 내용이 오래 전승되었음이 『진본청구영언』 등에 실린 "개야미 불개야미 (중략)/ (중략) 가람의 허리를 ᄀᆞ르무러 추혀들고 北海를 건너닷 말이 이셔이다 님아 님아/ 온 놈이 온 말을 ᄒᆞ여도 님이 짐쟉ᄒᆞ쇼셔"라는 사설시조에서 확인된다. 이를 사설시조가 고려 말에 발생하였다는 근거로 들기도 하지만, 사설시조가 성립된 시기에 그 형태에 전승되던 내용이 편승했다고 보는 게 순리적일 듯하다.

성이 와야 할 자리인데 측성을 쓰고, 結句의 제2자 '酌'은 평성을 둘 자리인데 측성을 써서 對句相救하였다. 그러다 보니 轉句가 孤平·下三仄을 범하고 말았다. 이런 詩病에도 불구하고 시어·구법 등이 <삼장>보다는 가다듬어져 있다. 그러나 거의 명사에 의존한 표현에서 강한 구어투를 볼 수 있다. 그러므로 <사룡> 또한 제대로 된 절구라 하기는 어렵다. 결국 고절구로 된 한역시로 보아야 할 것이다.

이 두 편의 시는 오잠·김원상 등이 지었다고 하지는 않았지만, '이 노래를 교련시키고 검열하였다(教閱此歌)', '새로운 성곡을 가르쳤다(教以新聲)'고 한 작품들이다. 이들은 모두 등제하여 政堂文學을 지낸 이들이고, 오잠은 충렬왕 28년 예부시의 知貢擧까지 지냈다. 그런데 김원상이 지은 新調 <太平曲>을 두고 왕이 "이는 글에 능한 자가 아니면 지을 수 없는 것인데, 누가 지었느냐?(此非能文者不能, 誰爲之也?)"라고 물었다고 한다. 또 『高麗史節要』(25년 5월)에서는 이 두 노래를 두고 "其高低緩急, 無不中節."이라고 하였다.

<삼장>·<사룡>의 한시적 성격과 兩人의 행적을 고려할 때, 이들이 能文者로 인식되고, 지은 노래가 節調에 맞다고 한 것은 군왕의 체신과 군신간의 도리에 어긋나지 않는 품격과 논리를 지닌 한시체 노래를 지을 수 있었음을 말하는 듯하다. 따라서 이것들은 창작시가 아니라 우리말 노래의 비속성을 줄이고자 한 의도에서 지어진 한역시라고 볼 수 있을 것이다. 이렇게 보면 이것들은 민요 또는 창작가요로서 속악가사 후보로 입수된 노래, 또는 이미 속악가사로 편입된 노래를 원천으로 하였을 것으로 보인다.

그렇다면 우리말 노래를 한시체 노래로 바꾸게 된 구체적 원인은 무엇일까? <사룡>에는 단서가 적으니 <삼장>을 중심으로 하여 살피되, 우선 『악장가사』의 <쌍화점>과 <삼장>의 내용을 대비하면서 추정해 보기로 하자.

삼장ᄉᆞ애 브를 혀라 가고신ᄃᆡᆫ
그 뎔 샤쥐 내 손모글 주여이다
이 말ᄉᆞ미 이 뎔 밧긔 나명들명
죠고맛간 삿기상좨 네 마리라 호리라
긔 자리예 나도 자라 가리라
긔 잔 ᄃᆡᄀᆞ티 덦거츠니 업다

<쌍화점> 제2연의 여음을 제외한 6행이다. 앞쪽 4행은 "여성인 시적 자아와 남성인 사주 사이에 일어난 情事 및 이것이 소문으로 누설될까 염려하는 내용"으로 해석될 수도 있지만, "시적 자아와 사주 사이에 교감이 이루어진 종교적 法悅 및 이것이 정사로 곡해되어 소문날까 염려하는 내용"으로 이해될 수도 있는 모호성을 지니고 있어, 음란성을 지녔다고 단정할 수는 없다.[38] 그러나 뒤쪽 2행은 '나도 자라 가리라'라는 비속한 언표를 통해 그 자리가 情事가 있었던 자리임을 명시함으로써 음란성이 분명하게 드러나 있다. 조선시대에 <쌍화점>을 淫辭로 문제삼은 일도 주로 이 대목 때문일 것이다. 따라서 아무리 荒淫한 왕이라 하더라도 朝官이 동석한 御宴에서 그대로 듣기에는 거북했을 터이고, 성색으로 섬기던 嬖倖일지라도 詞臣이었던 그들로서는 민망하지 않을 수 없었을 것이다.

이때 상기할 만한 일이 이 시들이 지어졌다고 하는 충렬왕 25년(1299)보다 2년 전인 23년 5월 이래로 생긴 일련의 정치적 사건이다. 5월에 타계한 모후를 奔喪하러 귀국한 世子(忠宣王)는 7월에 父王을 宴樂에 빠뜨려 모후의 죽음을 부른 책임을 물어, 宦者·宮人 등 9인을 죽이고 40여명을 유배시켰으며, 그 와중에서 생긴 父子의 軋轢은 이듬해 정월에 왕이 세자에게 양위하는 데까지 이르렀다. 그런 일을 겪은 뒤에 복위한 노령의 왕과 새로 부상한 倖臣들로서는 음사로 인한 부담을 감수하기가

38) 鄭雲采, 「'쌍화점'의 주제」, 『論文集』 49(한국국어교육연구회, 1993), 39~42면 참조.

쉽지 않았을 것이다.

그리하여 음란성의 핵심요소를 제거하여 악장으로 사용하는 고식책을 쓰되, 이왕이면 앞 부분의 선정성까지 완화하는 방편으로 한역가를 쓰기로 하였을 법하다.[39] 어쩌면 한동안은 앞 부분의 국어노래와 한시체가 함께 연행되었을 가능성이 크다. 그런 방증이 『대악후보』 <쌍화점>의 해당 연이 <삼장>과 일치하는 부분만 실린[40] 것일 수 있다. 급암의 시가 <삼장>과 같은 내용인 점 또한 같은 이유일 터이다. 급암이 <삼장>을 개작했을 리가 없는 한편으로, 그 원가가 민간에서 불리던 것이었을 수도 있겠으나, 대부분이 궁정가요에서 취재한 익재의 경우로 보면, 급암 역시 앞 부분만 불리던 속악가사를 역해했기 때문에 같은 내용이 되었을 가능성이 크다.

2) 男女相悅之詞에 대한 是非

① 역해시의 주제에 대한 瞥見

「소악부」 9수를 지어 보내면서 급암에게 화답을 요구했으나 응하지 않자, 익재는 다음과 같은 긴 제목으로 2수를 더 지어 보내면서 재촉하였다.

> <어제 郭翀龍을 만났더니 及菴이 「小樂府」에 화답하려고 하였으나 일은 하나인데 말이 겹칠 것이기에 화답하지 않았다고 말하였다. 내가 '劉賓客이 지은 「竹枝歌」는 모두 夔州와 三峽 지역의 남녀들이 서로 좋

39) 이는 「악지」·『고려사절요』·<오잠전> 등이 한결같이 이들을 성색을 수단으로 국왕에게 阿諛한 행신으로 설명한 점과 상치되는 점이 있지만, 史書가 관련자를 그렇게 설명한 것과 공식적 악장으로 선택될 노래에 필요한 최소한도의 품격 문제는 별개로 보아야 할 것이다.

40) 『大樂後譜』의 <쌍화점>은 "삼장ᄉᆞ애 블을 혀라 가고신ᄃᆡ/그 뎔 샤쥐 내 손목을 주여이다/이 말솜이 이 뎔 밧긔 나명들명/삿기상재 네 말이라 호리라"로 되어 있어 <삼장>과 상응하는 내용이다.

아하는 말이고, 東坡는 二妃·屈原·懷王·項羽의 일을 채용하여 엮어서 長歌를 지었다. 대체 어찌 앞사람을 답습한 것이겠는가? 급암은 別曲 가운데 뜻에 느껴지는 것을 취하여 飜解하여 새로운 歌詞를 지으면 될 것이다.' 하였다. 두 편을 지어 挑發한다.>[41]

이 글에서 눈길을 끄는 것은 '事一而語重', '別曲之感於意者', '飜爲新詞可也'의 세 구절이라 하겠는데, 여기에서는 '事一而語重'에 대해서만 살펴보기로 하자. '일은 하나인데 말이 겹친다'는 말을 이미 9수나 지으셨으니 더 다룰 작품이 없다는 말로 볼 수는 없을 것이다. 익재가 2수를 더 지었을 뿐 아니라 급암도 익재와 중복되지 않도록 6수나 더 지었기 때문이다. 여기에서 하나의 일이라고 한 것은 같은 이치를 지닌 일이라는 뜻일 것으로 보인다.

> 선생님께서 말씀하셨다. "너희들은 왜 시를 배우지 않느냐? 시는 흥기할 수 있게 하고, 볼 수 있게 하며, 무리지을 수 있게 하고, 원망할 수 있게 한다."[42]

孔子가 든 興·觀·群·怨은 시의 機能 내지 功效를 가리킨 말들로, 興은 뜻이 감발됨, 觀은 정치의 득실을 상고하여 앎, 群은 무리끼리 조화를 이루되 절도를 잃지 않음, 怨은 원망하되 노하지 않게 됨을 뜻한다. 이런 효능을 지닌 『詩經』의 시가 원래 노래였음을 감안하면, 노래의 정서적·도덕적 효용도 이와 다를 게 없다. 그래서 급암은 같은 길을 걷는 두 사람의 노래를 들은 감흥이 같을 수밖에 없다는 점을 두고 한 가지 일이

41) 李齊賢, <昨見郭翀龍, 言及菴欲和小樂府, 以其事一而語重, 故未也. 僕謂劉賓客作竹枝歌, 皆夔峽間男女相悅之辭, 東坡則用二妃屈子懷王項羽事, 綴爲長歌. 夫豈襲前人乎? 及菴取別曲之感於意者, 翻爲新詞可也. 作二篇挑之>, 『益齋亂藁』 권4.

42) 『論語』「陽貨」. "子曰, '小子何莫學夫詩? 詩, 可以興, 可以觀, 可以群, 可以怨.'"

라고 하였을 것이다. 이런 이치가 采詩에도 적용됨은 “대개 옛날에 시를 채집하는 관리를 둔 것은 임금 된 이가 민속을 살피고 득실을 알며 스스로 사실을 조사하여 확인하기 위함이다.”[43]라는 말에서 입증된다. 이는 속악가사의 중요한 원천인 민간가요의 채집이나 그 解詩의 경우에도 마찬가지일 것이다.

시가의 이러한 기능·효용의 범위를 좁혀서 말하면 왕화와 풍속의 찬미와 규계라고 할 수 있다. 이는 속악가사와 연관을 지닌 한시의 주제나 창작의도를 살피는 데에도 유용하므로 익재·급암의 「小樂府」를 대상으로 하여 간략히 살펴보기로 한다.

「小樂府」에 속한 시의 주제는 현실적 삶의 轉化와 낭만적 삶의 轉化로 대별하여 살핀[44] 사례와 민생고·부녀의 정·인정세태·전설·연군지정·효심·世事의 무상·환로의 위난 등으로 세분하여 살핀[45] 사례가 있다. 그러나 이렇게 살펴서는 그것들이 궁정가사 내지 속악가사와 맺은 고리를 찾는 데 유용하지 않다. 이와 달리 美風良俗의 찬미와 삶의 교훈을 담은 讚美的인 시, 민생에 대한 염려와 惡政淫風에 대한 풍자를 담은 規戒的인 시로 대별하는 방식으로 살피면, 그 노래가 어떤 이유로 속악가사로 채택되었는가를 알 수 있다. 이렇게 분류하면 17수는 찬미적인 시인 <오관산>·<정과정>·<서경별곡>(<정석가>)·<거사련>·<제위보>·<안동자청>·<世事浮漚>(급암 2번)·<장암>·<처용>과 규계적인 시인 <사리화>·<北風船>(익재 후편 2번)·<黑雲橋>(급암 3번)·<양주>(익재 5번)·<水精寺>(익재 후편 1번)·<黃龍寺>(급암 1번)·<三藏精廬>(급암 4번)·<월정화>(급암 6번)로 분류될 수 있다. 찬미시

43) 『漢書』「藝文志」, “該古有采詩之官, 王者所以觀民俗, 知得失, 自考定也.”
44) 박성규, 「益齋 <小樂府>論」, 『한시연구』, 국어국문학회 편, 국문학연구총서 7(태학사, 1997), 106~1면.
45) 박혜숙, 「고려말 소악부의 양식적 특성과 형성경위」, 34~41면.

가 9편, 규계시가 8편으로 비중이 거의 같다. 이는 館閣詩가 美와 刺, 찬미와 규계로 분류된다는 관점[46]과도 같은 결과여서, 대표적 문한관인 그들에게는 「小樂府」 또한 관각문학의 일환이었음을 알 수 있게 한다.

이를 통하여 급암이 일은 하나인데 말이 중복된다고 한 것이 찬미와 규계의 목적이 같고 선배대가가 그런 일을 한 마당에 후배인 자신이 또 할 필요가 있겠느냐는 뜻으로 읽힐 수 있을 것이다. 이렇게 이해하면 「소악부」 가운데 남녀상열지사 여부로 인한 논란이 있었던 시들을 올바르게 이해하는 데 필요한 시점이 확보되었다고 할 수 있다.

② 是非가 있는 작품에 대한 검토

「小樂府」 중에는 남녀상열지사를 폄하하는 조선조 유학자들에 의한 왜곡이 가해진 게 아니냐는 논란을 빚은 작품들이 있다. 「악지」 <제위보>의 익재의 해시와 <안동자청>에 비정된 급암의 시가 그런 예이다. 둘 다 내용은 남녀상열지사인 데 반하여, 「악지」의 설명이나 조선조 儒臣의 반응에는 유가적 덕목에 부합하는 노래로 나타나 있다는 것이다. 이런 견해는 흔히 통념처럼 수용되는 듯하지만, 납득하기 어려운 점이 있다. 악장으로 사용된 노래에 대한 史官의 설명이나 관련 관원의 주장에 원가와 어긋나는 뜻이 개입될 이유가 있겠는가, 찬미적 의도로 채택된 속악가사에 음란성이 있었을 까닭이 있겠느냐 하는 점에서 동의할 수 없기 때문이다.

<濟危寶>는 「악지」에서 "부인이 죄 때문에 제위보에서 徒役하다가, 그 손을 남에게 잡혀 치욕을 씻을 길이 없음을 한스럽게 여겨, 이 노래를 지어 스스로 원망하였다.(婦人以罪, 徒役濟危寶, 恨其手爲人所執, 無以雪之, 作是歌以自怨.)"라고 설명된 노래이다. 그런데 익재의 해시는 반대 방향의 뜻을 지녀 문제라고 한다.

---

46) 金性彦, 『韓國 館閣詩 研究』(동아대 출판부, 1994), 43~4면.

시냇가 빨래터 수양버들 밑에서
흰 말을 탄 사나이가 손을 잡고 마음을 털어놓았네.
석 달의 장마로 떨어지는 처맛물이 있은들
어찌 차마 손가락 끝에 남은 향기를 씻으랴?

浣沙溪上傍垂楊, 執手論心白馬郎.
縱有連簷三月雨, 指頭何忍洗餘香?

원시를 이렇게 새기면 「악지」의 설명과 분명히 어긋나니, 『고려사』의 해설을 "실로 噴飯에 족할 일"[47]이라고 웃을 법하다. 그러나 이런 이해에는 여러 의문이 뒤따른다. 우선 원가가 노골적 상열지사라면 속악가사로 채택되었겠느냐 하는 의문이다. 다음으로 사관과 같은 성향을 지녔다고 볼 수 있는 해시자가 淫風을 경계하는 뜻을 전혀 담지 않은 채, 잠시 만났던 남자와의 추억을 감미로워하는 쪽으로 표현함으로써, 오히려 음풍을 조장하는 태도를 취했겠느냐 하는 의문이다. 끝으로 『고려사』 편찬자들이 무엇 때문에 쉽사리 들통날 게 뻔한 왜곡을 했겠느냐 하는 의문이다.

특히 익재의 경우이므로 「소악부」 후편의 <水精寺>를 참고할 만하다. 시인은 특별히 자세히 붙인 설명에서 타락한 풍속을 비판한 鮮于樞의 <西湖曲>을 예로 들고서, "耽羅의 이 노래가 매우 비루하지만, 백성의 풍속을 살핌으로써 시절의 변화를 알 수 있게 한다.(耽羅此曲, 極爲鄙陋. 然可以觀民風知時變也.)"라고 하면서, 음사였을 법한 원가를 번해하면서도 다음과 같이 규계적 의미를 지니도록 解詩하였다.

都近川의 물을 막는 둑이 무너지니
수정사 안이 또한 푸른 바다이네
오늘밤 상방에다 선녀를 숨겨 놓고서

47) 이우성, 앞의 논문, 17면.

절의 주인은 도리어 뱃사람이 되었다네.

都近川頹制水坊, 水精寺裏亦滄浪.
上房此夜藏仙子, 社主還爲黃帽郞.

이렇게 보면 원가가 상열적 요소를 지녔더라도 <서경별곡>의 "구스리 바회예 디신돌" 대목처럼 품위를 지닌 가사가 아니라면, 그대로 수용하지 않았으리라고 보아야 옳을 것이다. 게다가 익재 또한 성리학도여서 "옛날에 관리를 두어 시를 채집한 것은 아름다운 구절을 취하자는 것만 아니라, 그 칭찬하고 풍자함을 살펴서 勸戒하려 한 것이다."[48]라고 생각했던 사람이 아닌가?

이런 점으로 보아 <제위보>의 결구 "指頭何忍洗餘香"은 "어찌 차마 손가락 끝에 남은 향기를 씻으랴?"가 아니라, "손가락 끝에 남은 향기를 어찌 씻어낼 수 있으랴?"라고 새겨야 할 것이다. '忍'이 '차마'라는 부사가 아니라 '할 수 있다(能)'[49]라는 조동사라는 것인데, 굳이 흔히 쓰지 않는 글자를 써서 오해를 산 이유는 仄聲字가 와야 할 자리라서 평성 '能'을 쓸 수 없었기 때문일 것[50]으로 보인다. 이렇게 본다면 외간남자에게 당한 치욕을 씻을 길이 없음을 한탄하고 자신을 원망했다는 설명에 부합된다. 따라서 「악지」의 창작동기 서술과 해시 사이에는 아무런 괴리가 없다고 보아야 할 것이다.

<安東紫青>에 대하여 「악지」에서는 "그래서 이 노래를 지어 실의 빨

---

48) 李齊賢, <關東瓦注序>, 『謹齋集』 권1. "古者, 置官採詩, 非取絺章繪句而已, 欲以觀其美刺而爲之勸誡也."

49) 『說文解字』에서는 "忍能也"라 하고, 段玉裁의 『說文解字注』에서는 "敢於止亦曰能, 今俗所謂能耐也."라 했으니, '能力'을 뜻하는 '能'과 같은 뜻의 '忍'이 동사로 전성된 것으로 볼 수 있다는 말이다.

50) 可·得을 써서 오인을 피할 수 있었는데도 잘 쓰이지 않는 글자를 써서, 결과적으로는 미국 新批評에서 말하는 多義性[ambiguity]을 지닌 시어처럼 되고 말았지만, 창작의 배경에 맞게 새길 필요가 있을 것이다.

강・초록・파랑・흰빛으로 되풀이하여 비유[비교]함으로써, 취하고 버릴 것에 대한 결심을 표현하였다.(故作此歌, 以絲之紅綠靑白, 反覆比之, 以致取舍之決焉.)"라고 했는데, 급암의 다음 시는 대체로 이런 설명에 부합되는 내용이다.

> 붉은 실과 푸른 실에다 파란 실이라니
> 어찌 여러 가지 잡색의 실이 되랴?
> 내가 물들이고 싶을 때 마음대로 물들일 수 있기에
> 흰 실이 나에게는 가장 좋다네.
>
> 紅絲綠線與靑絲, 　安用諸般雜色爲.
> 我欲染時隨意染, 　素絲於我最相宜.

제3구의 '隨意染'에 지나치게 이끌리면, "아무리 음미해 봐도 남편을 섬기는 부인의 순결을 말하는 것 같지는 않다. 숫총각과 숫처녀가 좋다고 하는 남녀상열지사임이 분명"하다는 해석을 하게 되어, "『고려사』를 편찬한 이조 초기의 유학자들이 많은 아름다운 속요들을 詞俚不載로 처리한 것은 고사하고 일부 기재한 것에 대해서도 種種의 왜곡을 가해 놓았다. 특히 남녀상열지사에 관해서 그러하다. 두드러진 것이 바로 <제위보>와 <안동자청>이다."[51]라고 이해할 수밖에 없다. 그러나 白絲로 결백을 내세우기 위하여 순결하지 못한 色絲와 대비한 내용으로 읽지 않고, 온갖 잡색실로 물들이기 쉽기에 흰 실이 좋다는 쪽으로 읽는 것은 순탄한 읽기라 하기 어려울 것이다.

게다가 아래와 같은 慣習都監의 啓請에는 왜곡이라고 볼 단서가 없다.

---

51) 이우성, 앞의 논문, 16~8면.

> <자청조> 또한 부인이 지은 것인데, 부인이 몸으로써 사람을 섬기다가 한번 그 몸을 잃으면 남들이 천하게 여기고 미워하는 바이므로, 실의 홍색・녹색・청색・백색으로 되풀이하여 비유한 것입니다. 두 곡조가 비록 모두 악부에 기재되어 있으나, 폐지되어 쓰이지 않은 지 오래 되었습니다. 지금 그 가사를 보니, <자청조>는 부인이 정절로 자신을 지켜 남에게 더럽혀지지 않고, <원흥곡>은 남편이 돌아온 것을 보고 기뻐하여 노래한 것이니, 바로 <居士戀>과 서로 표리가 됩니다. 모두 풍교에 도움이 있기에 넉넉하니, 管絃에 올려서 폐지되지 않게 함이 참으로 마땅합니다." 하니, 그대로 따랐다.[52]

<안동자청>의 주제가 '貞節自守'라서 풍교에 도움이 되므로 악장으로 쓰자는 주장을 펴고 있다. 조선 초기에 이 노래의 淫詞에 대한 논란이 전혀 없는 반면에, 이런 긍정적 주장만 있음은 「악지」의 설명과 부합될 뿐 아니라, 시의 내용과도 배치되지 않는다. 또 다음과 같은 몇 가지 이유로 보더라도, 「악지」의 설명이 傅會이고 관습도감의 견해가 왜곡이라고 볼 수 없다는 논의가 이미 있었다.[53]

첫째, 金澤榮의 『新高麗史』「樂志」의 "以婦人守節失節, 比於絲之紅綠青白者也."[54]로 보아, 흰 실은 정절을 지키는 아녀자를, 여러 색깔로 물든 실은 정절을 지키지 못함을 비유한다. 둘째, 李裕元이 <안동자청>에서 "몸으로 한결같이 섬긴 복주의 낭자는, 『여계』[55]로 가르친 바른 도

52) 『世宗實錄』 13년 10월 6일. "紫青調, 亦婦人之所作, 言婦人以身事人, 一失其身, 人所賤惡, 故以絲之紅綠青白, 反覆譬之. 二曲, 雖皆在樂府, 然廢而不用久矣. 今見其詞, 紫青調, 婦人有貞節自守, 不爲人所汚, 元興曲, 見夫之還, 喜而歌之, 正與居士戀相爲表裏. 皆足以有補於風敎, 誠宜被之管絃, 俾之勿壞, 從之."

53) 임주탁, 「고려가요 <安東紫青>의 문학적 성격」, 297~337면.

54) 이를 근거로 "反覆比之"가 "되풀이하여 비유하여"가 아니고 "번복하여 비유하여"라고 본 것은 수긍하기 어려운 듯하다. 흰실과 青・紅・綠色의 실을 되풀이하여 견주면서 비유했다는 뜻일 것이다.

55) 후한의 班昭가 지은 戒女書인데, 宋 劉清之의 『戒子通錄』 권8 <戒女書>에 따르면 7章 중 <夫婦>에 "正色端操以事夫, 主清靜自守."라는 대목이 있었다.

리가 부질없는 것이 되었네. 붉은 것은 초록이 될 수 없고 파란 것은 희어질 수 없으니, 뜬소문이 되풀이되더라도 행적에 맡기시라.(以身事一福州娘, 女誡漫成教義方. 紅不綠兮青不白, 游辭反覆任行藏.)"라고 읊은 데서도 같은 주제가 확인된다. 셋째, <안동자청>을 훨씬 구체적으로 수용한 것으로 보이는 白元恒의 <白絲吟>이 그런 주제에 부합하는 내용으로 되어 있는 점도 이를 방증한다.

결국, 급암시가 지나치게 압축적인 표현에 그친 아쉬움은 있지만 상열적 내용은 아니므로, 『고려사』 편찬자 등이 경직된 詩歌觀으로 왜곡한 일과 <안동자청>은 무관하다고 보아야 할 것이다. <白絲吟>을 참고하여 이해하면, <안동자청>은 여러 빛깔의 비단과 흰 실로 남편의 옷을 만들어 정성스레 섬기려던 일로 참소를 입어 시댁에서 쫓겨나게 된 부녀자가 흰 실과 青·紅·綠色의 실을 번갈아 견주어 비유하며 흰 실의 순결을 유지하겠다는 뜻을 다짐한 노래였을 것이다. 다만 <白絲吟>에 참소자와 시어미에 대한 원망과 자신의 신세에 대한 한탄이 강하게 나타난 점은 원가에서 유래한 것이라기보다는 시인의 처지를 반영한[56] 데서 생긴 부연이었을 가능성이 큰 것으로 보인다.

4. 結語

고려시대에 지어진 한시 가운데 국문시가와 연관시켜 논의할 수 있는 자료는 34편 정도이다. 국문가사가 남아 있는 고려시가가 20편 미만임을 감안하면, 이는 적지 않은 양일 뿐 아니라 매우 중요한 자료이다. 이러한

---

56) 白元恒은 충숙왕 원년에 前典校令으로 나타나고, 柳淸臣·吳潛이 충숙왕을 상왕에게 참소한 일로 왕에게 변명하기를 청한 일이 있는 점으로 보아, 억울하게 폄축된 행적이 있었을 가능성이 크다.

시들에 대해서는 국문문학·한문학 양쪽에서 다 중요한 연구성과가 있었지만, 쟁점으로 남아 있는 문제들도 여럿 있다. 그러한 쟁점의 일부를 검토한 결과는 아래와 같다.

소악부는 광의로는 중국과 우리나라에 존재했던 절구체 악부시, 협의로는 우리말 노래를 역해(번해)한 절구체 한시로 규정할 수 있다. 협의의 개념을 적용하더라도, 고려시대에는 이제현·민사평의 작품 17수 외에도 『고려사』「樂志」의 <寒松亭>·<三藏>·<蛇龍>, 이색의 <鞦韆> 제3수 및 <告風伯一章> 등 5수의 소악부가 더 있었다고 할 수 있다.

『益齋亂藁』·『及菴詩集』의 편차, 목은의 관련시 등을 고려하여 살피면, 익재의 「소악부」는 공민왕 6년(1357) 말에, 급암의 「소악부」는 공민왕 7년(1358) 초에 창작되었다고 볼 수 있다.

익재·급암의 「소악부」 17수 가운데 원가의 추정이 필요한 작품 5수 중 급암의 2번 작품은 추정이 불가능하며, 익재의 5번 작품은 별칭이 <남경별곡>인 <양주>에 비정할 수 있다. 그러나 <후전진작>·<월정화>로 비정된 급암의 작품들은 그런 견해를 받아들이기 어려운 점을 지니고 있다. 또 <정읍사>로 비정된 급암의 3번 작품 또한 두 시가 사이의 공통성이 부족한 한편으로, 毅宗의 미행을 풍유한 오세재의 시가 원가로 하였을지도 모르는 우리말 노래와의 연관성을 꽤 지니고 있다.

「악지」가 한시로 이해한 것으로 보이는 <三藏>·<蛇龍>은 창작한시로 보기도 하지만, 절구의 제반격식을 제대로 갖추지 못한 점으로 보아, 민요 또는 창작가요에서 속악가사 후보로 입수되었거나 이미 편입된 속악가사를 거칠게 한역한 시로 볼 수 있다. 우리말 노래를 한역한 이유는 음란성을 완화시켜서 공식적 악장으로 사용하려는 의도에서 찾을 수 있을 것으로 보인다.

「소악부」의 해시, 또는 그 원가의 주제는 크게 보아 찬미와 규계로 나눌 수 있으며, 찬미시의 경우는 남녀상열의 내용일 까닭이 없다. 이런 점에서 「악지」가 찬미적 노래로 설명한 <제위보>·<안동자청>은 남녀상열지사일 수 없으며, 해시의 의미 또한 이를 뒷받침한다. 그러므로 그 해시가 상열지사로 되어 있음에도 불구하고 유학자들이 왜곡하여 설명하였다는 주장은 받아들이기 어렵다.

〈『韓國漢詩硏究』 16(2008) 수록〉

白元恒의 생애와 시세계

1. 서언

白元恒은 고려 후기의 중요한 시인이었음에도 불구하고, 7언고시 <白絲吟>이 검토된 것[1]을 제외하면, 연구적 접근이 이루어진 적이 없을 뿐 아니라, 문학사적 기술에서도 완전히 배제되었다. 문집이 남지 않은 데다 행적이 불분명한 데 기인할 것이다. 그러나 그의 시가 『東文選』에 16수나 선발되어 있는 점은 매우 주목하지 않을 수 없다. 이 숫자는 『동문선』에 選詩된 시인 390여 명 가운데 26위에 해당하는 높은 순위일 뿐만 아니라, 몇 작품은 거의 모든 선집에 다 선발되어 있어, 전대인들이 그의 시를 매우 높이 평가하였음을 알 수 있다. 문학사적 평가와 연구적 관심 양면에서 매우 중요하게 다루어졌던 鄭知常·崔滋·安軸의 시가 『동문선』에 그보다 적게 선발된 점이야말로 그에 대한 관심이 특별히 소홀하였음을 방증한다고 할 것이다.[2]

---

1) 朴惠淑, 「形成期의 韓國樂府詩 研究」(서울대 박사논문, 1989) ; 임주탁, 「고려가요 <安東紫青>의 문학적 성격」, 『관악어문연구』 21(서울대 국어국문학과, 1996).

2) 문학사적 평가와 연구적 관심의 대상이 됨에 있어 그보다 현저히 앞선 시인들 가운데 鄭知常이 14제, 金坵·郭預·安軸이 12제, 崔滋가 11제 선발되었다.

이런 문제의식을 지닌다고 하더라도, 백원항의 시를 연구하는 데에는 근본적인 제약이 있다. 史書에 立傳되지 않은 탓에 생애가 불분명하고, 문집을 남기지 않은 가운데 시 17제가 확인될 뿐 산문이 전혀 남아 있지 않기 때문이다. 시화류에 몇 차례[3] 등장하기는 하지만, 작가나 작품의 특성을 파악하는 데 큰 도움이 되지 못하니 더욱 그러하다. 이런 제약에도 불구하고 그의 현전시의 면모를 검토하여 그 시사적 위치를 부여하는 일이 필요함은 말할 나위가 없다.

이 글은 백원항의 생애를 가능한 대로 자세히 재구하고, 그것을 바탕으로 현전시의 면모를 몇 가지 측면에서 검토함으로써, 그 시사적 의의를 간략히 규정하기 위하여 시도된다.

2. 생애

1) 기존의 이해

가장 자세한 인명사전에는 백원항의 생애가 다음과 같이 설명되어 있다.

> 생몰년 미상. 고려 말기의 문신. 본관은 水原. 中郎將을 지낸 眞生의 아들이다. 일찍이 安珦으로부터 "뒷날에 반드시 貴顯하리라."는 말을 들었다. 1279년(충렬왕 3) 國子監試에 수석으로 합격했다. 1311년(충선왕 3) 選軍을 둘 때 知讞部事로서 別監使가 되었다. 이때 司僕令史를 매를 쳐서 죽인 것으로 靈興島에 귀양갔다. 뒤에 풀려나 典校令이 되었고, 1314년(충숙왕 1) 尹莘傑·尹宣佐 등과 함께 『資治通鑑』을 進講했다. 1317년 摠部典書로 同考試官이 되어 進士를 뽑아 洪義孫 등을 급제하게 했다.

3) 『東人詩話』에 2회, 『櫟翁稗說』에 1회 나타나고, 『靑丘風雅』에도 다소 도움이 되는 批解가 1회 정도 있지만, 모두 간단한 내용이다.

> 1321년 密直使가 되었다가 僉議評理가 되었으며, 그해 朴孝修와 함께 상왕 충선왕의 환국을 요청하는 글을 써서 원나라 中書省에 보냈으며, 또 饔人 韓萬福 등의 충숙왕의 妃 濮國大長公主의 死因이 왕의 구타에 의한 것이라는 진술이 무고임을 밝히는 글을 써서 원나라 중서성에 보냈다. 그해 金恂·尹碩 등과 함께 상왕 충선왕의 신임을 받고 권세를 부리고 뇌물을 받아 鉅萬의 富를 누리던 權漢功·蔡洪哲 등을 귀양보냈다.[4]

핵심적 자료라 할 『高麗史』·『高麗史節要』를 대체로 반영한 결과이기는 하지만, 科擧의 同考試官과 宰相을 지낸 관료이자 뛰어난 시인이었던 이의 생애로는 간략하기 그지없는 설명이다. 앞에서 밝힌 대로 문집이 남지 않고, 『고려사』「열전」에 입전되지 않은 근본적 제약이 있지만, 『고려사』와 『고려사절요』를 대조하며 행간까지 면밀하게 읽고, 후대의 시문선집과 본인의 시에 나타난 작은 진술까지 수렴하여, 더 자세히 설명할 필요가 있다.

2) 가문

白元恒의 본관은 당대의 기록에서는 확인되지 않지만, 『白氏世譜』에 의하면 水原이다. 수원백씨[5]는 新羅 宣德王 때에 唐나라에서 귀화한 白宇經을 시조, 신라 말의 昌稷을 중시조로 하는데, 그 아들인 吉·卓은 史書에도 등장한다.[6] 세보에서는 백원항의 祖代까지의 世系를 吉-思柔-揮-簡美-良臣으로 밝히고, 이들이 각각 侍郎-諫議大夫-平章事-判兵部事

4) 한국정신문화연구원 편, 『한국인물대사전』(중앙M&B, 1999), 839~40면.
5) 藍浦·稷山·大興 등 십여 개가 넘던 관향을 조선조에 들어와서 실제로 單一本이라는 이유로 수원으로 통합하였다고 하는데, "白氏本水原大姓, 勝國時, 移貫大興.", "公始居稷山縣"이라 한 白文寶의 행장에서 고려시대의 사정을 엿볼 수 있다.
6) 吉이 태조 13년에 芋陵[鬱陵]島의 사신으로 왔다가 正位에 제수되고, 卓이 태조 즉위 직전에 弓裔의 文臣이었던 사실이 『高麗史』에 기록되어 있다.

兼 監修國史-平章事를 지냈다고 하였다. 그러나 3世로서 백원항의 5대조인 思柔가 光宗 24년(973)의 禮部試에 등제하여 成宗 10년(995)에 翰林學士로서 知貢擧가 되어 崔沆 등 10인, 14년(995)에 李子琳 등 8인을 취한 사실과 良臣의 아우 可臣이 侍郞으로서 肅宗 5년(1100) 6월에 尙書 任懿와 함께 宋나라에 사신으로 간 사실이 『고려사』에서 확인될[7]뿐 나머지 사람들은 행적이 불분명하다. 그리고 재종질인 文擧, 재종손인 文寶가 忠肅王·恭愍王代에 재상을 지낸 문신이었음도 확인된다.

한편, 白光臣[8]이 卓의 손자라는 세보의 기록은 시간적 거리로 보아 신빙하기 어렵다. 그러나 그가 明宗·神宗代에 翰林學士·平章事와 知貢擧를 지냈고 그 아들 賁華(1180~1224)가 京山府副使·禮部員外郞을 지내고 『南陽詩集』을 남긴 문신임은 분명하다. 또 백원항의 叔行인 文節과 그 아들 頤正[9] 등이 배출된 점도 틀림없다.

이로써 보면 그의 가문은 두드러진 문벌귀족은 아니지만, 국초부터 꾸준히 科擧文臣으로 명성을 누렸던 가문이라고 할 수 있다. 부친 眞生은 中郞將을 지냈다는 세보의 기록 이외에는 행적을 알 수 없어 落拓한 선비로 보이지만, 그는 그런 제약을 넘어 가문의 명성을 높이는 존재가 되었다.

3) 청장년기의 삶

생년이 미상인 백원항이 史乘에 처음 등장하는 시기는 忠烈王 5년

---

7) 白文寶(1303~1374)의 행장에는 세계가 思柔[翰林學士]-揮[進士]-簡美[判兵部事]-良臣[平章事]-堅[昇平府使]으로 밝혀져 있어, 백원항과 종형제 사이로 보이지만 관련된 언급이 없다. 이런 모순을 의식한 탓인지, 세보에서는 백문보를 백원항의 孫子代에 위치시켜 두고 있다.

8) 생몰년 미상으로 보지만, 崔瀣의 <海東後耆老會序>에서 崔讜(1135~1211)이 77세, 백이 74세라 했으니 1138년에 출생하여 1211년 이후 사망했음을 알 수 있다.

9) 白文節(?~1282)은 吏部侍郞 겸 大司成·寶文閣學士, 白頤正(1247~1323)은 寶文閣學士·僉議評理를 지냈다.

(1279)이다. 그 해 5월에 "右司議大夫 鄭興이 詩賦로 白元恒 등 32인, 十韻詩로 鄭時 등 31인, 明經 2인을 취하였다."[10]라고 한 대로 司馬試에 장원으로 급제하였기 때문이다. 鄭興은 鄭可臣(?~1298)[11]의 초명인데, 雪齋가 은문임은 <회헌 안향 상국의 시에 차운하여 좌주 설재 정가신께 올리다(次晦軒安相國珦韻, 上座主鄭雪齋可臣)>라는 시를 통해서도 확인된다.[12]

그가 1179년에 國子監試에 급제했다는 사실은 생년을 추정하는 데 도움이 된다. 장원급제할 만큼 뛰어난 才士였다는 점과 고려 전기 사마시 급제자의 평균연령이 19.7세[13] 또는 18.89세[14]였다는 점을 감안하면, 그의 출생연도는 1260년경이었을 것으로 추정할 수 있다.

백원항이 예부시에 등제했으리라는 것은 忠肅王 4년(1317)에 同考試官을 맡은 데서 분명히 드러나는데, 세보에서는 그 연도를 사마시에 급제한 해인 충렬왕 5년(1279)이라고 하였다. 이 기록은 이 방의 급제자[15] 가운데 동년배인 金恂(1258~?)·權溥(1262~1346)가 포함되어 있다는 점에서는 신빙성이 없지 않다. 그러나 다른 증거 없이 세보의 기록을 그대로 믿을 수 있느냐 하는 점에서 융통성 있게 생각해 볼 때에는 忠烈王 원년~忠定王 3년 급제자의 평균연령이 22.27세[16]라는 점이 참고가 된다. 이를 용인할 경우에는 충렬왕 5년(1279)부터 충렬왕 12년(1286) 사이

---

10) 『고려사』 권74 「選擧」 2. "五年五月, 右司議大夫鄭興, 取詩賦白元恒等三十二人, 十韻詩鄭時等三十一人, 明經二人."

11) 『東文選』은 이를 모르고 鄭興의 시와 鄭可臣의 시를 따로 싣는 착오를 범했다.

12) 座主는 보통 禮部試의 시험관을 일컫는 말인데, 『牧隱詩藁』에 무수히 쓰인 사례 중 金濤·李穡의 監試 試官인 李嶠·金光載를 가리킨 예가 있어, 감시의 시관에게도 사용되었음을 알 수 있다. 예부시의 은문이라서 좌주라 하지 않은 것은 그가 지공거였던 충렬왕 16년 예부시의 방이 온전히 남은 데서 드러난다.

13) 金龍善, 『高麗蔭敍制度硏究』(일조각, 1991), 128면.

14) 朴容雲, 『高麗時代의 蔭敍制와 科擧制 硏究』, 일지사, 1990, 305면.

15) 朴恒·郭汝弼이 관장한 이 과거의 등제자는 이제까지 趙簡·權溥·金恂·李世基·李瑱(李方衍)·韓謝奇·吳潛 등만 알려져 있다.

16) 위의 책, 같은 곳.

에 급제했으리라고 짐작할 수 있다. 이는 安珦·鄭可臣을 함께 거명한 詩題에서 안향에게는 좌주라 하지 않음으로써 안향이 처음으로 貢擧를 관장한 충렬왕 14년(1288) 이전[17]에 급제하였음을 방증하는 점과 충렬왕 14년 등제자인 尹宣佐(1265~1343), 충렬왕 16년 등제자인 尹莘傑(1266~1337)보다 관직이 조금 앞서는 점에서도 뒷받침된다. 결국 백원항은 빠르면 1279년, 늦어도 1286년까지는 예부시에 올랐으리라고 볼 수 있다.

백원항은 예부시에 등제하여 출사한 뒤에 꽤 오래 말직을 전전했으리라고 짐작된다. 아래의 글에는 이런 이해의 요긴한 단서를 지니고 있다.

> 또 사람을 알아보는 식견이 있었다. 金怡와 白元恒을 처음 보고 말하기를, "뒤에 반드시 현귀해질 것이다." 하였다. 또 李齊賢과 李異는 모두 소년시절에 이름이 있었는데, 이들을 불러서 시를 짓게 하고 말하기를, "제현은 반드시 현귀해지고 장수할 것이지만, 異는 수명이 짧을 것이다." 하더니, 뒤에 모두 징험되었다.[18]

安珦(1243~1306)의 졸기인데, <安珦傳>(『고려사』 권105)에서 김이와 백원항의 '未達時'의 일이라고 한 점을 고려하면, 그의 落拓이 꽤 길었기에 나온 말임을 짐작할 수 있다.

백원항의 청장년기의 삶을 알 수 있는 더 이상의 기록은 보이지 않는다. 다만 『靑丘風雅』 卷首의 「諸賢姓氏史略」에 "일찍이 충숙왕을 시종하여 원나라에 머물렀다.(嘗從忠肅留元)"고 한 요긴한 기술[19]이 보인다. 게다가 같은 책 권6의 7언절구 <燕都秋夜>의 題下에 '丁未年'이라고

---

17) 충렬왕 16년(1290)의 정가신·金賆이 관장한 과거의 방은 온전히 남아 있고, 이어진 1294년의 과거는 안향·閔漬, 21년의 과거는 정가신·金恂이 관장했다.

18) 『고려사절요』 권23. "且有鑒識, 初見金怡白元恒曰, '後必貴.' 又李齊賢李異, 少俱有名, 召令賦詩, 觀之曰, '齊賢必貴且壽, 異則不年矣.' 後皆驗."

19) 『箕雅』·『大東詩選』의 "從忠惠留元"은 『청구풍아』를 참고하는 과정에서 범한 착오일 것이다.

註記되어 있어, 留元의 시기도 대체로 알 수 있다. 忠肅王의 3회의 入元[20] 가운데 두 차례는 백원항이 시종한[21] 것으로 보이니, 윗글의 '從忠肅留元'은 즉위 이전의 일을 말한 것이라고 보아야 할 듯하다. 정미년인 충렬왕 33년(1307)[22]에 충선왕을 숙위하면서 주로 14세의 소년 세자를 섬겼던 게 아닌가 한다. 그가 충숙왕대에 오래 재상으로 있었던 주요한 원인이 밝혀진 셈이다.

4) 노년기의 삶

감시 급제 이후 다시 분명히 확인되는 행적은 노년기라 할 충선왕 3년(1311) 4월 壬子條의 "다시 選軍을 두고 지언부사 백원항으로 別監事를 삼았다."[23]라는 기사이다. '讞部'는 刑部를 고친 이름인데, 아마 그는 충선왕대에 이르러서야 정3품인 尙書와 정4품인 侍郎 사이의 兼官職인 讞部知事로서 選軍別監까지 겸대하였던 듯하다. 이때 명성을 얻는 한편으로 권귀와 틈이 생겨 이듬해인 충선왕 4년에 파직되어 섬으로 유배되었음을 다음 기사를 통해 알 수 있다.

> 백원항을 靈興島[24]에 유배시켰다. 원항은 일찍이 知讞部事로서 選軍

20) 부왕을 따라 처음으로 입원했다가 忠宣王 5년(1313)에 전위받으면서 귀국하였고, 왕권의 불안 때문에 충숙왕 8년(1321)부터 12년까지 留元하였으며, 17년(1330)에 세자에게 傳位하고 입원했다가 1332년에 충혜왕이 폐위되면서 귀국하였다.

21) 『고려사절요』 충숙왕 9년(1322) 8월조에서 "근간에 백원항·박효수 등이 왕을 따라 도성에 들어가서 국인으로 하여금 상서하여 왕이 빨리 돌아오기를 비니"라고 한 데서, 정미년 이후에도 시종한 사실이 확인된다.

22) 이 해는 백이정이 충렬왕을 따라 입원하여 10년간 연도에서 성리학을 배우다가 性理書와 家禮를 가지고 돌아왔다고 한 해이다.

23) 『고려사』 권34. "夏四月壬子, 復置選軍, 以知讞部事白元恒爲別監使."

24) 『신증동국여지승람』 권9에 따르면 남양도호부의 부치 서쪽 53리에 있는 大部島 서쪽에 있는 섬으로 목장이 있었던 곳이다.

> 을 감시하여 명성이 있었으므로, 왕이 諸司의 계약문서를 회수하라고 명하였다. 全英甫가 일찍이 資贍司使가 되어 銀幣를 많이 절취하였는데, 원항이 추궁하여 그냥두지 않으니, 영보가 매우 원망하였다. 마침 원항이 司僕令史를 매질하여 병들어 죽게 하였으므로, 영보가 왕께 호소하여 유배시켰다.[25]

충숙왕 즉위 직후의 기사에 '前典校令'으로 나타나는 것으로 보아, 그는 오래지 않아 해배되어 圖書의 보관과 인쇄에 관한 일을 맡아보던 관서인 典校寺의 실무책임자로 종3품직인 전교령을 맡았다가, 어떤 일로 다시 관직을 떠나 있었던 모양이다. 이렇게 이해해야 충숙왕 원년(1314) 윤삼월에 "상왕이 전선부의랑 윤신걸, 사헌집의 윤선좌, 전전교령 백원항에게 명하여 통감을 강하게"[26] 한 때까지의 행적이 순탄하게 설명될 수 있다.

그는 『資治通鑑』[27]을 진강한 뒤 오래지 않아 정3품의 요직인 摠部典書(兵部尙書)를 맡았던 듯하다. 그리고 충숙왕 4년(1316) 9월에는 문신의 꿈이라 할 수 있는 예부시의 시험관이 되었다. 延興君 朴全之(1250~1325)와 함께 同考試官으로서 과거를 관장하여 洪義孫 등에게 급제를 내렸던 것이다.[28] 考試官인 박전지는 그가 아직 유년시절이었던 원종 9년(1268)에 등제한 선배인데, 그와 함께 공거를 관장하였다는 것은 이 무렵에 문신으로서의 능력을 인정받았을 뿐 아니라 왕에게 매우 총애받았음을 입증한다. 이듬해 정월에는 崔元茂·윤신걸과 함께 왕에게 불려가서 시를 창화하고 紅鞓을 하사받아[29] 다시 한 번 관각문신의 영예를 크게 누렸다.

---

25) 『고려사절요』 권23 충선왕 4년 11월조. "流元恒于靈興島. 元恒, 嘗知讞部, 監選軍有聲, 故王令推刷諸司契券. 全英甫嘗爲資贍司使, 多竊銀幣. 元恒, 究問不置, 英甫甚怨之. 會元恒杖司僕令史病死, 英甫訴王流之."

26) 『고려사』 권34. "上王命前選部議郞尹莘傑司憲執義尹宣佐前典校令白元恒, 侍王講通鑑."

27) 『고려사』 권109 <尹宣佐傳>에서는 "進講資治通鑑"이라 하였다.

28) 『고려사』 권73 「選擧」 1. "四年九月, 延興君朴全之考試官, 摠部典書白元恒同考試官, 取進士, 賜洪義孫等及第."

그는 충숙왕 5년(1318) 정월에 종2품인 密直使[30]로 승진함으로써 회갑이 가까운 늦은 때이기는 하지만, 드디어 宰樞의 반열에 올랐다. 같은 해 5월에는 柳淸臣 등이 상왕에게 왕을 참소한 일로 변명하기를 청하였다[31]고 한 것으로 보아 위기를 맞기도 하였으나, 무사히 왕의 의심을 풀었던 듯하다.[32] 또 3년 뒤 정월에는 三司使 金恂, 密直副使 尹碩 등과 함께 상왕에게 무고하며 충숙왕의 폐위를 도모했던 權漢功·蔡洪哲을 杖刑하여 遠島에 유배시키기도 하였다.[33]

이 해 4월 丁卯日에 왕이 유청신·오잠 등을 데리고 원나라에 갔는데, 이듬해 8월에 권한공·채홍철 등이 瀋王 暠를 왕으로 추대하기 위하여 원의 중서성에 올린 글에서는 백원항이 왕을 따라 원나라에 가 있다고 하였다.[34] 이를 통해 그가 4월 이후 어느 때인가 入元하였음을 알 수 있으며, 12월에는 개경에 있었음이 확인되는 것으로 보아 11월까지는 귀국한 듯하다.

이 무렵에 그는 불미스러운 행적을 남기기도 하였다. 재상 趙仁規의

---

29) 『고려사』 권35 충숙왕 5년 정월 병자조. "召崔元茂尹莘傑白元恒等, 賦詩唱和, 賜紅鞓."

30) 『고려사』 권35 충숙왕 8년 정월 갑진조, "以金利用守僉議政丞, 金恂判三司事, 吳潛朴虛中僉議贊成事, 趙璉金台鉉爲評理, 金元祥爲政堂文學, 朴侶趙延壽爲三司使, 白元恒爲密直使."

31) 『고려사절요』 권24 5월조에서는 前直郎 鄭琛의 장류 기사 다음에서 "일찍이 왕이 柳淸臣·吳潛이 자신을 상왕에게 참소하였다는 말을 듣고 자못 의심하였다. 두 사람이 행궁에 나가서 백원항과 함께 변명하기를 청하였다. 왕이 원항에게 물으니 원항은 鄭方吉과 僧 祖倫을 가리키고, 조륜은 前執義 徐謹을 가리키며, 인은 鄭琛를 지목하였다."라고 하였다.

32) 충숙왕 7년에 이제현이 책문에서 正統論을 문제삼음으로써 유청신·오잠 등의 立省論을 비판하던 시기였으니, 백원항도 같은 입장에서 변명했을 듯하다.

33) 『고려사』 권35 충숙왕 8년 정월 壬申條. "令三司使金恂密直使白元恒密直副使尹碩全英甫大護軍李仁吉及監察諴部事, 杖權漢功蔡洪哲, 流于遠島." 『고려사절요』에서는 4월에 이르러서야 유배시켰다고 하였다.

34) 『고려사절요』 권24 충숙왕 9년 8월조. "頃者, 白元恒朴孝修等, 隨王入都, 令國人, 上書乞王遄歸. 陪臣會議, 數月未就, 代言慶斯萬護軍金仁沇等, 以王命督之, 不獲已署名. 斯萬, 潛授金之鏡等, 呈于上省, 冒弄都堂, 伏乞詳照."

아들인 延壽가 재물을 탐하고 여색을 좋아하였는데, 그가 밀직 백원항과 함께 행궁의 盤纏[路費]과 苧布를 사사롭게 취하여 썼기에, 세인들이 비루하게 여겼다[35]고 한 기록이 그것이다.

그는 이 해 10월에 같은 종2품직인 僉議評理(參知政事)에 오름으로써 드디어 '眞宰'가 되었다.[36] 12월에는 朴孝修(脩)와 함께 妙覺寺에 모여 중서성에 상서하여 상왕[37]의 환국을 빌었다.[38] 또 같은 달에 박효수와 함께 饔人 萬福의 왕에 대한 무고를 변증하는 글을 원의 중서성에 올렸다.[39]

『고려사』「세가」에는 관련 기록이 충숙왕 8년을 끝으로 나타나지 않지만, 『고려사절요』에는 10년(1323) 9월의 행적이 확인된다. "재상이 淑妃[40]에게 잔치를 베풀었다. 비가 伯顔禿古思[41]가 상왕을 危害할 것을 꾀하고 그 형 任瑞가 金之甲의 牌面을 빼앗은 등의 일로 뭇 신하들로 하여금 중서성에 글을 올려 죄를 줄 것을 호소하게 하였다. 金台鉉이 먼저 서명하였으나, 백원항과 박효수는 연고를 들어 서명하지 않았다."[42]라는 기사가

---

35) 『고려사』 권105 <趙仁規傳>. "延壽, 貪財好色. 嘗與密直白元恒, 私取行宮盤纏金銀苧布用之, 爲世所陋."

36) 『고려사』 권35 충숙왕 8년 10월 庚戌條. "崔有渰爲大寧君, 金台鉉判三司事, 吳潛朴虛中趙璉僉議贊成事, 趙延壽金元祥爲三司使, 白元恒韓渥僉議評理."

37) 충선왕은 1313년 3월 귀국하여 충숙왕을 즉위시킨 뒤 이듬해 6월에 다시 入元했다. 이때 萬卷堂을 세우고 李齊賢을 불러들여 명사들과 교유하게 함으로써, 양국의 문화교류에 힘썼다. 1316년에는 瀋陽王을 조카에게 양위했고, 1320년에 仁宗이 서거하자 고려출신 환관 任伯顔禿古思의 모함을 받아 吐蕃에 유배되었다가, 1323년에 泰定帝가 즉위한 뒤 해배되어, 元都로 돌아갔다가 2년 뒤에 서거했다.

38) 『고려사』 권35 충숙왕 8년 10월 丁未條. "白元恒朴孝修等, 會妙覺寺, 上書中書省, 乞還上王."

39) 『고려사』 권89 <后妃傳> 2에 따르면, 충숙왕 8년에 元이 宣使를 보내어 2년 전에 죽은 왕비 濮國大長公主의 死因을 조사했는데, 饔人 萬福이 투기한 공주를 왕이 구타한 일을 말한 일로 잡혀가자, 왕을 변호하기 위한 글을 보낸 것이다.

40) 충렬왕 23년에 궁인 無比 등을 숙청한 뒤에, 세자가 죽은 崔文의 아내 김씨가 미색이므로 왕에게 바치자 숙비에 봉했는데, 충렬왕의 서거 직후부터 더불어 음행하던 충선왕이 나중에 淑昌院妃로 높인 바 있다.

41) 고려출신의 환관으로 나중에도 충선왕을 모함하여 吐蕃에 유배되게 한 자이다.

42) 『고려사절요』 권315 10년 9월조. "宰相, 享淑妃. 妃以伯顔禿古思, 謀危上王, 其兄

그것이다. 이는 충선왕과 갈등을 빚고 있던 충숙왕을 두둔하고자 취한 행동이었을 것으로 보인다.

『청구풍아』·『동인시화』 등에 한결같이 '官至贊成事'로 나타나는 것으로 보아, 그의 마지막 관직은 정2품직인 贊成事였던 듯하다. 근거가 있는 기록일 테지만, 승진시기나 재임기간은 알 수 없다. 찬성사가 시중 다음의 직위이므로 중요한 역할을 하였을 테지만 사서에 전혀 기록이 없다는 점에서 승진한 지 오래지 않아 치사하거나 사망한 것이 아닌가 짐작될 뿐이다.

그의 사망시기 또한 알 만한 단서가 적지만, 짐작에 다소 도움이 되는 것이 『東人之文五七』의 잔권인 듯하다. 『동인지문오칠』의 마지막 권으로 추정되는 9권에 선시된 시인 중 가장 후배들이 李承休(1224~1300)·洪侃(?~1304)·金晅(1234~1305)·安珦(1243~1306)·鄭允宜(?~1307)·李混(1252~1313)·吳漢卿(?~1314)이다. 가장 늦게 죽은 오한경의 몰년이 충숙왕 원년인 점으로 보아, 이 책은 선시대상을 충렬왕대까지 활동한 시인으로 제한한 듯하다. 이는 이 책이 김태현(1261~1330)의 『東國文鑑』에서 재선한 데 말미암을 터인데, 『東國文鑑』의 편찬시기가 快軒이 商議贊成事를 사직한 1311~1320년일 것으로 추정되는 점을 고려하면, 자신과 동세대인 백원항의 시는 제외할 수밖에 없었을 것이다.

또 김태현이 충렬왕 원년(1275)에 감시에 장원급제하고, 이듬해(1276)에 예부시에 급제한 점과 관위가 계속 백원항보다 다소 앞섰음을 고려하면, 양인은 출생연도가 비슷하였을 것으로 보인다. 이를 감안하면 그의 타계시기는 1320년대 후반으로 추정할 수 있을 듯하다. 세보에서는 시호가 文毅라고 했는데, 찬성사까지 오른 관력으로 보아 근거가 있을 것이

任瑞, 奪金之甲牌面等事, 令群臣上書于中書省, 訴其罪, 金台鉉, 先署名, 白元恒朴孝修, 托故不署." 『고려사』 권110 <김태현전>에서는 "모두 말을 칭탁하고 서명하지 아니하였다.(皆托辭不署.)"라고 하였다.

다. 그는 天儒 등 아들 3형제를 두었는데, 이후 4대 동안 관료가 없었던 데서, 그의 작품과 행적에 관한 기록이 제대로 남지 않은 한 원인을 알 수 있다.

5) 생애의 개략

지금까지 살핀 바를 통하여 백원항의 생애는 다음과 같이 요약할 수 있다. 그는 1260년경에 출생하여 충렬왕 5년(1279)에 사마시에 장원급제하고, 충렬왕 5년(1279)부터 12년(1286) 사이에 예부시에 등제하여 출사하였지만, 꽤 오래 말직을 전전하였던 듯하다. 충렬왕 33년(1307)에는 연도에 있던 충선왕과 세자(충숙왕)를 시종하였고, 충선왕 3년(1311)에는 어떤 본직을 가지고 知讞部事와 選軍別監을 겸대하였다. 충선왕 4년(1312)에는 노비출신의 嬖倖 全英甫와 틈이 생겨 靈興島에 유배되었다가, 곧 해배되어 충선왕 5년(1313) 쯤에 典校令이 되었을 것이다.

충숙왕 원년(1314) 윤삼월에는 上王의 명으로 충숙왕에게 『자치통감』을 진강하였고, 충숙왕 2~3년경에 摠部典書(정3품)가 된 듯하다. 충숙왕 4년(1317) 9월에는 동고시관이 되어 洪義孫 등을 급제시켰으며, 충숙왕 5년(1318) 정월에는 密直使(종2품)로 승진하였다. 충숙왕 8년(1321) 정월에는 왕의 폐위를 도모한 權漢功·蔡洪哲을 杖流시켰으며, 4월 이후 왕권의 불안으로 입원한 충숙왕을 시종하였다가 12월 이전에 귀국하였을 것으로 보인다. 같은 해 10월에는 첨의평리(종2품)에 올라 마침내 眞宰가 되었으며, 12월에는 원의 중서성에 상왕의 환국을 비는 글을 보내고, 饔人 萬福이 왕을 무고한 일을 변증하는 글을 올렸다. 그리고 충숙왕 10년(1323) 9월에는 淑妃의 명으로 원에 올리는 글에 서명하지 않았다. 그는 1320년대 중반에 贊成事(정2품)로 승진하였다가 후반쯤에 사망하여 文毅라는 시호를 받았을 것으로 보인다.

3. 시세계와 그 특질

1) 자료의 출처

백원항의 현전시는 『東文選』에 16제 16수, 錢謙益의 『御選明詩』(권116)에 1수, 『青丘風雅』에 3수, 『箕雅』에 2수, 『大東詩選』에 2수가 실려 있는데, 다른 책의 것들은 모두 『동문선』에 실린 작품과 중복된다. 이러한 완편 외에도 『櫟翁稗說』에 <文機障子詩>의 聯句 하나가 수록되어 있다. 따라서 현전시는 모두 17수 정도인 셈이다. 앞에서 말한 대로 이 16수는 수록 시인 중 26위에 해당하므로, 매우 비중이 높은 시인으로 평가받았음을 알 수 있다.

현전작품들의 출처가 어떤 책인지는 미상이다. 행적이나 남긴 작품으로 보아 문집이 있었을 법하지만, 그 편찬이나 간행에 관한 기록은 찾을 수 없다. 충렬왕대 이후까지 활약한 탓에 『東國文鑑』·『東人之文五七』·『三韓詩龜鑑』[43]에 작품이 선발되지 않은 점을 감안하면, 이 시들의 출처 또한 선집이었을 가능성이 크다. 이때 가장 먼저 떠올릴 수 있는 책은 金祉의 『選粹集』이다. 李穡이 <김경숙 소감에게 부쳐주다(寄贈金敬叔少監)>에서 "그대는 보지 못하였는가? 쾌헌 문정공께서 문장과 도덕으로 당시에 영예를 다투었음을. 또 보지 못하였는가? 예산농은 최졸옹은 큰 뜻과 높은 재주가 넘쳐서 여유가 있었음을. 두 분이 유취하고 정선하느라 또한 수고로이 노력했으나, 지금 어디에서 유전되고 있는가?"[44]라고 읊은 데서, 충렬왕대 이후의 시문을 선발하고자 책임을 알 수 있을 뿐 아니라,

---

43) 이 세 책이 충렬왕대 이전의 시문을 취했음은 金宗直이 <青丘風雅序>에서 "此三老所選, 皆忠烈以前之作, 厥後諸作, 無有繼而蒐集者."라 한 데 나타나 있다.

44) 李穡, <寄贈金敬叔少監>, 『목은시고』 권10. "君不見快軒文正公, 文章道德時爭譽? 又不見猊山農隱崔拙翁, 倜儻高才霈有餘.兩家類粹亦勤苦? 如今流傳安在歟?"

그가 『동인지문오칠』 말미의 시인들보다 다소 후배인 탓에 이 책의 선시 대상이었을 것이기 때문이다.

다음으로 생각할 수 있는 선집은 가칭 『續東人文』이다. 이 책은 李穡(1328~1396)과 閔安仁(1343~1398)이 함께 선발하던 것인데, 『牧隱詩藁』 권17~25에는 이 작업을 직접적으로 언급한 시 8편이 있다. 그것들에 의하면 이들은 우왕 5~6년(1379~80)에 선시작업을 하고 있었는데, 그 일을 읊은 한 시에서는 졸옹의 집대성을 예찬하는 한편으로 "同時諸賢不入選"[45]이라고 유감을 표함으로써, 역시 충숙왕대 이후의 시를 선발하고 있었음을 밝혔다. 그 편찬이 어느 정도 진척되었는지는 알기 어렵지만, 20여년 뒤인 1398년에 민안인이 죽자, 權近이 "『속동인문』을 편찬하기 위해 諸家들의 일고를 수집하여 백여 질에 이르렀는데 손수 초록하여 수년 동안 부지런히 하여 즐기는 듯이 하다가 탈고에 이르지 못하고"[46]라 한 것으로 보아, 작업이 계속되었던 듯하며, 그 결과는 陽村도 잘 알고 있었을 것으로 보인다.

그런데 <靑丘風雅序>에서는 "경인년에 사국에서 벼슬하게 되어 국화[崔淑精]와 함께 관 안에 있는 묵은 상자에서 춘정[卞季良] 제공께서 모아 놓고 책으로 만들지 못한 것에서 또 백여편을 수록하였다.(庚寅歲, 承乏史局, 與國華, 檢館中舊篋, 得春亭諸公裒集未成之書, 又錄百餘篇.)" 라고 하였다. 변계량은 이색·권근의 문인이고 민안인은 권근의 오랜 친구[47]이므로, 춘정이 '裒集'했다는 책은 『속동인문』의 연장이었을 가능성이 크다. 그리고 이를 金宗直이 참고했다면, 7년 뒤에 이루어진 館閣의 사업인 『동문선』의 편찬에도 이용되었을 것이다. 따라서 『속동인문』의 초고

45) <閔祗侯安仁, 集諸家詩藁 將續拙翁東人文, 予喜之甚, (후략)>, 『牧隱詩藁』 권17.

46) <閔安仁墓誌銘, 幷序>, 『陽村集』 권39. "又撰續東人文, 裒集諸家逸藁, 多至百餘帙 手自抄錄, 積歲不怠, 若嗜欲然, 未及脫藁."

47) 위의 글. "予於公親且舊."

도 『동문선』의 선시에 이용되었을 가능성이 크다고 보아야 하며, 백원항의 시 또한 『선수집』을 출처로 하지 않았다면, 『속동인문』의 초고를 저본으로 하였을 가능성이 크다.

백원항의 현전시는 7언고시 4수, 5언율시 1수, 7언율시 2수, 7언절구 9수, 7언聯句 하나이다. 이는 한 시인의 시세계를 살피기에는 턱없이 부족한 양임이 분명하지만, 여기에서는 부족한 대로 시의 제재 및 내용의 측면에서 술회시 · 관각시 · 경물시로 분류하여 내용과 특성을 아울러 살피는 방법으로 검토해 보고자 한다.

2) 述懷詩, 醞藉와 含蓄

현전시 17수 중에 시인의 처지와 심정을 술회한 시는 7수이다. 이 가운데에는 다음의 <궁색한 집의 겨울날(窮居冬日)>(『동문선』 권20)처럼 뚜렷한 내용보다는 삶의 분위기를 드러내는 데 그친 작품이 몇 수 있다.

> 부서진 지붕에 바람이 불어오고 땔나무는 끊어지려 하는데
> 원랑[48]은 편안히 누워 있고 문은 눈으로 막혀 있네.
> 강남땅에는 날씨가 따뜻해져서 농사짓기에 좋을 거라면서
> 화로를 둘러싼 처자들은 밤이 깊도록 이야기하네.
>
> 破屋颼颼薪欲絶, 袁郎高臥門遮雪.
> 江南地暖足田蠶, 妻子圍爐深夜說.

‘궁거’라 한 것으로 보아 관직을 떠나 은거하던 때의 작품으로 보이는

48) 袁郎은 後漢의 袁安을 가리키는데, 큰 눈이 내릴 때에 집을 나와서 구걸하는 이들이 많았으나 홀로 편안히 누워서 나오지 않자, 洛陽令이 안찰하다가 그의 집에 이르러 보고서 어짊을 알고 孝廉으로 천거하였다.

데, 봄이 가까운 때에도 추위에 떠는 가족들에 대한 가장의 걱정을 슬쩍 드러낼 뿐 굳이 가난을 푸념하지는 않았다. 이와 같이 신변의 심상한 풍정만 그릴 뿐 구체적인 심회를 드러내지 않은 작품으로는 7언절구 <칠월 초엿샛날에 오래 잠들지 못하다(七月初六日夜久不寐)>(권20, 『열조시집』에는 <秋夜>)가 있다. 이런 작품은 궁고한 삶을 읊으면서도 枯槁한 풍격을 드러내지 않고 온화한 심정을 함축적으로 술회한 점을 높이 사서 선발했을 것으로 보인다.

인생무상을 주제로 한 7언고시인 <권우생의 집에서 술을 마시다(權友生家飮酒)>(권6)는 위의 작품보다는 감회를 좀더 구체적으로 드러낸 작품이다.

> 남산에서는 푸른 솔이 생장하는데
> 서해에서는 흰 해가 빠지네.
> 어느 시대인들 세상에 영웅이 없었으랴마는
> 검은 머리와 고운 얼굴이 오래 가지는 못한다네.
> 옛 사람의 동산의 나무는 마른 그루터기가 되고
> 옛 사람의 호협한 뼈는 진흙과 모래로 돌아갔네.
> 벗의 마음은 초나라와 월나라가 아닌데
> 백년의 세월은 얼마나 빠른가?
> 모든 손들이 다 흩어진 뒤에도 髡[49]만은 만류하니
> 달빛이 가득한 그대의 집에 누워 있네.

> 青松生南山, 白日沒西海.
> 世上英雄何代無, 綠鬢朱顔不長在.
> 昔人園樹成枯查, 昔人俠骨歸泥沙.

49) 전국시대 楚나라의 익살로 이름났던 사람인 淳于髡은 "주인이 연회를 벌여 기생을 불러 손님에게 술을 권하다가 밤이 깊어 손님은 다 다른 곳으로 가고 髡만을 만류할 때에 가장 즐겁다."고 말한 바 있다.

同人之心非楚越, 百年光景何飄忽.
諸賓散盡兇獨留, 醉臥君家滿堂月.

5언을 두 구절 삽입하고 환운하여 변화를 꾀한 7언고시이다. 술에 취하고도 흥겹기보다는 인생의 무상감에 젖은 자세를 숨기지 않았다. 무슨 현실적 사연이 있는 탓이겠지만, 굳이 언표하지는 않았다. 표일한 자세를 함축적으로 표현한 데 묘미가 있는 작품이라 할 수 있다.

7언 6구와 5언 6구로 이루어져 있어 『동문선』에는 7언고시로 분류되어 있지만 잡체시로 볼 수도 있는 <醉題翰院>(권6)도 취흥과 인생무상을 토로한 점에서 위의 작품과 유사한 성격의 작품이다. 7언절구인 <연도의 가을밤(燕都秋夜)>(권20)은 이것들보다는 구체적 감회를 적극적으로 드러낸 작품이다.

돌아가지 못하고 달빛을 밟으며 집을 생각하노라니
깊은 가을에 뜰의 숲에서는 비단잎이 날리네.
삼천팔백리나 떨어진 고국에서는
밤이 깊도록 쌍방방이질을 하며 겨울옷을 다듬이질하리.

思家步月未成歸, 庭樹秋深錦葉飛.
故國三千八百里, 夜闌雙杵擣寒衣.

『青丘風雅』 권6의 '丁未年'이라는 註記로 보아, 충렬왕 33년(1307) 가을 충숙왕을 시종하느라고 연도에 있던 때에 지어진 작품인 듯하다. 충렬왕이 작고하기 1년쯤 전이라 충렬왕 부자 사이에 갈등이 심각하던 시절이니, 어린 왕자를 시종하던 시인도 편안할 수 없었을 것이다. 그러나 간절한 향수와 가족애를 섬세하고 절실한 시어를 택하여 드러냈을 뿐, 고뇌와 비애를 발산시키지는 않고 있다. 앞의 작품들보다 정회를 적극적으로 드러내기는 하였지만, 감정을 절제한 점에서는 마찬가지로 송시적인 성향을 보인다고 할 것이다. 이 작품의 장처는 唐 施肩吾의 시구 "十年三千六百日"[50]을 본뜬 것으로 보이는 전구로서, '故國三萬八千里'라는 명사 일곱 자에다 강한 향수를 집약해 놓은 대목이라 할 수 있다.

> 넓은 들과 나지막한 산이 멀리 연기 속에 들어 있는데
> 시냇물은 다하지 않고 풀은 끝이 없네.
> 이번 행차에 남아의 뜻이 이루어지니
> 혜계[51]가 독 속에서 보던 하늘이 깨뜨려졌다네.
>
> 平野殘山遠入煙, 　川流不盡草無邊.
> 此行償得男兒志, 　打破醯鷄甕裏天.
>
> － <金連川>(권20)

금련천은 원의 上都[52] 앞쪽을 흐르는 강으로 그 주변의 초원은 바로 元 世祖 쿠빌라이가 거점으로 삼아 활약한 지 10년 만에 大汗으로 즉위했던 곳이다. 이러한 제재적 특성으로 보아, 이 시는 충선왕을 호종하여 원나라의 상도에 갔을 때 지은 것으로서, 중국의 광대한 산천을 처음 본 느낌을 주지로 한 작품인 듯하다. 기승구에서 금련천 초원과 주변의 광경을 큰 구도로 形似하고서, 전결구에서는 그런 산천을 본 느낌을 독 속에서만 하늘을 보던 해계의 식견이 타파된 것으로 비유하였다. 원나라에 간 임무가 나라의 명운이 걸린 왕권의 향방과 연관된 일이었기에 커다란 의지를 굳게 다짐한 것인지, 충선왕이 후사 없이 타계한 원 成宗의 뒤를 이은 武宗을 옹립하는 데 큰 공훈을 세운 일로 인한 만족감을 드러낸 것인

50) 徐應秋, 『玉芝堂談薈』 권31. "見施肩吾詩. 十年三千六百日."
51) 醯鷄는 술 위에 뜨는 아주 작은 벌레이다.
52) 지금의 察哈爾省 多倫縣 동남쪽에 있던 도시로 元의 여름철 수도인데, 中統 5년(1264)에 開平府로 加號하고 至元 18년(1281)에는 上都留守司를 두었다.

지는 알 수 없으나, 아주 강한 기상이 드러나 있다. 백원항의 시로서는 드물게 호방하고 준장한 풍격을 지녔다는 점에서 일반적 경향을 벗어난 특이한 작품이라 할 수 있다.

그의 감회시 가운데 백미는 16구로 이루어진 7언고시 <白絲吟>이다. 이 작품은 명편으로 인식된 탓인지 『靑丘風雅』(권2)에 실리기 시작한 이래로 『東文選』·『箕雅』·『大東詩選』 등 거의 모든 시선집에 오를 정도로 주목받았으니, 그의 대표작이라 할 만하다.

> 흰 실은 곱디고와 눈꽃처럼 희고
> 비단 위의 새 무늬는 울긋불긋 눈을 어지럽히네.
> 미인은 뜻이 낭군의 옷에 있어
> 고운 손으로 정성스레 칼과 가위를 잡네.
> 시어미 미워[53] 시어미 미워 시어미는 정말 밉나니
> 나의 집에서 바느질하여 섬김을 허락지 않으시네.
> 교묘한 말은 예로부터 笙簧처럼 좋아하나니
> 오늘 아침에 나를 고향으로 돌아가게 하시네.
> 문을 나가 등지고 서서 풍설 속에서 우노라니
> 서북쪽으로는 구름 낀 하늘이 멀리 만리이네.
> 구름 낀 하늘은 멀고 낭군은 보이지 않는데
> 다북쑥 날리는 길이 머니 마음은 아득하네.
> 거문고를 타고 싶지만 세인들은 귀가 없으니
> 부질없이 대낮에 동쪽으로 흐르는 물만 한탄하네.
> 흰 실은 한 번 물들면 희어질 수 없지만
> 버려진 내가 다시 옴은 마땅히 기약이 있으리.
>
> 白絲鮮鮮雪華白, 錦上新紋眩紅碧.
> 美人意在公子衣, 纖手殷勤把刀尺.

53) '姑惡'에 대해서는 『靑丘風雅』에 "姑惡爲鳥名, 陸放翁詩, 君聽姑惡聲 無乃遣婦魂."이라는 주가 붙어 있다.

姑惡姑惡姑果惡, 不許儂家事縫作.
古來巧語悅如簧, 使妾今朝還故鄕.
出門背立泣風雪, 西北萬里雲天長.
雲天長不見郎, 斷蓬路遠心茫茫.
欲彈朱絃世無耳, 空嗟白日東流水.
白絲一染無白時, 棄妾重來當有期.

이 시는 의미구조를 ① 제1~4구, ② 제5~8구, ③ 제9~12구, ④ 제13~16구의 네 단락으로 나누어 살필 수 있다. 시어머니에게서 쫓겨난 아낙네를 시적 화자로 하여 일관된 발화방식으로 ① 정성스러운 바느질로 남편을 섬겨온 삶, ② 참소를 믿은 시어머니에게서 쫓겨나게 된 분노와 시어미에 대한 미움, ③ 친정으로 돌아갈 길의 괴로움과 외로움, ④ 흰 실과 화려한 비단으로 인한 오해 때문에 쫓겨나지만 흰 실의 순결함을 실천하면 돌아오게 되리라는 믿음을 노래하고 있다.

김종직이 시의 끝에 붙인 "흰 실은 한 번 물들면, 흰 빛으로 되돌릴 수 없고, 사람의 마음은 간혹 뉘우쳐 깨달으면 바뀌는 이치가 있다고 하였으니, 그 바람이 매우 절실하여 시인의 충후한 뜻을 알 수 있다.(白絲一染, 不能使之還白, 人心則或有悔悟變易之理, 其期望甚切, 可見詩人忠厚之志.)"라고 註記한 바와 같이, 흰 실의 순결함을 믿고 실천함으로써, 끝내 다시 시집으로 돌아오고 말겠다는 뜻을 주제로 한 작품이다.

그런데 『고려사』 「악지」에서는 <安東紫青>이라는 속악가사를 두고 "부인이 몸으로 사람을 섬기다가 한 번 그 몸을 잃으면 남들이 천하게 여기고 미워하게 된다. 그래서 이 노래를 지어서 실의 빨강·초록·파랑·흰빛으로 되풀이하여 비유함으로써, 취하고 버릴 것에 대한 결심을 표현하였다.(婦人以身事人, 一失其身, 人所賤惡. 故作此歌, 以絲之紅綠青白, 反覆比之, 以致取舍之決焉.)"라고 하였다. 이 시의 취의는 <안동자청> 창작의 이러한 배경과 매우 잘 부합된다. 시의 '白絲一染無白時, 棄妾重

來當有期.'에서 <안동자청>의 주제라 할 貞節自守의 내용이 확인되고, '姑惡姑惡姑果惡, 不許儂家事縫作.'에서 국문시가적 표현까지 볼 수 있어, 상당한 정도로 원가의 내용을 수용한 것으로 보인다. 결국 그런 우리말 노래에 담긴 여인의 심정을 빌려와서 시인의 감회를 드러내고자 한 작품으로 볼 수 있을 것이다. 『청구풍아』에서 "이 시는 쫓겨난 부녀자로 쫓겨난 신하를 비유했으니, 자미의 <白絲行>과는 의경이 조금 다르다.(此詩以遣婦比逐臣, 與子美白絲行意稍異.)"라고 주석되어 있는 점을 참고하면, 이 시는 백원항이 방축된 시기에 자신의 억울함을 시를 통해 밝히고자 한 작품으로 볼 수 있을 것이다.

<백사음>을 참고하여 이해하면, <안동자청>은 여러 빛깔의 비단과 흰 실로 남편의 옷을 만들어 정성스레 섬기려던 일로 참언을 당하여 시어미니에게 오해받아 시댁에서 쫓겨난 한 부녀자가 흰 실과 靑·紅·綠色의 실로 반복적으로 비유하며 흰 실의 순결을 유지하겠다는 뜻을 다짐한 노래였을 것이다. <백사음>에는 참소자와 시어미에 대한 원망과 자신의 신세에 대한 한탄이 강하게 나타나 있지만, 이는 시인의 심정을 반영한 데서 생긴 부연이었을 가능성이 클 것이다. 이처럼 대리적 화자를 내세운 점이 자신의 처지를 술회한 다른 작품들보다 적극적 정서를 드러내게 한 셈인데, 이런 점에서 보면, 그의 시 중에는 당시풍을 보여 준 드문 예라 할 수 있다.

백원항의 술회시가 지닌 가장 큰 특질은 온자한 풍격을 기조로 하였다는 점이다. 醞(蘊)藉는 위인·풍류 등이 溫雅함, 너그럽고 두터움을 뜻하는 말이지만, 南宋의 胡仔가 蘇東坡의 시가 동방삭이 극간한 것처럼 때때로 골계가 섞여 있어 온자함이 적다[54]고 하고, 明의 楊愼이 唐彦謙의 시가 온자하여 음영할 만하다[55]고 한 바와 같이, 宋代 이래로 시의 풍격

---

54) 胡仔, 『漁隱叢話後集』 권33. "天才宏放, 宜與日月爭光, 凡古人所不到發明, 殆盡萬斛泉流未爲過也. 然頗恨方朔極諫, 時雜以滑稽, 故罕逢醞藉."

을 설명하는 용어로도 흔히 쓰였다. 이들이 말한 온자는 시에 반영된 시인의 인품이 너그럽고 여유가 있거나 詩意가 온유돈후함을 뜻한다고 볼 수 있다. 백원항의 이러한 시들은 시인의 인품과 사고의 온자함, 기력의 여유와 온화함에 근거하므로, 성정이 온자한 사람은 그 문사가 완려하다는 儲泳의 말[56]에 부합한 예라고 할 것이다.

그의 술회시의 다른 하나의 특징은 평담하고 자연스러운 시어로 뜻하고자 한 바를 다 말하지 않고 '言外意', '말은 다하지만 뜻은 다하지 않은(言有盡而意不盡)' 여운을 지니게 한 함축의 묘미라 할 수 있다. 이는 북송의 張表臣이 평담한 표현으로 함축하여 자연스럽게 이루어진 시가 상품이라고 한[57] 詩觀에 잘 부합하는 현상이라 할 것이다.

백원항의 시가 온자함과 함축성으로 인하여 지닌 장처야말로 술회시가 『동문선』에 7수나 선발되게 한 주된 원인일 것으로 보인다.

3) 館閣詩, 典實과 富艶

백원항은 윤신걸(1266～1337)·윤선좌(1265～1343)·박효수(?～1337) 등과 함께 충선왕·충숙왕을 지근에서 보필한 대표적 문한관이었다. 이는 현전시 가운데 응제시·궁사 등 관각시가 6제나 되는 데서도 방증된다.

다음은 충선왕에게 올린 7언율시 <주상께서 태부와 심양왕에 제수되

---

55) 楊愼, 『詩話補遺』 권1. "唐彦謙絶句詩, 用事隱僻, 而諷諭悠遠, 似李義山. 如奏捷西蜀題沱江驛云, '野客乘軺非所宜, 況將儒服報戎機. 錦江不識臨邛酒, 幸免相如渴病歸.' 卽李義山, '相如未是眞消渴, 猶放沱江過錦城'之意也. (중략) 首首有醞藉, 堪吟詠, 比之貫休胡曾輩天壤矣."

56) 吳景旭, 『歷代詩話』 권67. "儲泳曰, 性情褊隘者, 其詞躁, 寬裕者, 其詞平, 端靖者, 其詞雅, 疏曠者, 其詞逸, 雄偉者, 其詞壯, 醞藉者, 其詞婉. 涵養性情, 發於色, 形於言, 此詩之本原也."

57) 張表臣, 『珊瑚鉤詩話』 권1. "篇章以含蓄天成爲上, 破碎雕鎪爲下. 如楊大年西崑體非不佳也, 而弄斤操斧太甚, 所謂七日而混沌死也. 以平夷恬淡爲上, 怪險蹶趍爲下, 如李長吉錦囊句非不奇也. 而牛鬼蛇神太甚, 所謂施諸廊廟則駭矣."

시다(主上除太傅瀋陽王)>이다.

벽루문에서 조칙을 내려서
새로 태부로 제수하여 동쪽의 번방으로 삼으시네.
천년 만에 성군을 만나매 산하를 걸고 맹세하시고[58)]
삼대[59)] 동안 勤王하여 우로의 은혜를 받으시네.
현도군[60)]의 뽕나무와 삼이 나라의 강토에 보태졌는데
학성의 꽃과 달은 궁원으로 들어오네
날마다 하객을 맞느라고 겨를이 없으신데
또 부름을 받고 와서 지존을 배알하시네

玉詔傳從碧縷門, 新除太傅作東藩.
千年遇主山河誓, 三葉勤王雨露恩.
菟郡桑麻添國界, 鶴城花月入宮園.
日迎賀客身無暇, 又被呼來謁至尊.

'주상'은 前王 충선왕을 가리키고 '지존'은 충렬왕을 가리키는데, 충선왕은 충렬왕 34년 5월에 원나라에 사신으로 갔던 지밀직사사 朴瑄이 가지고 온 帝誥에 의하여 開府儀同三司太子太傅上柱國駙馬都尉를 제수받고 심양왕에 책봉되는 은전을 입었다. 元의 駙馬이자 고려의 前王으로서 武宗으로 하여금 후사없이 서거한 成宗을 승습하게 한 定策에 공훈이 있었기 때문이다. 찬양받는 이의 공훈과 받은 봉작을 직접 진술하고, 그로 인한 혜택과 번성을 화려하게 묘사하고 있다. 특히 제3·4연은 정교

58) 山河誓冊은 漢帝가 '황하가 띠와 같아지고 태산이 숫돌이 되도록(使河如帶 泰山若礪)' 영화가 미치게 하겠다는 뜻을 담은 冊文으로 功臣에 봉한 일을 가리킨다.
59) 元의 世祖·成宗·武宗을 가리킨다.
60) '兎郡'은 한사군의 하나인 玄菟郡을 가리키는데, 『청구풍아』에서는 "한나라의 현도군은 압록강 북쪽에 있었는데, 원나라 때에는 심양왕의 封地로 추측된다.(漢玄兎郡, 在鴨綠江北, 元時疑爲瀋地.)"라고 주석하였다.

한 대우와 화려한 수사를 구사함으로써, 관각시의 특성을 유감없이 발휘하였다. 朝廷臺閣의 시에 요구되는 典重과 華美를 잘 갖추면서도, 갈등이 심했던 두 임금에 대한 정치적 배려를 곁들여 두었다.

다음은 <宮詞>이다.

> 잔치가 끝나자 군왕께서는 호상에 걸터앉아서
> 명신들을 특별히 불러서 碧香酒를 내리시네.
> 모름지기 알겠노라, 은혜의 물결이 초목에도 미쳐
> 모란은 싹이 터지고 버들가지는 노래짐을.
>
> 君王宴罷據胡床, 特喚名臣賜碧香.
> 須信恩波醺草木, 牧丹芽拆柳絲黃.

잔치·호상·벽향주 등 화사한 심상을 지닌 시어를 동원하여 궁정의 화려한 분위기를 앞세운 다음, 군왕의 은택을 조물주가 초목의 소생에 미치는 조화로 과장적으로 찬양함으로써 마무리지었다. 궁중의 일상사를 노래한 시 내지 "궁중의 잡다한 세사와 비문을 서술하고 예찬한 시"[61]라는 궁사의 개념에 부합하는 내용을 갖추면서 군신상열의 의리를 도모하고자 하였다. 관각시의 화려함과 장엄함이 잘 갖추어진 탓에 선집에 선발되었을 것이다.

다음으로는 은문·상관의 미덕을 찬미한 관각적인 시를 살펴보기로 한다. <회헌 안향 상국의 시에 차운하여 좌주 설재 정가신께 올리다(次晦軒安相國珦韻, 上座主鄭雪齋可臣)>[62]이다.

---

61) 金性彦, 『韓國 館閣詩 硏究』(동아대 출판부, 1993), 109면.

62) 변동명, 『고려후기 성리학 수용 연구』(일조각, 1995), 29면에서는 이 시가 정가신이 충렬왕 23년 10월에 中贊으로 首相이 된 것을 경하한 작품이라고 설명하였다.

지위가 선초[63]에 이르니 덕이 더욱 빛나는데
나라를 경영하는 묘한 계책은 三章[64]보다 나으시네.
지금의 말세의 풍속으로 하여금 우리 도를 알게 하려고
조정에서 물러나오면 늘 만권당[65]을 여시네.

位極蟬貂德愈光, 經邦妙策勝三章.
要今[66]末俗知吾道, 朝退長開萬卷堂.

앞에서 밝힌 대로 정가신은 백원항이 감시에 장원급제할 때의 시관이다. 은문의 학문과 정사를 찬미한 시인 탓에 의례적 표현으로 일관한 듯이 보이지만, <정가신전>에서 성품이 정직하고 엄정하며 일을 처리하는데 法度가 있어 국인들의 칭송이 자자하였고, 거소를 雪齋라 편액하고 매일 賢士大夫들과 고금을 의논하였으며, 大官에 오른 뒤에도 행동이 書生과 같았다고 한 점으로 보아, 사실에 충실한 표현으로 볼 수 있다. 富麗·華美보다는 典實·典重이 돋보이는 관각시이다. 그리고 <上崔政丞宗峻>(권15)도 이 작품과 유사한 특징을 지닌 작품이지만, 그의 작품이 아닐 가능성이 있어[67] 여기에서는 살피지 않는다.

7언고시인 <贈少年李異同>은 소년기에 있는 후진을 극구 칭양한 시이다.

---

63) 王公顯官의 관을 장식하던 두 가지 장식물인 매미 모양의 장식과 담비의 꼬리이다.
64) 漢 高祖가 關中을 평정한 뒤 父老들에게 秦法을 폐지하고 殺人한 자는 죽이고, 사람을 傷害한 자와 도둑질한 자는 처벌하기로 약속한 三章의 법을 가리킨다.
65) 『晦軒先生實記』 권6의 이 작품 아래에는 "선생께서 經史의 서적을 구입하여 학교에 수장케 하고 만권당이라는 현판을 붙였다."라는 주석이 붙어 있다.
66) 위의 책에는 '令'으로 되어 있다.
67) 최종준이 그의 출생 이전인 1246년에 사망했으니 작가나 받은 이 중 한쪽의 이름이 잘못되었을 텐데, '功名四代'로 보아 재상 奭·惟淸·詵에 이어 侍中을 지낸 최종준에게 올려진 시가 맞을 듯하므로, 그의 시가 아닐 가능성이 크다.

그대는 보지 못하였는가? 남산의 범의 새끼가
처음 태어난 지 사흘 만에 소의 고기를 엿봄을.
또 보지 못하였는가? 단혈의 봉황의 새끼가
한 번 울면 벌써 왕자가 일어날 상서임을.
李郞은 온축한 바가 또한 범상하지 않아서
포대기에 싸여 길러질 때 이미 빼어난 청운의 그릇이었다네.
글을 읽음에 걱정하며 애쓰지 않고
훑어보기만 해도 문득 오래 기억한다네.
시를 짓는 데 마음을 쓰지 않지만
교묘함은 서쪽봉우리의 뜻을 다하네.
<신월편>을 보고 나니
또 하늘이 낸 지혜임을 알겠네
열두어 살에 얼음처럼 맑은 모습이 넘치고
거문고를 잡으면 사람의 마음을 취하게 하네
나는 동벽성이 삼한에 태어나서 문자를 주관하는가 의심하고
나는 자하의 신선이 우연히 인간에 내려와 한 번 장난하는가 의심하네.
그렇지 않다면 조물의 마음이 얼마나 편벽되기에
재주와 얼굴을 그대에게만 갖추어 주었으랴?
과거에 갑과나 을과로 오를 것을 미리 알 수 있고
장상의 공명이 자기집 일임을 미리 알 수 있네.
나는 부친의 문호에서 처음으로 그대를 알았는데
반면식에도 속으로 평생의 뜻을 허락하였지.
저지난해에는 중양절에 서로 만나고
지난해에는 동짓날에 서로 만났네.
금년에는 어느 곳에서 동이술을 함께 마시랴?
도성 서쪽의 절에는 두견화가 반쯤 졌다네.
이별이 어찌 오래 가랴?
황금빛 꾀꼬리는 푸른 뜰의 숲에서 어지럽게 우네.
인생에 모이고 흩어짐은 바람에 날리는 쑥대와 같고
羲和[68]는 바쁘게 용의 고삐를 재촉하네.
그대에게 권하노니 모름지기 젊은 시절을 아끼라.

그대에게 권하노니 모름지기 교제의 바탕을 알라.
옛 사람인 신릉군은 선비를 사랑하여
侯生을 위하여 능히 푸줏간에 들어갔다네.
下等의 손이 곧바로 푸른 솔과 같은 마음을 궁구하노라니
동해에서는 티끌이 일고 북두성은 떨어지네.

君不見南山於菟兒, 始生三日窺牛觳?
又不見丹穴鳳凰雛, 一鳴已作王者瑞?
李郎所蘊亦不凡, 襁褓養出青雲器.
讀書不煩勞, 涉獵輒强記.
作詩不用心, 妙盡西峯意.
及看新月篇, 更覺天生智.
氷姿盈盈二六餘, 朱絃入手人心醉.
我疑東壁星降靈三韓主文字, 我疑紫霞仙偶下人間一遊戲.
不然造物奚有偏, 賦與才貌於君備.
科登甲乙可前知, 將相功名自家事.
我初識子大人門, 半面暗許平生志.
往年相見在重陽, 前年相見在冬至.
今年何處樽酒同, 杜鵑半落城西寺.
別來幾多時, 金鶯亂啼庭樹翠.
人生聚散如旋蓬, 羲和汲汲催龍轡.
勸君須惜紅顔年, 勸君須知結交地.
古人愛士信陵君, 能爲侯生入屠肆.
直窮下客靑松心, 東海生塵北斗墜.

36구 중 5언구가 일곱에다 12언구가 둘이나 있어 변화를 즐겨 추구하는 시작태도를 다시 확인할 수 있는 작품이다. 이 시는 의미상 크게 두 단락으로 나누어 이해할 수 있다. 전반부 20구는 소년의 시문과 朱絃에

68) 羲和는 태양을 실은 마차를 부리는 신이다.

대한 천부적 재능을 예찬하면서 장래의 성취가 당연히 기대된다는 내용이고, 후반부 16구는 양인의 교제를 되돌아보면서 인생에는 벗이 요긴하니 올바른 교제에 힘쓰라고 당부한 내용이다.

이 작품은 연령차가 많이 나는 후진을 지나칠 정도로 예찬하고 앞날에 대해서도 직설적으로 당부한 점으로 보아, 아무리 친교가 있는 少年奇才[69]라 하더라도, 희작으로 지은 작품인 듯하다. 그러다 보니 가치 좌주와 선배를 찬양했던 시와 다를 바 없이, 장려한 소재를 동원하여 미사여구로 일관하고 있다. 의미를 크게 부여하기 어려운 작품이지만, 그의 관각적 한시의 장중하고 화려한 특징만은 잘 확인할 수 있는 예라 할 것이다.

『櫟翁稗說』에는 다음과 같은 글이 있다.

> 宋나라 때에 上元日에 궁궐 안에서 御詩를 내어놓자, 재상·兩制·三館이 모두 응제하니 성대한 행사가 되었는데, 王岐公[70]이 이르기를, "구름 사이의 봉 한 쌍이 내려와서 어연을 부축하고, 바다의 자라 여섯 마리가 삼신산을 끌어오네."[71]라고 한 것이 가장 典雅하고 美麗하다고 여겼다. 우리나라에서는 燈夕의 <文機障子詩>에서 이문순공이 이르기를, "세 번 만세 부르니 삼신산이 솟아올라, 천년 만에 한 번 익는 선도를 보내네."라고 하였는데, 王岐公과 나란히 앞을 다툴 만하다. 醴泉府院君 一齋 權漢功이 "남산에서 술을 빚으니 은동이에서 상서로운 기운이 생겨나고, 북두성이 자루를 돌려 옥잔에 따르네. 수많은 가지에서 울리는 갈고소리에 봄기운이 호탕한데, 나무마다 걸린 등불에서 달이 배회하네."라 하였다. 評理 白元恒이 "구소의 달빛이 음악이 울리는 곳에 가득하

---

69) 백원항과 이제현의 연령차가 25년여로 추정되는 점과 '異同'과 '異'라는 이름의 유사성을 감안하면, 안향의 일화에 등장하는 李異와 같은 사람일 법하다.

70) 岐公은 北宋의 재상 王珪의 봉호이다. 그는 華陽人으로 進士試에 甲科로 등제하였으며, 글이 전려하여 조정의 大典冊이 그의 손에서 많아 나왔다. 哲宗 때에 尙書左僕射 겸 門下侍郎에 오르고 岐國公에 봉해졌다.

71) 제명이 <恭和御製上元觀燈>(『宋文鑑』 권24)인 7언절구이다.

니, 밤이 새도록 금수산에서는 봄빛이 펼쳐지네."라고 읊고는, 스스로 권의 시에 멀리 미치지 못하다고 말하였다.[72]

백원항이 권한공과 함께 지은 <文機障子詩>가 한 시절에 칭송받은 적이 있음을 알게 하는 글이다. '문기장자'의 '문기'가 무엇을 뜻하는지 알려 주는 기록이 없으나, 障子가 서화를 길이로 꾸며 表具한 簇子[73]를 가리킨다는 점과 이인로·이규보(3제)·김구·洪功佐의 <문기장자시>가 공통적으로 燈夕御宴, 歌樂舞, 唐樂呈才 <獻仙桃>, 觀燈 등을 소재로 하면서 군왕을 송축한 내용인 점으로 보아, 무늬를 넣어 짠 비단으로 된 장자에 붙이는 시를 가리키는 듯싶다. 이 詩題는 중국에서는 보이지 않을 뿐 아니라 우리의 경우도 고려시대에만 있었던 듯한데, 이규보의 시제로 보아 上元節 燈夕宴을 위해 한림원에서 연례적으로 製進하던 관각시의 특수시체라 할 것이다.

이제현은 백원항보다 25세쯤 연하이면서도 15세라는 어린 나이에 급제했던 탓에 함께 문한관으로 일하면서 그가 <문기장자시>를 짓는 것을 보았기에 이런 진술을 하였을 터이다. 평가의 말을 하지 않은 채 그가 겸양하는 말을 했다고만 하였지만, 많은 이들이 응제한 가운데 특별히 입에 오르내렸기 때문에 인용하였을 것이다. 이를 통해서도 우리는 백원항의 관각시가 한때를 풍미하였을 것이라고 짐작할 수 있다.

북송의 吳處厚가 지은 『青箱雜記』에 다음과 같은 글이 있다.

---

72) 李齊賢, 『櫟翁稗說』 후집 2. "宋時上元日, 內出御詩, 宰相兩制三館, 皆應製, 以爲盛事, 王岐公云, '雙鳳雲間扶輦下, 六鰲海上駕山來.' 最爲典麗. 我朝燈夕文機障子詩, 李文順公云, '三呼萬歲神山湧, 一熟千年海果來.' 可與岐公並驅爭先矣. 今醴泉權一齋漢功云, '南山釀瑞生銀瓮, 北斗回杓酌玉杯. 羯鼓百枝春浩蕩, 鳳燈千樹月作徊.' 白評理元恒亦云 '九霄月滿笙簫地, 一夜春開錦繡山.' 自言不及權詩遠矣."

73) 李德懋, <小簇>, 「盎葉記」 5, 『青莊館全書』 권58. "凡書畫裝褫, 横曰軸, 縱曰障, 我國稱障子, 必曰簇子, 中國文籍, 稱簇子者不少."

> 내가 일찍이 문장에 대하여 탐구해 보았더니, 비록 모두 마음에서 나온 것이지만, 실제로는 두 등급이 있으니, 山林草野의 문장과 朝廷臺閣의 문장이다. 산림초야의 문장은 그 기가 고고하고 초췌한데, 곧 도를 실행할 수 없어 글을 짓고 말을 만드는 사람이 숭상한 것이기 때문이다. 조정대각의 문장은 그 기가 온윤하고 풍욕한데, 곧 그 시절에 관위를 얻어 사륜을 초하고 수정하는 자들이 숭상한 것이기 때문이다. 그래서 본조의 양대년·송선헌·송거공·호무평이 찬한 制誥와 詔書는 모두 완미하고 순후함이 앞 시대의 연허·위양보다 매우 뛰어나고, 그 위인 또한 각기 그 문장과 비슷하였다.[74]

이 글에 따르면 산림초야의 문장이 지닌 특성은 그 풍격이 고고하고 초췌한 데 대하여, 조정대각의 문장은 온윤하고 풍부하며 다채롭다고 한다. 또 조정대각의 문장, 즉 관각의 문장은 아름답고 장식적이고[75] 전실하고 부렴한[76] 특징을 지닌 것으로 설명되기도 한다. 요컨대 관각시는 온화·윤택·다채·화려·풍부·전아·충실·중후 등의 요건을 갖추어야 한다는 것이다. 이러한 요건은 어구·수사·어조·기상·사유 등 여러 조건들에서 말미암는 것들이다. 앞에서 살핀 바에 의하면, 백원항의 관각시들은 이에 속하는 거의 모든 요건들을 두루 갖춘 것으로 보이고, 특히 화려하고 전실한 특성을 잘 보여 주었다고 평가할 수 있다. 『동문선』에 선발된 까닭이 이런 장점 때문임은 말할 나위가 없을 것이다.

---

74) 吳處厚, 『青箱雜記』 권5. “余嘗究之文章, 雖皆出於心術, 而實有兩等, 有山林草野之文, 有朝廷臺閣之文. 山林草野之文則其氣枯槁憔悴, 乃道不得行, 著書立言者之所尙也. 朝廷臺閣之文則其氣溫潤豐縟, 乃得位於時, 演綸視草者之所尙也. 故本朝楊大年宋宣獻宋莒公胡武平所撰制詔, 皆婉美淳厚, 過於前世燕許韋楊遠甚, 而其爲人亦各類其文章.”

75) 李奎報, <論詩中微旨略言>, 『東國李相國集』 권22. “純用淸苦爲體, 山人之格也, 全以姸麗裝篇, 宮掖之格也.”

76) 葛立方, 『韻語陽秋』 권2. “應制詩, 非他詩比, 自是一家句法, 大抵不出於典實富艷爾.”

4) 景物詩, 形似와 節制된 興趣

백원항이 남긴 시 중에는 몇 편의 경물시가 있는데, 이것들은 대상을 곡진하게 묘사하는 데 치중한 것과 정경의 융합에 힘쓴 것으로 나눌 수 있다. 먼저 묘사에 치중한 시들을 살펴보기로 한다. <燕子>(권9)이다.

해마다 먼 곳에서 오노라면
상수와 형주에는 구름과 물이 아득하였으리.
깊은 숲에 의지하여 비를 가리고
떨어진 꽃을 쪼아 도자기를 빚네.
봄철 집의 고요함에는 말을 보태고
갠 날 못의 잔잔함은 발로 깨뜨리네.
주인을 찾는 소리가 전처럼 간절하니
외진 거처에 사는 이는 홀로 눈이 밝아지네.

年年來自遠, 雲水杳湘荊.
庇雨依深樹, 陶泥啅落英.
語添春院靜, 蹩破霽池平.
問主聲猶切, 幽居眼獨明.

이른 봄에 찾아온 제비의 모습을 섬세하게 묘사한 작품이다. 수련의 파제를 통해 커다란 구도를 제시하고서, 함련과 경련에서는 경물의 묘사로 일관한 이른바 四實體이다. 형사에만 힘쓰면서도 중복이 없어 활기가 느껴지는 작품이라 할 수 있는데, 미련에 와서야 송시풍의 가벼운 흥취를 덧붙여 변화를 주었다. 특히 함련의 대구와 경련의 출구는 뛰어난 상상력에 의한 섬세한 묘사역량을 보여 준다고 평가할 수 있다.

7언절구 <봄날에 백청이 금지의 연회를 읊은 작품에 차운하여 짓다(春日次白淸讌禁池之作)>는 정경의 교융이 없이 묘사로 일관한 작품이다.

유리의 매끄러운 빛이 네모난 못에 넘치는데
아무런 생각 없이 즐기던 물고기가 낚싯줄에 낚이네.
버들숲 밖의 굽은 난간에는 발이 반쯤 걷혔는데
보슬비가 잠깐 개자 제비가 가볍게 나네.

瑠璃滑色瀲方池, 魚樂無心上釣絲.
柳外曲欄簾半捲, 燕輕微雨小晴時.

『동인시화』 권上에서 忠宣王이 禁池에서 베푼 잔치에서 지은 것이라고 하면서, 詞語가 玲瓏하고 원만하여 아낄 만하다(詞語玲瓏, 圓轉可愛.)고 평한 작품이다. 시선을 금지에 두었다가 그 너머로 이동시키면서 정적인 경물과 동적인 경물을 조화롭게 배치한 구상의 기교와 거기에 맞는 적절한 시어를 배치하는 솜씨를 볼 수 있으며, 특히 閑淡하게 풍경을 묘사하고 사물을 형상화한 雅致가 돋보이는 작품이다. 선명한 시각심상을 장점으로 하였기에 서거정이 '사어영롱'이라고 평가하였을 것이다.

7언절구 <雪齋暮春小雨>는 묘사에 치중한 가운데에도 가벼운 정경의 융합이 이루어진 작품이다.

푸른 버들이 우거진 십리에 야인의 집이 있는데
남아 있는 봄바람이 또 많지 않네.
종일토록 난간에 기대 있노라면 산새가 우는데
푸른 이끼에는 보슬비에 배꽃이 떨어지네

綠楊十里野人家, 餘在春風也不多.
盡日倚欄山鳥語, 碧苔微雨落梨花.

좌주인 설재 정가신의 집에서 마주친 경물을 그렸다. 시적 화자의 동작을 나타내는 동사가 '依'뿐일 만큼 고정된 시점을 취한 가운데, 시선을

면 데서부터 가까운 데로 움직이며 실경을 그릴 뿐 흥취를 드러내지 않았다. 특히 결구에는 섬세한 묘사와 선명한 시각적 심상의 제시가 두드러진다고 할 수 있다. 역시 정서를 발산하지 않고 수렴해 둔 점에서 송시적 면모를 보여 준 작품이다. 다음은 <조강에 이르러 짓다(行到祖江有作)>이다.

> 작은 배가 떠나려 할 때에 저녁 조수가 재촉하는데
> 강 가에서 말을 세우고 혼자 싸늘하게 비웃네.
> 기슭에서는 어느 날에나 세정[77]이 다하려나?
> 앞사람이 건너기도 전에 뒷사람이 오네.
>
> 小舟當發晩潮催,　　駐馬臨江獨冷咍.
> 岸上世情何日了,　　前人未渡後人來.

<백사음>과 함께 백원항의 대표작의 하나로 평가되어 여러 선집에 두루 실려 있는 작품이다. 전구의 '세정'이 다른 책에는 '行人'으로 나타나기도 하지만, 평측으로나 의경으로나 어느 쪽이라도 별로 상관이 없다. 조강은 임진강과 한강이 합쳐지는 곳을 이르며, 당시의 開城府의 屬郡인 豊德郡과 通津縣 사이, 지금의 경기도 김포군 하성면 북쪽의 한강과 임진강이 합류되는 지점으로부터 월곶면 북부지역을 흐르는 강이다.

이 시는 祖江渡 주변의 을씨년스러운 경물과 그로 인한 서정적 자아의 정서가 적절히 어우러진 표현적 양상을 보여 준다. 저녁에 조강에 이른 것으로 보아, 시적 화자는 남쪽 어디에서 개경으로 돌아오고 있었던 듯하다. 오랜 나그네 길에서 돌아오고 있었을 터인데도 안도감보다는 허탈감에 젖어 있다. 게다가 밀물마저 나루를 건너라고 재촉하니 쓴 웃음만 인

---

77) 『東人詩話』 卷上과 『新增東國輿地勝覽』 권13에는 '行人'으로 되어 있다.

다. 그런데 나루터로 오는 사람들은 왜 저리 많을까? 저들도 나처럼 씁쓸한 일 때문에 바쁜지 모르겠다. 전구에는 오랜 나그넷길에서 돌아오는 이의 앞날에 대한 불안이 은근히 배어 있다. 그러나 이를 드러내어 언표하지는 않았다. 아마 하급관직을 전전하던 때에 개경을 떠나 있다가 돌아오던 길이거나, 영흥도에 유배되었다가 해배되어 귀경하는 길이었을 법하다. 『동인시화』에서는 앞에 들어 둔 崔斯立의 시와 비교하여, "백의 시는 의경이 좋다. 그런데 갑자기 말을 만들었는데도 정상을 곡진하게 그려, 완전히 꾸민 자취가 없으니, 최에 비할 바가 아니다.(白詩意好. 然造次立語, 曲盡情狀, 渾然無跡, 非崔之比.)"라고 하였는데, 말하고자 한 바를 함축적으로 수렴해 둔 표현수법을 고려하여 의경이 좋다고 하였을 것이다.

백원항의 경물시는 전반적으로 묘사에 치중한 경향이 크며, 정경의 융합을 보여 주는 경우에도 당시처럼 감정을 분출하기보다는 송시와 같이 감정을 절제한 경향을 보여 준다고 할 수 있다. 이런 시들의 가장 두드러진 장점은 무엇보다도 섬세한 형사라고 할 수 있다.

4. 결론

白元恒은 가장 대표적인 시문선집인 『東文選』에 시가 16제 16수나 선발되어 있지만, 생애가 간략하게 설명되는 데 그쳐 왔을 뿐만 아니라, 문학사적 평가와 연구에서도 소외되었던 시인이다. 그러므로 큰 제약에도 불구하고 생애를 자세히 재구하고, 현전시의 실상과 특징을 검토하여, 시사적 지위를 규정할 필요가 있다.

『고려사』와 『고려사절요』를 면밀하게 살피고, 여타의 주변적 기록을 수렴하여 검토한 결과 그의 생애는 대략 아래와 같이 요약할 수 있다.

그는 1260년경에 출생하여 충렬왕 5년(1279)에 사마시에 장원급제하고, 1279년부터 1286년 사이에 예부시에 등제하였으나, 오랜 동안 말직에서 低回하였던 듯하다. 충렬왕 33년에는 충선왕·세자(충숙왕)를 시종하여 원나라에 다녀오고, 충선왕 3년에는 知讞部事와 選軍別監을 지냈으며, 그 이듬해에 유배되었다가 곧 해배되어 典校令이 되었던 것으로 보인다. 충숙왕 2~3년경에 摠部典書가 된 데 이어, 4년에는 동고시관이 되었으며, 5년에는 密直使에 올랐다. 충숙왕 8년에 다시 연도에서 충숙왕을 시종하고, 첨의평리로 승진하였으며, 언제인가 贊成事로 승진하는 등 충숙왕의 측근으로 활약하다가 1330년 무렵에 사망하였을 듯하다.

현전하는 백원항의 시는 완편 16제 16수와 연구 1편인데, 그 출처는 여말에 편찬된 『선수집』·『속동인문』 등의 선집이었을 것으로 보인다. 그의 시는 술회시·관각시·경물시로 나누어 그 특성을 살필 수 있다.

백원항의 술회시는 7수 정도로 대체로 자신의 처지를 강하게 드러내지 않는 특성을 보여 주며, 전반적으로 시어와 정서 양면에서 형성된 온자한 풍격과 함축적인 표현기법이 두드러진다. 관각시는 6편 정도인데, 이것들에는 충숙왕대의 대표적인 문한관다운 솜씨가 드러나 있다. 그가 군왕·은문·선배 등에게 올린 시들은 관각시가 갖추어야 할 제반요소를 두루 갖춘 가운데, 특히 전실하고 부렴한 특성을 잘 보여 준 것이라 할 수 있다. 그의 경물시는 전반적으로 형사에 치중한 경향이 강하며, 정경의 융합을 보여 주는 경우에는 송시풍의 감정의 절제를 특성으로 한 것으로 보인다.

백원항의 시는 대체로 송시풍을 기반으로 한 가운데 기교적 대우·묘사와 절제된 정서와 시어선택의 공교로움을 장처로 하였다고 볼 수 있다. 적은 양밖에 남아 있지 않아 평가하기가 조심스럽지만, 그는 고려후기의 시사에서 林椿·李仁老·金克己·李奎報·陳澕 등과 李穀·李仁復·鄭誧 등의 세대 사이에서 金坵·李藏用·白文節·郭預·洪侃·權漢功 등과 함께 대표적인 시인으로 활약하면서, 앞뒤 세대들만큼 정채를 드러내지는 못했지만, 나름대로 양세대의 교량이 되기에 부족함이 없는 역할을 다함으로써, 왕조의 마지막 시기에 李穡·鄭夢周·李崇仁 등이 한국적인 한시를 정착시키는 데 필요한 토양을 마련함에 크게 기여했던 시인이라고 그 시사적 위치를 규정할 수 있을 것이다.

〈『石塘論叢』 44(2009) 수록〉

牧隱詩의 多樣한 志向과 面貌

1. 서언

李穡(1328～1396)의 문집인 『牧隱集』은 55권 1621판에 시 4350여제, 문 232편이 실려 있어 한국 한문학의 역사에서 문학작품만으로 볼 때에는 가장 규모가 큰 문집의 하나이다. 이 중 20권 349판으로 이루어진 『牧隱文藁』는 232편 중 8편을 빼고는 『동문선』에 다 실려 있어 『국역동문선』의 이른 간행에 따라 널리 활용되어 왔다. 그러나 35권 1122판에 시 6,000여 수가 실려 있어 한국 한시사상 한 시인이 남긴 시로는 최대량을 자랑하는 『牧隱詩藁』는 1970년대 이후의 활발한 연구에도 불구하고, 시세계의 특성에 대한 파악이 미흡할 뿐 아니라, 다른 분야의 활용 또한 부족한 실정이다. 이는 그 완역이 늦어진 점[1)]이 큰 원인인 듯하지만, 압도적 분량과 작품의 다양한 성격도 함께 작용한 것으로 보인다.

목은시 연구의 성과에 대해서는 한 원로 한시 연구자가 목은시의 全鼎을 맛보거나 시세계의 특징을 한마디로 말하는 일이 어렵다는 것을 전제

1) 민족문화추진회의 『국역 목은집』 11책이 2000.12～2003.11에 간행되었고, 여운필·성범중·최재남의 『역주 목은시고』는 2000.3～2005.12에 10책까지 간행된 가운데, 마지막 2책도 금년 말쯤에 간행될 예정이다.

한 가운데, "대체로 개괄적인 해명에서 그칠 수밖에 없었던 것으로 여겨진다. 이색의 該博을 수용할 수 있는 준비가 갖추어질 때까지 이색의 시문학에 대한 연구는 스스로 일정한 한계가 주어지지 않을 수 없을 것이다."[2]라고 한 말에서 그 한계를 단적으로 엿볼 수 있다. 이는 그 동안 목은시에 대하여 어느 분 못지 않게 간여해 왔던 필자로서는 매우 뼈아픈 지적이지만, 그렇다고 딱히 반박할 근거가 있는 것도 아니다. 이런 사정에다 이번 기획이 한문학만을 논의하려는 자리가 아닌 점도 고려하여, 필자는 먼저 목은의 시세계의 요점을 간략하게 제시하지 못하는 점에 대하여 유감을 표하면서, 목은시가 지닌 여러 측면의 다양한 지향과 면모를 대략적으로 제시하고 나서, 그러한 다양성의 원인과 의미를 간략하게 지적하는 데 그치기로 한다.

2. 牧隱詩의 여러 志向과 面貌

1) 道學的 志向과 老佛의 受容

이색은 성리학도였으므로 신유학에 의거한 삶의 자세와 학풍·문풍의 혁신을 위해 노력하는 마음을 읊은 시를 매우 많이 남겼다.

> 어릴 때에 멀리 洙泗의 학풍을 흠모하여
> 鄒國公을 좇아서 문득 출발하였네.
> 淨土와 穢土를 처음에 나눈 이는 螺髻王인데
> 신선 중에는 또 鹿皮翁이 있었다네.
> 거절하여 나의 집에 오르지 못하게 하였으니

2) 閔丙秀, 「李穡의 詩世界」, 『한국한시작가연구』 2(태학사, 1996), 121면.

우리 도의 맛은 다만 맛만 볼 것이 아니었네.
나의 진기한 음식이 나의 밥상에 가득하고
나의 좋은 술이 나의 술잔에 찼네.
술을 빚는 데 차조를 쓰고 기장을 쓰지 않은 것과 같거늘
어찌 二氏와 함께 서로 말할 수 있었으랴?
<原道>는 본래 근거가 있는 것을 논하였거니와
韓歐 이후로 누가 다시 흥기시켰던가?
濂溪夫子는 기이한 분이라서
원래 근거할 것이 없는 데서 태극을 그려내었네.
발휘함이 더욱 많았지만 더욱 효과가 있지는 않았으니
어느 때에나 천지를 깨끗이 씻어서 새롭게 하랴?

早年遠歆洙泗風, 發軔便從鄒國公.
淨穢初分螺髻王, 神仙亦有鹿皮翁.
絶之不使登我堂, 我道有味非徒嘗.
我有珎飡滿我案, 我有美酒崇我觴.
如酒用秫不用黍, 二氏豈可交相語?
原道本論有所據, 韓歐以來誰再擧.
濂溪夫子是異人, 描出太極元無因.
發揮益多益不效, 何時淨洗乾坤新?

긴 제목[3])으로 시와 功名에 마음을 쏟은 지난 삶을 반성한다는 뜻을 밝힌 이 작품은 유학, 특히 성리학의 탐구와 그 실천에 대한 열렬한 욕망과 이단을 씻어내고 세상을 교화하려는 집념을 읊은 것이다. 그리고 詩題에서 "浮言戲語"에 불과한 시를 흔히 지은 데 대한 반성의 뜻을 덧붙이고 있으므로, 그런 생각이 시의 출발점임을 분명히 한 것이기도 한다. 그가

3) <近承佳作, 唱和多矣. 皆浮言戲語, 不可示人. 後二篇, 志於功名, 自傷之甚也. 嗟夫! 士生於世, 功名而已乎? 直述所懷, 爲圓齋誦之>, 『목은시고』 권21. 이하 『목은시고』의 인용은 詩題 다음의 괄호 속에 권수만을 표시함.

이처럼 진전된 시인식을 시작을 통하여 적극적으로 실천한 것은 우리 한시사의 선구적인 예로서 시대적 풍상에 커다란 영향을 주었다.

> 지기에 하늘이 감응하지 않으면 안개가 되고
> 천기에 땅이 감응하지 않으면 안개가 되네.
> 서로 감응하면 비가 또 시기에 맞게 내리는데
> 그 아름다운 징조가 「洪範」에 있다네.
> 하늘의 튼튼함과 땅의 유순함으로 만물이 化育되는데
> 기운의 덩어리가 주밀하게 펼쳐지고 걷히네.
> 간혹 본성을 잃으면 사악한 기운이 생기는데
> 나는 누구에 말미암는지 알지 못하네.
> 나는 누구에 말미암는지 알지 못하기에
> 길고 짧게 읊느라고 벌써 머리가 희어졌네.

> 地氣天不應爲霧, 天氣地不應爲霧.
> 相應則雨又以時, 在於洪範其徵休.
> 乾健坤順化萬物, 絪縕舒卷密以周.
> 使之或沴失本性, 我不知兮誰之由.
> 我不知兮誰之由? 長吟短吟今白頭.

위의 시 <曉霧後篇>(권25)은 자연현상을 성리학의 태극설·이기론을 원용하여 이해하고자 한 것으로서, 성리학적인 시인식의 한 극단을 보여주는 이른바 濂洛體에 해당하는 작품이다. 이처럼 성리학의 주요개념들을 동원하여 사물을 이해하고자 하는 철학적 성격의 시는 우리 시사에서는 선례가 없었던 것이라 할 수 있다.

한편, 목은은 빈번하게 老佛을 이단시하면서도 佛家와 老莊의 사유를 시의 내용에서 배제하지 않음으로써, 대체로 유학의 기본적 입장을 벗어나지 않는 범위 안에서는 그것들을 긍정적으로 수용하여 표현하는 쪽으로 시의 내용을 확대하는 입장을 취하였다. 이런 경향은 노년기의 시에 흔히 나타나지만, 28세에 지은 <題曺山禪師詩卷>(권3)에서도 이미 드러난다.

동해에 밝은 달이 떠서
만리나 떨어진 曺山을 따르네.
조산과 동해는
본래 지척의 사이이네.
푸른 하늘은 씻은 듯이 빛나고
맑은 구슬은 옥소반에 떨어지네.
스님의 조그만 마음은
마치 달처럼 둥그네.
나는 평소에 禪寂을 좋아하기에
세속의 갓을 벗어 걸고 싶네.
禪師께서 坐禪하던 자리를 빌어
마음의 안정을 구하기를 바라네.

東海出明月, 萬里隨曺山.
曺山與東海, 本是咫尺間.
碧空烱如洗, 明珠墮玉盤.
上人方寸心, 猶如月團團.
吾生愛禪寂, 欲掛紅塵冠.
借師坐具地, 庶以求心安.

禪師의 시권에 부친 시일 뿐 아니라 관직생활의 구속을 벗어나고자 하는 욕망을 주지로 한 것이기는 하지만, 불교에 대한 호의가 성리학도로서는 지나치다고 할 만큼 나타나 있다. 이는 불승이 속진을 벗어나서 마음의 안정을 누리거나 玄理를 깨달은 데 대하여 부러워하는 마음 때문일 것이다. 이와 같은 시적 관심은 老莊에 대해서도 비슷하게 나타나는데,

두드러진 예로는 "널리 莊子와 老子의 학문을 찾다가, 멀리 周公과 孔子의 말로 이어지네. 저녁 경치가 정신을 수양하기에 족한데, 어찌 九夷에 사는 것을 비루하게 여기랴?(旁探莊老學, 遠繫周孔辭. 晩景足頤養, 何陋居九夷?)"라고 읊은 <對友自詠三首>(권10, 제1수)를 들 수 있다.

그러나 이러한 양면성에도 불구하고 목은은 성리학적 문학관을 기반으로 한 시의 창작을 선구적으로 가장 현저하게 실천하고, 이를 시대적인 풍조로 정착시키는 데에 큰 공헌을 한 시인으로 기억되어야 하며, 또 그것이 그의 시의 주요한 특질이라고 할 수 있다.

2) 載道論을 기반으로 한 詞章學의 包容

李穡은 載道論을 우리 문학사에서 선구적으로 표방하고 이를 실천하고자 했던 문인이므로, 문장을 外道 · 小技 · 末技로 인식하여 문학이 담아야 할 道, 즉 내용이 실질이고 형식인 文辭는 부차적임을 분명히 했다. 그는 儒家的 詩觀의 근원인 '思無邪'와 '詩言志'를 교화의 관점에서 강조함으로써 시에 대해서도 같은 입장을 구체적으로 드러내었다.

孔夫子께서 시를 刪定하며 어찌 이르신 말이 없으랴?
분명한 한 마디가 삼백수를 포괄한다네.
言志는 말이 많음에 있지 않음을 알기에
화살을 쏘아 正鵠 맞추기를 기대하네.

夫子刪詩豈無謂? 明明一言蓋三百.
卽知言志不在多, 舍矢期於中正鵠?[4)]

7언고시 <讀詩遣興>(권7)의 중간 부분인 윗글은 『詩經』을 읽은 느낌

4) <讀詩遣興>(권7).

을 읊은 것이므로, '분명한 한 마디'는 '思無邪'를 말하고, '言志'의 '志'는 志向·意志 등의 뜻으로 쓰인 것으로 볼 수 있다. 효용론·표현론적 관점에서 載道論的 시관을 피력한 셈이다. 그러나 그는 고문의 창작에도 힘썼으므로 貫道論도 수용하여 <又賦二首自歎>(권6, 제1수)에서 "짧은 머리털이 점점 저녁의 눈발처럼 날림을 알면서도, 부질없이 새로 지은 시를 성한 봄구름에 비기네. 한평생 다른 소망이 없음을 스스로 믿지만, 남은 힘으로 오히려 古文을 배울 수 있으리.(短髮漸知飄暮雪, 新詩漫擬靄春. 平生自信無他望, 餘力猶能學古文.)"라고 하였는가 하면, <寄贈金敬叔少監>(권10)에서는 그러한 자세를 더욱 적극적으로 드러내었다. 그리고 <古風>(권17) 제3수와 같은 시에서는 "하나의 작은 기예인 문장은, 또한 시절의 風尙을 따르네. 화려함은 무늬 있는 비단과 비슷하고, 질박함은 마른 그루터기와 같네.(文章一小技, 亦從時尙趍. 綺麗似文錦, 質樸如枯株.)"라고 하여, 문장이 소기임을 전제하면서도 俗尙을 인정할 뿐만 아니라 기교를 찬양하는 태도까지 보이고 있다. 이로써 보면 그는 기본적으로는 재도적인 문학관을 견지하면서도 詞章의 필요성을 인정하는 태도로 시작에 임했다고 볼 수 있을 것이다.

3) 宋詩的 敍述性과 技巧의 追究

이색이 시의 형식·기교보다는 내용을 중시한 것은 성리학뿐만 아니라 송시와도 연관된 문제이다. 목은시가 東坡詩를 중심으로 하는 송시풍을 지녔다는 것은 徐居正 이래의 조선조 비평가들이 두루 인정한 바이며, 특히. 李建昌은 '入唐出宋'이라고 명언함으로써, 그가 목은이 당시를 배운 뒤에 송시풍에 이르게 되었음을 밝히기도 하였다.

목은시가 蘇黃[5]을 중심으로 한 송시에서 받은 영향은 크게 散文化, 日常的 題材, 多作性, 平淡性, 語句의 鍛鍊, 思辨性, 以俗爲雅의 경향 등

으로 보이는데, 이 중 마지막 현상은 뒤에서 살피기로 하고, 여기에서는 나머지에 대해서만 살피기로 한다.

송시의 특성 가운데 서로 연관된 현상인 議論性·思辨性·散文化 등의 경향이 동파시에 가장 두드러지게 나타난다는 것은 널리 알려진 사실인데, 다음에 드는 <有感>(권22, 제1수)은 그런 동파시적 경향을 거의 그대로 드러내고 있다.

> 천지라는 조화옹의 큰 용광로는
> 한결같이 녹여서 만드느라고 얼마나 수고로울까?
> 理로써 그 주인을 삼고
> 氣로써 그 무리를 나누네.
> 적으면 간혹 기린의 뿔과 같지만
> 많으면 어찌 다만 소의 털에 그치랴?
> 仁義로 膏粱을 삼고
> 예법이 笏과 道袍가 되네.
> 찬란하게 천하를 덮거늘
> 내 삶이 어디로 도망하리요?

> 天地帝洪爐, 鼓鑄一何勞?
> 理以爲之主, 氣以分其曹.
> 少或似麟角, 多奚啻牛毛?
> 仁義是膏粱, 禮法爲笏袍.
> 粲然被天下, 吾生安所逃?

위의 시는 인생의 이치를 자연과의 관계에서 찾을 뿐 아니라, 사람은

---

5) 東坡詩의 영향은 빈번히 나타나므로 논의할 필요가 없지만, 黃庭堅의 시에서도 영향을 받았을 것으로 추정된다. 시에 황정견이 창시한 기법인 換骨奪胎가 자주 언급되고, 庭堅·涪翁·山谷이라는 名號가 나타나며, '庭堅四隣'[蘇門四學士]이 언급되고, <書磨崖碑後>·<濂溪詩序>가 인용된 것으로 보아, 시를 인용한 경우가 <贈東坡> 외에는 보기 어렵지만, 그 시문을 읽었을 것으로 보인다.

인의와 이치에 따라 살아야 한다는 것을 주지로 내세우면서, 情緖보다는 산문적으로 의론을 펼치는 가운데, 理氣二元論的인 理一分殊說을 내세움으로써 사변성을 강하게 띠고 있다. 그가 산문적으로 의론에 치중하는 점은 고시에만 나타나는 것이 아니라, 형식상의 제약으로 인해 산문과는 거리가 멀 수밖에 없는 근체시에서도 흔히 볼 수 있어, '也·哉'와 같은 어조사를 빈용하거나 중복자를 쓴 절구를 흔히 볼 수 있다.

그가 의론화·산문화로 흐르면서 드러낸 특징의 하나는 시의 제목을 지나치게 길게 한 데서도 찾을 수 있다. 목은시 중에는 詩題가 200자 이상인 작품이 다섯 수, 100자 이상인 작품이 30여 수 있으며, 50자 이상인 경우는 매우 흔하다. <新進士三人來參, (중략), 誰知予之望於吾儕之至情乎>(권23)와 같은 작품은 7언 절구의 제목이 170자나 되어 시보다는 시제가 오히려 중요성을 지니게 된 경우라 할 수 있다.

그가 보여 준 송시와 유사한 또 하나의 특성은 다작할 뿐 아니라 소재의 제한 없이 모든 것을 평담하게 시로 표현하는 점이라 할 수 있다. 이 또한 중국의 경우에는 동파시에서 가장 현저히 볼 수 있는 현상이거니와, 목은 역시 그런 성향을 지님으로써 시의 소재가 크게 확대되게 했으며, 표현에 있어서도 애써 다듬기보다는 서술적이고 평이한 표현에 기울게 하였다.

지금까지 살핀 바와 같은 송시적 특성들은 그가 송대와 가까운 시대에 살았고, 고문과 성리학에 모두 큰 관심을 쏟았던 점에서는 당연한 현상이지만, 목은시가 사물의 의미와 이치를 탐색하고, 일상·학문·문학·자연·사회·역사 등 다양한 소재를 평담한 산문적 서술을 중심으로 표현하는 정도는 특별히 두드러지다. 따라서 전대·당대의 고려인들이 송시를 배운 결과와는 현저히 다른 실천이 이루어졌다고 평가할 수 있다.

한편 목은시는 산문화로 흘렀음에도 불구하고, 시의 기교적인 측면에 대하여 크게 배려하였고, 그로 말미암아 전대의 평시자로부터 흔히 대우·용사 등의 기교가 빼어난 시인임을 인정받은 바 있다. 그런 예 중에서 <卽事>(권21)는 두드러진 경우의 하나이다.

그윽한 집의 시골 흥취가 늙어 갈수록 맑으니
목전에서 생기는 일이 새 시를 얻기에 좋네.
바람이 자도 남은 꽃은 아직 절로 떨어지고
구름이 옮겨가도 이슬비가 전부 개지는 않네.
담장 끝의 하얀 나비는 다른 가지로 날아가고
지붕 모퉁이의 고운 비둘기는 깊은 숲에서 우네.
齊物과 逍遙가 나의 일이 아닌데도
거울 속의 모습은 몹시 뚜렷하다네.

幽居野興老彌淸, 恰得新詩眼底生.
風定餘花猶自落, 雲移少雨未全晴.
墻頭粉蝶別枝去, 屋角錦鳩深樹鳴.
齊物逍遙非我事, 鏡中形色甚分明.

이 작품 또한 주변의 일을 절제된 표현을 통해 풍부한 내용을 지니도록 형상화한 점에서 송시와의 연관이 엿보이거니와, 특히 함련의 "바람이 자는데도 남은 꽃은 아직 절로 떨어지고, 구름이 옮겨가도 이슬비가 전부 개지는 않네."라고 한 聯은 가다듬어진 표현을 통하여 대상을 외양보다는 현상의 묘한 이치로 묘사함으로써 깊은 의미를 지니게 했다. 그러므로 『東人詩話』에서는 이를 警聯으로 들면서 王安石의 警聯을 환골하여 뛰어넘은 표현으로 찬양한 바 있다. 이 연은 서거정의 지적이 아니더라도, '새가 우는데도 산은 더욱 그윽하다'는 역설보다는 '구름이 옮겨가도 비는 그치지 않는다'라는 경험적인 逆理가 더 타당한 표현일 뿐 아니라, '바람이 자는데도 꽃이 떨어진다'는 현상과 적절한 대우를 이룰 수 있음이 분명하다. 그러므로 이 구절을 두고 "물상을 형용한 것이 정교하여 무한한 의사가 있다."[6]라고 한 비평 또한 일리가 있다고 할 것이다. 이러한 장점은 시에 대한 깊은 학습을 통하여 어구를 다듬고 시상을 조절한 결과로서 黃庭堅, 내지 江西詩派가 추구하던 노력의 영향을 받은 데서 생긴 결과일 가능성이 있다. 그의 어구를 단련하기 위한 노력은 <改詩>(권26)에서 "새 시를 고치니 고칠수록 좋다.(新詩改了改來休)"라고 진술한 바와 같은 철저한 推敲意識에서도 엿볼 수 있다.

또 목은시의 대우의 기교가 빼어나다는 것은 서거정이 든 여러 다른 예에서도 확인할 수 있으며, 典故의 활용에 뛰어나다는 평가도 흔히 있다. 서거정은 權近의 말을 인용하여, 그의 '전원에는 느긋하게 감을 이루지 못하는데, 문항에 어찌 일찍이 현달한 사람이 왔으랴?(田園未得悠然逝, 門巷何曾顯者出?)'[7]라는 구절의 '유연서'와 '현자출'이 『孟子』에서 나온 것으로 그 솜씨가 왕안석에게 뒤지지 않는다고 하였으며, '자운은 비록 적막하였지만, 백시는 절로 중용이 되었네.(子雲雖寂寞, 伯始自中庸.)'[8]라는 구절 또한 "用事가 精切"하다고 하였다.

4) 唐詩的 情緖·氣象·忠憤의 追究

이색은 송시풍에 경도된 가운데서도 唐詩에 대한 관심을 매우 빈번하고도 강하게 드러내어, 언표상으로는 唐詩를 가장 두드러지게 찬양하면서 그것을 배우고자 하는 입장을 취하였다. 그는 "今人들이 모두 唐詩를 배운다고 말하지만, 누가 일찍이 妙處를 애써 생각했던가?"[9]라면서 당시를 본받으려는 뜻을 밝혔는가 하면, 특히 盛唐詩를 가장 높이 평가하여,

---

6) 靑伸, 『謏聞瑣錄』. "狀物精巧, 有無限意思."
7) <憶梅花>(권8) 제2수의 頸聯으로 원전에는 "田園政好悠然逝, 門巷何曾顯者來."로 되어 있다.
8) <讀漢史>(권8)의 頷聯으로 원전에는 '子雲殊寂寞'으로 되어 있다.
9) <復用圓齋詩韻 聊以述懷>(권13). "今人盡說學唐詩, 妙處誰曾更苦思."

"격조가 높은 이백과 두보는 기이하나 시법을 따랐고(調高李杜奇仍法)" (<述古>, 권8)라는 식으로 李杜詩를 존숭한다는 뜻을 빈번히 밝혔다. 이런 점으로 보아 그의 시에 李杜의 시구를 點化하거나 인용한 표현이 매우 많음은 당연한 일이라 할 것이다.

그가 李杜의 시에서 배우고자 한 바는 대체로 성정과 흥취, 호방한 기상, 강한 충분의식 등이었던 것으로 보인다. 다음은 이두를 시의 모범으로 삼으면서 그들과 같은 성정과 흥취를 표현하는 데 힘쓰고자 하는 뜻을 드러낸 <偶題>(권9)이다.

李杜의 문장을 이을 사람이 드문데
어느 날에나 봉황이 다시 쌍쌍이 날겠는가?
세상에 꽉 찬 功名은 今世에서는 이루기 어려운 것이고
뛰어난 도덕은 옛날에도 또한 바라던 일이네.
性情을 도야하여 스스로 마음을 기를 수 있는데
政化를 펼치면 또 누가 비난하는가?
앓던 끝에 시의 맛을 음미하면서
흥을 만나면 때때로 붓을 휘두르네.

李杜文章繼者稀, 鳳凰何日更雙飛?
功名滿世今難致, 道德離倫古亦希.
陶寫性情堪自養, 敷陳政化有誰非.
病餘咀嚼詩中味, 遇興時時筆一揮.

신병으로 벼슬을 쉬던 때에 性情을 함양하여 시로 쏟아내는 기쁨을 주지로 한 작품으로서, 性情을 陶寫함을 시작의 생명으로 인식했던 杜甫流의 시관을 드러내는 한편으로, 시의 모범을 李杜에서 찾는 자세를 보여준 예이다. <讀李白詩>(『목은시고』 권35)에서는 "구름에 닿는 호탕한 기상은 미칠 수가 없는데, 문장을 토해 내니 불꽃이 하늘에 가득하네.(豪氣

凌雲不得□, 滿天光焰吐文章.)"라고 李白의 詩에 나타난 호방한 기상을 찬양하였는가 하면, <讀杜詩>에서는 詩家의 正宗[10]인 杜詩에 대하여 "우연히 난리를 만나서 節義가 더해졌거늘, 어찌 쇠하고 늙었다고 정신이 덜릴소냐?(偶値亂離增節義, 肯因衰老損精神?)"라고 그 충분정신을 찬양하였다.

이색은 위에서 살펴본 대로 唐詩, 특히 盛唐詩를 존숭했으므로, 그의 대표작인 <浮碧樓>(『목은시고』 권2)에 盛唐의 대표적 시인들인 杜甫・李白・崔顥의 詩句를 用事한 표현이 나타날 뿐 아니라, 唐詩를 시의 전범으로 보고 그런 경지에 이른 작품을 好評하는 내용이 중심을 이룬 許筠의 『惺叟詩話』에서 "李文靖公의 '昨過永明寺'라는 작품은 꾸미지도 탐색하지도 않았지만, 우연히 가락에 합치되어 읊조린 것이 신묘하고 뛰어나다. 許穎陽이 보고서 '너희 나라에도 이런 작품이 있는가?'라고 하였다."[11]라고 찬양한 것 또한 唐詩의 格調를 갖추었다고 판단한 데 따른 것으로 보인다.

이로써 본다면 그는 宋詩風을 실천하면서도 宋詩에만 기울던 분위기에서 벗어나기 위해서 노력하고, 唐詩에 대한 관심이 본격적으로 일어나기 이전에 두드러지게 관심을 쏟았던 시인이라 할 것이다.

5) 豪放・雄渾・雅健한 시와 悽惋・閑適・奔放한 시의 兼求

서거정은 懶翁和尙의 제자였던 竹磵(澗)에 대하여 다음과 같이 말한 바 있다.

---

10) <前篇意在興吾道大也不可必也. 至於詩家, 亦有正宗, 故以少陵終焉. 幸無忽>(권21).

11) 許筠, 『惺叟詩話』. "李文靖昨過永明寺之作, 不彫飾, 不探索, 偶然而合於宮商 詠之神逸. 許穎陽見之, 你國亦有此作耶?"

> 평자들이 '牧隱의 晩年作品은 젊을 때의 것만 못하다'라고 말한다. 승려 竹澗이 말하기를, '牧老는 젊었을 때에 中原의 文人才士들과 교유하며 맞서서 雌雄을 다투었으므로, 詩文의 一字一句를 짓는 데에도 법도가 삼엄하여, 옛날의 작가들에게도 부끄러워할 것이 없었다. 만년의 작품은 氾濫함이 縱橫하여 常道를 벗어난 뜻을 지닌 곳이 있다. 이 노인은 재주가 한 세상에 높아서, 우리나라에 시를 볼 줄 아는 사람이 없다고 거만하게 깔보고 감히 이렇게 하였다.'라고 하였다. 竹澗은 승려 중에서 빼어난 자이다.[12)]

죽간은 『慵齋叢話』에서도 시가 웅건하다고 하였던 시승으로 목은을 인간적・문학적으로 잘 이해하였던 이였던 듯한데, 목은의 청장년기 시와 노년기 시의 두드러진 특징을 대체로 현전 작품의 실상에 부합되게 지적하고 있으므로 위의 진술은 상당한 신빙성을 지니고 있다.[13)]

이러한 관점에서 목은시 전반을 대략적으로 살피면, 목은의 초기시에는 대체로 시법・표현・정서에 대하여 두루 배려하면서 창작함으로써 '豪放・雄渾・雅健'한 풍격으로 설명될 수 있는 것이 많고, 후기시 가운데에는 평담한 표현을 바탕으로 분방하게 다작함으로써 '悽惋・閑適・奔放'한 풍격을 지닌 것들이 많다고 볼 수 있다. 먼저 호방한 풍격을 지닌 예라 할 수 있는 <後儒仙歌. 歌拙翁次韻>(권5)을 살펴보기로 한다.

---

12) 徐居正, 『東人詩話』 卷下. "古人謂, '子美夔州以後詩尤好.' 盖愈老愈奇也. 評者謂, '牧隱晩年之作不如少時.' 僧竹澗曰, '牧老少遊中原, 與文人才士, 頡頏爭雄, 爲詩文一字一句, 法度森嚴, 無愧於古之作者. 晩年之作, 汎濫縱橫, 有不經意處. 此老才高一世, 傲睨東方無人具眼者, 敢如是.' 竹澗緇流之傑然者也."

13) 『동문선』・『청구풍아』에 선발된 목은시는 79제인데, 이 중 51제가 다작하지 않았던 33세까지의 작품이고 26제가 다작하던 49세부터 55세까지의 작품이며, 다작경향이 줄어든 56세 이후의 작품은 2제여서, 선시결과로만 보아도, 다작기의 시작자세가 청장년기와는 달랐음을 짐작할 수 있다. 2・30대의 시가 515제 630여 수 밖에 남아 있지 않으면서도 51제나 선발되었다는 것은 그가 이 시기에 투철한 창작의식을 가지고 시작에 임했음을 방증하는 것이며, 죽간은 그런 차이를 법도의 삼엄함과 범람종횡으로 대비하여 지적한 셈이다.

공의 일이 어긋남을 딱하게 여기노라니 내 간장이 끊어지고
공의 뜻과 기개를 아끼노라니 미칠 것만 같네.
재주는 만고에 높아 詩壇을 마음대로 하였는데
하물며 나에게는 尊丈의 항렬임에랴?
글을 지어 장난하고 醉하는 것을 별천지로 삼으며
세력에 기꺼이 아부하지 않고 차라리 버티었네.
비방과 칭찬을 흘려들어 참으로 매미소리처럼 여겼는데
孤雲은 바다를 건널 때 배를 침상으로 삼았다네.
檄文을 초한 뛰어난 말이 당나라를 울리니
昌黎의 높고 기이함에 張籍과 皇甫湜은 자빠졌네.
龍을 타고 한 번 간 지 이미 천년이 지났는데
후손이 자취를 이어 동방에 빼어났다네.
對策으로 단번에 天子의 집에 오르니
높은 재주가 壯元郎을 놀라 넘어지게 하였네.
돌아와 농사를 지으며 猊山의 남쪽에 숨으니
元龍과 같은 호방한 기상을 누가 헤아릴 수 있었으랴?
길게 휘파람 불며 옆에 사람이 있음을 모르는 체하였네.
지극한 맛에는 설탕물 부을 것을 생각하지 않아도 되고
지극한 소리에는 空桑琴 찾기를 바라지 않아도 되리.
다만 바라노라, 공을 일어나게 하여 함께 잠깐 방랑하면서
달이 비치는 정자에서 취해 쓰러지고 바람 부는 행랑에서 읊기를.
공께서 만약 안다면 나의 긴 노래소리를 들으실 텐데
우주를 俯仰하니 어찌 저리 넓고 큰가?

憐公齟齬摧我腸, 愛公倜儻令我狂.
才高萬古擅詩場, 況復乃我丈人行?
以文爲戲醉爲鄉, 不肯咐勢熱寧蹶張.
毁譽過耳眞如螗, 孤雲度海船如牀.
草檄傑語鳴於唐, 昌黎崛奇籍湜僵.
騎龍一去今千霜, 雲孫繼踵出東方.
對策一登天子堂, 高才驚倒壯元郎.

歸來農隱猊山陽,　元龍豪氣誰能量?
長嘯不知人在傍,　至味不思傾蔗漿.
至音不願尋空桑,　但欲起公共聊浪.
醉倒月榭吟風廊,　公如有知聞我歌聲長,　俛仰宇宙何洪荒?

이 작품은 막히지 않는 기상과 높은 재주를 가졌으나 불우하게 살았던 拙翁 崔瀣의 삶을 회고하고, 그를 추모하는 뜻을 읊은 것이다. 그러나 존경하는 선배를 추모하기 위한 작품이면서도, 비애나 한탄보다는 졸옹의 豪放不羈함과 문인으로서의 뛰어난 능력과 명성을 찬양하는 데 주력하고 있다. 그러므로 추도시이면서도 정서와 표현은 매우 힘차다. 이는 물론 졸옹의 기상에 말미암은 것이지만, 시인 자신도 그런 기상을 지닌 데서 연유할 것이다. 이러한 풍격을 지닌 예로는 초기시로서 목은의 대표작이라 할 수 있는 <浮碧樓>·<貞觀吟, 楡林關作>·<燕山歌> 등을 들 수 있다.

다음은 웅혼한 풍격을 지닌 예라 할 수 있는 <洞庭晩靄>(권6)이다.

조그만 君山에 저녁놀이 붉은데
멀리 吳와 楚를 삼킬 듯이 형세가 무궁하네.
거센 바람이 몽롱한 달을 불어 올리는데
비단 燈籠이 은빛촛불에 흐릿하네.

一點君山夕照紅,　闊呑吳楚勢無窮.
長風吹上黃昏月,　銀燭紗籠暗淡中.

沈休文이 지은 <東吳八詠>과 宋復古가 같은 대상을 그린 그림을 보고 읊은 <동오팔영> 중의 첫수로서 題畵詩라 할 수 있지만, 그림에 충실하다고 보기는 어려울 듯하다. 洞庭湖 안에 있는 君山에 저녁놀이 비취자 호수가 환해져서 吳楚를 삼킬 듯한 장관을 이룬 것을 묘사한 데 이어, 시간이 좀 경과한 뒤의 희미한 등불을 켠 집과 달이 떠오르는 모습에 대한 묘사를 덧붙였다. 이 시는 우리나라에서는 보기 어려운 장관을 묘사했으므로 더욱 장엄한 느낌을 주며, 아울러 그것을 읊은 사람의 雄渾한 기상을 엿보게 한다. 그래서 서거정은 "그 광막하고 질편한 기상이 노두의 경정에는 미치지 못하지만, 어찌 앞의 여러 연구에 양보하랴?"[14]라고 하였고, 조신도 "동방에서는 참으로 고금을 횡절했다."[15]고 하였을 것이다. 杜甫의 "吳楚東南坼, 乾坤日夜浮."를 점화하기는 하였지만, 형사에 의탁하여 흥취를 형상화한 수법이 뛰어나다고 볼 수 있다.

다음에는 雅健한 풍격의 예로 볼 수 있는 <同來僧渡溪, 墜馬失隻履, 戲作>(권2)을 살피기로 한다.

산골의 개울이 바다로 흘러가는데
말은 누워서 龍이 되려 하네.
정신이 없어서 지팡이는 문득 손에서 떨어지고
물에 흠뻑 젖은 가사는 짙은 봄구름과 같네.
갈대를 꺾어 타고 온 늙은 胡僧은 또 장난이 심한데
錫杖을 날린 羅漢은 신통한 이로 일컬어졌다네.
물어 보노라, 신발 한 짝이 어디로 갔는지를.
분명히 葱嶺 동쪽에는 있지 않으리.
반드시 다시는 石頭의 길을 밟지 말아야 하리니
본래 西江의 바람을 한 번에 마실 수 있다네.

山溪流入海, 　　馬臥欲化龍.
拄杖茫然忽落手, 　袈裟盡濕春雲濃.
折蘆老胡亦戲劇, 　飛錫羅漢稱神通,

14) 서거정, 『동인시화』 권상. "其曠漠冲融之氣, 雖不及老杜俓庭, 豈足多讓於前數聯哉?"
15) 조신, 『소문쇄록』. "於東方 眞加古今橫絶."

借問隻履在何地? 定應不在葱嶺東,
不須更踏石頭路, 自有一吸西江風.

이 작품은 말을 타고 강을 건너다가 말에서 떨어져 신발을 잃은 승려를 놀리고자 지은 희작이면서도, 묘사와 용사에 사용한 어구가 매우 우아하고 굳센 특징을 지니고 있다. 첫머리에서 5언으로 시작하였다가 금세 7언으로 바꾸면서 대상을 교묘하게 묘사한 다음에, 승려의 모습을 折蘆老胡[達磨]·飛錫羅漢에 비유하고, 달마가 죽은 뒤에 葱嶺의 무덤을 파 보니 신발 한 짝뿐이었다는 고사를 활용하고 나서, 마지막 두 구절에서 각각 『傳燈錄』의 禪談을 인용하면서 마무리지었다. 묘사와 용사가 모두 뛰어날 뿐 아니라 희작답지 않게 아건한 어사와 정조를 구사하고 있다고 할 것이다.

한편, 50세 이후에 엄청나게 많은 시를 짓던 때의 목은의 시 중에는 非詩的이라고 할 만큼 온갖 제재를 다 취하여 평이하거나 격식을 벗어난 표현으로 처완·한적·분방한 풍격을 드러낸 예가 많다. 특히 52세이던 1379년에는 일기를 쓰다시피 다작하여 1년 동안에 998제 1,600여 수에 이르는 시를 지었는데, 이런 시기의 시들은 가다듬어진 표현으로 다양한 풍격을 드러낸 것들도 적지 않지만, 평담한 표현으로 자신의 처지와 부합하는 정서를 그대로 드러낸 경우가 많다. 따라서 목은시의 가장 두드러진 풍격으로 지적되는 호방·웅혼과는 거리가 먼 '閑適·悽惋·枯淡' 등의 풍격용어로 설명될 수 있는 시들이 많다.

다음은 그가 질병을 앓으면서 칩거하던 가운데 國步마저 여의치 않은 현실에 대하여 슬퍼하는 마음을 평담한 표현으로 읊은 <卽事>(권15)이다.

스스로 생각해도 당시에는 사리를 식별함이 더뎠는데
늘그막에는 안위에 관여할 뜻이 없다네.

때때로 先朝에 대한 한이 일어나서
붓 끝으로 뿌리니 곧 시가 되네.

自念當年見事遲, 白頭無意管安危.
時時惹起前朝恨, 灑向毫端卽是詩.

51세에 지어진 이 작품은 자신을 매우 총애하면서 斯文의 진작에도 힘썼던 공민왕을 그리워하는 한편으로, 왕의 죽음이 사문과 국가에 침체를 가져온 탓에 회한에 젖어 있으면서도, 병으로 인하여 일신의 안위만 걱정하는 자신을 책망하는 뜻을 표현하고 있다. 이와 같은 무한한 한을 '전조의 한'이라고 직서하는 데 그친 채, 더 이상 바깥으로 드러내지 않고 내면화시킴으로써, 시의 표면에는 비애가 크게 노출되지 않았다. 비애를 간접화시킴으로써 시의 거죽은 枯淡하게 하였으나, 오래 읽으면 진미가 나타나게 한 시라 할 수 있다. 그의 후기시에는 이처럼 내면화된 비애를 평담하게 표현한 예가 많다.

다음은 <晨興卽事>(권27)이다.

참새가 처마에서 지저귀고 풍로에서는 물이 끓으니
늙은 아내는 머리를 빗고 나서 梅塩을 맛보리.
해가 서 발이나 솟도록 따뜻한 명주이불을 덮고 있노라니
黑甛鄕 속에도 한 조각 천지가 있다네.

湯沸風爐雀噪簷, 老妻盥櫛試梅塩.
日高三丈紬衾暖, 一片乾坤屬黑甛.

단순한 묘사 외에는 아무런 시적 기교를 부리지 않고 아침에 일어났다가 다시 잠에 빠져드는 한가한 늙은이의 일상을 평담하게 표현한 예이다. 노년기 시의 두드러진 풍격인 閑適을 맛볼 수 있는 예로서 깊은 뜻을 언

외에 남겨 둔 가작이라 할 수 있다. 다음은 <胡不歸行>(권14)이다.

왜 돌아가지 않는가, 왜 돌아가지 않는가?
너는 이미 늙었는데 왜 돌아가지 않는가?
네가 하늘로 삼는 분이 돌아가셨는데
너는 홀로 머물거늘 鼎湖에는 물결만 이네.
멀리 기우는 해가 밝은데
저녁해가 지려고 하여도 머물게 하지 못하네.
바람소리가 슬프게 울부짖으니
하늘과 땅은 흐릿해지네.
홀로 영화로워서
옷으로 살갗을 덮어 드러나지 않네.
홀로 융성하여
음식이 창자를 채우니 주리지 않네.
아들 두엇이 뭇 어진 이를 좇으면서
붉은 인끈에 金魚袋를 띠고 자줏빛 옷을 드리우네.
왜 돌아가지 않는가, 왜 돌아가지 않는가?
모자람이 없는데 무엇을 바라는가?
푸른 산은 무성하고 거울 같은 물은 깨끗하니
내가 무릎을 굽힐 곳은 오직 낚시터이리.

胡不歸胡不歸?　　汝旣老矣胡不歸?
汝所天兮賓于天,　　汝獨留兮鼎湖波.
遠明斜暉,　　斜暉欲墜不可駐.
風聲悲號,　　天地亦爲之依依.
獨榮華兮,　　衣盖膚而不露.
獨醲鮮兮,　　食充腸而不饑.
有子一雙逐群彦,　　紅鞓金魚垂紫衣.
胡不歸胡不歸?　　無不足兮奚所希?
青山隱隱水鏡淨,　　我膝所屈唯漁磯.

이 작품은 句式이 4~7자로 들쑥날쑥하고 '兮'를 많이 쓴 점으로 보아 시라기보다 賦에 가까운 것이지만, 歌行題를 붙여서 시임을 분명히 하였다. 첫머리에서 '호불귀'를 세 차례나 외치면서 공명을 누린 늙은이로서 더 바랄 게 없는데도 왜 돌아가지 않느냐고 직설적으로 자책하고 있다. 처완한 심회를 드러내는 데에만 몰두하고 있을 뿐 시상의 안배와 어구의 조절에 마음을 쓰지 않고 그야말로 '범람종횡'하게 지은 시로서 분방성을 두드러지게 보여 주는 예라고 할 것이다.

6) 自然에 대한 多樣한 接近

목은시의 가장 두드러진 제재 또한 한시 일반이 그러하듯이 자연이지만, 그가 자연을 다루는 방식은 통례보다는 매우 다양하다. 그 가운데에는 대상의 묘사에 그친 경물시도 흔히 있지만, 대체로 경물과 인간의 관계에 따라 묘사·서술·궁리 등으로 형상화 방법을 달리 하기도 하고, 교훈·흥취·갈등 따위로 중심적 의미를 달리 하기도 함으로써 다양한 모습을 띠고 있다. <春陰三首>(권31) 중 제1수를 예로 들 수 있는 묘사, 즉 形似에 힘을 기울인 예는 살피지 않고, 대체로 서술에 의존하면서 교훈을 의도한 예인 <歸途望天磨諸山>(권20)을 들어 둔다.

여러 산 가운데 왼편의 산이 영수한 기상이 으뜸인데
明堂에서 높은 冠을 쓰고 홀을 받들고 있네.
나라를 유지함은 끝내 儒術일 뿐이니
大唐과 같이 중흥하는 것을 찬송하고 싶네.

左手群山秀氣長, 峩冠奉笏向明堂.
扶持王國終儒術, 欲頌中興如大唐.

번잡한 도성을 떠나 천마산과 같은 승경을 마주하고서도, 경물을 묘사하거나 거기서 얻는 정서적 감흥을 말하지 않고, 산을 의인화하여 나라를 부지해 주는 신하들의 모습으로 그리면서, 나라의 안녕과 국운의 창성을 기원하는 儒臣의 소망을 주제로 내세웠다. 그리고 元次山이 지은 <大唐中興頌>과 같은 글을 자신도 짓고 싶다고 함으로써, 공민왕조와는 달리 교육과 학문이 침체되어 왕국을 지탱할 儒術이 제 구실을 못하는 현실을 슬며시 비꼬았다. 자연을 국가와 연관시키고, 그것을 통해 다시 현실을 비판함으로써 이중적으로 교훈적 의미를 지니도록 형상화한 예라 할 수 있다. 다음은 성리학적 궁리를 시로 표현한 한 경우이다.

사물을 살피는 것이 크거니와
형세에 따라 절로 서로 드러난다네.
하얀[맑은] 물이 깊으면 검게 되고
누른 산은 멀면 푸르게 되네.
지위가 높으면 위엄이 절로 중하고
집이 누추해도 덕은 더욱 향기롭네.
늙은 목은이 오래 말을 잊고 있노라니
작은 뜰에는 이끼 자국이 가득하네.

大哉觀物處, 因勢自相形.
白水深成黑, 黃山遠遂靑.
位高威自重, 室陋德彌馨.
老牧忘言久, 苔痕滿小庭.

<觀物>(권16)이라는 제목부터 그러하거니와, 표현을 통해서도 사물을 관찰하는 것이 매우 중요하다면서 산수의 이치를 서술하고 있다. 관물이 사람의 삶에 유용한 지혜와 덕성을 찾기 위한 일이므로, 덕과 위엄을 보존하는 데 연결시켰다. 그래서 궁극적으로는 앞의 시처럼 교훈에 이르렀

지만, 접근의 방법은 달라서, 앞의 시는 대체로 관습적인 비유인 比에 의존한 데 대하여, 이 시는 比와 興을 함께 사용하고 있다. 北宋의 邵雍이 창시하여 濂洛體로 불린 이런 시는 우리 詩史에서는 목은이 창시한 뒤에 포은 · 도은으로 이어지게 된다.

> 편액 머리에 누기가 없는 것이 안타까운데
> 누가 청심이라 이름을 쓰고서 서명을 빠뜨렸는가?
> 물을 막는 공이 높은 것은 마암석이요
> 공중에 떠서 형세가 큰 것은 용문산이로다.
> 따스한 거처의 헌창 밖에는 눈이 내리는데
> 서늘한 잠자리의 침석 사이에는 바람이 불어오네.
> 더욱이 봄바람이 불고 가을달이 뜰 때에는
> 아름다운 경치를 완상하는 마음이 넉넉하고 한가로우리.

> 恨無樓記冠篇端,　誰名淸心闕署顔?
> 捍水功高馬岩石,　浮天勢大龍門山.
> 燠居雪落軒窓外,　涼臥風來枕簟間.
> 況是春風與秋月,　賞心美景更寬閑.

묘사와 서술에 의하여 흥취를 드러내고자 한 시로 볼 수 있는 <驪興淸心樓題次韻>(권34) 4수 중 제1수이다. 청심루에 걸려 있던 제영에 차운[16]한 것이므로 정해진 제재와 운의 제약을 지니고 지은 것인 데다, 시인은 혁명기를 맞이하여 쫓겨다니는 상황이었다. 그러나 이러한 제약에도 불구하고 다른 어떤 작품보다도 뛰어나게 지었으므로, "여주 청심루의 제영이 매우 많지만 오직 목은의 '물을 막는 공이 높은 것은 마암석이요,

16) 『동문선』 권15의 禹倬 · 薛文遇 · 辛裔의 작품과 목은보다 7년 먼저 죽은 韓脩의 『柳巷詩集』에 실린 작품이 모두 같은 운을 사용한 점으로 보아, 유래가 오래고 차운시도 많은 시였던 듯하다.

공중에 떠서 형세가 큰 것은 용문산이로다.'라는 것이 절창이라고 일컬어 진다."[17]라는 격찬을 받은 바 있다.

이 시는 전반부에서 가까운 데서부터 먼 곳으로 눈을 옮기는 방식으로 경관을 서술한 다음, 눈을 점차 먼 곳으로 돌려 마암석이 세찬 강물을 막을 듯이 버틴 모습과 용문산이 하늘을 떠받칠 듯이 기운차게 솟아 있는 모습을 묘사하였다. 이 함련은 '水-天', '功-勢', '高-大', '石-山'을 대응시킨 工對를 쓰면서, 힘찬 말로 호방한 기상을 드러내었고, 마암석과 용문산에 감정을 이입시켜 표현하였다. 그러나 아직 시인의 주관적인 정이 뚜렷이 부각되어 있지는 않다.

그런데 頸聯과 尾聯에 이르러서는 다시 시각을 가까운 데로 옮겨서 시인의 주관적인 정서를 흥겹게 드러냄으로써, 물의 정과 시인의 정이 합일에 이르도록 표현하고, 분위기를 부드러운 쪽으로 전환하여 전반부와 조화를 이루게 하였다. 이러한 물아의 일체감은 아름다운 경관을 구경하는 마음이 더욱 넉넉하고 한가하다고 한 데서 분명히 확인된다. 의경을 이렇게 이해하면, 청심루를 제재로 한 매우 많은 시 중에서 왜 유독 이 작품이 절창으로 평가받았는지를 짐작할 수 있을 것이다.

이 작품과는 달리 아름다운 경관 속에서 느끼는 흥취가 물아일체에 이르기보다는 갈등을 느끼게 한다는 것을 서술·묘사를 통하여 형상화한 경우로 <新寓崇德寺>(권2)를 들 수 있다.

도성의 길에는 수많은 수레와 말이 다니는데도
지척에 있는 절의 경계는 절로 그윽하네.
섬돌에 비친 구기자는 붉은빛이 방울지려 하고
시렁에 가득한 포도는 푸른빛이 흐르는 듯하네.

---

17) 李睟光, 『芝峰類說』 권9. "驪州淸心樓題詠甚多, 唯牧隱捍水功高, 馬岩石浮天勢大龍門山, 號爲絶唱."

스님의 방에서 기식함은 전생의 일인 듯한데
객지의 잠자리에서 어버이를 그리워하여 한밤중에 근심하네.
집에 돌아갈 날을 손꼽으면서도 아직 가지 못하는데
鎭江의 안개와 비는 어부의 배에 가득하리.

千車萬馬九街頭, 咫尺祇林境自幽.
枸杞暎墻紅欲滴, 蒲萄滿架翠如流.
僧窓寄食前生事, 客枕思親半夜愁.
屈指歸軒今到未, 鎭江烟雨滿漁舟.

현전시 중 창작시기가 가장 이른 것의 하나로서, 그가 원에 처음으로 갔을 때인 21세에 지은 작품이다. 시인은 도성의 번화한 거리에서 가까운 고요하고 아름다운 경관을 지닌 절에 머물고 있는 것으로 보인다. 그래서 자연에 동화되었다는 듯이 말하면서도, 멀리 있는 부모에 대한 생각으로 마음의 평화를 누리지 못하고 있음을 함께 드러냈다. 시인은 자연과 조화를 이루고자 하지만 현실적인 문제는 늘 그를 구속하고, 특히 관직에 진출하면 보다 큰 구속이 뒤따르게 마련이다. 그런데도 그는 출사 직후부터 이미 이러한 귀거래 의지를 드러내고 있어, 49세 이전에 이미 牧隱이라고 自號한 까닭을 짐작하게 한다.

7) 個人·社會·歷史에 대한 記錄的 趣向

목은의 시는 시인의 신변뿐만 아니라 친지·사회·국가 등에 대한 기록적 성격이 유례를 보기 어려울 정도로 두드러지며, 현전시의 80%에 이르는 50세부터 55세까지의 시는 더욱 그러하다. 특히 52세이던 1379년에는 998제 1,600여 수에 이르는 다작을 하였으므로, 이 시기의 시에는 그의 詩眼에 비친 모든 것이 일기처럼 담겨 있어, 동파시보다 훨씬 '雜駁'

하다고 할 만하다. 여기에서는 그것들을 그의 신변과 연관된 사적인 부류와 사회・국가 등과 연관된 공적인 부류로 나누어 간략하게 살펴보겠다.

그는 만년의 유배기간을 빼고는 가족사에 대하여 비교적 시적 언급을 적게 하였지만, 노복이나 이웃에 대해서는 흔히 시의 제재로 삼았다. 다음은 <掃葉>(권26)이다.

어린 계집종이 떨어진 잎을 쓸어서
부서진 키에 채우네.
머리에 이고 부엌으로 들어가니
아내는 저녁밥 짓기를 재촉하네.
'저녁밥 짓기가 반드시 급한 것은 아니지만
다만 아침밥이 늦어짐은 두렵습니다.
손이 오면 나를 부르시는데
가지 않으면 의심을 받습니다.
새벽밥 뒤에도 부르시기를 기다려야 하니
놀 수 있을 때에 놀겠습니다.'

小婢掃落葉, 盛之以破箕.
頂戴入廚去, 主婦催暮炊.
暮炊不必急, 祗怕朝炊遲.
客來要我去, 不去遭猜疑.
蓐食待招呼, 行樂當及時.

그리 늦지도 않은 시간에 저녁을 지을 준비로 땔감을 들여가던 중이던 하녀가 주부인 자신의 아내에게서 저녁을 지으라는 재촉을 받은 일을 보고 들은 대로 읊은 시이다. 억지로 꾸미지 않고 목전에 벌어진 정경을 있는 그대로 묘사하고 나서, 어린 하녀의 말을 인용함으로써 소박한 敍事가 펼쳐진다. 시인은 자신의 주변에서 벌어진 하찮은 일에서도 주인과 하인의 처지의 차이를 깨닫고서 완곡하게 하녀를 편들게 되었고, 결국 이것이

시의 主旨라고 할 수 있다. 그러나 이런 의미를 직접 언급하지 않고 그 분위기를 주로 표현했으므로 여운의 맛이 두드러지다. 이런 시각은 <칠월 스무날에 난산하는 하녀가 있어 적다(七月二十日, 婢有難産者, 記之)>(권8)에도 나타나 있으며, <조용히 앉아 있다가 고양이와 개가 싸우려 하는 것을 하인이 마침 보고 말렸다는 말을 들었다. 마음 속으로 '모두 사람이 기르는 짐승인데 어찌 서로 잘 지내지 못함이 이와 같은가?'라고 생각하고, 읊어 <고양이와 개의 싸움> 한 편을 얻었다(靜坐聞猫狗將接, 赤脚適見而救之, 心語曰, '皆人畜也, 何不相悅如是哉? 吟得猫狗鬪一篇)>(권18)에서는 이웃의 가축에게 미치기도 한다.

목은이 주변의 일상사를 그냥 넘기지 않고 시로 기록한 점은 그가 공양왕 즉위 직후인 1389년 12월 金佇의 獄으로 장단에 추방된 이후에는 신상에 대해서도 직접 증언하는 방식으로 표출되기도 하였다. <寄省郎諸兄>(권35) 12수가 두드러진 예이거니와, 특히 제10수에서는 강한 항변과 원망이 나타나 있다.

> 송헌이 나라를 맡자 나는 떠도니
> 꿈속엔들 누가 이런 생각을 가졌으랴?
> 하물며 두 정씨[18)]가 큰 의론에 참여하였음에랴?

---

18) '二鄭'은 許筠의 『惺叟詩話』로 인하여 鄭道傳·鄭摠으로 이해되지만, 정총을 포함시킴은 옳지 않은 듯하다. 정총은 목은보다 30년 연하자로서 공양왕 원년(1389)에 고작 吏曹判書였고, 회군·창왕 폐위에도 특별한 공적이 없었으므로, 공양왕 초에 大政에 참여할 입장이 아니었다. 그는 공양왕 3년 5월에 이르러서 처음으로 목은을 탄핵했는데, 늦게 참여한 데에는 부친 鄭樞와 목은의 절친한 우정이 작용했을 것이다. 목은이 이 시를 지을 무렵의 탄핵자는 趙璞·吳思忠이었고, 彝初의 옥이 발생한 뒤에 趙浚·鄭道傳·尹紹宗 등이 가세했음을 참고해야 할 것이다. 한편, 정몽주·정도전은 창왕 원년 11월에 金佇가 우왕과 모의하여 李成桂를 죽이려 했다는 사건을 빌미로 창왕을 폐출하고 공양왕을 즉위시킨 정변의 功臣들이다. 이들은 그 공으로 大政에 참여하였고, 포은은 門下侍中 이성계에 이어 守門下侍中이 되었다. 이렇게 본다면 이 시는 지기로서 실세들인 이성계·정몽주·정도전에 대한 기대반 원망반의 심정을 읊은 것으로 보아야 할 것이다.

온 가족이 다 모이는 날은 과연 언제일까?

松軒當國我流離, 夢裡誰曾有此思.
二鄭況今參大議? 一家完聚果何時?

시인은 이성계·정몽주·정도전과 같은 절친한 이들이 집권했는데도 자신과 가족들이 시련을 겪는 데 대한 서글픔을 토로하고 있다. 이들에 대한 원망이 주지라 할 수 있으므로 서거정은 "조정에서는 그 말이 불손하다고 하여 처벌할 것을 청하여 일이 예측할 수 없게 되었다."[19]라고 하면서, 은밀하게 집권자에 대한 원망을 말한 것이 시적 병폐인 듯이 말했지만, 이는 忌諱를 의식한 말이고 실상은 시의 묘미 때문에 인용했을 것이다.

『목은시고』에는 고려시대의 사회를 이해하는 데에 커다란 도움을 주는 사료들이 매우 많으며, 노비 및 토지제도[20]·불교사상[21]·풍속[22] 등에 대한 사료들은 이미 연구적 조명을 받은 바 있다. 그러나 대부분의 사료들은 본격적으로 검토되지 않았고, 이는 시적 진술이 산문에 비하여 事實性 내지 記錄性이 떨어진다는 선입견에 말미암은 듯하다. 필자는 이런 태도가 옳지 않다는 것을 지적하고, 그 주요한 사료들을 『고려사』 등의 正史的 史料의 보완이라는 측면에서 검토한[23] 바 있거니와, 거기에서는

19) 서거정, 『東人詩話』 卷上. "詩貴含蓄不露. 然微辭隱語, 不明白痛快, 亦詩之大病. (中略) 恭讓朝, 太祖輔政, 牧隱貶長湍, 有松軒當國我流離, 夢裡何曾有此思之句, 朝議以語涉不遜, 請論如法, 事叵測. 嗚呼! 以蘇李之大才, 亦坐是病, 詩可易言哉?"
20) 洪承基, 「奴婢의 社會的 役割과 地位의 變化」, 『高麗貴族社會와 奴婢』(일조각, 1983).
21) 安啓賢, 「李穡의 佛教觀」, 『趙明基博士華甲紀念論叢』(간행위원회, 1965) ; 趙明濟, 「李穡의 佛教認識」, 『韓國文化研究』 6(부산대 한국문화연구소, 1993).
22) 郭稹, 「牧隱 李穡의 詩에 대한 研究」(성균관대 석사논문, 1982) ; 呂運弼, 『李穡의 詩文學 研究』(태학사, 1995).
23) 呂運弼, 「『牧隱詩藁』의 史料的 價値」, 『高麗後期 漢詩의 研究』(도서출판 월인, 2004).

祿俸의 支給回數와 時期, 宰樞의 任命, 科擧制度, 元 制科와 고려 예부시의 등제자와 연관된 기록들이 검토된 바 있다.[24] 그 가운데 恭愍王 8년(1359)의 홍건적 내침[25]을 제재로 한 24제 25수와 같은 특이한 예는 『고려사』의 해당기간 기록이 1,000여 자에 불과한 데 비하여, 2,500여 자에 이르는 증언을 통하여 『고려사』를 보완해 주고 있음을 확인할 수 있다. 또 우왕 6년의 南原·雲峰·荒山 등지의 왜구를 격퇴시킨 싸움에 대해서도 『고려사』보다 자세한 내용이 있어 흥미로우며, 특히 <聞李商議邊四宰與諸元帥凱旋, 病不能郊迓, 吟成一首>(권26)[26]는 "적을 소탕하기를 정말 썩은 나무 꺾듯이 했으니, 삼한의 기쁜 소식이 여러 공들 때문이네(掃賊眞將拉朽同, 三韓喜氣屬諸公.)"라고 諸將의 공로임을 분명히 밝히고 있어, 『고려사』의 <邊安烈傳>조차 이성계만의 공로로 기술한 것이 왜곡임을 입증해 준다.[27]

이 밖에도 목은의 시에는 禪宗의 系譜, 書筵[조선조의 經筵]의 실상, 要人의 사망시기, 외교, 기상, 천도 등에 대해서도 다른 데 나오지 않는 기록이 적지 않다. 또 거기에는 과거의 우리 역사에 대한 중요한 증언이 더러 있는바, 그 가운데 가장 정채를 띠는 것은 시 자체로도 흔히 고평받았던 <貞觀吟. 楡林關作>(권2)의 경우라 할 것이다.

---

24) 두드러진 예로 史書·登科錄·論著 등에 밝혀져 있지 않은 安震의 원 제과 등제 사실, 자신의 禮部試榜의 완전한 복원을 가능케 한 점, 자신의 원 제과 동년 5명의 명단을 알게 한 점 등을 들 수 있다.

25) 恭愍王 8년(1359) 11월 29일에 적이 압록강을 넘은 기사부터 이듬해 3월 25일에 功臣을 冊封한 기사에 이르는 『고려사』의 기록에 상응하는 작품들이다.

26) 이 시는 金九容·權近의 차운시와 함께 李廷馨의 『東閣雜記』에서 거론된 것으로 보아 매우 화제가 되었던 작품이었음을 알 수 있다.

27) <昨訪李商議設酌, 以病力辭. 次至邊四宰宅, 會有客已過三爵, 李鼇城廉瑞城繼至, 至晚客去, 主人又邀僕等入翌廊, 張燈燭, 夜將半逃出, 明日吟成一首>의 '二公勇智是干城'에서도 드러나는데, 이는 개국과정에서 邊安烈을 죄로 얽어 죽인 일 때문일 것이다.

晉陽公子가 호걸들과 교분을 맺으니
風雲의 장한 기개가 우주를 채웠네.
기운차게 한 번 일어나 天戈를 휘두르니
隋堤의 버들은 빛을 잃었네.
殷·周를 본받아 이미 武功을 세웠으니
虞·夏를 따라 마땅히 文德을 폈어야 하리.
찬 것을 유지하고 이룬 것을 지키려면 安靖이 귀중하며
큰 것을 좋아하고 功을 즐기면 뒤집히는 일이 많다네.
三韓은 箕子가 不臣한 땅이니
내버려 둠이 아마 得策이었으리.
어찌하여 金玉과 같은 軍兵을 움직여서
재갈을 물리고 몸소 東土에 왔던가?
貔貅는 달밤에 鶴野를 감싸고
깃발은 雞林의 새벽비에 젖었네.
"주머니 속 물건과 같을 뿐이다." 하더니
어찌 알았으랴, 눈[玄花]이 흰 깃에 떨어질 줄을.
鄭公이 이미 죽어 언로도 막혔으니
큰 비석이 넘어졌다가 다시 일어선 일이 우습네.
고개 돌려 "貞觀年"이라고 세 번 소리치노라니
하늘 끝에서는 슬픈 바람이 쏴 불어오네.

晉陽公子結豪客, 風雲壯懷滿八極.
赫然一起揮天戈, 隋堤楊柳無顔色.
已踵殷周成武功, 宜追虞夏敷文德.
持盈守成貴安靖, 好大喜功多反側.
三韓箕子不臣地, 置之度外疑亦得.
胡爲至動金玉武? 啣枚自將臨東土.
貔貅夜擁鶴野月, 旌旗曉濕雞林雨.
謂是囊中一物耳, 那知玄花落白羽.
鄭公已死言路澁, 可笑豊碑蹶復立.
回頭三叫貞觀年, 天末悲風吹颯颯.

이 작품은 우리 역사에 대한 자부심을 호방한 기개로 드러내는 가운데, 당 태종이 고구려를 침공하였다가 학야 싸움에서 눈을 다쳤음을 증언한 유일한 기록이다. 서거정은 당 태종의 부상이 여기에만 나타나는 것이 중국인이 기록을 기피한[28] 탓이라고 하고, 김종직은 중국에도 근거가 있을 것[29]이라고 한 점으로 보아, 태종이 부상 때문에 퇴각하였다는 일화가 조선 초기 사대부들이 중국에 대하여 지녔던 커다란 자부심이었음을 분명히 알 수 있거니와, 목은이 이를 기술한 것은 사실기록 의식과 민족적 자부심에 말미암았다고 할 것이다.

8) 中華的 志向과 土俗의 崇尙

목은은 산문에서도 元이 천하의 중심임을 분명히 언명하면서 고려가 小中華라는 의식을 드러낸 바 있는데, 이런 의식은 “어찌하면 人文이 옛날보다 빛나서, 小中華의 풍속이 中原과 같아질까?(焉得人文光古昔, 小中華俗似中原.)”[30]라고 읊거나, 원의 制科에 응시하여 鄕試를 거친 元帝國의 才士 300명과 겨루어 3등이라는 특출한 성적으로 급제한 것을 영광으로 여기는 방식으로 흔히 나타나 있다.

연도로 머리를 돌리니 八埏이 받드는데
당시에는 혁혁하게 여러 어진 이들이 달렸지.
동문의 祖道에는 수레가 몇 양이었던가?

---

28) 서거정, 『筆苑雜記』 권2. “世傳唐太宗伐高麗, 至安市城, 箭中其目而還, 考唐書通鑑, 皆不載此事. 雖有之, 當時史官爲中國諱, 無怪乎其不書也. 但金富軾三國史亦不載, 未知牧老何從得此?.”

29) 金宗直이 “然公遊學中原, 豈無所聞也?”(『靑丘風雅』 권2)라고 지적한 것으로 보아, 중국문헌에 근거를 두었을 가능성도 있을 것이다.

30) <五月初七日, 徐承制考閱進士卷進呈, 上出御便殿拆封, 命內侍寫牓唱名, 穡以困不能往觀盛事, 吟成一首>(권23).

하사하신 가득한 술동이에는 술이 만 말이었네.
쓸쓸하게 홀로 돌아와서 누구에게 위로받았던가?
아득히 외롭게 읊으면서 스스로 속을 끓이네.
지금 참된 즐거움을 이룬 것을 가장 기뻐하는데
늙으신 어머님 얼굴은 바로 노년이시라네.

回首燕都拱八埏, 當時赫赫走群賢.
東門祖道車幾兩? 內醞盈尊斗十千.
寂寞獨歸誰見慰? 蒼茫孤詠自相煎.
如今最喜成眞樂, 鶴髮慈顔政老年.

원제국의 문물에 참여하였음을 영광스럽게 회상하면서 귀국할 수밖에 없었음을 아쉬워하는 마음을 읊은 <憶燕都>(권4)이다. 따라서 그가 <紀事>(권13)에서 "衣鉢이 해외에 전해진 것을 누가 알리요? 圭齋의 한마디 말이 아직도 또렷하네.(衣鉢誰知海外傳, 圭齋一語尙琅然.)"라고, 급제시의 시관이었던 歐陽玄의 말을 자랑스럽게 회상하면서 뒷날의 자신의 처지를 한탄한 것 또한 기이할 게 없다.

이런 시들은 그가 중화중심주의를 사유의 기반으로 하였음을 분명히 알게 한다. 그러나 그는 그에 못지 않게 우리나라의 역사와 풍습에 대한 자부심을 강하게 드러내어, 三國이 國祖 檀君이 세운 조선을 계승한 나라임을 명언하거나 우리나라가 원래 중국의 臣國이 아님을 주장하는 한편으로, 습속과 언어가 중국과는 현저히 다르다고 함으로써, 고려가 고유한 역사와 문화를 지닌 독자적인 나라라는 자주적 의식을 뚜렷이 내세우기도 하였다.[31)]

중화를 찬양하면서도 자국의 역사·문화를 자부하는 이런 엇갈리는 의식은 송나라와 교섭할 때부터 대두된 小中華意識[32)]이 지닌 兩面性의 안

31) <送偰符寶使還詩序>, 『牧隱文藁』 권9 참조.

과 밖이다. 따라서 그것은 모순관계에 있는 사고라기보다 국가적 이익과 문화적 자부심을 동시에 확보하고자 하는 타산과 연관된 것[33]임을 이해할 필요가 있다. 목은은 이런 의식을 드러낸 詠史詩・懷古詩를 특히 많이 지었는데, 다음에 드는 <婆娑府>(『牧隱詩藁』 권3)는 그 중 두드러진 예이다.

나는 지금 길게 읊조리며 요동들판을 지나는데
산길은 얽혔지만 몇 舍인지 알겠네.
두어 집에서 갑자기 닭과 개 소리가 들리는데
길에서 '누구냐'라고 묻는 이는 모두 늙은 병사이네.
압록강 동쪽언덕은 모두 우리나라 땅인데
푸른 봉우리와 흰 물결이 매우 아름답네.
東韓은 어질고 長壽하는 군자의 나라인데
堯임금 戊辰年에 始祖를 칭하였네.
夏・殷을 지나면서도 순전히 신하노릇을 하지는 않았거니와
箕子를 봉하자 師道가 새로워졌네.
九疇洪範이 삼엄하게 펼쳐져 천하를 비추었으니
당시에 감화받은 이들이 어떤 사람인지 알겠네.
婆娑府에 사는 백성들은 말이 달라서
지척 사이가 胡와 越처럼 판이하네.

---

32) <懷古>(권18)에서 "國家遭遇宋文明, 禮樂交修最太平. 制誥褒崇天語密, 朝廷覆燾海封淸. 病求藥物來醫老, 閑閱軍容報禍萌. 萬古難磨忠義在, 小中華館豈虛名?"이라고 宋文明을 예찬하면서, 小中華로 대우받은 것을 자부한 사실과 <小中華>(申景濬, 「疆域考」, 『旅菴全書』 권4)에서 "宋朝題高麗使臣下馬之所曰小中華之館, 名高麗使朴宗亮金覲詩集曰小華集."이라고 말한 것을 감안하면, 송의 외교적 대우에서 말미암은 현상일지 모르겠다.

33) 李鍾默, 『海東江西詩派硏究』(태학사, 1995), 15~6면에서는 <부벽루>에 나타나는 철저한 한국적 人地名의 사용, <偶題>에서 볼 수 있는 속담의 차용 등을 黃庭堅을 필두로 한 江西詩派의 '以俗爲雅'의 영향일 가능성을 지적한 바 있는데, 강서시파 諸詩人들과의 직접적 관련은 불명확하지만, 영향이 확인되는 소식・황정견에게 모두 그런 경향이 있었던 점으로 보아 수긍할 만한 데가 있다.

아! 세상의 변화는 날로 말단으로 달리는데
버들꽃은 바람 따라 날리는 눈발처럼 어지럽네.

我今長吟過遼野, 山路縈紆知幾舍.
忽此數家鷄犬聲, 當道誰何皆老兵.
鴨江東岸是吾土, 青嶂白波相媚嫵.
東韓仁壽君子國, 唐堯戊辰稱始祖.
綿歷夏商不純臣, 箕子受封師道新.
九疇森列照天下, 當時親炙知何人.
婆娑居民語音別, 咫尺風氣如胡越.
嗚呼世變日趨末, 楊花隨風亂飛雪.

遼東의 婆娑府를 지나다가 그 곳이 옛날에는 우리나라 땅임을 잘 아는 까닭에 懷古的 정회를 지니게 된 듯하다. 단군조선 이래의 역사가 유구하고 영광스러웠던 데 대한 자부심을 내세우는 한편으로, 우리나라가 원래 중국의 臣國이 아니었음을 강조하고 있다. 이어서 우리나라의 중화와 다를 바 없는 문화와 요동인의 夷狄的 언어를 대조시켰다. 결국 우리 역사·문화에 대한 자부심을 드러냄으로써, 元에 사대할 수밖에 없는 현실에 대한 불만을 우회적으로 표현한 것이 主旨라 할 것이다.

또 목은은 우리의 옛 영웅을 사모하는 뜻을 드러냄으로써 우리 역사의 정통성을 내세우기도 하였다. <西京>에서 "일찍이 조천석이 있다고 들었는데, 단군의 호탕함은 뭇 영웅 가운데 으뜸이었네."[34]"라고 한 데서 東明王을 민족사적 영웅으로 숭앙한 자세가 잘 나타나 있으며, <貞觀吟>·<雜興三首>·<崧高操. 韓山子望松山而作> 등에도 유사한 사고가 나타나 있다.

우리의 풍속·俗樂을 제재로 한 <偶題>·<鞦韆>·<觀擊毬>·<驅儺

34) <西京>(권3). "聞說朝天曾有石, 檀君英爽冠群雄."

行>·<端午石戰> 등도 이런 의식의 연장선상에서 이해할 수 있는데, 이것들에는 習俗·儀式·俗談·俗樂의 실상과 미풍에 대한 애정이 다양하게 표현되어 있다. 그 중 풍속과 속악을 함께 다룬 "높은 가래나무는 멀리 바람결에 서 있는데, 붉은 그넷줄을 공중으로 차고 오르네. 그네를 당기고 미는 소년이 있어, 여인의 추파에 굳센 의지가 흔들리네.(堂堂楸樹迥臨風, 紅線鞦韆欲蹴空. 挽去挽來少年在, 鐵腸搖蕩眼波中.)"로 된 <鞦韆>(권8)의 제3수는 <翰林別曲> 제8연을 한역한 것으로 小樂府라 할 수 있는 작품이다.

우리나라의 역사·문화 등을 제재로 한 이러한 시들은 小中華主義에 바탕을 둔 자주의식의 소산임이 분명하지만, 한편으로는 宋代 士大夫들이 異民族에 대한 배타적 감정으로 말미암아 漢族의 문화에 대한 자부심을 강하게 드러내었던 풍조, 한시 본연의 觀風意識과도 무관하지 않을 것이다.

3. 결어

지금까지 살펴본 것 외에도 서로 엇갈리는 지향이나 다양한 면모가 나타나는 현상이 적지 않지만, 일일이 살필 겨를이 없어 줄이기로 한다. 그러나 위에서 약술한 것만으로도 목은시가 그 특성이나 세계를 간단하게 설명하기 어려운 대상이라는 것은 확인할 수 있을 것이다. 이러한 특성은 그의 시의 직접적 배경이라고 할 생애의 특성·사상적 경향·문학관 및 시인식 등에 기인함은 물론이다. 그러나 이에 못지 않게 그가 <解事漢>(권3)에서 "때때로 노래하고 읊조리면 興趣가 넉넉하기에, 또 詩魔가 生死를 함께 하려고 하네.(時時謳吟足興味, 詩魔又欲同生死.)"라고 한 바와 같은 嗜詩的 習癖과, 다음에 드는 <卽事>(권32)에 나타난 바와 같은 뿌리치기 어려운 청탁이 보태진 것도 주요한 원인이었을 것으로 보인다.

빚장이가 날마다 문 앞에 와서 독촉하니
늙은이는 읊조림을 끝내 피하기 어려우리.
뜬 구름은 해를 희롱하며 열리고 또 닫히는데
소낙비는 바람을 따라 그쳤다가 다시 오네.
앉아서 버드나무 선 거리에서 꾀꼬리가 우는 것을 듣고
다니면서 뜰의 이끼에서 개똥벌레가 반짝거리는 것을 보네.
어찌하면 빚을 모두 다 갚고서
도롱이와 삿갓 차림으로 표연히 낚시터로 향하랴?

債主臨門日日催, 老翁吟嘯竟難廻.
浮雲弄日開還合, 急雨隨風止又來.
坐聽綿蠻啼柳巷, 行看熠燿照庭苔.
何當逋負俱還盡, 蓑笠飄然向釣臺?

위의 시는 시를 지어 달라고 등쌀을 부리는 청탁자들을 '채주'에 비유하면서, 그 빚을 다 갚아야 은거할 수 있으리라는 안타까움을 절실히 표현하고 있다. 그의 시는 이와 같은 내외적 여건 때문에 본인의 취향대로 짓기도 하고 요구받은 조건에 맞게 짓기도 하는 가운데, 여러 복합적이고 다양한 모습을 지니게 되었다고 할 수 있을 것이다. 결국 목은의 시는 다음 글에 지적된 바와 같이 다양한 요인들에 의하여 복합성과 다양성을 지님으로써, 독자들로 하여금 그 정체를 파악하는 데 어려움을 지니게 하였다고 볼 수 있을 것이다.

대개 선생의 문장은 六經을 근본으로 하여, 『史記』와 『漢書』를 참조하고 諸子書로 윤색하였다. 고무하고 흔들매 용솟음쳐서, 구름과 우레가 되고 찬란하게 별이 되며, 힘차게 강하가 되고 생기 있게 龍虎가 된다. 변하는 모습이 무궁하여, 맑은 기운이 終南山에 오르고, 뭇 주름이 앞에 펼쳐지는 듯하여, 응접할 겨를이 없다. 한 시대의 문인재사들이 흡족하게 여겨, 宗主로 삼아 향기롭게 침윤되었다. 鄭圃隱과 같은 雄峻함, 李陶隱

> 과 같은 簡潔함, 鄭三峰과 같은 豪邁함, 權陽村과 같은 典雅함이 모두 선생의 범위 안을 벗어나지 않으니, 어찌 장대하고 빼어나서 세상 사이에 우뚝하게 솟은 분이 아니겠는가? 하물며 선생의 공명과 도덕이 융성함이 한 시대에 으뜸이 되니 어찌 문장뿐이겠는가?
>
> 선생의 유고 총 약간권에서 후손 文烈公 휘 季甸이 5언·7언의 고율시를 채집하여, 부문을 나누어 같은 무리끼리 모아 精選 6권[35]을 만들었는데, 증손 府尹 휘 封이 장차 판목에 새기려고 거정에게 서를 맡긴다. 내가 일찍이 "선생은 시에 있어서 어느 한 시체에 막혀 머물지 않고 여러 시체를 다 갖추어, 雄渾한 것도 있고 麗藻한 것도 있으며, 沖澹한 것도 있고 峻潔한 것도 있으며, 豪瞻한 것도 있고 嚴重한 것도 있으며, 深奧한 것도 있고 典雅한 것도 있어서, 마땅히 전집을 모아서 보아야 풍부한 기상을 상상할 수 있을 것이니, 다시 무엇 때문에 정선하겠느냐?"고 말하였다. 그러나 선생의 시는 비록 경사에 근본을 두어 법도가 삼엄하지만, 蒙莊·釋迦·老子의 글에 종횡으로 출입하고 패관소설에 이르기까지 널리 채집하여 버리지 않았다.[36]

圃隱·陶隱·三峰·陽村과 같은 대가들이 모두 그 범위 안을 벗어나지 못한다면서 목은시의 풍격을 열한 가지나 들고 있거니와, 전집을 보아야 풍부한 기상을 상상할 수 있다고 하였다. 그리고 이어진 글에서는 精選할 수밖에 없는 이유를 "말단의 학문과 좁은 견문을 지닌 자가 책을

---

35) 서울대학교 도서관에 소장된 현전본은 12권 6책이다.

36) 徐居正, <牧隱詩精選序>, 『牧隱藁』 附錄. "盖先生之文, 本之以六經, 參之以史漢, 潤色之以諸子, 鼓舞動蕩, 滃然而爲雲雷, 爛然而爲星斗, 霈然而爲江河, 躍然而爲龍虎, 變態無窮, 如晴躋終南, 衆皺前陳, 不暇應接者矣. 一時文人才士洽然宗之 薰然浸郁. 雄峻如鄭圃隱, 簡潔如李陶隱, 豪邁如鄭三峯, 典雅如權陽村, 皆不出先生範圍之內, 豈非魁然傑然, 間世而卓立者乎? 況先生功名道德之盛, 冠冕一時, 獨文章乎哉? 先生遺稿總若干卷, 冢孫文烈公諱季甸, 採五七言古律詩, 分門類聚, 爲精選六卷, 曾孫府尹諱封, 將繡于梓, 屬居正序. 竊嘗以謂先生之於詩, 不凝滯於一, 衆體皆備, 有雄渾者, 有麗藻者, 有沖澹者, 有峻潔者, 有豪以贍者, 有嚴以重者, 有奧以深者, 有典以雅者, 當合全集而觀之, 可以想富哉之氣象, 復何事於精選哉? 然先生之詩, 雖本經史, 法度森嚴, 而亦復縱横出入於蒙莊佛老之書, 以至稗官小說, 博採不遺."

열면 아득하여 바다를 바라보는 것과 같은 탄식을 하게 되기(末學謏聞, 開卷茫然, 有望洋之嘆.)" 때문이라고 하였다. 게다가 조선조의 여러 비평가들에 의하여 지적된 풍격은 二字評語로 된 것만도 30여 종에 이른다. 목은시가 이처럼 참으로 깊고 넓고 다양한 세계를 지닌 점이 필자로 하여금 간단하게 그 시세계를 설명하기 어렵게 하였다는 핑계를 대면서, 뒷날 좀더 명쾌한 설명을 할 수 있도록 노력하겠다는 말을 덧붙여 둔다.

〈『震檀學報』 102(2006) 수록〉

麗末 三隱과 僧侶들의 詩的 交遊

1. 序言

이 글은 14세기 후반기의 문인과 승려의 교류양상을 한시를 중심으로 하여 검토하는 것을 목표로 한다. 이러한 작업은 이 시기에 활약한 중요한 문인들 전체를 대상으로 하여 이루어져야 마땅하지만, 그것이 매우 번거로울 뿐만 아니라 효율적이기도 어려우므로, 그 범위를 대표적 문인들이라 할 수 있는 三隱에 국한하여 살피기로 한다. 그런데 삼은이 누구들인가에 대해서는 해묵은 논란이 있어 먼저 간략하게나마 논의하고 넘어가는 것이 순서일 듯하다.

우리나라의 유학이 原始儒學 및 漢唐儒學에서 性理學 내지 程朱學으로 전환되기 시작한 시기는 14세기이다. 安珦·白頤正 등에 의하여 元나라로부터 수입된 정주학은 李齊賢·李穀 등에 의하여 고려의 新知識으로 흡수되었고, 앞의 두 세대처럼 元에 유학하였던 李穡(1328~1396)에 의하여 본격적 교육 및 연구의 기반이 형성되었다고 보는 것이 일반적인 시각이다. 이색은 成均館이 重營된 恭愍王 16년(1367)에 判開城府事로서 성균관의 大司成을 맡아 學式을 고쳐 생원수를 늘리고 朴尙衷·金九容·鄭夢周·朴宜中·李崇仁·鄭道傳·尹紹宗·權近 등의 신진 정예

학자들로 하여금 교관을 맡아 한 과목씩 나누어 강의와 토론을 담당하게 하여 성리학 교육을 진흥시키고, 그에 부합하는 科擧制의 개혁에도 주도적 역할을 함으로써, 동방의 학풍이 신유학 시대를 맞이하게 하는 데 결정적인 역할을 하였다. 그러나 그는 1371년의 모친상 및 1374년의 공민왕의 서거, 이어진 오랜 신병 등과 禑王 초기의 정치적 소외로 인하여 7~8년 동안 사실상 관직을 떠나 있었다. 이러한 시기에 그는 질병과 정치적 불우를 겪었을 뿐만 아니라 교육·과거 등 의욕적으로 개혁하고자 하였던 분야의 사정도 크게 후퇴하였고, 아울러 관직에 진출한 이래로 학문에 열중하기 어려웠던 탓에 자신의 이상과 현실의 괴리로 인하여 커다란 고뇌와 자조에 빠졌다. 그가 귀거래하지 않으면서도 牧隱이라는 隱者然하는 호를 사용하기 시작한 것은 이 시기[1]였을 것으로 보인다.

鄭夢周(1337~1392)·李崇仁(1347~1392)이 목은과 밀착되기 시작한 것은 성균관의 학관을 맡은 때 이후일 것으로 보이는데, 이들이 圃隱·陶隱이라는 호를 사용하게 된 것이 목은의 영향을 많이 받은 탓임을 어렵지 않게 짐작할 수 있거니와, 이는 목은이 이들의 호를 풀이한 글을 지어준[2] 데서도 입증된다. 관직·학문·문학 등 여러 분야에서 두각을 나타내었던 이 세 사람이 '隱'자가 들어간 유사한 호를 사용하게 된 것은 쉽사리 세인들의 주목을 받았을 것으로 보이고, 그에 따라 이들을 합칭하여 三隱이라고 부르는 세론이 형성되었을 것이다. 이는 河崙이 吉再가 사망

1) 문집에는 34세부터 49세 겨울 이전의 시문이 거의 남아 있지 않아 자세한 사정을 알기 어려운 가운데, 27세에 지은 <崖頭驛有醴泉權政丞詩, 其一聯云, (중략). 遂用其十字爲韻, 吟成十首. 一以詠遼野, 一以贊醴泉>(『牧隱詩藁』 권3)에서 "牧童의 절구 열 수를, 길이 공의 후손들에게 보여 주리.(牧童十絶句, 永示公來雲.)"라고 한 데서 오래 생각하였던 호임을 짐작할 수 있지만, 연령·관직·신병 등의 여건상 이렇게 추정할 수 있을 것이다.

2) <陶隱齋記>(『牧隱文藁』 권4)는 1377년경에 지어진 듯하고, <圃隱齋記>(『牧隱文藁』 권5)는 1379년에 지어졌다. 이하 『牧隱詩藁』와 『牧隱文藁』를 인용할 때에는 시고, 문고라고만 밝힌다.

하기 9년 전에 쓴 글에서 李集(1327~1387)을 만난 경험을 술회하면서 "이어서 도은이 목은 · 포은 두 선생과 둔촌을 초대하여 조그만 술자리를 열었다.(繼而陶隱邀牧隱圃隱兩先生及遁村, 設小酌.)"라고 한 데 이어, 다음과 같이 언급한 데서 三隱이란 용어나 의식이 늦어도 1387년 이전에는 형성되었으리라는 것을 짐작할 수 있다.

> 포은과 도은이 서로 이어서 죽고, 목은 선생 또한 돌아가시고, 나만 아직 이제까지 살아 있다. 서로 좇던 즐거움을 생각할 때마다 어렴풋하여 꿈속의 일인 듯하니, 아! 슬픔을 이길 수 있으랴? 삼은의 시문은 모두 세상에 통행되는데도, 둔촌에게만 없음을 나는 저윽이 괴상하게 여긴다.[3)]

그리고 이때 사용된 삼은이란 말은 고려조에 대한 忠節이나 道統과 관련된 追崇意識과는 무관한 것으로, 당대의 빼어난 관료 · 학자 · 문인으로 유사한 호를 지니고 결속되어 있는 세 사람이라는 뜻으로 볼 수 있다.

그런데 1834년에 尹庇東이 기술한 글로 『瑞山柳氏族譜』 권1 「世德」에 수록된 <東鶴寺古蹟>에서는 太祖初에 冶隱 吉再(1353~1419)가 東鶴寺에 들러 포은의 넋을 위로하기 위하여 祭壇을 만들고 招魂祭를 지낸 뒤에, 1396년에 목은이 서거하자 柳方澤이 두 분을 제향하는 兩隱閣을 만들었고, 世宗 원년(1419)에 길재가 별세하자 유방택의 아들 伯淳이 야은을 위한 제사를 올린 것을 계기로 1421년에 목은 · 포은 · 야은을 합사하는 三隱閣이 세워졌다고 한다.[4)]

이로 말미암아 세종대 이후의 조선조 사람들은 대체로 목은 · 포은 · 야

---

3) 河崙, <遁村先生雜詠序>, 『遁村雜詠』. "圃隱陶隱相繼而淪沒, 而牧隱先生亦且乘化矣, 獨予尙在至今, 每念相從之樂, 怳然如夢中事. 嗚呼! 可勝悲哉? 三隱詩文皆行于世, 而遁村獨無之, 予竊怪焉."

4) 朴性鳳, 「野隱 吉再의 생애와 전통 三隱論」, 『吉野隱研究論叢』(서문문화사, 1996), 42면.

은을 三隱으로 인식하였을 것으로 보이지만, 20세기에 들어와서 야은을 빼고 도은을 넣어야 한다는 주장이 제기된 뒤로는 정론이 있다고 보기 어렵게 된 듯하다.[5] 이러한 시비에 대해서는 "전자는 도학적인 성격이 강하고 후자는 문학적인 성격이 짙다."[6]라는 절충론도 있기는 하지만, 꼭 이렇게 볼 것만도 아니다. 왜냐하면 목은의 문생이자 圃隱·陶隱과 동세대인 河崙이 야은이 사망하기 9년 전에 이미 목은·포은·도은을 삼은으로 인식하는 글을 남겼고, 목은·포은·도은이 모두 서로 깊은 연관을 지니고 호를 짓고서, 공적·사적으로 밀접하게 교유하다가 비슷한 정치적 피해를 입은 공통점[7]이 있는 데 대하여, 야은은 연령·사승관계·등제시기·관력[8] 등 여러 면에서 이들과 동렬이기 어려운 인물이라는 점을 간과해서는 안될 것이기 때문이다. 더욱이 야은은 이들 3인에 비하여 문학적인 활약이 현저히 미미하였던 사람이기도 하다. 그러므로 이 글에서는 삼은을 목은·포은·도은으로 보고 논의를 전개하고자 한다.

인간적·학문적·정치적으로 밀접한 관계를 지니고 살면서 우리 유학사·문학사·정치사 등에서 두루 커다란 자취를 남긴 牧隱·圃隱·陶隱은 불교를 이단시하는 성리학을 학문의 바탕으로 한 학자들이며, 특히 이들은 우리 유학사에서 성리학이 착근되는 데 매우 중요한 역할을 한 사

5) 20세기 중엽에 文一平·李丙燾에 의하여 牧隱·圃隱·陶隱을 삼은으로 보아야 한다는 주장이 제기된 뒤로는 어느 한 쪽이 옳다고 고집하는 배타론과 양쪽을 다 받아들이자는 절충론이 공존하고 있는 상황이라 할 것이다.

6) 李炳赫, 『高麗末 性理學 受容期의 漢詩 硏究』(태학사, 1988), 125면.

7) 이들은 각각 1353·1360·1362년에 등제하여 오랜 동안 함께 관직생활을 하였고, 목은이란 호를 사용하던 이색이 두 사람의 호를 풀이한 글을 각각 지어 주었으며, 아울러 모두 개국과정에서 야은보다는 직접적인 피해를 입었다.

8) 冶隱은 6세 연상인 陶隱보다 24년이나 늦게 등제하여 3년에 불과한 짧은 기간 동안 관직에 있다가 李成桂·鄭夢周·鄭道傳 등이 昌王을 폐위시키는 정변을 일으키자 식솔을 이끌고 長湍에 流配中인 목은을 찾아 거취를 문의한 뒤에 낙향하였다. 牧隱은 등제시의 좌주이니 말할 나위가 없지만, 年譜에서 圃隱·陽村에게서 수학했다고 한 점을 고려하면, 도은 또한 야은에게는 은문에 가까운 위치에 있었다고 할 수 있다.

람들로 평가받아 왔다. 그럼에도 불구하고 이들은 거리를 두어야 마땅할 불승들과 매우 활발하게 교유하였고, 그런 경험을 형상화한 시문들을 많이 남겼으며, 그것들은 문학사적·사상사적인 검토를 할 가치기 크다. 그러므로 이 글에서는 이들의 불교와 연관된 사상적 경향과 이들의 불승들과의 교유양상을 대략적으로 검토한 데 이어, 이들이 불승들에게 주거나 불승들에 대하여 읊은 시의 두드러진 경향을 자세히 고찰하고자 한다. 이런 작업이 효과적으로 이루어진다면, 이들 3인의 개별적 특성과 그런 시작의 문학사적 의의 또한 대체로 드러날 것으로 기대할 수 있을 것이다.

2. 三隱의 佛敎觀

고려조는 불교를 국교로 한 왕조이고, 그런 상태는 14세기 후반에도 달라지지 않았다. 따라서 불교는 왕실과 信仰·禮制·僧政 등 다양한 국면에서 밀접한 관련을 맺고 있었다.9) 더구나 성리학의 진흥을 크게 후원하였던 공민왕조차 불교를 혹신하였을 정도로 모든 군주들이 불도였으므로 그 영향력은 매우 컸다. 사대부 내지 문신들 또한 이런 영향을 크게 받아 국초부터 유불을 겸하는 것이 일반적 경향이었기 때문에, 성리학이 수입되고 시간이 상당히 흐른 뒤에도 유자가 불교를 정면에서 부정하거나 배척하는 예는 매우 드물었다.

이에 따라 고려 초중기에는 古文家들의 영향을 받은 것으로 보이는 崔承老·金富軾·林椿이 불교에 대한 거부감을 드러낸 예가 보일 뿐이며, 성리학이 수입된 뒤에도 安珦·崔瀣·白文寶와 같은 排佛論者와 李齊賢·李穀과 같은 儒佛一致論者들이 공존하고 있었다. 그리하여 불교를

9) 許興植, 『高麗佛敎史研究』(일조각, 1986), 199면 및 425면 참조.

배척하는 경향이 점차 증대되어 간 것은 분명하지만, 불교를 근본적으로 부정하지 않는 분위기는 공민왕대 이후에도 크게 다르지 않았다고 할 수 있다. 이는 삼은의 경우에도 예외가 아니며, 삼은의 대표격인 목은의 사상적 경향은 이를 극명하게 보여 준다.

이색은 14세기 후반의 사상적 동향과 관련하여 매우 중요한 역할을 하였으며, 그 가운데 가장 두드러진 것은 한국 性理學의 학습・보급・교육 등이 기여한 몇 가지 두드러진 활동이라 할 수 있다. 家學의 기반을 지닌 그는 26세에 이르기까지 신유학의 연찬에 몰두한 결과, 四書의 성리학적 이해를 주로 문제삼는 원의 制科에 최고의 성적으로 합격할 수 있었다. 또 그는 스승 이제현과 부친 이곡의 계승자로서 청년기부터 당대의 유풍을 주도할 만한 위치에 있었다. 따라서 그가 科目을 四書 중심으로 개혁하거나 挾冊易書를 금지하는 등 과거제도의 개혁을 꾀하고, 여러 차례 고시관을 맡아 문신의 선발에 직접 참여하였던 일은 유풍의 전환에 결정적 영향을 미쳤다. 그리고 공민왕 16년에 성균관을 중영하여 성리학을 활기차게 교육시킬 때에 그가 大司成을 맡아 애쓴 일은『高麗史』「選擧志」에서 "성리의 학문이 비로소 일어났다."고 명언한 대로 커다란 의의를 지닌 일이었다. 이때 그가 주도적인 역할을 하였음은 鄭道傳의 <陶隱文集序>에서 분명히 확인할 수 있다.

> 지금 목은 이선생이 일찍이 가정의 교훈을 이어받고 북으로 중원에 유학하여, 사우연원의 올바름을 배우고 도덕성명의 학설을 궁구하고서 동으로 돌아와 제생을 맞아 이끄시니, 보고 흥기된 사람이 오천 정공달가・경산 이공자안・반양 박공상충・밀양 박공자허・영가 김공경지・권공가원・무송 윤공소종이고, 비록 나같이 불초한 자도 또한 여러분의 대열에 낄 수 있었는데, 자안씨가 정심하고 명쾌하여 모든 사람보다 뛰어났다. 그는 선생의 강론을 들으면 묵묵히 기억하여 마음으로 통하였다.[10]

이처럼 그는 우리나라의 학풍을 성리학 중심으로 전환시키는 데 결정적인 역할을 하였던 사람으로 기억될 만하며, 이런 공적으로 인하여 흔히 儒宗·鉅儒·大儒로 불리면서 사림의 추앙을 오랜 동안 받았다. 그럼에도 불구하고 『고려사』에서는 그의 생애를 총평하면서 다음과 같이 말한 바 있다.

> 색은 천품이 명민하고 여러 가지 책을 널리 읽었으며, 시문을 지을 때에 붓을 잡으면 곧 써서 조금도 막힘이 없었고, 힘껏 후학을 진보시켜 사문을 일으키는 것을 자기의 임무로 삼았으므로, 학자들이 모두 우러러 사모하였다. 평생에 빠른 말과 당황한 낯빛이 없었고 규각을 드러내지 않았으며, 생산을 다스리지 아니하여 비록 여러 차례 궁핍에 이르렀지만 마음에 두지 않았다. 그러나 지조와 절개가 굳세지 못하여 큰 문제를 건의한 것이 없었으며, 학문이 순정하지 못하여 불법을 숭신함으로써 세인들의 비난을 받았다.[11)]

당대의 대유로 존숭받으면서도 학문이 순정하지 못하다고 비방받았다는 엇갈리는 평가가 나타나 있거니와, 이는 말할 것도 없이 그가 불교에 대하여 융화적인 입장을 취한 탓이다.

목은은 登第前에 올린 <陳時務書>에서 불교의 폐단을 없애기를 요구하고 임금의 지나친 숭불을 비판한 바 있다. 이 글은 불교의 교리를 비판하지 않은데다가 부처의 '至聖至公'을 인정했다는 이유로 폄평받기도 하

---

10) 『三峯集』 권3. "今牧隱李先生, 早承家庭之訓, 北學中原, 得師友淵源之正, 窮性命道德之說. 旣東還, 延引諸生, 見而興起者, 烏川鄭公達可·京山李公子安·潘陽朴公尙衷·密陽朴公子虛·永嘉金公敬之·權公可遠·茂松尹公紹宗, 雖以予之不肖, 亦獲側於數君子之列. 子安氏精深明快, 度越諸子, 其聞先生之說, 默識心通."

11) 『高麗史』 권115 「열전」 권28 <이색전>의 사평. "穡 天資明敏, 博覽群書, 爲詩文, 操筆卽書, 略無凝滯. 勉進後學, 以興起斯文爲己任, 學者皆仰慕. 掌國文翰數十年, 屢見稱中國. 平生無疾言遽色, 不露圭角, 不治生産, 雖至屢空, 不以爲意. 然志節不固, 無大建白, 學問不純, 崇信佛法, 爲世所譏."

였지만, 국왕의 지나친 숭불을 "공자께서 귀신을 존경하되 멀리 하라고 말씀하셨는데, 신은 부처에 대해서도 또한 마땅히 이와 같이 하시기를 바랍니다."[12]라고 호불적 군주에게 강하게 警戒한 점을 고려하면, 상당한 배불적 강도를 지닌 것임이 분명하다. 그리고 그는 "孔孟의 학문을 講明하고 二氏를 축출하여 만세를 깨우친 것은 周程의 공로이다."[13]라고 한 것처럼, 周子·程子·朱子가 이단을 배척한 공을 빈번히 찬양하였다. 또 <眞宗寺記>에서는 "어찌 저 화복의 설에 현혹되고 복을 빈다는 명목을 빌려서 사치하고 화려한 것을 지나치게 해서 재물을 없애고 백성을 괴롭히는 자들에게 비교하겠는가? 비록 그렇지만 세상의 이른바 호걸이라는 이들은 모두 이것을 따르고 우리 도는 돌아보지 않는다."[14]라고 禍福說을 부정하면서 이단의 융성을 우려하였다. 또 인과설에 대해서도 "부도씨가 세상에서 소중히 여겨진 지 오래 되었지만, 한갓 인과나 화복으로 하는 자는 말단이다."[15]라고 비판하였다. 이런 사정을 감안하면, 그가 불교를 심하게 배척하지 않은 것은 사실이지만, 불교를 이단시하며 일정한 거리를 지니려고 한 자세가 여느 선비들과 현저히 다른 것은 분명하고, 『고려사』에서 공민왕이 兩府百官을 거느리고 文殊會를 할 때에 李仁復·李穡만 부처에게 절하지 않았다고 한 것은 이런 점을 지적한 것이라고 할 것이다. 그러므로 그가 "程子와 朱子는 도를 실은 그릇으로, 二氏의 그릇됨을 크게 배척하였네. 아직 句讀를 이해하는 데 머무니, 누가 또 三希를 알겠는가?"[16]라고 읊거나, <朴叢尙書談三敎, 旣去, 吟成三篇>(시고 권16)의 첫수에서 다음과 같이 읊은 것은 당연하다고 할 것이다.

---

12) 『東文選』 권52. "孔子曰, '敬鬼神而遠之.' 臣願於佛, 亦宜如此."

13) <選粹集序>, 문고 권9. "講明鄒魯之學, 黜二氏詔萬世, 周程之功也."

14) <眞宗寺記>, 문고 권1. "豈與夫眩禍福之說, 假祝釐之名, 極侈與麗, 傷財病民者比哉? 雖然, 世之所謂豪傑者, 率此之趍, 而不吾顧."

15) <賜龜谷書畵讚>, 문고 권12. "浮屠氏重於世久矣, 徒以因果禍福焉者, 末也."

16) <有感四首> 제4수, 시고 권6. "程朱載道器, 大斥二氏非. 尙作句解讀, 誰復知三希?"

二氏 이래로 우리 도가 쇠약해졌으니
천하는 거침없이 어디로 가려고 하는가?
몸과 마음은 구속이 있어 끝내 바로잡기 어려운데
삶과 죽음은 끝이 없으니 마침내 의심하게 되네.
마음을 안정시키는 공부는 비로소 샘물에 이르는데
태평하게 다스리는 사업은 처음으로 해가 길어지네.
누가 알랴? 적멸하고 허무한 곳에서
마침 뜬 구름이 펼쳐지고 모이는 듯함을.

二氏以來吾道衰, 滔滔天下欲何之?
身心有累終難正, 生死無涯竟致疑.
靜定功夫泉始達, 治平事業日初遲.
誰知寂滅虛無處? 政似浮雲舒卷時.

이 시는 불교와 도가사상이 만연한 탓에 유학이 침체했던 과거를 회상하면서, 당시에도 이단에 탐닉하는 儒者가 많음을 우려하는 마음을 절실하게 표현하고 있다.

한편, 목은은 僧侶·佛徒의 효도·충성을 들어 불교의 교화적 효용을 긍정하면서 "내가 이런 까닭으로 석씨를 심하게 거부하지 않는다."[17]라고 하였다. 또 "태극은 적의 근본이다. 일동일정하여 만물이 화육된다. 사람의 마음은 적의 다음이다. 일감일응하여 만선이 유행한다. 이런 까닭에 대학의 강령은 정정에 있으니 적을 말한 것이 아니겠는가? 중용의 추뉴는 계구에 있으니 적을 말한 것이 아니겠는가?[18]라고 하여, 불교의 虛寂을 居敬과 동일시하고 寂滅을 格物致知와 연결시키는 독특한 이해를 하기도 하였다. 이처럼 유교와 불교의 일부 중요개념까지 상통하는 것으로 본

17) <麟角寺無無堂記>, 문고 권1. "余是以不拒釋氏甚."
18) <寂菴記>, 문고 권6. "太極, 寂之本也. 一動一靜, 而萬物化醇焉. 人心寂之次也, 一感一應, 而萬善流行焉. 是以大學綱領, 在於靜定非寂之謂乎? 中庸樞紐 在於戒懼非寂之謂乎?"

것은 제한적 범위 안에서나마 불교와 유학의 이치가 일치함을 인정한 것이라 할 수 있다. 또 그는 불교가 마음을 수양하는 데 유용하다는 것도 인정하여 "세상 사람들은 복을 구할 뿐 마음을 구하지 않는다."[19]라고 하기도 하였다. 그가 청년기에 지은 <題靑山禪師詩卷>(시고 권3)에서 "나의 삶은 禪寂을 좋아하여, 속세의 관을 걸어 놓고 싶네. 선사가 좌선하던 자리를 빌려, 마음의 안정을 찾기를 바라네.(吾生愛禪寂, 欲掛紅塵冠. 借師坐具地, 庶以求心安.)"라고 읊은 것은 언표 그대로 선적을 좋아한다는 뜻으로 보기는 어렵지만, 불교에 대한 호의적 태도를 바탕으로 한 것 또한 분명하다고 할 것이다.

그가 일정한 한도 안에서 불교를 긍정하는 태도가 만년까지 견지되었음은, 64세에 유배지에서 지은 시에서 佞佛者라고 탄핵하던 政敵 鄭道傳에게, "유학을 공부하여 일찍이 천명을 알았고, 불교를 배워 또 몸을 잊었네."[20]라고 불교를 배운 것을 떳떳이 밝힌 데서도 확인된다.

그런데 鄭夢周는 恭讓王 2년에 왕이 승려 粲英을 王師로 초빙하려 하자 다음과 같은 상소를 올려 반대했다.

> 유자의 도는 모두 일용평상의 일이며, 음식과 남녀관계는 사람들이 같이 하는 것으로서 지극한 이치가 있는 것입니다. 요순의 도 또한 이 바깥에 있는 것이 아니어서, 動靜語默이 그 바름을 얻으면 곧 요순의 도이지만, 처음부터 매우 높아 행하기 어려운 것이 아닙니다. 저 불씨의 가르침은 그와 달라 친척을 떠나고 남녀관계를 끊으며, 홀로 바위굴에 앉아 草衣木食하면서 觀空寂滅로 종지를 삼으니 어찌 평상의 도이겠습니까?[21]

---

19) <有感>, 시고 권5. "世人求福不求心."

20) <寄三峯>, 시고 권35. "爲儒早知命, 學佛又忘身."

21) 『高麗史』 권117 <鄭夢周傳>. "儒者之道, 皆日用平常之事, 飮食男女, 人所同也, 至理存焉. 堯舜之道, 亦不外此. 動靜語默之得其正, 卽是堯舜之道, 初非甚高難行. 彼佛氏之敎則不然, 辭親戚絶男女, 獨坐巖穴, 草衣木食, 觀空寂滅爲宗, 豈是平常之道?"

윗글에 나타난 생각은 목은의 <陳時務書>에 비하여 척불의 강도가 높은 것이 분명하다. 그러나 역성혁명이 시작되어 그런 분위기가 높아진 때에 올려진 글이라는 점과 이전에는 포은도 목은과 별 차이가 없는 태도를 보였다는 점을 고려하여 평가할 필요가 있다. 鄭道傳이 <上鄭達可書>에서 "나처럼 용렬한 자도 개연히 이단을 물리치는 데 뜻을 둔 것은 역시 달가를 의지하기 때문입니다."[22]라고 칭송하고서, 포은이 『楞嚴經』을 읽는다는 소문을 지적하면서 질책한 것이 한 단서일 것이다. 그리고 포은 스스로 "불씨를 배척하는 것은 儒者의 常事"[23]라고 말한 점도 참고할 만하다.

포은의 배불과 유사한 사유는 도은의 시에서도 확인된다. 그의 <示館中僚友>(『陶隱集』 권2)에서는 老佛이 성행하는 추세에 맞서서 외롭게 斯道에 진력하고자 하는 뜻을 다음과 같이 우회적으로 읊었다.

> 장년에는 공연히 뜻만 높아
> 끝내 무리가 없이 홀로 서 있었네.
> 申不害와 韓非子가 쓰임을 이미 보았고
> 佛陀와 老子가 일어난 것을 또한 들었네.
> 성인의 법이 도리어 적막하고
> 우리의 사업은 탄식할 만하네.
> 물어 보노라? 좌중의 벗들 가운데
> 군자다운 선비가 누구인가를.
>
> 壯年空有志. 獨立竟無徒.
> 旣見申韓用. 仍聞佛老俱.

---

22) 『三峯集』 권3. "以予昏庸, 不恤譏議, 慨然有志於闢異端者, 亦以達可爲之依歸也."

23) 공양왕 2년에 成均博士 金貂가 佛殿을 허물어 버리라고 상소하자, 왕이 분노하여 死罪에 처하려 하였을 때 용서를 건의하면서 한 말(『高麗史』 권117 <鄭夢周傳>)이다.

聖謨還寂寞. 吾事可嗚呼.
且問座中友. 誰爲君子儒?

그는 <秋夜感懷十首>의 제4수에서는 불교가 미친 해독과 여전히 융성한 형세를 지적하고, "그 뿌리를 뽑을 힘이 없어, 눈물만 줄줄 흘리네."[24] 라고 안타까워하였고, 제3수에서는 老子의 허황한 주장과 그로 인한 폐단을 서술한 다음에, "어찌하면 그 글을 불살라서 깊은 폐단을 없앨까?"[25] 라고 읊기도 하였다.

대체로 볼 때 포은·도은은 목은보다 불교를 이단시하는 태도가 뚜렷하고, 목은처럼 불교에 호의적이거나 불승과의 교유가 빈번하지는 않았으리라고 보이지만, 이들 역시 적지 않은 양의 불교나 불승과 관련된 시문을 남긴 점으로 보아, 상당한 정도로 불교를 용인하였으리라는 것을 알 수 있다. 車天輅가 『五山說林草藁』에서 福靈寺의 벽에 이색·이숭인·정몽주·정도전·권근 등의 이름이 적혀 있는 것을 직접 보았다고 하거나, 太古和尙의 碑銘과 語錄序를 이색이, 語錄跋을 정몽주가, 舍利石鐘碑銘을 정도전이 지은 점이 이러한 사정을 단적으로 반영하는 것이라고 할 것이다. 결국 삼은에 속하는 이들은 정도의 차이는 있지만 불교를 극단적으로 배척하거나 불승과의 교유를 꺼리지 않은 점에서는 비슷한 태도를 지녔다고 볼 수 있을 것이다.

3. 三隱과 佛僧의 교유 및 關聯詩作의 槪況

삼은 가운데 목은과 불승의 교유사실에 대해서는 이미 비교적 자세히

24) <秋夜感懷十首>, 『陶隱集』 권1. "靡力拔根株, 出涕徒汍瀾."
25) 위의 글. "安得火其書, 坐令深弊祛?"

다루어진 바 있다.[26] 이러한 연구와 『목은시고』·『목은문고』에 실린 300여편의 관련시문에 따르면 실로 그의 승려와의 교유는 매우 광범위하고도 적극적인 것이어서, 이름을 알 수 있는 승려만도 거의 100명에 이른다. 목은이 교유한 승려는 크게 나누면, 그가 직접 교유한 승려들, 詞臣의 領袖였던 탓에 인연이 생긴 승려들, 글을 지어 준 승려들 등 세 부류라 할 수 있다.

목은이 살아 가면서 자연스럽게 교유하게 된 승려로는 <贈休上人序>(문고 권8)에서 16·7세 때에 선비들과 시문으로 교유할 때에 結契하였다고 한 18인에 속하는 混修(幻菴)·圓公(懶殘子)이 두드러진 예이고, 이 밖에도 조선조 개국 후 韓山에서 아내의 죽음을 맞았을 때 14일 동안 誦經해 주었다고 한 峯上人과 같은 특이한 경우도 있으며, 일본 승려인 有天祐·中菴壽允·惟一上人·弘慧 등도 두드러진 예이다.

목은이 詞臣의 영수였던 탓에 인연이 생긴 사람들은 왕명으로 비문을 짓게 되었던 太古·懶翁의 문도들이다. 太古和尙 普愚(1301～1382)는 臨濟의 제18세손인 石屋淸珙의 印可를 받은 선승이자 공민왕 초의 禪宗의 중심인물로서 공민왕 즉위년(1352)에 王師가 되고 우왕 7년(1381)에 國師가 되었던 고승이다. 목은이 그와 직접적 교유를 한 것으로 보이지는 않지만, 우왕 11년(1385)에 <太古圓證國師塔碑>와 <太古和尙語錄序>를 지어 주면서 그 문도들과 접촉하게 되는데, 그런 인연에는 그 문도인 混修和尙 幻菴의 작용도 있었을 것으로 보인다. 목은이 교유한 태고화상의 문도로는 覺雲(龜谷)·粲英(古樗)·宏哲 등이 있다.

공민왕 20(1371)년에 왕사가 되었던 懶翁和尙 惠勤(1320～1376)은 西域의 고승 指空과 臨濟의 제18세손 石屋淸珙의 法兄弟인 平山處林의

26) 安啓鉉, 「李穡의 佛敎觀」 『趙明基博士華甲紀念佛敎史學論叢』(편찬위원회, 1965) ; 趙明濟, 「牧隱 李穡의 佛敎認識」, 『韓國文化硏究』 6(부산대학교 한국문화연구소, 1993).

법을 받은 선승으로 목은과는 출생지가 寧海라는 인연이 있거니와, <砥平縣彌智山潤筆菴記>(문고 권4)에서 나옹이 궁중에 출입할 때에 道가 같지 않으면 일을 서로 꾀할 수 없다는 생각으로 만나지 않았다고 하는 것으로 보아, 나옹과의 직접적 교유는 없었던 듯하다. 그러나 우왕 3년(1376)에 왕명으로 그 탑비명을 짓게[27] 된 이후로 그 문도들을 빈번히 접촉하게 되었으며, 또 역시 그 문도이기도 하면서 목은과 어릴 때부터 결계한 벗인 幻菴混修의 영향도 그들과의 교유에 영향을 미쳤을 것으로 보인다. 나옹의 문도들은 스승의 입적 후에 유저의 간행, 사리봉안, 진당건립 등의 일로 무수한 글을 목은에게 청탁하였다. 그 과정에서 목은은 覺珠·覺菴·雪牛·一漚·絶磵·覺玗·雪岳上人·景元 등과 교유하였으며, 환암의 문도들인 覺雲·玆上人·分上人·安上人 등도 비슷한 요인으로 교유한 승려들이라 할 수 있다.

목은이 가장 많이 교유한 사람들은 당대 문단의 영수이자 儒彿에 두루 해박한 지식을 지닌 학자적 명성 때문에 글을 청탁받게 됨으로써 접촉하게 된 승려들이다. <嚴谷記>를 써 주게 된 嚴谷이 그러한 예인데, 廉興邦의 소개로 <無隱菴記>를 써 준 無隱이나 韓脩의 소개로 <杲菴記>를 써 준 昇上人과 같은 예도 있다.

이러한 교유인사들 가운데에는 나옹·환암의 문도가 가장 많으며, 종파로는 역시 태고·나옹·환암이 속했던 臨濟宗(曹溪宗)이 가장 많고 다

27) 시고 권23에 실린 <회암사에서 어떤 사람이 왔기에 자신과 저쪽에 대하여 짓다(檜巖因有人至 自彼作>에서 왕명으로 나옹의 스승인 지공과 나옹의 묘지를 쓴 일과 높은 덕을 지녔던 나옹이 참소를 입은 일을 두고, "강에 뜬 달이 곱게 회암사를 비출 텐데, 근래에는 스님들도 참소를 근심한다네. 푸른 이끼가 가득한 땅에 오는 사람이 적은데, 누가 靑州의 옛 베 적삼을 깨달으랴? 한 시대에 융성하던 가르침이 도리어 쓸쓸해졌는데, 두 비문의 졸렬한 글을 억지로 새겼다네. 다만 이 몸이 많은 우환 속에 있기 때문이지만, 만약 소금이 없다면 어찌 짠맛을 알랴?(江月嬋姸照檜巖, 浮圖近日亦憂讒. 蒼苔滿地人來少, 誰領靑州舊布衫? 一代敎興還寂寞, 兩碑文拙强鐫鑱. 只緣身在多憂患, 若是無鹽豈識鹹?)"라고 읊은 바 있다.

음으로 天台宗·華嚴宗·瑜伽宗에 속한 승려들도 상당히 많다.

이색은 이러한 승려들과의 교유를 통하여 승려·사찰과 연관된 記·序·說·跋·讚·碑銘 등의 산문 60여 편을 남겼으며, 불승에게 주거나 불승을 두고 읊은 시 200여 제를 남겼다. 산문은 『목은문고』에 실린 232편의 1/4이 넘는 양이며, 시는 총 4350여 제 가운데 5%에 조금 못 미친다. 특히 그는 수많은 승려 가운데 환암·나잔자와 연관된 시를 20여제 남겼으며, 환암의 문도인 絶磵倫의 경우도 10여 제의 시를 남겼다.

그런데 목은이 승려들에게 글을 주는 계기는 승려를 전송하거나 승려의 방문을 받은 경우, 절이나 승려를 찾은 경우, 벗에 대한 그리움·회억이나 벗에 대한 감회를 드러낸 경우, 선물에 대한 감사를 표한 경우, 승려의 詩卷에 부친 시 등과 같이 의례적인 경우를 제외하더라도 여러 가지이다. 그것은 대략 살피더라도 1) 글을 지어 보내거나[28] 차운한[29] 경우, 2) 서신을 받거나[30] 이름을 풀이해 준[31] 경우, 3) 시문에 관한 문의에 대한 감회를 밝힌[32] 경우, 4) 비명[33]·기[34]·시[35]·연화문[36] 여러 종류의 글을 청탁받은 경우, 5) 중요한 불사나 불교적 풍습에 대한 감회를 밝힌[37] 경우, 6) 書雲館의 秘記를 검토하는 것처럼 공무로 교섭한 승려에게 시를 주거나 그런 일에 대한 소감을 밝힌[38] 경우, 7) 자신의 詩稿를

---

28) <秋日奉懷懶殘子, 因述所懷, 吟成五首, 奉呈籌室>, 시고 권11.
29) <次鐵木菴詩韻三首>, 시고 권8.
30) <得無說書>, 시고 권30.
31) <無失. 爲持上人題>, 시고 권13.
32) <眞觀大選來問唐詩語義>, 시고 권15.
33) <珠禪者求銘石鐘>, 시고 권15.
34) <珠上人爲順同菴請記見菴>, 시고 권17.
35) <華嚴惠砧大選, 托種善求詩>, 시고 권23.
36) <僧有辦來壬戌歲灌足寺彌勒石像龍華會者, 求緣化文, 旣筆以與之, 因記舊日陪慈堂自鎭浦浮舟而上, 獲與是寺法會. 癸卯冬, 降香作法, 皆如夢中, 作短歌以記之>, 시고 권24.
37) <聞報法老僧燒身三首>, 시고 권28.
38) <謝猊公見訪>(시고 권12), <聞曹溪宗開選佛試, 得登階, 寄判事大禪師>(시고 권

정서해 준 승려에 대한 감회를 밝힌[39] 경우 등 참으로 다양하다. 그러나 가장 빈번한 계기는 역시 여러 가지 글을 청탁받은 경우라 할 수 있는데, 그러한 빈번한 청탁에 괴로워하기도 하였음을 “빚쟁이가 날마다 문 앞에 와서 독촉하니, 늙은이의 읊조림은 끝내 피하기 어려우리. (중략) 어찌하면 빚을 모두 다 갚고서, 도롱이와 삿갓을 차리고 표연히 낚시터로 향하랴?”[40]라고 한탄한 데서 엿볼 수 있다.

포은의 경우에는 승려와의 교유양상을 알게 하는 글이 많이 남아 있지 않고, 특히 관련된 산문이 거의 없어 자세한 사정을 알기 어렵다. 다만 <題圓證國師語錄>에 1356년 여름에 벗인 金仲賢과 함께 여러 번 뵈었다는 내용이 있어 태고화상 및 그 문도들과의 교유가 있었으라라는 것을 짐작할 수 있을 뿐이다. 포은이 남긴 256제의 시 가운데 승려와의 교유와 연관된 작품은 23제이고, 산문 6편 가운데에는 1편이 승려에 관한 것이다.

이것들 가운데 <題圓證國師語錄>은 『太古和尙語錄』의 발문이다. 그리고 幻菴·絶磵·古臬·聰上人·栢庭·自休上人 등 국내의 승려들이나 永茂上人·洪長老 등 일본의 승려들이 모두 목은과 교유하였던 이들임을 고려하면, 포은이 교유한 승려들은 목은을 매개로 한 승려들이 많았을 듯하다. 그리고 남아 있는 글로만 보면 목은처럼 승려들과 활발하게 교유하지 않았을 것으로 보이고, 따라서 승려에게 글을 주는 일 또한 훨씬 적었으리라고 짐작된다.

도은의 경우에는 관련된 작품수나 교유한 승려의 수가 포은보다는 많고 목은보다는 적다. <送雨千峯上人游方序>(『도은집』 권4)에서 자신이 공왕양 즉위 후 축출되었던 길지 않은 시간에도 敬蘭·學南·省敏·尙

22) 및 <檜巖因有人至, 自彼作>(시고 권23).

39) <一上人爲僕淨書亂道, 間被選書大藏, 追福玄陵也. (후략)>, 시고 권22.

40) <卽事>, 시고 권32. “債主臨門日日催, 老翁吟嘯竟難廻. (중략), 何當逋負俱還盡, 蓑笠飄然向釣臺?”

衡·屯雨·斯近 등과 교유하였다고 한 것으로 보아, 도은 또한 상당한 활발하게 승려들과 교섭하였을 듯하다. 그가 남긴 시 336제 가운데에는 승려를 대상으로 한 작품이 60여 제이고, 表箋 이외의 산문 29편 가운데 8편이 사찰·승려와 연관된 것이며, 관련된 승려의 수도 40여 명에 이른다. 그 중 환암·나잔자·절간·목암·熙庵·운상인·각경 등은 목은·포은의 수증시와 겹치는 이들이어서, 도은 역시 대체로 목은과 같은 부류의 승려들과 교유한 듯하다.

삼은의 승려와의 교유양상은 겉으로 보기에는 별로 다르지 않으며, 이런 양상은 三峰·浩亭·陽村을 포함시키더라도 큰 차이가 없었을 듯하다. 삼은이 승려들에게 준 시는 매우 많은 양이지만, 사찰을 정신적 위안의 공간[41]으로 인식하거나 승려에게 속세의 벗과 다를 바 없는 교정을 드러낸 것과 같이 그 태반이 의례적인 酬答에 해당하는 것들이다. 그러나 이러한 작품들을 제외하더라도 그들이 남긴 불승과 연관된 시는 적지 않은 양이므로 대략적으로 살펴볼 수밖에 없다 하겠는데, 그것들은 검토하는 방법은 크게 두 가지로 나누어 생각해 볼 수 있을 듯하다. 하나는 3인이 모두 교유하거나 어느 한 사람만 교유하더라도 특이한 점이 있는 승려를 중심으로 살펴보는 방법이고, 다른 하나는 몇 가지 두드러진 제재나 주제를 선정하여 그것에 해당하는 시들을 골라서 살펴보는 방법이다. 전자를 따를 경우에는 환암·나잔자·절간윤·우천봉 등의 승려를 검토대상으로 삼을 수 있고, 후자를 따를 경우에는 상대에 대한 교정, 선적 경지에 대한 동경, 불승의 습속에 대한 감회나 불교교리에 대한 비판, 승속의 차이로 인한 갈등, 불승과의 특수한 인연이나 외국승려에 대한 감회, 작

41) 승려의 거처를 정신적 위안의 공간으로 인식함은 <送觀禪師歸淸凉>(시고 권4)의 "平生不識釋迦文, 只愛高僧遠世紛. 更說淸凉山水好, 葛巾何日訪孤雲."이나 <呈息谷>(『도은집』 권1)의 "方丈最淸淨, 曾無一點埃. 身觀法報化, 世閱去今來. 山暝樵初返, 松陰鶴獨回. 杖藜幽興足, 溪路白雲堆."와 같은 예를 들 수 있다.

시의 흥취나 시적 교유에 대한 감회 등을 고려해 볼 수 있다. 여기에서는 후자를 중심으로 하되 전자에 대해서도 일부 배려하면서 대략적으로 검토하기로 한다.

4. 贈僧詩의 題材別 樣相

1) 人間的 交情

속세에 사는 선비에게 出世間을 지향하는 승려의 삶과 공부는 外學이므로 승려는 방외의 벗이라 할 수 있다. 그럼에도 불구하고 陶隱은 흔히 선승을 속세의 벗과 조금도 다르게 여기지 않는다. 자신이 지향하는 귀거래적 세계에서 시를 좋아하고 술도 꺼리지 않기 때문이다. 그리하여 그의 시에 나타난 승려는 금방 만났더라도 속세의 지기와 다름없이 나타난다. 다음은 누군지 알 수 없는 승려에게 준 시로 보이는 <失題>(『도은집』 권1)이다.

성령에 아침구름이 흩어지자
비로소 해가 환하게 솟아오르네.
두세 분의 손을 잡고
마음대로 스님의 거처를 찾네.
절이 그윽하니 더욱 좋은데
길은 황폐하고 소나무와 국화는 성그네.
문을 두드리며 한 번 불러 보니
무슨 일인지 묻지도 않네.
금세 신을 거꾸로 신고 나와서 맞이하는데
기쁜 기색은 얼마나 많은가?

나를 맑은 바람이 부는 집에 앉히더니
곧 술상을 넉넉히 차리네.
실컷 마시고 크게 취하니
천지가 대자리 하나만 하네.
서로 너나들이를 하기에 이르자
나의 집에 돌아갈 줄을 모르네.
단부가 방자하게 예법을 외면한다고 나를 꾸짖고는
부축하며 노새를 타는 게 마땅하다고 말하네.
이를 듣고 문득 깨닫고서
문을 나와서 동쪽마을을 향하고자 하네.
님이 소매를 잡으며 나의 시 한 수를 요구하기에
종이를 펼치고 붓을 휘둘러 잠시 또 쓰네.

星嶺朝雲散, 曈曈日出初.
手携二三子, 隨意尋僧居.
僧居幽且好, 徑荒松菊疏.
敲門試一呼, 不問是何如?
倒屐方出迎, 喜氣何多歟.
坐我淸風宇, 杯盤仍有餘.
飮成大醉, 天地一籧篨.
相將到爾汝, 不知歸吾廬.
僕夫嗔我放意禮法外, 扶持爲報當鞭驢.
聞之忽有覺, 出門欲向東里墟.
居僧挽袖求我詩一首, 揮毫拂紙聊復書.

처음 만난 승려로 보이는데도 만나자 말자 함께 간 벗들을 제쳐놓은 채 예법을 따지지 않고 너나들이를 하면서 웃고 떠드는 가운데, 술에 취하여 집에 돌아가기를 잊고 의기투합하는 모습이 잘 나타나 있다. 두 사람이 길은 다르면서도 삶의 자세와 세상에 대한 생각에 통하는 점이 있음을 쉬 확인한 탓일 것이다. 사상적 신념이야 서로 달리 하지만, 그런 이치로 사귀고자 하는 것이 아니기 때문에 거리감을 가질 필요가 없을 뿐 아니라, 같은 학문을 지향하는 동행들보다 오히려 가깝게 느껴졌기에 이렇게 읊었을 것이다. 이러한 승속의 교유는 포은의 시에서도 확인된다.

구름은 차가운 솔숲을 가두고 눈은 절에 가득한데
상인은 석장을 날리며 어디로 가셨는가?
선방에서 함께 촛불심지를 자르면서 청담을 나누고 싶었거늘
어찌하여 이 계책이 아득한 데로 떨어졌는가?

雲鎖寒松雪滿堂,　　上人飛錫向何方?
淸談共剪禪窓燭,　　此計胡爲墮渺茫.

<贈陽山聰上人>(『포은집』 권2)이거니와, 속된 것을 떠나 마음에 맞는 청담을 밤새워 나누고자 일부러 절을 찾았다가, 스님이 없어 이루지 못한 안타까움을 표현한 시이다. 두 사람의 교정이 보통이 아닐 것임은 밤이 늦도록 무릎을 맞대고 촛불의 심지를 잘라 밝게 하면서 이야기를 하는 것을 뜻하는 '剪燭'을 언급한 데서 잘 드러난다. 이 시에서도 선승은 승속을 떠나 허물없이 사귀는 벗일 뿐 지향하는 길을 달리 하는 방외인의 모습으로 나타나지 않는다.

幻菴[42]은 목은이 16세에 결계[43]한 이래로 조선조가 개국될 때까지 교

42) 幻菴은 混修(1320~1392)의 別號인데, 俗姓은 廣州趙氏로 12세에 大禪師 繼松에게서 출가하였다. 恭愍王이 檜巖寺에 머물기를 청하자 도망하여 五臺山 神聖庵 등에서 지냈고, 이때 孤雲庵에 있던 懶翁和尙을 만나 道要를 질의했으며, 그 후 瑞雲寺에 머물다가 1370년에 나옹이 주관한 選佛試에서 홀로 뽑히자 恭愍王이 內院에 머물게 하였으나 도망하였다. 1372년에도 왕명으로 내불당에 머물다가 또 달아났으며, 1374년에는 왕에게 법요를 가르쳤다. 禑王 4년(1378)에 宴晦庵으로 갔다가, 왕의 청으로 光巖寺에서 3년 동안 머물렀으며, 禑王 9년(1383)에 國師가 되었다.

43) 목은·환암 등의 결계에 대해서는 許興植, 「李穡의 18인의 結契로 본 高麗 靑少年의 集團行態」(『정신문화연구』 70호, 한국정신문화연구원, 1998)에서 자세히 다룬 바 있는

유한 것이 확인되는 오랜 벗이다. 목은은 환암에게 주거나 그를 두고 지은 시를 20여제[44]나 남기고 있는데, 그런 시의 중심적 주제는 지기에 대한 교정과 높은 선적 경지에 대한 동경 등이거니와, 다음은 <有懷幻菴>(시고 권19)이다.

> 적멸은 원래 숨김이 없는데
> 선양함은 도리어 매우 깊네.
> 참된 기밀은 참으로 토끼의 뿔과 같은데
> 거짓 헤아림은 마치 원숭이의 마음과 같네.
> 간혹 달을 가리키는 손가락에 집착하지만[45]
> 金이 있다고 광물을 태우지는 않네.
> 인정과 경계를 둘 다 잊고서
> 다시 환암을 찾으리.

> 寂滅元無隱, 宣揚却甚深?
> 眞機眞兎角, 似量似猿心.
> 指或執爲月, 鑛非燒有金.
> 兩忘情境處, 更向幻菴尋.

데, 연구자는 李穡・混修・懶殘子・吳仝・韓弘度・張議郎・韓修・白璘・金直之 등을 계원으로 추정하였으나, 가장 자세한 정보를 담고 있는 <贈休上人序>와 관련시들을 참고하지 않은 탓에 착오가 생겼다. 李穡・混修・懶殘子・吳仝・白璘・休上人・洪義元・金鼎臣・李茂方・金君弼・韓得光 등 11명은 분명히 확인되는 이들이다.

44) 많은 시를 보낸 것은 절친한 벗인 점 외에도 詩書에 모두 능하였던 일과도 관련이 깊었을 듯하다. 『慵齋叢話』 권4와 『東人詩話』 권상에서는 환암이 남들을 의식하지 않고 "목은과 같은 이는 참으로 시성(如牧老眞詩聖也)"이라는 식으로 격찬하였음을 밝히고, 목은이 만년에 詩案에 걸려 곤경에 처했던 것은 환암과 같은 무리들 때문이라고 하였다.

45) 이 구절은 『楞嚴經』에 나오는 비유, 곧 어떤 사람이 손가락으로 달을 가리켰을 때, 다른 사람은 막상 달을 보는 것이 아니라 손가락만 보면서, 그것을 달의 본체[月體]라고 여긴다면, 이 사람은 달을 잃을 뿐만 아니라 손가락까지 잃게 된다고 한 것을 변용한 것이다.

이 시는 오랜 벗인 환암을 그리워하면서, 그는 높은 도력으로 세속의 누를 벗어났지만, 자신은 眞機를 찾지 못하고 속세에서 번뇌에 빠져 있는 것을 안타까워하고, 아울러 그러한 차이와 세인들의 손가락질 같은 것을 꺼리지 않고 벗을 찾아 정을 나누고 싶어하는 마음을 읊고 있다. 그러나 이러한 교정을 주제로 하면서도 寂滅·眞機와 같은 불교적 어휘와 『楞嚴經』에 등장하는 비유를 사용한 점이 포은·도은과는 다르며, 이를 통하여 목은이 이들보다 불교에 대한 지식이나 취향이 더 깊었으리라는 것을 짐작할 수 있다. 이렇게 그리워하고 선망한 환암에 대하여 목은은 평생을 두고 존경과 그리움을 유지하였거니와, <잠시자가 개천사로 돌아간다고 말하기에 주필하여 환암국사께 부쳐 올리다(岑侍者告歸開天, 走筆寄呈幻菴國師)(시고 권35 「咸昌吟」)>는 특별한 곤경을 만나 환암을 절실하게 그리워하는 마음이 잘 나타난 예이다.

긴긴 날에 아무도 오지 않는데
높은 다락에는 성불도만 걸렸네.
문득 잠시자를 만나니
쇠약한 유생은 부끄러워 얼굴이 붉어지네.
현과 성[46]은 구름 사이의 번개요
허와 공[47]은 바다 위의 물거품이네.
어느 날에나 방장으로 가서
마주 보면서 술병을 기울일까?

永日無人處, 高樓成佛圖.
忽逢岑侍者, 面赤愧衰儒.

46) 賢聖은 불교어인데, 善으로 和하여 악을 벗어나고도 미혹된 마음을 끊지 못하고 凡夫의 성품에 머물러 있는 이를 현이라 하고, 正으로 和하여 眞智를 발하여 진리를 證得하고 미혹된 마음을 끊어 범부의 성품을 버린 이를 성이라 한다.

47) 虛空은 불교어로 만물이 존재하거나 物心의 모든 것을 받아들이는 공간이다.

賢聖雲間電,　　虛空海上漚.
何時造方丈,　　相對共胡盧?

목은은 禑王 14년이자 昌王 원년인 1389년 6월에 門下侍中이 되고, 이어서 10월에는 賀正使로 명나라에 갔다가 이듬해 4월에 귀국하였다. 그러나 곧 창왕을 폐위하고 공양왕을 즉위시키는 정변이 일어남으로써, 창왕옹립을 문제삼는 탄핵을 받아 12월에 長湍에 유배되고, 이듬해인 1390년 4월에는 咸昌으로 이배되었다. 이 작품은 이런 상황에서 함창에서 지어진 것으로 보인다. 40여 년 동안 관직생활을 하면서 오랜 동안 詞臣의 영수로 있었을 뿐 아니라, 문신의 수장이자 수상까지 지낸 자신이건만, 지기로 여겼던 圃隱·三峰 같은 사람조차 길을 달리 한 가운데, 왕조와 개인의 大禍를 예견할 수밖에 없는 엄청난 곤경을 맞이하여 지은 작품인 셈이다. 도성에서 멀리 떨어진 함창에서 고독과 회한에 빠진 채 인생의 허무를 절감하게 되자, 참된 지기인 환암을 만나 회포라도 풀고 싶은 마음이 간절하게 표출된 작품이라 할 것이다.

그러므로 고난이 절정에 이르렀다고 할 조선조의 개국 직전에 지은 <寄呈幻菴>(시고 권35)에서 그를 만나 迷妄에서 벗어나고 싶어함은 당연한 일이다.

배 안에 새로 작은 띠정자를 얽고서
앉아서 구름에 묻힌 산을 바라보노라니 사방이 파랗네.
만약 환암 늙은이께서 석장을 날리며 들르신다면
평생 동안의 깊은 취기가 단번에 깨리.

舟中新作小茅亭,　　坐對雲山四面青.
倘得幻翁飛錫過,　　百年沉醉一時醒.

이 작품은 창작시기 순서대로 편집되어 있는 『목은시고』의 마지막에서 세 번째 작품(시고 권35 「驪興吟」)이거니와, 그 다음 작품이 고려조가 망한 날에 지어진 <孟秋望日, 記事有感>이다. 몇 작품 앞에 실린 <七夕> 다음 작품인 <寄示種善>에서 셋째 아들에게 "운명이니 무엇을 한탄하랴? 나는 이제 자유를 얻었노라.(命也夫何恨, 吾今得自由.)"라고 한 점으로 보아, 유배지인 여흥이 개경에서 멀지 않은 탓에 이미 고려조의 패망을 아는 상황에서 지었을 것이다. 공민왕·우왕·창왕의 三朝에 걸쳐서 재상을 지낸 사람으로서 나라가 망하는 것을 막지 못한 채 죄인이란 오명까지 쓰고 있는 처지를 자조하면서, 배를 타고서 먼 산만 바라보며 아득한 생각에 빠져 있노라니, 지기이자 고승인 환암이 나타나서 자신의 미망을 깨우쳐 주면 좋겠다는 생각이 일어났을 것이다. 자신의 삶에 대한 허무를 절감하게 되자, 불교적 삶을 더욱 선망하게 되었다고 할 것이다. 이 직후에 그가 極邊인 全羅道 長興으로 이배됨을 생각하면, 그야말로 삶의 막다른 상황에서 느끼게 된 지기에 대한 심정을 드러냈다고 할 것이다.

앞에서 밝힌 대로 懶殘子[48] 또한 목은이 어릴 때부터 교유하였던 벗으로 목은의 글에서 嚴光圓大禪師·嚴光圓公·天台圓(元)公·圓天台·懶菴 등 여러 이름으로 나타나는 승려인데, 관련시가 21제에 이를 정도로 교정이 깊었던 사람이다.[49] 다음은 목은이 50세이던 1377년에 그에게 지어 보낸 <秋日奉懷懶殘子, 因述所懷, 吟成五首, 奉呈籌室>(권11)의 첫째 수이다.

천태사로 머리 돌리니 애가 끊어지려 하는데
해질녘에 석교에는 사람 그림자가 있네.
이제 문득 한산사[50]와 같아져서

---

48) 懶殘子는 李穡이 16세 때부터 結契하고 사귄 벗으로, 判天台判宗事를 지내고 福利君에 봉해진 승려이다.

49) 도은의 <贈寶蓮>(『도은집』 권3)에서 "懶殘逝矣幾星霜, 又是寶蓮相見少. 回首天台路渺茫, 不禁淸夢覓禪房."이라 하였고, 목은이 54세이던 1381년 3월 20일경에 지은 <奉賀懶殘子新封福利君>(시고 권28) 이후에 관련시가 나타나지 않은 점으로 보아 그 이후 오래지 않아 작고한 듯하다.

한밤중에 종소리가 앓는 이의 침상에 이른다네.

回首天台欲斷腸, 石橋人影掛夕陽.
如今却似寒山寺, 半夜鍾聲到病牀.

종소리가 성 안에 들릴 만큼 가까운 절에 거처하는 벗이건만, 보고 싶어서 애가 끊어지려고 한다면서 그리워하고 있다. 둘째 수의 起承句에서 "젊은 날에는 비단과 같은 창자를 다투어 열었거니와, 술꾼들은 때때로 高陽[51]을 사모하였다네.(少日爭披錦綉腸, 酒徒往往慕高陽.)"라고 한 것으로 보아, 나잔자가 승려이면서도 詩酒를 매우 좋아하는 탓에 만나서 함께 회포를 풀고 싶은 마음을 이렇게 읊었을 것이다.

絶磵은 조계종의 승려로 법명이 倫이고 당호가 松風軒으로 환암의 高弟인데, 목은은 <松風軒記>와 <松風軒詩>를 지어 주는 등 그에 대한 글을 많이 남겼다. 다음은 그를 몹시 그리워하는 마음을 읊은 <倫絶磵來過>(시고 권19) 2수 가운데 둘째 수이다.

관음굴 속에는 흰 구름이 두터우려니와
먼 골짜기에는 솔바람 불고 달빛은 봉우리에 가득하리.
늘그막에도 가슴은 뜨겁고 괴로운데
어느 때에나 그림자를 끌고 가서 찾으리요?

觀音窟裏白雲深, 絶磵松風月滿岑.
老去胸中猶熱惱, 何時携影去相尋?

---

50) 寒山寺는 江蘇省 吳縣의 西南 姑蘇城 밖에 있던 절인데, 張繼의 <楓橋夜泊>에 "고소성 밖에는 한산사가 있어, 한밤중에 종소리가 나그네의 배에 이르네.(姑蘇城外寒山寺, 夜半鍾聲到客船.)"라는 구절이 있다.

51) 高陽酒徒는 고양의 술꾼이라는 뜻으로, 중국 漢初의 酈食其를 가리키는데, 그가 沛公을 만나기를 청하였더니, 패공이 天下事를 논의하느라고 儒人을 만날 겨를이 없다고 하자, 역이기가 유인이 아니라 高陽의 술꾼이라고 한 데서 유래한다.

天磨山의 관음굴에 기거하고 있던 절간이 오랜 만에 찾아온 것을 기뻐하면서 하루 빨리 절간이 사는 것과 같은 산수로 귀거래하여 함께 있고 싶은 마음을 간절하게 드러내고 있다. 절간은 나잔자와 마찬가지로, 이러한 인간적 교정보다는 시적 교유로 특별한 의미를 지닌 사람으로 보이므로 뒤에서 다시 더 살피기로 한다.

龜谷[52] 또한 목은이 오랜 동안 교유하였던 고승이거니와, 백련사에 주석하며 직지사를 중영하기 위한 연화문을 목은에게 청하였는가[53] 하면, 목은은 그를 위하여 <勝蓮寺記>(문고 권1) · <賜龜谷書畵讚>(문고 권12) 등을 지어 주기도 한 사람인데, 그가 입적하자 목은은 挽詞 <哭內院監主龜谷大禪師>(시고 권30)에서 이렇게 읊었다.

> 구곡은 의관의 후예로서
> 가서 임제의 법손이 되었네.
> 모습이 청아하니 마음이 절로 고요하고
> 말이 간결하니 도가 더욱 높았네.
> 승련사에는 바람이 자리에 불어올 텐데
> 송산에는 달빛이 뜰에 가득하네.
> 짚신 한 짝조차 볼 길이 없어졌기에
> 늙은이는 가을의 들판에서 눈물을 뿌리네.
>
> 龜谷衣冠胄,　去爲臨濟孫.
> 貌淸心自寂,　言簡道彌尊.

---

52) 龜谷은 覺雲의 호인데, 俗姓은 南原柳氏로 柳璥의 증손이자, 감찰대부 靖의 아우이다. 金剛寺를 증축하여 勝蓮寺라고 개칭했던 拙庵衍昷의 생질이자 太古普愚의 법손이다. 內院堂 監主로서 궁중에서 『傳燈錄』을 강의한 데 이어 간행하였으며, 恭愍王이 존숭하여 그림과 "龜谷覺雲"이라는 글씨를 내렸다. 『牧隱集』에 禪敎都總攝 · 都大禪師 · 大禪師를 지낸 사실이 나타나며, 법을 이은 제자로는 碧溪 · 千峰 등이 있었다.

53) <前內院堂雲龜谷在白蓮寺, 與普門社主, 將重營黃岳山直指寺, 書報老人, 求緣化文>, 시고 권21.

蓮社風吹座, 松山月滿園.
無從見隻履, 老淚洒秋原.

목은이 37세이던 1364년에 지은 <승련사기>에서 "운사는 어진 분이라서 또한 내가 전부터 사모하던 분(雲師之賢, 又余之所嘗慕焉者.)이다." 라고 한 점으로 보아, 두 사람은 서로 알고 지낸 세월이 매우 긴 사이였던 듯하다. 임제의 적손인 그의 寂心과 尊道를 예찬하면서 그 죽음에 대한 무한한 슬픔을 표하고 있다. 이 구곡은 흔히 환암과 마찬가지로 태고의 법손으로 알려져 있지만, 후대의 『白谷集』·『中觀集』 등에서는 臨濟宗 태고의 법손이자 환암의 법자[54]라고 하였는데, 구곡이 태고보다 1년, 환암보다 11년 먼저 입적한 점이나, 목은이 두 사람에 대한 글을 매우 많이 남긴 가운데 환암과 구곡의 관계를 언급하지 않은 점에서는 의문스러운 점이 있다.[55]

2) 佛德에 대한 禮讚과 禪僧의 精神的 境地에 대한 憧憬

삼은은 모두 은거를 지향하면서도 관직생활의 구속에 묶여서 번뇌하였던 사람들이다. 따라서 승려들이 속진을 벗어나 살면서 마음의 안정을 누리거나 현묘한 이치를 깨달은 데 대하여 괴로워하거나 부러워하는 마음을 숨기지 않았다. 다음은 목은의 <送宏幽谷>(시고 권29)이다.

---

54) 性徹, 『韓國佛教의 法脈』(藏經閣, 1990), 55면에서 재인용. "太古參碩屋, 得其法, 乃傳幻菴, 幻菴傳龜谷, 龜谷傳淨心." 및 "龜谷, 乃臨濟十九代嫡孫, 太古之孫, 幻菴之子, 藏名不市, 號小隱焉."

55) 李崇仁의 <送日本僧有天祐上人還國序>(『도은집』 권4)에서 "蓋幻庵龜谷, 曹溪之儀表, 韓山子, 吾徒之領袖."라 한 점으로 보아 환암이 선배였던 듯하지만, 태고-환암-구곡의 계보를 고집하는 李性徹이나 구곡을 臨濟普照宗統의 嫡派로 설명하는 李佛化 모두 이 시의 창작시기를 제대로 살피지 못한 채, 각각 목은이 죽기 전, 또는 太宗 15년(1415)에 지어진 것으로 이해한 바 있어 더 논의할 여지가 있는 듯하다.

천지는 장경의 바다에 떠 있고
예나 지금이나 속세는 같다네.
죽음과 삶을 누가 다스릴 수 있는가?
늙음과 병이 스스로 서로 침노하네.
외물의 구속으로 두 눈이 흐릿하고
참된 이치로 온 마음이 현묘하네.
청컨대 스님께서는 물러나지 마시고
공덕이 빽빽하게 숲을 이루게 하시라.

藏海浮天地, 塵寰亘古今.
死生誰得辦? 老病自相侵.
物累迷雙眼, 眞機妙一心.
請師無退轉, 功德鬱成林.

幽谷이라는 호를 지닌 宏禪師를 송별하면서 준 시이다. 자신이 속세에서 늙고 병든 몸으로 외물의 구속에 시달리고 있음을 고뇌하는 한편으로, 선사는 참된 이치를 깨닫고서 편안하게 사는 삶을 동경하고 있다. 이는 <奉懷幻菴>(시고 권11)에서 "일찍이 禪關을 치밀하게 꿰뚫었는데, 아직 口業이 짙게 남았다네.(早透禪關密, 猶餘語業濃.)"라고 대조적으로 말하며 고뇌한 경우와 같은 예이다. 그런데 도은은 <題幻菴卷>(『도은집』 권3)에서 다음과 같이 읊었다.

대지는 물거품 위에 떠 있고
삼생은 번갯불 속에서 지나간다네.
몸을 편안히 할 곳이 어디인가?
감히 환암 늙은이께 물어보네.

大地浮漚上, 多生閃電中.
安身定何處? 敢問幻菴翁.

사람이 이 세상에서 사는 것이 모두 헛되다는 불교적 이치를 언급함으로써, 환암이 그런 깨달음으로 몸과 마음이 다 편안한 경지에 이르렀음을 우회적으로 인정하면서, 속세를 떠나지 못하는 자신이 몸을 편안히 하려면 어찌해야 하느냐고 물으며 고뇌를 드러내고 있다. 자신의 삶이 어긋났음을 인정하는 한편으로 선승의 삶을 포괄적으로 예찬하면서 선승과 같은 삶에 대한 동경을 잘 드러낸 작품으로는 <寄隱峯禪師>(『도은집』 권1)를 들 수 있다.

젊을 때부터 살림을 경영하지 않았기에
가계가 썰렁함을 스스로 달게 여기네.
담박한 교제를 누가 기꺼워하는가?
종이와 붓뿐이라네.
도를 배움은 바라기 어렵거니와
문장은 도리어 표범무늬처럼 빛나네.
애써 만든 말은 귀신이 아끼는 것을 깨뜨리고
입에서 나오기만 하면 사람들이 문득 놀랐다네.
근래에는 헐뜯음과 中傷을 만나
문을 닫고 자취를 감추네.
처음에는 마판에 묶인 말과 같았지만
일찍이 달리기를 잊은 적은 없다네.
기심이 점점 사라지자
고요하기가 오래 된 샘물과 같네.
은봉은 방외의 벗인데
불도의 수행에 매우 용맹정진하네.
이미 속세의 인연을
물거품과 같은 환영으로 여기네.
절은 산수 속에 있어
인적이 드무니 그윽하고 고요하네.
맑은 시냇가에서 발을 씻고

흰 구름이 뜬 고개에서 노래부르네.
천성에 맡겨서 절로 소요하니
눈 앞에는 모두 순탄한 경계라네.
서로 생각하면서도 만나지 못하니
잊지 못하여 겨울밤이 기네.
만날 때가 실로 언제일까?
얼굴을 보면 화두를 청하리.

少也無所營. 自甘家計冷.
淡交知誰肯? 楮生與毛穎.
學道未庶幾, 文章却彪炳.
苦語破神慳, 出口人輒警.
邇來遭訪傷, 杜門蹤跡屛.
初如伏櫪驥, 未曾忘馳騁.
機心漸消磨, 湛然一古井.
隱峯方外友, 梵行殊精猛.
已將塵世緣, 等視幻泡影.
招提山水間, 人稀幽且靜.
濯足淸磵湄, 行歌白雲嶺.
任性自逍遙, 目前皆順境.
相思不相見, 耿耿冬夜永.
會合固有時, 話頭當面請?

전반의 열네 구절에서는 자신이 생계를 돌보지 않고 가난하게 살면서 벗과 담박하게 교제해 왔을 뿐 아니라, 문장에 대한 뛰어난 능력이 있다고 자부하는 한편으로, 세인들이 비방과 중상으로 시달리면서 기심을 버리려 애쓰고 있음을 술회하였다. 이어진 열 구절에서는 방외의 벗인 은봉선사가 수행에 정진하여 높은 경지를 얻은 가운데, 산수간에서 자유롭게 살면서 자적하는 삶을 술회한 다음에, 절친한 벗인 그를 만나 마음의 안정을 찾기를 바라는 마음을 표현하였다. 자신의 세속적 삶의 고뇌를 상대

방의 불덕을 예찬하고 높은 정신적 경지를 동경하는 마음을 아울러 표현하는 방향으로 드러내고 있다.

속인인 시인의 이러한 고뇌가 높은 선적 경지에 오른 승려의 삶을 절실히 동경하는 방향으로만 나타난 경우도 있다. 다음은 <題玉田禪師松月軒. 有揭文安公曼碩歐湯文公原功諸先生題詠[56]>(『도은집』 권1) 2수 중 둘째 수이다.

삼생에 도골이 빼어나서
어린 나이에 비구가 되었다네.
불법을 여러 방면에서 묻는데
시는 뛰어난 장인에게서 구하네.
멀리 가서 자취를 구름과 함께 하고
높다랗게 누우니 머리가 온통 눈빛이네.
소나무 사이의 달을 가장 아껴서
서로 따르며 그치지 않으려 하네.

三生道骨秀, 　早歲作比丘.
法向諸方問, 　詩從大匠求.
遠游雲共迹, 　高臥雪渾頭.
最愛松間月, 　相隨未肯休.

첫 수에서 "스님은 마음으로 諸相을 모두 버리고서, 좌선하면서 무생을 즐기네.(師心遺有相, 燕坐樂無生.)"라고 옥전선사의 선적 경지가 높음

56) 松月軒에 있는 揭傒斯·歐陽玄 등의 제영과 軒額에 대하여 牧隱의 <松月軒記>(문고 권4)에서는 다음과 같이 기술하고 있다. 林觀寺의 前住持인 玉田禪師는고려에 온 指空和尙에게서 계를 받았는데, 元으로 돌아가는 지공을 따라가서 명승을 유람하고 名公雅儒들과 교유하며 禮貌와 書畵에 대한 감식안을 얻었고, 돌아올 때에 歐陽玄·揭傒斯·王思魯·危太朴 등의 題·贊·序·引 등을 받아 왔으며, 구양현이 쓴 송월헌이란 세 글자를 가지고 와서 목은에게 기문을 요청하였다.

을 찬양한 데 이어, 그런 정신적 경지에서 아무것에도 얽매임이 없이 산수에 묻혀 불법과 시를 추구하는 삶에 대한 동경을 절실히 드러내고 있다. 이런 마음은 승려가 가난하게 살면서도 마음의 평안을 얻음을 예찬하는 방향으로 나타나기도 하는데, 목은이 <戱南溪聽首座>(시고 권18)에서 "밤에도 금은의 기운을 앎은 탐하지 않은[57] 탓이지만, 돈이 있어야 도리어 큰 절에 머무른다네. 향불이 쓸쓸한 남계원에서, 달마다 관청에 양식을 청하는 것이 또한 미담이리.(夜識金銀是不貪, 有錢還住大伽藍. 南溪香火蕭然處, 月請官糧亦美談.)"라고 읊은 것이 그런 예이다.

승려의 선적 경지는 흔히 직접적 교유와 詩卷 양쪽을 통하여 인지되는 것으로 보이는데, 다음은 같은 시권을 두고 읊은 목은의 <題栢庭行卷>(시고 권18)과 포은의 <題栢庭詩卷>(『포은집』 권2)이다.

곧바로 근원을 건너서 기틀에 침투하고자 하였으니
뜰 앞의 잣나무에 남긴 음향이 아직도 아련하네.
끝내 잎을 따고 가지를 찾는 사람이 아니기에
수많은 물과 산에서 그림자를 끌고 돌아가리.

直截根源欲透機, 栢庭遺響尙依俙.
終非摘葉尋枝者, 萬水千山携影歸.

삼봉은 남을 적게 인정하는 사람이지만
안목이 있어 진짜와 가짜를 분명히 구분하네.[58]
스님을 위하여 이처럼 정성을 표하였으니

57) 이 구절은 杜甫의 <題張氏隱居二首> 중 첫수의 "탐하지 않으니 밤에도 금은의 기운을 알고, 해치지 않으니 아침에도 미록이 노닒을 보네.(不貪夜識金銀氣, 遠害朝看麋鹿遊.)"라는 연에서 인용한 것이다.

58) 이 두 구절은 <贈栢庭遊方>(『三峯集』 권2)에서 "流水浮雲任所之, 淸風明月獨相隨. 遠遊畢竟終何得? 早早歸來慰我思."라고 읊은 데 대한 술회이다.

백정은 반드시 헛되이 분주한 사람이 아니리.

三峯於人少許可, 有眼分明辨眞假.
爲師拳拳乃如斯, 栢庭必非虛走者.

같은 승려의 시권을 두고 읊으면서 목은과 포은이 시권에 나타난 선승의 정신적 경지를 예찬함은 마찬가지이지만, 그 태도에는 차이가 있다. 목은은 趙州禪師의 庭前栢樹의 고사를 들면서 백정의 선적 경지의 깊이를 찬양한 반면에, 포은은 삼봉의 시에 빗대어 의례적으로 찬사를 보내는데 그치고 있다. 이를 통해서도 목은이 포은보다는 불교에 대하여 더 호의적인 사대부였음을 알 수 있다.

시인이 선사들과의 교유하면서 세속적 번뇌에서 벗어나 그 정신세계에 동화된 경지에 이른 듯한 심정을 형상화한 예로는 <微雨, 廣明齋公來訪>(시고 권32)를 들 수 있다.

갠 날에 가랑비가 뿌리니
맑은 바람이 푸른 숲에서 이네.
띠정자에서 고승을 마주하니
마음이 담박해지네.
우스갯소리가 매우 묘하여
선학이 깊음을 알 만하네.
진세의 일이 벌써 얼음처럼 녹고
종소리처럼 거침이 없네.
명교의 바깥으로 벗어나니
가슴 속의 번뇌를 없앨 수 있네.
뜬 구름은 정신이 되고
흐르는 물은 말소리가 되네.
나는 늙고 또 병이 많으니
뒷날에 어느 곳으로 찾아가야 할까?

微雨灑白日, 清風生碧林.
茅亭對高僧, 淡然方寸心.
戲語頗造妙, 可知禪學深.
塵機已氷釋, 不碍如聲金.
超然名教外, 足以祛煩襟.
浮雲爲精神, 流水爲聲音.
我老又多病, 他年何處尋?

가랑비 속에 방문한 廣明寺의 齋公이라는 승려와의 교유를 읊은 시이거니와, 명교를 벗어나 방외의 사람인 스님과 교유하니 가슴 속의 번뇌가 사라져 마음이 구름처럼 얽매임이 없는 쇄락한 경지에 이르렀다면서, 멀지 않아 입산이라도 하여 함께 거처하고 싶다는 듯이 진술하고 있다. 깊은 선학에서 나온 대화로 승속의 경계가 없어질 정도로 화락한 지경에 이르렀기에 한 말일 것이다. 이런 승속의 일치라고나 할 감정은 드물게는 선승과 은자의 삶을 동일시하는 시각에서 표출되기도 하는데 <得無說書>(시고 권30) 3수 중의 제2수는 그런 예이다.

나는 국화를 최고로 여기는데
공께서는 잣나무를 표준으로 삼으시네.
좋아하는 것은 다르지만 끝내 취향이 같거늘
응당 남들은 평론하느라고 말들을 허비하리.

我以菊花居右, 公將柏樹指南.
異好終然同趣, 評論應費人談.

목은 주변의 인물들과 교유가 깊었을 것으로 보이는 무열화상[59]의 서

59) 病 때문에 珍原山 佳祥寺에서 지낸 적이 있었던 승려로 弟子로는 祖明大師가 있었으며(『三峯集』 권3 <贈祖明山人詩序>), 羅州 湧珍寺의 <克復樓記>를 지은(『三峯集』 권4, <無說上人克復樓記後說>) 바 있다. 金九容의 『惕若齋學吟集』

신을 받고 보낸 시이거니와, 자신은 국화를 좋아하였던 도잠과 같은 은사이고, 화상은 선을 추구하는 승려이지만, 방향이 다를 뿐 결국은 같은 취향이라서 친밀하게 교유하는데도, 세인들은 이단끼리 교유한다고 비방할지 모르겠다는 뜻을 표현하였다. 이를 통하여 목은이 실제로 선정을 추구하였던 사람으로도 이해되지만, 본인이 그런 말을 한 경우라도 실제로는 정신적 위안을 얻으려 하였던 儒者였을 뿐이었으리라는 것을 짐작할 수 있다.

3) 佛理에 대한 陳述

삼은의 증승시 가운데 불교적 이치를 진술한 시는 지식을 드러낸 것, 이치에 대한 사유를 드러낸 것, 삶의 자세를 드러낸 것, 교리를 비판한 것 등으로 나눌 수 있다.

불교적 지식을 드러낸 시는 역시 목은에게서 가장 흔히 볼 수 있어 목은이 불학에 대한 상당한 지식을 지녔으리라는 것을 짐작하게 한다.

如來藏[60]을 大光明이라 부르는데
본래 因地[61]는 불법의 수행에 달린 것이라네.
지혜의 空華[62]는 앎에서 피어나고

卷下에 시 <寄無說長老子埜先生>이 있고, 洪萬宗의 『小華詩評』에 金九容의 아우인 金齊顔[金宗直의 『靑丘風雅』에서는 鄭樞의 작품이라고 함]의 시 <寄無悅師>가 있다.

60) 如來藏은 迷界에 있는 眞如를 가리키는 불교어인데, 미계의 사물은 모두 진여가 攝受되며, 또 그것은 덕이 숨겨져 있더라도 아주 없어진 것이 아니고 중생이 여래의 性德을 合藏하기 때문에 생긴 말이다.

61) 因地는 成佛하려고 불법을 수련하는 修行者의 地位를 뜻하며, 부처의 지위를 나타내는 果地·果位에 대응되는 말이다.

62) 空華는 虛空華와 같은 말로 허공의 꽃을 뜻하는데, 허공에는 본래 꽃이 없는데도 눈병이 있는 사람들에게는 보이므로, 실재하지 않는 사물을 실재하는 것으로 잘못

根塵[63]의 세계는 깨달음 속에서 나오네.
참으로 겹친 帝網[64]과 형체를 같이 하니
확실한 禪宗에 필적할 수 있으리.
다시 幻翁의 偈說을 듣고 싶은데
광암사에는 종경소리에 솔바람소리가 섞였으리.

如來藏號大光明,　因地由來有法行.
智慧空華知上發,　根塵世界覺中生.
重重帝網眞同体,　的的禪宗可杭衡.
欲聽幻翁重說偈,　光岩鍾磬雜松聲.

<有懷幻菴>(시고 권22)으로 如來藏·大光明·因地·空華·根塵·帝網과 같은 난해한 불교어가 거침없이 구사되고 있거니와, 그러한 용어를 바탕으로 한 불교적 이치에 대해서도 부정하고 있지 않음을 쉬 알 수 있다. 어릴 때부터 절친한 벗이어서 衒學에 대한 譏評을 꺼리지 않거나 儒者들의 이념적 비난을 우려하지 않은 탓이라고 볼 수도 있지만, 이러한 예가 흔히 보이는 데서 목은의 불교에 대한 지식이 예사롭지 않았음이 드러난다고 할 것이다. 이러한 예는 포은에게서도 더러 볼 수 있는데, <贈無邊僧>(『포은집』 권2)이 그런 예이다.

아는 것을 비유한다.

63) 根塵은 五根[또는 六根]과 五塵[또는 六塵]을 뜻하는데, 前者는 감각의 근원인 眼根·耳根·鼻根·舌根·身根·(意根)을 가리키고, 후자는 우리의 眞性을 더럽혀 번뇌를 일으키는 色塵·聲塵·香塵·味塵·觸塵·(法塵)을 가리킨다.

64) 帝網은 帝釋天王의 궁전에 달려 있는 보배 그물인 因陀羅網을 가리키는데, 그물코마다 寶珠가 달렸고, 보주마다 다른 보주의 影像이 나타나며, 영상마다 또 다른 모든 보주의 영상이 나타나서 겹겹이 無盡하게 되어 있다고 한다. 華嚴에서는 이것을 一과 多가 相卽相入하였다고 말하는 전례로 든다.

대천[65]의 세계 밖에
또 몇 개의 대천세계가 있는가?
한 구절에서 바로 알 수 있거니와
그래서 끝이 없다고 이름하였으리.

大千世界外,　又有幾大千?
一句卽便了,　故名曰無邊.

이 시는 불교에서 흔히 말하는 대천세계라는 용어를 도입하여 '무변' 즉 끝이 없다는 뜻의 이름을 지닌 승려의 이름을 풀이하여 준 작품이다. 특별히 어려운 말을 썼다고 볼 수는 없지만 불가에 대한 포은의 지식을 엿볼 수 있는 예라 할 수 있다. 이 시는 다음에 살펴볼 승려의 이름을 불교적 이치로 풀이한 시와도 유사한 성격을 지니고 있다.

다음으로 들 수 있는 시들은 불교적 이치를 진술하고자 한 경우이다. 이런 예는 흔히 승려들의 법호나 별호를 풀이한 경우에서 많이 보이거니와, 특히 목은은 이런 시를 여러 편 남긴 바 있다. 칼끝이라는 뜻의 鋒이라는 이름을 지닌 스님에게 지어 준 <爲鋒禪者, 題刃菴>(시고 권19)이다.

한 줄기 칼빛이 가을물처럼 싸늘한데
늠름하게 늙은 姦人을 꺾어 버렸다네.
태평시대에는 쓸 데가 없어
흰 구름의 끝에 걸려 있네.

一條秋水寒,　凜然摧老姦.
太平無用處,　掛在白雲端.

65) 大千은 大千界・大千世界의 준말로 三千大千世界를 가리키는데, 불교 천문학에서는 須彌山의 사방에 四大洲가 있고, 그 바깥을 大鐵圍山이 둘러싸고 있는데, 이를 世界 또는 四天下라고 하며, 천 개의 사천하를 小千世界, 천 개의 소천세계를 中千世界, 천 개의 중천세계를 大千世界라고 한다.

칼끝을 이름으로 삼은 승려이기에 번쩍거리는 칼빛을 비유하는 秋水로 비유할 수 있는 날카로운 칼날을 지니고 있어서 늙은 간인도 늠름하게 죽일 수 있다고 하면서도, 그가 살생을 禁戒로 삼는 승려라서 산속의 칼날을 이름으로 한 암자에 걸어 넣고 불도에 전념한다고 하였다. 법명을 鋒으로 하고 당명을 刃菴으로 한 상관관계를 불교적 이치에 맞게 풀이한 셈이다. 이와 거의 같은 예가 <無失, 爲持上人題>(시고 권18)이다.

> 본래 지녀서는 안 되거늘 어찌 잃을 수 있으랴?
> 지니고 잃는다니 도리어 어지럽네.
> 스님의 웃음을 알아차리는 사람이 없는데
> 한 조각 강산이 눈 앞에 가득하네.
>
> 本不可持何可失? 有持有失却紛然.
> 無人領得頭陁笑, 一片江山滿眼前.

법호인 지닌다는 뜻의 '持'에 걸맞게 버리지 말라는 뜻의 '無失'로 삼은 승려에게 준 시이다. 재물이나 탐욕을 가져서는 안 되는 승려가 지니기를 꾀하면서도 잃지 않기 바람을 질책하자 웃은 데 대하여, 그가 지니려는 것이 불교의 참된 이치임을 알아차리는 이가 없다면서 먼저 한 말의 뜻을 뒤집는 機智를 구사하고 있다. 역시 풀이를 요구하는 승려의 이름에 걸맞도록 불교적 이치를 들어 설명한 시라고 할 것이다.

법명이 覺謙이고 호가 牧菴이라는 승려의 호를 두고 서로 다른 의취로 읊은 목은과 도은의 시도 비슷한 예들이다. 먼저 <題牧菴卷>(시고 권13)이다.

> 수많은 산 깊은 곳에 길이 삐딱한데
> 날 저물면 소와 양은 절로 집을 찾을 줄 아네.

이것이 늙은이의 참다운 경계인데
엷은 연기와 향기로운 풀은 하늘 끝에 닿아 있네.

亂山深處路橫斜. 日暮牛羊自識家.
此是老翁眞境界. 淡烟芳草接天涯.

다음은 도은의 <題牧菴詩卷>(『도은집』 권1)이다.

아침에는 어디에서 소를 치는가?
봄풀이 눈에 가득하고 연기는 아득하네.
저녁에는 어디에서 소를 치는가?
석양이 멀리서 비춰니 긴 숲은 붉네.
아침저녁으로 소의 성품을 길들이니
채찍과 고삐는 끝내 조금도 쓸 일이 없다네.
길을 가던 사람이 손뼉을 치고 껄껄거리며
삼십년 전의 일을 매우 웃으리.
간혹 들로 내려가서 전지를 범하더니
이제는 들에 버려 두었으니 누가 고삐를 잡으랴?

朝來牧何處? 春草彌望煙空濛.
暮來牧何處? 斜陽遠映長林紅.
朝朝暮暮牛性馴, 鞭索終無毫髮功.
道人拍手笑呵呵, 笑殺三十年前事.
或時落地犯苗稼, 如今露地誰牽鼻?

두 시인 모두 牛羊을 불교에서 말하는 사람의 본성을 상징하는 것으로 보고, 牧菴이 그것을 잘 길들여 前非를 범하지 않기 때문에 고삐조차 불필요하다는 방향으로 풀이하였다. 이를 통하여 이들이 불교적 이치와 윤리가 유가적 관점에서도 수용할 수 있다고 본 것으로 이해할 수 있을 것이다.

다음으로는 승려들의 삶의 자세나 참선을 호의적으로 바라보는 자세를 읊은 경우를 살펴보기로 한다. 목은이 28세에 지은 <題曺山禪師詩卷>(시고 권3)이다.

> 동해에 밝은 달이 떠서
> 만리 떨어진 曺山[66]을 따르네.
> 조계의 산과 동쪽의 바다는
> 본래 지척의 사이이네.
> 푸른 하늘은 씻은 듯 빛나고
> 맑은 구슬은 옥소반에 떨어지네.
> 스님의 마음은 닦여져서
> 마치 달처럼 둥그네.
> 나의 삶은 선적을 좋아하여
> 세속의 갓을 벗어 걸고 싶네.
> 선사가 좌선하던 자리를 빌어
> 마음의 안정을 찾기를 바라네.

> 東海出明月, 萬里隨曺山.
> 曺山與東海, 本是咫尺間.
> 碧空烱如洗, 明珠墮玉盤.
> 上人方寸心, 猶如月團團.
> 吾生愛禪寂, 欲掛紅塵冠.
> 借師坐具地, 庶以求心安.

이 시를 목은이 선을 추구한 예로 든 경우[67]가 있을 뿐 아니라 禪寂을

66) 曺(曹)山은 중국 江西省 宜黃縣의 북쪽에 있는 산으로 荷玉山·梅山이라고도 하며, 꼭대기는 羅漢峯이라고 불리며, 後梁의 高僧으로 禪宗曹洞宗의 開祖였던 本寂禪師가 駐錫했던 곳이다.

67) 李炳赫, 앞의 책, 120면.

명언하고 있기도 하므로, 일단 禪的인 求道姿勢가 나타난 점을 인정할 수 있지만, 마지막 네 구절의 주지는 아무래도 번거로운 세속을 떠나 산사에서 靜寂을 즐기고 싶다는 뜻 이상이라고 보기는 어려울 듯하다. 특히 이 작품이 목은이 고려의 禮部試에서 장원급제한 뒤 元나라의 制科에도 제2갑으로 합격하여 막 시작한 관직생활에 대한 의욕이 아주 높았을 것으로 보이는 28세에 지어진 작품이라는 점을 고려하면 더욱 그러하다. 그러나 불교에 대한 호의를 숨기지 않은 점 또한 부인하기 어렵다고 할 것이다.

이와는 관점을 좀 달리 하여 승려가 饑民賑恤에 대한 적극적 의사를 지닌 점을 들어 승려와 불교에 대한 긍정적 자세를 드러낸 경우도 있다. 兩街의 都僧統이 기민을 진휼할 것을 강개하게 주장하기에 기뻐서 짓는다고 한 <兩街禪師言賑飢事, 詞氣慷慨, 喜而志之>(시고 권30)이다. 이 작품은 <送克一上人省親益和縣>(시고 권19)처럼 충효를 이유로 승려를 긍정적으로 평가한 예와 유사하게, 백성의 질고에 대한 불승의 자비심을 극찬하면서, 그것을 계기로 불교에 대한 우호적 자세를 드러낸 좋은 사례이다.

우리 백성들이 초췌하게 兵荒[68]에 시달리느라고
사악한 기운에 모두 侵染되어 병의 형세가 강하네.
빈천한 이들은 죽어서 몸이 썩고
호강한 이들은 유리하느라고 얼굴빛이 처량하네.
본래 大悲의 지혜로 대중을 구제해야 하거늘
어찌 신음소리가 묘당에까지 이르는가?
우리 공께서 말하여 올리신 계책에 매우 사례드리거니와
집집마다 배부르고 따뜻한 것이 바로 서방정토이리.

吾民憔悴困兵荒, 邪氣相熏病勢强.
貧賤死亡身朽爛, 豪强流徙色凄凉.

68) 兵荒은 전쟁 때문에 생긴 饑饉과 災殃이다.

由來悲智周□□,　豈有呻吟徹廟堂?
多謝我公陳上策,　家家飽煖卽西房.

몇 수 뒤의 시[69]에서도 충군애민을 깊이 실천함을 찬양하면서 진휼을 요구하는 글을 써 주었다고 한 兩街都僧統을 두고 읊은 시이거니와, 갑자기 흉년을 만나 묘당도 기민을 구제하는 일에 대하여 제대로 대응하지 못하는 가운데, 僧政의 지도자가 강한 애민의 의지를 품은 일을 극구 찬양하고 있다. 이는 익재·가정 등이 흔히 보였던 윤리적 측면에서의 儒佛同道說과 상통하는 견해를 밝힌 예로 볼 수 있다.

한편 삼은의 시 가운데에는 그리 흔한 것은 아니지만 불교에 대한 비판의식이 드러난 예도 더러 있다. 앞에서 목은이 道佛을 비판한 <朴叢尙書談三敎, 旣去, 吟成三篇>을 살펴보았거니와, 목은의 <聞報法老僧燒身, 三首>(시고 권28)는 승려들의 황탄한 행태를 비판한 작품이다.

당시에 시를 이야기하며 한 바탕 웃었던 일이 새삼스럽거늘
저 사람이 몸을 불태웠다니 우습네.
살아 있는 스님을 태워서 죽인 것이 분명하니
제자들이 어떤 놈들인지 알 수 없네.

詩話當年一笑新,　笑他焚却坐禪身.
分明燒殺活和尙,　弟子不知何等人.

자신과 詩談을 나눈 일이 있던 승려인 보법사의 늙은 중이 燒身供養하였다는 말을 듣고 본인의 우매함을 비웃는가 하면, 사리에 어긋나는 일을 말리지 않은 문도들을 성난 소리로 지탄하고 있다. 이는 그가 산문에

69) <途遇判三司事, 入李二相宅飮酒, 兩街禪師又至, 索賑飢文, 就席起草與之, 因賦一首>, 시고 권30. “兩街禪老世衣冠, 祝上仍期百姓安. 忽値凶年憂太甚, 欲宣洪澤念先難.”

서 흔히 화복설이나 윤회설을 믿지 않는다고 말하던 자세와 동궤라 할 터인데, 불가의 오래 된 풍습이라 하더라도 상식을 벗어난 행태에 대해서는 부정적이었음을 알게 한다.

포은은 이에서 나아가 교리에 대한 비판의식을 드러내고 있어 특히 주목된다.

크고 작아 어지럽게 모두 다르지만
분명히 거기에는 이치가 있다네.
처하기를 진실로 지극히 한다면
외물과 나 사이에 안팎이 없으리.
불자들은 이와 달라서
허공에 매달린 듯한 묘한 뜻을 말하네.
모든 것을 허망한 것으로 돌리니
임금과 아버지가 머물 바를 잃었네.
이로부터 천백년이 흐르더니
의론이 마침내 벌떼처럼 일어나네.
상인께서는 마음을 비운 사람이니
더불어 바르고 옳은 것을 구하기 바라오.

鉅細紛萬殊, 粲然斯有理.
處之苟臻極, 物我無表裏.
浮屠異於此, 懸空譚妙旨.
一切歸幻妄, 君父失所止.
自是千百年, 議論竟蜂起.
上人虛心者, 願與求正是.

普覺國師의 시권에 써 준 <幻庵卷子>(『포은집』 권2)이다. 제1・2구에서는 만물을 모두 지배하는 보편적 법칙[理一]이 개별적 사례로 분화되어 나감으로써[分殊], 구체적 사물이나 현상의 특수한 법칙이 된다는 朱

子의 理一分殊說을 표현을 달리 하여 밝혔다. 제3・4구에서는 이런 이치에 따른다면 외물과 자아가 다른 것이 아님을 징험할 수 있다는 뜻을 말하였다. 성리학의 가장 핵심적인 이론을 개진한 셈이다.

그런데 다음 네 구절에서는 불도들은 이와 달라서 '공'을 내세워 현묘한 이치라고 주장하는 것을 지적하고, 그로 말미암아 모든 것을 환망으로 돌림으로써 忠孝와 같은 인륜의 기본적 도리를 저버림을 비판하였다.[70)]

결국 성리학의 요점을 들어 불교의 요체를 공격한 것이므로, 불교의 교리를 본격적으로 비판한 것이다. 그러나 환암은 이런 점을 잘 알 것이므로 바르고 옳음을 구하기 바란다고 함으로써, 상대를 배려하여 비판 일변도로 나가지는 않았다. 그는 <贈僧>(『포은집』 권2)에서도 "솔바람과 강가의 달이 허공에 닿는데, 바로 산승이 선정에 들어가기 시작하는 때이네. 우습게도 분분한 도를 배우는 자들은, 빛과 소리의 밖에서 진여를 찾는다네.(松風江月接冲虛, 正是山僧入定初. 可笑紛紛學道者, 色聲之外覓眞如.)"라고 조소하기도 하였다.

불교에 대한 포은의 이러한 자세는 공양왕에게 올린 글에서 불도들이 친척을 떠나고 남녀관계를 끊으며 바위굴에 앉아 草衣木食하면서 觀空寂滅한다고 비판하였던 뜻에 표면상으로는 부합하는 것이라 할 것이다.

포은의 유사한 사유는 잡언시 <圓照卷子>(『포은집』 권3)에서도 볼 수 있다.

둥근 하늘처럼 끝없이 넓고 크네.
비추는 거울처럼 미묘한 곳까지 다 이르네.
이는 부처가 도와 심을 비유한 것이거늘
우리 유가 또한 이치에 가깝다고 받아들이네.
그러나 둥글다고 만사에 대응할 수 있으랴?

---

70) 구본현, 「정몽주 한시 연구」(서울대 석사논문), 1996, 19~20면 참조.

비춘다고 정미한 뜻을 꿰뚫을 수 있으랴?
나는 한탄하노라, 때에 맞추어 영산의 모임을 만나지 못하여
얼굴이 누런 늙은이에게 한 마디 따지지 못한 것을.

如天之圓, 廣大無邊.
如鏡之照, 了達微妙.
此浮屠之所以喩道與心, 而吾家亦許之以近理.
然其圓也可以應萬事乎? 其照也可以窮精義乎?
吾恨不得時遭乎靈山之會, 詰一言於黃面老子.

먼저 '圓照'라는 말의 뜻을 풀이하고 나서, 그것이 불가에서 마음과 도를 비유하는 말로서 유자들 중에도 긍정하는 이들이 있지만, 자신은 이에 동의하기 어렵기에 영산회에 참여하여 스님에게 따지고 싶다고 하였다. 이런 진술 또한 불교의 이치에 대한 완곡한 비판의 뜻을 표한 예라고 할 것이다.

이로써 보면 포은이 <次牧隱先生詩韻, 贈日東茂上人>(『포은집』 권1)에서 "삼한에는 불교가 매우 유행하거늘, 어찌 꼭 또 왕사성에서 구할 필요가 있으랴?(三韓佛敎正流行, 何用更求王思城?)"라고 하여 불교에 대하여 호의적인 입장을 보이거나, 승려들과의 교유나 승려들의 정신적 경지를 동경한 가운데서도, 그 교리나 삶의 자세에 대하여 상당히 부정적으로 인식하기도 하였음을 알 수 있고, 특히 승려들에게 일부러 지어 주는 글에서 그런 태도를 드러낸 점은 삼은 가운데 다른 두 사람보다는 분명한 입장으로 보아도 좋을 것이다.

4) 文學的 交遊

삼은과 승려의 교유에는 문학, 특히 시를 매개로 한 것이 매우 큰 부분

을 차지하였던 것으로 보인다. 이는 중국에서 詩禪一致的 사유가 오래 전부터 있었던 점, 儒釋詩家의 인상적인 교유가 詩話의 드물지 않은 화제거리였던 점, 시가 유가와 불가의 이념적 갈등을 중화시킬 수 있는 수단이라는 점에서 보면 어렵지 않게 예상되는 현상이다. 그들이 시를 매개로 하여 승려와 교유한 사실은 역시 작품이 많이 남아 있는 목은에게서 특히 두드러지지만, 포은·도은의 경우에도 남은 작품에서 차지하는 비중으로 볼 때에는 목은과 특별히 다르지 않다.

삼은과 승려와의 문학적 교유는 대체로 승려의 시에 차운하거나 승려의 시권에 題한 경우, 승려의 學詩努力에 대한 반응을 보인 경우, 문학사적 의의를 지니거나 특이한 면모를 지닌 시승에 대한 반응을 보인 경우, 승려에게서 받은 시가 확인되는 가운데 증승시가 지어진 경우 등 네 종류로 나누어 살필 수 있을 듯하다.

문사가 승려와 문학적으로 교유하는 가장 일반적이고도 흔한 방법은 승려의 시에 차운하거나 詩卷에 부치는 시를 지어 주는 일이다. 그 가운데 삼은이 승려의 시권에 제한 시만도 30여제에 이르거니와, 이것들이 일정한 유형성을 지닌 가운데 의례적 찬사가 많다는 점을 고려하여, 여기에서는 차운시 가운데 목은과 도은이 대상이 같은 시승에게 차운한 경우만 살펴보기로 한다. 먼저 도은의 <次木菴師韻, 師連賦兩篇效古人體>(『도은집』 권1)이다.

> 스님은 시단에서 빼어난 분이라서
> 엄하게 호령함이 뜨거운 불과 같네.
> 달빛이 들어 있는 두 편의 시가 좋기에
> 벽을 향하고 누워서 사흘 동안이나 읽었네.
> 소순의 여운을 멀리 벗어났으니
> 누가 가축[71]처럼 좋아하지 않으리요?
> 빼어난 골격은 가을산처럼 높고

온화한 가슴은 오래 된 샘물처럼 맑네.
이제부터 함께 교유하기를 약속하고
문 앞에서 속인의 수레를 사절하리.

詩壇師爲傑, 令嚴如火烈.
帶月兩章佳, 向壁三日閱.
逈脫蔬筍餘, 誰非芻豢悅?
秀骨秋山高, 冲襟古井澈.
從今約同游, 門前謝塵轍.

법호가 欑이고 별호가 牧菴[72]인 시승에게 차운한 시이거니와, 도은은 목암의 시가 뛰어남을 찬양하면서 그것이 특히 蔬筍氣를 벗어났기 때문에 좋다고 하였다. 도은이 日本僧 有天祐를 두고 "그 용모가 쇄락하여 아름다운 숲속의 달과 같고, 그 말이 곱게 울려서 금석에서 나오는 듯하며, 그 시를 읽어 보면 싫증이 나지 않게 하고 蔬筍의 기미가 아주 없기에 내가 매우 사랑한다."[73]라고 한 것으로 보아, 僧趣가 적은 시를 도은이 특히 좋아하였음[74]을 알 수 있거니와, 그런 시와 막힘이 없는 심신을 지닌 목암이기 때문에 앞으로 자주 만나자는 뜻을 덧붙였다. 다음은 목은의 <次鑽木菴詩韻三首>(시고 권4)이다. 3수라 하였지만 본문에는 두 수밖에 실려 있지 않은 시의 첫수이다.

그대는 이미 터럭을 용납할 사이에도 앉아서 참선하였는데
나는 아직도 고기를 낚는 낚싯대 위에서 힘써 배우네.

71) 芻豢은 풀을 먹는 가축[芻]과 곡식을 먹는 가축[豢]이다.
72) 木菴은 惠鑽의 별호인 듯한데, 『목은시고』·『圓齋集』에서는 법명을 鑽이라고만 하였지만, 『도은집』에서는 惠欑이라고 한 것으로 보아 惠鑽이 온전한 법명인 듯하다.
73) <送日本僧有天祐上人還國序>, 『陶隱集』 권4. "其貌灑落, 如瑤林之月, 其言鏘然, 若出金石, 其詩令人讀之不厭, 殊無蔬筍之氣, 余甚愛之."
74) 金聖基, 「李崇仁論」, 한국한시학회 편, 『韓國漢詩作家硏究』 2(태학사, 1996), 283면.

초봄이면 매번 詩軸이 쌓이는 은혜를 입었는데
한여름에도 硯池가 마르는 것을 문득 부끄러워하네.
가을바람에 지팡이를 짚고 자주 들르고
겨울밤에는 불단의 등불을 함께 보리.
여러 방술을 배워 천둥과 번개를 잡으려 하지 말라.
때때로 도를 물으며 서로 받아들이기를 바라네.

坐禪君已髮容間, 力學吾猶魚上竿.
每辱春初詩軸疊, 却慚夏仲硯池乾.
秋風錫杖邀頻過, 冬夜燈龕擬共看.
莫學諸方把雷電, 時時問道幸相寬.

목암이 불도가 높으면서도 훌륭한 시를 잘 지음을 칭찬하고서, 서로 자신의 학문과 삶에만 매몰되지 말고 깊은 교유를 했으면 좋겠다는 뜻을 담았다. 둘째 수에서 자신이 글을 잘 짓지 못할 뿐 아니라 풍격이 枯乾함을 한탄한 것으로 보아, 자신은 시작에 덜 힘쓰는 한편으로 목암은 참선에만 매몰되지 말라는 뜻을 이렇게 표현한 것으로 보인다.

다음으로 승려의 學詩努力에 대한 반응을 보인 경우를 살펴보기로 하자. 이는 문사들 사이에도 여말까지는 쉽게 보기 어려운 현상[75]이라 할 터인데, 목은의 경우에는 그런 예가 더러 있어 儒釋 사이의 특이한 문학적 교유라는 점에서 살펴볼 필요가 있다.

『목은시고』 권13에는 <묘각사에 있는 화엄종의 대선 경여가 동파의 시를 가지고 가서 천태종의 원공에게서 그 주장을 들었는데, 이어서 그가 찾아왔기에 그런지 묻고서, 그가 사문을 사모하여 알고자 함을 기뻐하여 시를 지어 주다(華嚴宗大選敬如在妙覺寺, 携東坡詩從天台圓公受其說.

75) 엄청난 글을 남긴 목은의 글에서도 그런 요구를 직접적이고도 명시적으로 한 문사는 崔瀣의 『東人之文五七』 속집을 편찬하기 위하여 자문받은 사실을 52~53세에 지은 시 6제의 詩題와 본문에서 자세히 밝힌 閔安仁밖에 밝히지 않았을 정도이다.

因其來訪, 訊之如此, 喜其知慕斯文, 賦詩以贈)>(시고 권13)라는 제목이 긴 시가 실려 있다. 동파시를 공부하는 경여가 判天台宗事인 懶殘子에게 문의한 뒤에 자신에게도 문의한 데 대한 느낌을 읊은 시이다.

화산 골짜기에 구름 낀 숲이 먼데
천태사와는 길이 통하네.
동파의 시에는 藏教[76]가 많고
소씨의 절[77]에는 유풍이 반이네.
깊이 읽노라니 불똥이 떨어지고
높이 읊으니 기와의 눈이 녹네.
斯文을 이미 두루 찾아보고
다시 머리 흰 늙은이를 찾아왔네.

華谷雲林遠, 天台道路通.
坡詩多藏教, 蕭寺半儒風.
熟讀燈花落, 高吟瓦雪融.
斯文尋已遍, 更訪白頭翁.

李奎報가 放榜될 때마다 서른 명의 東坡가 나온다고 과장하였던[78] 동파시에 대한 열기가 여전히 지속되고 있음을 엿볼 수 있거니와, 목은의 오랜 벗이라서 시에 대한 조예가 깊었을 것으로 보이는 懶殘子조차 목은을 추천할 만큼, 역시 목은이 동파시의 영향을 크게 받은 시인답게 최종

76) 藏教는 三藏教의 준말로 天台宗이 세운 四教의 하나인 小乘教를 가리키는데, 부처님이 입적한 해에 大迦葉 등이 經律論 삼장을 결집하여 소승 일체의 교리를 망라하였기 때문에 생긴 말이다.

77) 蕭寺는 절을 가리키는 말로 南朝 梁 武帝가 寺院을 짓고 자신의 姓을 따서 蕭寺라 한 데서 유래한다.

78) 李奎報, <答全履之論文書>, 『東國李相國集』 권26. "世之學者, 初習場屋科擧之文, 不暇事風月, 得科第然後, 方學爲詩, 則尤耆讀東坡詩. 故每歲牓出之後, 人人以爲今年又三十東坡出矣."

적이라 할 자문의 대상이 되고 있음을 알려 주는 특이한 사례이다. 목은은 찾아온 경여에게 불도이면서 유풍을 지닌 점을 격려하고, 아울러 동파 또한 자신처럼 불교를 적극적으로 배척하지는 않았던 점을 지적하는 반응을 보이고 있다.

다음으로는 앞에서도 언급하였던 평생의 지기인 나잔자조차 문의한 데 대한 회포를 술회한 작품을 살펴보기로 하겠다. <나잔자가 최졸옹이 뽑은 『동인시』를 가지고 와서 의심스러운 것을 물으니, 색은 그가 배움에 뜻을 둠이 쇠약해지지 않음을 기뻐하여 1수를 읊다(懶殘子携崔拙翁選東人詩, 質問所疑, 穡喜其志學也不衰, 吟成一首>(시고 권21)는 나잔자가 최해가 편찬한 『동인시』 즉 『동인지문오칠』의 의문스러운 대목을 문의한 데 대한 느낌을 이렇게 밝혔다.

> 교종의 바다와 선종의 수풀에 있는 만권의 책과
> 李杜와 韓蘇에 두루 통달하셨네.
> 또 雞國[79]의 문장의 始源을 좇으려고
> 猊山이 엮으신 책의 餘響을 탐구하고자 하네.
> 고사를 인용하고 감정을 펼친 것에는 전아함이 많고
> 모습을 본뜨고 구절을 연마한 것에는 허황함이 적네.
> 변환에 능한[80] 스님들은 참으로 한가하여
> 늘 남겨진 책을 지니고 초가집을 찾아오네.
>
> 敎海禪林萬卷書, 　旁通李杜與韓蘇.
> 更從雞國文章始, 　欲究猊山紀纂餘.

---

79) 雞(鷄)國은 雞(鷄)林國의 준말로 新羅를 가리키는데, 우리나라의 문장이 新羅의 崔致遠을 始祖로 한다는 뜻에서 한 말이다.

80) 善幻은 幻術[魔術]이나 變幻[불규칙적 改變]에 능하다는 뜻인데, 韓愈의 <送高閑上人序>에 "나는 스님들은 변환을 잘 하여 기능이 많다는 것을 들었다.(吾聞浮屠人善幻, 多技能.)"라는 글이 있다.

用事紓情多典雅, 模形鍊句少荒虛.
浮屠善幻眞閑暇, 每把遺編顧草廬.

중국의 역대명가의 시뿐만 아니라 우리나라의 시에 대해서도 조예가 깊은 사람이 목은이라고 여겨 질의한 데 대하여 두 가지 반응을 보이고 있다. 하나는 나잔자가 유불에 다 능통하면서도 배움을 그치지 않는 데 대한 기쁨과 찬양을 드러낸 것이고, 다른 하나는 우리 시가 중국시에 못지 않게 내용과 형식 모두 뛰어난 데 대한 자부심을 자랑스럽게 말한 점이다. 이를 통하여 목은이 불승들과 교유한 중요한 동기의 하나가 시승들의 학시노력이나 시적 조예 때문이었으며, 두시를 언해하기 위한 준비작업의 일환으로 世宗의 초빙을 받았던 卍雨가 李穡·李崇仁이 論詩하는 것을 들어 詩學을 좀 알기 때문[81]이라고 하였던 것이 사실과 크게 어긋나지 않음을 알 수 있게 한다.

다음으로 문학사적 의의를 지니거나 특이한 면모를 지닌 시승과의 교유 사례를 들 수 있는데, 이런 예도 목은에게서 주로 나타나지만, 도은과의 관계가 오히려 더 자세한 이로는 卍雨가 있고, 목은에게서만 그런 관계가 확인되는 이로는 竹磵·絶磵 등이 있다.

卍雨禪師는 호가 千峰으로 幻菴[82]과 龜谷의 고제이다. 成俔은 그의 다른 이름이 屯雨라면서 그가 경전에 해박하고 시에 능하여 목은·도은 제선생과 시로 교유하였으며 『千峯集』을 남겼다고 하였다. 그리고 사방의 학자가 그에게 모여들고 集賢殿의 선비들도 탑하에 나아가 글을 물어

---

81) 『世宗實錄』 권100 25년 4월 丙午條. "命檜巖住持, 卍雨移住興天寺, 仍賜衣, 令禮賓供三品之奠. 卍雨及見, 李穡李崇仁, 得聞論詩, 稍知詩學, 今註杜詩, 欲以質疑也."

82) 만우가 환암의 대표적 문도임은 권근의 <有明朝鮮國普覺國師碑銘, 幷序>(『陽村集』 권37)에서 환암의 문인들이 그로 하여금 환암의 행장을 찬하게 하였다는 데서 드러난다.

儒釋士林의 사표가 되니 사람들이 모두 존경하였다면서, 자신의 형 任·侃이 檜巖寺에서 글을 읽을 때 90여세인 그를 보았다고 하였다.[83] 『杜詩諺解』에 영향을 미친 사람들은 승려인 卍雨·義砧과 柳方善이며, 실질적인 역할을 한 사람은 柳允謙·柳休復 등으로 알려져 왔는데, 卍雨는 『杜詩諺解』를 위한 준비로 杜詩註解 작업을 할 때 世宗이 문신들이 질의하게 하려고 三品으로 예우하면서 초빙했던 승려이다. 초빙된 까닭이 李穡·李崇仁이 시를 논하는 것을 들어서 詩學을 좀 알기 때문이라고 했으므로, 그의 시학은 목은·도은의 영향을 많이 받았을 것으로 보인다. 두시주해에 영향을 주었던 유방선도 그의 영향을 받았으리라는 것은 <奉贈雨千峯>[84]의 전반부에서 입증된다.

이색은 그의 호를 千峯으로 짓고 說을 써 주었는가 하면[85], 도은은 <送雨千峯上人游方序(『陶隱集』 권4)에서 공왕양 즉위 후 축출되었을 때 屯雨가 한 달 가까이 자신의 우거에서 묵었다면서, 그의 시는 "청신하면서도 辛苦한 데 이르지는 않고, 졸박하면서도 야비한 데 이르지는 않으며, 윤택하면서도 기름진 데 이르지는 않아서 오래 읽을수록 더욱 싫증이 나지 않는다.(淸而不至於苦, 拙而不至於野, 腴而不至於膩, 讀之愈久而愈不知倦焉.)"라고 평가하고 나서, 唐 『九僧集』의 저자들의 시에 많이 양보하지 않을 것이라고 찬양하였다. 또 도은은 천봉의 시고에 붙인 발문에서 다음과 같이 말하였다.

> 우천봉은 釋苑의 高弟요 儒門의 上賓이다. 대개 환암·구곡은 조계종의 의표이고, 韓山子는 우리 무리의 영수인데, 실로 모두 애중하

83) 『慵齋叢話』 권6 참조.

84) 『泰齋集』 권1. "卓釋興天寺, 禪家奕世孫. 君王加禮貌, 卿相謹寒暄. 早透曹溪學, 兼探闕里言. 工詩曾破的, 說法每逢原. 胸次長江闊, 詞華湛露繁. 齊驅陶隱駕, 優入幻菴門. 釋苑名愈重, 儒林望更尊."

85) <千峯說>, 문고 권10.

여 예모로 대우하니, 상인은 어떻게 수양하였기에 이에 이르렀는가? 그 사람됨이 나이는 젊고 학문은 높으며, 모습은 빛나고 정신은 넉넉하며, 말을 하면 맑은 바람이 부는 듯하다.86)

이러한 사실들로 보아 천봉은 幻菴・龜谷의 高弟다운 불덕과 목은・도은에게 인정받을 만한 시인적 역량을 지녔던 듯한데, 그의 문집이 현전하지 않아 구체적 면모를 살필 수는 없으며, 다만 "즈믄 봉우리에는 늙은 회나무의 빛이요, 한밤중에 차가운 종소리이네.(檜老千峯色, 鍾寒半夜聲.)" 라는 구절을 도은만이 애중하여, "이는 부처의 法案이니, 소리와 빛이 모두 불교의 말이다."87)라고 고평하였다는 詩話에서 그 편린을 볼 수 있을 뿐이다. 이러한 천봉에 대하여 도은은 <偶唫, 錄奉千峯方外契>(『陶隱集』 권2) 5수를 지어 주었는데, 그 가운데 제5수는 다음과 같다.

함부로 하룻밤 동안 이야기하고서는
도리어 여러 날 동안 생각하게 되었네.
선사의 마음은 오래 된 샘물처럼 깨끗한데
나그네의 살쩍에는 가을철의 실이 날리네.
鯤의 변화는 이미 이루기 어려운데
학이 깃듦을 또 절로 기뻐하네.
『南華經』이 남긴 묘한 비결을
토론하여 서로 배워야 하리.

浪作一宵話, 却爲多日思.
禪心澄古井, 客鬢颯秋絲.

86) <題千峯詩藁後>, 『陶隱集』 권5. "雨千峯在釋苑爲高弟, 游儒門爲上賓, 蓋幻庵龜谷, 曹溪之儀表, 韓山子, 吾徒之領袖, 實皆愛重而禮貌之. 上人何修而得此哉? 其爲人年芳而學碩, 形曜而神腴, 出辭氣, 穆然如淸風. 余亦願與之游者也, 相別久矣."
87) 徐居正, 『東人詩話』 권하. "此謂釋氏法案, 聲色俱空語也."

鯤化已難得, 鷦棲還自怡.
南華遺妙訣, 討論要相師.

제4수에서 "환암은 내가 두려워하는 분인데, 미묘한 곳을 세인들도 안다네.(幻菴吾所畏, 妙處世猶知.)"라고 함으로써, 천봉이 환암의 고제임을 넌지시 말하고 나서 위와 같이 읊었다. 천봉이 지닌 깨끗한 마음을 찬양하고, 신선처럼 살면서 莊子의 경지에 이른 높은 정신적 경지를 지닌 그를 그리워하는 마음을 밝힌 것이다. 그러면서 위의 시는 물론이고 나머지에서도 시에 대해서는 언급하지 않았다. 이는 <제천봉시고후>에서 "비록 그러하나 시의 교묘함과 졸렬함은 우리 우상인을 논하는 데 족하지 않다."[88]면서, 천봉의 훌륭한 점은 시에 있는 것이 아니라 환란중에 서로 상종하면서도 조금도 서로 두려워하거나 기피하는 일이 없으니 학문에서 얻은 바가 시 밖에도 있을 것이기 때문이라고 말한 데서 그 이유를 찾아야 하겠지만, 근본적으로는 시로 인하여 깊어진 교유라고 보아야 할 것이다.

竹磵(澗)은 목은이 28세에 지은 <수안방장 · 연무열 · 섭백경이 자리에 함께 하다(壽安方丈演無說聶伯敬在坐>(시고 권3)라는 시에서 "늙으신 죽간선사께서는 시어가 새롭네.(竹磵老禪詩語新)"라고 한 바 있는 시승으로 법명과 생몰년은 알 수 없는 승려이다. 이 사람에 대하여 徐居正은 『東人詩話』에 다음과 같이 말한 바 있다.

> 평자들이 '牧隱의 晩年作品은 젊을 때의 것만 못하다'라고 말한다. 승려 竹澗이 말하기를, '牧老는 젊을 때에 中原의 文人才士들과 교유하며 맞서서 雌雄을 다투었으므로, 詩文의 一字一句를 짓는 데에도 법도가 삼엄하여, 옛날의 작가들에게도 부끄러워할 것이 없었다. 만년의 작품은

88) <題千峯詩藁後>, 『陶隱集』 권5. "雖然, 詩之工拙, 不足以論吾雨也."

氾濫함이 縱橫하여 常道를 벗어난 뜻을 지닌 곳이 있다. 이 노인은 재주가 한 세상에 높아서, 우리나라에 시를 볼 줄 아는 사람이 없다고 거만하게 깔보고 감히 이렇게 하였다.'라고 하였다. 竹澗은 승려 중에서 빼어난 자이다.[89]

이 시승은 목은이 28세까지 지은 시가 실려 있는 『詩藁』 권3에만 두 차례 나타나는 것으로 보아, 그 당시에 이미 매우 고령이었던 것으로 보이거니와, 목은이 그에게 준 <答竹磵禪師>(시고 권3)은 다음과 같다.

산으로 가 놀면서 崑崙山에 오르고
물을 건너서 方壺를 지났네.
몸은 천하의 반을 돌아다니고
발자취는 동해의 모퉁이에서 시작하였네.
정신과 마음은 마굿간에 매인 말과 같고
세월은 도축장으로 달려가는 양과 같네.
누가 말하였는가? 냄새나는 가죽 부대[90] 속에
스스로 如意珠를 감추고 있다고.
청아한 담론은 지극히 要妙하고
장난으로 하는 말은 도리어 과장되고 황당하네.
높은 모습은 천 길의 산과 같고
담백한 생각은 한 사발의 물과 같네.
고요한 방에는 향불이 싸늘한데
왼쪽과 오른 쪽에는 책과 그림이네.
때때로 시구를 내어 놓는데
쉽기가 摴蒱와 같네.

---

89) 徐居正, 『東人詩話』 卷下. "評者謂, 牧隱晩年之作不如少時. 僧竹澗曰, '牧老少遊中原, 與文人才士, 頡頏爭雄, 爲詩文一字一句, 法度森嚴, 無愧於古之作者. 晩年之作, 汎濫縱橫, 有不經意處. 此老才高一世, 傲睨東方無人具眼者, 敢如是. 竹澗緇流之傑然者也."

90) 臭皮袋는 가죽으로 된 부대라는 뜻으로 사람을 가리킨다.

근원이 깊으니 흐름이 다하지 않고
道가 풍부해도 몸은 매우 파리하네.
變幻을 잘하는 것은 스님의 일인데
교묘한 활용은 때에 따라 다르네.
오래도록 뜰 앞의 잣나무로 참선하여
강 위의 갈대를 타려고 하네.[91]
강 가의 백성들은 이제 전쟁에 괴로워하는데
軍令은 엄하여 도망하는 군사 잡아 두네.
기다리노니, 당신이 錫杖을 날려 가서
저들을 바른 길로 돌아가게 감복시키시라.

山游登崑崙, 水涉經方壺.
身行天下半, 跡起東海隅.
神心馬縶皀, 歲月羊趁屠.
誰謂臭皮袋? 自藏如意珠.
淸談極要妙, 戱語還於于.
高標山千仞, 淡慮水一盂.
靜室香火冷, 左右書與圖.
時時出詩句, 易易如摴蒱.
源深流不竭, 道腴身甚癯.
善幻是僧業, 妙用隨時殊.
久參庭前栢, 欲跨江上蘆.
河孺今苦戰, 軍令嚴稽逋.
遲公飛錫去, 感彼歸正途.

죽간의 삶의 경험과 방식은 물론이고 종교적 깨달음을 비롯한 거의 모든 부면의 뛰어난 면모를 찬양한 데 이어, 시에 대해서도 저포놀이를 하듯이 시구를 쉽게 짓는다는 찬사를 덧붙였다. 시에 대한 말이 간략하기는

91) 欲跨江上蘆는 達磨가 갈대 한 잎을 타고 강을 건넜다고 하는 고사를 가리킨다.

하지만, 다른 분야에 대한 기림이 예사롭지 않은 점과 목은이 東坡의 시조차 폄평하기도 하였던[92] 점을 감안하면, 시인으로서도 대단한 역량을 지녔던 분이었던 듯하다.

絶磵 倫上人은 10제 20여 수의 시와 堂號를 풀이한 <松風軒記>를 남긴 점으로 보아, 목은과는 특별히 교분이 깊었던 듯하다. 『동인시화』 권상에는 절간에 대한 다음과 같은 글이 실려 있다.

> 뒷날에 雲庵 澄淸叟가 長城縣 白庵寺의 누각을 중수하고 삼봉 정선생에게 이름을 청하니 삼봉이 극복으로 이름하고 기문을 써 주었다. 그 문도 절간윤사를 시켜 환암에게 해서를 받아오라고 하였는데, 환암이 “이것은 내가 쓸 것이 아니다. 목로가 세상에 있는데도 감히 장문대작을 짓는가?”라고 하고, 곧장 사미로 하여금 절간과 함께 목은에게 가서 이름과 기문을 청하게 하였다. (중략) 목로가 “그렇다면 쌍계루라고 이름지을 수 있겠소.”라고 하고 붓을 잡아 기문을 쓰니, 글에 고칠 곳이 없었다. 그 끝에 이르기를. “나는 늙었으니 밝은 달빛이 누각에 가득할 텐데도 그 안에서 잘 수 없다. 소년시절에 나그네가 되지 못한 것을 한탄할 뿐이다.”라고 하였다. 환암이 받아쓰고서 감탄하여 “당나라 사람의 시에 ‘밝은 달은 쌍계수를 비추고, 봄바람은 팔영루에 부네. 젊은 나이에 나그네가 되었던 곳에서, 오늘은 그대를 보내며 보네.’라는 구절이 있다. 이 늙은이가 바로 이 구절을 인용하였으나 갈고 다듬은 흔적이 없으니 절묘한 솜씨로다.”라고 말하였다.[93]

92) <憶三角山 因述歌行>, 시고 권9. “長公詩豪盖今古 長篇絶句含精麤.” 및 <及菴詩集序>, 文藁 권9. “又況唐之韓子 宋之曾蘇 天下之名能文辭者也 而於詩道有慊 識者恨之.”

93) 徐居正, 『東人詩話』 卷上. “後雲庵澄公淸叟, 重修長城縣白菴寺樓, 請名於三峯鄭先生, 三峯名以克復記之, 使其徒絶澗倫師, 受楷於幻菴. 菴曰, ‘此非吾所書也. 牧老在世, 而敢爲長文大作歟?’ 卽令沙彌偕絶澗, 往牧老請名若記. (중략) 然則可名雙溪樓, 操筆記之, 文無加點. 其末有云, ‘予老矣. 明月滿樓, 無由宿其中, 恨不少年爲客耳.’ 幻菴受而書之, 嘆曰, ‘唐人有詩, 明月雙溪水, 春風八詠樓. 老年爲客處, 今日送君遊之句. 此老政用此語, 而無斧鑿痕, 眞妙手也.’”

서거정의 이러한 증언으로 보아 절간 또한 환암에 못지 않게 목은의 문학에 대한 존경에 가까운 호의를 지녔던 승려인 듯하다. 이러한 절간에게 준 목은의 시 가운데 <倫絶磵韻>(시고 권9) 수 중 제1·2수는 人天·慈嚴·阿難·摩騰·涅槃居·華嚴·藏敎 등의 어려운 불교어들을 사용하면서 자신의 불교에 대한 이해와 절간의 佛道의 경지를 비유적으로 진술한 데 이어, 제3수에서는 승려와 유사한 형편과 심정에 이른 자신의 삶을 말하고 나서, 마지막 수에서는 다음과 같이 읊었다.

장년에 읊은 시는 격률이 엄정해서
만물을 다 가두어 크고 작음을 다하였네.
지금은 딱딱하고 막혀 아주 맛이 없는데
안목을 갖춘 어떤 사람이 筆談을 잇겠는가?

壯歲吟詩格律嚴, 牢籠萬物盡洪纖.
如今梗澁殊無味, 具眼何人續筆談?

자신의 시를 한껏 낮추면서도 상대방이 필담의 대상이 될 만한 시승임을 숨기지 않은 가운데, 그의 시가 엄정한 격률을 지녔을 뿐만 아니라 만물의 크고 작은 특징을 다 가둘 만큼 뛰어난 표현능력을 지녔다고 격찬하였다. 더욱이 삼은의 시뿐만 아니라 증승시 가운데에는 찾기 어려운 名篇으로 보이는 <松風軒詩, 絶磵特來索賦>(시고 권26) 또한 목은이 그에게 준 것이다.

달이 흐린 물에 들어가면 달에는 그림자가 없고
바람이 모진 돌에 부딪히면 바람에는 소리가 없네.
숲을 만나야 바람이 진동하고
물을 만나야 달이 분명하다네.
물 가운데에는 강이 가장 깨끗하고

나무 가운데에는 솔이 특히 우뚝하네.
이에 서로 만남이 보통과 다름을 알겠거니와
활달한 사람이라야 그것을 취하여 이름을 삼는다네.
나옹의 강월헌은 전에 아마 밝았을 텐데
절간의 송풍헌은 지금 또 맑네.
달이 희고 바람이 맑은 태평시절의 곡조를
쓸쓸한 천지에서 누가 이어부를 수 있으랴?
내가 지금 붓을 잡고 솔바람을 노래하노라니
붓 밑에서는 솔바람이 일어나는 듯하네.
솔바람이 달을 흔들고 강에서는 물결이 용솟음치면
경계를 마주하여 담담하게 세상에 대한 뜻을 잊으리.
지극히 고요한 하늘은 만고에 푸른데
어찌하면 소리와 빛으로 가득 채우랴?
무엇에 말미암아 소리와 빛을 가득 채우랴?
하물며 지금 그림자 속의 그림자를 그려내랴 함에랴?
때마침 외물이 나의 마음을 흔들게 한다네.
장차 솔바람과 강달이 다 좋은 곳으로 가서
편안히 누우면 코고는 소리가 우레가 울리는 듯하리.

月入濁水月無影, 風觸頑石風無聲.
樹木然後風振蕩, 水泉然後月分明.
江於水也最潔淨, 松於木也尤崢嶸.
乃知相遇異於常, 豁達之士取之名.
懶翁江月似奮白, 絶澗松風今又淸.
月白風淸大平曲, 寥寥天地誰能賡?
我今把筆歌松風, 筆底髣髴松風生.
松風搖月江湧波, 對境淡然忘世情.
大空至靜萬古碧, 聲色何從而滿盈?
況今描出影中影? 適使外物搖吾精.
且向松風江月兩佳處, 高臥鼻息如雷鳴.

마지막으로 승려에게서 받은 시의 일부 또는 전부가 남아 있는 가운데 지어진 증승시에 대하여 살펴보기로 하겠다. 목은에게서만 그런 예가 발견된다. <법천[94]대사의 시를 얻었는데 '이미 가 버린 것은 모두 도움이 될 것이 없고, 앞으로 올 것은 또 알 수가 있네.'라는 구절이 있었다. 비록 그것이 자신에 대하여 말한 것이지만 참으로 나의 마음에 맞는다. 내가 조정에 이름을 올린 이래로 요행으로 노년에 이르렀지만, 한 일을 되돌아보면 위로 나라의 은혜에 조금도 비익함이 없는데, 하루아침에 몸이 먼저 아침 이슬처럼 되면 그 끼칠 악명이 장차 어떠하랴? 문득 그 운을 써서 느낀 바를 적다.>[95]라는 긴 제목의 시는 본문이 다음과 같다.

고승은 바야흐로 도를 소중히 여기고
나는 한창 시속을 따르네.
學力은 補益함이 없어 부끄러운데
禪心은 생각하지 않음에 달렸다네.
계기를 만나면 응당 스스로 얻을 텐데
붓을 희롱함은 누구에게 알리고자 함이랴?
어느 날에나 구름의 그림자처럼
바람을 따라 가는 대로 맡기랴?

高僧方重道,　　小子政趁時.
學力慚無補,　　禪心在不思.
觸機應自得,　　弄筆欲誰知?
何日如雲影,　　隨風任所之?

94) 法泉은 瑜伽宗의 승려 宗林의 호이다. 그는 慈恩寺의 주지로 瑜伽宗의 都僧統에 오르고 祐世君에 봉해졌다.

95) <得法泉大師詩, 有已去皆無益, 將來亦可知之句. 雖其自道, 實獲我心. 僕自登名于朝, 僥倖至老, 回示所爲, 無絲毫上補國恩. 一旦身先朝露, 則其遺臭將如何哉? 輒用其韻以述所懷>, 시고 권20.

법천대사가 보낸 시의 '이미 가 버린 것은 모두 도움이 될 것이 없고, 앞으로 올 것은 또 알 수가 있네.(已去皆無益, 將來亦可知.)'라는 구절에서 느낀 바가 있어 이렇게 읊었다. 불가적 圓融으로 자신을 칭찬하고 위로하는 데 대하여, 자부하면서도 뉘우치는 심정을 드러내고 있다. 쌍방히다 시와 선을 긍정하기도 하고 부정하기도 한다고 보아야 할지 모르겠다.

다음은 역시 긴 제목을 지닌 <사월 초이튿날에 은계가 찾아와서 묵으면서, 입으로 읊어 '(중략)'라고 하였는데, 말의 뜻이 늙은이가 감히 감당할 바가 아니다. 그러나 응답이 없을 수가 없어서 화답하여 2수를 이룬다.(四月初二日, 隱溪來訪留宿, 口號, (중략) 語意非老夫所敢當. 然不可無答, 和成二首>(시고 권35 「長湍吟」)라는 시이다.

일찍이 모든 속념을 깨끗이 하여 모든 인연을 멈추고서
학 같은 모습과 구름 같은 자취로 한 하늘 아래에서 사시네.
이 늙은이의 경지에 이를 수 있음이 참으로 쉽지 않겠지만
이제부터 우리 무리들은 우리 현인으로 알아야 하리.

早澄諸念息諸緣. 鶴態雲蹤共一天.
能致此翁誠不易. 從今吾黨識吾賢.

목은 늙은이는 늘그막에 세속에 대한 인연이 적어서
달을 감상하고 바람을 읊으면서 더욱 천명을 즐긴다네.
하물며 작은 그림[96]을 날마다 보고 있음에랴?
그대는 십성이요 나는 삼현[97]임이 분명하리.

---

96) 小圖는 소폭의 佛畵이다.

97) 三賢十聖은 三賢의 지위와 十地의 지위에 있는 보살인데, 삼현은 해탈한 듯하지만 범부의 性을 버리지 못한 세 보살이고, 十聖은 이미 大智를 발하여 범부의 성을 버린 열 菩薩을 이른다.

牧翁垂老少塵緣. 賞月吟風更樂天.
況有小圖爲日用? 分明十聖與三賢.

보내온 시가 "평생의 나아가고 물러남을 인연을 따름에 맡기고, 빈부와 부침을 하늘에 맡기시네. 그대가 누항을 편안히 여길 수 없음을 나는 알거니와, 보위에 계신 성군께서 어진이를 존대함을 의론하시리.(平生行止任隨緣, 貧富升沉付與天. 知子不能安陋巷, 聖君南面議尊賢.)"라고 읊은 시의 뜻이 자신이 감당할 수 없는 내용을 지녔다면서 위와 같이 읊었다. 1390년 4월 함창으로 이배되기 전후에 지어진 작품인 듯한데, 목은이 53~4세 무렵부터 교유한 것으로 보이는 은계[98]가 적소로 찾아와서 정치적 고난에 처한 곤경에 처한 지인을 위로하는 뜻을 밝히자, 목은은 그가 일찍 세속을 떠나 구속받지 않고 사니 참으로 현인이라면서, 그러지 못한 자신의 삶을 크게 뉘우치면서 자조를 금치 못하는 마음을 처절하게 드러내고 있음을 볼 수 있다.

5. 結論

불교를 국교로 한 고려조에서는 성리학이 수입된 뒤에도 崔瀣·白文寶와 같은 排佛論者와 李齊賢·李穀과 같은 儒佛一致論者들이 공존하고 있었으며, 배불적 경향이 점차 증대되어 갔음에도 불구하고 삼은과 두드러진 성리학도조차 불교를 근본적으로 부정하지는 않았다.

목은은 당대에 흔히 儒宗·鉅儒·大儒로 불리면서 존숭받았지만 佞佛

98) 隱溪는 법명이 林이고 당호가 霜竹軒이었던 승려인데, <送隱溪林上人序>(문고 권8)는 53세경에 지어진 글인 듯하고 <題隱溪卷>(시고 권21)은 54세 연말에 지어진 것이다. 포은의 <隱溪霜竹軒卷子>(『포은집』 권3)와 삼봉의 <題隱溪上人霜竹軒卷>(『三峯集』 권2)으로 보아 목은 주변 문사들과 폭넓게 교유한 듯하다.

者라고 폄평받기도 하였는데, 이는 불교를 이단시하는 태도를 강하게 드러내면서도 여러 가지 이유로 불교에 융화적 태도를 취하였던 탓이다. 포은은 강한 척불론을 편 바 있지만 불교관이 목은과 근본적으로 다르지는 않았다고 볼 수 있으며, 도은도 포은과 별로 차익 없었던 듯하다. 결국 삼은의 불교관에는 서로 小異가 없지 않지만 극단적으로 배불하거나 불승과의 교유를 꺼리지 않은 점에서는 大同하였다고 보아야 할 것이다.

직접 교유한 승려들, 詞臣의 領袖로서 인연을 맺은 승려들, 글을 지어준 승려들 등 세 부류로 나눌 수 있는 목은과 승려의 교유는 이름이 확인되는 승려가 100여 명에 이르고 그 계기 또한 참으로 다양하다고 할 만큼 매우 광범위하고도 적극적이었으며, 그는 그 과정에서 승려·사찰과 연관된 60여 편의 산문과 200여 제의 시를 남겼다. 포은은 23제의 시와 1편의 산문밖에 남기지 않은 탓에 승려와의 교유양상을 자세히 알기 어렵지만, 목은처럼 승려들과 활발하게 교유하지는 않았을 것으로 보인다. 도은의 경우 시 60여 제, 산문 8편을 남기고 교류한 승려의 수도 40여 명에 이르는 점으로 보아, 포은보다는 활발하게 교유한 듯하다.

삼은의 贈僧詩는 人間的 交情, 佛德에 대한 禮讚과 禪僧의 精神的 境地에 대한 憧憬, 佛理에 대한 陳述, 文學的 交遊 등 몇 가지 두드러진 주제 내지 제재로 나누어 검토할 수 있다.

삼은은 교유하는 승려를 흔히 속세의 벗처럼 인식하였다. 사상적 지향이 다르면서도 상통하는 점이 많다는 것을 확인한 탓일 것이다. 목은은 환암·나잔자와 소년기 이래로 평생 동안 교유하였는데, 그들에게 준 시들에는 世論을 가리지 않고 우정을 나누고 싶어하는 마음이 잘 나타나 있다. 그런 시들에는 佛趣가 강한 점이 주목되며, 이는 목은이 포은·도은보다는 불교적 지식과 취향이 깊었음을 가리킬 것이다.

삼은은 다 은거를 지향하면서도 관직에 묶여 번뇌한 이들이므로, 승려가 속진을 벗어나 마음의 안정을 누리거나 현묘한 이치를 깨달은 점을 선망하는 마음을 쉽게 드러내었다. 자신의 삶이 어긋났음을 고뇌하는 한편으로, 선승의 삶을 예찬하면서 그에 대한 동경하였다.

시인이 파악한 승려의 선적 경지는 흔히 직접적 교유와 詩卷 양쪽에 근거한 것인데, 승려의 시권에 부친 시들에는 그 禪境에 대한 동경과 예찬이 흔히 나타나 있다. 그리고 세속적 번뇌에서 벗어나 선사들의 정신세계에 동화되는 경지에 이른 듯한 심정을 형상화하거나, 승속의 일치라고나 할 감정을 자신을 은자시하면서 표출하기도 하였다.

삼은의 증승시 가운데 불교적 지식을 드러낸 시는 목은에게서 가장 흔히 볼 수 있어 그 조예를 짐작하게 한다. 목은의 시에는 흔히 난해한 불교어가 거침없이 구사되고 있고 불교적 이치에 대해서도 긍정으로 진술하고 있으며, 포은에게서도 유사한 경우를 더러 볼 수 있다.

佛理의 진술은 승려의 법호·별호를 풀이한 시에서 흔히 보이며, 목은이 많이 남긴 바 있는 이런 의경은 승려의 삶과 禪에 대한 호의를 드러낸 경우가 많다.

삼은의 시 중 불교를 비판하는 경향도 이따금 보인다. 목은은 사대부의 이단적 경향과 승려의 황탄한 행태를 비판하였으며, 포은은 성리학의 요점으로 불교의 요체를 공격하거나 불도가 空에서 眞如를 찾음을 조소하기도 하였다. 이로써 보면 포은은 불교에 대하여 호의적 입장을 보이고 승려들과 교유하고 승려들의 정신적 경지를 동경한 가운데서도, 그 교리나 삶의 자세에 대하여 좀더 부정적으로 인식하기도 하였음을 알 수 있다. 특히 그가 승려들에게 준 글에서 그런 태도를 드러낸 점은 삼은 가운데 다른 두 사람과는 차이가 나는 점이라고 할 만하다.

삼은의 승려와의 교유는 시를 매개로 한 경우가 많은데, 그런 예도 역시 작품이 많이 남아 있는 목은에게서 특히 두드러지지만, 포은·도은의 경우에도 유사한 현상이 확인된다.

문사가 승려와 문학적으로 교유하는 가장 흔한 방법은 그 시에 차운하거나 詩卷에 부치는 시를 지어 주는 것인데, 삼은이 승려의 시권에 부친 30여편에 이르는 시들은 일정한 유형성을 지닌 가운데서도 시승의 시적 능력이나 특성에 대한 평가가 나타나는 경우가 있다.

승려의 學詩努力에 대한 반응을 보인 경우는 목은에게서 보이지만, 儒釋 사이의 특이한 문학적 교유라는 점에서는 주목된다. 승려들이 시를 문의한 데 대한 느낌을 읊은 시를 통해서는 교유의 중요한 동기가 그들의 학시노력이나 시적 조예임을 알게 한다. 문학사적 의의를 지니거나 특이한 면모를 지닌 시승과의 교유 또한 간과하기 어려운데, 목은·도은과 교유한 卍雨와 목은과 교유한 竹磵·絶磵 등이 그런 예이다. 또 목은의 시 중에는 승려가 보내온 시의 일부나 전부가 부기된 가운데 뜻을 밝힌 경우가 더러 있어 살펴볼 만한 점이 있다.

〈『고려시대의 문인과 승려』(2007) 수록〉

『東文選』 시문의 출처에 대한 고찰

1. 序言

『東文選』은 조선시대에 前代詩文의 전범일[1] 뿐 아니라 『高麗史』·『東國通鑑』·『東國輿地勝覽』과 함께 戰時에도 특별히 보존해야 할 문헌[2]으로 인식되었고, 오늘날에는 우리 한문학사의 가장 중요한 자료집으로 평가받는 문헌이다. 그러므로 기념비적 문헌에 걸맞게 오랜 기간에 걸쳐 다양한 관점에서 천착된 중요한 연구성과가 축적되어 왔다.[3] 그러나 편찬의 배경·동기·과정, 선문의 방향과 실상과 같은 문제들이 엇비슷한 내용으로 거듭 논의되었는가 하면, 시문의 특성이 문헌의 특수성에 대한 배려가 충분히 이루어지지 않은 채 연구자의 문제의식에 따라 설명되는

---

1) 『宣祖修正實錄』 권39, 38년 1월 辛卯條. "前朝之文則自有東文選, 可抄東文選."

2) 『宣祖實錄』 권40, 26년 7월 壬戌條. "上曰, '依啓高麗史東國通鑑輿地勝覽東文選, 須並載來.'"

3) 두드러진 성과로 다음의 논문들이 있다. 李佑成, 「東文選 解題」, 『東文選』(영인본: 경희출판사, 1966) ; 李慶善, 「民族文化의 찬란한 遺産 東文選」, 『韓國의 名著』(현암사, 1969) ; 許興植, 「東文選의 編纂動機와 史料的 價値」, 『韓國古典심포지움』 2(震壇學會, 1985) ; 李東歡, 「東文選의 選文方向과 그 意味」, 『韓國古典심포지움』 2(震壇學會, 1985) ; 許興植, 「『東文選』의 編纂過程과 佛敎史料」, 『高麗佛敎史研究』(일조각, 1986) ; 黃渭周, 「朝鮮 前期의 漢詩選集」, 『정신문화연구』 68(정신문화연구원, 1997) ; 安大會, 「朝鮮時代 文章觀과 文章選集」, 『정신문화연구』 68.

등 적지 않은 한계를 드러낸 것으로 보인다. 또 텍스트 비평은 거의 이루어지지 않았고, 통계적 논의의 경우 신빙할 만한 사례를 볼 수 없었던 문제점도 지니고 있었다. 이러다 보니 개별 연구자가 종합적으로 접근한 의미 있는 성과라 할 단행본[4]이 처음으로 간행되었지만, 그것이 오히려 문제점을 두루 드러낸 게 아닌가 하는 난감한 느낌마저 지니게 된다.

이처럼 『동문선』이라는 텍스트의 내부와 주변이 지닌 기본적인 문제를 탐색한 결과가 모두 한계에 빠져 있는 점은 편찬과정의 모호성, 분량의 방대함, 갈래와 작품의 다양함, 접근방법상의 난점 등에 기인한다고 볼 수 있지만, 한편으로는 그것을 빙자한 문제의식의 부족이나 검토상의 부주의와도 연관된 것으로 보인다. 그래서 텍스트에 대한 실증적 접근이나 작가·작품에 대한 실제적 확인·대조의 불비에서 초래된 문제는 매우 심각하다. 예컨대 텍스트의 착오[5]에 대해서는 거의 손을 대지 못하였는가 하면, 품만 많이 들이면 반드시 어려울 것도 아닌 작품·작가의 통계는 제시될 때마다 다르면서도 허술하기 짝이 없다.[6] 특히 텍스트의 형성원리를 알기 위한 필수적 작업의 하나라 할 자료의 출처에 대한 검토는 여전히 출발단계에 머물러 있다.

이 가운데 실린 시문의 출처 문제의 경우, 시문선집·시화집·개인문집 등과의 관련을 중심으로 상식적으로 추론하는 단계에 머물러 있었으

---

4) 김종철, 『동문선의 이해와 분석』(청문각, 2004).

5) 배열순서의 혼란, 본문의 착오를 제외하고 거칠게 살펴도 편찬의도를 벗어난 갈래에 속하는 작품을 선발한 사례(예: 釋宓庵의 <祖師禮懺兼發願文>을 疏에 포함시킴), 한 작품이 2회 실린 사례(예: 李仁老의 7율이 7율 <韓相國江居>와 頸尾聯을 독립시킨 7절 <宿韓相國書齋>로 실림) 등 10개 유형에 40건이 넘는 착오가 확인된다.

6) 이경선·이동환보다 개선된 근래의 통계에서도 시 1,940여 수(황위주, 김종철), 문 2,516편(김종철)으로 제시되었는데, 중복 수록된 시문 2편을 제외하면 시 1,771제 2,027수, 문 2,634수로 도합 4,405제 4,661수가 실상에 부합하는 듯하다. 이 밖에도 시체·문체별 작품수, 많은 작품이 수록된 작가별 작품수 등 거의 모든 통계수치가 실상과 부합하지 않을 정도로 부실한 듯하다.

므로, 필자는 막 공개된 『東人之文五七』 殘本과의 관계를 중심으로 하여 소수시의 출처와 선입경로에 대하여 검토한[7] 바 있다. 그러나 불충분한 점이 많았으므로, 고려시대의 시문을 중심으로 하여 전반적으로 다시 검토해 보기로 한다.

2. 散文

『東文選』에는 크게 보아 세 종류의 산문이 실려 있다. 첫째, 騈文으로 된 詔勅(9편)·敎書(51)·制誥(74)·冊(62)·批答(80)·表箋(600)·啓(34)·狀(96)·牒(33)·奏議(34)·箚子(12)·露布(1)·檄書(6) 등 국가의 政事와 관련된 글이 1092편으로, 산문 2,635편의 41% 정도에 해당한다. 『東文選』의 서문에서 '다스리고 교화함에 도움이 되는 것(有補治教者)'을 선문의 한 표준으로 제시한 데 부합하는 글들이다. 둘째는 韻語로 된 글로 문예적 성격의 글인 辭(10)·賦(35), 箴(11)·銘(64)·頌(8)·讚(72)이 200편, 의례용의 글인 致語(22)·祝文(14)·疏(148)·道場文(32)·齋詞(15)·靑詞(36)·上樑文(5)·祭文(52)·哀詞(4)·誄(4)가 332편으로 도합 532편이어서 20%쯤에 해당한다. 셋째로는 古文으로 이루어진 文(8)·書(138)·記(269)·序(234)·說(77)·論(14)·傳(28)·跋(66)·辨(18)·對(2)·志(5)·原(2)·議(7)·雜著(35: 策題17 포함)·行狀(5)·碑銘(35)·墓誌(68)가 1011편으로 38%를 상회한다.

1) 選集

이러한 산문들의 기본적 출처는 官撰書의 관례대로 참고서목을 밝히

7) 呂運弼, 「『東人之文五七』의 面貌와 『東文選』과의 關聯樣相」, 『韓國漢詩研究』 3 (한국한시학회, 1995).

지 않은 채 序에서 『東國文鑑』·『東人之文』을 비판한[8] 점에서 시사받을 수 있다. 그런 비판이 가장 큰 신세를 진 데 대한 역설적 고백일 것이기 때문이다.

우리나라 시문만을 대상으로 한 최초의 시문선집으로 보이는 『동국문감』은 현전하지 않을 뿐 아니라 관련기록마저 부족하여, 편찬과정·성격·내용 등이 모호하다. 이 책은 金台鉉(1261~1330)이 商議贊成事를 사직하고 한거하던 忠宣王 3년(1311)부터 忠肅王 8년(1321) 사이에 편찬되었을 것으로 추정되는데, 快軒에 관한 여러 글과 이름을 呂祖謙의 『宋文鑑』에서 본뜬 점을 감안하면, 당대까지의 시와 산문을 두루 선발한 책으로 추정된다. 『송문감』을 직접 참고했는지는 알기 어려우나 본인이 '선수'에 짝하는 책에 견준[9] 것으로 보아, 『文選』·『唐文粹』처럼 시와 산문을 다 수록한 책이었을 것이다. 李穡이 "예로부터 이제까지 책을 저술한 이가 많지만, 우리 삼한에서는 근세에 오로지 쾌헌 문정공이 빼어나고, 그 문인인 계림 최졸옹이 또 그 다음이다. 편집이 풍부함은 쾌헌을 일컫고, 간택이 정밀함은 졸옹을 일컫는다. 그러나 세상에 성행하지 못하였으니, 공장이 졸렬하고 권질이 두텁기 때문이다."[10]라 하였고, 成俔이 "金台鉉東國文鑑幾十卷"(『慵齋叢話』 권8)이라 한 것으로 보아, 그 권질이 『東人之文』보다 컸음이 분명하다. 목은의 '裒集豊富'와 <동문선서>의 '失之疎略'을 고려하면, 精選보다 부집에 치중한 탓에 잡다하고 체계적이지 못한 결점을 지녔던 듯하다.[11] 『동문선』이 이 책을 이용했을 가능성

8) 徐居正, <東文選序>. "金台鉉作文鑑, 失之疎略, 崔瀣著東人文, 散逸尙多, 豈不爲文獻之一大慨也哉?"

9) 崔瀣, <金文正公墓誌>, 『拙藁千百』 권1. "又手集東人之文, 號東國文鑑, 以擬配選粹."

10) 李穡, <贈金敬叔秘書詩序>, 『牧隱文藁』 권9. "古今著書者衆矣, 吾三韓近世, 獨快軒文正公爲傑然, 其門人雞林崔拙翁, 又其次也. 裒集之富, 稱快軒, 簡擇之精, 稱拙翁. 然未能盛行於世, 工匠之拙也, 簡帙之重也."

11) 金乾坤, 「高麗時代의 詩文選集」, 『정신문화연구』 68, 8~12면 참조.

은 크게 활용하였음이 분명한 『東人之文四六』에 실린 이규보의 글 중에 『東國李相國集』에 없는 것이 절반이 넘을 만큼 자료가 풍부했을 것으로 짐작되는 데서 유추할 수 있다.

『동국문감』에 이어서 나온 선집인 『東人之文』의 찬자인 崔瀣(1287~1340)는 <東人之文序>에서 편찬의 실제에 대하여 이렇게 말하였다.

> 이제 집에 소장된 문집을 찾아서 꺼내고, 그 가운데 없는 것은 두루 남에게서 빌려서 취하여 모으고 뽑아 엮어서, 같고 다른 것을 교감하였는데, 新羅의 崔孤雲에서 시작하여 忠烈王 시대에 이르기까지 모두 名家들이다. 시 약간수를 얻어서 제목을 『오칠』이라 하고, 문 약간수를 얻어 제목을 『천백』이라 하고, 변려의 글 약간수를 얻어 제목을 『사륙』이라 하고, 총괄하여 그 제목을 『동인지문』이라 한다.[12]

졸옹은 최치원으로부터 충렬왕대까지의 명가들의 문집을 모아서 직접 시문을 선발하였다고 명언하였다. 여기서 말한 '문집'이 좁은 의미의 문집을 가리킨다면, 역대의 기록들에서 확인되는 崔致遠 · 崔承祐[13] · 姜邯贊 · 金富軾 · 崔惟淸 · 林椿 · 李仁老 · 金克己 · 李奎報 · 白賁華 · 崔滋 · 李承休 · 李混[14] 등의 개인문집[15]과 『睿宗唱和集』 · 『小華集』 · 『龍樓集』 등의 공동문집을 가리킬 터인데, 이것들만으로 규모가 큰 선집을 편찬했다고 보기는 어렵다고 보아야 옳을 것이다. 게다가 『동문선』에 전혀 선문되지 않은 백분화의 『南陽詩集』, 李松縉[16]이 참여한 『龍樓集』과

12) 崔瀣, <東人之文序>, 『拙藁千百』 권2. "今則搜出家藏文集, 其所無者, 偏從人借, 裒會採掇, 校厥異同, 起於新羅崔孤雲, 以至忠烈王時, 凡名家者. 得詩若干首, 題曰五七, 文若干首, 題曰千百, 騈儷之文若干首, 題曰四六, 摠而題其目曰東人之文."

13) 李圭景, 『五洲衍文長箋散稿』 「詩文篇」 <歷代詩集家數辨證說>. "我東則自新羅惟崔孤雲致遠及崔承祐二人有集, 孤雲則崔氏文集三十卷, 承祐則餬本集五卷而已."

14) 『增補文獻備考』 권247 「藝文考」 6 <文集類>. "蒙庵集, 高麗李混著."

15) 陳澕 · 金坵 · 洪侃의 문집은 『동문선』을 비롯한 선집들에 실린 글을 수합한 것이다.

역시 『동문선』에 『十抄詩』만 활용된 최승우의 『餬本集』은 참고되지 않았음이 명백하다. 또 현전 『東人之文五七』 소수시인 중에서 이규보·최자의 문집만 언급되었을 뿐 아니라 『동인지문오칠』에서 초선한 『三韓詩龜鑑』에도 최치원·김극기·이규보의 문집만 언급되어 있다. 이로써 보면 좁은 의미의 문집이 전부 참고되지 않은 한편으로, 시화집인 『雜書』·『破閑集』·『補閑集』 등과 선집인 『십초시』·『동국문감』이 '문집'의 범위에 포함되었을 법하다. 이 중 시화집은 『오칠』에서 재선한 책인 『귀감』에 졸옹의 글을 출처로 한 『파한집』의 글이 2회나 인용되어 있어 참고된 사실이 분명히 확인된다.

이런 점에서 보면 졸옹이 두 책의 관계를 언급하지 않았음에도 불구하고 『동국문감』을 '문집'의 범위에 포함된 주요한 자료였을 것으로 보는 것이 순리적일 듯하다. 이렇게 추정할 수 있는 근거는 우선 편찬하는 데 참고할 만한 책이 많지 않았던 점, 『동국문감』의 규모가 컸으리라고 보이는 점, 쾌헌이 졸옹보다 10년밖에 일찍 타계하지 않은 점에서 찾을 수 있다. 그리고 두 책의 편찬시기의 차이가 20여 년에 불과하고 졸옹이 쾌헌의 문생으로서 그 墓誌까지 지은 점 또한 방증이 될 수 있다. 시의 경우 李瑱·白頤正·朴全之·白元恒·朴孝修 등 삼사십년 선배의 시는 제외된 채 쾌헌보다 16년 먼저 타계한 吳漢京의 시까지만 『오칠』에 선발되어 있는 데서, 선문대상이 거의 같았음이 드러나기 때문이다. 특히 『東人之文四六』에 실린 李奎報의 글 42편 중 <謝宣諭表>·<收都護手宗室狀>·<賀年兩府狀>·<賀冬宗室狀>·<全州牧上按察賀年狀> 등 『東國李相國集』에 없는 것이 절반에 이르는 원인을 선집과의 관련을 빼고는 찾기 어려울 뿐 아니라, 崔致遠의 글 27편 중 『桂苑筆耕集』에 실린 것이 1편뿐인 까닭도 『中山覆簣集』과의 관련만으로는 설명하기 어렵다.

---

16) 『역옹패설』 前集一에서는 忠烈王이 세자일 때 學士 金坵·李松縉과 釋祖英이 창화한 시를 수집하여 편찬한 문집이 『龍樓集』이라 하였다.

이런 크고 작은 여러 증거들로 보아 『동인지문』은 다른 어떤 자료보다 『동국문감』에 대한 의존도가 컸던 선집으로 추정해도 지나치지 않을 것이다. 특히 산문의 선발에서는 최치원·김부식·임춘·이인로·김극기·이규보·최자 등 극히 일부 문인의 글을 제외하고는 대부분 『동국문감』에서 재선했을 가능성이 크다.

『동인지문』 중 『東人之文千百』은 현전하지 않아 편찬 여부뿐만 아니라 그 권질조차 불문명한 중대한 문제를 지니고 있다. 최해는 元나라에서 귀국한 지 10년 뒤인 충숙왕 17년(1330)에 『동인지문』의 편찬에 착수하여 충숙왕 후5년(1336)에 1차적으로 작업을 끝내고 <동인지문서>를 지었으며, 『동인지문사륙』의 증보를 마친 2년 후인 1338년에 따로 <東人之文四六序>를 지었다.

그런데 이 책 전체가 25권이었다는 李穀의 말[17]을 용인하게 되면, 『사륙』이 15권, 『오칠』이 9권이므로, 『천백』은 1권에 불과하게 되는 난점이 있다. 그래서 『천백』은 계획에 그친 채 편간되지 않아서 총목차가 1권을 차지했으리라는 추정이 제기된 바 있다.[18] 그러나 <동인지문서>에서 현전하는 두 책과 함께 편찬을 명언하였을 뿐 아니라, 총목차를 卷數에 포함시킨 사례를 보기 어렵다는 점이나 증보로 인하여 서문을 따로 둔 『사륙』과 달리 『오칠』의 서문은 남아 있지 않았음을 고려할 때, 『천백』 또한 편찬되었으리라고 추정한 견해[19]를 용인할 수밖에 없을 듯하다. 이렇게 본다면 『천백』의 편찬에 의문이 생긴 주된 까닭은 『동인지문』을 일차 완

17) 李穀, <大元故將仕郎遼陽路蓋州判官, 高麗國正順大夫檢校成均大司成藝文館提學, 同知春秋館事崔君墓誌>, 『稼亭集』 권11. "嘗選本國名賢所著, 題其目東人之文, 凡二十五卷."

18) 辛承云, 「麗刻本 『東人之文五七』 殘本(권7～권9)에 對하여」, 『圖書館學』 20(한국도서관학회, 1991), 482면.

19) 千惠鳳, 「麗刻本 東人之文四六에 對하여」, 『大東文化研究』 14(성균관대 대동문화연구원, 1981) ; 許興植, 「東人之文五七 殘本과 『高麗史』의 補完」, 『季刊 書誌學報』 13(한국서지학회, 1992).

성한 다음에 『천백』을 증보하는 과정에서 권수가 증가했기 때문일 가능성이 크다.[20] 왜냐하면 1336년에 『동인지문』을 成書한[21] 뒤 1338년에 『사륙』의 增補集定이 끝난[22] 탓에 총권수가 늘어났음에도 불구하고, 늦어진 간행[23]으로 인하여 稼亭은 원래의 권수에 대한 정보밖에 없어서 25권으로 알고 있었을 것으로 추정되기 때문이다. 따라서 『천백』의 卷數는 『사륙』의 증가 때문에 늘어난 권수에 1권을 보탠 만큼이었으리라고 보는 것이 순리적일 것이다.

『사륙』에는 17개의 문체의 변문 494편이 실려 있는데, 작가별 수록편수가 김부식(90편)·김극기(62편)·최유청(57편)·이규보(42편)·최치원(27편)·朴浩(24편)의 순으로 되어 있는 점이 우선 주목된다. <進三國史表>를 '非四六'이란 題註까지 붙이면서 선입한 점으로 보아, 이는 작가의 문명보다는 작품 자체의 전범성·독자성·중요성을 중시하면서 갈래별로 구색을 맞추고자 한 의도와 『동국문감』에서 차지했던 비중과 연관된 현상으로 보인다.

체례에 맞는 변려문의 집대성이라는 의의에 못지 않게 사료적 가치를 높게 지닌 이 책은 『동문선』의 편찬에 크게 이용되어 494편 가운데 150편 가량을 제외하고는 모두 실렸다.[24] 작가별로는 많은 글이 선발된 김부

20) 許興植, 위의 논문, 6면.

21) <東人之文序>, 『拙藁千百』 권2. "於是始有撰類書集之志,東歸十年, 未嘗忘也."

22) <東人之文四六序>, 『拙藁千百』 권2. "後至元戊寅夏, 予集定東人四六訖成."

23) 『拙藁千百』과 함께 全羅道 按廉使 鄭國俓에 의하여 간행된 사실은 『益齋亂藁』 권4 <送金海府使鄭尙書國俓, 得時字>에서 확인되고, 그 시기가 忠定王 원년(1349)경임은 <送鄭諫議之官金海, 得見字>(『及菴詩集』 권1)의 "東人文數卷, 拙翁手所撰. (중략) 命矣先生歿, 光陰若流電. 十年書簏中, 幾恨藏人善?"으로 통해 추정된다.

24) 『동문선』 미수문의 수를 尹炳泰, 「崔瀣와 그 東人之文四六」(『東洋文化硏究』 5, 경북대 동양문화연구소, 1978)에서는 494수 중 135수, 千惠鳳, 위의 논문에서는 664[sic. 464]종 중 108종, 김건곤, 앞의 논문에서는 493편 중 100여 편 이상이라 하였다.

식・이규보・최유청・김극기・최치원 등의 글이 130여 편이나 제외되고, 문체별로는 의례문인 축문・狀과 중복적인 표전・교서가 주로 제외된 점을 고려하면, 웬만한 글은 거의 다 수록된 셈이다. 이 책이 참으로 요긴하게 활용되었음은 권8에 실린 靑詞 8편이 순서까지 똑같이 권114의 첫머리에 선입되어 있는 점과 中間이 일부 결락된 글조차 그대로 실린 데서 단적으로 드러난다.[25] 『동문선』의 산문 가운데 『사륙』과 일치하는 문체인 詔勅・敎書・制誥・冊・批答・表箋・啓・狀・奏議・箚子・致語・祝文・疏・道場文・齋詞・靑詞・露布・檄書의 합계가 1,331편이니, 그 1/4 가량을 선발할 만큼 의존도가 여간 높지 않았다.

『천백』의 편찬 내지 간행이 이루어지지 않았을 가능성이 전혀 없는 것은 아니지만, 『사륙』과 『오칠』의 현전을 고려하면 편간되었다고 보아야 할 터인데, 『천백』의 권수는 『동인지문』 전체의 규모와 연관되므로 좀더 자세히 살펴보기로 한다. 『동문선』에는 『사륙』의 범위에 들지 않은 문체로 흔히 고문으로 취급되는 辭・賦・文・書・記・序・說・論・傳・跋・辨・對・志・議・雜著에 속하는 글이 948편, 韻語類인 箴・銘・頌・贊・牒・祭文・哀詞・誄・行狀・碑銘・墓誌에 속하는 글이 356편 실려 있어, 비사륙문인 산문이 모두 1,304편이다.

이 가운데 충렬왕대까지의 문인이 지은 글은 모두 400편으로 갈래별로는 사・부 18편(이규보 6), 잠・명・송・찬 47편(이규보 35), 문・書・기・序・설・논・전・발 224편(이규보 104, 최치원 42, 임춘 32), 변・대・지・의・잡저 21편(이규보 20), 첩・제문・애사・뇌・비명・묘지 90편(이규보 33, 최치원 37, 임춘 6)이다. 이규보(199편)・최치원(59편)・임

25) 林宗庇의 <座主權學士謝及第啓>(권14)는 "賢詔之驟降焉擧不" 이하 1장이 결락된 채 "千佛名經, 獨孤身難遇於九重知己"로 이어지는데, 이 부분이 『동문선』(권45)에는 "及賢詔之驟降, 此間句失, 千佛名經"으로 되어 있어 직접 이용한 사실이 입증된다.

춘(38편)의 글의 합계가 296편으로 전체의 74%를 차지한다. 이런 점으로 보아 이 3인의 경우에는 문집을 직접 참고했음이 분명하다. 이는 忠烈王代 이전의 비사륙문이 매우 적었던 사정 때문일 것이다. 그렇다고 『사륙』의 예로 보아 이들 3인의 글을 全載하는 방식을 취하지는 않았을 터이므로, 그 편수는 위의 모든 문체를 망라하더라도 200여편을 넘기 어려웠을 것으로 보인다. 이런 자료적 제약과 대부분이 3인의 글인 점을 고려하면, 『천백』은 『사륙』보다 훨씬 적은 분량일 수밖에 없었을 터이니, 증수하기 이전의 『사륙』과 『천백』을 합한 16권 가운데, 『천백』은 5권을 넘지 않았으리라고 보는 게 순리적일 듯하다. 풍부하지 않은 자료를 『사륙』의 예처럼 취사할 수는 없었을 터이므로, 200편을 크게 넘지 않았을 그것들은 거의 다 『동문선』에 선입되었을 것으로 보인다.

『選粹集』 또한 요긴한 자료로 활용되었을 것이다. 牧隱은 金祉가 수백권의 책을 모아 若干家의 風化性情에 관계되는 시문을 뽑아 책을 만들어 목판에 새기려고 자신에게 서문을 청했다면서, 그 책이 졸옹의 『동인지문』을 이은 공을 예찬했다. 그리고 2년 뒤에도 "이름이 책 끝에 붙은 것을 스스로 깊이 다행스럽게 여기는데"[26]라 했으니, 그 간행여부는 미상이지만 成書되었음은 틀림없을 듯하다. 목은이 『문선』과 『당문수』에서 이름을 빌렸다고[27] 하였고, "뒷날에 중국의 문장을 골라서 저술하여 한 책으로 만드는 이가 孔氏의 「魯誓」·「費誓」·「魯頌」·「商頌」을 본받아서 혹시 한두 편이라도 취하여 책의 끝에 둔다면 다행스러움이 클 것이다."[28]라고 중국과의 연관을 밝혔을 뿐 아니라, 그 성격을 『동국문감』·『동인지문』과 비교한[29] 것으로 보아, 중국과 우리나라의 시와 산문[30]을

26) 李穡, <憶金秘書祉>, 『牧隱詩藁』 권22. "名掛篇端深自幸."
27) 李穡, <選粹集序>, 『牧隱詩藁』 권9. "選取昭明, 粹取姚鉉, 其義則選其粹也."
28) 위의 글. "異日, 冊[sic. 刪?]中國文章, 著爲一書者, 法孔氏魯誓費誓魯頌商頌之例, 或取一二篇, 置之篇末, 則其幸大矣."
29) 李穡, <贈金敬叔秘書詩序>, 『牧隱文藁』 권9. "吾三韓近世, 獨快軒文正公爲傑

모두 대상으로 하였음이 분명하다. 따라서 <선수집서>가 『동인지문』이 이루어진 지 40년쯤 뒤인 1378년에 지어졌으므로, 거기에 최해·이제현·이곡·李仁復 등의 세대까지는 포함될 수 있었을 터이므로, 忠肅王代부터 恭愍王代 중기까지 사망한 문인의 산문을 선발하는 데에는 이 책이 활용되었을 가능성이 크다. 이 책의 권질에 대한 단서는 서문의 "古今詩文若干卷"이란 언급밖에 없어 짐작하기 어렵지만, 양국의 시문을 다 선발한 탓에 규모가 그리 크기는 어려웠을 터[31]이므로 『동인지문』보다는 의존도가 훨씬 낮았을 것이다.

성현은 "成謹甫의 생시에 우리나라 사람의 글을 엮어 『東人文寶』라 이름하였는데, 완성하지 못한 채 죽자, 金季醞이 뒤를 좇아 완성하여 『東文粹』라고 하였다. 그러나 계온은 오로지 글이 번화한 것을 싫어하여 다만 醞厚한 글만 취하였으니, 비록 규범에는 뜻을 이루었으나 메마르고 기세가 없어 볼 만한 것이 못 된다."[32]라고 하였다. 이로써 보면 성삼문이 편찬하던 책도 고려의 산문을 선발하는 데 참고되었을 것으로 보인다. 그러나 『동문수』에 29종 문체의 135편만 실린 점으로 보아 규모가 작았을

然, 其門人雞林崔拙翁, 又其次也. 裒輯之富稱快軒, 簡擇之精稱拙翁. 然未能盛行於世, 工匠之拙也, 簡帙之重也."

30) 金烋의 『海東文獻總錄』에서는 중국시문을 찬술한 책이라 했으나, <선수집서>·<증김경숙비서시서>·<寄贈金敬宿少監>(『牧隱詩藁』 권11)에서 한결같이 『문선』·『당문수』와 『동국문감』·『동인지문』을 함께 언급한 것으로 보아, 양국 시문을 포괄한 책일 것이다. 許興植, 「金祉의 選粹集·周官六翼과 그 가치」, 『奎章閣』 4(서울대학교 규장각, 1980), 47면에서는 "신라 이래 고려 말까지의 우리나라 시문을 모은 것"(47면)이라 한 반면에, 김건곤, 앞의 논문, 31면에서는 실물을 보지 않고 추측한 결과일 것이라면서, 우리나라와 중국의 시문을 포괄했을 것이라고 추정하였다.

31) 허흥식, 위의 논문, 40면에서 "그 부피는 『동인지문』보다 많고 『동국문감』보다 적었음을 짐작할 수 있다."고 한 견해를 수긍하더라도 우리나라의 산문을 선발한 양이 많기는 어려웠을 것이다.

32) 成俔, 『慵齋叢話』 권10. "成謹甫在時, 編東人之文, 名曰東人文寶, 未成而死, 金季醞踵而成之, 名曰東文粹. 然季醞專惡文之繁華, 只取醞藉之文, 雖致意於規範, 而萎薾無氣, 不足觀也."

것이므로 의존도는 낮았을 것이다.

2) 個人文集과 史書

문집 또한 『동문선』의 편찬에 중요하게 이용되었을 듯하다. 널리 알려진 대로 『동문선』은 '유취'이지 '선집'이 아니라는 비난[33]을 누차 받았는데, 이는 주로 重文輕詩觀에 따라 산문을 적극적으로 실은 탓에 잡다해진 데 말미암은 일로서, 일부 문집의 산문을 全載하다시피 한 일과 관련이 깊다. 『동문선』에 실린 어떤 작가의 글이 문집에서 직접 선발되었는가 하는 문제는 이 책과 특정문집의 문의 일치 정도를 대비해 보면 대체로 알 수 있다.

『동문선』에 실린 최치원의 산문 168편 가운데 書는 36편인데, 이 중 『桂苑筆耕集』(20권)에 있는 글은 1편뿐인 점으로 보아, 나머지 글의 출처는 『中山覆簣集』 등의 다른 문집[34]과 선집이었을 것으로 보인다. 임춘의 산문 53편은 『서하집』의 글이 그대로 실렸다.[35]

이규보의 산문은 모두 410편이 실렸는데, 이 중 일부는 『사륙』에서 선입된 글이지만, 나머지는 문집에서 직접 뽑은 것으로 보인다. 문체별로 볼 때, 狀·잡저·잡문·축문·소·도량문은 대폭 줄여서 실었으나, 이를 제외한 문체의 글은 문집에 있는 것이 거의 그대로 실렸다. 최해의 경우에는 문집의 글 44편 중 31편과 <答鄭判樞可臣書> 등 32편이 실려 있는데, 이는 선집과 문집을 다 참고한 결과로 보인다. 이제현의 산문은 79편이 실려 있는데, 비명 1편만 빼고는 문집의 글이 그대로 실렸다. 그리

---

33) 위의 책 권10. "達城所撰東文選, 是乃類聚, 非選也."

34) 徐有榘의 <校印桂苑筆耕集序>에서는 『中山覆簣集』 5권, 文集 30권을 언급하였고, 『귀감』에서도 本集三十卷이라 한 바 있다.

35) 문체별 수록순서마저 같은 가운데 啓의 경우 『西河集』과는 제목이 같은 반면에, 『사륙』에 실린 6편 중 5편과는 제목이 조금씩 다른 점에서 단적으로 드러난다.

고 문집에 없는 <金就礪行軍論>·<櫟翁稗說後>는 잡서류 또는 『선수집』을 출처로 했을 듯하다. 102편이 실린 이곡의 경우에도 문집의 산문 가운데 8편만 제외되고 다 뽑혔다.

이색의 산문은 240편이 선발되었는데, 『목은문고』에 실린 글 가운데 『동문선』에 실리지 않은 것은 <請贈謚表>·<乞退書>·<跋護法論>·<答問>·<爲崔侍中祭先考文>·<全州李氏移居朔方以來墳墓記>·<金純夫父母墓表>·<謝復位表>(2편)[36] 등 9편뿐이다. 문집에 없는 <賀平定安南箋>(권32)·<陳時務書>(권53)·<中寧山皇甫城記>(권76)가 추가되어 있는데, 이 글들은 館閣의 전승, 사서, 지방관이 보낸 자료 등을 출처를 하였을 것으로 추정되어, 문집 이외의 선문경로를 살필 수 있게 한다. 그리고 <近思齋逸藁後序>(권86)와 <近思齋逸藁跋>(권102)이 중복 수록되어 있는데, 이는 『목은문고』와 偰遜의 『近思齋逸藁』가 함께 참고되는 과정에서 생긴 착오일 것으로 보인다.

이들 외에도 많은 산문이 실린 李崇仁·鄭道傳·權近·李詹·卞季良의 경우는 문집이 직접 참고된 결과일 것으로 보인다. 그러나 김부식·최유청·김극기 등은 30편 이상의 많은 글이 실리기는 했으나, 『사륙』에 실린 글이 『동문선』에 거의 옮겨졌을 뿐 문집은 참고하지 않은 듯하다. 그리고 『사륙』에 글이 전혀 실리지 않은 이인로·최자의 사륙문이 각각 4편, 11편, 비사륙문이 14편, 3편 실린 점과 金坵의 경우 『사륙』에 2편만 실려 있는데도 60여편의 사륙문이 실린 점으로 보아, 원래의 문집이 전해지지 않은 작가 가운데에도 문집에서 선발된 경우가 있었던 듯하다. 그러나 전승되던 사대부 문집을 다 이용하지 않은 점 또한 인정해야 할 듯하다. 또 승려 가운데 많은 작품이 선발된 無畏(21편)·宓菴(34편)·息影庵

36) <請贈謚表>·<乞退書>·<爲崔侍中祭先考文>·<全州李氏移居朔方以來墳墓記>는 개국과 관련된 정치적 이유, <答問>·<金純夫父母墓表>는 소속시킬 문체가 애매하여, <跋護法論>은 척불적 시각 때문에 제외하였을 것이다.

(13편)의 글은 문집인 『牧菴集』(가칭)[37]·『海東曹溪宓庵和尙雜著』·『息影庵集』 등에서 직접 선발되었을 가능성이 크다. 이는 시집 『海東曹溪第六世圓鑑國師謌頌』과 문집인 『海東曹溪宓庵和尙雜著』가 따로 간행된 원감국사의 경우 작가의 이름이 시는 석원감, 산문은 석복암으로 된 점과 22편만 제외된 가운데 표·소가 거의 그대로 실린 데서 잘 드러난다. 그러나 수백편의 글이 현전함에도 불구하고 『사륙』과 중복되는 표 1제만 선발된 義天(王煦)의 『大覺國師文集』(23권)·『大覺國師外集』(13권)은 참고되지 않았음이 분명하다.

史書도 다소 이용되었을 것으로 보인다. 문집에는 실리지 않았으나 『고려사』에는 실려 있는 목은의 <賀平定安南箋>(권32)·<陳時務書>(권53)가 그런 예이다. 또 익재의 <櫟翁稗說後>(권102)를 통해 잡서류도 더러 이용되고, 문집에 실리지 않은 목은의 <中寧山皇甫城記>[38](권76)를 통해 지방관이 수집해 올린[39] 자료에서 취해진 경우도 있었을 개연성을 엿볼 수 있다.

3. 詩

이제까지의 『동문선』의 선시자료에 관한 논의는 이 두 책과 『동국문감』·『동인지문』과 『十抄詩』·『選粹集』 등이 요긴한 자료가 되고, 1인의 작품이 여러 편 수록된 경우에는 개인문집이 참고되었을 가능성이 크며,

37) 속명 丁午, 법명 覺謙, 호 牧菴으로 충숙왕 때 國師였던 無畏의 시집이 있었으리라는 것은 이색의 <題牧菴卷 *覺謙>(『목은시고』 권13)을 통해 짐작되나, 문집에 대해서는 관련 기록이 보이지 않아, 복암·식영암의 예에 따라 추정할 뿐이다.

38) 목은이 조선조 개국 직후인 1392년 10월 長興에 유배되어 지은 것이다.

39) 『世祖實錄』 권21 6년 8월 丁未條. "諭八道觀察使及開城留守曰, 古今東人所製詩文, 勿論善惡, 雖殘編短章, 無遺搜訪, 幷佛家所著以送."

5～10편 정도 선발된 경우라면 선집에서 재수록된 예가 많을 것이고, 작품수가 극소수이거나 무명씨인 경우에는 史書나 詩話類에 수록된 작품을 轉載하였을 가능성이 크다는 정도로 대략적 추정만 있었을 뿐이고, 구체적인 논의는 없었다. 이를 참고하면서 그 선시의 자료에 대하여 자세히 살펴보기로 한다.

1) 『十抄詩』와 『東國文鑑』

『동문선』은 산문의 경우처럼 시를 선발함에 있어서도 문집보다는 선집을 기본적 자료로 하여 선발하였을 터인데, 가장 분명히 드러나는 예가 『十抄詩』 및 『夾注名賢十抄詩』이다. 존재가 확인되는 우리나라 최초의 선집인 『십초시』는 고려 전기[40]의 鉅儒가 選纂한 책이고, 『협주명현십초시』는 이를 神印宗의 승려 子山이 협주한[41] 책인데, 『협주십초시』가 後至元 3년(1337)에 중간되었다고[42] 한 데서 『십초시』 및 『협주십초시』가 늦어도 12세기까지는 편간되었을 것을 짐작할 수 있다. 『십초시』는 中唐부터 五代까지의 시인 30명의 7언율시를 각각 10수씩 뽑아 실은 규모가 큰 책이지만, 우리나라 시인은 최치원・崔匡裕・朴仁範・崔承祐 등 4인에 불과한데다 널리 유통되지 않은 탓에, 후대의 선집편찬에는 크게 영향을 미치지 못하여, 『오칠』・『青丘風雅』와 같은 선집에는 활용되지 않은 듯하다. 이는 이 책에 실린 시 가운데 『귀감』에는 최치원 6수, 최광유 2

40) 호승희, 「『십초시』의 자료적 이해와 편찬체제」, 『韓國漢文學研究』 학회창립 이십주년기념 특집호(한국한문학회, 1996), 140～5면에는 宣宗 말부터 仁宗 초 사이로 이해하게 하는 추정이 나타나 있다.

41) 釋子山, <夾注十鈔詩序>. “偶見本朝前輩鉅儒, 據唐室群賢全集, 各選名詩十首, 凡三百篇, 命題爲十鈔詩. (중략) 時作噩玄月旣望, 月巖山人神印宗老僧子山略序.”

42) 權擘, <夾注名賢十抄詩跋>. “余來浴東萊路出密陽, 適見重刊夾注十抄詩. (중략) 是本迺後至元三年丁丑歲, 今安東府所刊, 而福城君愼村先生諱思復, 爲進士試所寫也.”

수, 박인범 1수가 실리고 최승우는 제외되어 있으며, 『청구』에는 최치원 3수, 박인범 2수, 최광유 2수, 최승우 1수만 실린 점에서 드러난다.[43)]

그러나 『동문선』에는 최치원의 1수를 제외한 39수가 다 실렸으니, 이 시들의 출처가 『십초시』임은 의심할 나위가 없으며, 이를 통해서도 『동문선』이 선집을 가장 중요한 자료로 활용하였음을 확인할 수 있다.[44)]

『동인지문오칠』의 주된 출처였을 것으로 보이는 『동국문감』 또한 『동문선』의 중요한 선시자료였을 것이다. 이 책은 김부식과 정지상의 갈등을 언급한[45)] 예가 있다고 한 것으로 보아 間注가 있었을 것으로 보이고, 崔淑精이 『東人詩話』와 견주면서 결점을 지적한[46)] 데서도 그런 詩話的 기술이 내포되어 있었음이 짐작된다. 『오칠』의 편찬자가 『동국문감』과의 관계를 밝히지 않은 채 많은 문집에서 직접 선문하여 『동인지문』을 편찬했다고 밝혔음에도 불구하고, 전승되는 문집을 자료로 하기보다는 『동국문감』을 주된 텍스트로 하였을 것으로 추정됨은 산문과 마찬가지이다.[47)] 이렇게 본다면 『오칠』은 최치원 · 김부식 · 임춘 · 이인로 · 김극기 · 이규보 · 최자 등 극히 일부 시인의 작품은 문집에서 직접 취했을 가능성이 있지만, 나머지 시는 『동국문감』에 주로 의존하였을 듯하다.

<동문선서>의 '失之疎略'이란 비판을 그대로 받아들이기는 어려우므

---

43) 이는 『오칠』이 『십초시』가 아닌 다른 자료에서 선시한 데 말미암은 현상인 듯하다. 崔匡裕의 <長安春日有感>(『동문선』 권12)이 『귀감』(권중) · 『청구』(권4)에는 <長安春有感>으로, 崔承祐의 <送曹進士松人羅浮>(『동문선』 권12)가 『청구』(권4)에는 <送進士曺松入羅浮>로 제목이 다르게 나타남이 그 방증이다.

44) 金乾坤, 앞의 논문, 4~8면 참조.

45) 徐居正, 『筆苑雜記』 권1. "近考金台鉉東國文鑑註曰, 金鄭文字間, 積不平."

46) 崔淑精, <東人詩話後序>. "若鄭中丞嗣文 · 李大諫眉叟 · 金文正台鉉 · 崔平章樹德 · 李益齋仲思, 皆有裒輯之勤. 然不無疏略細瑣之病."

47) 『오칠』 잔권의 유승단의 <書德豊縣公館>(권7) 등 5제에 붙은 注記와 『귀감』(권중)에 실린 鄭襲明의 <贈妓>의 後註에서 졸옹이 『파한집』을 인용한 글을 재인용한 데서 시화집을 참고하였으리라는 점을 알 수 있다. 그러나 이마저 『문감』에서 재인용되었을 가능성을 배제하기는 어려울 것이다.

로, 『동문선』의 편찬자가 충렬왕대까지의 시를 선발하는 데에는 이 책이 『오칠』 다음으로 주요한 자료였을 것으로 보인다. 그런 단서는 『청구풍아』와의 대비를 통하여 찾을 수 있다. 『동문선』에 추가된 현전 『오칠』 소재 시인의 시 69제 가운데 『청구』에 실린 작품은 이규보의 <遊家君別業, (후략)> · <重遊北山> · <蓼花白鷺> 등 4제, 진화의 <京都> · <賞春亭玉蘂花> · <金明殿石菖蒲> 등 4제, 최자의 <國子監直廬, (후략)> 등 9제이다. 이것들은 『동문선』이 『청구』를 이용한 탓이 아니라 두 책의 서문에 다 언급된 책인 『문감』을 함께 이용한 데 따라 실렸다고 보는 것이 이치에 맞을 듯하다. 두 책이 같은 시기에 이루어진 점과 편자들의 성향 차이를 고려할 때, 이런 현상이 『동문선』이 『청구』를 이용한 데서 생겼다고 보기는 어렵기 때문이다. 이런 추정은 『청구』에 실린 충렬왕대까지의 시 143제 중 19제만 『동문선』에 실리지 않은 데서도 방증된다.

2) 『東人之文五七』

편자가 문집에서 선문했다고 밝혔음에도 불구하고, 『동인지문오칠』이 문집보다는 『동국문감』을 주된 텍스트로 했으리라는 것은 시의 경우도 마찬가지이다. 이 책은 전술한 대로 『십초시』는 활용하지 않았으며, 시화집은 참고하였으나 사서는 참고하지 않았을 가능성이 크다.[48]

『오칠』이 『동문선』의 가장 중요한 선시자료였음은 잔권의 시 중 洪侃의 <遇興龍溪有感呈李蒙菴> 제2수, 책 말미의 결락된 2장에 있었을 것으로 보이는 홍간의 <雪> 제2수, <太白醉歸圖> 3수만 제외되었을 뿐

48) 시화류를 참고한 예는 『오칠』 잔권과 『오칠』에서 재선한 책인 『귀감』에 졸옹을 출처로 한 2회의 『파한집』 인용이 있는 것이며, 사서가 참고되지 않은 방증은 <贈隋右翊衛大將軍于仲文> · <織錦獻唐高宗>이 실려 있지 않았을 것으로 추정되는 점이다. 그러나 졸옹의 글마저 『문감』에서 유래했을 가능성을 배제하기는 어렵다.

아니라, 夾注마저 같은 작품이 兪升旦의 <書德豊縣公館>(권13), 張鎰의 <過昇平郡>(권20), 홍간의 <席上贈白彝齋>(권20) 등 3제나 있는 데서 단적으로 입증된다.[49] 또 『오칠』이 실전된 시기의 경우에도 이 책에서 抄選한 『귀감』에 실린 시 가운데 安淳之의 <自寫醉睡先生眞題云>과 최유청의 <九日和鄭書記> 제1수만 제외된 데서 분명히 드러난다.[50]

현전 『오칠』은 제7～9권의 3권 1책 중 9～10장이 떨어져나간 잔본으로서 제8권은 20판이 온전하게 남아 있으나, 제7권은 9판부터 20판까지, 제9권은 1판부터 18판까지만 남아 있어, 모두 50장에 불과하다. 이 책은 연대순에 따른 시인별 배열방식으로 편차되어 있는데, 맨 앞에 '兪參政升旦四首'와 같이 표제와 작품수를 제시한 다음에, 가장 긴 예인 金晅의 경우 23행에 이르는 데서 알 수 있는 만큼 비교적 자세한 略傳을 실어 두었다. 그리고 시인별로는 5고·7고·5배·7배·5율·7율·5절·7절 등의 詩體順으로 수록하였는데, 제7권에는 김극기·유승단·이규보 등 6인의 34제 47수, 제8권에는 이규보·陳澕·최자 등 10인의 60제 68수, 제9권에는 郭預·李混·洪侃 등 11인의 40제 47수가 실려 있어, 모두 26인의 134제 162수가 남아 있다.[51]

현전본의 첫머리에는 김극기의 7절 9제 14수가 실려 있고, 마지막은 홍간의 7절로 끝나 있는데, 표제 '洪僉舍侃二十首'와 시체별 수록순서로 보아 홍간의 7절 4수가 끝의 결락된 부분에 있었음이 분명하다.[52] 이를 포함시키면 홍간의 작품은 13제 20수가 모두 확보되므로, 결국 『오칠』 잔권에는 135제 166수의 시가 남아 있는 셈이다. 『귀감』이 홍간으로 끝났

49) 『오칠』과 관련된 문제에 대해서는 여운필, 앞의 논문을 대폭 수정하여 축약했다.
50) 金乾坤, 앞의 논문, 28면 참조.
51) 辛承云, 앞의 논문 및 「『東人之文五七』 解題」(『季刊書誌學報』 16, 한국서지학회, 1995)에서는 金克己의 7절 3제 3수를 빠뜨리고 131제 159수라고 하였다.
52) 현전본은 7절 <雪>이 1수만 실린 채 낙장되었는데, 『洪崖遺稿』에 실린 2수 중 둘째수가 『귀감』에 있으니, 그것이 바로 다음에, 『귀감』·『동문선』에 다 실린 7절 <太白醉歸圖> 3수가 그 다음에 있었을 것으로 짐작된다.

으니, 『오칠』 역시 <태백취귀도>로 끝났으리라고 볼 수도 있지만, 권7・8처럼 20장이었다면 다른 시인의 시가 더 있었을 수도 있다. 홍간의 시를 판식에 맞게 채우고 남은 26행에 표제 1행, 약전 약간행, 시제 1행, '東人之文五七卷九'가 들어갈 것을 감안하면, 홍간과 동년배인 權㫜(1228~1311)의 7절 <書懷>(『동문선』 권20)와 趙仁奎(1237~1308)의 5절 <示諸子>(권19)가 여백이 거의 없이 실렸을 것으로 추정된다.[53]

권7의 앞쪽 낙장 부분의 사정도 짐작할 수 있다. 『귀감』에 잔권에는 없는 김극기의 시가 19제 23수 더 있는 점을 고려하면, 낙장된 8장(144행)은 전부 김극기의 시였을 것이기 때문이다.[54] 9판부터 실린 김극기의 7절 9제 14수가 『동문선』과 순서까지 일치하는 것으로 보아, 그 앞에 실린 7절 <李花>부터 <漫成>까지 12제 14수(40행)도 있었을 것이다. 남은 지면[55]은 『동문선』의 7율 <草堂書懷>부터 <浿江渡吳學士韻>까지 10제 12수(58행), 5율 <田家四時>부터 <過東峯館河橋>까지 5제 8수(29행), 7고 <醉時歌>가 실렸을 터인데, 남은 5행은 <취시가>의 협주[56]가 차지했을 것으로 보인다.

그러므로 『오칠』의 권7~9는 현전의 134제 162수와 결락된 부분의 홍간・김극기・권단・조인규의 5절 1제 1수, 7절 13제 15수, 5율 5제 8수, 7

---

53) 약전의 분량을 잔권의 1인당 평균인 8행으로 본 추산인데, 뒤에서도 이에 따라 논의하기로 한다.

54) 『귀감』에 金克己의 시가 28제 37수로서 가장 많이 선발된 점과 그것이 『동문선』 소수 45제 65수의 2/3쯤인 점을 고려할 때, 두 책의 작품수는 거의 같았을 듯하다. 이는 『귀감』에 22제 30수인 李奎報의 시가 『오칠』에는 38제 50수이고, 『귀감』이 『오칠』 잔본의 7절 9제 중 2제 외에도 7절을 8제 9수 더 실은 데서 유추할 수 있다.

55) '東人之文卷之七' 1행, '金員外(?)克己下'와 협주 '前有□首 此有□首' 1행을 뺀 102행이다.

56) 여백으로 두거나 <취시가> 앞에 있었을 것으로 보이는 15행을 차지할 <權場>을 실을 수 없었을 것이기 때문이다. 『귀감』의 <취시가>에는 협주가 없지만, 『청구』에는 9회, 255자에 이르는 특별한 협주들이 있는데, 그 중 『오칠』에 유래한 것으로 보이는 『귀감』에 "鑿石"으로 나타난 표현을 "空舊本作石, 誤也."라면서 수정한 경우로 보아, 협주 또한 『오칠』을 인용한 부분이 꽤 있었을 듯하다.

율 10제 12수, 7고 1제 1수로 도합 165제 203수로 구성되어 있었다고 보아도 거의 틀리지 않을 듯하다. 그리고 『오칠』보다 『동문선』에 20여수 많아진 이규보와 달리, 『오칠』에서 추가된 시가 적었을 것으로 추정되는 김극기의 시는 『동문선』의 45제 60수 대부분이 『오칠』에 있었을 것이다.57)

『오칠』 잔권이 발견됨으로써 『삼한시귀감』의 선시자료도 정확하게 알 수 있게 되었다. 이 책은 이규보(50수→30수)·진화(18수→9수)·郭預(11수→3수)·李藏用(7수→1수) 등 11인의 시는 괄호 안의 표시처럼 『오칠』보다 작품수를 꽤 줄여 실었고, 김군수(2→1) 등 3인은 다소 줄여 실었다. 또 『오칠』에 1·2수만 실린 시인 중 趙準·柳伸의 작품은 그대로 실은 반면에, 金良鏡·安珦 등 9인은 제외했다. 두 책의 규모에 차이가 난 것이 이 두 가지 요인 때문임을 분명히 알 수 있다. 결국 『귀감』은 26인의 134제 162수 중에서 17인의 61제 78수, 낙장 부분의 추정을 반영하면 28인의 165제 203수 가운데 88제 121수를 수록하고 있으므로, 『오칠』을 절반이 좀 안 되게 줄여 놓은 책이라 할 수 있다.

『귀감』은 『오칠』에서 抄選했음이 명백하므로 편자가 내세운 '精選'은 '再選'이라는 의미에 불과하지만, 실전된 부분의 절반에 좀 미달하는 것으로 추정되는 29인의 145제 169수를 싣고 있으므로, 『오칠』의 원형을 대략적으로 추정하게 하는 근거라는 가치를 지닌다.

---

57) 『오칠』에 1제뿐이던 이규보의 배율이 10제로 늘어난 점을 고려하면, 김극기의 7배 <上首相詩>도 추가되었을 것이며, 『귀감』의 5율 <田家四時>는 『오칠』에도 있었을 터이지만, 이규보의 7절 <전가사시>(4수)처럼 5고 <전가사시>는 추가된 작품일 가능성이 크다. 이로써 보면 『오칠』보다 늘어난 시는 2제 5수 정도였을 듯하다. 결국 『동문선』의 5고 <宿香村>·<憩炭軒村 (후략)>·<龍灣雜興>(5수)·<有感>(3수), 7고 <黃山江>·<糴場>이 『오칠』 권6에 있었으리라는 것인데, 이는 이 중 『귀감』에 <숙향촌>·<곽장>만 없는 데서도 방증된다. 권6의 김극기 부분은 표제에 1행, 5고에 38행, 7고에 20행이 소요되고, 이에 잔권의 평균치인 약전 8행과 끝의 '東人之文卷之六'을 보태면 모두 68행이 되어, 권6의 제17판 제5행쯤부터 시작되었을 것으로 보인다. 16판 가량은 11.5판인 이규보와 『귀감』에서 28제(37수) : 22제(30수)이고 『오칠』에서 43제(60수) : 39제(50수)로 추정되는 점과는 다소 차이가 난다.

현전『오칠』은 9권 중 1/3인 3권의 면모만 대략 알 수 있어, 전체의 규모를 추정하기가 쉽지 않다. 그러나 잔권의 장별 紙面의 內譯과『귀감』·『동문선』과의 관계를 자세히 검토하면 대체적 윤곽은 알 수 있다. 우선 시인별·작품별 行數·字數의 비율에 따른 규모를 따져보자. 현전『오칠』 잔권은 홍간·김극기·권단·조인규의 추정 부분을 반영하여 28인 165제 203수로 따지면, 권7~9의 60장 1,080행은 시인 1인당 38.57행, 題當 6.55행, 首當 5.32행이 소요되었다. 이 결과를 실전된 권1~6의 120장 2,160행에 적용하면, 시인수가 56명, 제수가 330제, 수수가 406수로, 공교롭게도 모두 2 : 1이어서 지면비율 2 : 1과 똑같다.[58]

그런데 45인의 206제 247수를 싣고 있는『귀감』에는 김극기를 포함한 후기와 전기가 29인 147제 164수 : 16인 59제 83수의 비율을 보이며, 같은 시기의 시인 123쯤의 574제 692수[59]가 실려 있는『동문선』은 70인 380제 : 50인 190제의 비율이다. 이를 통해『귀감』은 전기의 시인수가 후기의 배에 조금 못 미치지만 작품수는 2.5배 정도이고,『동문선』은 전기의 시인이 후기보다 1.5배, 작품수는 2배쯤이다. 또『동문선』은『귀감』보다 3배 미만 시인의 3배 미만의 작품을 싣고 있고,『오칠』보다는 2배쯤의 시인의 2배를 다소 넘는 작품을 싣고 있다는 것을 알 수 있다. 이 두 책 역시 지면을 고려하여 추산한 결과와 그다지 다르지 않은 양상을 보이고 있음이 드러난다.

지금까지 검토한 바를 종합하여 정리하면, 실전된『오칠』에는『동문선』에 선시된 시인 70명 중에서『귀감』의 29명을 포함한 60명쯤의 320~330

58) <東人之文序>에서 가장 먼저 언급된 책이『오칠』이므로 <東人之文序>(14행)가 卷首에 있었다고 보아야 하고, 실전된 시기에도 7율 1수만 실으면서 23행이나 되는 약전을 붙인 金晅과 같은 예와 특별히 긴 협주가 붙은 작품이 여럿 있었을 경우 등에 대한 추정이 매우 어렵고, 김극기의 약전과 고시 2제가 실전 부분에 있었던 점에 대해서도 배려해야 하는 탓에 추산의 오차는 불가피할 것이다.

59) 684제 804수 가운데 승려·무명씨의 시와 임유정의 집구시 100여 수를 뺀 숫자이며, 김극기 이후는 188제 226수쯤이다.

여제 400~410여 수, 전체적으로는 90여 명의 490여 제 610여 수[60]를 싣고 있었을 것으로 추정된다.[61] 따라서 『귀감』의 206제 247수를 통해 절반 좀 안 되는 부분은 정확한 모습을 알 수 있고, 소수시가 거의 다 수용된 『동문선』을 통해 실전 부분의 수록 시인과 작품의 면모 또한 대체로 짐작할 수 있다. 결국 원형을 볼 수 없을 뿐 책의 내용은 거의 재구할 수 있다고 할 것이다.

한편, 『오칠』 잔권 시대 시인들의 『동문선』에 추가된 시들을 살펴보면 『동문선』이 선집 이외에 이용한 자료의 성격과 선시의도에 대한 중요한 시사점을 발견할 수 있다. 『동문선』에 추가된 잔권 소수 시인들의 시는 크게 네 종류이다. 첫째, 館閣詩 내지 官僚詩라 할 수 있는 것들이 대폭 추가되었는데, 김양경 · 이규보 · 김구 등이 崔忠獻 · 趙沖 · 琴儀 등 실력자에게 바친 아부적인 시 10여 제가 이런 예이다. 둘째, 배율 · 집구시 · 육언시 · 팔경시 · 사시사 등 특이한 시체나 형식이 두루 선발되었다는 점이다. 이는 <進東文選箋>에서 "진실로 체례가 법도에 맞으면 뿌리와 잎을 따는 일을 빠뜨리지 않았다"[62]고 밝힌 기준에 부합되는 현상이거니와, 이로 말미암아 이규보가 중신들에게 올린 求官詩와 李需가 崔瑀의 女樂을 찬양한 <教坊小娥>처럼 저급한 阿附的인 시들이 선발되는 결점이 생기고 말았다. 특히 배율의 경우 『오칠』 잔본에는 3제밖에 없었으나 16제가 추가되었고, 그 중 10제는 무신정권 요인들에 대한 阿諛 · 求官을 내용으

60) 『천백』에 200여 편, 『오칠』에 610여 수, 『사륙』에 494편으로 도합 1,300여 수인 셈이니, 원래의 『동인지문』이 25권이라는 증언과도 크게 어긋나지 않으리라고 본다. 따라서 배규범, 「東文選 편찬과 수록된 佛家詩文의 의미」, 『국제어문』 30(국제어문학회, 2004), 80면에서 "결국 五七의 나머지 권과 千百을 유추하더라도 동인지문에 수록된 작품수는 1,000편을 넘지 않는다고 볼 수 있다."라 한 견해는 수긍하기 어렵다.

61) 명종대까지의 시인이 70여인인 점은 崔滋가 <補閑集序>에서 高宗代까지 활약한 시인으로 든 65명과 내용에는 차이가 있으나 숫자는 비슷하다.

62) 盧思愼 외, <進東文選箋>. "苟體例有合於規矩, 而採掇不遺於葑菲."

로 한 것들이다. 셋째, 무명씨작·승려시를 일부나마 선입함으로써 국가적 문헌으로서의 구색을 갖추려 했다는 점을 들 수 있다. 이는 불가의 저작도 함께 찾아내라는 왕명에 따라 草野·禪道의 시도 망라하고자 한 때문일 것이다. 그러나 기존선집과 쉬 접할 수 있는 자료에 의존한 나머지 무명씨의 작품은 극히 일부밖에 선입되지 않았으며, 승려의 작품도 사대부와 활발하게 교유했던 이들의 작품에 국한하여 수렴하였으므로, 佛家詩의 정수인 禪詩는 오히려 제외되고 말았다. 마지막으로는 특이한 일화를 지니거나 세상에 널리 알려진 수창시를 포함시키려 한 점을 지적할 수 있다. 마지막으로는 이름난 그림에 대한 제화시를 선발하고자 한 점을 지적할 수 있다. 특이한 酬唱逸話를 지닌 작품을 선발하고자 한 의도와 연관된 예로는 이수의 7배 <敎坊少娥>에 차운한 김찬의 2제 및 이규보·최자·이장용 등의 4제, 금의·진화가 자손을 얻은 데 대하여 읊은 李由之의 <賀陳翰林澕生女>와 이에 차운한 진화의 시, 林桂一의 시에 화답한 이장용의 2제 등을 들 수 있다. 또 이름난 그림을 두고 읊은 제화시들로는 진화의 <宋迪八景圖> 8수, 이규보·진화가 任景謙의 <寢屛六詠>에 차운한 시 5수[63]가 있다. 이런 예 또한『동문선』의 선시작업이 1차 자료를 대상으로 하지 않았다는 것을 방증하는 것으로 보아도 좋을 것이다.[64]

『동문선』에 작용한 것으로 보이는 이런 의도는 명종대부터 충렬왕대까지만 자세히 살피고, 다른 시기에 대해서는 대략적으로 검토한 결과이기는 하지만, 나머지 시대의 시를 선발하는 데 있어서도 대체로는 적용되었다고 보아야 옳을 것이다. 이는『동문선』을 내용·의리의 측면에서 잡다

63) 『보한집』(권중)에 <침병육영>에 차운한 이규보의 <列子御風>·<陶潛漉酒>·<子猷訪戴>·潘閬騎驢>가 실려 있는데, 그 중 2수와 같은 시제의 진화의 시 3수가『동문선』에 실려 있다.

64) 『귀감』에 무명씨·승려의 시와 집구시가 실리지 않은 것이『오칠』에 연유한 것으로 추정됨을 감안하면,『동문선』의 편찬과정에서 추가된 시는 승려·무명씨의 시와 집구시를 뺀 시는 100여 미만이라 할 수 있다. 결국 충렬왕대까지의 시는 일부를 제외한 일반문인의 시는『오칠』에 거의 의존하여 선발한 셈이다.

하게 하거나 여러 모순적인 요소를 지니게 하였다. 그러나 이러한 결점에도 불구하고 『동문선』의 시는 산문보다는 엄선된 셈이라고 볼 수 있다.

3) 『選粹集』과 『續東人文』

다음으로 고려할 수 있는 선집은 『선수집』이다. 현전하지 않아 그 내용을 알기 어렵지만, <選粹集序>가 지어진 해가 『동인지문』이 성서된 지 40년쯤 지난 뒤인 1378년인 점으로 보아, 이 책은 틀림없이 『오칠』이 선발대상으로 한 시기 이후의 시를 포함하였을 것이다. 그렇다면 『동문선』에 시가 실린 李瑱(1244～1321)·白頤正(1247～1353)·朴全之(1250～1325)로부터 柳淑(?～1368)·元松壽(1324～1366)·李存吾(1341～1371)에 이르는 40여 명이 대상에 포함되었으리라고 보아도 좋을 것이다. 따라서 『동문선』은 충숙왕대부터 공민왕대 중기까지 사망한 시인의 시를 선발하는 데 이 책에 힘입었을 가능성이 크다.

한편 이색과 閔安仁이 『선수집』과 같은 시기의 시를 선발하는 작업을 했다는 것도 확인된다. 『목은시고』 권17～25에는 『續東人文』 작업을 언급한 8제의 시가 있다. 그것들에 의하면 민안인이 1378년부터 목은과 함께 『속동인문』을 만들고 있었는데, 한 시에서는 졸옹의 집대성을 예찬하는 한편으로 "同時諸賢不入選"[65]이라고 유감을 표함으로써, 그 작업 역시 충숙왕대 이후에 사망한 시인들을 선발대상에 포함하고 있었음을 밝혔다. 이 작업은 시만 대상으로 한 것으로 보이는데[66], 처음에는 양인이

65) 李穡, <閔祗侯安仁, 集諸家詩藁, 將續拙翁東文, 予喜之甚, 作短謌以勗其成.>, 『牧隱詩藁』 권17.

66) 위의 시에서 "拙翁의 호방한 기운은 절로 맞설 이가 없고, 三韓의 높은 율격을 다 모았네. 같은 시대의 여러 분들은 뽑히지 못했는데, 들은 것을 중히 여기고 본 것은 가벼이 여긴 듯하네. (중략) 곧 붓을 잡고 대략 批點을 찍으리니, 그대의 집에서는 더욱 즐겨 유전시킬 것을 꾀하게나.(拙翁豪氣自無敵, 拾盡三韓高律格. 同時諸賢不入選, 似重耳聞輕目擊. (중략) 便當執筆略批點, 君家更肯謀流傳.)"라고 한

함께 뽑다가, 나중에는 건강 때문에 민안인이 초선하고 자신은 재선하는 방식을 취하기로 했다고 하였다.[67] 그러나 1년쯤 뒤에는 언급을 찾을 수 없어 어느 정도 진척되었는지는 알 수 없다. 그러다가 20여 년 뒤인 1398년에 민안인이 타계하자, 권근이 "『속동인문』을 편찬하기 위해 諸家의 일고를 많이 수집하여 백여질에 이르렀는데, 손수 초록하여 여러 해 동안 부지런히 하여 즐기는 듯이 하다가 탈고에 이르지 못하고"[68]라 한 데서 작업이 민안인이 작고할 때까지 계속되었음이 드러나고, 그 결과에 대해서는 陽村도 잘 알고 있었을 것으로 보인다.

목은이 『동인문』을 잇고자 하는 이 책을 편찬하면서 동시제현이라고 한 사람은 이진・백이정・박전지로부터 閔思平(1295~1359)・鄭頫(?~1359)・李嵒(1297~1364)・李穀(1298~1351)에 이르는 22명 정도라 할 수 있다. 그러므로 그들이 대상으로 할 수 있었던 시인은 이들과 白文寶(?~1374)・偰遜(?~1360)・李仁復(1308~1374)으로부터 權思復(?~?)・유숙・원송수・이존오에 이르는 15명 등 40여 명 정도로 볼 수 있다. 이들의 태반이 목은의 은문・친인척・지기인 점과 인연이 특별했던 설손[69] 일가의 시가 27제나 선발된 데서 그 가능성이 더욱 뒷받침된다.

그런데 김종직은 <靑丘風雅序>에서 "경인년에 사국에서 벼슬하게 되어 국화[崔淑精]와 함께 관 안에 있는 묵은 상자에서 춘정[卞季良] 제공께서 모으고서 책으로 만들지 못한 것에서 또 백여편을 수록하였다."[70]라

것과 같이 여러 차례 시와 시집에 대해서만 언급한 것이 그 증거이다.

67) <子復又以詩集, 來, 讀數首, 目倦身疲, (중략) 且約子復選之, 僕當再選, (후략)>, 『牧隱詩藁』 권22.

68) 權近, <閔安仁墓誌銘, 幷序>, 『陽村集』 권39. "又撰續東人文, 裒集諸家逸藁, 多至百餘帙, 手自抄錄, 積歲不怠, 若嗜欲然, 未及脫藁."

69) 목은이 <近思齋逸藁後序>를 짓고, 그 손자 長壽가 『牧隱集』의 글씨를 쓴 데서 보는 바와 같은 世誼가 있다.

70) 金宗直, <靑丘風雅序>. "庚寅歲, 承乏史局, 與國華, 檢館中舊篋, 得春亭諸公裒集未成之書, 又錄百餘篇."

고 한 바 있다. 변계량이 이색·권근의 문인이고 민안인이 권근의 오랜 친구[71]인 점을 고려하면, 춘정이 '부집'했다는 책은 민안인의 작업의 연장이었을 개연성이 높은 듯하다. 그리고 이를 佔畢齋가 참고했다면 그보다 7년 뒤에 이루어진 『동문선』의 편찬에도 참고될 수 있었을 터이므로, 민안인이 편집하던 책의 초고도 『동문선』의 자료로 이용되었을 가능성이 있다고 보아야 할 것이다. 그렇다면 목은이 간여할 수 있었던 40여 명, 1398년에 타계한 민안인이 추가할 수 있었던 金九容·李集·이색·李達衷·韓脩·鄭樞·鄭夢周·이숭인 등, 1430년에 타계한 변계량이 추가할 수 있었던 정도전·권근·이첨·姜淮伯·成石璘·李稷 등의 시까지는 이 책을 자료로 했을 가능성이 크다.

4) 詩話類와 史書

다음으로 들 수 있는 『동문선』의 선시자료는 시화류와 사서였을 듯하다. 우리 문인이 지은 최초의 시화집으로 보이는 鄭敍의 『雜書』[72]에서 인용한 崔惟善의 <閨情詩>·<梳詩>의 聯句가 『보한집』(권상)에 실린 것으로 보아, 이 책에는 시제와 본문이 완전히 밝혀진 시들도 많이 있었을 것이며, 서거정보다 후배인 최숙정이 이 책을 『파한집』·『보한집』·『櫟翁稗說』과 함께 평가한[73] 것으로 보아, 그것들 또한 『동문선』의 자료로 이용되었을 것으로 보이지만, 정서의 <題墨竹後> 외에는 짐작할 수 있는 단서가 없다.

71) 권근, 앞의 글. "予於公親且舊."
72) 崔滋, <續破閑集序>, 『동문선』 권84. "又得李中書藏用家藏, 鄭中丞所撰雜書三卷, 幷附于後編, 以俟通儒刪補."
73) 崔淑精, 앞의 글. "東方詩學, 始於三國, 盛於高麗, 極於聖朝, 其間斧藻裁品者, 若鄭中丞嗣文李大諫眉叟金文正台鉉崔平章樹德李益齋仲思, 皆有裒輯之勤. 然不無疏略細瑣之病, 吾恩門達城徐相國, 嘗手採東人諸作, 著詩話二篇, 合諸家之精英."

『파한집』·『보한집』·『역옹패설』에서 우리나라 시의 본문을 다룬 사례는 모두 110여제이고, 중복되는 작품을 제외하더라도 95제에 이르는데, 이 책들에서 다루어진 시들 또한 『동문선』의 선시에 이용되었을 가능성이 크다. 『오칠』 잔본에 시가 남아 있는 시기에 해당하는 시인들의 시로서 『동문선』에 추가된 시 가운데, 『보한집』에 인용된 것으로는 유승단의 <趙相國獨樂園>·<次杻城公館壁上韻> 등 3제, 김양경의 <曉起>·<賀新承宣李公老> 등 4제, 이규보의 <朴丞家盆竹>·<寄吳德全>, 李允甫의 <遊月宮>, 釋天因의 <題權學士, (후략)>, 釋坦然의 <文殊寺> 등 12제가 있다. 그리고 김극기 이전 시대까지 확대하여 살필 경우에는 『귀감』에는 실리지 않았으나 『파한집』에 인용된 것으로는 <題伽倻山讀書堂>(최치원)·<駕行東京獻王內相融, (후략)>(東京老人)·<石竹花>(鄭襲明)·<晉州山水圖>(鄭與齡)·<感秋回文>(李知深)·<病目>(吳世才)·<暮春聞鶯>(임춘)·<乞退>(釋寥一)·<送智勝>(釋戒膺) 등 9제가 있으며, 『보한집』에 인용된 것으로는 <黃山江臨鏡臺>(최치원)·<絶句>·<示座客>(崔冲. sic. 崔沆)·<大宋睿謀殿御宴應製>(李資諒)·<賀元帥尹侍中>(李顒)·<興王寺 (후략)>(崔淪)·<天冠寺>(李公升) 등 40여 제가 있다. 이 작품들은 『파한집』과 『보한집』을 출처로 하거나 거기서 얻은 정보를 바탕으로 선입하였을 것으로 보인다. 이것들 중 일부는 『문감』이나 『오칠』에 이미 선발되어 있었을 개연성을 배제할 수는 없지만, 관련된 작품이 무려 50여 편에 이른다는 것은 이 두 책이 『동문선』에 미친 영향이 매우 크다는 것을 입증한다. 그러나 『역옹패설』에 언급된 시는 전대 시화집과 중복되거나 『오칠』·『귀감』에 실린 작품이 대부분인 점으로 보아 정지상의 7절 <送人>의 결구가 "別淚年年添綠波"로 자리잡는 데 이용되었을 수는 있지만, 달리 참고되지는 않았을 것으로 보인다.

『동문선』의 주된 편찬자인 徐居正의 『東人詩話』가 『동문선』보다 4년 앞선 1474년에 간행된 점도 『동문선』과 시화류의 관련을 뒷받침한다. 『동인시화』에는 이전의 시화집과 중복되는 작품을 제외하더라도 본문을 제시하면서 논의한 사례가 200여則에 이르는데, 이 가운데 120여 수가 『동문선』에 실린 점으로 보아, 이 책에서 선입된 작품도 꽤 있을 것으로 추정되지만, 구체적 작품을 지적하기는 어려운 점이 있다.[74)]

시화류 외에 사서도 더러 이용된 것으로 보이는데, 이는 서거정이 『東國通鑑』·『三國史節要』 등을 저술한 경험과 연관이 있을 터이다. 乙支文德의 <與隋右翊衛大將軍于仲文>(권19)은 『三國史記』 「列傳」을, 무명씨의 <織錦獻唐高宗>(권19)은 「新羅本紀」를 이용했을 것으로 보이며, 金希磾의 <過淸虜鎭> 및 그 차운시 2제는 『高麗史』 「列傳」을, 張延祐의 <寒松亭曲>은 『고려사』 「樂志」를 출처로 하였을 가능성이 크다. 또 『보한집』에 언급된 이자량·최약의 작품은 『고려사』 「列傳」에도 인용되어 있으므로 『고려사』가 출처일 가능성도 있다. 이 중 일부는 『문감』이나 『오칠』에 이미 실렸던 작품일 수도 있을 테지만, 전체가 다 그렇다고 보기는 어려울 듯하다. 그러나 『고려사』에 실린 김양경의 시 2제가 실리지 않은 것은 詩題를 알기 어렵기 때문이었을 것이다. 그리고 명승·공관·누정 등의 제영 가운데에는 『동문선』보다 편찬이 먼저 시작된 『東國輿地勝覽』을 편찬하는 과정에서 습득한 작품이 포함되었을 가능성이 크다.

5) 個人文集

산문의 경우와 달리 이용이 분명히 확인되는 예가 드물지만 개인문집

74) 김종철, 앞의 책, 181면에서는 柳葆의 <上朴舍人暄>은 『보한집』, 李需의 <普門寺>는 『동인시화』를 출처로 하였다고 했으나, 『문감』과의 연관 가능성 때문에 위험한 추정일 수밖에 없으며, <보문사>처럼 연구만 인용되거나 제목이 미상인 채 인용된 경우라면 더욱 그렇다. 이는 안대회, 「한국시의 텍스트비평」, 『동방고전문학연구』 2(동방고전문학회, 2000), 33면에서 『청구』의 <御苑種仙桃>의 출처를 『보한집』으로 단정한 경우도 『문감』·『오칠』을 고려하지 않은 점에서는 마찬가지이다.

역시 선시의 자료로 이용되었을 것으로 보인다. 집구시가 36제나 선입된 林惟正과 10제 이상이 선발된 승려 天因(18제)·圓鑑(19제)·宏演(10제)의 시는 『林祭主百家衣詩集』(3권)·『靜明國師詩集』(3권)·『圓鑑國師謌頌』(1권)·『竹磵集』(1권?)에서 직접 선발된 듯하다. 또 釋眞淨이 柳璥·金愔·金坵·金祿延·李穎에게 준 시 5제와 李藏用(3제), 林桂一(2제), 김녹연(1제), 釋始寧(1제), 이영(1제), 鄭興[75](1제 6수), 김서(1제)의 시는 모두 白蓮社의 결사원들끼리 수창한 작품이어서 『眞淨國師湖山錄』[76]을 출처로 하였을 가능성이 크다.[77] 다만 『동문선』에 실린 진정의 詩題에는 『湖山錄』에 나타나지 않는 '次韻'이 붙은 것이 3제나 있는 점으로 보아, 따로 있었던 결사 관련 시고가 널리 알려진 데 따라 이용되었을 수도 있을 듯하다. 그러나 전혀 선발되지 않은 慧諶의 『無衣子詩集』(2권)과 普愚의 『太古和尙語錄』, 2제 4수만 선발된 나옹의 『懶翁和尙頌歌』, 1제만 선발된 釋大覺의 『大覺國師文集』(23권)·『大覺國師外集』(13권), 역시 1제만 선발된 万雨의 『千峯詩藁』(1권?) 등은 참고하지 않았을 것이다.

사대부의 시는 대부분 문집보다는 선집과 시화류 등에 의존하여 선발한 것으로 보인다. 『오칠』·『귀감』과 『동문선』을 비교해 볼 때, 김부식·이인로·이규보·진화의 경우에만 『동문선』에 선발된 시의 편수가 현저히 늘어난 것으로 보이므로, 이들의 추가된 시는 문집에서 직접 선발되었을 가능성이 있다. 진화의 <桃源歌>·<過海州>·<梅花>·<海棠>, 이규보의

---

75) 始寧은 柳璥의 본관인 文化의 별칭이고 興은 鄭可臣의 초명인데 『湖山錄』이나 白蓮社의 시고를 잘못 읽어 착오를 범했다.

76) 이 책의 원제는 『眞靜國師湖山錄』이지만, 眞靜國師 天頙의 저서가 아니라 眞淨國師 天頙의 저서이므로 바로잡았다.

77) 같은 시기의 승려의 문집이 직접 참고되었을 가능성은 『청구』에 『동문선』에 실리지 않은 작품인 <贈來維那歸君山>·<遊紫淸宮>·<靑玉峽>(이상 권4), <題墨龍卷>(권6)이 실린 宏演에 대하여 卷首의 「諸賢姓氏史略」에서 "遊中國, 歐陽玄危素序其集.", 역시 『동문선』에 실리지 않은 <安峯寺>(권3)가 실린 僧眞靜에 대하여 "集名湖山錄"이라 한 데서도 엿볼 수 있다.

<梅花>·<宿峰城縣>·<黃驪江泛舟>·<晩望>, 朱悅의 <淸風客舍寒碧軒> 등 12제가 그런 예들이다. 이런 작품들은 작품성을 높이 평가한 데 말미암아 선입된 것으로 보이는데, 이규보·진화의 경우에 주로 그런 고려가 작용되었다는 점이 주목된다. 이를 통해 이들 2인의 시는 다른 시인보다 더 진지하게 선발된 측면이 있음을 알 수 있다. 이런 작품 중에서 이규보의 <寓居天龍寺>·<宿峰城縣>은 『新增東國輿地勝覽』에도 실려 있는데, 이 책이 『동문선』보다 먼저 편찬되기 시작했음을 고려하면, 이것들은 『동국여지승람』의 편찬과정에서 습득되었을 가능성도 있다. 이 작품들의 대부분도 『동국문감』과의 연관 가능성을 전적으로 배제할 수는 없다.

이렇게 보면 이들 4인의 경우에도 문집에서 직접 선발한 작품은 극히 일부에 불과할 듯하다. 이는 이규보·진화의 작품이 『오칠』보다 각각 23제, 18제 늘어난 주된 원인이 관료시·배율·집구시·八景詩·四時詞·題畵詩 등을 선입하려는 의도 때문인 데서 짐작된다. 그리고 김부식·이인로의 경우에도 『동문선』에 『귀감』보다 각각 3배·4배의 작품이 실려 있어 편수가 『오칠』보다는 꽤 늘어난 듯하지만, 이들 또한 이규보·진화와 유사한 요인을 지니고 있으므로, 이들의 시도 극히 일부만 문집에서 선발되었다고 보는 게 순리적일 것이다.[78]

그러므로 『동문선』 전체로 범위를 넓히더라도 문집보다는 선집·시화류가 선시에 주로 이용되었을 것으로 보인다. 따라서 '문'과는 달리 '시'에 있어서는 문집에 대한 의존도가 현저히 떨어진다고 보아야 할 것이다.

---

78) 이런 경향성에도 불구하고 1249년 무렵에 이미 200여 수의 시를 실은 『南陽詩集』이 간행된 바 있는 白賁華의 시가 전혀 선발되지 않은 것은 매우 의아스러운 점이다. 편집이 먼저 시작된 『동국여지승람』에 뽑힌 3수 중 龍興寺題詠의 본문이 현전 『南陽詩集』 권상의 <夏日與李翰林春卿文長老遊龍興寺山頭月夜小酌, 文長老有詩, 次其韻>과 네 글자나 틀린 점으로 보아, 『승람』의 편찬에도 참고되지 않았을 만큼 시집의 존재를 몰랐기 때문일 가능성이 크지만, 그 과정에서 시인의 존재는 알았을 터이므로, 『오칠』 이래의 시선집들이 빠뜨린 흠을 메울 수 있었을 터임에도 불구하고, 같은 잘못을 범했다고 보아야 할 것이다.

결국 『동문선』은 습득할 수 있는 문집을 직접 검토하여 선시하기보다는 기존선집에 실린 것을 우선적으로 싣고, 시화류·사서 등에 산재된 작품을 그 다음으로 취하는 방식으로 편찬된 듯하다. 이처럼 1차 자료보다 2차 자료에 거의 의존한 점은 편찬의 객관성을 상당한 정도로 유지시켜 준 한편으로, 선집으로서의 독자성이 축소되게 한 요인이라고 할 수 있다. 그러나 선집에 대한 의존도가 컸던 탓에 산문보다는 엄선된 성격을 지녔다고 보아야 할 것이다.

4. 結語

『동문선』에 실린 산문의 주된 출처는 선집이었으므로, 우리 시문만을 대상으로 한 최초의 선집인 『동국문감』이 『동문선』이 이용한 가장 초보적인 자료였을 듯하지만, 이 책을 주로 이용하여 선문한 『동인지문』이 아울러 이용되었을 것이다. 『동인지문사륙』은 변문 1/4의 출처일 만큼 의존도가 높았으며, 200여 편 미만에 불과하였을 『동인지문천백』 또한 충렬왕대 이전 비사륙문 절반쯤의 출처로 이용되었을 것으로 보인다. 그리고 『선수집』과 『동문수』로 계승된 『동인문보』 등의 선집도 산문의 중요한 출처였을 것이다.

문집 또한 『동문선』의 편찬에 크게 이용되었다. 문집과의 일치 정도를 통해 살핀 결과, 최치원·임춘·이규보·최해·이제현·이곡·이색·이숭인·정도전·이첨·권근·변계량의 산문은 문집에서 직접 선발된 듯하다. 문집이 현전하지 않는 이인로·최자·김구의 산문 또한 문집에서 선입되었겠지만, 김부식·최유청·김극기의 산문은 문집이 참고되지 않은 것으로 보인다. 또 승려 가운데 무외·복암·식영암의 산문은 문집에서 직접 선발된 듯하다. 이 밖에 사서, 잡서류, 지방관이 올린 자료 등도 선문의 자료로 이용되었을 가능성이 크다.

『동문선』에 실린 시의 가장 중요한 출처도 선집이었을 것이다. 『십초시』는 나말·여초의 시인 4인의 7율의 선발에 결정적으로 활용되었으며, 『동인지문오칠』의 출처였던 『동국문감』 또한 중요한 선시자료였을 것이다. 『오칠』이 최치원·김부식·임춘·이인로·김극기·이규보·최자 등 극히 일부 시인을 제외하고는 『문감』에서 재선했을 듯하므로, 이 책은 『오칠』에 실리지 않은 시를 선입하는 데 크게 이용되었을 것이다. 이 책이 충렬왕대 이전 시인의 시를 선발하는 데 『오칠』 다음으로 주요한 자료로 삼았던 문헌이었으리라는 것은 『청구풍아』와의 대비를 통하여 확인할 수 있다.

현전 『오칠』 잔권과 관련된 시 164수 중 5수만 제외된 점으로 보아 가장 중요한 자료로 활용된 선집은 『오칠』이었다. 현전 『오칠』 잔권의 양상 및 『삼한시귀감』·『동문선』과의 관계를 통해 추정하면, 실전된 『오칠』에는 『동문선』에 선시된 시인 70여 명 중 60여 명의 320~330여 제 400~410여수의 시가, 전체적으로는 90여 명의 490여 제 610여 수의 시가 실려 있었을 것으로 보인다. 결국 『동문선』 편찬과정에서 『오칠』 밖에서 선입된 시는 수집이 쉬웠을 승려·무명씨의 시와 집구시 110여 수와 문집이 아닌 다른 선집·시화류·사서 등에서 선입한 100수 미만이었을 것으로 보인다.

『오칠』 잔권 소수 시인의 시 중 『동문선』에 추가된 시들로 보아, 『동문선』은 관각시의 추가, 배율·집구시·육언시·팔경시·사시사 등 특이한 시체나 형식에 속하는 시의 선발, 무명씨·승려의 시의 선입, 특이한 일화를 지니거나 세상에 널리 알려진 수창시의 선발 등에 선집 이외의 자료를 이용한 듯하다. 『동문선』 편찬에 작용한 이런 의도는 『동문선』을 내용·의리의 측면에서 잡다하게 하는 등 여러 모순적인 요소를 지니게 하였다.

『동문선』은 그 밖에도 고려 말에 편찬된 선집인 『선수집』과 『속동인문』 또한 선발자료로 이용했을 것이다. 『선수집』은 충숙왕부터 공민왕대까지 사망한 시인의 시, 『속동인문』은 충숙왕부터 조선조 世宗 초까지 작고한 시인의 시를 선발하는 데 이용되었을 것으로 보인다.

선집 다음으로 중요한 선시자료는 시화류와 사서였을 것이다. 『파한집』·『보한집』을 출처로 한 것으로 보이는 『오칠』 잔본에 시가 남아 있는 시인들의 시가 40여 제에 이르는 점으로 보아, 『동문선』은 『잡서』부터 『동인시화』까지의 시화집을 출처로 하거나 거기서 얻은 정보를 바탕으로 많은 작품을 선입하였을 것으로 보인다.

『동문선』은 시의 경우에도 개인문집에서 상당한 작품을 취했을 것으로 보인다. 집구시가 많이 선입된 임유정과 10제 이상이 선발된 승려 천인·원감·굉연의 경우가 쉽게 찾을 수 있는 예이다. 특히 승려 진정과 임계일·유경 등 6명의 사대부의 시는 『진정국사호산록』을 출처로 하였을 듯하다. 그러나 『무의자시집』·『태고화상어록』·『나옹화상송가』·『대각국사문집』·『천봉시고』 등은 참고되지 않은 것으로 보인다.

사대부의 시는 대부분 문집보다는 선집과 시화류 등에 의존한 것으로 보인다. 김부식·이인로·이규보·진화의 경우에만 『오칠』·『귀감』에 비하여 『동문선』 소수시의 편수가 현저히 늘어난 점으로 보아, 이들의 추가시의 일부는 문집에서 직접 선발되었을 듯하다.

결국 『동문선』은 시의 경우 기존선집에 실린 것을 우선적으로 싣고 시화류·사서 등에 산재된 작품을 그 다음으로 취하는 방식으로 편찬된 듯하다. 이처럼 2차 자료에 크게 의존한 점은 『동문선』 편찬의 객관성을 유지시켜 주는 한편으로, 선집의 독자성이 축소되게 하였다. 그러나 이 때문에 산문보다는 엄선된 셈이라 할 수 있다.

이 글은 『동문선』의 이해에 필수적으로 요청되는 문제의 하나가 수록 시문의 출처를 검토하는 작업이라고 보고, 그 자료를 산문과 시로 나누어 살펴보았다. 그러나 가능한 대로 실증적으로 접근하고자 품이 많이 들 수밖에 없는 노력을 하였음에도 불구하고, 추정에 크게 기댄 탓에 공허한 논의가 아니겠느냐는 뼈아픈 비판을 피하기 어려운 한계를 지닌 듯하다. 그러나 가장 요긴한 자료인 문집·선집들을 더 확보하기 어려운 현재로서는, 이렇게라도 살펴봄으로써 텍스트를 더 잘 설명할 필요가 있다는 점을 덧붙여 둘 뿐이다.79)

〈『진단학보』 106(2008) 수록〉

79) 발표회의 질의자인 부산대 이준규 선생께서 『西河集』·『牧隱集』의 경우 중간본이 『동문선』보다 후대에 간행되었으니 『동문선』을 활용했을 수도 있지 않겠느냐면서 텍스트에 대한 검증이 그 전거문헌에 대해서도 이루어져야 한다고 근본적인 문제를 제기하셨다. 용인해야 할 지적이기에 사의를 표하지만, 이 작업조차 버거운 마당이라 당장 다 해결하기는 어렵다. 그러나 현전 『西河集』의 경우 중간본에 추가된 列傳·行狀·跋에 荒誕한 내용이 있음에도 불구하고 行狀의 "德坤曰, '吾祖舊有集六卷, 逸于兵燹, 有浮屠淡印者, 以銅盎盛而埋之, 歷數百年.' 而當我肅宗癸巳. 淸道雲門釋印,淡, 感于夢, 掘淡印所藏本, 行于世.", 『牧隱藁』의 경우 跋의 "於是遍求諸有, 閱其散帙, 則或三件或二件, 其中第十四篇, 只有一件, 而所謂重疊."을 부정할 증거를 찾을 수 없으므로, 두 책 모두 초간본과 같을 것이라고 보고 논의할 수밖에 없다.

『東文選』의 編刊上의 오류에 대한 고찰

1. 서언

『東文選』의 연구가 오래 진행됨에 따라 다양한 관점에서 천착된 깊이와 너비를 갖춘 성과들이 축적되어 왔다.[1] 그러나 편찬의 배경·동기·과정, 선문의 방향·실상과 같은 문제들이 엇비슷한 내용으로 거듭 논의되는 상투성을 보였는가 하면, 시문의 특성이 문헌의 특수성에 대한 배려가 부족한 채 연구자의 문제의식에 따라 설명되는 경향을 주로 보이는 등 적지 않은 한계를 드러낸 것으로 보인다. 또 텍스트 비평[2]이나 소수 시문

---

1) 두드러진 성과는 다음과 같다. 李佑成, 「東文選 解題」, 『東文選』(영인본: 경희출판사, 1966) ; 李慶善, 「民族文化의 찬란한 遺産 東文選」, 『韓國의 名著』(현암사, 1969) ; 許興植, 「東文選의 編纂動機와 史料的 價値」, 『韓國古典심포지움』 2(震壇學會, 1985) ; 李東歡, 「東文選의 選文方向과 그 意味」, 『韓國古典심포지움』 2 ; 許興植, 「『東文選』의 編纂過程과 佛教史料」, 『高麗佛教史研究』(일조각, 1986) ; 黃渭周, 「朝鮮 前期의 漢詩選集」, 『정신문화연구』 68(한국정신문화연구원, 1997 ; 呂運弼, 「『東人之文五七』의 面貌와 『東文選』과의 關聯樣相」, 『韓國漢詩研究』 3(한국한시학회, 1995) ; 安大會, 「朝鮮時代 文章觀과 文章選集」, 『정신문화연구』 68 ; 배규범, 「東文選 편찬과 수록된 佛家詩文의 의미」, 『국제어문』 30(국제어문학회, 2004) ; 呂運弼, 「『東文選』 시문의 출처에 대한 고찰」, 『震檀學報』 105(진단학회, 2009).

2) 철저히 검증한 결과는 아니지만, 李鍾文, 「崔沆의 시에 대하여」, 『어문논집』 26(고려대 국어국문학연구회, 1986), 呂運弼, 「『東人之文五七』의 面貌와 『東文選』과의 關聯樣相」(『韓國漢詩研究』 3(한국한시학회, 1995), 金乾坤, 『新羅·高麗時代의

의 출처 탐색 같은 문제는 거의 다루어지지 않았을 뿐 아니라, 작가·시문을 통계적으로 따진 결과는 신빙할 만한 예를 보기 어려운 문제점도 눈에 띈다. 이에 따라 개별 연구자가 문학적 관점에서 종합적으로 접근한 성과라 할 단행본[3])이 간행되었지만, 그것이 오히려 문제점을 두루 드러낸 것이 아닌가 하는 난감한 느낌마저 떨치기 어렵다.[4]) 이처럼 『동문선』이라는 텍스트의 내부와 주변이 지닌 기본적인 문제를 탐색한 결과가 모두 한계에 빠져 있는 점은 편찬과정의 모호성, 분량의 방대함, 시문의 다기성, 접근방법상의 난점 등에 기인한다고 볼 수 있지만, 한편으로는 그것을 이유로 한 문제의식의 부족이나 검토상의 부주의와도 연관된 것으로 보인다. 텍스트의 주변에 대한 실증적 접근이나 작가·작품에 대한 실제적 확인·대조의 불비에서 초래된 그런 문제들은 한두 가지가 아니다. 예컨대 텍스트의 착오에 대해서는 거의 손을 대지 못하였는가 하면, 수록 시문의 출처에 대한 검토는 여전히 출발단계에 머물러 있다. 특히 품만 많이 들이면 어렵지 않을 작품·작가의 통계는 제시될 때마다 다르면서도 신빙할 만한 예가 보이지 않는다.

이런 점을 고려하여 이 글에서는 『東文選』에 대한 연구의 한 맹점으로 보이는 텍스트비평의 두드러진 부분이라 할 책이 지닌 주요한 오류들에 대한 검토를 시도해 보고자 한다.

2. 오류의 유형별 검토

『동문선』은 원전 자체가 오류와 부주의를 많이 지닌 문헌이다. 원전의

名詩』(이회, 2005)에서 밝힌 10건 미만에 불과한 것으로 보인다.

3) 김종철, 『동문선의 이해와 분석』(청문각, 2004).

4) 거의 같은 내용의 비판을 呂運弼, 「『東文選』 시문의 출처에 대한 고찰」의 서언에서도 한 바 있다.

이런 결함은 『국역동문선』의 실수[5])와 상승작용을 하여 연구자들로 하여금 이중적 착오를 범하게 한 사례가 적지 않았지만, 그것을 일일이 찾아서 지적하지는 않기로 한다. 원전에 대하여 이러한 문제의식을 지닌다고 하여 필자가 갑자기 전체적인 검토 결과를 제시하기는 어려우므로, 여기에서는 두드러진 몇 가지 유형의 중요한 오류들의 실상을 밝힘으로써, 본격적인 원전비평의 필요성을 제기하는 데 그치기로 한다.

1) 작가 배열순서의 혼란

『동문선』은 먼저 문체를 기준으로 분류한 다음에, 활동시기를 기준으로 작가별로 작품을 배열하는 수록방법을 취한 선집이다. 이 책의 편찬동기의 하나가 우리나라 문학의 전개과정을 정리하여 뒷날에 전하고자 하는 것[6])이므로 작가의 시간적 위치는 매우 중요하다고 할 수 있다. 그러나 이 책은 작품을 제시한 순서에 매우 심한 혼란을 보임으로써 스스로 편찬방침을 어겼을 뿐 아니라, 독자의 문학사적 이해에 커다란 불편을 가져다 주었다. 이 책의 이런 착오는 두 가지 종류로 나누어 살필 수 있다.

하나는 작가를 시대순으로 배열하면서 크게 잘못을 범한 경우이다. 30년 이상 연상이었을 것으로 보이는 좌주 韓方信(?~1376)의 7언절구가 문생인 李存吾(1341~1371)보다 한참 뒤에 실린 것은 몰년순으로 수록한 탓일 법하지만, 스승인 懶翁(1320~1376)의 7언율시가 몰년마저 늦은 宏演(?~?)[7])보다 뒤에 실은 것은 이해하기 어려운 점이다. 이와 같은 잘못은

---

5) 金容漢, 「민족문화추진회 刊行 國譯東文選의 問題點」, 『嶠南漢文學』 2(교남한문학회, 1989)에 따르면 작가명이 오기된 사례가 210회에 이르고, 작가별 색인의 착오가 100회에 이른다. 그러나 이 또한 정확한 검증은 아니어서 색인의 경우 鄭之祥을 鄭知常으로, 金緣을 金綠으로 처리하거나 田祿生의 비답을 무명씨의 작품으로 처리하는 등 이보다는 훨씬 많지만, 원전의 문제가 아니므로 자세히 지적하지 않는다.

6) 徐居正, <東文選序>. "是以代各有文, 而文各有體. 我東方之文, 非宋元之文, 亦非漢唐之文, 而乃我國之文也. 宜與歷代之文, 幷行於天地間, 胡可泯焉而無傳也哉?"

좋게 보면 부주의에 불과한 작은 문제로 볼 수도 있지만, 7언율시의 경우 崔瀣(1287～1340)·禹倬(1263～1342)·鄭子厚(1289?～1360)·邢君紹(?～?)·白元恒(?～?)·尹奕(?～?)·閔光鈞(?～)의 순서로 실은 것은 망발이 매우 심하다. 백원항은 1279년에 감시에 급제한 사실이 확인되니 1260년경에 출생하였을 것으로 추정되고, 민광균은 1220년대에 사망했을 것[8]으로 보이는 시인이니 착오가 지나치다. 또 釋月窓의 7언율시가 李穡(1328～1396)의 시 앞에 실린 점도 커다란 착오이다. 월창은 杜詩를 언해하는 작업에 직접 참여했던 詩僧 義砧의 호인데, 柳方善(1388～1443)이 그에게 준 시 <寄月窓砧上人>(『泰齋集』 권2) 등 3제를 남긴 데서 世宗代까지 살아 있었음[9]이 분명이 드러나니 크게 잘못 처리한 셈이다.

7언절구의 수록순서가 崔惟清(1095～1174)·鄭知常(?～1135)·鄭沆(1080～1136)·朴椿齡(?～?)·朴浩(?～?)·釋大覺(1055～1101)·李之氐(1092～1145)의 순서로 된 것도 착종이 심한 경우이다. 관련된 몇 가지 증거[10]로 보아, 석대각·박호·정항·정지상·이지저·최유청·박춘령의 순서로

---

7) 자가 無說(悅), 별호가 竹磵으로 『竹磵集』을 남겼는데, 『慵齋叢話』에서는 龜谷의 제자라 했으며, 『東文選』에 시가 10제 12수나 실린 시승이다. 牧隱 주변의 문인들과 가까웠고, 목은이 28세에 지은 시에서 "竹磵老禪"이라 한 데서 목은보다 연상이었음이 짐작되는데, 목은이 54세에 지은 시 <得無說書>가 있는 것으로 보아 1381년까지는 살아 있었다.

8) 그의 시 <登第>(『東文選』 권15)에서 "二兄早得成龍器, 一弟曾收中鵠功."이라 했고, 牧隱의 <賀竹溪安氏三子登科詩序>에서 仁鈞의 형이라 했는데, 仁鈞은 熙宗 원년(1205)에 급제했다. 이를 부친 閔公珪가 1115년생인 閔令謨의 제2자이고 그가 제3자라는 점과 함께 고려하면, 1180년에 급제했던 이인로(1150～1220)보다 생년과 급제년도가 빠르지는 않았을 듯하다. 그러므로 대체로 1220년대에 죽었다고 볼 수 있을 것이다.

9) 목은이 작고하던 무렵에 驪江에서 피서할 때 만나서 <送月牕序>를 지어 주었고, 圃隱·若齋·陶隱과 교유했다면서 牧隱의 시를 가지고 와서 청하기에 權近이 <贈華嚴重德義砧序>(『陽村集』 권15)를 지어 주었던 사람인데, 曹伸의 『謏聞瑣錄』에서는 유방선이 좇아서 두시를 배웠던 이라고 하였다.

10) 정항은 정지상보다 10년 먼저 등제하였을 뿐 아니라 최유청의 장인이고, 박호는 숙종 5년(1100)에 遼나라에 正使로 갔으며 박춘령은 1140년대 초반인 仁宗 말에 完州守를 지냈다.

배열되어야 옳다. 또 같은 시체의 배열에서 尹紹宗(1345～1393)・廉興邦(?～1388)・鄭思道(1318～1379)・康好文(?～?)・韓方信(?～1376)・元松壽(1324～1366)[11]의 순서로 수록한 것도 납득하기 어려운 점이 많다.

이 밖에도 趙通(1148～?)[12]의 5언율시를 鄭知常(?～1135)・權適(1094～1147)보다 앞에, 명종 24년(1194)에야 급제한 金君綏(?～?)의 시를 계속 20년 이상 연상으로 보이는 金克己(1150년경～1209)보다 앞에, 趙永仁(1133～1202)의 7언배율을 李藏用(1201～1272)보다 뒤에, 1263년에 대사성으로 몽고에 갔다가 이듬해에 돌아온 韓就의 <次李眉叟過漁陽韻>(권20)[13]을 洪侃(?～1304)과 李混(1252～1312) 사이에 실은 것도 매우 비정상적인 배열의 예이다. 그리고 釋戒膺(?～?)[14]의 시를 金克己(1250년경～1209)와 兪升旦(1168～1232)의 사이에, 坦然(1070～1159)의 시를 釋天因(1205～1248)과 崔瀣(1287～1340)의 사이에 실은 것 또한 마찬가지이다. 또 疏의 경우 이첨(1345～1405)의 글을 釋宓庵(1226～1292)의 뒤에 실은 경우도 지나친 처사라 하지 않을 수 없다.

다른 하나는 작가의 시간적 위치를 앞에 두었다 뒤에 두었다 한 혼란이다. 이런 예로는 崔滋(1188～1260)의 다른 갈래의 글은 陳澕(?～?)[15]보다 뒤에 실었으나 賦는 李仁老(1150～1220) 앞에 싣고, 釋息影菴[16]의 記

11) 한방신은 1360년에 정3품관으로 同知貢擧를 맡은 데 대하여, 염흥방은 1357년, 강호문은 1362년에야 급제하였다.

12) 崔瀣의 <海東後耆老會序>(『拙藁千百』 권1)에 따르면 조통은 1211년에 64세였다.

13) 1177년에 작고한 平章事를 지낸 동명이인이 있지만, 행적과 시의 내용으로 보아 강화가 이루어진 직후인 蒙古에 갈 때 지은 시일 것이다.

14) 호가 太白山人이엇던 승려로 생몰년 미상이지만 釋義天(1055～1101)의 수좌를 지낸 적사이다.

15) 『東國李相國集』을 자세히 검토하면 陳澕와 연관된 시는 1221년까지 확인된다. 마지막 작품에 종4품인 少卿으로 나타나는데, 정4품인 右司諫으로서 知公州事로 나갔다가 임지에서 죽었다고 하였으니, 대체로 1225년 이전에 사망했을 듯하다.

16) 김현룡, 「석식영암의 정체와 그의 문학」, 『국어국문학』 89(국어국문학회, 1983)에서는 忠宣王의 第三子인 德興君 譓로 비정하고 李齊賢(1287～1367)보다 10년 이상 연하였을 것이라 하였고, 김건곤, 「性理學 導入期 文人의 僧侶 交遊」, 『고려시대

는 李仁老와 李奎報(1268~1241) 사이에 실었으나 傳은 李崇仁(1347~1392)과 鄭道傳(1342~1398) 사이에 실은 착오를 들 수 있다. 이런 사례 또한 매우 흔하여 작가의 시대적 위치를 파악하는 데 어려움을 주는 점이 많다. 이런 점은 釋天因(1205~1248)의 5언고시를 李混(1252~1312)의 뒤에 싣고, 7언고시는 최자 바로 앞에 실은 것처럼 승려들의 경우에도 드물지 않다.

2) 문체 · 시체와 관련된 착오

『동문선』은 문헌의 1차적 분류기준인 문체와 관련해서도 몇 가지 중대한 착오들을 범하였다. 이런 착오는 세 가지 종류로 나누어 살필 수 있다.

첫째, 편찬의도를 벗어난 갈래에 속하는 작품을 선발한 경우이다. 권112에는 釋宓庵의 <祖師禮懺兼發願文>이 실려 있다. 이 글은 佛家에 고유한 문체인 發願文 내지 願文에 해당하는 글인데, 이를 疏에 포함시켜 실은 것은 權近의 <使臣柳珣鄭摠鄭臣義等速還本國之願> 등 願疏 2편이 실려 있는 점에서는 이해할 수도 있으나, 원소와 발원문은 성격이 다르므로 적절한 選文으로 보기 어렵다. 발원문은 『동문선』이 수록하기로 한 문체에 해당하지 않는 종류이니, 엄밀하게 말하면 널리 알려진 바와 같은 46종이 아니라 47종의 문체의 글을 실음으로써, 이중적인 착오를

의 문인과 승려』(파미르, 2007)에서는 속성이 南原梁氏, 법명이 淵鑑으로 이제현과 동년배 혹은 연장자였을 것이라고 추정된 바 있다. 이색의 <鐵城府院君李文貞公墓誌銘, 幷序>(『목은문고』 권17)에서 李嵒(1297~1364)이 "선원사의 식영 노인과 방외의 벗이 되어(與禪源息影老人爲方外友)"라 하고, 權近의 <有明朝鮮國普覺國師碑銘, 幷序>(『陽村集』 권37)에서 幻菴(1320~1392) "식영감 화상을 선원사에서 배알하고 『능엄경』을 배워 그 골수를 깊이 얻었다.(謁息影鑑和尙于禪源, 學楞嚴深得其髓.)"라고 한 것으로 보아, 환암의 다른 스승인 太古(1301~1382)보다 연하는 아닌 승려였을 것으로 추정된다. 이는 그의 <菊坡說>(『동문선』 권97) 첫머리의 "三年丙寅"이 泰定 3년(1326)을 가리킨 것으로 보이는 점과도 부합된다고 할 것이다.

범하고 말았다고 할 것이다. 굳이 싣고 싶었다면 雜著로 분류하는 것이 합당했을 것이다.

둘째, 문체 내지 시체의 분류에 잘못을 범한 경우이다. 乙支文德의 <贈隋右翊衛大將軍于仲文>(권19)은 근체시가 성립되기 이전인 7세기 초에 지어진 작품일 뿐 아니라 簾法도 근체와 부합하지 않으므로 古體로 보아야 함에도 불구하고, 5언절구로 잘못 분류하여 싣고 말았다.

이규보의 <洛山觀音腹藏修補文, 幷頌>(권50)을 頌에 소속시킨 것도 착오라 할 수 있다. 序를 붙인 碑銘을 序로 분류한 것과 같은 어이없는 현상이 생긴 셈이다. 『東國李相國集』처럼 잡저로 처리하거나 道場文으로 분류해야 할 글을 부주의로 인하여 잘못 처리한 예라 할 수 있을 것이다. 이숭인의 <草屋子傳>의 제목을 <草屋子傳, 幷贊>으로 하여 贊에 소속시킨 것 또한 유사한 착오이다.

그러나 『삼한시귀감』(권하)에서 고시로 분류한 李混의 <西京永明寺>를 율시로 분류한 예는 착오가 아니라, 오히려 『삼한시귀감』의 착오를 바로잡은 예로 볼 수 있다. 이 작품은 전반부에 律古參半의 수법으로 고풍을 도입하고 수차 拗救한[17] 특수성이 있을 뿐 율시의 율격을 벗어나지 않았고, 『동인지문오칠』(권9)에도 이혼의 시가 <擬古>(5언고시) · <寄姪彦冲>(5언율시) · <西京永明寺>(7언율시) · <春日江上卽事>(7언절구)의 순서로 실려 있어, 책의 편찬방침인 5언고시 · 7언고시 · 5언배율 · 7언배율 · 5언율시 · 7언율시 · 5언절구 · 7언절구라는 시체별 순서에 부합한다. 따라서 최해가 7언율시로 인식하였음이 분명한 작품을 趙云仡이 착각하여 고시로 분류한 잘못을 바로잡은 것일 뿐, 착오를 범한 예는 아니라고 할 수 있다. 착오와 부주의가 많은 문헌으로서는 드물게 온당한 안목을 발휘한 예라 할 것이다.

17) 박수천, 「徐居正의 文學批評」(『韓國漢詩批評의 硏究』, 태학사, 2003), 132면.

셋째, 한 작품이 두 차례 실리거나 두 작품이 하나로 합쳐진 경우이다. 이색의 <近思齋逸藁後序>(『牧隱文藁』 권7)는 序로 분류되어 <近思齋逸藁後序>(권86)로 실린 데 이어, 다시 跋로도 분류되어 <近思齋逸藁跋>(권102)로 실림으로써, 결과적으로 같은 작품이 두 차례 실리고 말았다.

시체의 분류와 관련되면서도 한 작품이 두 차례 실린 착오이기도 한 사례로는 이인로의 경우를 들 수 있다. 『파한집』(권상)에는 다음과 같은 글이 실려 있다.

> 전에 내가 계양에 수령으로 가서 안렴사의 부신을 받들고 용산에 이르러 상국 한언국의 서재에서 묵었다. 산봉우리들이 꾸불꾸불한 모양이 푸른 뱀과 같고, 서재는 바로 그 이마를 차지하고 있었는데, 강물이 그 밑에 이르러 나뉘어 두 갈래가 되고, 강 밖에는 먼 산봉우리가 는데, 바라보니 '山'字와 같았다. 나는 낭랑하게 읊으며 일어나서 붓이 가는 대로 벽에다 다음과 같이 적었다.[18]
>
> 질펀한 두 갈래 강물은 제비꼬리가 나뉜 듯한데
> 아득한 삼신산은 거북[19] 머리 너머에 있네.
> 뒷날에 만약 구장[20]을 따르도록 허락하신다면
> 함께 물 속의 섬에서 백구를 가까이 하리.
>
> 二水溶溶分燕尾, 三山杳杳隔鼇頭.
> 他年若許陪鳩杖, 共向滄洲狎白鷗.

---

18) 李仁老, 『파한집』 권상. "昔僕出佐桂陽, 承廉使符, 到龍山宿韓相國彦國書齋. 峰巒盤屈狀若蒼蛇, 而齋正據其額, 江流至其下, 分爲二派, 江外有遙岑, 望之如山字. 僕朗音而起, 信筆題于壁云, '二水溶溶分燕尾, 三山杳杳隔鼇頭. 他年若許陪鳩杖, 共向滄洲狎白鷗.'"

19) 鼇는 삼신산을 지고 바다에 산다는 전설상의 거북이다.

20) 鳩杖은 꼭대기에 비둘기를 새긴 지팡이로, 대개 제왕이 신하에게 하사하던 것이다.

<宿韓相國書齋>(권19)는 위의 글을 출처로 한 작품으로 보이는데, 『동문선』의 편찬자가 이 시를 首句入韻하지 않은 7언절구로 보고 적당히 제목을 붙여서 실은 듯하다. 그런데 문제는 7언율시 <韓相國)江居>(권13)가 같은 책에 함께 실려 있다는 점이다. "구름이 이는 곳을 뚫어 깨뜨리고서 작은 다락을 얽으니, 끝이 없는 강산이 발 사이로 들어오네. 謝公[21]은 천금의 비용을 아끼지 않았는데, 范相[22]은 응당 쪽배 하나를 타고 노닐리.(鑿破雲根構小樓, 江山無限入簾鉤. 謝公不惜千金費, 范相應將一舸遊.)"로 된 起·頷聯에 이어진 頸·尾聯이 위의 시와 똑같은 것이다. 이 작품은 수구입운하지 않고 하평성 '侯'韻으로 압운하면서, 예외적으로 수구가 아닌 제4구에 '尤'韻으로 통운한 시이다. 따라서 이 시는 당초에 율시였을 텐데, 이를 한 차례 싣고서, 그 절반을 잘라서 절구로 처리하여 한 차례 더 싣는 착오를 범한 셈이다.

이러한 착오는 『東國文鑑』이나 『東人之文五七』과 같은 선집을 출처로 하였을 것으로 추정되는 율시의 선입과정에서 생긴 것이 아니라, 시화집을 이용하면서 중복이나 완편 여부를 확인하지 않은 채 절구로 보고 <숙한상국서재>를 선입한 탓에 생겼을 것이다. 다시 말하면 이인로가 시화집의 흔한 관례대로 자신의 율시 가운데 후반부만 소개했음에도 불구하고, 이를 본 편찬자가 시의 전문이 소개된 줄 알고 적당한 제목을 붙여 선입하다가 생긴 일이라는 것이다.

두 작품이 하나로 합쳐진 착오도 있다. 이색의 <自京師東歸途中作>(권16)은 『牧隱詩藁』 권3의 7언율시 <自京師東歸途中作>과 <省中>을 합하여 같은 작품의 2수로 실은 예이다. 운이 다르고 맥락마저 연결되지

---

21) 東晋의 재상 謝安을 가리킨다. 그는 東山에 은거하면서 시·술·바둑으로 소일하다가 40대에 벼슬에 나가 표기장군·승상을 지냈다.

22) 춘추시대 越의 재상 范蠡를 가리킨다. 그는 越王 句踐을 도와 吳를 멸망시킨 뒤에 벼슬을 버리고 扁舟를 타고 江湖를 떠다니거나 五湖에 숨었다고 한다.

않는 두 작품을 하나로 만들어 버렸으니 큰 착오라 할 터인데, 부주의로 제목을 하나 더 밝히는 것을 빠뜨린 착오로 볼 수 있을 것이다.

3) 작가에 대한 착오

작가와 연관된 착오는 크게 다섯 종류이다.

첫째, 작가의 성명 가운데 한 글자가 잘못 적혀 있는 경우이다. 7언율시 <龍宮閑居金蘭溪得培寄詩, 次其韻>(권19)은 全元發[23]의 작품으로 보이는데, 성씨가 자형이 비슷한 金으로 잘못 표기되었다. 또 역시 7언율시인 <山居>(권21)의 작가 이름은 曹繼芳[24]이 맞을 것으로 보임에도 불구하고, 曹係芳으로 이름 중 한 글자가 잘못 적혀 있다.[25] 이런 예들은 편찬과정이나 인쇄과정에서 생긴 단순한 착오라 할 수 있다.

둘째, 동일인의 異名을 제대로 파악하지 못하고 다른 사람인 줄 알고 따로 실은 사례가 鄭興-鄭可臣, 柳璥-釋始寧[26], 釋大覺-釋煦, 釋圓鑑-

---

23) 『新增東國輿地勝覽』·『大東詩選』 등의 기록으로 보아 全元發이 옳은 듯하다. 전원발에 대하여 『신증동국여지승람』 권25의 龍宮縣 인물조에서는 호가 菊坡이고 원나라에 들어가서 榮祿大夫·兵部尙書·集賢殿太學士를 지내고 고려에서 竺山府院君에 봉해졌다고 하고, 누정조에서는 淸遠亭이 그가 살던 곳이라고 한 데 대하여, 『五洲衍文長箋散稿』의 <東人得參中國榜眼辨證說>에서는 壽城人으로 文科를 거쳐 원나라 制科에 第三人으로 급제하고 翰林學士를 지냈다고 하였는가 하면, 『燃藜室記述』 별집 권4에서는 고려조에서 병부상서를 지내고 蘇川書院에 제향되었다고 하는 등 행적이 엇갈리게 나타난다.

24) 『동문선』·『東人詩話』에는 曹係芳으로 나타나는 데 대하여, 『青丘風雅』 등 다른 대부분의 시선집에는 曹繼芳으로 나타나는데, 『埜隱逸稿』·『신증동국여지승람』·『海左集』 등의 기록으로 보아 曹繼芳이 옳은 듯하다. 그에 대하여 『新增東國輿地勝覽』 권27 昌寧縣 인물조에서는 과거에 급제하여 벼슬이 直提學에 이르렀다고 하였다.

25) 이 두 건은 김건곤, 앞의 책, 208면에서 이미 밝혔다.

26) 홍은 가신의 초명이고, 시녕은 유경의 본관인 文化의 별칭이다. 이런 착오는 釋眞淨의 『眞淨國師湖山錄』, 또는 진정을 社主로 한 白蓮社의 시고에서 말미암은 것으로 보인다.

釋宓庵[27] 등 4건으로 사대부와 승려에 다 보인다.

셋째, 무명씨의 작품을 유명씨의 것으로 만들어 버린 착오이다. 권18에 실린 7언배율인 <童女詩>(권18)와 <次韻>(권18)은 모두 金贊의 작품으로 되어 있다. 자신의 시와 같은 운으로 또 지을 때에는 又·又賦·再賦라 하지 차운이라 하지는 않으므로, 다른 작가의 이름이나 '無名氏'를 빠뜨리고 실은 탓에 생긴 착오일 것이다. 또 <停止寺>(권14)는 權適의 작품 <停止房>[28]이, <褫郡職>(권)은 李元弼의 작품[29]이 무명씨의 작품으로 잘못 처리되어 버린 예로 볼 수 있다.

넷째, 작품의 제명이나 내용으로 보아 작가일 수 없는 사람의 작품으로 된 착오들이다. 仁宗이 타계한 1146년에 태어나지도 않은 李奎報(1168~1241)가 <仁王罪己教書>(권23)의 작가로 되어 있는 어이없는 사례가 보인다. 이 글은 인종이 나라에 커다란 변고가 생긴 죄를 자신에게 돌린 내용으로 된 教書로 <仁王遺教>(권23)처럼 지은이를 알 수 없는 작품일 가능성이 큰데, 『東人之文四六』(권6)에서 이규보의 <故參知政事鄭克溫配享神宗> 다음에 실으면서 무명씨의 작품임을 나타내는 '失明·亡名·亡名 甲'을 빠뜨린 착오를 '前人'으로 오해하여 답습한 착오일 테지만, 왕명인 '인왕'만으로도 쉽게 시대의 차이를 알 수 있을 것임에도 불구하고 놓쳐 버리고 말았다.

또 백원항의 <上崔政丞宗峻>(권15)은 작가와 시를 받은 사람 가운데

---

27) 大覺은 義天의 시호이고 煦는 속명이며, 圓鑑은 冲止의 시호이고 宓庵은 자호인데, 모두 다른 사람인 양 작품이 따로 실려 있다. 전자는 국왕에게 올린 詞疏인 탓에 속명을 쓴 줄을 모른 탓이고, 후자의 경우는 시집은 원감국사, 문집은 복암화상으로 된 데 말미암은 것이다.

28) 『보한집』(권상)에서 작가가 권적이라는 사실을 밝히고, <停止房>이라는 제목으로 같은 시의 전문이 인용되어 있다.

29) <褫郡職>(권19)은 작품 뒤의 "此詩不知誰作, 世傳一吏官纔出身得郡寄,, 爲趙按廉所黜, 有是作."이라는 주와 『芝峰類說』 권13의 "李元弼麗末人, 以郡守爲按廉使趙某所黜."이란 글의 내용이 같은 점으로 보아, 이원필의 작품으로 보아야 할 듯하다.

어느 한쪽의 이름이 잘못된 예일 것이다. 백원항은 1260년경에 출생하여 1330년경에 타계한 것으로 보이는 문인인 데 대하여, 최종준은 생년이 미상인 채 1201년에 등제하여 백원항이 출생하기도 전인 1246년에 사망한 사림이다. '功名四代'라 한 시의 내용으로 보아 3대의 재상 奭·惟淸·詵에 이어 侍中을 지낸 최종준에게 올려진 시가 맞을 듯하니, 다른 어떤 시인이나 무명씨의 작품이 백원항의 것으로 되어 버린 차오일 것이다.

다섯째, 작가를 바꾸어 버린 착오이다. 충렬왕대 이전의 시의 경우 權適의 <僧舍晝眠>·<江陵送安上人之楓岳>(『삼한시귀감』 권중)을 金富儀의 작품(권19)으로 한 것, 崔讜의 <送人>(『삼한시귀감』 권상) 2수와 林宗庇의 <馬上寄人>(『三韓詩龜鑑』 권상)을 합하여 최당의 <馬上寄人> 3수(권19)로 한 것, 李承休의 <雲」>(『동인지문오칠』 권9)을 鄭可臣의 작품(권20)으로 한 것 등의 착오에 대해서는 이미 필자가 지적한 바 있다.[30)]

崔沖의 작품으로 되어 있는 <絶句>(권19)·<示座客>(권12)은 『補閑集』(권중)에서 "시중 상주국 최공은 공명과 부귀가 극도에 달하여도, 전아하고 고상함이 진세를 벗어났고, 시는 맑고 고왔다.(侍中上柱國崔公, 功名富貴之極, 雅尙出塵, 詩語淸婉.)"라고 찬양하면서 소개한 작품인데, 같은 글에 '공이 정사를 맡지 않았을 때인 정미년 동월(公未當國時丁未冬月)'이란 언급이 있음에도 불구하고, '侍中上柱國崔公'을 崔忠獻의 손자인 崔沆이 아니라 崔沖으로 오해하여 생긴 착오임이 이미 자세히 변증된[31)] 바 있다.

이 밖에도 『파한집』(권하)에 神駿의 7언절구 '途中聞鶯感成'으로 지적된 작품이 吳廷碩의 <途中聞鶯>(권19)으로 된 것도 착오인 듯하다. 『東人詩話』에서 확인되는 것으로는 吳洵의 7언절구 <茂陵客館>(권하)이 崔元祐의 <題茂珍客舍>(권21)로, 陳瑾의 '陳補闕瑾, 言事落職, 將赴沃

30) 呂運弼, 「『東人之文五七』의 面貌와 『東文選』과의 關聯樣相」, 286면.

31) 李鍾文, 앞의 논문, 49~60면. <절구>의 작가에 대해서는 『芝峯類說』 권13 「東詩」에서 이미 "或言非崔沖, 乃崔沆云."이라고 의문을 제기한 바 있다.

川詩'(권하)로 언급된 7언절구가 黃瑾[32]의 <將赴沃州, 漢江船上, 用華嚴信聽師韻>(권20)으로 된 예가 있다.

또 林宗庇의 작품으로 되어 있는 7언절구인 <喜舍弟新除翰林>·<和>(권19)가 운이 같은 작품인 점으로 보아, <화>의 작가는 잘못 기록된 것으로 보아야 할 것이다. 林宗庇의 아우들은 光庇·民庇로서 모두 등제하여 문한관을 역임했을[33] 것으로 보이므로, <화>의 작자는 이들 중 한 사람일 터인데, 두 사람의 행적으로 보아 막내인 임민비[34]보다는 林椿의 부친인 林光庇로 보는 것이 순리적일 것으로 보인다.[35]

특히 5언율시<洛山寺>(권9)의 작가를 釋益莊이 아니라 庾資諒으로 처리한 것은 작품의 출처가 된 글을 부주의하게 읽은 탓에 생긴 착오의 예로 보인다.

> 바닷가 매우 높은 곳
> 그 가운데에 낙가봉이 있네.
> 큰 성인은 머물러도 머물지 않고

---

32) 陳瑾은 麗代文獻에 나타나지 않는 반면에 黃瑾은 이 시뿐만 아니라 沈東老의 <送黃先生瑾>에서도 확인되므로 『보한집』이 착오일 가능성이 있지만, 황근은 權近의 <明朝鮮國諡號文簡公安公墓碑銘, 幷序>(『陽村集』 권38)에서 安宗遠(1325~1394)의 동료라 하였으니 연대가 맞지 않는인물이다. 이를 통해 심동로의 5언고시 <송황선생근>이 실릴 위치가 李穀 다음보다는 李達衷 다음이라야 옳다는 것도 알 수 있다.

33) 林椿은 <答同前書>(『西河集』 권4)에서 백부[임종비]가 權迪이 시험관일 때 급제하여 密州 수령으로 나가서 이름을 얻었다고 하였고, <次韻李相國知命見贈長句二首>(『西河集』 권2)에서는 "吾家伯叔與先子, 共振雄文隱地轟, 連中高科時獨步, 圖南水擊天池鵬."이라고 삼형제 모두 등제한 사실을 증언하였다.

34) 김건곤, 앞의 책, 185면에서는 임민비로 보아야 타당할 것이라고 하였다.

35) 학사 임종비와 밑의 아우인 尙書 광비는 庚寅年(1170)의 무신란에 희생되었을 것(여운필, 「임춘의 생애에 대한 재검토」, 『한국한시연구』 4, 한국한시학회, 1996 참조)으로 추정된다. 임민비(?~1193)는 의종 때 등제하여 지방관을 거쳐 太常府錄事·四門博士·閣門祗侯를 거쳐 다시 지방관으로 나갔다가 明宗의 부름을 받아 右正言이 된 뒤부터 임금의 총애를 받아 監試試員·同知貢擧·知貢擧를 거치는 등 문한관으로 이름을 날리고서 平章事로 치사하였다.

넓은 문은 막아도 막히지 않는다네.
빛나는 진주는 내가 가지고 싶은 것이 아니요
파란 새는 사람들이 만나는 것이네.
다만 바라노라, 넓은 물결 위에서
꽉 찬 달과 같은 모습을 보기를.

海岸高絶處, 中有洛迦峯.
大聖住無住, 普門封不封.
明珠非我欲, 靑鳥是人逢.
但願洪波上, 親瞻滿月容.

『新增東國輿地勝覽』 권44 「襄陽都護府」 洛山寺條에서는 "세상에 전해지기를 '사람이 굴 앞에 와서 분향하고 배례하면 파랑새가 나타났다.' 고 하였는데, 명종 정사년에 유자량이 병마사가 되어 10월에 굴 앞에 이르러 분향하고 배례하였더니, 파랑새가 꽃을 물고 날아와서 복두 위에 떨어뜨린 일이 있었는데, 세인들이 드문 일이라고 하였다."[36]라고 13세기 전반에 주로 활약했을 것으로 보이는 승려 益莊의 記를 인용한 데 이어, 단락을 바꾸어서 庾資諒(1150~1229)의 이 시를 소개하였다.

그런데 『국역동문선』에서는 "제6권(sic. 구)의 是人逢에 의하면 이 책이 옳은 듯하다."고 납득하기 어려운 근거를 대며 석익장의 작품으로 보았다. 그러나 『신증동국여지승람』은 유자량의 시로 볼 수밖에 없는 기술방법과 태도를 보여 주고 있음이 분명하다. 이 글을 이렇게 읽어야 한다는 것은 숙종조에 주로 활약한 문인인 李海朝(1660~1711)의 「峴山三十詠」(『鳴巖集』 권4)의 1수인 <義相異蹟>의 序에서 석익장의 기와 유자량의 시를 함께 인용한 데서도 입증된다. 이로써 보면 이 시를 유자량의 시가 아

36) 『新增東國輿地勝覽』 권44 襄陽都護府 佛宇. "世傳, 有人到窟前, 至誠拜稽則靑鳥出現. 明宗丁巳, 庾資諒爲兵馬使, 至十月到堀前, 焚點拜稽, 有靑鳥含花飛鳴, 洛花於幞頭上, 世以爲稀有云云."

니라 석익장의 시로 표기한 것은 『동문선』의 편찬자가 『동문선』보다 먼저 시작된 『동국여지승람』의 편찬자료에서 이 시를 취하면서, 신중하게 읽지 않은 착오를 범한 때문이라고 볼 수 있을 것이다.

鄭樞의 <木落>·<寄密城李使君釋之>(권10)가 韓脩의 작품으로 되어 있는 것도 착오이다. 이 작품들은 『柳巷詩集』에는 없는 반면에 『圓齋集』(권상)에는 실려 있으므로, 정추의 작품이 분명할 터인데, 5언율시를 한수·정추의 순서로 수록하면서 실수로 작가명 표기를 두 작품 뒤부터 시작한 탓에 생긴 착오라 할 수 있다.[37] 역시 7언율시인 <仁王挽詞>(권12)의 지은이로 나타나는 金闓은 다른 데서 전혀 확인되지 않는 인물인 데 반하여, 明宗 원년 禮部試의 同知貢擧였던 金莘尹처럼 鄭仲夫에 난에 살아남아서, 그 다음 과거의 知貢擧를 맡은 뒤 행적이 나타나지 않는 문신인 金闡[38]과 이름글자의 형태가 유사한 데 따라 생긴 잘못일 가능성이 있다.

작가와 연관하여 착오라 할 수는 없지만, 부주의하게 처리된 사례라 할 수 있는 것으로, 작가가 改名한 경우에도 초명으로 밝힌 경우를 들 수 있다. 시 <大同江>(권12) 등 2제와 문 <淸讌閣記>(권64) 등 2제가 실린 金緣과 시 <謝崔相國說餞宴>(권11) 등 7제와 문 <金公緖讓判少府監事不允批答>(권30) 등 5제가 실린 金良鏡을 改名인 金仁存·金仁鏡으로 하지 않고 초명으로 한 것은 高兆基·兪升旦의 경우 초명인 唐愈·元淳을 쓰지 않은 것에 비추어보면, 부주의로 인하여 잘못된 경우이다. 또 앞에서 착오의 예로 든 鄭興과 鄭可臣이 함께 나타난 예도 초명과 개명을 구분하여 알아보지 못한 탓에 생긴 현상이므로, 이런 사례로 볼 수도 있다.

---

37) 김건곤, 앞의 책, 178면 참조.

38) 門閥인 江陵金氏로 증조부는 평장사 上琦, 조부는 문하시중 仁存[初名 緣], 부친은 평장사 永錫이며, 의종 24년에 추밀원부사, 명종 2년에 동지추밀원사로 지공거를 맡았으나, 이듬해에 일어난 金甫當亂의 여파로 희생된 것으로 보이는 인물이다. 임춘의 <上金侍郎啓>(『西河集』 권6)의 제목이 『동인지문사륙』에는 <上金侍郎啓闡>으로 된 데서, 그가 무신란 이전에 임춘을 천거한 바 있는 문신임을 짐작할 수 있다.

한편, 林宗庇의 <從靈通寺僧覓酒, 僧樽貯山泉寄來見戱>(『삼한시귀감』 권상)를 朴公襲의 <靈通寺僧貯山泉, 奉奇見戱>(권9)로 한 것은 『동문선』의 착오가 아니라 『삼한시귀감』의 착오로 보아야 할 듯하다. 시의 전문을 인용하면서 흥미로운 일화[39]까지 소개한 『파한집』(권하)의 신뢰성이 크다고 보아야 옳을 터이기 때문이다.

4) 제목의 착오

제목에 포함된 인명・지명 등 고유명사가 잘못된 예도 여럿 보인다. 金富軾의 <甘露寺次惠遠韻>(권9)은 <甘露寺次惠素韻>의 착오인 듯하다. 이 시제에 등장하는 승려의 이름은 '慧素'가 올바른 표기[40]라고 하는데, 惠素로 나타나는 것이 일반적이다. '惠素'가 '惠遠'으로 바뀐 것은 '素'가 字形의 相似로 인해 '袁'으로 바뀐 것을 다시 '遠'으로 바꾼 잘못 때문일 것이다. 『삼한시귀감』(권상)에 <甘露寺次惠袁韻>으로 되어 있는 것으로 보아, 처음의 잘못은 『동인지문오칠』이 범했을 가능성이 큰데, 이를 바로잡지 못하고 한 번 더 잘못을 범한 예라 할 것이다. 제목에 들어있는 인명이 잘못된 산문으로는 이규보의 <改封壽春侯沆爲桂城侯敎書>(권25)를 들 수 있다. 『동국이상국집』(권34)에 실린 <改封壽春侯沅爲桂城侯敎書>의 '沅'이 '沆'으로 되어 버린 것인데, 본문의 내용으로 보아 임금의 종친에게 봉작을 내리는 교서가 마치 최우의 서자로 최씨정권의 세 번째 실권자가 되었던 '崔沆'에게 내리는 교서처럼 되고 말았다.

39) 가난하면서도 술을 좋아한 박공습에게 손이 찾아왔기에 영통사의 승려에게 술을 요구하자, 승려가 배가 부른 술동이에 샘물을 채워 봉해서 보냈더니, 처음에는 고인의 홍취만 못할 게 없다고 기뻐하다가, 중에게 속은 줄을 알고 이 시를 읊었더니, 시를 본 승려가 다시 좋은 술로 응수하였다.

40) 이종문, 「高麗 前期 文人과 僧侶의 交流-崔行歸와 均如, 金富軾과 慧素를 중심으로」, 김건곤 외 4인, 『고려시대의 문인과 승려』, 파미르, 2007, 31~6면.

그리고 『보한집』(권상)에 <樂安北寺詠竹>이라는 제목으로 나오는 權適의 7언절구가 <安北寺詠竹>(권19)으로, <黃龍寺雨花門>으로 나오는 崔鴻賓의 5언절구가 <書星龍寺兩花門>으로 된 것도 제목의 고유명사를 잘못 적거나 판각한 착오일 것이다.

이인로의 7언절구 <喜僧惠文得寺>(권19)는 <喜贈惠文得寺>(『삼한시귀감』 권상)로 보아 비슷한 자형으로 인해 잘못을 범한 사례이다. 田祿生의 7언절구 <題舍浦營>(권21) 또한 埜隱이 50세부터 慶尙道都巡問使로 合浦에 출진한 사실을 통해, 같은 이유로 잘못이 저질러졌음을 알 수 있다. 또 이색의 <卽事>(『목은시고』 권16) 3수 중 제1수는 어찌된 일인지 <田家>(권22)로 개제되어 실리는 잘못이 범해지고 말았다.

한편, 임춘의 <上按部學士啓>(『西河集』 권6)를 선입하면서 제목 밑의 "代人作闕聯"을 빠뜨림으로써, 지방수령 자리를 원하여 按廉使에게 하소연한 남을 위해 쓴 글을 지은이의 일로 지은 글처럼 읽히도록 해 버린 것은 소홀함이 부른 중대한 착오의 예라 할 수 있다.

김극기의 5언율시 <朝宋務館次途中韻>(『삼한시귀감』 권상)이 이해할 수 없는 말이 포함된 제목인 <胡家務館次途中韻>(권9)으로 된 것도 작은 실수의 하나이다.

그러나 김극기의 5언율시 <連峯館河橋>(『삼한시귀감』 권상)가 <東峯館河橋>(권9)로 된 경우는 어느 쪽이 잘못된 것인지 변증하기 어려운 것으로 보인다. 또 정지상의 <西都>(권19)와 김부식의 <熏脩院雜詠>(권19)은 다른 책과 제목이 다르지만 착오로 보기는 어려운 예인 듯하다. <서도>의 경우 『삼한시귀감』(권중)에는 <西郊>로 나타나지만, 『보한집』(권상) · 『청구풍아』(권5) · 『동인시화』(권하) 등에 모두 <서도>로 되어 있는 점으로 보아, 『동문선』보다는 『삼한시귀감』 쪽의 착오일 가능성이 크다. 또 <熏脩院雜詠>이 『삼한시귀감』(권중)에는 <重修院雜詠>으로 나타나는데, 상고할 근거를 찾을 수 없어 판단하기 어렵지만, 역시 『삼한시귀감』이 착오를 범했을 가능성이 있는 듯하다.

한편, 崔惟淸의 <雜興九首>(권6)의 경우 『삼한시귀감』과 『동문선』이 같은 제목으로 9수를 다 싣고 있는 가운데, 『청구풍아』(권1)에는 <잡흥>의 제2수를 <잡흥>이라는 제목으로 싣고서도, 제8수를 분리시켜 <漢陽>으로 실어 둔 특이한 현상이 발견되지만, 이것이 착오와 연관이 있는지 여부는 상고할 단서를 찾기 어렵다는 점만 지적해 두기로 한다.

5) 본문의 착오

『동문선』은 비슷한 字形이 많을 뿐 아니라 字數가 엄청난 문자를 사용하여 지은 길고짧은 글을 무려 4600여수나 싣고 있는 책이므로, 본문에 틀린 글자가 포함된 사례가 수없이 많으리라고 짐작해도 틀리지 않을 것이다. 그런 예를 일일이 살피는 일은 지극히 어려운 일이므로, 매우 적은 본보기로 무작위로 시와 산문을 몇 편씩 선택하여 살펴보기로 한다.

정몽주의 7언고시인 <甲辰中秋有懷>(권8)를 『圃隱集』(권2)과 대조해 보면 "去年飮馬滄海頭"이 "去年飮馬蒼海頭"로, "山川迢迢草木落"이 "山川超超草木落"로, "前朝舍弟附書至"가 "前朝舍弟付書至", "獨坐南囱自詠詩"가 "獨坐南窓自詠詩"로 바뀌는 등 24구 중 4구에서 착오, 또는 변개가 발견된다. 세 곳은 별 상관이 없는 변개이지만, 한 곳은 의경상의 차이를 가져오는 중대한 착오라 할 수 있다. 또 김구용의 7언율시인 <送江陵徐廉使>(권16)를 『惕若齋學吟集』(권하)과 대조한 결과는 "遙知州郡爭奔走"가 "遙知州牧爭奔走"로 바뀌어 있어 그다지 길지 않은 시에서도 잘못이 확인된다. 『陶隱集』 권2에 실린 이숭인의 7언율시 <定遼衛>(권16)의 경우에도 제4구인 "懷綏不必用戈鋋"이 "懷綏元不用戈鋋"으로 변개된 단순치 않은 차이를 볼 수 있다.

이를 통해 짧은 형태인 근체시에서도 본문이 틀린 경우가 매우 많을 것을 짐작할 수 있지만, 본문에 대해서는 『동문선』이 틀리기만 한 문헌이 아니라는 것도 확인된다. 『동국이상국집』(권6)의 5언율시 <江頭暮行>의 제목이 <江行>(권9)으로 바뀌고 제1구 "路抱長川遠"이 "路轉長川遠"으로 바뀐 것은 『동문선』의 잘못이라기보다 『동인지문오칠』(권7)을 따른 결과이다. 또 7언율시 <次韻答順菴>(권15)의 제8구 "坐忘身世等籧廬"의 '等'이 『稼亭集』(권16)에는 결락되어 있어, 『동문선』이 결함을 메우는 역할을 해 주는 경우라 할 수 있다. 이는 앞에서 살핀 이숭인의 <정요위>의 함련이 "風吹畵角梅初落, 日映朱旗火欲燃."으로 되어 있어, 원전의 "風吹畵角梅初落, 自映朱旗火欲燃."을 바로잡아 대우를 이루게 한 경우에도 볼 수 있다. 이처럼 본문의 경우에는 『동문선』이 착오를 많이 범하는 가운데서도 출처의 잘못을 바로잡는 역할을 한 부분도 꽤 많으리라고 짐작할 수 있다.

산문 가운데 목은의 傳 2편을 대조해 본 결과, <吳仝傳>(권100)의 경우 『목은문고』(권20)에 있는 "老儒" 두 글자를 빠뜨린 착오가 발견되지만, <백씨전>(권100)은 양쪽이 완전히 일치하였다. 또 이제현의 <雲錦樓記>(권69)는 『益齋亂藁』(권6)의 "轝薪"이 "輿薪"으로, "桷"이 "桶"으로, "仁智之所樂"이 "仁知之所樂"으로, "奇閑廣之境"이 "奇閑曠之境"으로 변개되어 있다. 이 중 "桶"은 "착오이지만 나머지는 단순한 변개라 할 수 있다.

또 이규보의 <狂辨>(권105)의 경우에는, 『동국이상국집』(권20)의 "俯而叱地教教乎"가 "俯而叱地勃勃乎"로, "及一且臨官莅公"이 "及一旦臨官莅公"으로, "質移西東"이 "貿移西東"으로 바뀌어 있는데, 맨 앞의 변개는 異體同字로 바꾼 데 불과한 것이지만, 나머지 둘은 『동문선』이 오히려 원전의 착오를 바로잡은 예라 할 수 있다.

한편 李詹의 <牧隱先生文集序>(권92)는 『牧隱藁』 卷首에 실린 글과 차이가 여덟 군데, 수십 글자나 확인되는 특이한 사례이다.[41] 이러한 차이 가운데 다른 부분은 표현이 바뀐 것이므로 크게 문제될 것은 아니지만, '有詩若文'이 55권과 70권으로 달리 언급된 것은 대단히 중요한 차이이다. 현전 중간본 『牧隱藁』의 서문을 포함한 관련된 글에서는 모두 시문집이 55권이라 하였으나, 『동문선』에 실린 이첨의 서에서만 70권이라고 기술하고 있기 때문이다. 이는 李廷馨이 『東閣雜記』(권상)에서 "李穡文集第十五卷, 亦令定日推納."이라고 증언한 점과 연결되어, 원래 70권이었던 『목은고』가 조선왕조의 탄압 때문에 55권으로 줄어들었다는 주장을 낳았다.[42] 그러나 이정형의 글은 『목은문고』 '제15권'에 이태조의 부친인 李子春의 神道碑銘과 全州李氏 歷代先祖의 事蹟을 기술한 <全州李氏移居朔方以來墳墓記>가 실린 탓에 추납령이 내려졌음을 말한 것일 뿐, 열다섯 권이 영원히 사라진 데 대한 언급이 아니므로, 목은의 문집은 애초부터 55권이었을 것으로 보는 것이 순리적일 것이다. 이런 차이는 이 서문의 경우 『동문선』의 편찬자가 『雙梅堂篋藏集』을 고본으로 하여 전사하는 과정에서 생긴 착오에 연유했으리라고 추측되지만, 이첨의 두 글 가운데 어느 것이 정본에 가까운지도 알 수 없어, 『동문선』의 이 글이 착오라고 속단하기 어려운 점도 없지는 않다.

위에서 살핀 몇 예들을 통하여 『동문선』은 여러 부면에서 착오를 꽤 범하였음을 알 수 있어, 전체적으로는 무수한 착오를 내포하고 있으리라

41) 문집과 비교해야 마땅하지만, 총25권으로 보이는 전사본 2권과 간본의 잔본 3권만 남은 『雙梅堂篋藏集』에 이 글이 포함되어 있지 않아 불가피하다. 총 25권으로 보이는 이 책의 간본은 文 부분인 22~25권만 남아 있고 후손가의 전사본에 연보·목록과 시 1·2권이 있을 뿐이다.

42) "第字는 衍文인 듯하니 태종 정유(1417) 이후의 削刊本은 55권으로 줄어든 것"(李銀順, 「李穡研究」, 『梨大史苑』 4, 이대사학회, 1962, 38면)이라거나, "이첨의 <목은문집서>에 의하면 원래 선생의 셋째 아들 종선이 이를 수집 편찬하여 태종 4년(1404)에 70권으로 개간했던 것을 알 수 있다."(李奭求, 「『牧隱集』 解說」, 『國譯稼亭集·牧隱集』(稼亭·牧隱文集編纂委員會, 1983, 26면)라고 하여 '열다섯째 권'이 '열다섯 권'을 잘못 말한 것으로 이해되어, 『牧隱集』이 현전본과 달리 전체가 70권이었으리라는 추정의 근거가 되었다.

고 짐작할 수 있다. 그러나 출처의 잘못을 바로잡은 사례도 상당히 많을 것이라는 징후 또한 확인되었다.

6) 기타

이 밖에 매우 사려가 부족하여 생긴 착오로 李太祖의 부친인 桓祖의 신도비명인 이색의 <高麗國贈純誠勁節同德輔祚翊贊功臣・壁上三韓三重大匡・門下侍中判典理司事・完山府院君・朔方道萬戶兼兵馬使・榮祿大夫判將作監事李公神道碑銘, 幷序>(권120)와 권근의 <有明朝鮮國桓王定陵神道碑銘, 幷序>(권120)를 함께 실은 것을 들 수 있다. 이는 우선 같은 사람을 대상으로 한 같은 문체의 글이라는 점에서 납득하기 어렵다. 더욱이 목은의 글은 조정이 기휘의 대상으로 삼아 없애려 했던 것이므로 특별한 주의를 필요로 했던 글이었다는 점에서 특히 중대한 부주의라 할 것이다.

> 영락 정유년에 서운관에 소장된 참서를 소각하라고 명하고, 이어서 서울과 지방에서 사사로이 간직하고 있던 요망하고 허탄한 글들을 기일을 정하여 자수하여 관청에 바쳐 불태우게 하되, 위반하는 자는 사람들로 하여금 고발하게 하여 요서조작법에 의거하여 죄를 주게 하였다. 이색의 문집 제15권도 날짜를 정하여 찾아 바치게 하였다.[43]

위의 글에서 말한 추납령은 『목은문고』 '제15권'에 이태조의 부친인 桓祖의 神道碑銘과 <全州李氏移居朔方以來墳墓記>가 실려 있었기[44] 때문인데, 이는 아래의 『太宗實錄』의 기사에서도 확인된다.

---

43) 李廷馨, 『東閣雜記』 권상. "永樂丁酉, 命燒書雲觀所藏讖書, 仍令京外私藏妖誕之書, 定期自首, 納官燒火, 違者許人陳告, 依造妖書之律罪之. 李穡文集第十五卷, 亦令定日推納."

44) 이 두 편의 글은 李成桂가 위화도 회군으로 역성혁명을 꾀하기 2개월 전인 1392년 2월에 지어졌으므로, 王家로서는 꺼릴 대목이 적지 않다.

> 문정공 이색이 지은 정릉 신도비문을 거두고 예조에 교지를 내려 "대소 관리가 이색이 지은 함흥부 정릉비문을 인출하여 집에 간직하고 있는 것은 서울과 외방을 다 세밀하게 방문하여 구하여 얻어 바치게 하라."라고 하였다.[45]

왕가에서 금기시하였던 글을 개찬된 글과 함께 실은 것이야말로 국가의 편찬사업으로 이루어진 책으로서는 용납받기 어려운 부주의라 할 것이다. 편찬자들이 중요한 忌諱를 인식하지 못한 데서 생긴 일이 아니라는 것은 전주이씨의 분묘기를 싣지 않은 데서 드러나니 참 딱한 처사라 할 만하다.

이상에서 대략 살핀 예들만으로도, 『동문선』이 부족한 사려 등으로 인해서도 심각한 착오를 범하기도 하였음을 알 수 있다. 따라서 이런 관점에서도 착오의 검증이 긴요할 뿐 아니라, 이용자들의 세심한 주의가 필요하다고 할 것이다.

3. 結語

『동문선』은 작품을 수록한 순서의 혼란, 작가·작품과 관련된 착오와 부주의가 많은 문헌이다. 이 책은 시에 치우쳐 대략적으로 살피더라도 크고 작은 착오를 40여 건이나 찾을 수 있으며, 그것들 가운데에는 배제하기로 한 문체의 작품을 싣거나, 같은 작품을 제목만 바꾸거나 해체하여 중복적으로 수록하는가 하면, 작가나 제목을 바꾸어 놓은 것이 있는 등 심각한 사례들이 많이 포함되어 있다.

---

45) 『太宗實錄』 17년 11월 辛未條. "命收文靖公李穡所製定陵神道碑文, 下旨禮曹曰, '大小員人, 印出李穡所製咸興府定陵碑文家藏者, 京外備細訪問, 求得以進."

한문으로 된 문헌이 사용된 글자수가 엄청날 뿐 아니라 유사자형이 많은 탓에 착오가 많게 마련인 점이나 이본의 착오, 필사과정의 실수와 같은 본의 아닌 착오가 많을 수밖에 없다는 점을 감안하더라도, 국가가 추진한 중요한 사업의 결실인 문헌으로서는 심각한 결함이 아닐 수 없다. 쉽게 눈에 띄는 큰 문제를 중심으로 하여 대략적으로 살펴도 사정이 이러하므로, 본문에서 글자가 더러 틀리거나 빠뜨린 경우까지 따진다면 잘못된 사례가 부지기수로 늘어나리라고 보아도 좋을 것이다. 따라서 이제라도 이 책 전반에 대한 본격적인 텍스트비평이 이루어져야 한다는 것은 말할 나위가 없다.

〈『書誌學報』 33(2009) 수록〉

『東文選』 詩文의 統計에 대한 管見

1. 序言

『東文選』은 연구가 오래 진행됨에 따라 다양한 연구성과[1])가 축적되어 온 문헌이다. 그러나 원전비평[2])이나 시문의 출처[3])와 같은 문제는 거의 검토되지 않은 반면에, 편찬의 배경・동기・과정, 선문의 방향・실상과 같은 문제들이 엇비슷한 내용으로 거듭 논의되었는가 하면, 시문의 특성

---

1) 대표적 성과는 다음과 같다. 李佑成, 「東文選 解題」, 『東文選』(영인본: 경희출판사, 1966) ; 李慶善, 「民族文化의 찬란한 遺産 東文選」, 『韓國의 名著』(현암사, 1969) ; 許興植, 「東文選의 編纂動機와 史料的 價値」, 『韓國古典심포지움』 2(震壇學會, 1985) ; 李東歡, 「東文選의 選文方向과 그 意味」, 『韓國古典심포지움』 2 ; 許興植, 「『東文選』의 編纂過程과 佛教史料」, 『高麗佛教史研究』(일조각, 1986) ; 黃渭周, 「朝鮮 前期의 漢詩選集」, 『정신문화연구』 68(한국정신문화연구원, 1997) ; 安大會, 「朝鮮時代 文章觀과 文章選集」, 『정신문화연구』 68.

2) 자세히 검증한 결과는 아니지만 다음 논문들에서 밝힌 10건 미만의 지적에 불과한 것으로 보인다. 李鍾文, 「崔沆의 시에 대하여」, 『어문논집』 26(고려대 국어국문학연구회, 1986) ; 呂運弼, 「『東人之文五七』의 面貌와 『東文選』과의 關聯樣相」, 『韓國漢詩研究』 3(한국한시학회, 1995) ; 金乾坤, 『新羅・高麗時代의 名詩』(이회, 2005).

3) 呂運弼, 위의 논문에서 시를 중심으로 부분적으로 검토한 데 이어, 전반적으로 고찰한 내용을 동아대학교 石塘學術院 한국학술대회(2008.11.13)에서 발표하고, 이를 가다듬어 『震檀學報』 105호에 「『東文選』 시문의 출처에 대한 고찰」로 게재한 바 있다.

은 문헌의 특수성에 대한 배려가 부족한 채 연구자의 문제의식에 따라 설명되는 경향을 드러낸 한계를 지닌 것으로 보인다. 이러다 보니 가장 두드러진 성과라 할 개별 연구자에 의한 첫 단행본[4]에서도 이런 한계는 쉽게 않게 발견된다.[5]

이처럼 『동문선』이라는 텍스트 안팎의 기본적 문제들을 탐색한 결과가 한계에 빠진 점은 검토상의 부주의와도 연관된 것으로 보인다. 텍스트의 주변에 대한 실증적 접근이나 작가·작품에 대한 실제적 확인의 불비에서 초래된 문제들은 한두 가지가 아니다. 그 가운데서도 품만 많이 들이면 딱히 어려운 일이라고 할 수 없는 작품·작가에 관한 통계적 수치는 제시하는 사람마다 다르면서도 신빙할 만한 사례를 보기 어려워 난감하다. 게다가 허술한 통계를 바탕으로 하여 요긴한 논의를 펼치거나, 방대한 자료를 싣고 있는 문헌인 탓에 연구자마다 직접 조사하기 어려운 탓에, 그런 통계를 이용할 소지가 많은 점을 감안하면, 매우 우려스러운 문제라 하지 않을 수 없다.

필자는 보기에 따라서는 하찮게 여길 수도 있는 이런 폐단이 적지 않은 문제이므로 방치해서는 곤란하다고 생각하기 때문에, 이 글을 통하여 『東文選』과 연관하여 지금까지 제시된 주요한 통계적 수치들의 허상을 자세히 점검하고, 가능한 대로 실상에 가까운 통계치를 제시함으로써, 전반적인 검토를 새로 하게 하는 계기가 되기를 희망한다.

2. 전체 시문의 편수

『동문선』에 실린 글의 문체의 종류가 55개[6]인 데 대해서는 특별한 이

---

4) 김종철, 『동문선의 이해와 분석』(청문각, 2004).

5) 呂運弼, 「『東文選』 시문의 출처에 대한 고찰」의 서언에서도 비슷한 지적을 하였다.

의가 없지만, 수록된 시문 전체의 편수는 제시될 때마다 현저한 차이를 드러낸 바 있다. 이른 시기라 할 1960년대 말에 최초로 "작품 총수 4,302편"[7]이라는 구체적인 통계가 제시되었는데, 권별, 시체·문체별 근거에 의하면 시 1,924수, 산문 2,390편으로 도합 4,314편임도 불구하고 합산에 착오가 생겨 4,302편이라 했을 뿐 아니라, 권별, 문체별 작품수도 대부분 실상에 맞지 않은 듯하다. 문체의 종류뿐만 아니라 작품의 숫자가 엄청나기 때문에, 점검 자체에 커다란 어려움이 따르는데다, 충분한 주의를 기울지이 못한 점도 작용한 데 따른 현상일 것이다.

이보다 한참 지나서 "시문의 양으로는 4,240여 제"[8]라는 지적이 뒤따랐으나 산출의 근거를 전혀 밝히지 않은 탓에 책의 실상과 200여 제 가까운 차이가 생긴 이유는 불분명하다.

특히 근년에 이르러 이 책에 대하여 전반적 연구를 시도한 연구자는 시 1,940여 수, 문 2,516편으로 도합 4,556편[9]이라는 수치를 제시하였다. 그러나 앞사람들의 통계보다는 나아졌음에도 불구하고, 책의 실상과는 상당한 차이가 있으며, 그 주된 원인은 역시 꼼꼼하게 확인하지 않은 소홀함 때문으로 보인다. 이는 앞 사람이 정확하게 파악한 문체의 작품수조차 틀린 예가 몇 군데 있는 데서 잘 드러난다.

前代詩文의 전범[10]이자 戰時에도 특별히 보존해야 할 문헌[11]으로 인식되었을 뿐 아니라 우리 한문학사의 가장 중요한 자료집으로 평가받는 문헌에 대한 기본적 통계가 이러한 허점을 지닌 점은 참으로 안타까운 일임이 분명하다. 그래서 필자는 근래에 이 문헌에 실린 시문의 출처에

---

6) 이동환, 앞의 논문, 67면.
7) 이경선, 앞의 글, 342면.
8) 이동환, 앞의 논문, 130면.
9) 김종철, 앞의 책, 192면,
10) 『宣祖修正實錄』 권39, 38년 1월 辛卯條. "前朝之文則自有東文選, 可抄東文選."
11) 『宣祖實錄』 권40, 26년 7월 壬戌條. "上曰, '依啓高麗史東國通鑑輿地勝覽東文選, 須並載來.'"

대한 고찰을 새로 하게 된 일을 계기로, 권별, 시체·문체별 실상을 가능한 대로 세밀하게 검토해 보았다. 그 결과 원전에 기록된 상태만으로는 수록작품의 총수가 시 1,770제 2,029수, 문 2,635편으로 도합 4,405제 4,664수로 확인되었다. 그러나 중복적으로 수록된 작품이 시와 산문에 한 편씩 있고, 시의 경우 2제의 작품을 하나로 묶어 2수나 3수로 처리한 사례가 두 건이 있다는 사실을 발견할 수 있었다. 이런 착오를 그대로 두고 작품수를 말하는 것은 옳지 않으므로, 이를 반영하여 산출하면, 시는 1,771제 2,028수, 문은 2,634편이어서, 4,405제 4,662수가 실상에 가까운 듯하다. 더 구체적인 양상과 그 원인에 대해서는 뒤에서 따로 밝히기로 하고, 일단 이제까지 제시된 통계치보다 작품수가 훨씬 많음이 분명하다는 사실만 확인해 두기로 한다.

3. 수록 작가의 수

이제까지 이 책의 選文의 실상에 대하여 가장 자세히 검토한 결과에 따르면, 이 책에 시가 실린 작가는 384명, 산문이 실린 작가는 211명이고, 詩文을 통틀어 491명의 작가와 무명씨의 작품 74편이 실려 있어, "최소 500에서 최대 550여 명 정도의 작가가 선발된 셈"[12)]이라고 한다.

이 수치도 그다지 정밀하게 점검한 결과는 아닌 듯하다. 정확하다고 장담하지는 않지만, 필자가 살핀 바로는 유명씨 496인의 글과 무명씨의 글 75편이 실려 있다. 결과에는 별 차이가 없는 듯이 보일 수도 있지만, 아래에서 밝히는 것처럼 원전의 오류까지 세밀하게 살펴서 얻은 수치이므로, 산출의 근거는 전혀 다르다. 이를 시와 문으로 나누어 구체적으로 살

12) 위의 책, 192~3면.

펴보기로 한다.

이 책에 시가 실린 이름이 밝혀진 작가는 384명, 무명씨는 7명이다. 그러나 이 중에서 鄭可臣·鄭興, 柳璥·釋始寧은 동일인[13]이므로 실제로는 382명이라 할 수 있다.

그런데 神駿의 <途中聞鶯>(권19)이 吳廷碩의 작품[14]으로, 權適의 <停止房>이 무명씨의 작품인 <停止寺>(권14)[15]로, 李元弼의 <褫郡職>이 무명씨의 작품[16]으로 되어 있는 착오를 고려할 필요가 있다. 또 林宗庇의 7언절구인 <和>(권19)는 아우 林光庇·林民庇 가운데 1인의 작품[17]임이 분명하고, 金贊의 <童女詩>(권18)와 같은 운으로 되어 있는 <次韻>(권18)은 김찬의 작품이 아니라 무명씨의 작품[18]으로 보아야 하며, 白元恒의 <上崔政丞宗峻>(권15) 또한 무명씨의 작품[19]으로 보아야 옳다.[20]

13) 興은 可臣의 초명이고, 始寧은 柳璥의 본관인 文化의 별칭인데, 이 두 착오 모두 『眞淨國師湖山錄』, 또는 天頙이 社主로 활약하였던 白蓮社의 詩稿에 실린 시를 『동문선』에 싣는 과정에서 생긴 것으로 보인다. 『眞淨國師湖山錄』의 원제는 『眞靜國師湖山錄』이지만, 眞靜國師 天頙의 저서가 아니라 眞淨國師 天頙의 저서이므로 『眞淨國師湖山錄』으로 고쳐져야 옳다.

14) 李仁老, 『破閑集』 권하.

15) 『補閑集』(권상)에서 작가가 권적이라는 사실을 밝히고, <停止房>이라는 제목으로 시 전문을 인용하고 있다.

16) <褫郡職>은 작품 뒤의 "此詩不知誰作, 世傳一吏官纔出身得郡寄,, 爲趙按廉所黜, 有是作."이라는 주와 『芝峰類說』 권13의 "李元弼麗末人, 以郡守爲按廉使趙某所黜."이란 글의 내용이 같은 점으로 보아, 이원필의 작품이 맞을 것이다.

17) 林宗庇의 <喜舍弟新除翰林>(권19)과 운이 같은 점으로 보아 <화>의 작가는 잘못 기록된 것으로 보아야 한다. 林宗庇의 아우인 光庇·民庇는 林椿의 <答同前書>(『西河集』 권4) 및 <次韻李相國知命見贈長句二首>(『西河集』 권2)의 언급으로 보아, 모두 등제하여 문한관을 역임하였음이 분명하므로, <화>의 작자는 둘 가운데 한 사람일 텐데, 행적으로 보아 막내인 임민비보다는 林椿의 부친인 林光庇로 보는 것이 순리적일 듯하다.

18) 같은 운으로 지어진 <童女詩>(권18)와 <次韻>(권18)이 모두 金贊의 작품으로 되어 있는데, 차운이란 남의 시에 和韻할 때 쓰는 말이므로, 이는 다른 시인의 이름이나 '無名氏'를 빠뜨려서 생긴 착오일 것이다.

19) '功名四代'란 어구로 보아 3대의 재상 奭·惟淸·詵에 이어 侍中을 지낸 최종준에게 올려진 시가 맞을 텐데, 최종준이 백원항이 출생하기도 전인 고종 33년(1246)

이러한 원전의 착오들로 인하여 생긴 변수를 반영하여 계산하면, 유명시인은 385명, 무명씨는 8인으로 바뀐다.

또 산문이 실린 유명씨는 211명이고, 무명씨는 67명이지만, 李奎報의 <仁王罪己教書>(권23)는 무명씨작이 분명하므로[21], 유명씨가 211인, 무명씨가 68인으로 되어야 옳다.

그런데 시와 문이 다 실린 작가는 표면상으로는 103명이다. 그러나 崔冲의 작품으로 되어 있는 시 <示座客>(권12)·<絶句>(권19)는 崔忠獻의 손자인 崔沆의 작품[22]이 분명하므로, 최충은 시와 산문이 다 실린 작가에서 산문만 실린 작가로 바뀌어야 한다. 그리고 釋大覺·釋煦[23], 釋

에 사망하였고, 13세기 말~14세기 초에는 이런 이름의 재상이 없으니, 아마 다른 어떤 시인이나 무명씨의 시가 백원항의 것으로 처리되고 말았을 것이다.

20) 權適의 <僧舍晝眠>·<江陵送安上人之楓岳>(『三韓詩龜鑑』 권중)을 金富儀의 작품(권19)으로 한 것, 崔讜의 <送人>(『삼한시귀감』 권상) 2수와 林宗庇의 <馬上寄人>(『삼한시귀감』 권상)을 합하여 최당의 <馬上寄人> 3수(권19)로 한 것, 李承休의 「雲」(『東人之文五七』 권9)을 鄭可臣의 작품(권20)으로 한 것, 吳洵의 7언절구 <茂陵客館>(『東人詩話』 권하)을 崔元祐의 <題茂珍客舍>(권21)로 한 것, 陳瑾의 '陳補闕瑾, 言事落職, 將赴沃川詩'(『補閑集』 권하)로 언급된 7언절구를 黃瑾의 <將赴沃州, 漢江船上, 用華嚴信聽師韻>(권20)으로 한 것, 鄭樞의 <木落>·<寄密城李使君釋之>(권10)를 韓脩의 작품으로 한 것 등의 착오는 반영하더라도, 시인의 숫자와 연관된 수에는 영향을 주지 않는다.

21) 이 글은 인종이 나라에 커다란 변고가 생긴 죄를 자신에게 돌린 내용으로 된 教書로 <仁王遺教>(권23)처럼 지은이를 알 수 없는 작품으로 보아야 할 터인데, 『東人之文四六』(권6)에서 이규보의 <故參知政事鄭克溫配享神宗> 다음에 실으면서 무명씨의 작품임을 나타내는 '失明·亡名·亡名 甲'을 빠뜨린 착오를 '前人'으로 오해하여 답습한 착오일 것이다. 그러나 왕명인 '인왕'만으로도 알아차릴 수 있는 문제임에도 불구하고, 仁宗이 타계한 1146년에 태어나지도 않은 李奎報(1168~1241)가 지었다고 한 것은 어이없는 착오이다.

22) <절구>의 작가에 대해서는 『芝峯類說』 권13 「東詩」에서 이미 "或言非崔冲, 乃崔沆云."이라고 의문을 제기한 바 있는데, 李鍾文이 앞에 언급하였던 논문에서 자세한 논증을 통하여 최항의 작품이라고 하였다. 『補閑集』(권중)에서 "시중 상주국 최공은 공명과 부귀가 극도에 달하여도, 전아하고 고상함이 진세를 벗어났고, 시는 맑고 고왔다.(侍中上柱國崔公, 功名富貴之極, 雅尙出塵, 詩語淸婉.)"라고 찬양하면서 소개한 작품인데, 같은 글에 '공이 정사를 맡지 않았을 때인 정미년 겨울(公未當國時丁未冬月)'이라는 언급이 있는데도 '侍中上柱國崔公'을 최충으로 오해하여 착오를 범한 것으로 볼 수 있다.

圓鑑·釋宓菴은 동일인의 이명인 줄 모르고 시와 산문의 작가명이 다르게 기록된 승려들이므로, 시와 문 중 한 쪽만 실린 작가에서 양쪽이 다 실린 작가로 바뀌어야 한다. 그러므로 시문이 다 실린 작가는 100명으로 보아야 사리에 맞게 된다.

이러한 변수들을 다 반영하여 따지면, 결국 이 책에는 유명씨 496명과 무명씨 76인의 작품이 실려 있다. 무명씨를 최대 76인까지 인정할 수 있으므로 수록작가의 최대치는 572인에 이른다. 따라서 수록작품의 숫자와 마찬가지로, 기존의 작가수에 대한 통계는 표면상의 숫자에 대한 계산조자 정확성이 없을 뿐 아니라, 원전비평을 통해 착오를 확인하여 반영하는 노력을 거의 하지 않았으므로, 본인이 '최소 500에서 최대 550여 명 정도의 작가가 선발된 셈'이라고 말한 대로 대강의 추산이라고 평가할 수밖에 없을 것이다.

한편, 『동문선』에 글이 수록된 유명씨 중에는 이름 앞에 '釋'을 붙여 승려임을 밝힌 작가가 29명이다. 시가 실린 이가 23명, 문이 실린 이가 9명, 시문이 모두 실린 이가 3명이므로, 표면상으로는 승려인 작가가 29명으로 보인다. 그러나 始寧은 僧名이 아니라 고려 원종·충렬왕 때의 재상 柳璥(1211～1289)의 본관인 文化의 별칭이고, 煦·大覺, 圓鑑·宓菴은 같은 인물의 異名임을 이유로 26명[24]으로 보아야 한다는 지적이 일찍이 있었다. 합당한 근거에 의한 견해이므로 수용하지 않을 이유가 없을 테지만, 근래에도 29명[25]이라고 파악한 사례가 보인다. 그러나 더 엄밀하게 말하면 승려 작가는 25명[26]이고, 시문이 다 실린 승려는 釋戒膺·釋

23) 大覺은 國師 義天의 시호이고 煦는 속명인데, <天聖節壽齋疏>가 국왕에게 올린 詞疏인 탓에 『東人之文四六』(권15)에서 속명을 써서 釋煦라고 한 것을 알아채지 못하여 착오를 범한 것으로 보인다. 대각과 후를 동일인으로 보아서 시문이 다 실린 작가 1인으로 처리하여야 마땅할 것이다.

24) 許興植, 「『東文選』의 編纂過程과 佛教史料」, 782～4면.

25) 배규범, 앞의 논문, 86면.

26) <洛山寺>(권9)는 釋益莊의 작품이 아니라 庾資諒의 작품으로 보아야 옳으므로

大覺(釋煦)・釋無畏・釋圓鑑(釋宓庵)・釋天因 등 5명이라고 보는 것이 정확하다고 할 수 있다.

4. 시의 작품수

『동문선』에는 "전체적으로 9개의 시체에 걸쳐 약 386명의 작가 1,940여수의 시를 포괄하였"[27)]거나, "대략 386명의 작가 작품 1,940여 수가 4권에서 22권까지 수록되어"[28)] 있다고 한다. 또 시체별로는 5언고시 154수, 194수, 5언율시 232수, 5언배율 44수, 7언율시 600수, 7언배율 40수, 5언절구 79수, 7언절구 594수, 6언시 3수로 도합 1,940수에 이른다고 한다. 그러나 필자가 보기에는 앞에서 이미 밝힌 바와 같이 유명씨 385명의 시와 무명씨의 작품 8편이 실려 있다고 보아야 옳다. 그리고 시의 총편수는 물론이고 시체별 작품수도 위의 주장을 한 연구자가 제시한 통계는 실상과 크게 다르다는 것이 연구자들이 밝힌 수치를 반영하여 필자가 작성한 아래의 표를 통해 잘 드러난다.

익장은 수록된 글이 없게 되기 때문이다. 『新增東國輿地勝覽』 권44 「襄陽都護府」 洛山寺條에서는 "세상에 전해지기를 '사람이 굴 앞에 와서 분향하고 배례하면 파랑새가 나타난다'고 하였다. 명종 정사년에 유자량이 병마사가 되어 시월에 굴 앞에 이르러 분향하고 배례하였더니, 파랑새가 꽃을 물고 날아와서 복두 위에 떨어뜨린 일이 있었는데, 세인들이 드문 일이라고 하였다."라고 13세기 전반에 주로 활약했을 것으로 보이는 승려 益莊의 記를 인용한 데 이어, 단락을 바꾸어서 庾資諒(1150~1229)의 작품이라면서 이 시를 소개하였으므로, 『동문선』의 편찬자가 이 기록을 잘못 읽은 나머지 작가를 익장으로 한 것으로 보인다.

27) 황위주, 앞의 논문 45면.

28) 김종철, 앞의 책, 176면. 이 책의 시와 관련된 통계적 수치는 아무런 주석도 없이 황위주의 논문과 거의 같지만, 그 이유는 알 수 없다.

권	시 체	여 운 필			이 경 선		황위주(김종철)	
		제수	수수	시체별 계	수수	시체별 계	수수	시체별 계
4	오언고시	59	89		89		76	
5		58	85	117 (174)	69	158	78	154
6	칠언고시	64	76		69		69	
7		56	59		56		64	
8		61	61	181 (196)	61	186	61	194
9	오언율시	103	124		114		114	
10		116	120	219 (244)	119	233	118	232
11	오언배율	44	44	44 (44)	44	44	44	44
12	칠언율시	92	92		92		92	
13		69	78		78		81	
14		96	114		106		107	
15		91	100		97		101	
16		102	113		111		101	
17		98	104	548 (601)	84	568	106	600
18	칠언배율	38	40	38 (40)	39	39	40	40
19	오언절구 칠언절구	68	82	68 (82)	79	79	79	79
20		88	97		97		98	
21		181	208		192		192	
22	 육언시	158 3	177 3	552 (645) 3 (3)	167	614 3	165 3	594 3
계		1770	2029	2029	1924	1924	1940	1940
		시문총계 4663			시문총계 4302		시문총계4456(김)	

그 동안에 제시된 대표적인 두 통계[29]에는 시체별 작품수와 시의 작품 총계에 다 문제점이 있어서, 1140제[30]라는 조사결과보다는 훨씬 낫지만, 실상과는 거리가 현저한 것으로 보인다. 따라서 이러한 충실치 못한 통계를 근거로 한 요긴한 해석들에는 의문이 생기지 않을 수 없다. 예컨대 고

29) 이경선, 앞의 글, 339~42면, 황위주, 앞의 논문 45면 및 김종철, 앞의 책, 182면.

30) 이동환, 앞의 논문, 74면. 전체가 4,240제라 하면서 이렇게 적은 숫자를 제시하고 있는 점으로 보아 1,740제의 착오일 가능성이 큰 듯하다.

려시대의 작가가 73%에 이를 만큼 고려시대의 시를 높이 평가하여 그 작품을 압도적으로 많이 수록하였다고 하거나, 5언시보다 7언시, 특히 7언율시를 중심으로 한 7언 근체시의 비중이 압도적으로 높은 현상은 조선전기 문단의 근체시 형식미에 대한 탐색경향이 반영된 탓이라고 한 설명[31]이나 7언율시 600수, 7언절구 594수로 7언 근체시가 전체의 62%라고 한 해석[32]이 그러한 예이다. 고려시대의 시인은 87%[33]에 가깝고, 7언 근체시는 61% 정도이며, 7언절구가 7언율시보다 44수나 많은데도 7언율시를 중심으로 설명하였으니, 부실한 통계에 따른 논단이 지나치다고 할 것이다. 또 유독 독자적인 통계를 제시하면서 고체 384수(20%), 근체 1,592수(80%)[34]라면서 근체시의 비중을 논의하였지만, 이 또한 고체 369수(18.2%), 근체 1,660수(81.8%)라고 해야 책의 사정에 맞을 것으로 보인다.

또 작품이 많이 실린 시인의 순서는 다음과 같이 밝혀져 있다.

> 이인로(81편) - 이색(76편) - 이규보(69편) - 김극기(64편) - 이제현(61편) - 진화(39편) - 정포・정몽주・이숭인(38편) - 이인복(37편) - 김부식(34편) - 최해(33편) - 최치원(29편) - 이첨・설손(27편) - 이달충(26편) - 석원감(23편) - 이곡・권근(22편) - 임춘・정도전・윤소종(20편)[35]

그러나 필자가 검증한 결과는 다음에 제시한 것처럼 이와 상당히 다르다.

---

31) 황위주, 앞의 논문, 46~7면.
32) 김종철, 앞의 책, 182면.
33) 조선조 개국 직후까지 살았던 李穡・李崇仁・李種學 등은 고려인으로, 趙云仡・鄭道傳・河崙・趙浚・權近・李詹・吉再・釋月窓 등을 조선인으로 볼 경우, 유명씨 385명, 무명씨 6명 중에 유명씨 96명, 무명씨 3명을 조선조 시인으로 볼 수 있어 25% 가량을 차지한다. 그러나 작품수에 있어서는 349제 376수 정도여서 13%에 불과하다.
34) 김종철, 앞의 책, 226면.
35) 황위주, 앞의 논문, 46면 및 김종철, 앞의 책, 177면.

이인로(70제 89수[36]) - 이규보(61제 77수) - 이색(70제 76수[37]) - 이제현(56제 74수) - 김극기(45제 65수) - 진화(31제 42수) - 이숭인(34제 39수) - 정몽주(32제 36수) - 김부식(33제 34수) - 최해(33제 33수) - 이달충(17제 33수) - 최치원(29제 29수) - 정포(18제 29수) - 이첨(27제 27수) - 정도전(20제 27수) - 설손(16제 27수) - 이인복(21제 27수) - 정도전(20제 27수) - 석원감(19제 22수) - 이곡(21제 22수) - 권근(20제 22수) - 임춘(19제 20수) - 윤소종(20제 20수)[38]

앞에 제시된 20수 이상 실린 시인 23명 가운데 절반 가량인 11명의 통계에 착오가 있음을 알 수 있다. 이런 통계를 근거로 하였으므로 "이 시선집에서 가령 칠언율시의 경우 이제현(30수)의 작품을 가장 많이 수록하였고, 그 다음 임유정(26수)부터 임춘(11수)까지 8명이 모두 고려시대 작가였으며"[39]라고 하여, 7언율시가 11수 이상 실린 시인이 11명이고 그

36) 전문이 "鑿破雲根構小樓, 江山無限入簾鉤. 謝公不惜千金費, 范相應將一舸遊. 二水溶溶分燕尾, 三山杳杳隔鼇頭. 他年若許陪鳩杖, 共向滄洲狎白鷗."로 된 7언율시 <韓相國)江居>(권13)를 싣고서, 후반부를 독립시켜 <宿韓相國書齋>(권19)라는 제목으로 실었으므로, 1제 1수는 제외되어야 하니 실제로는 69제 88수인 셈이다. 이 작품은 수구입운하지 않고 하평성 '侯'로 압운하면서 예외적으로 수구가 아닌 제4구에 '尤'韻으로 통운한 율시로, 『東國文鑑』·『東人之文五七』과 같은 선집이 출처였을 것으로 보이는데, 『파한집』(권상)에 일화와 함께 후반만을 소개한 글을 읽은 『동문선』의 편찬자가 중복이나 완편 여부를 확인하지 않은 채 首句入韻하지 않은 7언절구로 보고 적당한 제목을 붙여 실어서 생긴 착오일 것이다.

37) <自京師東歸途中作>(권16) 2수는 『牧隱詩藁』 권3의 7언율시 <自京師東歸途中作>과 <省中>을 합쳐 놓은 것이므로 실제로는 71제 76수인 셈이다. 운이 다르고 맥락도 연결되지 않는 두 작품을 하나로 만들어 버린 착오인데, 부주의로 아래 작품의 제목을 밝히는 것을 빠뜨린 탓일 것이다.

38) 상위 5인의 경우, 이인로는 八景詩·回文詩·六詠詩 등 특수시체, <燈夕>(2제)·<文機障子>·<八關日扈從>과 같은 관각시와 7언절구가 압도적으로 많이 선발되고, 이규보에게는 아유적 배율 8제와 四時詞가 있으며, 이제현에게는 八景詩(2제)·四詠詩가 있고, 김극기에게는 <田家四時>(2제)가 있는 특수한 사정이 반영된 결과이다. 이렇게 보면 여러 수로 된 작품이 드물고, 특이한 시체나 관각시의 비중도 낮다는 점에서 제수가 많은 李穡이 가장 중시된 시인임을 알 수 있으며, 이는 『東文選』의 주도적 편찬자인 徐居正의 『東人詩話』에서 牧隱을 가장 빈번히 찬양한 점과도 상통하는 현상이다.

가운데 고려인으로 보기 어려운 권근의 시가 12수나 실린 사실과 어긋나는 진술을 할 수밖에 없었던 것이다.

5. 산문의 작품수

『東文選』에 실린 산문의 문체별 작품수와 작품의 총수를 면밀히 조사하여 이미 제시된 사례와 함께 보이면 아래 표와 같다.

문체	여운필			이경선			김종철		
詔勅·敎書·制誥	9	51	74	8	51	55	9	49	74
冊·批答·表箋	62	80	600	61	80	462	61	80	558
奏議·箚子	34	12		32	12		34	12	
啓·狀·牒	34	96	33	33	77	28	34	100	33
露布·檄書	1	6		1	5		1	6	
辭·賦·箴	10	35	11	10	35	11	10	35	11
銘·頌·贊	64	8	72	64	8	71	66	8	73
致語·祝文·疏	22	14	148	22	14	123	23	13	128
道場文·齋詞	32	15		31	11		30	15	
靑詞·上梁文	36	5		34	5		32	7	
祭文·哀詞·誄	52	4	4	51	4	4	52	4	4
文·書·記	8	138	269	8	136	268	8	138	267
說·論	77	14		57	14		77	14	
序·跋	234	66		227	66		184	65	
辨·對·志	18	2	5	18	2	5	18	2	5
原·議·雜著[40]	2	7	35	2	7	35	2	7	34
傳·行狀	28	5		28	5		28	6	
碑銘·墓誌	35	68		35	73		34	65	
계	2635			2390			2516		

39) 황위주, 앞의 논문, 47면.

40) 우연한 계기에 이 글을 미리 본 한국학중앙연구원의 김건곤 교수께서 잡저는 문체명이 아니므로 論說이면 論으로 처리하는 방식으로 근접시킬 수 있는 문체에 소속시켜 작품수를 헤아려야 할 뿐 아니라, 통계의 위치도 마지막이 되어야 한다는 견

이경선 교수의 경우에는 26개의 문체에서는 필자와 숫자가 일치되지만, 작품수가 많이 실린 문체를 중심으로 하여 제고·표전·장·소·설에서 필자와 큰 차이를 드러내었다. 적게는 1편에서 많게는 138편까지 격차가 생기다 보니 전체적으로 246편이라는 차이가 생겼다. 이렇게 된 주된 원인은 대체로 크게 두 가지이다. 첫째는 설의 경우 권96의 31편을 21편으로, 권98의 25편을 15편으로 잡은 데서 보는 바와 같은 불철저함에 있다, 둘째는 제고와 표의 계산방식의 차이로 인한 편차이다. 제고의 경우 책의 목록에 따라 56편으로 보느냐, 官誥·麻制·告身이 갖추어진 글을 세 편으로 보아 74편으로 보느냐 하는 차이가 생기고, 표전 아운데 표의 경우에도 <起居表>·<賀表>·<物狀>을 3수가 아니라 1편으로, <謝恩起居表>·<謝表>를 2수가 아니라 1편으로 처리하는 데에서 차이가 생기기 때문이다.

김종철 교수의 경우 26개의 문체에서는 필자와 편수가 같지만, 序(50)·표전(42)·소(20)를 중심으로 하여 1편부터 50편까지 차이가 생김으로써 전체적으로 119편까지 차이가 생기고 말았다. 이러한 차이는 일부 산문 문체의 계산방식보다는 검증의 불비에서 주로 생긴 것으로 보인다.

이런 통계를 근거로 하였다면, "전체적으로 47개 문체에 210여 명 정도의 작가 작품 2,516편 정도의 문장이 선발되어 있다."[41], 또는 "四六 騈文을 특성으로 하는 관각의 문장과 政敎 관련 문장이 1,146편으로 전체의 46%를 차지하고 있다. 특히 表箋은 558편으로 전체의 22%를 차지하고 있다."[42]라고 한 해석의 신빙성이 떨어짐은 말할 것도 없다. 그리고 다음과 같이 밝힌 문체별 작품수의 순위 또한 정확하기 어려울 것은 불문가지이다.

해를 밝힌 바 있다. 수긍할 만한 견해이지만, 여기에서는 원전의 분류와 위치를 따르기로 한다.

41) 위의 책, 같은 면.

42) 위의 책, 138면.

表箋(558편) - 記(267편) - 序(184편) - 書(138편) - 疏(128편) - 狀(100편) - 批答(80편) - 說(77편) - 制誥 (74편) - 贊(73편) - 銘(66편) - 墓誌(65편) - 跋(65편) - 冊(61편) - 祭文(52편) - 敎書(49편) - 賦(35편) - 啓(34편) - 碑銘(34편) - 奏議(34편) - 牒(33편) - 靑詞(32편) - 道場文(30편) - 傳(28편) - 致語(23편) - 辨(18편) - 冊題(17편) - 雜著(17편) - 齋詞(15편) - 論(14편) - 祝文(13편) - 箚子(12편) - 箴(11편) - 辭(10편) - 詔勅(9편) - 文(8편) - 頌(8편) - 上梁文(7편) - 議(7편) - 檄書(6편) - 行狀(6편) - 志(5편) - 哀詞(4편) - 誄(4편) - 對(2편) - 原(2편) - 露布(1편)[43]

필자는 이러한 문체별 수록작품의 숫자에 따른 순위가 다음과 같이 수정되어야 책의 실상에 가까울 것이라고 생각한다.

표전(600수) - 기(269수) - 序(234수: 정확하게는 233수[44]) - 소(148수) - 書(138수) - 장(96수) - 비답(80수) - 설(77수) - 제고(74수) - 찬(72수) - 묘지(68수) - 발(66수) - 명(64수) - 책(62수) - 제문(52수) - 교서(51수) - 청사(36수) - 부(35수) - 비명(35수) - 잡저(35수) - 계(34수) - 주의(34수) - 첩(33수) - 도량문(32수) - 전(28수) - 치어(22수) - 변(18수) - 재사(15수) - 논(14수) - 축문(14수) - 차자(12수) - 잠(11수) - 辭(10수) - 조칙(9수) - 문(8수) - 송(8수) - 의(7수) - 격서(6수) - 행장(5수) - 상량문(5수) - 지(5수) - 애사(4수) - 誄(4수) - 대(2수) - 원(2수) - 노포(1수)

이러한 차이는 산문을 크게 세 종류로 나눌 경우의 수치에서도 생길 수밖에 없다. 김종철 교수의 경우 변려문의 총수에서 38편, 고문에서 53편, 韻語에서 20편, 전체적으로는 119편이 덜 계산되어 있다. 필자가 보

43) 김종철, 앞의 책, 137면.

44) 跋에 해당하는 李穡의 <近思齋逸藁後序>(『牧隱文藁』 권7)가 <近思齋逸藁跋>(권102)이란 제목으로 실려 있는데도, 序로 분류하여 <近思齋逸藁後序>(권86)라는 제목으로 중복수록하고 있으므로 1편을 제외해야 할 것이다.

기에는 변려문이 1214편, 辭·賦를 포함한 고문이 1,003편, 운어가 418편으로 총계 2,635편인 듯하다. 따라서 문체의 종류를 47종[45]으로 보고 산문의 총편수를 2,516편으로 본 견해는 수긍하기 어려우며, 『동문선』에는 표면상으로는 2,635수, 중복을 빼면 2,634수의 산문이 실려 있다고 보아야 실상에 부합한다고 본다.

이 책에 실린 산문의 작가별 수록편수와 순위는 다음과 같이 제시된 사례가 있다.

> 이규보(388편) - 이색(246편) - 최치원(162편) - 권근(158편) - 이첨(115편) - 이곡(98편) - 변계량(85편) - 김부식·이제현(70편) - 정도전(65편) - 임춘(53편) - 김구(46편) - 이숭인(41편) - 최유청(40편)[46]

그러나 필자가 검증한 결과로는 상당한 차이가 드러난다.

> 이규보(410수) - 이색(240수) - 최치원(168수) - 권근(164수) - 이첨(122수) - 이곡(102수) - 변계량(89수) - 이제현(79수) - 김부식(76수) - 김구·정도전(63수) -석복암(57수) - 최유청(54편) - 임춘(53수) - 이숭인(41편)

순위에는 큰 변화가 없으나, 작가별 편수는 역시 상당한 차이가 나는 것을 볼 수 있다.[47] 表文 가운데 <起居表>·<賀表>·<物狀>을 3수가

---

45) 『동문선』에 수록된 글은 시 9체, 산문 46체, 도합 55개 문체로 보는 것이 일반적이며, 잡저 안에 <책제>를 제명으로 한 작품이 18수 선발되어 있다는 점에서 볼 때, 잡저와 책제를 분리하여 처리한 것은 적절치 않다. 다만 發願文인 釋宓庵의 <祖師禮懺兼發願文>(권112)을 疏에 포함시켜 수록함으로써, 의도하지 않은 문체의 글이 하나 더 실렸다는 점에서는 47개 문체라고 볼 수도 있을 것이다.

46) 김종철, 앞의 책 139면.

47) 최상위인 이규보의 글이 이색보다 현저히 많이 실린 것이 특별한 의미를 지니지는 않는다. 편수의 커다란 격차가 表箋 78편, 制誥·冊·批答 58편, 書 47편, 啓·狀 26편, 祝·疏·道場文 35편, 祭文·哀詞·誄 19편, 雜著·致語·靑詞 20편 등 상투적인 글이 283편에 이르는 이규보에 대하여, 이색은 이들 문체의 글이 표전 27

아니라 1편으로, <謝恩起居表>·<謝表>를 2수가 아니라 1편으로 계산하였기 때문에 큰 차이가 생긴 것으로 이해할 수 있음직하지만, 그렇다면 이색·정도전처럼 필자가 제시한 수치보다 많아지는 일은 없어야 할 터인데, 그렇지도 않으니 의아스럽지 않을 수 없다. 이런 부실한 통계를 근거로 한다면, "20여명의 고려 작가 작품이 전체의 50%를 차지하고 있다."[48]는 단정적 해석이라도 하지 말았어야 할 것이다. 이는 佛家 작가의 경우에도 별로 다르지 않아서, 작가별 수록문의 숫자는 제대로 파악하지 않은 채, "석복암(33편), 석무외(22편), 석식영암(13편)과 같은 스님의 작품들이 양적으로 상당히 적극적으로 수용되고 있다."[49]라고 하였다. 불가의 산문을 選入한 추세를 틀리게 해석한 것은 아니지만, 석복암은 57편, 석무외는 21편이 수록되어 있어, 사실파악을 제대로 하지 않은 점은 분명하다고 할 것이다.

6. 상위권 수록 작가의 작품수

시문을 합하여 다수 작품이 수록된 작가별 순위와 합산한 편수는 다음과 같이 제시된 사례가 있다.

> 이규보(451편) – 이색(305편) – 최치원(191편) – 권근(178편) – 이첨(142편) – 이곡(119편) – 이제현(117편) – 김부식(102편) – 변계량(98편) – 이인로(88편) – 정도전(84편) – 김극기(78편) – 이숭인(76편) – 임춘(72편) –

편, 教書 2편, 奏議 1편, 제문 3편뿐인 데서 생겼기 때문이다. 목은의 산문이 큰 비중을 차지함은 13권 정도의 분량이어서 전체 권질의 10% 정도를 차지하는 데서도 입증된다.

48) 김종철, 위의 책, 140면.

49) 위의 책, 같은 곳.

최해(66편) – 김구(56편) – 정몽주(38편)[50]

이 통계를 보면서 신통하게 여기는 점은 자신이 제시한 작가별 시와 산문의 편수를 합산한 수치와 일치하는 작가가 17명 가운데 1명뿐이면서도 순위는 얼추 맞는다는 점이다. 연구자의 책에 제시된 산문과 시의 편수대로 합산하여 순위별로 늘어놓으면, 이규보 455편(388+69) – 이색 312편(246+76) – 최치원 191편(162+29) – 권근 180편(158+22) – 이첨 142편(115+27) – 이제현 131(70+61) – 이곡 120편(98+22) – 김부식(70+34=104) – 이인로 99편(81+18) – 변계량 99편(85+14) – 김극기 97편(64 +33) – 정도전 85편(65+20) – 이숭인 79편(41+38) – 임춘 73편(53+20) – 최해 66편(33+33) – 김구 58편(46+12) – 최유청 54편(40+14) – 정몽주 41편(38+3)으로 나타나야 마땅하지만, 표에서 옮겨 놓은 위의 수치는 이해하기 어려울 정도로 차이를 보여 주고 있다.[51]

이런 점을 납득하기 어려워 필자가 세밀하게 검토해 본 결과로는 상위 작가 순서와 수록편수가 다음과 같다. 작가별로 제시된 숫자는 차례대로 산문의 首數, 시의 수수, 합산한 수수이다.

이규보(410+77=487) – 이색(240+76=316) – 최치원(168+29=197) – 권근(164+22=186) – 이첨(122+27=149) – 이곡(102+22=124) – 이제현(79+74=153) – 이인로(88+18=116) – 김부식(76+34=110) – 변계량(89+14=103) – 김극기(32+65=97) – 정도전(63+27=90) – 이숭인(41+39=80) – 석원감(23+57=80) – 김구(63+10=77) – 임춘(53+20=73) – 최유청(54+14=69) – 최해(33+33=66) – 이달충(33+24=57)

50) 위의 책, 193면.

51) 최유청의 시가 14수나 실려 있는데도 10수 이상 수록시인의 표에 나타나 있지 않고, 정몽주는 산문이 3편밖에 실려 있지 않아서 역시 나타나 있지 않으므로 필자가 채워 넣었다.

시와 산문 모두 작가별 작품수를 실상에 맞게 검증하여 합산한 결과이므로, 작가별 총편수와 순위에 상당한 차이가 생기게 되었음을 알 수 있다. 필자의 검증이 완전하다고 장담하지는 않지만, 실상에서 그다지 벗어나지 않을 것이라고 본다.

7. 結語

기존연구에 따르면 『東文選』에는 490여 명의 유명씨의 작품과 72편의 무명씨의 작품이 실려 있는 한편으로, 시 1,940여 수와 문 2,516편 정도가 실려 있다고 한다. 그러나 필자가 검증해 본 결과, 『동문선』에는 유명씨 496명, 무명씨 76명의 작품이 실려 있으며, 그 시문의 총합은 표면상으로는 시 1,770제 2,029수, 문 2,635편으로 도합 4,405제에 4,663수라고 할 수 있다.52) 그러나 중복수록된 착오를 반영하여 수정하면 실제로는 시 1,770제 2,028수, 문 2,534편으로 도합 4,405제 4,662수이다.53) 그러나 이러한 수치 또한 복잡하고도 까다로운 계산적 확인에 따르는 허점이 없다고 장담하기 어려우므로, 다소의 차착 가능성을 배제하지 않지만, 종래의 사례처럼 어이없이 큰 차이가 나는 일이 있으리라고 생각하지는 않는다.

이 글에서 다룬 작가·작품에 대한 통계적 논의는 매우 세심하고도 번

---

52) 표전의 경우 <賀起居箋>·<賀表>·<方物狀>을 묶어서 1편으로 본 『목은문고』의 <賀皇太子千秋箋>과 달리, <賀起居箋>·<賀表>·<方物狀>을 3편으로, <謝恩起居表>·<謝表>를 2편으로 처리한 『동문선』의 수록방식을 그대로 받아들인 결과이다. 그러나 목은의 <直說三篇>은 1편으로 처리하였다.

53) 시에서 이색의 <省中>·<自京師東歸途中作>이 <自京師東歸途中作> 2수로, 李仁老의 1제가 7언율시 <韓相國江居>, 7언절구 <宿韓相國書齋>로, 崔讜의 <送人>(2수)과 林宗庇의 <馬上寄人>이 최당의 <馬上寄人>(3수)로, 문에서 이색의 <近思齋逸藁後序>가 <近思齋逸藁後序>와 <近思齋逸藁跋>로 된 변수를 가리킨다.

거로운 점검을 필요로 하는 작업이다. 게다가 이 글에서 대상으로 한 것과 같이 텍스트 자체가 작가·작품과 관련된 착오와 부주의가 많은 문헌일 경우에는 더욱 그러하다.

그러나 이런 작업이라는 것이 결과는 크게 눈길을 끌기 어려운 한편으로, 불철저함과 견식의 부족으로 인한 오류를 범할 위험성은 크다. 그런 점이 두렵지 않은 바가 아니면서도 모험을 감행함은 문헌의 중요성만 강조하고 기초적 작업은 등한시해 온 풍토를 바꾸어야 마땅하기 때문이다. 이런 점에서는 오히려 필자의 착오가 계기가 되어 이 기념비적 텍스트에 대한 진전된 점검이 조속히 이루어지기를 바라는 것이 솔직한 심정임을 덧붙여 둔다.

〈『문헌과 해석』 47(2009년 여름) 수록〉

曺偉論

1. 序言

曺偉((1454～1503)의 생애에 대해서는 <萬憤歌>를 논의하는 과정에서 여러 차례 검토된[1] 바 있지만, 한문으로 이루어진 그의 시문은 成宗朝 新進士類의 문학세계의 중요한 한 부분으로 다룬 가운데, 문학관과 작품의 중요한 면모를 밝힌 사례[2]가 있을 뿐이다.

그의 문집인 『梅溪集』에는 320여 편에 이르는 글이 실려 있는데, 그 가운데 시 23제와 문 2제는 『續東文選』에 선발되었으며, 詩話에도 그의 시에 대한 관심이 더러 나타난[3] 바 있다. 그리고 그는 好文之主인 成宗에게 가장 촉망받았던[4] 文臣의 하나일 뿐 아니라 杜詩諺解에 직접 참가

---

1) 李家源, 「萬憤歌 硏究」, 『東方學誌』 6(연세대 동방학연구소, 1963) ; 李相寶, 『韓國歌辭文學의 硏究』(형설출판사, 1974) ; 金周坤, 「曺偉의 萬憤歌 硏究」, 『嶺南語文學』 14(영남어문학회, 1987) ; 박일용, 「만분가의 형상화 형태」, 『백영 정병욱 선생 10주기 추모논문집』(집문당, 1992)이 대표적인 성과이다.

2) 鄭景柱, 『成宗朝 新進士類의 文學世界』(법인문화사, 1993).

3) 許筠은 曺偉・兪好仁의 盛名을 인정하면서 그들이 鄭希良만 못하다고 하였고, 李睟光은 崔淑生의 <義州聚勝亭詩>에 대하여 "此老詩, 可謂成章."이라 한 蘇世讓의 평가를 소개하고 조위의 <義州聚勝亭>이 더 낫다고 하였다.

4) 『成宗實錄』 권171 16년 10월 庚辰條의 "命弘文館直提學金訢・校理申從濩・侍講院弼善許琛, 常時所著詩文, 每於歲季書啓."와 권175 16년 5월 辛卯條의 "慶尙道

하였던 사람이다. 이런 여러 가지 측면들은 그의 한문학, 특히 시에 대한 본격적 연구의 필요성을 뒷받침하기에 족하다고 할 것이다.

이 글은 이를 고려하여 조위의 생애, 사대부적 성격, 문학관 등 배경적인 측면을 살피고, 그것을 바탕으로 하여 시세계를 검토함으로써, 시인으로서의 작가론을 마련하기 위하여 시도된 것이다.

2. 背景的 檢討

1) 生涯와 士大夫的 性格

본관이 昌寧, 자가 太虛, 호가 梅溪인 曺偉는 端宗 2년(1454)에 金山(金泉)에서 縣令 曺繼門의 아들로 출생하였다. 그는 10세에 異母姉兄인 佔畢齋 金宗直(1431~1492)에게 수학하였고, 이듬해에 상경하여 從祖父 曺錫文에게 『小學』을 배웠다. 成宗 3년(1472)에 小科에 급제하고 나서 다시 점필재에게 가서 『禮記』를 배웠으며, 이듬해부터 성균관에서 수학하다가 21세이던 1474년에 文科에 及第하였다. 성종 7년에는 蔡壽・許琛・兪好仁 등과 함께 賜暇讀書하였고, 12년에 遠接使 姜希孟의 從事官이 되었다. 13년에 '曺偉・金訢, 皆當進用者'라는 이유로 성종이 한 資級을 올리라고 특명한 데 따라 持平이 되고, 15년 8월에는 乞郡하여 咸陽郡守가 되었으며, 16년에는 '歲抄詩'를 지어 올린 공으로 부모에게 米豆가 내려지는 특은을 입었다.[5] 성종 20년 2월에 부친상을 당하여 복상하였으며, 22년

觀察使李克己, 以咸陽郡守曺偉・前居昌縣監兪好仁所製詩, 成冊以進. 右人等著述, 每歲抄書啓事."로 보아, 金訢・申從濩・許琛・兪好仁 등이 비슷한 예라 하겠다.

5) 『成宗實錄』 권176 16년 3월 壬午條. "傳于承政院曰, '曺偉兪好仁等褒美事, (중략) 使此人等, 自以爲喜, 而其父母亦喜. 使後世之人, 爭相希慕, 何以爲之? (중략) 予欲賜米其親, 仍賜書褒之.'"

에는 등급을 뛰어넘어 同副承旨가 되고, 23년 12월에는 都承旨에 올랐다.

40세이던 24년(1493) 6월에 戶曹參判에 올랐다가 25년에 忠淸監司로 나갔던 그는 이듬해인 燕山君 원년(1495) 4월에는 大司成으로서 魚世謙·李克墩·成俔·申從濩 등과 함께 『成宗實錄』 修撰官이 되었으며, 잠시 全羅監司로 나갔다가 모친상을 당하여 3년 12월까지 복상하였다.

연산군 4년(1498) 2월에 同知中樞府事로 복직하였던 그는 4월에 명나라에 聖節使로 갔다. 그 해 7월에 戊午史禍가 일어났는데, 그는 『佔畢齋集』을 편찬할 때 <弔義帝文>을 첫머리에 실은 것이 문제되어 9월에 귀국하여 곧 義州에 유배되었다. 연산군 5년 5월에 順天에 移配되었다가, 50세이던 9년(1503) 11월에 병으로 적소에서 타계하였다. 같은 해 9월에 家財를 籍沒당하였는가 하면 이듬해에 일어난 甲子史禍에 剖棺斬死되는 등 사후에도 수난을 겪었다. 中宗 2년(1507)에는 嘉靖大夫·吏曹參判兼經筵春秋館成均館事·同知義禁府事·弘文館提學·藝文館提學·五衛都摠府副摠管을 추증하였고, 肅宗 34년(1708)에는 資憲大夫·吏曹判書兼知經筵義禁府事·弘文館大提學·知春秋館成均館事·世子左賓客五衛都摠府都摠管을 추증하고 시호를 文莊으로 내렸다.

그는 사림의 거두였던 점필재 김종직의 처남으로서 유호인·김흔과 함께 가장 이른 시기부터 점필재의 문하에 출입하였고, 신진사류의 교유에서 연배가 앞선 부류의 중심인물이었다.[6] 그러므로 그는 성종대에 크게 대두되었던 사림파의 핵심적인 인물이었다고 할 수 있다. 洪貴達·兪好仁·許琛·金孟性·申從濩·權健 등과 깊이 교유했으며, 金宏弼·鄭希良과는 같은 곳에 유배되어 가깝게 지냈다. 이들은 모두 한 시절의 명사들로서[7] 점필재의 문인이자 무오·갑자년의 사화의 희생자들이라는 공통점을 지녔다.

무오사화는 연산군 4년 7월에 柳子光·李克墩 등의 勳舊派가 金馹孫

---

6) 정경주, 앞의 책, 18면 및 31면 참조.

7) 曺伸, <梅溪叢話序>. "所交結, 皆一時名流鉅公."

이 김종직의 <조의제문>을 史草에 삽입한 것을 문제삼은 사건인데, 김종직이 剖棺斬屍되고, 김일손·權五福 등 5인이 사사되며, 表沿沫·鄭汝昌·김굉필·조위 등 18인이 유배되는 등 사림파가 대규모로 숙청될 만큼 여파가 컸다. 조위는 요동에 이르러서야 비로소 사화의 소식을 들은[8] 데 이어, 압록강에 이르러 곧 拿來되어 9월 17일 決罪되었다. 그는 김종직의 제자라는 점, 성종의 명에 의하여 『점필재집』을 편찬하면서 <조의제문>을 맨 앞에 실은 점, 『점필재집』을 중국에 지니고 갔던 일 등으로 문책당하였는데, 문초과정에서 그는 <조의제문>이 가탁하여 풍자한 글이어서 세조의 일과 관련되는 줄 몰랐다고 변명하였다[9]. 그는 사화에서 김종직·김일손에 버금갈 만큼 논란의 대상이 되었지만 선왕의 寵臣이라는 좌의정 李克均의 적극적인 비호에 힘입어 죽음은 면하였다.[10]

순천에 유배되어 있을 때에 김굉필에게 "조만간 마땅히 임학에 물러나서 형과 論道講學하여 만년의 계책을 이루고자 할 뿐입니다"[11]라고 말한

---

8) 『諛聞瑣錄』에는 위태롭게 여긴 曺伸이 요동의 術士 鄒源潔에게 점을 쳐서 "천 겹의 물결 속에서 몸을 솟구쳐 나오고, 또 반드시 바위 밑에서 사흘밤을 묵으리.(千層浪裡飜身出, 也須巖下宿三宵.)"라는 시구를 얻었는데, 압록강을 건널 때 배가 뒤집혀 죽을 뻔한 사고를 겪고도 살아난 데 이어, 재상 李克均의 구출로 죽음을 면하자 앞 구절이 뜻한 바는 곧 알 수 있었지만 뒤의 구절은 끝내 알 수 없었으나, 6년 뒤에 일어난 갑자사화에 또 연루되어 죄를 입음으로써 무덤을 파헤쳐 부관참시한 뒤 해골을 3일 동안 방치해 두는 일을 당하자 알 수 있었다는 일화가 실려 있다.

9) 『燕山君日記』 권31 4년 9월 辛丑條에서는 조위가 연산군에게 "宗直弔義帝文及和陶淵明詩, 皆假托譏諷, 實不知其爲犯觸國朝事也. 若知其爲不道之文, 則何敢書其文, 以獻成宗乎?"라고 답했다고 하였지만, 김일손의 "宗直未釋褐, 嘗感夢, 作弔義帝文, 以寓忠憤, 遂書."라는 공술과 權五福·權景裕이 남긴 사초로 보아 문인들은 작의를 알고 있었을 것이다.

10) 『戊午黨籍』에는 포함되어 있지 않다. 『睡軒集』의 跋에 의하면 『무오당적』은 權文海의 부탁으로 柳成龍이 김종직·김일손·권오복 등 戊午被禍人 25명의 사적을 기술한 글인데, 후대에 숫자가 늘어난 글에도 대개 조위는 제외되었지만, 『虛庵遺集』처럼 포함된 예도 있다. 使行으로 나중에 따로 처벌은 데 말미암을 것이다.

11) <與金寒暄堂宏弼書>, 『梅溪集』 권4. "早晏當退休林壑, 與兄論道講學, 以遂晚計耳." 이하 『매계집』의 조위의 글은 書名없이 題名 뒤에 권의 숫자만 밝힘.

점으로 보아, 그는 동년배의 동문인 김굉필·정여창과 비슷한 수준의 도학자였을 것으로 보인다. 그의 학문에 대해서는 학문과 도리를 논한 글이 수만언에 이르렀으나 적몰당할 때에 모두 잃어 버렸다거나 冠·婚·喪·祭에 대한 책을 지은 일이 있었다는 조신의 증언이 있을[12] 따름이고 직접적 증거는 남아 있지 않다.

한편, 그에 대한 당대인의 평가는 뛰어난 문인이었다는 것이 주류를 이룬다. 성종 때 성행한 課試에서 5회나 1등을 차지하였는가[13] 하면, 『연산군일기』에 문한관적 역량이 특별히 언급되어[14] 있는 데서, 당시에 크게 인정받은 문신임을 알 수 있으며, 墓誌銘·祭文 등에서도 유사한 평가가 확인된다.[15] 이는 도학자라기보다는 經史·문학에 뛰어난 선비로 이해하게 하는 증거일 것이다.

2) 遺著

조위의 시문집은 庶弟 伸에 의하여 『梅溪年譜』와 함께 성책된 뒤 오랜 동안 간행되지 못한 채 手寫本으로 전승되었던[16] 듯하다. 현전하는 『梅溪先生文集』은 肅宗 44년(1718)에 金山郡守 金楙가 매계의 五代孫

12) 조신, <先生行錄>, 권5.

13) 辛承云, 「成宗朝의 文士養成과 文集編刊」(성균관대 박사논문, 1995), 152면, <附表 2> 成宗朝 應製 課試 月課表 참조.

14) 권39 6년 10월 丙戌條. "況我國交隣事大華國之才, 不可不預養, 今善於詩文者, 洪貴達已老, 曺偉得罪, 權健有病, 臣以不才, 濫居文翰之任, 豈愜物望乎?"

15) 洪貴達의 묘지명에서는 "公宏才博識, 爲文章最麗, 一時文士, 皆出下風, 最知遇成廟朝."라 했고, 金宏弼의 제문에서는 "文爲華國, 詩稱冠冕."이라 하였다.

16) 중종 8년 4월에 經筵官 李世仁이 崔淑精·成侃·曺偉·兪好仁 등의 遺稿開刊을 청하자 왕이 "已命搜編右人等集開刊矣, 然可更命速刊也."라고 했음에도 불구하고, 현전본이 초본을 토대로 간행된 점으로 보아 조선 전기에는 간행되지 못했던 듯하다. 韓國文集叢刊의 『매계집』 범례에서는 "활자로 간행한 초간본이 일실"되었다고 하였지만 근거가 무엇인지 모르겠다.

述의 家藏 傳寫本을 저본으로 하여 목판으로 간행한 것이다. 5권 2책(173판)으로 이루어진 이 책은 그의 시문 311제(시 289 · 문 22)[17]와 史話 事實 · 行錄 · 墓誌 · 墓表 · 受贈文 · 祭文 · 書院奉安文 등을 부록으로 수록하고 있다. 『매계집』은 1928년에 후손들에 의하여 석판본으로 중간되었는데[18], 이는 遺文과 부록을 증보하여[19] 10권으로 편집한 것이다.

산문은 書 · 記 · 序 · 墓誌 · 墓表 등의 문체로 나누어 실었고, 시는 5언 · 6언 · 7언으로 나눈 뒤 다시 절구 · 율시 · 고시로 분류하여 실었는데, 같은 문체나 시체에 속하는 작품의 배열원칙은 불분명하다. 현전시 가운데 2/3에 해당하는 197제의 7언율시가 17세작이라고 부기된 <途中偶吟>으로 시작하여 타계하기 직전에 순천에서 지은 작품으로 보이는 <矗石江>으로 끝난 점으로 보아[20], 같은 문체 · 시체 안에서는 대체로 창작 시기순으로 배열한 것으로 보인다.

한편, 조위는 적소에서 『梅溪叢話』를 짓다가 완성하지 못한 채 죽었는데, 중종 말에 편찬된 魚叔權의 『稗官雜記』에 이 책이 언급된 것으로 보아, 당대에 이미 알려져 있었던 듯하다. 조신의 『소문쇄록』 중 栖碧外史 海外蒐佚本에는 『매계총화』 13조가 들어 있으며[21], 靜嘉堂本 『大東稗

---

17) 시는 5언절구 7제 · 5언율시 20제 · 5언고시 9제 · 6언절구 3제 · 6언율시 2제 · 7언절구 27제 · 7언율시 195제 · 7언고시 19제 · 詞 7제이며, 문은 書 1편 · 記 10편 · 序 7편 · 墓誌 1편 · 墓表 2편 · 後識 1편이다.

18) 洪順錫은 1881년에 간행했던 것을 이때 覆刊하였다고 하였지만(「梅溪集 解題」, 『梅溪集』(계명문화사, 1988)), 序跋이 무진년(1928)으로 되어 있고 석판본으로 가장 오랜 것이 1906 · 7년 간행본(千惠鳳, 『韓國書誌學』(민음사, 1991), 290면)인 점으로 보아, 1881년에 간행되었다는 것은 사실이 아닐 듯하다.

19) 5율 <次金宏鑑開亭韻> · <敬次佔畢先生老松韻>, 7율 <敬次畢齋先生韻> · <送李春甫約東赴濟州>, 疏 1편, 箋 1편, 經筵奏議 수십 편이 추가되고, 湖堂錄 · 雜識 · 行狀 · 諡狀 · 神道碑銘 · 請諡疏 · 延諡韻 등 부록도 상당히 추가되었다.

20) 1482년작인 <送蔡耆之壽 罷官南歸>가 1474년작인 <鐵嶺> · <再向咸興途中>보다 뒤에 실리고, 1476년에 지은 <次祈郎中順韻>이 1495년에 지은 <康津新軒二首>보다 뒤에 실리는 등 예외적인 경우가 많으나 대체로 시기순인 듯하다.

21) 鄭景柱, 「適菴 曺伸의 文學觀과 日常的 體驗의 文學世界」, 『釜山漢文學硏究』 6

林』에는 표제를 『梅溪叢話序』로 한 51則이 실려 있다. 靜嘉堂本 가운데 맨 앞에 있는 것은 조신의 <매계총화서>이고 그 다음 14則은 『매계총화』이며, 나머지는 『소문쇄록』이다. 이를 통해 『매계총화』가 모두 14則이었음을 짐작할 수 있고, 이는 <매계총화서>의 "嘗草梅溪叢話十餘, 則未成藁而卒."이란 언급과도 부합된다.

3) 文學的 立場

조위는 문학관을 체계적으로 밝힌 글을 남기지 않았으며, 다만 몇 편의 序・記와 시편들에서 문학에 대한 입장이라 할 것이 산견될 뿐이다. 그것은 道本文末的 立場, 宋詩의 尊崇, 杜詩의 忠憤直書 高評 등으로 요약할 수 있다. 이런 입장은 현전작품에도 대체로 작용한 듯하므로 간략하게 살펴보기로 하겠다.

조위는 德行이 근본이고 文藝는 말단이라거나[22] 德者有言說을 개진하였을[23] 뿐 아니라, "한갓 그 찌꺼기를 취하여 기송의 자료로 삼고, 기려를 조직하여 성률의 문장으로 만들어서 세상에 자랑하고 속인을 속인다면, 이는 조정에서 선비를 기르는 뜻이 아니다."[24]라고 한 바 있다.

이런 점으로 보아 그는 당대 사류들에게 일반화되었던 載道論, 經術文章一道觀, 文章小技論 등을 견지하였음이 분명하다. 따라서 문학의 형식

(부산한문학회, 1991), 193면.

22) 『成宗實錄』 권102 10년 4월 戊申條. "御晝講, 講論論語, 至君子多乎哉? 不多也. 曺偉啓曰, '大抵德行本也, 文藝末也, 德行難見, 才藝易著, 故有才藝者, 人皆謂之賢. 然無德行, 則雖有才藝, 無足觀也.'"

23) <止止堂集序>, 권4. "孔子曰, 有德者必有言, 有言者不必有德, 和順積中, 榮華發外, 顯於言語, 施諸文章者, 皆德之著於外者也. 孔子之徒, 豈操觚弄翰, 學爲文者哉? 詞華雖美, 苟無其德, 不足觀也."

24) <讀書堂記>, 권4. "徒取糟粕, 以爲記誦之資, 組織綺麗, 以爲聲律之文, 以誇世而眩俗, 則非朝廷儲養之意也."

이나 기교보다 내용을 중시하였을 터인데, 이는 『매계총화』에서 蹈襲을 부정적으로 기술한 데서도 입증된다.[25]

조위는 중국의 문인들 가운데 蘇軾·黃庭堅·陸游를 특별히 애호하였던 것으로 보인다.[26] 그는 <鷄林八觀>의 序에서 蘇東坡의 시 <鳳翔八觀>에 대하여 언급하였는가 하면 두 차례나 동파시에 차운하였으며[27], 『매계총화』의 3칙에서 동파에 대하여 기술하는 등 동파에 대하여 큰 관심을 보였다. 그리고 <又呈虛菴>(권1)에서 "邇來詩律逼陳黃", <寄許獻之琛三首>(권1)의 제삼수에서 "黔南山水養涪翁, 一派江西筆力雄."이라고 하였는가 하면, 『매계총화』에서는 황정견의 用事에 대하여 자세히 서술하는 등 황정견에 대해서도 자주 언급하였다.

또 그는 육유의 시에 두 차례나 차운하였으며[28] 자주 타인을 '陸'에 견주었다.[29] 특히 鄭希良은 <過梅溪有感>(『虛庵遺集』 권2)에서 "獨向溪山問放翁"이라 한 바 있는데, 널리 알려지지 않은 陸放翁의 7언율시 <到嚴十五晦朔. 郡釀不佳, (중략), 無以度日, 殊惘惘也>에 차운하거나 정희량이 그를 '방옹'이라고 부른 데서 그가 陸詩를 특히 애호하였음을

---

25) 黃山谷이 고악부를 도습한 것을 楊誠齋가 다시 도습한 사례, 黃山谷이 李杜를 도습한 사례, 林椿이 歐陽脩를 표절한 사례, 陳簡齋가 向伯恭을 도습한 사례를 드는 등 3칙에서 고인의 시구에 대한 도습을 부정적으로 기술하였다. 그러나 송의 陳與義가 向子諲의 '白髮三千丈', '烟花一萬重'을 표절한 줄을 몰랐을 때에는 '用古人語, 而無斧鑿痕.'으로 여겼다고 한 점으로 보아, 용사 자체가 아니라 표절적 용사를 부정적으로 인식하였을 것이다.

26) 한국문인 가운데는 崔致遠·李穡에 대하여 깊은 관심을 표하였다. 孤雲의 出處와 문학적 명성을 찬양하였는가 하면, 특히 牧隱에 대해서는 <韓山客館次韻>(권2)에서 "馬上人擬鄭公鄕, 奕世文章萬丈光. 天下才名高莫敵, 里中桑梓杳難詳."이라 하는 등 여러 차례 학문·문학·위인 등을 포괄적으로 예찬하였다.

27) <用東坡韻 送伯彛倫子眞兩庶兄>(권2), <憶梅, 用東坡紅梅韻. 三首>(권3).

28) <秋稼稍稔, (중략) 用陸放翁嚴州述懷詩韻. 二首>(권2), <次陸放翁韻>(권2).

29) <重試後與叔度約遊松都>(권2)에서는 '擬同小陸訪前朝', <友于亭>(권2)에서는 '二陸才名誰敢敵'이라 하였다.

짐작할 수 있다. 그가 육유를 애호한 데에는 <杜詩序>(권4)에서 忠憤을 들어 두시를 극찬한 것과 유사한 관점이 작용하였을 가능성이 있다.30) 이 밖에도 『매계총화』에는 송대의 王安石·陳與義를 다룬 대목이 있다. 이로써 보면 그는 당시보다 송시를 숭상하는 가운데 특히 소식·황정견·육유를 애호하였던 것으로 보인다.

한편, 조위는 柳允謙·金訢 등과 함께 杜詩諺解 작업에 참여한 바 있는데31), 이는 그가 두시에 일가견을 가졌기 때문일32) 것이다. 그 일에서 중요한 역할을 했다는 것은 상급자인 典翰(종3품) 柳允謙을 제치고 修撰(정6품)이었던 그가 序를 쓴 데서도 방증된다.

매계는 <杜詩序>(권4)에서 다음과 같이 말하였다.

> 시는 육조에 이르러 지극히 부화해져서 『詩經』의 餘音은 땅에 떨어지고 말았다. 두자미는 성당시대에 태어나서 능히 막혔던 시도를 뚫어 頹風을 진작하고, 沈潛頓挫하여 浮艶華靡한 습속을 힘껏 배척하였다. 난리에 도망다닐 때에도 시대를 근심하고 군주를 사랑하는 말이 지극한 정성에서 우러나오고, 충분이 격렬하여 백대를 聳動시킬 수 있었으니, 사람을 감발하고 징계한 바가 실로 『시경』과 서로 표리가 되며, 指事陳實함은 詩史로 불리었으니, 어찌 후세의 음풍영월로 성정을 깎아내는 자들이 의론할 수 있는 것이겠는가?33)

---

30) 陸游(1125~1210)는 처음에 江西詩風을 추종하다가, 南宋에 간 뒤 金나라에 뺏긴 중원을 찾으려는 정열로 말미암아 격식에 얽매이지 않는 분방한 시를 많이 지었으며, 만년에는 閑淡하고 매끄러운 시풍을 보였다.

31) 李丙疇, 「韓國漢文學上의 杜詩研究」, 국어국문학회 편, 『漢文學研究』(정음사, 1983), 238면.

32) 金宗直이 『纂注分類杜詩』의 序를 쓴 점으로 보아, 두시에 관심이 많았던 점필재의 영향을 받았을 것이다.

33) <杜詩序>, 권4. "詩至六朝 極爲浮靡, 三百篇之音墮地. 子美生於盛唐, 能抉剔障塞, 振起頹風. 沈潛頓挫, 力去浮艶華靡之習. 至於亂離奔竄之際, 傷時愛君之言, 出於至誠, 忠憤激烈, 足以聳動百世. 其所以感發懲創人者, 實與三百篇, 相爲表

윗글은 두시에 대한 일반적인 견해와 크게 다르지 않은 내용이지만, 두시를 忠憤激烈과 指事陳實의 두 측면에서 특별히 강조한 점에서 주목된다. 두시가 군주를 향한 충정을 두드러지게 드러내고 백성의 삶을 사실적으로 표현함으로써 詩史로 불리었던 점을 부각시켰다는 것은 그 자신도 시에 있어서 충분과 사실성을 매우 중시했음을 말할 것이다.[34] 성종이 그의 시문을 높이 평가한 것도 이와 연관이 깊을 터이거니와, 『성종실록』에 제목만 남은 <喜雨>·<鞦韆>·<皇華賦>·<東郊觀獵排律三十韻>·<賀親行釋奠頌>·<仁政殿早朝律詩> 등 應製·月課에서 장원하거나 포상받았던 작품들은 바로 그런 경향을 담았을 가능성이 크다.

3. 詩世界

<止止堂集序>(권4)에서 자신이 필화로 유배된 탓에 글을 짓는 일을 기피했다고 한 점과 무오사화 후 가산이 적몰될 때 시문을 크게 잃어 버렸다는 조신의 증언[35]을 고려하면, 조위는 필화를 우려하여 時事的인 글을 짓거나 남기기를 꺼렸을 것으로 보인다. 이는 時政批判에 적극적이었고 두시의 指事陳實을 존숭하는 입장을 지녔던 그의 현전시 가운데 당대의 정치적·사회적 현실과 밀착된 작품이 그다지 보이지 않는 데서 입증된다. 이런 특수성을 고려하여 그 시세계를 관료로서의 자세, 역사에 대한 인식, 유배의 정서 등 두드러진 세 가지 큰 제재로 나누어 검토하고자 한다.

裏. 而指事陳實, 號爲詩史, 則豈後世嘲風詠月, 刻削性情者之所可議耶?"

34) 정경주, 앞의 논문, 287~9면 참조.

35) 曺伸, <先生行錄>, 권5. "所著詩文章甚多, 論學論道之書, 亦至累萬餘言, 而籍沒之際, 幷皆見失, 痛哉痛哉."

1) 官僚로서의 姿勢

조위가 司馬試 가운데 진사과뿐만 아니라 생원과에도 급제하였다는 것은 그가 유학을 공부하는 데에도 힘썼음을 말한다. <敬次朱子竹窓韻>(권1)에 "先生平生心學吟詠者甚多."라고 附記되어 있는 것으로 보아 그는 특히 성리학[36]에 몰두하였을 것이다. 그렇다면 "근래에 관직에 나아간 이래로 임금을 사랑하는 작은 정성으로 평소에 길렀던 것에 스스로 격려되어 국사에 힘썼으니 학력이 날로 퇴보함은 이치가 본래 그럴 것입니다"[37]라고 한 것은 겸사일 것이다. 유학에 몰두하였던 목적이 修己治人에 있었을 터이니, 관료로서의 자세는 그런 학문에 연유했을 것이다.

조위는 23세에 10세 이상 연상인 楊熙止·許琛·兪好仁 등과 함께 賜暇讀書한 이래 성종의 엄청난 지우를 입었으므로[38], 그가 성종의 죽음을 애도한 시에서 "지난날 궁궐에서 오래 시종한 일 회억하노니, 보좌 옆에서 아뢰면서 늘 분주하였지. 하사하신 진중한 도포는 아직 상자에 있는데, 꺼내어 보노라면 나도 몰래 눈물이 흐르네."[39]라고 읊은 것은 조금도 과장이 아닐 것이다. 또 성종대를 태평성대로 인식한[40] 원인을 應製詩라는 데서만 찾을 수 는 없을 것이며, 관직에 처음 나아가는 벗에게 일편단심

36) 일반적으로 심학이란 '性卽理'를 최고원리로 하는 程朱의 성리학에 대하여 '心卽理'를 최고원리로 하는 陸王의 철학을 말하지만, 여기에서는 성리학과 특별한 차이없이 사용된 용어로 보인다.

37) <與寒暄堂金大猷宏弼書>, 권4. "自頃仕宦以來, 愛君微忱, 自激於素蓄, 王事鞅掌, 學力日退者, 理固然也."

38) '當進用者'라면서 특진시켰고, 군수로 있을 때 '歲抄詩'를 올리게 하여 부모와 본인을 다 褒奬하였으며, 2년 동안 승지로 시종하게 하는 등 특별했다고 할 수 있다. 이 점은 무오사화에서 죽음을 면하게 되는 원인이 되었다.

39) <聞國哀四首> 제4수, 권1. "憶曾蘭省久含香, 數奏長趍寶座傍. 珍重賜袍猶在篋, 披來不覺涕雙滂."

40) <上元應製>, 권2. "壽城熙熙屬太平, 香街小雨欽春晴. 雲開鳳闕壺天逈, 風動鰲山璧月明. 萬顆時看紅荔撒, 千門何處紫姑迎? 侍臣扶醉歸來晚, 喜聽新年歡笑聲."

을 당부한[41] 바처럼 그 자신도 '愛君微忱'을 다하려 하였을 것으로 보인다. 그렇다면 무오사화 직전에 중국에서 지은 <謁文丞相廟五首>(권3)의 제1수에서 볼 수 있는 南宋 말의 충신 文天祥에게 보낸 찬사[42]는 자신이 성종에게 바치고자 했던 절의의 표백이라 할 것이다.

조위는 臣民일 뿐만 아니라 治者이기도 했으므로 백성에 대한 사랑을 노래하기도 하였다. 벗이자 인척인 姜伯珍[43]이 과거에 급제하자 "시골사람들과 말할 때에 모름지기 착안할 것은, 장부의 출처가 이 백성에 달려 있음일세."[44]라고 함으로써, 관료는 백성을 사랑하여야 한다고 강조하거나, 가뭄으로 고통을 겪는 백성을 염려하여 "애써 일하는 농가에선 한창 비를 기다리는데, 雷神은 어느 곳에서 구름과 우레를 일으킬까?"[45]라고 염원한 것은 그런 예이다. 이처럼 백성에 대한 애정을 강조함은 당시 사림파의 일반적 경향이었거니와, 다음에 드는 <救荒>(권22)에는 관료로서 백성을 사랑하는 심정이 특히 절실하게 나타나 있다.

> 눈 앞의 굶는 백성을 어찌하면 거둘 수 있을까?
> 곡식 한 말에 천 푼이라 쉬 꾀하지 못하네.
> 詔勅을 바꾸어 시행함을 누가 汲都尉[46]처럼 하랴?
> 백성을 살리는 데에는 富青州[47]를 본받아야 하리.

---

41) <聞叔度夢召除官 以詩寄贈 五首> 제1수, 권2. "早知窮達皆由命, 只有孤心抵死丹."

42) "丞相祠堂何處尋, 天街北畔鳳城陰. 淸風肅肅廟庭邃, 遺像堂堂歲月深. 去國肯搖蘇武節, 存劉不愧孔明心. 百年忠義留天地, 烈日秋霜照古今."

43) 강백진은 점필재의 姨母의 아우이고 조위는 점필재의 처남이다.

44) <康子韞登第詩卷次伯珍韻>, 권2. "說與鄕人須着眼, 丈夫出處係斯民."

45) <瑞山客館 次牧隱李先生稽韻 二首>(권2) 제1수. "搰搰田家方望雨 阿香何處起雲雷."

46) 漢 孝武帝 때 사람인 汲黯은 河內의 火災를 조사하는 謁者[特使]로 파견되었다가, 河南에 水害와 旱害로 만여 가구의 이재민이 생긴 것을 보고, 하남의 창고에 있는 곡식을 방출하여 구제하고 사후에 보고하였다.

47) 北宋末의 명상 富弼이 青州刺史로 있을 때 水災로 생긴 河朔의 유민 50만명을 거두어 民官의 물자로 살리고, 그 가운데 만여명을 병졸로 모집하였으므로, 황제가

비록 좋은 시절이라 꽃이 바다같이 피었지만
곤궁한 민가엔 보리가 덜 익었으니 어찌하리?
어찌하면 쌀 실은 수레를 많이 얻어서
백성들로 하여금 실컷 배부르게 할 수 있으랴?

眼中捐瘦可能收? 斗粟千錢不易謀.
矯制誰同汲都尉, 活民當法富靑州.
縱然佳節花如海, 其那窮閻麥未秋?
安得連雲車載米, 盡教黔首飽休休?

함양군수로 재직하던 시기에 백성들의 혹심한 기아상태를 보고 읊은 작품이다. 백성을 구제하는 데 능했던 급암과 부필의 전례를 알면서도 실행할 능력이 없는 자신의 처지를 탄식하는 목민관적 자세가 분명히 드러나 있다.

한편, 다음은 이와는 다른 관점에서 관료의 도리를 내세운 작품이다.

당시에 한 관리가 조정에 있으면서
평생토록 철석간장으로 자부하였네.
붉은 마음으로 성주에게 보답하고자 하고
자주 위태한 언론으로 천안을 범하였지.
벼슬살이하면서 만족을 기대한들 어느 때에나 가능하랴?
늙지 않고도 한가하게 사는 것이 참된 한가함이라네.
내일 아침에 필마로 옛길을 찾아가노라면
가을바람에 돌아가는 흥이 고향에 진동하리.

當時一鄂在朝端, 自負平生鐵石肝
欲把丹心酬聖主, 頻將危語犯天顔

포상하고 禮部侍郞을 제수하였다.

居官待足何時足? 未老得閑眞是閑
匹馬明朝尋舊路, 秋風歸興動鄕關
- <送蔡耆之罷官南歸>(권2)

이 작품은 성종 13년에 폐비윤씨에게 거처와 물자를 공급해 주라고 상소하였다가 파직되어 돌아가는 채수에게 준 것이다. 시인은 관료란 '鐵石肝'을 지니고 적극적으로 군주에게 苦言해야 마땅하지만, 그것이 嘉納되지 않으면 물러나 한거하는 것이 도리라고 하였다. 이는 直言이 받아들여지지 않는 정치현실을 비판하고 자신과 같은 신진사류들의 정치이상이 실현되지 않는 데 대하여 울분을 토로한 것이라 할 수 있다. 어긋난 정치현실은 그로 하여금 '愛君微忱'에도 불구하고 관직의 구속을 벗어나 강호로 돌아가고자 하는 심정을 읊게 하였다.

진흙먼지가 어지러운 세상의 기로에서
이 몸은 부질없이 헛된 이름에 묶여 있네.
풍월과 성령을 읊는 것은 오직 묘한 구절이요
강호에서 사는 이치는 윤건 하나로다.
嗣宗은 백안[48]으로 시배들을 놀라게 하였고
謝朓는 청산[49]을 후인에게 맡겼다네.
종잡을 수 없는 만사로 강개하는 일이 많은 가운데
때때로 한통 술과 문득 서로 가까워지네.

世間岐路混泥塵, 謾爲浮名絆此身.
風月性靈惟妙句, 江湖生理一綸巾.

48) 嗣宗은 三國時代 魏나라의 竹林七賢 중 한 사람인 阮籍의 자인데, 그는 禮俗之士를 白眼視하였다.
49) 南朝時代 齊의 시인 謝朓는 산수의 경치를 읊은 시를 많이 지었다. 원문의 '眺'는 '朓'의 잘못이다.

嗣宗白眼驚時輩, 謝眺靑山屬後人.
萬事悠悠多慷慨, 時時樽酒便相親.

－ <古意>(권22)

급제 이전의 작품 다음에 실린 것으로 보아 입사 초기에 지어진 작품일 터임에도 불구하고, 이미 宦路가 험난하다는 생각을 절실하게 드러내고 있다. 貞熹大妃가 수렴청정했던 성종 초기에 지어졌음을 감안하면, 훈구파가 전횡하는 政情에 대한 불만을 이렇게 표현했을 가능성이 크지만, 관직에 대한 염증이나 출처에 대한 번민과 연관된 표현임도 분명하다고 하겠다.

출처에 대한 그의 고민은 성종 22년(1491)에 부친상을 끝내고 복직하여 지은 <題文昌侯傳後>(권44)에 잘 나타나 있다. 그는 이 글에서 선비의 처신을 '立身揚名'과 '潔身亂倫'으로 나누고서, 崔致遠의 은둔은 결신난륜에 해당하는 것이 아니라, 국정이 어쩔 수 없을 만큼 잘못된 지경에 이르렀기 때문에 택했던 길이라고 변호하였다. 이는 그가 성종의 총애를 받던 시기에도 은둔을 동경하고 있었던 증좌라 할 것이다.

조위는 연산군 원년에 잠시 大司成을 지낸 다음에 전라감사로 나갔다가 곧 모친상을 당하여 복상하였는데, 다음 작품은 服闋後에 知中樞府事를 제수받은 직후의 심정을 읊은 것으로 보인다.

화창한 봄빛이 유별나게 신선한데
쓸모없는 사람은 다시 서울의 봄길을 밟네.
푸른빛이 돌아온 버들가지는 비로소 흔들리고
희게 물든 귀밑머리는 점점 은빛이 되네.
시절에 영합하는 조롱 속의 비둘기임을 부끄러워하고
처지에 만족하고 분수를 지키며 사는 사람임을 달갑게 여기네.
만나거든 얼굴모습이 달라졌다고 고이히 여기지 말라.

옛날과 같은 심정은 죽도록 진실할 테니까.

鼎鼎韶光特地新, 騫驢又踏洛城春.
青回楊柳初搖線, 白染髭鬚漸似銀.
恥作干時籠鴿客, 甘爲養拙守株人.
相逢莫怪容顔改, 似舊心情抵死眞.

– <次韻酬蔡耆之, 壽權叔强健韻六首>(권2)

6수 중 첫수로서 연산군 즉위 후 변변한 정치적 역할을 못하던 터에 職事조차 없는 同知中樞府事를 물리치지 못하고 받은 자신의 처지에 대한 갈등을 표현한 것으로 보인다. 신진사류를 멀리 하기 시작한 정치현실에 상당한 불만을 지녔기에 이런 자괴감을 드러냈을 터인데, 그나마 죽도록 옛날과 같은 심정을 지니겠다고 함으로써 군왕에 대한 충정을 다짐하고 있다.

2) 歷史에 대한 認識

매계의 현전시 가운데는 역사적 인물이나 사건을 읊은 詠史詩·懷古詩가 상당히 많다. 그 가운데는 賈太后·楊貴妃를 소재로 한 <詠女史>(권1)와 文天祥에 대하여 읊은 <謁文丞相廟五首>(권3)처럼 중국의 史實에서 취재한 경우도 꽤 있지만, 대부분이 한국의 역사적 인물이나 地所를 다룬 것들이다. 그것들에는 자국의 역사와 문명에 대한 관심이 강하게 드러나 있거니와, 특히 사가독서하던 24세에 지은 松都紀行詩와 충청감사로 있었던 40세에 지은 <鷄林八觀> 가운데에는 그런 작품들이 많다.

조위가 드러낸 이런 경향은 김종직의 영향과 밀접한 관련이 있을 것으로 보인다. 점필재가 <東都樂府>와 <頭流記行錄>을 지은 일은 門人들에게 두루 영향을 준 바 있었거니와[50], 점필재의 智異山 遊覽에 동행하고 『松都錄』을 편찬하며 <鷄林八觀>을 지었던 데서, 그것이 매계에게는 특별히 강하게 작용했다는 것을 짐작할 수 있다.

조위는 23세이던 성종 8년 3월에 讀書堂 동료인 成俔·許琛·安琛·蔡壽와 더불어 10여일 동안 송도일대를 유람하였다. 그는 이때 지어진 일행들의 시 100여 편과 채수의 <遊松都錄>, 김종직의 <跋松都錄>을 묶어 『松都錄』을 엮었다.[51] 그들이 송도를 유람한 목적은 "'은나라가 거울삼을 일은 멀지 아니하여 하후의 시대에 있었다.'라고 했는데, 오백년 동안 쌓고도 부족하여 하루 동안에 허물기에도 남음이 있도다. 슬프다, 왕씨의 도읍이야말로 오늘의 은감이로구나."[52]라고 한 것처럼 역사적 교훈을 얻기 위함이었다.

역사적 소재를 시에서 다루는 목적도 역사유적을 유람하는 일과 다를 바 없어, 조위의 역사관련 시들은 우리나라의 역사와 문명을 긍정적으로 회고한 작품들과 역사적 사실을 통하여 당대를 비판한 작품으로 나눌 수 있다.

먼저 동국의 역사와 문명을 긍정적으로 회고한 작품들을 살펴보기로 하자. 조위는 송도를 유람할 때 18제의 시를 지었던 듯한데, 그 가운데 <壽昌宮>·<本闕古基> 등에는 고려의 역사에 대한 긍정적 회고가 담겨 있다. 이 중 <本闕古基>(권33)는 고려의 건국과정과 수도 개경의 위용을 묘사하고 나서, "君明臣良하여 累代에 만물의 원기를 모았고, 의관과 문물은 중화를 닮았네. 成宗·光宗·顯宗·文宗 시대에 위의를 갖추어, 이백년 동안 즐거운 일이 많았도다."[53]라고 하여, 고려의 인재와 문물

50) 蔡壽의 <遊松都錄>, 兪好仁의 <遊松都錄>·<東都雜詠>, 南孝溫의 <遊金剛山記>, 金馹孫의 <續頭流錄>, 李冑의 <金骨山錄> 등이 그런 예이다.

51) <梅溪年譜>. "與諸友約遊松都, 相與唱酬, 有松都錄行于世." 이 또한 주변에 영향을 주어 同年에 兪好仁·申宗濩의 <遊松都錄> 및 관련시와 4년 뒤에 南孝溫의 <辛丑九月十一日, 與叔度宗之約遊松都, 發京城> 등이 지어졌다.

52) <跋松都錄>, 『佔畢齋文集』 권2. "大雅曰, 殷鑑不遠, 在夏后之世, 積之五百年而不足, 毁之一日而有餘. 噫! 王氏之都, 其可謂今日之殷鑑也歟?"

이 매우 번성하였음을 찬양하고 있다. 이를 통하여 그가 고려사에 대하여 상당히 자세한 지식을 가졌을 뿐 아니라, 그 문명이 중국에 못지 않았던 데 큰 자부심을 지녔음을 알 수 있다. 다음은 신라의 역사에 관심을 보인 연작시 <계림팔관> 가운데 한 작품인 <武烈王陵>(권1)이다.

(전략)
무열왕릉이라고 하는데
인산의 제도가 鄙陋하지 않도다.
말에서 내리자 머리털이 쭈뼛 서기에
공수하고 서서 소매를 여미네.
비석을 만지며 비문을 읽어보니
결락하여 다 알아보기 어렵네.
아득한 세월에 거칠어졌고
버려 둔 채 지키는 사람도 없네.
생각건대 옛날에 陰이 陽 노릇을 하였으니
勝曼과 往曼은 참 임금이 아니었네.
강한 이웃나라가 제멋대로 번갈아 침범하매
사경에는 병란이 많았지.
왕이 들어가 대통을 잇자
높다랗게 공덕이 무성하였네
보좌를 金庾信에게 맡겼는데
무략은 거의 하늘이 준 것이었다네.
백제를 병합하여 覇圖를 열었고
백년 동안의 도둑을 다 쓸어내었네.
당나라가 그 공을 가상하게 여기니
광주리에 수놓은 비단이 쌓였네.
제후로 책봉하는 큰 명령을 내리자
개척한 땅이 동서남북으로 이어졌네.

53) "明良累葉臻太和, 衣冠文物侔中華. 成光顯文俱濟濟, 二百年來樂事多."

俊才를 다 등용하니
창름이 날로 크게 넉넉해졌네.

(전략)
云是武烈陵, 因山制非陋.
下馬髮蕭森, 拱立斂雙袖.
摩挲讀碑文, 缺落難悉究.
茫茫歲月荒, 委棄無人守.
憶昔陰爲陽, 二曼非眞后.
强隣肆侵軼, 四境多兵鬪.
惟王入繼統, 卓焉功德茂.
爪牙委庾信, 武略殆天授.
幷濟開覇圖, 剗掃百年寇.
皇唐嘉乃勳, 厥篚堆錦繡.
疇庸錫鴻命, 闢土綿廣袤.
俊乂共登庸, 倉廥日隱富.

시인은 신라 무열왕이 삼국을 통일한 공적을 찬양하고 그 기상과 지략을 잇지 못하는 오늘의 상황에 대한 안타까운 심정을 읊고 있다. 또 그는 연산군 4년에 성절사로 갈 때 지은 <遼陽二首>(권3)의 첫수[54]에서도 원래 중국의 燕나라에 속했다가 고구려에 편입되었던 요양의 번화했던 시절을 회고함으로써 고구려의 전성기에 대한 향수를 드러내었다.

위에서 살펴본 작품들에 나타난 전대에 대한 향수에는 小康에 급급하는 당대의 상황에 대하여 경계하고 그런 영광을 재현시키고자 하는 의도가 담겨 있다. 이런 점에서 이것들은 전대사를 비판함으로써 현실을 풍자하고자 한 시들과 근본적으로 다를 바가 없다. 우리 역사를 찬양하거나

---

54) 전문이 "安東都護古襄平, 美壤畇畇接廣寧. 王郚高風敦薄俗, 段張遺烈化遐氓. 城圍月暈儲胥壯, 隊肅魚麗組練明. 依舊繁華一都會, 角樓西畔暮笳聲."이다.

회고한 이러한 시들은 한국사의 정통성과 문명의 우수함을 새롭게 인식하였다는 의의를 지닐 것이다.

다음으로 역사적 사실을 비판함으로써 당대현실을 풍자하고자 한 작품들을 살펴보기로 하자. 다음은 송도를 유람할 때 지었던 <花園>이다.

> 어떤 버러지 같은 자들이 궁궐을 더럽혔던가?
> 한가로이 여기에 와서 자주 유락하였다네.
> 음란과 주흥으로 반생을 보냈으니 어찌 천명을 알았으랴?
> 혼미와 광기를 죽을 때까지 보이느라고 어찌 백성을 두려워했으랴?
> 산과 같은 괴상한 돌은 부질없이 들쑥날쑥하고
> 진영을 이룬 기이한 꽃은 다투어 요염하고 신기하네.
> 그로부터 남악에는 병란의 먼지가 어둑하고
> 쇠락해진 행궁에는 다시 봄이 오지 않았다네.

> 何物螟蛉忝紫宸? 等閑來此樂遊頻.
> 半生淫酉凶寧知命? 抵死昏狂肯畏民?
> 怪石如山空磊砢, 奇花作陣鬪妖新.
> 自從南岳兵塵暗, 寥落行宮不復春.

화원은 고려 禑王이 즉위초기에 왕권강화를 위해 애쓰다가 崔瑩・李仁任 등의 견제로 좌절을 겪고 나서 황음무도에 빠졌던[55] 시기에 주연과 기악을 일삼던 행궁이다. 그러므로 '何物'은 우왕과 그 주변의 倖臣 林堅味・廉興邦[56] 등의 무리를 말한다. 그들이 백성을 두려워하지 않고 황음무도에 빠짐으로써 마침내 나라가 멸망하게 하였음을 강하게 비판하고 있다. 조선조 건국의 큰 명분으로 이용되었던 勝國의 타락을 새삼스레 비

55) 이형우, 「우왕의 왕권강화 노력과 그 좌절」, 『역사와 현실』 23(한국역사연구회, 1997.3), 107～138면.

56) 禑王 14년 2월조에는 이들이 왕과 함께 화원에서 악기를 열람하였다고 하는 등 『高麗史』에는 왕과 행신이 화원에 간 사실이 자주 나타난다.

판한 데에는 조선조의 앞날에 대한 경계와 권간이 득세하고 있던 성종 초기의 정치현실에 대한 풍자의 의도가 함께 작용하였을 것이다.[57]

> 마니산은 푸르게 우뚝 솟았는데
> 어가가 외로운 성에 사십년이나 머물렀다네.
> 푸른 일산을 바닷가의 산에 머물게 할 만하기에
> 백골을 온통 병란의 먼지 속에 버려 두었네.
> 승천궐에서는 봄바람에 보리가 익고
> 갑곶진에서는 달밤에 안개가 비껴 있었네.
> 어찌 반드시 권간만 홀로 건장할 수 있었으랴?
> 당시의 육식하는 이 가운데 사람이 없었음을 부끄러워하네.
>
> 摩尼山色翠嶙峋, 駐蹕孤城四十春.
> 可使翠華留海嶠, 傷心白骨委兵塵.
> 春風麥秀升天闕, 夜月烟橫甲串津.
> 豈必權奸能獨健, 當時肉食愧無人.
>
> – <江都懷古>(권2)

이 작품은 몽고군이 내침하였을 때 백성을 육지의 戰場에 팽개치고 강화도로 천도하였던 고려 高宗·元宗 시대를 소재로 하였다. 권간 崔忠獻은 물론이고 권간의 전횡을 막아 정사를 바로잡지 못한 고관들을 강하게 비판하고 있는데, 특히 제7구에서 견제하지 못한 문신들을 비판함으로써, 韓明澮로 대표되는 훈구세력과 함께 관직생활을 하는 데 대한 자괴를 드러낸 점이 인상적이다.

한편, 조위의 시 가운데에는 전대의 好佛을 비판한 작품이 몇 편 있다. 이런 작품들도 성리학도들이 異端으로 배척하는 불교가 상당한 힘을 지닌 현실을 비판하고자 한 의도에서 지어졌다는 점에서는 전대의 군왕과

57) 정경주, 앞의 논문, 113면 참조.

권신을 비판한 경우와 마찬가지이다.

충청도 관찰사로 있을 때 지은 작품으로 보이는 <계림팔관>의 서에서 매계는 "소동파가 鳳翔의 僚屬으로 나가 고적을 읊고서 제목을 '八觀'이라 하였는데, 그 가운데 王維·吳道子의 그림, 維摩像, 眞興寺閣 같은 것은 단지 한 불사에서 본 것이므로[58] 짓지 않아도 좋을 것이었다."[59]고 하였다. 闢異端論者가 아닌 소동파를 굳이 비난하면서 불교를 배척하는 뜻을 특별히 밝혔는데, 이는 <계림팔관>[60]에 靈妙寺·金藏臺를 포함시켰지만 자신은 동파와 달리 闢異端에 투철하다는 것을 내세우려는 의도 때문일 것이다. 그 중 <靈妙寺>(권11)를 살펴보기로 하자.

(전략)
인력으로 세운 게 아니라고 여길 만하매
느껴 탄식하며 아득한 때를 생각하네.
옛날에 선덕여왕이 수탉이 할 일을 맡아
부처를 섬김에 숭상과 장려가 지나쳤다네.
나무 하나에 백금을 허비하고
주춧돌 하나에 만금을 버렸네.
경영함이 마침내 이에 이르러도
근심하지 않고 내탕금을 기울였네.
석가의 힘을 빌려서
넓은 세상을 두루 적시고자 하였네.
어찌 원망하고 탄식하는 소리가 없었으랴?

---

58) 東坡가 28~9세에 簽書鳳翔府判官을 지낼 때 지은 작품인데, 八觀은 石鼓·詛楚文·王維吳道子畵·維摩像·東湖·眞興寺閣·李氏園·秦穆公墓이므로(『蘇東坡詩集』 권4), 이 글의 '王維吳道子畵維摩像眞興寺閣'을 흔히 '왕유·오도자가 그린 유마상과 진흥사각'으로 새긴 것은 잘못이다.

59) <鷄林八觀幷序>, 권1. "蘇東坡出佐鳳翔, 題詠古蹟, 目爲八觀, 其中如王維吳道子畵維摩像眞興寺閣, 乃一佛寺間所目者 雖不作可也."

60) 5언고시 <靈妙寺>·<集慶殿>·<武烈王陵>, 7언고시 <半月城>·<鮑石亭>·<瞻星臺>·<玉笛>, 7언율시 <金藏臺>(2수)로 이루어져 있다.

백성의 복리에는 끝내 눈과 귀가 멀었네.

(전략)
謂非人力施, 感歎起遐想.
善德昔司晨, 事佛過崇奬.
一木費百金, 一礎捐萬鏹.
經營乃至此, 不恤傾帑藏.
欲借迦維力, 普霑世界廣.
豈無怨咨聲? 福利竟目莽矘.

영묘사의 장관을 묘사하고 나서 뛰어난 예술성을 평가하거나 사찰다운 분위기에 대한 감회를 토로하지 않고, 규모가 엄청나다는 것을 꼬투리로 하여 佛理의 허탄함을 알지 못한 채 국가재정을 허비하고 백성의 질고를 돌보지 않은 군주의 잘못을 질타하였다. 이와 같은 강한 척불의식은 성리학적 시각에서 나온 것이라 하겠는데, 송도를 유람할 때 지은 <敬天寺>(권1)에도 유사한 의식이 나타난다.

(전략)
중이 말하기를 지정 연간에
기황후가 경영한 것이라 하네.
교만하고 방자하게 위복을 주무르느라고
어찌 우리 백성이 병들게 함을 근심하였으랴?
바다를 건너오느라 몇 해나 걸렸던가?
만 사내의 어깨 또한 붉어졌으리.
이것을 짓느라고 마음이 참으로 아팠을 텐데도
산과 함께 멀리 솟아 있다네.
빛나게 연꽃을 수놓았는데
푸르고 붉은 오색이 어지럽네.
귀중한 진주의 알로 장식하였으니

광채가 발 사이로 분명하네.
모두 內府의 재물이었던 것을
부처에게 빌고자 시주하였지.
복전에 끝내 무슨 도움이 되었으랴?
온 가문이 앙화를 받고 말았다네.

(전략)
僧言至正間, 奇后所經營.
驕橫弄威福, 豈恤疾吾民?
幾年渡海來? 萬夫肩亦赬.
搆此意良苦, 迥與山崢嶸.
錯落繡芙蓉, 五色眩青紅.
副以寶珠顆, 光彩明簾櫳.
皆云內府藏, 舍施要空王.
福田竟何賴, 闔門嬰禍殃.

절을 세운 이가 元 順帝의 비가 되어 막강한 권세를 부렸던 奇轍의 누이 奇皇后라는 말을 듣고서, 백성의 노동력을 착취하고 국가 경비를 낭비하여 절을 크게 지은 만행을 질타한 다음에, 복은커녕 재앙만 받고 말았다고 하였다. 인과응보설의 허탄성과 관재의 낭비와 백성의 고초를 불러온 숭불의 폐단을 비판한 점은 사림파다운 관점이라 할 만하다.

이제까지 살펴본 歷史素材詩들은 군왕과 권신의 무도함과 횡포를 비판함으로써 당대에도 사라지지 않은 유사한 현상에 경종을 울리고, 佛理의 허탄성과 숭불의 폐단을 비판함으로써 성리학적 질서를 확립하려는 작가의식의 소산이라 할 수 있을 것이다.

3) 流配生活의 情緖

"나는 얼마 전에 남의 글을 편집한 일로 시절로부터 죄를 얻었다. 유배된 뒤에 가족들은 내가 글을 읽거나 붓을 가까이 하는 것을 보면 나를 꾸짖으며 그것을 태워 버린다."[61]고 한 대로 조위는 유배 후에 政治나 時事에 대한 시적 발언을 자제하였던 듯하다. 그러므로 유배기에 지어진 시의 대부분은 과거에 대한 회한, 영락의 슬픔, 향수 또는 친지에 대한 그리움, 귀거래의 염원 등을 주제로 하였으며, 일부만이 연군의 정과 정치현실에 대한 실망을 노래한 것들이다.

그는 <義州途中憶昆季>(권1)[62]에서 형제에 대한 그리움을 절절하게 표현했으며, 時事에 대한 감회 때문에 지었다는 詞에서[63] 향수와 귀거래 의식을 강하게 드러내었다. 유배객의 회포를 읊은 작품에는 흔히 여러 정서가 결합되어 있는데, 다음은 향수와 영락의 슬픔이 나타난 예이다.

병든 몸은 시들어 한껏 수척해지고
쇠약한 살쩍과 머리털에는 흰빛이 어지럽네.
나그네의 회포는 마침 용만의 달빛 속에서 괴로운데
돌아가는 꿈은 자주 조령의 구름을 지나가네.
젊을 때에는 일찍이 金鑾殿에서 視草하였는데
늘그막에는 철마를 타고 종군하고자 하네.
故園의 소식은 지금 어떠한가?
매형과 죽군에게 물어 보네.

---

61) <止止堂集序>, 권4. "余方以編人文字, 得罪於時, 竄謫以來, 妻孥, 見余看文書親筆硯, 則訽罵而焚棄之."

62) "兩兄俱嶺外, 一弟在京師. 聚散渾如夢, 團圓復幾時. 長占烏鵲喜, 空詠鶺鴒詩. 去去關山遠, 回頭祗自悲."

63) 曺伸, 『諛聞瑣錄』. "公謫海上, 見時事, 感慨懷鄉, 多賦樂府以見意." 사 작품은 <中秋, 對月懷舊. 寄叔强. 憶秦城詞> · <秋日敍懷. 水龍詞> · <清明出遊城南. 點絳脣詞> · <春日言懷. 沁園春> · <春晩. 玩郎歸> · <新築小室. 摸魚兒> · <寒食寓懷寄庶弟伸, 桃園憶故人> 등 모두 7수인데, 『諛聞瑣錄』은 한 군데만 틀리지만, 문집은 4수의 다섯 군데에 글자가 빠지거나 넘치는 잘못을 범하였다. 그리고 <水龍吟>을 <水龍>이라 하고 <模魚兒를 <摸魚兒>라 하는 등 詞牌名도 틀려 있다.

病骨崢嶸瘦十分, 鬓毛衰颯白紛紛.
羈懷正苦龍灣月, 歸夢頻過鳥嶺雲.
少日金鑾曾視草, 老來鐵馬欲從軍.
故園消息今何似? 爲問梅兄與竹君.

– <寄贈從弟存愼三首>(권3)

咸昌縣監으로 있던 從弟 倜에게 부친 시인데, 遠地에 유배된 병객의 슬픔과 소식조차 알기 어려운 고향에 대한 그리움이 절절하게 응축되어 있다. 『續東文選』 권8에서는 작품 끝에 '存愼問余從軍故云'이라는 주를 붙여 놓은 점으로 보아, 頸聯은 종군이라도 해서 죄를 가볍게 할 의향이 있느냐고 물은 데 대한 처절한 느낌을 표현한 듯하다.

조위는 의주에 유배되어 葵亭이라는 정자를 지었는데, 모든 은혜의 원천인 임금을 향하는 마음을 지녔음을 해바라기가 해를 향하는 데 비겨 그런 이름을 붙였다[64]고 하였다. 이런 심정은 평안도 관찰사 宋可中에게 "다만 단심을 밝은 해처럼 지니고 있으니, 黃耳[65]로 하여금 제형에게 물어 보게 하라."[66]라고 한 데서도 볼 수 있다. 순천으로 이배될 때 지은 <南遷過漢江>(권1)에서는 다음과 같이 읊었다.

번뇌하면서 돌아오노라니 하늘은 보이지 않고
지척에 있는 종남산에는 바라보니 구름과 안개뿐이네.
삼년이나 변새에서 눈물짓던 외로운 신하이기에
강 가에 선 오늘은 더욱 마음이 상하네.

眊矂歸來不見天, 終南咫尺望雲烟.
三年塞上孤臣淚, 今日江頭倍黯然.

---

64) <葵亭記>, 권4. "今余雖謫居, 一眠一食, 莫非王恩. 午睡攤飯之餘, 詠休文君實之詩, 向日之念, 自不能已已, 則以葵名吾亭."
65) 晋 陸機의 愛犬으로 吳都와 洛陽을 오가면서 서신을 전했다고 한다.
66) <次宋可中留別韻>, 권3. "只把丹心明皎日, 欲憑黃耳問諸兄."

천리변새에서도 단심을 지녔던 시인은 궁궐이 있는 곳을 바라보면서 다시 변새로 바삐 가고 있기에, 지척에 있는 님에게 하소연할 길이 없어, 먼 데 있을 때보다 마음이 두 배나 상한다고 하였다. 어쩌면 슬픔은 지척에 있는 主上에 대한 그리움 때문이라는 言表와는 달리 先王과의 은의로 인하여 '倍加'된 원망 때문이었을지도 모를 일이다.

그렇다면 유배객인 매계가 군왕에 대하여 지녔던 정서는 연모와 원망이라는 엇갈리는 두 가지 정서였다고 보는 것이 정확할 것이다. 그러나 현전시 가운데 원망의 정서를 표면에 드러낸 시는 보이지 않는다. 이런 점에서 연모와 원망이라는 兩價感情이 함께 나타나 있는 <萬憤歌>는 한시에서 찾기 어려운 정서적 특징을 지녔다고 할 수 있다. <만분가>는 연모와 원망이라는 모순적인 두 정서를 효과적으로 결합시키지 못함으로써 整齊性이 떨어지는 노래이다.[67] 이 노래에 나타난 원망은 그의 한시에서는 찾기 어려운 정서라는 점에서 주목되는데, 이는 국문시가의 구전성·비공식성과 필화체험 때문에 생긴 현상이라 할 수 있을 듯하다. 따라서 원망을 지니지 않았기 때문에 나타나지 않은 것이 아니라, 한시의 정착성·공식성이 표현을 제약했다고 볼 수 있을 것이다.

조위가 <만분가>에서 원망한 대상은 성종이라기보다 당시의 군주인 연산군과 그 측근권신일 것이다. 그가 당대의 지배자들에 대하여 원망하는 마음을 지녔다면, 무오사화 후의 정치현실에 대하여 부정적으로 인식함은 당연할 것이다. 다음은 그런 인식이 나타난 <次成安齋重卿任韻三首>(권33)의 제3수이다.

> 한식날에 부질없이 저절로 슬퍼져서
> 만리나 떨어진 고향의 숲이 생각하네.
> 반생의 영욕은 거울 속에서 자주 보는데

---

67) 박일용은 앞의 논문에서 이런 관점에서 <만분가>를 분석하였다.

한 세상의 승부는 바로 바둑과 비슷하네.
이익을 구하는 데에는 참으로 책략이 있지만
시부를 논하는 일에는 끝내 시행한 것이 없네.
그대는 몸을 편안히 할 곳을 찾지 말라.
반 걸음에도 물결이 일어 곧 위태로워지니까.

熟食之辰浪自悲, 　松楸萬里入遙思.
半生榮悴頻看鏡, 　一世輸贏正類棊.
問舍求田眞有策, 　論詩說賦竟無施.
憑君莫覓安身地, 　跬步波瀾卽是危.

이 시에는 벼슬살이가 파란만장함을 잘 알면서도 출사했다가 온갖 영욕을 맛본 데서 온 비애가 잘 드러나 있다. 이는 자신의 고난을 방치하는 조정에 대한 불만 때문일 터이니, 그것이 자신의 패배가 세상의 부당성 탓이라는 생각으로 이어지는 것은 자연스럽다고 할 것이다.

선비의 가난이 뼈에 사무치도록 맑음을 스스로 웃나니
한 치 창자에서 얼음과 황벽이 매섭게 싸우네.
공명은 반드시 三傑[68]을 바라지 않지만
예악은 마침내 꼭 兩生[69]을 기다린다네.
조각한 닥나무가 만들어져도 실제로 쓸 것이 아닌데[70]
피리 부는 이들과 섞여도 다 빈 이름[71]뿐이네.
근년에는 이미 풍류의 꿈을 끊었는데도

68) 漢 高祖를 도와 한을 건국하는 데 큰 공을 세웠던 蕭何・張良・韓信을 가리킨다.
69) 한 고조가 叔孫通에게 예악을 교정하게 하였더니 魯의 두 선비가 지금은 그럴 때가 아니라고 불응하였는데 후인들이 그들을 참 선비라고 하였다.
70) 『韓非子』에서는 상아로 만든 닥나무 잎은 실물과 구별하기 어렵지만 실용이 없다고 하였다.
71) 齊王이 피리소리 듣기를 좋아하자 300명이 모여들었는데, 그 가운데 피리를 불 줄 모르는 사람이 하나 섞여 있다가 어느 날 한 사람씩 불게 하여 실체가 드러나게 되자 도망가 버렸다.

도리어 <매화부>를 지은 송광평[72]에게 부끄러워하네.

自笑儒酸抵骨淸, 寸腸氷蘗鬪崢嶸.
功名不必要三傑, 禮樂終須待兩生.
刻楮成時非實用, 吹竽混處摠虛名.
年來已斷風流夢, 還愧梅花宋廣平.

– <次韻答鄭淳夫二首> 제1수(권2)

이 작품은 표면적으로 조각한 닥나무와 같이 실제로 사용할 수 없는 물건이나 피리를 불 줄 모르면서도 피리부는 사람 사이에 끼어든 이처럼 이름뿐인 자신의 삶을 읊었지만, 이면적으로는 그런 사람이 득시글거리는 당대의 조정에 대한 불만을 표현한 듯하다. 유배중인 자신의 처지 때문에 중의법을 써서 당대의 정치현실을 비판하려 했다고 볼 수 있을 것이다. 다음 시도 유사한 경우이다.

嗣宗은 통달한 선비가 아니면서도
어찌하여 길이 끝났다고 통곡했던가?[73]
세상에는 참으로 신이한 말이 있지만
사람들은 흔히 그림 속의 용을 좋아하네.
주린 까마귀는 새벽햇빛 속에서 울고
씩씩한 매는 가을바람 속에 내려오네.
적막을 자처하여 『태현경』을 지은 이가
장양궁에 부를 바친 노인이었다네.[74]

嗣宗非達士, 何用哭途窮?

72) 皮日休가 宋璟은 鐵心石腸같이 강직하기만 한 줄 알았더니 <梅花賦>를 보니 맑고 고와서 사람됨과는 다르다고 하였다.
73) 阮籍이 늘 말을 타고 길이 다한 곳에 이르면 통곡하고 돌아왔다.
74) 揚雄이 漢 成帝의 부름을 받고 왕을 찬양한 <長楊賦>를 지어 벼슬하였으나, 뒤에 『太玄經』을 짓고 숨어 살면서 寂寞으로 덕을 지킨다고 자처했다.

世固有神驥, 人多好畵龍.
飢烏鳴曉日, 健鶻下秋風.
寂寞草玄子, 長楊獻賦翁.

－ <次虛菴韻二首> 제2수(권1)

조위와 정희량은 의주에서 함께 유배생활을 하면서 조석으로 시를 주고받았는데, 그로 말미암아 정희량의 詩力이 크게 진보했다고 한다.[75] 당시에 매계가 총애하는 뜻을 담은 시를 보내자 정희량이 답한 사례가 있는[76] 것으로 보아, 윗시는 정희량이 보낸 찬사에 대한 답으로 지어졌을 것이다. 시인은 세상사람들이 畵龍을 眞龍보다 좋아하는 까닭에 진짜 용이 쓰일 수 없는 것을 깨달은 揚雄이 물러나서 『태현경』을 지으며 소일하였다고 하였다. 정치적 포부를 실현할 수 없었던 자신의 처지를 이렇게 말했을 터이니, 연산조의 정치에 대하여 크게 실망하였음을 알 수 있다.

이런 뜻은 강호로 돌아가고자 하는 염원으로 이어졌으니, 그는 순천에서 지은 <臨淸臺記>에서 柳宗元·蘇軾이 '知命'하지 못한 자연관을 지녔음을 지적하고, 자신은 다음과 같이 생각한다고 하였다.

> 오직 군자의 불우불구하는 방법을 배워 지극히 강하고 지극히 큰 호연지기를 기르고 나서, 곤궁한 재앙을 당해도 변하지 않을 수 있게 된 때라야 천명을 알았다고 말할 수 있다. 나는 陶潛을 사모하고 孔孟을 배우는 자이므로, 몰래 여기에 뜻을 둔 지 오래 되었다.[77]

---

75) 李堣, <虛庵遺集序>, 『松齋集續集』 권2. "況與梅溪詩老, 同州而謫, 朝夕與處, 薰陶磨淬, 酬酢往復, 有所得而增益者, 亦豈少哉."

76) 梅溪가 <又呈虛菴>(권1)에서 "蒙君巨筆過揄揚, 燕石何容較水蒼? 咄咄滎陽眞可畏, 邇來詩律逼陳黃."이라 하자 虛菴은 이를 <寵示之作>이라 부르면서 3제 6수의 시를 차운하였다. 그 가운데 '公廢吟久矣, 今始有詩, 故末句及之.'라는 註記가 있어 <次韻答鄭淳夫二首>에서 연래로 풍월을 잊었다고 했던 말의 뜻을 알 수 있고, <戲書> 2수에서 "平生精力着詩功, 短髮蕭蕭一病翁. 榮辱豈關吾輩事, 虛名付與後人公."이라 한 데서 허암의 매계시에 대한 평가를 엿볼 수 있다.

77) <臨淸臺記>, 권4. "惟夫學君子不憂不懼之術, 養浩然至大至剛之氣, 然後爲能不

윗글로 보아 그는 오랜 유배생활을 통하여 관직에 대한 미련을 버리고 자연에 묻혀 사는 즐거움을 깨닫게 되었던 듯하다. 그러므로 孔孟이 자연에서 천리를 살피고, 陶潛이 전원에서 '樂天知命'을 노래했던 일을 본받는다고 하였을 것이다. 다음은 이런 생각이 나타난 시이다.

일년 동안 늘 나그네 되어
만리에 쑥처럼 표랑하네.
영광과 오욕은 모두 천명에 말미암지만
슬픔과 기쁨은 전혀 같지 않네.
황천은 나의 졸렬함을 용서하고
백일은 나의 충정을 살피리.
근심 속에 침묵하며 부질없이 회포에 잠기기만 하니
강산도 이 늙은이를 비웃겠네.

一年長作客, 萬里任飄蓬.
榮辱都由命, 悲歡了不同.
皇天容我拙, 白日鑑余衷.
憫默空懷抱, 江山笑此翁.

– <途中憶諸兄>(권1)

이처럼 자신의 영광과 오욕을 천명으로 알면서 강산을 벗하여 살게 되자, 전원에서 도를 추구하려는 결심을 할 수 있었을 터인데, <與寒暄堂金大猷宏弼書>는 그런 심정을 밝힌 글이다. 이 서간에서 그는 관직으로 인하여 學力이 退步하고 存心이 損傷된 것을 뉘우친 다음에, "조만간 마땅히 임학에 물러나서 형과 논도강학하여 만년의 계책을 이루고자 할 뿐입니다(早晏當退休林壑, 與兄論道講學, 以遂晚計耳.)"라고 하였다.

變窮厄之際, 可言知命矣. 余慕陶學孔孟者也, 竊有志於此, 久矣."

4. 結語

조위는 성종대에 정치적, 문학적으로 크게 활약하였으나 연산군 초기에 일어난 무오사화에 화를 입어 유배생활을 하다가 50세를 일기로 생을 마쳤다. 그는 점필재의 문인이자 사림파의 핵심적인 인물로서 도학보다는 문장에 힘써 당대에 상당한 명성을 누렸다. 숙종 44년에 초간되고 1928년에 중간된 『매계집』에는 그의 시문 320여 제가 남아 있으며, 미완의 저서인 『매계총화』에는 14則의 詩話가 수록되어 있다.

매계는 당대사류들이 일반적으로 지녔던 載道論, 經術文章一道觀, 文章小技論과 같은 문학관을 따랐고, 宋詩를 존숭하는 한편으로 두시의 忠憤精神과 사실성을 중시하였다. 그가 문학의 형식이나 기교적 측면보다 내용을 중시하고, 역사와 백성의 삶에 대하여 관심이 많았던 것은 이런 문학적 입장의 소산일 것이다.

조위는 당대현실을 긍정적으로 표현하거나 군왕에 대한 충절과 백성에 대한 사랑을 노래함으로써 寵臣다운 관료의식을 드러내는 한편으로, 직언이 허용되지 않는 정치현실을 비판하거나 관직생활에서 오는 염증과 출처에 대한 번민을 읊는 등 사림파적 의식을 노정하기도 하였다.

그는 우리나라의 역사와 문명을 긍정적으로 회고함으로써 자국사에 대한 새로운 인식을 드러내었고, 과거의 군왕과 권신의 타락을 비판함으로써 당대현실을 풍자하였으며, 불도의 허탄함과 숭불의 폐해를 질타함으로써 성리학적 질서의 확립을 희원하였다.

조위의 유배시에는 향수, 영락의 슬픔 등이 강하게 드러나 있는 한편으로 연군의 정도 나타나 있다. 그는 <만분가>에서 보이는 것과 같은 원망의 정서를 한시에서 표현하지는 않았으나, 당시의 정치현실에 대한 실망감과 비판의식을 드러내었다. 그리고 만년에는 강호로 돌아가 樂天知命하면서 살고자 하는 뜻을 밝히기도 하였다.

조위의 시가 지닌 詩史的 의의는 우리나라 역사에 대한 관심과 척불적 의식을 강하게 드러냈던 점으로 보인다. 이는 그가 당대에 누렸던 명성에 걸맞지 않는 것이지만, 그것이 유고가 제대로 수습되지 못한 데 따른 것인지 현전작품을 잘못 다룬 탓인지는 확언하기 어렵다.

〈『韓國漢詩作家硏究』 3(1997) 수록〉

服齋 奇遵의 詩世界

1. 序言

奇遵(1492~1521)은 30세라는 젊은 나이에 큰 죄를 입고 생애를 마친 탓에 유고가 제대로 수습되기 어려웠을 것임에도 불구하고, 그의 시문집인 『德陽遺稿』에는 450여 수라는 적지 않은 시가 남아 있을 뿐 아니라, 그 가운데에는 朝鮮朝의 選詩集과 詩話類에서 높은 평가를 받은 작품이 많다. 그러나 이제까지 그의 문학적 성과는 본격적으로 다루어진 바 없으며, 다만 韓國詩史를 기술하는 과정에서 간략하게 그의 시풍에 대하여 거론하는 데 그친 사례[1)]가 있을 뿐이다. 따라서 기준의 시세계를 따로 검토하는 작업이 필요함은 말할 나위가 없다.

본고는 이런 점을 고려하여 기준에 대한 작가론을 마련하기 위하여 시도된다. 이를 위하여 그의 생애와 문집에 대하여 대략적으로 살핀 데 이어, 시의 전반적 基調를 검토하며, 그의 시에 나타난 몇 가지 두드러진 특징을 추출하는 순서로 논의를 전개하고자 한다.

---

1) 閔丙秀, 『韓國漢詩史』(태학사, 1996).

2. 生涯 및 己卯士禍와의 관련

본관이 幸州, 자가 子敬, 호가 服齋 또는 德陽인 奇遵은 조선조 成宗 23년(1492) 2월 23일에 弘文館 應教를 지낸 禶의 아들로 서울에서 태어났다.[2] 7세에 학문을 배우기 시작하여 13세에 이미 文理에 통달했으며, 17세부터 靜庵 趙光祖를 從游하며 학문에 힘썼다. 그가 주로 배운 학문이 성리학이었으리라는 것은 "선생은 요순의 도가 아니면 감히 임금 앞에서 말하지 않았고, 인의와 성리의 학설을 반복하여 논란하였다."[3]라는 진술이나 27세에 金正國 · 申光漢 · 金絿 · 金湜 등과 함께 『性理大全』을 進講할 관료로 선발된[4] 사실에서 잘 드러난다. 그의 시 가운데 濂洛體가 여러 편 보이는 점에서도 이를 확인할 수 있거니와, 특히 몰년에 지은 시 <구등 네 면에 쓰다(書篝燈四面)>[5]에서는 "만물은 본래 텅 빈 것이지만, 理를 갖추고 氣에 말미암아 형체가 생기네. 理를 지녀 비록 본성이 착하더라도, 기를 타야 행할 수 있다네.(萬物本寥寥, 理具氣仍形. 有理雖本善, 乘氣乃能行.)"라고 함으로써 그가 성리학의 경향 가운데 主理的 理氣二元論의 신봉자였음을 알게 한다.

그는 22세이던 중종 8년에 司馬試 兩科에 합격하고, 2년 뒤인 甲戌年의 別試文科에 丙科로 급제하였다. 權知承文院副正字를 거쳐 弘文館 正字로 재직중이던 중종 11년에 賜暇讀書함으로써 세인들의 촉망[6]을 입증하였고, 博士 · 司經으로서 經筵의 檢討官 · 侍讀官이 되어 至治를 위

---

2) 『服齋先生文集』「부록」 권2의 <行狀>에 따르면 高祖父는 工曹典書 勉, 曾祖父는 判中樞府事 虔, 祖父는 豊儲倉副使 軸이며, 母親은 安東金氏이다.

3) 朴淳, <讀德陽遺稿識議一篇>, 『德陽遺稿』「附錄」. "先生非堯舜之道, 不陳於王前, 以仁義性理之說, 反復論難."

4) 『中宗實錄』 권34 13년 11월 6일條.

5) 『德陽遺稿』 권3. 이하 『德陽遺稿』는 書名없이 卷數만 밝힌다.

6) 『中宗實錄』 권36 14년 16일조. "史臣曰 '膺, 天資英邁, 有西京之文. 遵, 金鏗玉潤, 深得濂溪之學, 時人目爲雙璧."

한 진언에 힘썼으며, 丁丑年(1517)에는 修撰으로서 圃隱先生의 文廟從祀를 주청하였다. 또 李誠彦[7]의 欺君滅貞之罪를 극론하는 장문의 상소[8]를 올려 邪論을 억제하였고, 金淨·朴祥이 廢妃愼氏의 복위를 청하였다가 죄를 입게 되자, 赦宥를 청하는 등 가장 두드러진 언관으로 활약하였다. 이 시기에 그가 관료로서 품었던 뜻은 <사신의 명을 받들어 관북에 돌아가는 박세희를 보내며(送朴而晦世熹奉使歸關北)>(권1) 6수 중 셋째 수인 다음 시에 잘 나타나 있다.

> 임금을 바로잡고 백성을 윤택하게 함이
> 곧 남아의 일이네.
> 사업은 본래 어렵다고 이르거니와
> 군신의 좋은 만남 또한 쉽지 않네.
> 동방이 箕子 이후에
> 어지럽게도 몇 번이나 치란을 겪었던가?
> 도학이 오래 막히니
> 지극한 교화를 펼 길이 없었네.
> 지금은 중흥할 때라서
> 성주께서 선비를 사랑하시네.
> 英明하심을 맞이하여 날마다 강론하시니
> 唐虞의 치세가 가까우리.
> 우리 무리 또한 얼마나 다행스러운가?
> 경연에서 모실 수 있다네.
> 치도가 요순시대보다 못하면
> 저절로 우리의 부끄러움이 되리.

---

7) 南袞의 黨與로 臺閣之臣의 언론이 과격하다고 탄핵하였던 사람이다.

8) 『중종실록』은 이를 3,300여 언으로 요약하여 싣고서, "한때의 홍문관 관료 중에서 준이 가장 젊었으나, 문학이 넉넉하여 그 聲名의 무거움이 조광조에 버금갔다. 강개하게 일을 논하여 顧慮하는 바가 없었는데, 늘 임금 앞에서 危言激論하여 사람들의 귀를 용동시켰으나, 대신들은 그를 미워하는 이가 많았다."라는 史臣의 評을 덧붙여 놓았다.

이에 견마의 힘을 다하여
마땅히 죽은 뒤에야 그치리.
내 마음이 진실로 만족스럽지 않나니
어찌하면 임금님 뜻을 바르게 할까?

致君與澤民, 乃是男兒事.
事業旣云難, 遭逢亦不易.
東方箕子後, 紛紛幾亂理.
道學久閉塞, 至化無由施.
方今中興日, 聖主愛儒士.
迎英日講論, 庶幾唐虞治.
吾輩亦何幸? 得侍經幄裏.
治在堯舜下, 自爲吾輩恥.
斯竭犬馬力, 當期斃後已.
吾心苟無慊, 何緣格天意?

副校理를 거쳐 掌令에 올라 많은 풍간을 하였던[9] 그는 중종 14년 7월 13일에 당하관으로는 가장 상급 문한관인 直提學에 제수되었지만, 너무 年少하다는 이유로 여러 차례 논박받은 끝에 應教로 체직되었다. 이때 그는 避嫌하느라고 서울을 떠났던 것으로 보이는데, 문집에서는 7월 초부터 한 달 동안 모친이 계시는 茂長에 다녀왔다고 하였다.[10] 그는 8월에 상경하여 應教 겸 經筵侍讀官으로 봉직하다가 11월에 이르러 마침내 己卯士禍를 만났다.

널리 알려진 대로 기묘사화는 중종 14년(1519) 11월에 南袞·沈貞·洪

9) 중종 12년 9월 21일 기사에서 金希溥·申光漢과 비교하면서 기준이 풍간을 많이 하였다고 했다.

10) <答安順之書>(권4)의 "今月初六日發程, 卽日到金溝謁之而宿, 明當入茂長."이란 진술로 보아 金溝에 있는 모친을 뵈려고 내려갔지만, 7월 6일부터 8월 8일경까지 각지에서 지은 시문이 60여 제인 데서 유람이 중요한 목적이었음을 알 수 있다.

景舟 등 勳舊大臣들이 趙光祖·金淨·金湜 등 사림파들을 몰아낸 사건이다. 조야의 천거로 1515년에 등용된 이래로 道學政治를 표방하여 中宗의 신임을 높여 가던 조광조는 金淨·金湜·金絿 등과 협력하면서 朴薰·朴祥·尹子任·奇遵 등 뜻을 같이 하던 신예들을 발탁하여 요직에 앉혔고, 1519년에 大司憲이 되자 至治의 實現을 위하여 더욱 힘썼다. 그러나 昭格署 혁파와 靖國功臣의 僞勳削奪과 같은 첨예한 문제로 임금의 경계심을 자극하고 훈구파의 미움을 받던 끝에, 붕당을 이루어 국사를 그르친다고 무고받기에 이르고 말았던 것이다.

기준은 사화가 일어나던 날인 11월 15일 밤에 홍문관에서 入直하다가 하옥되었다. 당초에는 堂上들이 趙光祖·金淨·金絿·金湜·尹自任·朴世熹·朴薰 등 7인만을 죄인으로 지목하여 올렸지만, 중종이 기준도 넣어야 한다고 주장함에 따라 결국 이른바 '己卯八賢'에 들어가게 되었다. 기준은 16일에 尹自任·朴薰·朴世熹와 함께 "서로 붕당을 지어 속이고 논격함으로 풍습을 이루어, 조정의 정사를 날로 그릇되게 하고 나라의 일을 뒤엎었다.(交相朋比, 詭激成習, 使朝政日非國事顚倒.)"라는 죄목으로 문초받았는데, 그는 다음과 같이 공초하였다.

> 신은 나이가 28세이온데, 젊을 때부터 옛사람의 글을 읽어 집에서는 마땅히 효도와 우애를 다하고 나라에서는 마땅히 충의를 다해야 한다고 생각하였고, 뜻이 같은 선비와 옛 도를 강구하여 나라가 堯舜의 다스림에 이르도록 기약하였으며, 착한 자는 허락하고 착하지 않은 자는 미워하였습니다. 조광조는 어릴 때부터 교유하였고 김식·김구·김정은 근래에 상종하였는데, 그 논의하는 바가 괴이하고 과격한 줄은 모르고 더불어 교유했으며, 사사롭게 서로 부화함이 신에게는 실로 없습니다.[11]

11) 『中宗實錄』 권37 중종 14년 11월 16일조. "臣年二十八, 自少讀古人書, 意謂在家則當盡其孝悌, 在國則當盡其忠義, 與同心之士, 講究古道, 欲使國家期臻堯舜之治, 善者許之, 不善者嫉之. 趙光祖則少時交好, 金湜·金絿·金淨, 晩來相從, 其

문초 직후에 임금이 조광조・김정은 賜死, 김구・김식은 絶島安置, 기준 등 4인은 外方付處를 명했으나, 領議政 鄭光弼・右議政 安瑭・兵曹判書 李長坤 등의 변호와 成均館 儒生들의 구원으로 21일에 이르러 조광조・김정・김구・김식은 外方安置로 減罪되었다. 그러나 남곤 일파의 탄핵이 가중된 나머지, 12월 16일에 조광조는 사사, 김정・김구・김식은 절도안치, 나머지는 極邊安置로 변경됨에 따라, 牙山에 부처되었던 기준은 咸慶道 穩城으로 이배되었다.

그런데 해를 넘겨 중종 15년 1월 4일에 김정[12)]・기준[13)]의 亡命에 대한 논란이 벌어졌지만, 처음에는 특별한 문책이 없었다. 그러나 4월 15일에 이르러 망명하여 여러 달 동안 도피중이던 金湜의 행적이 고발된 여파로 김정・기준의 망명도 문제가 되었다. 이에 따라 그는 4월 27일에 서울로 拏致되었고, 그는 5월 25일과 6월 2일에 옥중에서 상소하였다. 그 글에서 그는 온성으로 이배되면 모친을 다시 못 볼 것 같아서, 모친과 영결하려고 가다가 잘못을 깨닫고 그 날 안에 돌아왔다고 供招하였는데, 당시의 심정은 <獄中四歌>(권2)의 첫 수인 다음 시에 잘 나타나 있다.

> 어머니, 어머니여! 이제 백발이신데
> 멀리 남쪽 끝에 계시네.
> 북으로 만리나 와서 소식이 끊어지니
> 꿈 속에도 그리워서 모습을 생각하네.
> 평생토록 임금과 부모를 저버리지 않으려 했는데

所論, 不知詭激, 與之交遊而已. 私相和附, 臣實無之."

12) 『己卯錄』「補遺」에 의하면 홀어머니가 병중이란 말을 듣고 錦山郡守 鄭熊에게 요청하여 報恩에 다녀오다가 濟州로 압송하려고 오는 金吾郎을 만나 배소로 돌아왔으나, 정웅이 중벌을 면하려고 도망친 것을 잡아왔다고 무고하였다.

13) 같은 책에 의하면 홀어머니가 茂長縣監인 형과 함께 있었는데, 이배 전에 그 곳을 바라보기나 하려고 산에 올랐다가 배소로 돌아왔는데, 이배 후에 일이 발각되자 현감 裵鐵重이 중벌을 두려워하여 도망갔다가 돌아왔다고 공초하였다.

어리석게도 부질없이 죄악을 보탰네.
쇠잔한 몸으로 묶여서 감옥에 갇히니
목숨은 실처럼 경각에 달렸네.
만번 죽은들 어찌 죄를 씻을 수 있으랴?
마음에 품고 저승에서 길이 헤매리라.

有母有母今白髮, 邈在天南之一極.
北來萬里消息斷, 夢裏依依思面目.
平生不欲負君親, 戇愚空將增罪惡.
殘骸桎梏繫牢獄, 性命如絲在頃刻.
萬死那能洗辜累? 抱心泉下長寃屈.

이때 오래 도피하다가 자결했던 김식의 경우에는, 남긴 行裝에서 발견된 상소문에 간흉 沈貞[14]을 처단하고 임금을 간인들로부터 보호하고자 망명했다는 말이 있었을 뿐 아니라, 연루자가 많아 크게 문제되었다. 그러나 김정·기준은 적소를 일시 이탈하였으나 거기에 효성 이외의 다른 뜻이 없었음을 인정받았고, 6월 17일에 이르러 杖一百에 처하여 도로 배소에 보내어 圍籬安置하라는 명이 그들에게 내려졌다.

이로써 기준은 다시 온성에 안치되어 가냘픈 희망을 지닌 채 신음을 계속하였을 터인데, 그와 직접적 관련이 없는 옥사가 또 일어남으로써 그에게 다시 화가 미치고 말았다. 전년부터 탄핵당하던 安瑭[15]의 아들 處謙이 남곤·심정을 제거하려 하였다고 宋祀連[16]이 고변함에 따라, 중종

14) 沈貞이 '走肖大夫筆'을 조작했기 때문에 죽이려 했다는 김식의 진술을 통하여 被禍人들도 이른바 '走肖爲王'에 대하여 알고 있었음이 드러난다. 南袞은 '走肖'가 국초에 趙浚·裵克廉의 일을 두고 '非衣君子智, 走肖大夫筆.'이라고 했던 말에 연유한 것으로 누구나 아는 破字라고 변명하였다.

15) 安瑭은 이조판서로 있을 때 신진사류를 많이 기용했으며, 좌찬성을 거쳐 우의정이 되어 영의정 정광필과 함께 조광조 등을 구제하려고 애쓰다가 파직되었다.

16) 安瑭의 부친의 비첩 重金이 데려온 딸인 堪丁을 安瑭 형제들이 白川의 甲士 宋者斤金에게 시집보내어 낳은 아들이다.

17년에 宋祀連의 獄事[17]가 일어났기 때문이다. 이 옥사는 송사련이 處謙이 친구와 한담하다가 대신 아무개만 제거하면 사림을 위로할 수 있다고 하는 말을 들었다고 무고함으로써 일어났다. 게다가 범인을 체포하는 과정에서 주모자인 詩山正 李正叔과 安處謙이 도망간 일까지 생겼는데, 그들의 망명이 김정·기준이 길을 열어 놓은 탓에 일어났다는 해석을 낳기에 이르렀다. 그리하여 김정·기준에게 亡命律을 적용하여 絞刑에 처하라는 명[18]이 내려지는 뜻밖의 여파를 몰아오고 말았다. <行狀>에서는 10월 28일에 都事가 이르자, 어린 아들에게 충효에 힘쓰라고 훈계하는 편지를 쓰고 나서 목욕재계한 뒤에 죽었다고 했으나, 『鶴山樵談』에서는 왕명이 이르기 전에 다음과 같은 시를 지어 스스로 애도했다고 하였다.[19]

해가 지자 하늘은 먹과 같은데
산이 깊어 골짜기는 구름인 듯하네.
임금과 신하 사이의 만고의 뜻이
슬프게도 외로운 무덤 하나로 돌아가네.

日落天如墨, 山深谷似雲.
君臣千載意, 惆悵一孤墳.

기준은 坡城君 尹金孫의 딸[20]에게 장가들어 一子一女[21]를 두었다. 그

17) 이로 인하여 安瑭·處謙·處謹·李正叔·韓忠·崔壽峸·申潛 등이 복주되었다.
18) 『중종실록』 권43 16년 10월 16일.
19) 읽으면 사람의 심담을 다 찢어지게 한다면서 실었다. 『國朝詩刪』에서는 許篈이 온성에서 얻었다고 하고서, 『己卯錄』의 金湜의 절명시(日暮天含黑, 山空寺入雲. 君臣千載義, 何處有孤墳.)와 같은 작품인 듯하여 누구의 시인지 모르겠다고 했다. 『덕양유고』에는 실려 있지 않다.
20) 己卯八賢으로 北靑에 안치되었던 尹自任의 누이이다. 『덕양유고』에는 윤자임과 관련된 시가 무려 22제 44수나 실려 있어 이들의 각별한 관계를 짐작하게 한다.
21) 아들 大恒은 문과에 급제하여 판윤에 이르렀고 시호를 貞堅이라 하며, 손자 應世는 효행으로 『續三綱行實圖』에 올랐고, 曾孫 自獻은 領議政을 지냈다.

는 태학생들의 3차에 걸친 上訴에 힘입어 仁宗 원년(1545)에 復官되고, 明宗朝에 이조판서에 추증되고 文愍이란 시호를 받았으며, 牙山書院 등 세 서원에 봉향되었다. 『德陽遺稿』를 남겼으며, 『戊寅記聞』[22]을 지었던 듯하지만 전해지지 않는다.

기준은 관직생활을 불과 5년밖에 하지 않았을 뿐 아니라, 서른 살이라는 젊은 나이에 죽었으므로, 기묘사화를 떠나서는 논하기 어려운 인물이다. 그의 학문과 사상이 己卯名賢의 중심인물인 조광조와 유사하였음은 『덕양유고』 「補遺」에 실린 策文·上訴文·啓辭에서 잘 드러난다. 조광조는 "도학을 높이고 인심을 바로잡으며 성현을 본받고 至治를 일으킴"[23]을 사상적 기반으로 하였는데, 지치를 위하여 出治의 근본인 군주의 마음을 바로잡고, 그 방법으로 格物·致知·誠意·正心의 功을 이루어 군자와 소인을 구별하고자 하였다.[24] 그는 임금의 총애와 동지들의 要職布列을 지치실현의 기회로 보고 진력하였는데, 그 대표적인 사업은 昭格署 철폐, 鄕約頒行·士氣振作 등의 교화사업, 先儒의 表彰, 中宗反正의 僞勳削除 등이었다. 출사하기 전부터 정암을 추종하여 19세 때에 이미 조광조로부터 許與받았다고[25] 한 데서, 그가 정암의 정치적 노력에 특히 적극적으로 동조했을 것을 짐작할 수 있다. 그런 까닭에 사화가 일어나기 한 달 남짓 전에 기준이 經筵에서 進講한 말에 대하여, 史臣이 "준 등이 스스로 千載에 서로 만난 것으로 여겨, 오로지 聖明을 믿고 굳은 뜻으로 다스리기를 도모하여 각각 품은 바를 진달하니, 심정과 말이 간절하고 지극했으며, 상께서도 너그럽게 받아 주셨다."[26]라고 평하기에

---

22) 許篈이 『海東野言』에서 孟思誠·河緯地 등의 사적 三則을 인용할 때 전거로 밝힌 책이다.

23) 『靜庵集』 「부록」 권1 <事實>. "經席之上, 每以崇道學正人心法聖賢興至治之說, 反覆啓達."

24) 李丙燾, 『韓國儒學史』(아세아문화사, 1987), 167면.

25) 洪仁祐, <行狀>, 『靜菴集』 「부록」 권6. "德陽奇遵子敬從之, 先生呼子敬曰, '措大從我 如此刻苦, 不亦努乎?" 盖相長之言也."

이르렀을 것이다. 이처럼 중종의 지지를 받던 그의 노력이 간당들의 시기로 말미암아 좌절되었을 뿐 아니라 젊은 나이에 억울하게 죽고 말았거니와, "김정 · 기준의 죽음 같은 것이 가장 억지로 죄에 빠뜨린 일입니다. 정과 준은 모두 광조와 뜻이 같고 도가 합치되어 협력하여 다스렸습니다."[27] 라는 후인의 말에 그의 요절에 대한 애도의 정과 사림파적 활약에 대한 찬양의 뜻이 함축되어 있다.

3. 作品槪況과 詩의 基調

1) 作品의 槪況

기준의 문집인 『德陽遺稿』는 嗣子 大恒이 蒐集, 編次한 定稿本에 증손 自獻(1562～1624)이 「補遺」와 「附錄」을 보태고, 門人 朴忠元(1506～1581)의 序와 吳億齡(1552～1618)의 跋을 붙여, 宣祖 39년(1606)에 3권 1책의 목판본으로 간행한 것이다. 이 책은 총 122판으로서 권1에는 시 77제(96수), 권2에는 시 120제(170수) · 賦 2편 · 辭 1편, 권3에는 시 122제(182수) · 辭 1편 · 銘 61편 · 산문 6편, 「補遺」에는 산문 7편[28] · 詩 1제(10수), 「附錄」에는 諸家의 관련시문 26편이 실려 있다.

중간본인 『服齋先生文集』은 후손이 光武 3년(1899)에 목활자로 간행한 것으로, 「本集」 4권, 「附錄」 2권으로 총 145판이다. 「본집」은 권1 · 2

26) 『中宗實錄』 권36 14년 9월 28일조. "遵等, 自以千載相遇, 專恃聖明, 銳意圖治, 各陳所抱, 情辭懇至, 上亦優容之."

27) 康惟善 等, <上仁廟榮靖大王疏>, 「補遺」. "而有如金淨奇遵之死, 最爲誣枉. 淨遵皆與光祖, 志同道合, 協力贊治."

28) 남아 있는 산문을 문체별로 살펴보면 序 1편 · 跋 1편 · 說 2편 · 記 2편 · 策 1편 · 祭文 1편 · 疏 2편 · 啓辭 1편 · 書 3편이다.

에 시, 권3·4에 산문, 「부록」 권1에 摭錄, 권2에 行狀·諡狀·碑記를 수록했는데, 原序를 빼고 朴淳의 <讀德陽遺稿讜議篇序>를 서문으로 실었다. 이 책은 시 1제[29]을 삭제하고 行狀·諡狀·碑記를 덧붙인 다음에 편차를 다소 바꾼 것이어서, 원집과 거의 차이가 없다. 그러므로 이 글에서는 특별한 필요가 없는 한 『덕양유고』를 활용하기로 한다.

기준이 지은 시는 문집에 실린 것 이외에도 『國朝詩刪』의 <自挽>·<酒泉縣>, 韓忠에게 준 <赴忠淸水營時見贈>(『松齋集』 권6) 등이 더 확인된다. 따라서 현전하는 기준의 시는 5언절구 27수·7언절구 138수·6언절구 1수·5언율시 126수·7언율시 123수·5언三韻小律 4수·5언고시 23수·7언고시 6수·잡언시 3수로 총 328제 452수이다. 현전시는 5언절구가 비교적 많은 편이고, 5언율시·7언율시의 숫자가 각각 7언절구와 비슷하며, 7언고시가 매우 적은 특징을 보인다. 이를 통해 기준이 율시를 애호했던 시인임이 대체로 드러나며, 그가 율시에 능했던 시인으로 평가받았음은 선시집에 실린 20수 가운데 율시가 10수인 점에서도 입증된다.

『덕양유고』에 실린 시의 창작시기에 대하여 간략하게 살펴보기로 한다. 권1의 卷首에 실린 작품은 <喜雪, 應製>는 중종 11년(1516) 11월에 지어진 작품이고[30], 다섯째 작품인 <送朴而晦世熹奉使歸關北>은 12년 3·4월경[31]의 작품인 듯하다. 그리고 다음 작품인 <會于讀書堂, 贈柳天章成春, 落職歸鄕>도 湖堂에 들어갔던 1516년에 지은 것이고, 이어진 작품인 <丁丑七月, 禁直詠懷, 示季雅>은 2년 뒤인 1518년에 지어졌으며, 한 작품 건너 실려 있는 <奉別慕齋先生金安國觀察湖南>[32]은 기묘

---

29) 권2의 <棄妾>을 말하는데 의고악부를 후손들이 실제로 첩을 버린 일을 읊은 것으로 오해하여 삭제한 듯하다.

30) 『중종실록』 권26에 따르면 11월 15일에 승정원·홍문관에 宣醞하고 喜雪詩를 應製하라고 명하였는데, 尹殷輔·奇遵이 장원하여 鹿皮 한 벌씩을 받았다.

31) 중종 12년 3월 8일에 함경도에 衲衣를 頒賜하러 갔던 京差官 박세희가 돌아왔다고 하였고, 13년 11월에도 함경도에 있다고 하였으니 곧 돌아간 듯하다.

32) 『慕齋集』 권15 「부록」의 <先生行狀>에 의하면 丁丑年(1517)에 慶尙監司로 나갔

년 여름에 지어졌다. 권1의 열일곱번째 작품인 <廣程驛> 이후의 59제는 같은 해 7월 초부터 한 달 동안 茂長에 있는 모친을 뵙고 부근 일대를 유람하면서 지은 것이다. 따라서 권1에 실린 작품들은 1516년 11월부터 1519년 11월까지 지은 것으로 보인다.

권2의 첫머리에 실린 8제는 기묘년 11월 말부터 이듬해 초까지 牙山 배소에서 지은 것이고, 권2·3의 나머지 작품은 모두 穩城에서 지어진 것이며, 다만 권2의 중간에는 1520년에 被逮되었을 때 지은 7제가 있다.

이로써 보면 『덕양유고』의 시는 창작순서대로 편차되었음을 알 수 있고, 작품은 대체로 출사 이듬해인 25세(1516)부터 사망하던 해인 30세(1521년) 사이의 5년 동안에 지어진 것으로서, 유배되기 전의 작품은 80여제이고, 나머지는 전부 유배기에 지어진 것이다. 또 유배 이전의 작품 중에 기묘년 이전의 것은 10여제에 불과하고, 기묘년에 지어진 작품 가운데 대부분은 한 달 동안 전라도 지역을 유람할 때 지은 것이다. 따라서 현전작품은 대체로 생애의 마지막 2년 3개월에 지어졌다는 시기적 특수성과 遊覽과 流配라는 두 가지 체험을 다루고 있다는 제재적 특수성을 지니고 있다.

기준의 시는 詩選集에서 중요하게 다루어졌다. 許筠의 『國朝詩刪』에 10제[33], 南龍翼의 『箕雅』에 13제[34]가 선발되었다. 그리고 『服齋先生文集』에 '入海東詩選'이라고 표시된 작품[35]이 13제에 이르는데, 앞의 두

다가 戊寅年에 돌아왔고, 己卯年에 議政府 右參贊·弘文館 提學이 되었다가 여름에 知中樞府事 兼 全羅監司에 특배되었으니, 기묘년에 지어진 것이다.

33) 5절 <自挽>, 7절 <義相菴>, 5율 <江上>·<日暮登城>·<秋日城頭>, 7율 <禁直記夢>·<秋夜旅懷>·<酒泉縣>, 5고 <丁丑七月禁直詠懷>·<禁直詠示元沖>이다.

34) <酒泉縣>을 뺀 『국조시산』 소재시 전부와 7절 <臨方庵>, 7율 <實相寺>·<曉坐>, 7고 <塞上俠少歌>가 실렸다. 『大東詩選』의 9제는 『箕雅』에서 뽑았을 것이다.

35) 『海東詩選』은 두 종류인데, 여기서는 순조 때에 趙琮燮이 편찬한 19권 19책으로 된 책을 말하며, 12세기부터 17세기까지의 시를 뽑은 시선집이다.

책과 겹치지 않는 작품이 <夜坐>(5절)・<書懷>(7절)・<次記夢詩>・<到會寧書示仲耕>(이상 7율)・<獄中四歌>(5고) 등 5제이다. 중요한 선시집에 뽑힌 것이 20제에 이르는 데서, 그가 문인 일반이나 選詩者들에게 매우 높은 평가를 받았음을 알 수 있다.

기준의 시는 詩話集에서도 상당한 주목을 받았다. 시화류에 나타난 기준의 시에 대한 관심은 대체로 ① <記夢>(권1)이 詩讖임을 언급한 경우, ② <自挽>의 비장미를 지적한 경우, ③ 대표적인 풍격으로 悲惋을 든 경우, ④ 뛰어난 5언율시로 평가한 경우, ⑤ 戱作을 언급한 경우, ⑥ 당시풍을 지녔다고 규정한 경우로 나눌 수 있다.

①은 시인이 <記夢>(권1)의 後註에서 꿈에 본 풍경의 처연함을 특기하였을 뿐 아니라 <次記夢詩>(권2)의 본문에서도 유배되면서 본 광경이 몽중에 본 것과 같다고 언급한 데서 연유한 시화로서, 『思齋摭言』 이래의 많은 시화류에서 詩讖의 예로 든 것이다. ②는 허균이 『鶴山樵談』에서 許篈이 채록하였다는 自挽詩를 인용하면서 느낌을 붙인 것을 말한다. ③은 洪萬宗의 『小華詩評』에서 조선조의 명가 51인의 대표적 풍격을 규정하면서, '奇服齋之悲惋'이라고 한 예를 말한다. 그리고 ④는 南龍翼이 『壺谷詩話』에서 5언율시의 가장 아름다운 것으로 林億齡의 <竹西樓> 등과 함께 기준의 <秋日城頭>를 열거한[36] 사례이다. ⑤는 <燈下戱題同韻十首> 가운데 語戱가 나타난 두 聯을 든 『소화시평』의 예이다.

⑥은 『月汀漫筆』에서 기준의 시가 '唐調'를 지녔다고 지적한 예와 <記夢>이 '당인에 부끄럽지 않다(無媿唐人)'고 한 허균의 지적을 말한다. 이밖에 『소화시평』에서 경구를 든[37] 경우를 더 추가할 수 있다. 이를 통해

36) 南龍翼, 『壺谷詩話』. "五言律之佳者, 容齋之青山今夜月, 服齋之塞國初霜下, 石川之江觸春樓走, 白湖之羸馬馱倦客, 月沙之立馬穆陵村."

37) 『小華詩評』 上에서 역대시인의 7언시 가운데 경구를 들면서, <曉坐>의 "마음은 물이 근원에서 갈라지는 곳으로 통하고, 귀는 숲의 소리가 울려나오는 데서 순해지네(心通萬水分源處, 耳順千林發籟間.)"를 들고 暢達하다고 하였다.

기준이 시화류에서도 비교적 크게 주목받았다는 것을 확인할 수 있다.

2) 詩의 基調

기준의 현전시는 80제를 제외하면 모두 유배중에 지은 것이므로, 전반적으로 謫客의 悲感이 강하게 나타나 있는 것은 당연하다고 할 수 있지만, 유배 이전에 지어진 작품에도 그런 감회가 두드러지게 나타난 경우가 많다. 그러므로 선시집들에 그런 정서가 지배적인 작품이 많이 선발된 것은 필연일 것이다.

한편, 그의 시는 이치나 의미보다 흥취와 정서를 위주로 했다는 점에서 "이치를 말하고 감정을 말하지 않은(言理而不言情)"[38] 宋詩보다는 의흥을 위주로 한[39] 당시에 가깝다. 따라서 선시집에 <實相寺>·<江上>·<記夢> 등의 시가 선발되고 시화에 당시적 경향이 지적된 것은 당연한 귀결이다.

이를 통하여 정서적으로 비장에 치우치고 격조상으로 당시에 근접하였음이 그의 시의 기조라 할 수 있을 것이므로, 이에 대하여 구체적으로 살펴보기로 한다.

① 情調의 悲壯性

기준의 시 중에는 슬픈 정회를 주조로 한 작품의 비중이 매우 높다. 남용익의 『호곡시화』는 이 점을 간파하여 조선시대의 시인 가운데 '각각 그 극단에 도달한(各臻其極)' 51명의 대가에 기준을 넣고, 그 풍격을 '悲惋'이라 하였다. 그의 시가 이런 성향을 지닌 것은 현전작품의 3/4 이상이 유배기에 지어진 데서 연유할 테지만, 유배 이전의 작품에도 그런 경우가

---

38) 李東陽, 『懷麓堂詩話』. "言理而不言情."
39) 李睟光, 『芝峰類說』. "唐人作詩, 專主意興."

적지 않으며, 『思齋摭言』에 보이는 다음과 같은 시화에 인용된 시는 그 중 두드러진 예이다.

> 典翰 기준이 어느날 궁궐에서 숙직하다가, 꿈에 변방에서 나그네가 되어 돌아다니다가 길에서 근체시 한 수를 지어, '이역의 강산이 고국과 같은데, 하늘 끝에서 눈물 흘리며 외로운 봉우리에 기대네. 엉킨 구름은 아득하고 강의 관문은 닫혔는데, 마른 나무는 쓸쓸하고 성곽은 비었네. 들길은 가을풀 밖에서 가늘게 갈라지고, 인가는 멀리 석양 속에 있네. 만리를 갈 배는 돌아갈 삿대가 없고, 푸른 바다는 아득하여 소식이 통하지 않네.'라고 하였다. 문득 깨어나서 꿈을 기록하여 館壁에 썼다. 오래지 않아 己卯黨籍에 걸려 湖西로 유배되었다가 갑자기 北道의 穩城으로 이배되었는데, 길에서 본 것이 모두 시 속의 경색이므로 말을 세우고 시를 외어 읊으며 슬피 흐느껴우니, 종자들이 모두 눈물을 뿌렸다. 온성에 도착한 지 얼마 되지 않아 사사되었으니, 사람의 일에는 모두 前定이 있음을 알 수 있다. 사림에 傳誦되니 슬퍼하고 탄식하지 않는 이가 없었다.[40]

윗글의 요지는 꿈에서 본 광경을 표현한 <記夢>에 변방에 유리하는 슬픈 광경과 회포가 나타나 있었는데, 그것이 마침내 詩讖이 되고 말았다는 것이다. 인용된 시에 原詩와 다른 글자를 사용한 곳이 많지만[41], 거기에는 총애받으면서 淸要職에 있던 신진문신의 시로 보기 어려울 만큼 謫客의 처지와 방불한 슬픈 정서가 나타나 있다. 김정국의 말대로 이 시가 일화와 함께 사림에 널리 전송되었다는 것은 이후의 여러 시화집[42]에 포

---

40) 金正國, 『思齋摭言』. "奇典翰遵, 一日禁直, 夢覊旅關外, 間關跋涉, 客路中吟成近詩一首, '異域江山故國同, 天涯垂淚倚高峯. 頑雲漠漠河關閉, 古木蕭蕭城郭空. 野路細分秋草外, 人家遙住夕陽中. 征帆萬里無回棹, 碧海茫茫信不通.' 忽覺記夢, 書館壁. 未久, 坐己卯黨籍謫湖西, 俄又移配北道之穩城, 道中所見, 皆是詩中景色. 控馬諷詠, 悽然嗚咽, 從者皆揮淚. 至穩城尋賜死, 可知人事皆有前程. 士林傳誦一 莫不嗟惋."

41) 원시에는 제3구의 頑雲漠漠이 潮聲寂寞으로, 제4구의 古木蕭蕭이 木葉蕭條로, 제5구의 外가 裏로, 제6구의 遙가 多로 되어 있다.

함된 데서 확인되거니와, 동시대인이 지은 윗글에 이미 시가 잘못 인용될 뿐 아니라, 시를 지어 館壁에 썼다는 엉뚱한 말을 했는가 하면, 『丙辰丁巳錄』에서는 온성으로 귀양가다가 吉州에 이르렀을 때 갑자기 꿈이 생각나서 시를 지었다고 심하게 왜곡하기도 한 데서 잘 드러난다. 그런 전승력은 물론 기묘사화로 인한 비참한 죽음에 기인하겠지만, 한편으로는 시가 지닌 정서적 호소력과 앞날에 대한 비극적 예감이 적중된 점과도 연관이 깊을 것이다. 유배되기 전에 지어진 작품 가운데 강한 비회를 드러낸 예로는 <送沈欽之義欽完山曝曬之行>의 제5수와 <送朴而晦世熹奉使歸關北>의 제5수, 그리고 <丁丑七月, 禁直詠懷示季雅>·<夜詠>·<次子剛張玉韻> 등을 들 수 있다.

활발하게 관직생활을 하던 시기에 위와 같은 시를 읊었으니, 온성으로 이배되는 도중에 지은 <次記夢詩>(권2)에서 원시에 못지 않은 절망적 비감을 드러낸 것은 어쩌면 당연할 것이다. 이 작품은 '유배 중의 산하가 지난날의 꿈과 같은데(謫裏山河昔夢同)'라고 시상을 열고서, "해는 추운 변새 바깥을 헤아리지 않는데, 청춘은 이미 먼 곳의 울타리 속에서 지나가네. 살아서 고향에 돌아갈 길이 없으리니, 다만 푸른 물결이 만리로 통하는 것을 보네.(白日不分寒塞外, 靑春已過遠籬中. 生還故國應無路, 只見滄波萬里通.)"라고 하였다.

신상의 평온함이 유지되던 시기의 시가 이러하니, 적소에서 지은 시의 대부분이 고독과 슬픔을 토로함은 너무나 당연하다. 다음은 그가 죽기 바로 전년에 送年하는 감회를 읊은 <除夜四首>(권2)의 제3수이다.

거칠고 먼 땅에서 누구를 짝하랴?
다만 아이종과 서로 친하네.

---

42) 특히 『稗官雜記』에서는 시어가 실제 평적경험과 방불함을 지적했고, 『詩評補遺』에서는 鄭光弼·南龍翼의 시와 함께 시참의 대표적 예로 다루었다.

넓은 구름 속에서 보금자리 잃은 새요
바람에 인 먼지 속에서 길 잃은 사람이네.
천시는 바야흐로 節序가 바뀌는데
세상일은 다시 몸을 묶는구나.
고향에 돌아갈 날은 언제일까?
헛되이 서른 번째 봄이 더해지는데.

窮荒誰作伴? 僮僕但相親.
雲海迷棲鳥, 風塵失路人.
天時方改序, 世事更纏身.
故國歸何日? 空添三十春.

<穩城>(권2)에서 “서른 살 전에 세 번 쫓겨난 나그네요, 천리 밖의 한 죄수이네.(三十年前三黜客, 一千里外一囚人.)”라고 자괴했던 시인이 서른 살을 맞는 비감을 표현한 작품이다. 극변에 위리안치되어 더할 수 없을 정도로 고독한 상태에서 새해를 맞이하는 초췌한 선비의 슬픔이 절실하게 나타나 있음을 본다.

유찬된 시인이 가족이나 벗과 격리된 데서 느끼는 비감을 빈번하게 표현하는 것 또한 당연하거니와, 다음은 현전시 가운데 마지막에서 두 번째 작품으로서 사사되기 직전에 지었으리라고 짐작되는 <懷鄕>이다.

강변의 성에서 날마다 돌아가는 기러기를 보내는데
나뭇잎 떨어진 추운 날에 한껏 근심하는 노인이로다.
모자의 정회는 남쪽과 북쪽의 끝에 있고
부부의 이별은 죽음과 삶 속에 있네.
눈 속의 고향길은 삼천리요
구름 너머 변새의 산은 백만 겹이네.
양쪽의 안부를 어디에다 묻겠는가?
둥그런 달 하나가 창 동쪽에서 비추네.

江城日日送歸鴻, 木落天寒愁殺翁.
母子情懷南北極, 夫妻離別死生中.
雪邊鄕路三千里, 雲外關山百萬重.
兩地寒溫何處問? 一輪孤月照窓東.

기준은 홀어머니를 비롯하여 형제·자매·아내·자식에 대한 그리움과 걱정을 여러 차례 시로 읊었고, 어릴 때 부친을 잃고 편모슬하에서 자랐기 때문인지 어머니에 대한 그리움을 특히 빈번히 토로하였다. 윗시에는 유배가 길어지는 상황에서 追律論議가 이는 것을 알았던 탓인지 죽음을 예감한 듯한 절망적인 슬픔이 나타나 있다.

지금까지 살핀 대로 기준의 시는 유배기에 지은 것에 국한되지 않고 전반적으로 비장미를 강하게 띠고 있어, 이를 服齋詩의 한 기조라고 할 수 있겠다.

② 唐詩的 風格

許筠이 "우리나라의 시는 중묘조에 크게 이루어졌다."[43]고 한 것은 중종조에 李荇·朴祥·鄭士龍 등 宋詩風을 추종하는 시인들과 李胄·申光漢·金淨 등 唐詩風을 따르는 시인들이 차례로 이어 나와 시단을 빛냈기 때문이다. 이러한 허균의 認識에서 중종대 시인의 시가 『國朝詩刪』에 특히 많이 選入될[44] 것을 짐작할 수 있거니와, 기준은 최상위권에 속하지는 않지만, 단기간에 지은 시만 남았음을 고려하면, 매우 높이 평가받았다고[45] 할 것이다.

---

43) 許筠, 『惺叟詩話』. "我國詩, 至中廟朝 大成."

44) 李荇(38제), 鄭士龍(27제), 申光漢(27제), 金淨(16제), 李胄(14제), 朴祥(15제)의 순으로 많이 선발되었다.

45) 朴守川, 「國朝詩刪의 選詩觀 硏究」(서울대 석사논문), 1986, 20면에 의하면 사대부 시인 160명 중에서 10제 이상 선발된 시인은 21명뿐이다.

기준이 당시풍을 추종했으리라는 것은 "때때로 楊士弘이 편차한 『唐音』을 외어 읊었다"[46]고 한 증언에서 단적으로 알 수 있거니와, 중국시에 차운한 시 세 편[47]이 原韻을 모두 唐代詩人에게서 취했다는 점도 이를 방증한다. 특히 『月汀漫筆』은 그가 당시풍을 추종했을 뿐 아니라, 시작결과도 그러하였음을 다음과 같이 분명히 지적하고 있다.

> 기묘제현의 한 시절의 논의가 문장은 한나라를 본받고, 글씨는 진나라를 본받으며, 시는 당나라를 배우고, 인물은 송나라 諸儒를 표준으로 한다고 하였는데, 金元沖·金大柔·奇子敬 같은 무리가 그들이다. 충암과 덕양의 시는 매우 공교로웠는데, 그 문집이 모두 부인에게 있어 얻어 보았더니 실로 당시의 격조였다.[48]

이러한 尹根壽의 증언과 평가는 奇遵을 唐詩性向이 본격적으로 대두하던 때의 시인으로 규정하면서 唐域에 드나들었다고[49] 지적한 詩史眼과 일치한다. 따라서 唐詩風을 服齋詩의 다른 한 기조로 들 수 있겠다. 『국조시산』에서 제목 아래 "無媿唐人"이라는 批를 붙인 점으로 보아, 앞에서 언급했던 <記夢>은 당시풍이 두드러진 작품으로 볼 수 있을 듯하다.

> 이역의 강산이 고국과 같은데
> 하늘 끝에서 눈물 흘리며 외로운 봉우리에 기대네.
> 물결소리는 고요하고 강의 관문은 닫혔는데

---

46) 朴忠元, <德陽遺稿序>. "時時諷詠, 楊士弘編次唐音."

47) <四皓廟 次韻唐許用晦韻>·<夜閱唐詩有懷, 因次錢起韻>·<擬幽懷賦次李翱韻>(이상 권2)를 말한다.

48) 尹根壽, 『月汀漫筆』. "己卯諸賢一時之論, 以爲文則法漢, 書則法晋, 詩則法唐, 人物則以宋諸儒爲準. 如金元沖·金大柔·奇子敬輩是已. 沖庵德陽之詩工, 其集俱在夫人, 得見之, 固是唐調."

49) 閔丙秀, 앞의 책, 239면.

나뭇잎은 쓸쓸하고 성곽은 비었구나.
들길은 가을풀 가운데서 가늘게 갈라지고
인가는 저녁햇빛 속에 많이 있네.
만리를 갈 배는 돌아갈 삿대가 없고
푸른 바다는 아득하여 소식이 통하지 않네.

異域江山故國同, 天涯垂淚倚孤峯.
潮聲寂寞河關閉, 木葉蕭條城郭空.
野路細分秋草裏, 人家多住夕陽中.
征帆萬里無回棹, 碧海茫茫信不通.

首句用韻한 仄起式 平聲東韻의 律詩인데, 허균은 이 시의 제목 밑에 "펄펄 날아 미묘한 데 이른 말이 당나라 사람에게 부끄럽지 않다."[50]는 批를 붙였으며, 마지막 연에 대해서는 '劇似鬼語'라고 하였다. 이를 통해 마지막 연의 造語가 神助를 얻은 듯이 교묘한 데서, 조어가 당풍에 비견됨을 찾은 듯하다. 이 작품은 그 밖에도 工對[51]를 구사하였고, 매우 깊이 있는 정감을 표출하였을 뿐 아니라, 시각심상과 청각심상을 적절히 조화시킨 점도 당시적 성향이라 할 수 있을 것이다.

다음 작품은 <江上>(권2)이다.

멀리 와서 들판의 軍營에 이르러
좋은 모임에서 세월을 아쉬워하네.
밤은 오랑캐 땅의 달빛 아래 고요하고,
봄은 오래 된 요새의 꽃 속에 깊네.
누가 큰 강을 술로 만들었는가?
슬피 노래해도 곡조를 이루지 못하네.

---

50) 許筠,『國朝詩刪』권5. "翩翩造微之語, 無媿唐人."
51) 頷聯·頸聯·尾聯이 對句로 되어 있어 富한 對仗을 사용한 점이 특이하다.

구름 뜬 하늘 밖을 쳐다보니
스러져 가는 별이 새벽 은하수에 묻히네.

遠遊臨野戍,　高會惜年華.
夜靜胡天月,　春深古塞花.
長江誰作酒?　哀唱不成歌.
望望雲空外,　殘星沒曉河.

이 작품은 시인이 穩城으로 이배된 직후인 庚辰年 봄에 豆滿江邊의 군영에서 어떤 장교가 연 술자리에 참석하여 지은 것으로 보인다. 이미 句法이 平淡하고 對句의 정교한 조성이 돋보이는 당시성향의 작품으로 평가된[52] 바 있거니와, 감정을 절제하지 않고 그대로 토로한 점도 당시의 수법이다. 게다가 흥취를 드러내는 데 주력했으므로, 용사를 전혀 구사하지 않은 점이 송시와 다른 성향임은 물론이다.

다음은 <가을날의 성 머리에서(秋日城頭)>(권3)이다.

변새에 처음으로 서리가 내리니
오랑캐 나라의 산이 반쯤은 누렇네.
들이 차니 단풍잎이 떨고
강물이 줄어드니 백사장이 기네.
추운 기운이 쓸쓸한 軍營에 잠기는데
변방의 구름은 전장에서 늙네.
높은 성에서 잠시 끝없이 바라보노라니
저는 햇빛 속에서 눈물이 한없이 흐르네.

塞國初霜下,　胡山一半黃.
野寒楓葉動,　江落鴈沙長.

52) 閔丙秀, 앞의 책, 253면.

朔氣沉孤戍, 邊雲老戰場.
高城聊極目, 日暮淚茫茫.

우선 이 작품은 우선 『壺谷詩話』에서 조선조의 5언율시 가운데 가장 빼어난 다섯 수 가운데 하나로 든 것이란 점에서 당시풍과의 관련을 짐작할 수 있다. 왜냐하면 評者 南龍翼이 두시의 영향을 두루 받았으므로[53] 당시적 장점을 취했을 가능성이 크기 때문이다. 이 작품이 『국조시산』에 선발되어 있는 점도 이를 뒷받침하거니와, 허균은 특히 頷聯에 대하여 "巧而不纖"이라고 비평하여, 앞의 <기몽>처럼 조어의 기교를 높이 샀다. 함련과 경련의 공대가 돋보이며, 의미보다는 흥취를 위주로 한 탓에 직서를 거의 쓰지 않고 묘사에 의존하지 않는 한편으로 용사를 구사하지 않은 점도 당시 일반의 성향과 유사한 요소일 것이다.

지금까지 살핀 바를 통하여 기준의 시는 수사・조어・대우・정서・심상 등 여러 측면에서 두루 당시의 특성을 지녔으므로, 당시풍이 그의 시의 한 기조라고 규정할 수 있겠다.

4. 流配詩에 나타난 諷喩와 批判

유배생활을 제재로 하면서도 관직복귀에 대한 희망을 표하지 않은 점과 悲感의 정도가 지나칠 정도로 강하다는 점을 제외하면, 기준의 시는 같은 체험을 표현한 다른 사대부들의 경우와 크게 다르지 않다고 본다. 그것들이 대체로 과거에 대한 회한, 은거의 동경, 고향・가족・친구에 대한 그리움, 解配・伸寃에 대한 염원 등을 주제로 하고 있기 때문이다.

그러나 유가적 수신과 윤리에 대한 집착을 보인 이면에 자신의 처지에

53) 安末淑, 「壺谷 南龍翼의 詩文學 硏究」(동아대 박사논문), 1992, 16~31면.

대한 조소가 엿보이는 점이나 夢詩·戱作詩·詠史詩·農民詩 등에 당대의 정치현실에 대한 비판과 풍자가 비교적 강하게 나타나는 것은 특이하다. 이는 기묘제현 가운데 유일한 예일 뿐 아니라, 고려조·조선조의 적객들의 시를 통틀어 살필 경우에도 찾기 어려운 예라 해도 과언이 아닐 것으로 보인다. 흔히 볼 수 있는 것들과 유사한 유배시를 다루는 일의 의의가 회의적이라고 보기 때문에, 여기서는 그러한 특이성을 지닌 작품들을 중심으로 검토하고자 한다.

1) 銘의 二重性

기준은 복주되기 4개월쯤 전에 적소의 居室·器皿 등 예순 가지 사물에 이름을 짓고 그것들에 일일이 銘을 붙이고, 銘 작품 전체의 제목을 「六十銘」이라고 하였다. 그가 그런 명을 지은 것은 劉勰이 "銘이란 이름붙이는 것이다. 기물을 보면 반드시 이름을 붙여, 이름을 바르게 하고 작용을 분명히 하며, 덕을 삼가는 것을 귀하게 여긴다."[54]라고 한 바와 같이, 스스로 경계하려는 뜻 때문임이 분명하다.

이는 그가 <名物記>(권3)의 서두에서 作名動機를 "군자는 지식을 완전히 이루는 데 있어서, 비록 풀 하나와 먼지 하나라 할지라도 그 이치를 궁구하지 않는 것이 없어, 一心의 本體를 밝히고 萬事의 作用에 이른다. 하물며 일에 위급하고 몸에 절실한 것임에랴? 일상에서 창졸간에 늘 접하여 멀리할 수 없는 그런 것이야말로 마땅히 먼저 討究할 바이니, 저것을 밝히고 이것을 깨달음으로써 규계하는 뜻을 부치는 것이 또한 사물을 보고 자신을 살피는 도리이다."[55]라고 밝힌 데에도 잘 나타나 있다.

---

54) 劉勰, 『文心雕龍』 권3. "銘者, 名也. 觀器必銘焉, 正名審用, 貴乎愼德."
55) "君子之於致知也, 雖一草一塵之微, 莫不窮究其理. 明一心之體, 而達萬事之用, 況物所急而身所切者乎? 其日用造次之常接而不可遠者, 則所當先講也. 明彼而悟

그러나 "죄로 죽게 된 사람이라 몸조차 아깝게 여기지 않거늘, 옛사람의 학문을 하는 데 무슨 겨를이 있겠는가? 잠시 죄를 뉘우치고 몸을 성찰하여 타고난 성품의 만분의 일에라도 미친다면, 평소의 뜻에 부끄럽지 않을 것이니, 그 警戒가 절실하지 않다고 할 수 있겠는가?"56)라고 한 데 이르면, 거기에 이중적 의미가 담겨 있음을 간파할 수 있다. 왜냐하면 거기에 나타난 자신에 대한 반성·경계·참회 등이 표면적으로는 規戒的 의미를 지니지만, 이면적으로는 冷笑的 의미를 담고 있기 때문이다.

그런 이중성은 "죽을 사람이라 여생이 길지 않으매, 몸 밖의 일은 조금도 흉중에 두지 않는다. 다만 죄를 징계하지 못함으로써 마음을 새롭게 하지 못하고, 하루 아침에 갑자기 죽으면 마침내 지하에서 한을 안을 것이니, 어찌 애통하지 않겠는가?"57)라 한 말에서도 짐작된다. 특히 "사는 집이 울타리로 둘러싸였으므로 총리라고 한 것은 『易經』의 총극의 설에 따랐다. 울타리의 기둥을 입주라 한 것은 높게 세웠기 때문이다. 울타리의 구멍을 욕심을 막는 구멍이라 한 것은 치밀하게 막았기 때문이다."58) 라고 한 바와 같은 사물의 이름과 그에 대한 풀이에 그것이 잘 드러난다. 그런 예로 우선 「六十銘」의 첫 번째 작품인 <叢籬>를 들기로 한다.

> 어진 사람은 덕을 닦거늘 누가 악을 쌓으랴?
> 지혜로운 사람은 기미를 알고 화의 기틀을 벗어나네.
> 어질지 않고 지혜롭지 못함은 총극의 어둠이로다.
> 삼년 동안 갇혔으니 어찌 그것을 고치랴?

此, 因以寓規戒之意者, 亦觀物察己之道."

56) <六十銘序>, 권3. "罪死之人, 身且不恤顧, 何暇於古人之學? 姑且悔罪省身, 因以及於性分之萬一, 則庶幾不負素志, 其警之可不切乎?"

57) <銘後), 권3. "死亡之人, 餘生無日, 身外之事, 不復小掛於胸中. 第以罪不克懲, 心不克新, 而一旦忽然殉身, 終抱恨於泉襄矣. 豈不痛哉?"

58) <名物記>, 권3. "所居之室, 環以籬曰叢籬, 因易之叢棘之說也. 籬之株曰立株, 植之卓然也, 籬之穴曰窒慾之穴, 防之密也."

새롭게 마음에 품고 오직 날로 힘쓰리라.

仁者脩德, 孰累惡?
智者見幾, 超禍機.
不仁不智, 宜叢棘之冥.
三歲之陷, 厥改伊何?
新乃心, 惟日加.

자신의 덕과 지혜가 모자라서 죄에 빠졌으므로 그것을 갖추겠다고 다짐하는 한편으로, 소인의 간사함을 알아보는 지혜가 없었던 탓에 죄에 걸려들어 울타리에 갇히기에 이른 것을 뉘우치고 있다는 점에서, 위에서 지적한 바와 같은 의미의 이중성을 찾을 수 있는 글이라 하겠다.[59] 그리고 <窒慾穴>의 다음과 같은 진술도 비슷한 함의를 지닐 것이다.

그 움직임엔 감정이 있고 그 흐름엔 근원이 있네.
말단에서 제압하면 간혹 근본이 감추어질 수 있으리.
현명한 사람은 잘 관찰하여 일이 생기기 않게 하네.
먼저 살펴서 막음을 이 집의 구멍처럼 하리라.

其動也有感, 其流也有源.
制之於末, 容或藏根.
明者善察, 不事已發.
先微而防, 如穴斯窒.

역시 표면적으로는 天理를 유지함으로써 私慾이 발하지 못하도록 울타리를 치겠다는 성리학적 心性觀을 피력하고 있지만, 그 이면에 정치적 행위를 조심스럽게 하지 않은 과거에 대한 自愧感을 깔고 있음을 쉬 알

59) 이는 <圍離>(권2)의 "一身行止寓樊籠", <嘆衰>(권2)의 "形骸如舊縶圍籬"나 <圍籬記>(권3)의 "然則斯籬也, 非困汝也, 將玉汝也. 吁! 勉之哉."에서도 드러난다.

수 있는 예이다. 결국 자신의 노선이 옳았음에도 불구하고 근신하지 않았기 때문에 죄에 빠졌다는 뜻을 표현하고자 했을 것이다.

이로써 그가 銘을 통해 표면적으로는 규계를 지향하지만, 이면적으로는 현재의 상황을 부당한 구속으로 여길 뿐 아니라 과거의 현실적 대응태도를 뉘우침으로써, 자신의 죄를 진심으로 승복하지는 않는다는 뜻을 지녔다는 것을 대체로 확인할 수 있다. 그리고 이런 이중성은 그가 夢詩·戲作詩·詠史詩·農民詩를 통해 정치현실을 우회적으로 풍자하게 한 바탕으로 보인다.

2) 夢詩와 戲作詩의 諷喩

『德陽遺稿』에서 찾을 수 있는 꿈과 관련된 작품은 12제이다. 夢詩라고 부를 수 있는 그런 작품들 중에는 평소에 절실하게 여겼던 일상적인 일을 꿈을 빙자하여 표현한 것이 몇 편[60] 있다. 이것들은 <記夢>에서 "병든 아내는 옷을 잡고 지난날의 이별을 말하는데, 늙은 하녀는 밥상을 가져와서 집의 가난을 하소연하네. 온 뜰의 마른 풀은 다녀서 길이 되었는데, 서가의 반에 남은 책의 먼지를 손수 터네.(病婦攬衣論舊別, 老婢持飯說家貧. 滿庭寒草行成路, 半架殘書手拭塵.)"라고 한 것처럼, 꿈이 형상적 기교에 그친 예이다.

이 밖의 몽시는 실제로 꿈에 겪은 일을 표현한 것과 비판적인 사회의식을 꿈을 빌려 드러낸 것으로 나눌 수 있다. 전자에 해당하는 것으로는 앞에서 살핀 <記夢>(권1)과 <夢遊山寺作>·<挽船記夢中所爲>·<詠仙>(이상 권3) 등이 있다. 이 가운데에는 詩讖的 성격을 띤 작품도 있고, <기몽>의 結聯에 대하여 허균이 "劇似鬼語"라 하거나 시인이 <詠仙>의 序

60) <歸夢>·<夢中, 借家南山下, (중략) 爲詩以記>(이상 권2)·<記夢>(권3) 등이다.

에서 "夢中吟詩兩篇, 皆仙語."라 한 것처럼, 神助에 의하여 지어졌다고 볼 수 있는 작품도 있다. 5언고시 <夢>(권3)에서는 "삼월 열이튿날 밤에, 꿈을 꾸었는데 크게 상서롭지 않네. 깬 뒤에도 여전히 깜짝 놀라서, 짙은 서리가 온 듯 추위에 떠네.(三月十二夜, 有夢太非祥. 覺來尙駭愕, 寒栗如繁霜.)"라 한 서두에 이어, 말미에서 "아득히 죽어 가는 마당이니, 만사를 누가 다시 헤아리랴? 필경하늘에 달렸으리니, 길이 탄식하고 상심하지 않기를 바라네.(悠悠垂死中, 萬事誰更量. 畢竟有天在, 願勿長嗟傷.)"라 하였다. 흉몽을 꾼 뒤의 감회를 읊었는데, 유배가 길어지는 데 대한 불안으로 인한 꿈을 詩化하였을 것이다.

꿈을 빌려 비판적 사회의식을 표현하고자 한 예는 두 작품이 있다. 이것들은 꿈속의 기이한 일을 다루고 있음에도 불구하고, 실제로는 당대의 정치현실을 우회적으로 풍자하려는 의도를 담고자 한 예들이다. 꿈이 기교적 장치라는 점에서는 일상사를 읊은 경우와 같은 성격을 지녔다고 할 수도 있겠다. 먼저 <晦日夢詩>(권2)를 살펴보기로 하자.

바다의 용에게 흰 알이 있는데
몰래 한두 개를 훔쳐 왔네.
가슴에 품고 마음으로 닮기를 빌고서
손에 올려서 입으로 쪼아 깨뜨리네.
옥 상자에서 금빛 무늬가 움직이더니
황룡의 새끼가 뛰어나오네.
만약 잘 기를 수만 있다면
마땅히 또 훔치리라.

海龍有玉卵, 潛盜一兩來.
包中心念肖, 手上口啄開.
玉匣動金文, 跳出黃龍兒.
若能善養成, 從當又盜之.

용의 해인 庚辰年 除夜의 꿈을 기록한 작품으로 보인다. 얼핏 보면 용의 해를 보내는 아쉬움 때문에 꾼 꿈을 읊은 듯하지만, 꿈을 빙자하여 당대의 정치현실를 풍유했다고 보아야 할 듯하다. 사림파가 一敗塗地한 지 1년쯤 지난 때에 지어졌음을 고려하면, 용은 賢君이나 雄宰를 비유하였을 것이다. 그렇다면 <放言>(권3)에서 "용이 없어진 큰 못에는 물고기들이 장난하고, 범이 사리진 깊은 산에는 이리들이 교만하네(龍亡大澤群魚戲, 虎逝深山群狸驕.)"라고 읊은 것처럼, 조광조와 같은 인재를 제거하고 집권한 사람들이 물고기에 불과하다는 풍자적 의미를 지녔다고 해석할 수 있을 것이다.

권3의 <九月初八日, (중략) 首相又題七律示予曰>은 특이한 몽시이다. 사흘밤을 연속하여 꾼 꿈 이야기를 227자에 이르는 긴 산문으로 기술하고, 재상들한테서 받은 7언율시를 제시하고 나서, 다시 150자에 이르는 평가와 감회를 붙여 놓았는데, 긴 글이므로 요약해서 제시하기로 한다.

> 9월 8일 꿈에 문사 두세 사람과 佳境에서 놀다가 彩色이 없는 殿閣의 벽에 二十八宿를 그렸는데, 한 재상이 감시하는 듯했다. 이튿날 꿈에 어떤 관청에 갔더니 지금의 재상인 首相과 옛날 정승인 亞相이 시를 和作하였는데 모두 가작이었다. 그 다음날 또 만났더니, 양인이 또 시를 수창했다. '수상의 시는 裕厚하고 의미심장하여 천박한 이가 엿볼 바가 아니고, 아상의 시는 필력이 奇健하여 陳黃의 氣骨을 크게 얻었다.'고 여겼다. 수상이 또 7율을 지었는데, '백성의 안녕은 道의 형통에 달렸는데, 春宮의 학술은 거의 이루어졌는가 물어 보네. 바람이 세찬 나무에는 꽃 모습이 흔들리고, 비 갠 숲에는 일기가 고요하네. 밭둑 위에 나는 솜은 구름과 함께 희고, 못 속에 퍼진 풀은 버들처럼 푸르네. 내일 아침에 또 召命받아 급히 按撫하러 가겠지만, 어찌 평생토록 벼슬살이의 뜻이 생길 수 있으랴?(民世安康屬道亨, 春宮學術問幾成. 風繁一樹花容動, 雨霽千林日氣平. 陌上飛綿雲共白, 池中布草柳兼青. 明朝又被狂尉去, 可堪終年作吏情?)'라고 했다.

> 내가 '安康은 지금의 民情이 편안함을 이릅니까?' 하니 '마땅히 그러해야 한다는 뜻이다.'라고 하였다. 또 '거의 이루어졌는지'라는 것은 무엇인가 하니 '장차 그리 됨을 말한다'고 하였다. 제6구는 臺諫職에서 옮겨감을 말한 듯하고 제8구는 귀신의 말인 듯했다. '보관하여 뒷날에 보라'면서 적어 주기에 화답하려 했으나 한 글자도 쓸 수 없었다. 깨어난 뒤에 기억할 수 없어 한탄했으나 마지막 시는 잊지 않았다. 그러나 가운데 두 연은 잊은 글자가 많아 추측하여 적었다. 생각해 보니 중간의 두 작품은 奇偉하여 평소에 보지 못한 것이었다.

夢遊錄的 형식을 취한 이 이야기는 기묘사화 후의 國事를 비유한 것으로 보이는데, 이야기가 매우 寓意的이고 시 또한 난해하여 이해하기 어렵다. 무리를 무릅쓰고 해석해 본다면, ① 사림파가 국정에 참여하자 훈구파가 질시하고 모함하여 축출한 뒤에, ② 민정이 편안하지 못하였으며, ③ 金詮·南袞 등이 정승이 되어[61] 세자에게 도학을 가르치지 않고 시나 읊으며 소일하였고, ④ 백관이 同色이므로 조정이 평화로웠지만, ⑤ 외직으로 나간 사람들이 공무를 볼 뜻을 가지지 않음을 우회적으로 표현한 글인 듯하다.

이런 해석이 크게 틀리지 않는다면, 꿈을 빙자하여 政情과 집권층의 무사안일을 풍자하려 한 작품이라 할 수 있겠다. 시에 잊은 글자가 많을 뿐 아니라 귀신의 말이 있다고 말한 점이나 무엇을 표현하였는지 모호한 곳이 많은 점은 筆禍와 時諱에 대한 배려에 연유할 것이다.

기준이 꿈을 빙자하여 당대를 풍자하려고 한 데에는 다음과 같은 세 가지 동기가 작용하였을 것으로 보인다. 첫째, 국왕에 대한 불만, 훈구파에 대한 적대의식, 사화 이후의 秕政에 대한 분노감 등을 지녔으리라는 점이다. 둘째, 유배생활이 길어짐으로써 안위에 대한 불안감을 느꼈으리

---

61) 사화 당시에 金詮은 左贊成, 南袞은 禮曹判書였으며(12년에 右贊成에 올랐으나 大司憲을 겸임하였음), 양인이 다 元子輔養官이었다가 세자의 師傅가 되었다.

라는 점이다. 셋째, 중종 16년 9월부터 자신들과 가까웠던 安瑭一家에 대한 집요한 공격이 전개됨으로써 위기의식을 갖지 않을 수 없었으리라는 점이다. 마지막으로 다룬 작품이 그가 죽기 50여 일 전에 지어졌다는 사실을 이런 이해의 한 단서로 제시할 수 있을 것이다.

『小華詩評』에는 다음과 같은 시화가 있다.

> 奇服齋의 시에 '사람 밖에서 사람을 찾지만 사람이 어찌 다르랴? 세상에서 세상을 찾아도 세상은 같기 어렵네.'라 하고, 또 '붉은빛은 붉고 흰빛은 희니 붉은 것은 흰 것이 아니요, 색은 색이고 공은 공이니 색이 어찌 공이랴?'라고 하였다. 어찌 두 분은 이런 어구를 즐겨 썼는가? 장난에 매우 가깝다.62)

우리나라 역대의 語戱를 구사한 戱作의 유래로 李奎報의 시를 들고 金時習과 奇遵의 시 두 연씩을 인용한 글의 일부이다. 예로 들고 있는 기준의 시는 <燈下戱題, 同韻十首>(권3)의 제1수의 首聯과 제5수의 頸聯이다. 이 작품은 기준이 죽기 직전에 지은 것인데, 이것들 외의 네 수에도 이와 유사한 言語遊戱가 나타나 있다. 인용된 구절들은 옳고 그른 것이 섞이고 참되고 거짓된 것이 혼동되는 세태를 풍자한 내용이라 할 수 있거니와, 다음은 제2수의 전문이다.

> 누가 아지랭이로 해의 그림자를 묶는가?
> 그림붓으로 허공을 그리기는 어렵다네.
> 푸른 하늘은 왜 푸른 하늘 밖에 있는가?
> 같은 사물은 응당 같은 사물 속으로 돌아가리.

---

62) 洪萬宗, 『小華詩評』. "奇服齋詩曰, '人外覓人人豈異, 世間求世世難同.' 又曰, '紅紅白白紅非白, 色色空空色豈空.' 豈兩公喜用此等句語, 頗近喜劇."

마음 위에 마음이 이어져도 마음은 둘이 아니요
일 끝에 일이 많지만 일은 다 같도다.
지금 근본은 하나인데도 어지럽고 통일됨이 없으니
만 물결 천 물결이 스스로 그치지 않는구나.

誰把游絲繫日影? 難將畵筆寫虛空.
蒼天詎在蒼天外? 一物應歸一物中.
心上心心心不二, 事邊事事事皆同.
如今一本無迷統, 萬派千流自不窮.

"心上心心心不二, 事邊事事事皆同."을 주목하면서 살펴보면, 마음과 사물의 근원적 이치를 알지 못하고 엉뚱한 일을 벌이는 세태를 개탄한 것이 주지라 할 수 있다. 우주만물의 이치를 제대로 따르지 않기 때문에 세상이 뒤집어졌음을 풍자하려는 의도에서 지어진 작품이라 할 것이다. 다음은 제3수이다.

별은 푸른 하늘에 매이고 하늘은 기에 매였으며
땅은 푸른 바다에 뜨고 바다는 허공에 떴네.
천지의 원기는 천지 안에서 튼튼하고
만물의 변화는 고금 가운데서 이어지네.
더위는 더운 것이고 추위는 추운 것이지만 춥고 더움은 다르고
오는 것은 오는 것이요 가는 것은 가는 것이지만 가고 옴은 같네.
다만 산악이 없어지기를 기다려서
眼前의 어지러움의 시작과 끝을 물어 보리.

辰繫靑天天繫氣, 地浮滄海海浮空.
一機健健乾坤內, 萬化生生古今中.
暑暑寒寒寒暑別, 來來往往往來同.
直須山岳消淪處, 眼底紛紛問始窮.

이 작품 역시 "暑暑寒寒寒暑別, 來來往往往來同."이란 어희를 구사하고 있는데, 우주와 四時가 생성되고 순환하는 이치를 풀이하면서 異類가 혼동되고 同類가 구별되는 세상의 逆理를 풍유하고 있다. 자신이 이치에 순종함에도 불구하고 세상으로부터 버림받고 있다는 데 분노를 느낀 나머지 언어유희를 빙자하여 세태를 풍자한 예이다.

이 밖에는 희작이 없다는 점은 그 창작동기가 풍자적 몽시의 경우처럼 위기의식에 말미암았을 것임을 시사하는 것으로 보인다.

3) 詠史詩와 紀俗詩의 批判意識

기준은 9제의 영사시를 남겼는데, 그것들이 전부 유배기에 지어진 작품일 뿐 아니라 몰년에 지어진 것이 5편인 점으로 보아, 만년에 이르러 역사에 대한 특별한 관심이 생겼던 듯하다. 그가 지은 영사시는 暗君에 대한 개탄, 충신에 대한 예찬, 君臣際會에 대한 감회 등을 주제로 하고 있는데, 거기에는 대체로 정치현실에 대한 비판의식을 표현하려는 의도가 담겨 있는 듯하다.

그 가운데 선인들의 충절이나 출처에 대한 예찬·동경을 읊은 <四皓廟, 次唐許用晦韻>·<魯仲連>(이상 권2)·<管仲>(권3) 등은 흔히 볼 수 있는 영사시들이므로 제외하고, 여기서는 나머지 다섯 작품을 살펴보기로 한다. <閱史>(권3)라는 포괄적 제목의 시이다.

> 질박한 큰 道는 바라기 어렵고 생각은 유한한데
> 황제와 우임금의 사업을 마침내 누가 존숭하랴?
> 춘추시대의 세월은 혼돈 속이었고
> 진한시대의 천지는 전쟁 중이었네.
> 王者와 覇者의 공명은 모두 구차한 편안함이요

임금과 신하의 만남은 다만 치우친 관용이었네.
차라리 장차 속세의 그물을 멀리 벗어나
길이 상산사호 늙은이들을 좇으리.

太樸難期思有窮, 黃虞事業竟誰宗?
春秋日月屯昏裏, 秦漢乾坤爭戰中.
王覇功名皆姑息, 君臣際會但阿容.
寧將高擧紅塵網, 永逐商山四皓翁.

춘추시대나 진한시대와 같은 혼란기에 왕도를 꿈꾸거나 임금의 지우를 바라는 것은 헛된 꿈이므로, 商山四皓처럼 물러나는 것이 옳다고 하였다. 이는 의심할 바 없이 그런 시대에 至治를 꿈꾸었던 자신을 자책하는 한편으로, 자신의 노력을 억압한 세력에 대한 반감을 표현한 것이다. 다시 말하면 자신의 정치지향을 긍정하는 반면에, 자신을 내쫓은 君臣을 원망하는 마음이 담겨 있다고 하겠다.

『덕양유고』 권3에는 몰년인 중종 16년 봄에 지은 역사를 소재로 한 5언고시 세 편이 나란히 실려 있어, 그것들이 의도적으로 지은 작품임을 짐작하게 한다. 그 중 첫째 작품인 <蓋寬饒>(권3)는 漢 宣帝 때의 청렴강직한 司隷校尉 蓋寬饒가 儒道를 멀리하고 刑罰과 法律을 숭상하는 임금을 나무랐다가 獄吏의 訊問을 받게 되자 자결하고 말았던 史實을 다루었다. 서두에서 "한나라 임금이 刑律을 숭상하니, 관요가 聖道를 염려했네.(漢帝尙刑名, 寬饒憂聖道.)"라고 사실을 진술하고서, 말미에서 "어찌하여 중흥의 시대라 이르는가? 이렇게 임금의 덕에 허물이 있었는데.(豈謂中興代? 有是君德累.)"라고 개탄했다. 忠諫을 듣지 않은 임금을 비판한데서 중종을 풍자하려는 의도를 쉽게 엿볼 수 있다. 다음 작품인 <蕭太傅>(권3)이다.

나는 슬퍼하노라, 소태부가
억울하게 挺尉에게 욕을 입었음을.
정위는 참으로 부끄러워할 만하니
죽임이 어찌 그리 빨랐던가?
다만 간사한 마음 쓸까 두려워했는데
임금의 허물 드러냄을 겸하였도다.
간사한 마음을 끝내 어찌 그쳤으랴?
임금의 허물이 마침내 커지기를 기필했네.
끝내 죽지 않을 수 있었더라도
구차하게 사는 것을 은혜로 여기지 않았으리.
부질없도다, 관을 벗고 사직함이여!
임금의 덕이 어두음을 애석하게 여기노라.

我哀蕭太傅, 枉被廷尉辱.
廷尉眞可羞, 殺身何太速?
只恐資奸心, 兼之顯君過.
奸心竟何止? 君過終必大.
寧當不就命, 苟活非所恩.
謾哉免冠謝, 惜此君德昏.

蕭太傅는 전한의 蕭望之이다. 그는 蘭陵人으로 갑과로 급제하여 宣帝 때 벼슬이 太子太傅에 이르렀으며, 선제의 遺詔를 받고 幼主 元帝를 보좌하여 임금을 古制로 이끄는 등 匡正함이 많았다. 그 뒤에 石顯을 비롯한 간흉들의 모함을 받자, 죄를 기다리지 않고 鴆毒을 마시고 자살하고 말았다. 이런 사실을 통해 소태부처럼 충직했던 기묘명현들을 죽음을 몰았던 당대사를 풍자하려는 의도를 간파할 수 있거니와, 뒤늦게나마 소망지의 억울함을 인정했던 원제를 '謾哉免冠謝[63], 惜此君德昏.'이라고 질책한 데서, 아직도 자신들의 참모습을 깨닫지 못한 중종에 대한 분노를

63) 元帝가 소망지의 죽음을 알고 석현 등의 공평치 못함을 문책하여 사직시켰다.

엿볼 수 있다.

黨人들이 漢을 저버리지 않아도
獻帝와 靈帝의 다스림은 이미 괴로웠으리.
충의로운 신하가 다 사라졌으니
국가가 어찌 안정될 수 있었으랴?
천하에 입이 없는 게 아니지만
말이 있어도 감히 토하지 못했네.
조공이 홀로 글로 항의하여
뜻을 환관에게 붙이지 않았네.
활활 타는 요원의 불길을
한 잔의 물로 어찌 끄랴?
재로 돌아감을 구하는 것을 보지 못하고
도리어 우레 같은 분노를 격동시켰도다.
어찌 한 마디 말 올리기를 뜻했으랴?
이 재앙은 더욱 빽빽한 그물이었네.
매질당해 죽음을 애석하게 여기지 않음은
근심하는 바가 君父에 있기 때문이었네.
도도한 명리의 마당에서
어떻게 다시 중용을 이루랴?

黨人不負漢,　桓靈治已苦.
忠義盡夷滅,　家國將安怙?
天下非無口,　有言不敢吐.
曺公獨抗書,　志不附宦豎.
焰焰燎原火,　一勺何所補?
不見灰燼救,　反激雷霆怒.
豈意一言進?　斯殃愈密罟.
掠死非所惜,　所憂在君父.
滔滔名利場,　中庸復何取?

『後漢書』에 의하면 曹鸞은 後漢 桓帝 때 永昌太守로 있으면서 黨人들을 크게 공격했는데, 말이 매우 방정하고 절실했지만, 임금이 상주문을 보고 크게 노하여 곧 조칙을 내려 槐里의 옥으로 보내어 때려 죽였다고 한다. 그와 같은 충절을 예찬하고 그 죽음을 애도하는 뜻을 주제로 삼았다. 이 또한 사림파를 붕당으로 몰았던 훈구파의 주장을 부정하고, 오히려 자신들이 잘못된 당인들에 의하여 조난처럼 비참하게 죽거나 쫓겨났다는 뜻을 표현하려는 의도의 소산이라 하겠다.

남송의 충신 謝枋得의 사적을 읊은 <우연히 『충록』을 보았는데, 사방득이 安仁에서 패하여[64] 이름을 바꾸고 산에 숨었다가 용서받고 나왔으나, (중략) 곧 먹지 않고 죽었음을 알고 감동하여 짓다(偶閱忠錄, 見謝枋得敗安仁之師, 變名匿山, 遇赦而出. (중략), 卽不食而死, 感而題)>(권2)라는 작품은 사방득의 사적을 길게 서술하느라고 제목이 99자에 이른 특이한 경우이다. 謝枋得은 知信州事로 있을 때 元兵과의 싸움에서 패하여 숨었다가, 원의 集賢學士 程文海가 그를 首位로 조정에 천거했으나 응하지 않았으며, 福建省 參政 魏天祐의 천거에 응하지 않다가 燕京으로 압송되었으나, 굴하지 않고 餓死하였던 南宋의 충신이다. 시인은 사방득의 그런 충절에 감동하여 지었다는 뜻을 제목에 담은 다음에 같이 읊었다.

> 큰 절의를 자세히 논함이 옳지 않지만
> 기이한 재사는 반드시 男兒를 알아보리.
> 신하가 위태로우면 다만 임금이 의탁할 곳이 적음을 보지만
> 집이 망하면 도리어 나라가 지탱하지 못함을 듣네.
> 궁벽한 산에 자취를 숨긴다고 몸이 어찌 불쌍하랴?
> 오랑캐땅에서 나물을 먹으면서 죽음을 기약했네.
> 정영과 저구는 어떤 사람이었던가?

---

64) 宋 恭宗 2년에 謝枋得이 元兵과 安仁에서 싸우다가 불리하여 建寧으로 달아났는데, 이를 世人들이 安仁之敗라고 불렀다.

참정은 이 뜻을 알 길이 없었으리.

大節未宜論細故, 奇才須且識男兒.
臣危秖見君孤託, 家敗還聞國不支.
竄迹窮山身豈恤? 茹蔬戎地死爲期.
程嬰杵臼何如者? 參政無由此意知.

사방득의 시종일관한 충성과 절의를 예찬한 이 작품은 나라와 임금에 대한 시인 자신의 충성을 확인하고, 임금이 알아 주지 않더라도 그것을 저버리지 않겠다는 뜻을 담고 있다. 따라서 정의가 통하지 않는 당시의 현실을 우회적으로 비판하고자 한 예라고 할 것이다.

서울에서 출생하여 내직에만 있었던 기준에게 온성 유배생활은 백성들의 삶을 자세히 이해할 수 있는 첫 번째 계기였을 것이다. 온성 이배 이후에 지은 작품 가운데에는 백성들의 풍속을 소재로 한 것이 여러 편이어서, 그가 그런 기회를 무심하게 보내지 않았음을 잘 알 수 있다. 그 중에는 5언고시 <聞笛>(권3)처럼 젊은 나이에 수자리를 서던 지아비를 잃은 과부의 슬픔을 노래하거나, <穩城雜詠>(권3) 30수 가운데 몇 작품같이 농민의 소박한 삶을 표현한 경우도 있지만, <穩城雜詠>의 제14수에서 "蕭蕭白屋僅容身"이라고 한 대로, 농민의 빈한한 처지를 동정한 것들이 있어 특히 주목된다. 다음은 <백옥에 대한 탄식(白屋嘆)>(권3)이다.

가난한 아낙네는 짧은 실을 근심하고
가난한 지아비는 한 그릇 밥을 생각하네.
밥 한 그릇으로는 배부를 수 없는데
짧은 실로 어찌 따뜻할 수 있으랴?
본래 게으름을 싫어하지만

이처럼 고생해도 늘 궁곤하네.
어찌하여 부귀한 사람은
밭두둑 갈 줄을 모르는가?
부엌에는 남은 고기가 있고
상자 속에는 물려받은 비단이 있네.
처자들이 다투어 즐기며 화목하고
손님과 벗은 방자하게 멋대로 노네.
봄철의 꽃에는 주렴을 걷고
밤에 뜬 달에는 비단장막을 꺼내네.
다만 눈 앞의 즐거움을 자랑하니
어찌 백옥의 탄식을 알랴?

寒女愁短線, 貧夫思一飯.
一飯未足飽, 短線安得煖?
本自惡游手, 苦此常窶困.
如何綺紈人, 不是解畊畈?
廚間有餘肉, 箱中有遺絹.
妻子競歡洽, 賓明恣游衍.[65]
春花卷珠箔, 夜月生羅幔.
但矜眼前樂, 焉知白屋嘆?

백옥[66]에 사는 빈민의 고통스러울 정도로 가난한 삶과 마음껏 풍요를 누리는 부자들의 사치스런 삶을 대조함으로써, 부당한 부귀를 누리는 이에 대한 미움과 빈부격차를 방치하는 세상에 대한 비판의식을 담고 있다. 이러한 지배층에 대한 풍자는 <歲時行>(권2)에도 나타나거니와, <농부의 풍속(農俗)>(권3)에는 그것이 농민에 대한 애정과 함께 나타나 있다.

65) 明은 朋의 착오이다. 『服齋先生文集』에는 바로잡혀 있다.
66) 白屋은 재목이 그대로 노출된 집이나 흰 띠로 덮은 집으로, 빈한한 집이나 거기에 사는 사람을 말한다.

정월 보름날 저녁에
늙은 농부들이 성 위에 모였네.
농사 이야기를 하면서 월출을 기다리는데
달이 뜸에는 높고 낮음이 있다네.
해마다 수해와 한재를 징험하여
풍작과 흉작을 먼저 스스로 안다네.
이번 달 또한 낮으니
올해는 깊이 근심할 만하네.
家僮을 돌아보고 질타하며 가는 것이
어찌 노는 것을 좋아하기 때문이랴?
젊은 사람은 농기구를 손질하고
어린 아이는 소죽을 먹이리.
지난해에는 가을비가 많아서
밭마다 소출이 적었네.
솥을 팔아 기장죽을 마련하고
돈을 빌려 조세를 내었네.
봄이 오면 아무것도 없어
처자가 흐느껴 울리라.
어느 때나 날씨가 순조롭고
또 관역을 쉴 수 있을까?
보리이삭이 두 갈래로 나와[67]
취하고 배부르면 태평세월을 노래하리.

正月十五夕, 老農會城陴.
農談待月出, 月出有高卑.
年年驗水旱, 豊凶先自知.
此月出亦卑, 今年深可憂.
顧叱家僮去, 胡爲喜惰游?

---

67) 麥秀兩岐(歧)는 줄기 하나에 보리이삭이 두 개 나온다는 말로, 흔히 관리의 치적이 탁월하거나 그것을 칭송함을 비유한다.

壯者理農器, 少者須飯牛.
前年秋潦多, 田田小所收.
賣釜具黍粥, 貸錢當稅輸.
春來無一物, 妻子啼嗚嗚.
何時雨暘若, 且得官役蘇?
麥秀垂兩岐, 醉飽歌康衢.

정월 보름날에 달을 보는 풍속을 제재로 하였으나, 명절의 즐거움이나 달밤의 경치에 대한 말은 한 마디도 없이 농민들의 가난한 삶을 사실적으로 그리고 있다. 이와 같은 농민에 대한 동정은 사대부들의 시에 심심치 않게 나타나지만, 과중한 조세와 부역에 대한 비판은 흔히 보기 어려운 강도를 지니고 있다. 백성을 사랑하는 마음의 절실함과 백성을 감싸안지 못하는 관료들에 대한 비판의식을 보여 주는 작품이다.

다음에는 백성들의 궁핍상과 관료에 대한 원망이 강하게 나타난 경우인 <농가의 보리가을(農家麥秋)>(권3)을 살펴보기로 하자.

흉년이라 백성들은 가을을 고대하는데
산성의 보리는 이미 밭두둑에 올랐네.
굶주린 늙은이는 어깨에 자루를 매고 밭 가에서 구걸하고
가난한 아낙네는 허리에 낫을 차고 빗속에 추수하네.
묵은 빚도 못 갚았는데 세금 빨리 내라고 재촉하고
거듭되는 요역을 겨우 벗어났는데 새 구실이 또 나오네.
가난한 집이라 저축한 것이 마땅히 여유가 없어서
서쪽에서는 한창 은성하게 온 식구가 근심하네.

荒歲黎民苦待秋, 山城牟麥已登疇.
飢翁肩橐田頭乞, 貧婦腰鎌雨裏收.
舊貸未還催早稅, 累徭纔免又新調.
窮家所蓄應無裕, 西作方殷盡室愁.

보리가을을 맞았는데도 걱정이 그치지 않는 농민과 그런 빈민에게까지 구걸하는 걸인이 있는 세태를 그렸다. 특히 기아선상에서 헤매는 백성들의 삶을 사실적으로 드러내면서 조세와 요역의 착취를 백성의 입장에서 원망함으로써, 국정의 잘못을 비판하는 시각을 강하게 드러낸 경우이다.

기준이 백성, 특히 농민의 빈궁을 동정하고 국가의 수탈이나 무능을 비판하는 데 적극적이었던 것은 그가 관직에 있을 때 이미 애민적 정치지향을 지녔을 뿐 아니라, 폄출 이후에 국가의 실정과 백성들의 현실을 자세히 파악하게 된 데서 말미암았을 것이다. 그리고 5언고시인 영사시 세 편과 농민시 두 편이 다 한꺼번에 지어졌다는 것은 농민시와 영사시가 유사한 창작동기의 소산임을 방증한다.

5. 結論

복재 기준은 24세에 출사하여 신진 사림파로 크게 활약하던 가운데 28세에 기묘사화를 당하여 극변에 안치되었다가 2년 후에 서른 살이라는 젊은 나이로 사사되었다. 그는 요절을 빼더라도 貧困·偃蹇·流竄·刑辱·無終 등을 겪음으로써, 王世貞의 이른바 九命[68] 가운데 여섯 가지에 해당할 정도로 비극적이었던 인물이다. 젊은 나이에 중죄로 죽음을 당했음에도 불구하고, 문집 『德陽遺稿』에는 328제 450여 수의 시와 賦 2편·辭 2편·銘 61편이 남아 있다. 그는 절구와 율시를 많이 남겼거니와, 후대의 선시집들도 그를 율시에 특히 능한 시인으로 평가하였다.

현전작품은 25세부터 30세 사이에 지어졌는데, 그 대부분은 기묘사화 이후의 작품이다. 그 가운데 59제는 기묘년 여름에 전라도 지역을 유람하

68) 『藝苑巵言』 권8에서 '文章九命'으로 貧困·嫌忌·玷缺·偃蹇·流竄·刑辱·夭折·無終·無後를 들었다.

면서 지었고, 나머지는 거의 전부 유배생활을 하면서 지었다. 따라서 그의 생애 가운데 극히 제한된 기간의 시만 남은 점과 유람과 유배라는 두 가지 체험을 소재로 한 작품이 대부분이라는 특수성을 지니고 있다. 그의 시는 선시집들에 20제가 선발되고 시화에서도 비교적 여러 차례 다루어짐으로써, 그가 조선시대에 높은 평가를 받았던 시인임을 알 수 있다. 悲壯美가 지배적이고 당시풍을 기반으로 하였던 점이 服齋詩의 기조라 할 수 있는데, 대표작인 <記夢>·<江上>·<秋日城頭>은 이런 경향을 아울러 지닌 작품들이다.

기준은 만년에 <叢籬>·<立柱> 등 60편의 銘을 지었다. 그것들은 규계를 지향하는 한편으로, 과거의 현실대응에 대한 뉘우침과 현상황에 대한 속박감을 내비침으로써, 죄를 진심으로 승복하지 않는 이중성을 드러냈다. 그런 이중성이 夢詩·戱作詩·詠史詩·農民詩에서 정치현실을 두드러지게 풍자하게 한 바탕이 되었을 것이다.

복재의 夢詩 가운데에는 꿈을 빙자하여 당대의 정정과 집권층을 풍자하려는 의도를 담은 <晦日夢詩> 등 두 편이 주목되며, 몇 편의 희작시들은 是非善惡이 혼효되거나 전도된 세태에 대한 야유와 풍자를 담고 있다.

기준은 만년에 여러 편의 영사시를 지었는데, 그 중에는 亂世를 개탄한 <閱史>와 충신을 억울하게 죽게 한 어리석은 임금을 비판한 <蓋寬饒>·<蕭太傅>·<曹鸞> 등이 있다. 이런 영사시들은 임금과 훈구파를 비판하고 사림파의 정당성을 내세우려는 의도를 지닌 것으로 보인다.

기준의 농민시 가운데 <白屋嘆>은 빈부격차가 심한 세태를 비판하였고, <農俗>은 농민의 궁핍상을 사실적으로 묘사하고 관의 수탈을 고발하였으며, <農家麥秋>는 가난의 고통과 관에 대한 관가의 수탈을 표현하였다. 이것들은 애민의식과 집권층의 무능에 대한 비판의식의 소산일 것이다.

〈『韓國漢詩作家硏究』 4(1998) 수록〉

晦齋 李彦迪의 삶과 시

1. 序言

晦齋 李彦迪(1491~1553)은 사후에 곧 東方四賢 또는 五賢으로 일컬어지면서 文廟에 배향되었는가 하면, 오늘날에는 조선시대에 가장 큰 세력을 떨쳤던 영남학파의 開祖로 공인받고 있는 대유학자이다. 그리고 士林派 형성기에 나름대로 중요한 역할을 했던 정치가일 뿐 아니라, 뛰어난 經世的 저작을 남긴 정치사상가이기도 하다. 그러므로 이제까지 그에 대한 연구가 유학사상·유학사·정치사상·정치사 등을 중심으로 이루어져 온 것은 당연하다 할 것이다.

온전하게 수습된 것으로 보이는 『晦齋先生集』[1]에 시문이 340여제밖에 실리지 않은 점으로 보아, 그는 전문적 문사로 보기 어려운 사람이다. 그러나 현전시 가운데 몇 작품은 조선시대의 詩選集과 詩話類에서 주목받은 바 있으며, 특히 1980년대 이후 그의 시에 대한 연구적 관심이 높아져

1) 아들 全仁이 편차하고 李滉·柳希春이 校訂한 定稿本을 손자 浚이 1574년에 慶州에서 목판본으로 초간하고, 1600년에 拾遺를 別集으로 편차하여 중간했으며, 별집을 원집의 권차에 포함시켜 玉山書院에서 1624·1631년에 3·4간하였는데, 현전본은 13권 5책 326판으로 이루어진 4간본이다.

서 10여회나 본격적으로 검토된 바 있다.

회재의 시에 대한 연구성과는 대체로 전반적 검토를 꾀한 것[2)]과 그의 시의 본령을 山水詩·哲學詩로 파악하여 논의한 것[3)]으로 나눌 수 있는데, 그런 연구에 의하여 그의 시가 지닌 특성은 대략적으로 밝혀진 듯하다.

그의 시 가운데 長處로 보이는 山水詩·哲理詩에 대해서는 이미 유력한 설명이 이루어졌으므로, 여기서는 그의 삶을 시와 연결시켜 대략 살피고 나서, 기존성과를 원용하면서 시적 성과에 대하여 논의해 보고자 한다.

2. 生涯와 그 詩的 陳述

본관이 慶州, 字가 復古, 號가 晦齋·紫溪翁인 李彦迪은 成宗 22년(1491) 11월에 慶州府 良佐村에서 成均生員 蕃과 慶州孫氏[4)] 사이의 맏아들로 출생하였다. 초명은 迪이었으나 31세 때에 중종이 '彦'字를 추가하라고 명함에 따라 彦迪으로 고쳤다. 10세에 부친을 여의고 12세부터 外叔 孫仲暾[5)]의 임지를 따라 다니면서 배우거나 산사에서 공부하였다. 이런 성장기의 환경으로 보아, 청년기에 그에게 큰 영향을 준 사람은 손중돈[6)]이었을 것으로 보인다. 그러나 그가 학자라기보다 정치가였던 인물

---

2) 張道圭,『晦齋李彦迪文學研究』(국학자료원, 1999)가 두드러진 예이다.

3) 金時杓,「晦齋 李彦迪의 漢詩 研究」(계명대 교육대학원 석사논문, 1983) ; 宋載邵,「晦齋의 自然詩」,『晦齋의 思想과 그 世界』(성균관대 대동문화연구원, 1993) ; 李東歡,「晦齋의 道學的 詩世界」,『晦齋의 思想과 그 世界』; 李鍾默,「韓國 漢詩와 哲學」,『韓國漢詩研究』 1(한국한시학회, 1993) ; 李昤昊,「晦齋 李彦迪의 哲學漢詩 研究 序說」,『漢文學報』 1(우리한문학회, 1999) 등을 들 수 있다.

4) 외조부 孫昭(1433~1484)는 문과에 급제하여 星州牧使·工曹參議·安東府使를 거쳐 雞川君에 봉해지고, 晋州牧使로 나갔다가 사임하고 향리로 돌아갔다. 시호는 襄敏이며 글씨를 잘 썼다.

5) 孫仲暾(1463~1529)은 성종 20년에 문과에 급제하여, 左承旨·禮曹參判을 거쳐 都承知·大司憲·吏曹判書에 오르고 右參贊으로 있다가 죽었다. 대사헌 4回와 四道 觀察使를 역임하고 淸白吏에 錄選되었으며 시호는 景節이다.

이므로, 학문적으로는 佔畢齋 金宗直을 사숙했을 가능성이 큰 듯하다. 이는 외조부 孫昭가 佔畢齋와 同年[7]일 뿐 아니라 오래 벼슬살이를 함께 했던 知己[8]였고, 孫仲暾이 점필재의 門人[9]이었던 데서 짐작할 수 있다.

23세에 생원시에 급제한 그는 이듬해인 甲戌年의 문과별시[10]에 第九人으로 급제하였다. 그가 문과에 응시할 때 지녔던 심회는 "正德甲戌歲, 序屬秋七月."로 시작되는 <西征詩>(권1)를 통해 알 수 있다. 이 작품은 현전시 가운데 가장 일찍 지어진 작품으로 135운(1350자)에 이르는 장편인데, 慶州에서 漢陽까지의 旅情을 읊은 마지막 부분에는 應擧時에 지녔던 각오와 자세가 잘 나타나 있다.

> 궁궐은 아홉 겹으로 막혀서
> 명함을 보낼 길이 없네.
> 평소에 구차스럽지 않은 데 뜻을 두어
> 오직 성현을 희구하였네.
> 대개 지닌 것을 스스로 아끼지만
> 박옥을 안고 운 것은 세 번 刖刑받음이 부끄럽기 때문이었네.
> 말 천 필을 돌아보지 않는데
> 티끌 하나인들 어찌 구차하게 얻으랴?
> 行藏은 부딪히는 편안함을 좇더라도
> 出處는 나의 결심에 따르리.
> 노새 탄 나그네가 서울에서

---

6) <祭孫四宰文>, 『晦齋先生集』 권11(이하 이 책은 卷數만 밝힘)에서 "外舅是托, 特加矜念, 誘掖諄切, 誨我養我, 不異己子. 粗識義方, 是舅之賜, 觀光筮仕, 旅食京師, 薄宦羈窮, 是資是依."이라 한 데서 뚜렷이 드러난다.

7) 世祖 5년 式年試에 손소는 丙科 제5인, 김종직은 丁科 제20인으로 급제했다.

8) 金宗直, <雞川君孫公墓碣銘>, 『佔畢齋集』「文集」 권2 참조.

9) 『佔畢齋集』 중 『한국문집총간』 12의 「門人錄」에는 金孟省 등 49인만 기록되어 있지만, 『李朝名賢集』 2의 「門人錄」에는 孫仲暾 등 9인이 추가되어 있다.

10) 『國朝榜目』에 의하면 21인 가운데 朴世熹·黃士佑가 甲科, 鄭譍·朴守良·黃孝獻이 乙科, 柳成春·李若氷·朴元謙·李彦迪·奇遵 등이 丙科로 뽑혔다.

살진 말을 따르는 행적이 부끄럽네.
문을 닫고 書史를 읽는데
창호로 초가을의 서늘한 기운이 들어오네.
비록 옛사람은 멀리 갔지만
남긴 가르침은 아직 눈 앞에 있네.

君門鬱九重, 無路可通籍.
生平志不苟, 所希惟聖哲.
韞櫝聊自珍, 泣璞愧三刖.
千駟有不顧, 一芥那苟得?
行藏隨遇安, 出處由我決.
騎驢客京華, 耻隨肥馬迹.
閉門閱書史, 窓戶新凉入.
古人雖已遠, 遺訓猶在目.

그는 초직으로 종9품인 權知校書館副正字를 제수받았는데, 신진관료로서의 포부를 지니고 있지만 명리보다는 學道와 心性修養에 힘쓰겠다는 자세를 그 무렵에 지은 시 <山堂病起>(권1)에 뚜렷이 밝혀 놓았다.

평생 동안 뜻하는 사업은 경전을 궁구함이니
구구히 이익과 명예를 찾지 않으리.
선을 밝히고 몸을 정성스럽게 함은 孔孟을 바람이요
마음을 다스리고 도를 보존함은 程朱를 사모함이네.
영달하여 세상을 다스리면 충의에 의지하고
궁박하여 산으로 돌아가면 성령을 기르리.
험한 길에 괴로움이 많음을 어찌 생각하리요?
깊은 밤에 잠 깨어 난간에 기대네.

平生志業在窮經, 不是區區爲利名.
明善誠身希孔孟, 治心存道慕朱程.

達而濟世憑忠義，　窮且還山養性靈.
豈料屈蟠多不快?　夜深推枕倚前楹.

그는 이듬해에 慶州 州學敎官으로 差送되었는데, 이때의 시에는 학자적 자세가 더욱 분명히 나타난다. 다음은 부임 초에 지은 것으로 보이는 <勸學者>(권1)이다.

학문을 함은 응당 성인을 배워야 하는데
성인의 공적은 원래 인륜에 근본을 둔 것이네.
몇 편의 훌륭한 말은 참으로 법도이니
자세히 읽고 정밀하게 통하여 자신을 단속해야 하리.

爲學應須學聖人，　聖功元是本彛倫.
數篇格語眞繩墨，　熟講精通可律身.

그는 경주에서 2년 가량 있으면서 외숙인 忘齋 孫季暾[11]과 忘機堂 曺漢輔[12]의 太極說을 접하고 <書忘齋忘機堂無極太極說後>를 통하여 반론을 폈으며, 망기당과의 의견차가 좁혀지지 않자 상경한 뒤에도 네 편의 편지를 보내어 논박하였는데,[13] 이 글들에는 그가 청년기에 이미 程朱流의 主理的 理氣二元論을 뚜렷이 지녔음이 나타나 있다. <次忘機堂韻>(권4) 5수는 이때 지어진 작품인데 그 첫수는 다음과 같다.

---

11) 『中宗實錄』 권32(13년 3월 乙丑)의 "慶尙道觀察使金安國, 薦擧進士孫季暾・進士曺仲謙・進士徐勇元, 皆居慶州. 三人學問才行, 一鄕稱道, 季暾才氣學識最優, 可用之人."이라는 기록으로 보아, 수준급의 학자로서 회재와 동년배였던 듯하다.

12) 회재와의 학술논변을 제외하면 成均館 官員을 배척하다가 停擧된 사실만 실록에서 확인되는 인물이다. 성종 4년(1473)에 성균관 유생으로 있었던 것으로 보아 회재보다 30년 이상 연상이었던 듯하다.

13) 권6의 <答忘機堂書第一書>와 네 편의 <答忘機堂書>는 한국유학사상 최초로 성리학적 이론을 논쟁적으로 개진한 본격적 논문들이다.

일원이 잠기고 변화함이 하늘에서 나오는데
만물이 번성함에서 봄기운을 얻은 줄을 알겠네.
땅을 떠나 어디에서 공적을 드러내랴?
하늘을 보니 별의 찬연함을 알겠네.
두 눈은 힘이 있어 멀고 가까운 것을 다 보는데
만물은 인연이 없으면 거짓되고 참됨을 숨기네.
납과 금을 전혀 분별하지 못하니
세상사람들에게 그릇됨이 많음을 차탄할 만하네.

一元潛轉自窮旻, 百物敷榮驗得春.
去地何從著功迹? 見天須識粲星辰.
雙眸有力窮遐邇, 萬象無緣遁僞眞.
鉛錫點金殊不辨, 堪差多誤世間人.

이 시기의 학문적 수준은 위에 언급한 논설들에 잘 나타나 있거니와, 거기에 이르기 위하여 그가 기울인 노력의 일단이 拜命을 받고 상경할 때 지은 것으로 보이는 <上洛路上卽事>(권1)에 밝혀져 있다.

하늘과 땅 사이에 萬象이 품겨 있는데
넓고 유구하며 또 끝이 없네.
강과 산은 늘 흐르고 솟으며
일월과 성신은 서로 숨고 드러나네.
옛날부터 지금까지 세상의 변천을 보는데
봄에 태어나고 가을에 죽는 데서 천도가 나타나네.
그 중에 무엇이 이를 실천할 수 있게 하는가?
一本이 밝디밝게 홀로 主宰한다네.

大塊之中萬象藏, 廓然悠久更無彊.
江河山岳長流峙, 日月星辰互隱彰.

古往今來觀世變, 春生秋殺見天常.
箇中何物能爲此? 一本昭昭獨主張.

이 시는 자연을 가까이 함이 속세를 멀리 하려는 목적 때문이 아니라, 오묘한 자연의 질서를 알고자 하는 동기 때문임을 드러내었다. 이는 자연의 이법을 통하여 만물의 이치를 깨닫기 위함이라 하겠는데, 그 이법의 주재자를 '일본' 즉 태극으로 파악하였다.[14)]

한편, 그는 경주 재임시에 유일한 아들[15)]을 얻기도 했는데, 이에 대해서는 당대는 물론이고 후대에까지 상당한 시비거리[16)]가 된 바 있다.

27세 되던 해인 1518년 7월에 원직으로 복귀한 그는 10월에 正字가 되고 이듬해 5월에는 著作으로 승진했으나, 12월에 祖父喪을 당하여 2년 9개월 동안 관직을 떠났다. 공교롭게도 이 시기에 己卯士禍가 일어났으니, 조부상은 그가 사화의 현장을 벗어나게 한 계기였던 셈이다.

기묘사화의 희생자가 되지 않은 것은 사림파가 약화된 뒤에 회재로 하여금 학문과 정치 양면에서 중요한 역할을 하게 하는 계기가 되었을 뿐 아니라, 회재의 삶을 이해하는 데 요긴한 점이 있으므로, 그가 기묘사화에 연루되지 않은 문제는 좀더 따질 필요가 있다.

입지나 성향으로 보아 사림파임이 분명한 그가 기묘사화에 아무런 피해를 입지 않은 데에는 복상중이었던 점과 "관력이 짧아 개혁에 참여할 기회를 미처 얻지 못했던"[17)] 점이 작용했을 테지만, 그가 趙光祖 일파와 거리를 지녔던 점도 크게 작용했을 듯하다. 그런 거리는 신중한 성격과

14) 송재소, 앞의 논문, 199면 참조.
15) 『明宗實錄』 등에 의하면, 曺南冥이 武人 曺潤孫이 官妓에게서 얻은 아들인 玉剛의 이름을 윤손의 신주에 쓰지 못하게 한 일로 회재가 생부임을 안 옥강이 江界謫所로 찾아가니, 아들로 인정하고 全仁으로 개명해 주었다고 한다.
16) 曺植·權應仁·李珥·鄭仁弘 등이 사실을 언급하거나 잘못을 비난하였다.
17) 李秉烋, 『朝鮮前期 士林派의 現實認識과 對應』(일조각, 1999), 70면.

온건한 현실인식을 지녔던[18] 회재가 공부에 앞서서 정치현실에 적극 개입하거나 현실을 풍유하는 시를 짓는 기묘명현들의 학문적·정치적 성향에 대하여 비판적 시각을 가졌던 데 말미암았을 가능성이 크다. 趙光祖와 별로 교유하지 않았던 것으로 보이는[19] 점과 급제시의 試官이자 가르침을 베풀기도 했던[20] 金安國과 틈이 있었던 것으로 보이는[21] 점은 이를 방증할 것이다. 특히 평소의 행실을 비난하면서 靜庵과 회재의 우열을 논한 白仁傑의 말[22]에서는 두 사람 사이에 갈등이 있었던 게 아닌가 의심하게 할 만하다.

이런 사정을 반영하듯 朴世熹·奇遵·鄭膺(鷹) 등 同年[23]인 己卯名賢들과 회재의 입지는 현저히 달랐다. 박세희 등 3인은 모두 급제 후 곧 명성을 날리면서[24] 지속적으로 실록에서 언급될 뿐 아니라, 사화 당시에는 모두 賜暇讀書를 거친 4·5품관이었으며, 특히 모두 '『性理大全』을 강할 수 있는 인물(可講性理大全人)'로 선정되어 經筵官을 맡았다. 그러나 이언적은 기묘사화 이후에야 조정에서 이름이 알려지기 시작했을 정도로

18) 회재는 顯官과의 정치적 교유에 소극적이었을 뿐 아니라 정치적 발언에도 신중했던 듯하며, 이는 <與子容書>(李彦适, 『聾齋遺稿』 권1)에서 아우에게 "但絶口不言時事, 人有言者, 不答如癡如聾, 甚幸甚幸. 對鄕族但爲農談, 勿爲雜談, 雖在親中, 愼勿言及時事, 萬幸."이라고 당부한 데서도 짐작할 수 있다.

19) 『關西問答錄』에서 靜庵이 女色에 결백함을 언급한 것과 趙光祖의 餘習을 금지시키라는 李沆의 上言을 탄핵한 것 외에는 관련기록을 찾기 어렵다.

20) 許筠, 『惺所覆瓿藁』 권23, 說部 2. "方靜庵被禍之後, 人無言窮理盡性之學, 獨慕齋退居驪江, (중략) 李晦齋自嶺南往來, 必質問辨難, 李退溪赴丹陽日, 亦過公廬, 始問性理淵源, 慕齋之於二公, 有啓益之功, 而人不之知也."

21) 『關西問答錄』에서 "此人博學而少存養之功也.", "此人志道而不爲不正之事, 其於死喪之際, 有如是之事哉?"라고 언급한 것과, 慕齋의 문인 白仁傑이 회재의 忠順堂 面對參與를 모재를 들먹이며 비난한(『月汀漫筆』) 데서 드러난다.

22) 『己卯錄續補遺』. "晦齋之昵狎倡妓, 與靜庵之若將浼己而不近女色, 孰優孰劣?"

23) 같은 해에 급제한 이들은 鄭膺이 1490년생, 李彦迪·朴世熹가 1491년생, 奇遵이 1492년생으로 연령 또한 비슷했다.

24) 장원급제자인 박세희의 진출이 빠른 것은 당연하다 하겠지만, 기준·정응도 『중종실록』 권36에서 "史臣曰 '膺, 天資英邁, 有西京之文, 遵, 金鏗玉潤, 深得濂溪之學, 時人目爲雙璧.'"이라고 했을 정도로 일찍 명성을 얻었다.

무명에 가까웠다. 회재는 기묘사화 1년 전에 8품관에 불과했으며, 실록에도 기묘사화 5년 뒤인 중종 19년 4월에야 처음으로 이름이 나타날 만큼 활약이 미미하였던[25] 것이다.

이언적은 조부의 상이 끝난 뒤에도 반년 가량 더 향리에 머물면서 10여제의 시를 남겼는데, 그것들에서는 여전히 修養과 학문탐구에 열중하는 모습이 확인된다. <山窓卽景>(권1)은 그 중 하나이다.

> 맑은 새벽에 의관을 정제하고 고요히 앉아 있노라니
> 산봉우리 꼭대기에 해가 돋으니 창이 환해지네.
> 一默一言이 모두 존양하는 것이라,
> 읊는 것에 성정이 아닌 것이 없네.

> 淸曉衣冠靜坐,　　峯頭日出窓明.
> 默言皆是存養,　　吟咏無非性情.

一默一言의 動靜이 다 본심을 보존하고 본성을 기르는 일이라 하였으니 그의 성리학적 수양자세가 더 진지해졌음을 알 수 있다.

이언적은 1521년(31세) 8월에 校書館 博士[26]로 소환되고 곧 弘文館博士·經筵司經·春秋館記事官을 역임함으로써 비로소 文翰淸要職에 올랐다. 이어서 典籍을 거쳐 吏曹佐郎이 되었다가 노모를 봉양하기를 청하여 34세 되던 해에 仁同縣監으로 나갔다. 36세 되던 해 7월에 司憲府 持平으로 소환되었고, 掌令으로 있던 1527년에는 金安老 일파인 吏曹判書

---

25) 이에 대하여 『중종실록』의 졸기에서는 "어릴 때에 등제하여 조정에 있었으나 기묘년간에는 또한 어떤 인물인지 몰랐다. 중년에 꽤 발탁되었으나 김안로에게 미움을 받아 파직되어 田里에서 7, 8년 동안 살았다."라고 하였다.

26) 초직이 교서관 부정자였고 경주교관으로 나갔다가 다시 부정자로 복직했다가 정자로 승진했고, 복상 후에도 교서관으로 발령받은 것은 그가 처음부터 경적에 관한 능력이 특별하다고 평가받은 탓일 것이다.

李沆의 상소를 논박하였다.[27] 이듬해 6월에 성균관 司成이 되었다가 다시 노모봉양을 이유로 2년 동안 密陽府使로 나갔으며, 40세 되던 1530년에 종3품인 사간원 司諫으로 돌아왔다.

이때 김안로의 妻黨인 蔡無擇이 孤單한 세자를 輔翼해야 한다는 명분으로 오래 쫓겨나 있던 金安老의 복직을 주창하자, 大司憲 沈彦光을 비롯한 대소관료가 附同하므로, 그가 홀로 그 부당함을 역설하였다. 그는 김안로의 處心行事로 보아 나라를 그르칠 것이라는 점과 "동궁은 온 나라의 신민이 함께 마음을 둘 분인데 어찌 안로를 기다린 뒤에 편안해지시겠는가?"라는 논리로 제지하였는데, 이로 인해 탄핵받아 成均司藝로 좌천되었다가 沈彦光의 모해[28]로 파직되었다.

그는 파직 후 곧 향리로 돌아가서 근처의 紫玉山에 獨樂堂을 짓고 학문에 힘썼다. 독락당 곁의 觀魚臺 위에 정자를 지어 第一間을 靜觀齋, 第二間을 溪亭이라 명명하고 날마다 공부에 힘썼는데, 이때에 획기적 학문적 진전이 있었음은 實錄의 卒記에서 "향리에서 은거할 때 공부가 전일에 비해 더욱 깊어져서 참으로 정밀하게 터득한 묘가 있었다."[29]고 평가한 데서 확인된다. 그가 이 시기에 世紛을 끊고 고요 속에서 공부에 힘쓰고 여가에 시를 읊던 삶은 朴仁老의 가사 <獨樂堂>의 다음 부분에 잘 나타나 있다.

> 尙友千古ᄒᆞ며 吟咏을 일을 삼아 閒中靜裏예 潛思自得ᄒᆞ야 혼자 즐겨ᄒᆞ시덧다 獨樂 이 일홈 稱情ᄒᆞᆫ 줄 긔 뉘 알리 司馬溫公 獨樂園이 아무

27) 李沆이 臺諫에 남은 趙光祖의 餘習을 금지시키라고 청하자, 左議政 鄭光弼이 이항의 말을 자기의 뜻으로 삼아 대간을 詭激하다고 止斥하였으므로, 공론을 배척한 정광필을 파면하고 이항을 폐출하라고 상소하였다.

28) 김안로가 소인임을 어찌 아느냐는 물음에 김안로가 경주부윤으로 있을 때 교관으로서 그 處心行事를 보니 참으로 소인의 情狀이었다고 답하매, 언광이 '李某在朝, 安老不得入矣.'라면서 탄핵하여 파직되었다.

29) 『明宗實錄』 권15 8년 11월 壬申條. "工夫比前日尤深且專, 實有精詣獨得之妙."

려 조타ᄒᆞᆫ뎌 其間眞樂이야 이 獨樂애 더로손가 尋眞을 못니ᄒᆞ야 養眞菴의 도라드러 臨風靜看ᄒᆞ니 ᄂᆡ 뜻도 瑩然ᄒᆞ다 退溪先生 手筆이 眞得인 줄 알리로다 觀魚臺 ᄂᆞ려오니 ᄭᆞ온덧ᄒᆞᆫ 盤石의 杖屨痕이 보이ᄂᆞᆫ닷 手栽長松은 턋빗촐 ᄯᅴ여시니 依然物色이 긔 더옥 반가올샤 神淸氣爽ᄒᆞ야 芝蘭室에 든덧ᄒᆞ다 (중략) 百尺澄潭애 天光雲影이 얼희여 줌겨시니 光風霽月이 부ᄂᆞᆫ 돗 ᄇᆡ시ᄂᆞᆫ돗 鳶飛魚躍을 말업ᄉᆞᆫ 벗을 삼아 沈潛翫索ᄒᆞ야 聖賢事業ᄒᆞ시덧다

그는 낙향한 지 6년 후인 중종 32년(1537) 11월에 김안로가 尹元老에 의해 제거되자 곧 다시 弘文館 校理로 등용되었고, 이듬해에는 淸白吏에 錄選되었으며, 直提學을 거쳐 兵曹參知로 승진했다. 비로소 당상관이 되었지만 그는 다시 乞養하여 10월에 全州府尹이 되었는데, 이때 求言敎旨에 따라 <一綱十目疏>를 올려 중종으로부터 宋의 眞德秀를 능가한다는 칭찬을 받았다. 49세이던 해 연말에는 兵曹參判 겸 世子右副賓客으로 소환되었고, 이듬해에 大司成·大司憲을 거쳐, 51세에는 副提學, 52세에는 吏曹判書에 올랐다. 弘文館提學으로 있던 53세 되던 해 정월에 다시 모친의 병을 이유로 사임하고 7월에 慶尙道觀察使에 임명되어 1년 동안 근무하였는데, 이 시기에 그는 南冥 曺植과 특이한 인연을 맺는다.

원래 이언적과 조식은 서로 일면식도 없었는데, 10년 연하인 남명의 聲名을 밀양부사를 지낼 때 들은 탓인지, 그는 감사가 된 뒤에 면회를 요청했다. 이에 대하여 남명은 擧子의 처지로 道主를 배알할 수 없다고 사양하였다. 이는 감사가 체통을 지키지 않은 데 대한 불만과 出處觀의 차이에 말미암은 것으로 보이는데, 회재는 그것에 구애받지 않고 남명을 遺逸로 천거하였으나, 남명은 출사하지 않았다.[30] 이로 인한 갈등은 회재가

30) <解關西問答>(『南冥集』 권2)의 “復古嘗薦我以遺逸, 吾亦嘗意與復古無一夕雅, 實不知我半面, 亦何所知我善惡乎? 不知善惡, 而徒聞人言, 遽以上聞, 以人言而稱我, 則必以人言而謫.”로 보아 남명은 회재의 천거로 참봉에 제수되었던 듯하다.

『關西問答錄』을 통해 남명에 대하여 시비하고,[31] 남명은 <解關西問答>에서 全仁 母子의 出自・晦齋父子의 문답내용・회재의 出處와 居官 등에 대하여 두루 비판하는 데 이르렀으며, 나아가서는 후대에 문인들이 남인・북인으로 나뉘어 반목하는 데까지 이어졌다. 이들 두 巨人의 반목은 근본적으로 회재가 經世家를 자처하면서 관직생활을 한 데 대하여, 남명은 그렇지 않은 차이 때문에 생긴 것으로 보인다.

그는 이 시기에 관찰사로서 郡縣을 순찰하는 가운데 이례적으로 정치현실에 대하여 염려하는 시를 짓기도 했는데, <次河東東軒韻>(권3)의 둘째 수는 그런 예이다.

바람과 비는 쓸쓸하고 등불도 희미한데
깊은 밤 객창에서 홀로 시절을 상심하네.
하늘 가에 떨어진 회포를 누구에게 펼칠까?
근심스런 단심은 다만 스스로 알 뿐이네.

風雨蕭蕭燭影微, 客窓中夜獨傷時.
天涯襟抱憑誰展? 耿耿丹衷只自知.

1544년 여름의 작품임을 고려하면, 중종의 병이 깊은 가운데 世子의 건강마저 좋지 않았음에도 불구하고, 중신들이 大尹・小尹으로 나뉘어 반목을 일삼던 정치적 상황을 염두하고 이렇게 읊었을 것이다.[32]

4월부터 질병을 이유로 사의를 표하던 가운데 漢城判尹・知中樞府事

31) 조식이 모친상에 外槨을 쓰지 않은 일, 자신이 감사로서 右兵使 金軼과 배를 같이 타고 간 것을 남명이 나무란 일, 조식이 喪禮에 술을 대접한 일 등에 대하여 의도적 비판으로 보이는 언급을 하였다.

32) 회재는 대윤・소윤의 갈등이 표면화된 중종 38년 이전에 이미 "近來去奸之後, 朝廷清明 無不安之事. 然無實行言, 往來士林之間, 或言某宰相與某宰相有嫌隙, 或言某宰相與某宰相不相得, 或言某與某朋比, 或言某與某爲黨類."(『中宗實錄』 권94 35년 12월 己未條)라고 척신세력의 대두를 우려하는 발언을 한 바 있다.

에 제수되었으나 나아가지 않다가 11월에는 중종의 승하를 맞았다. 이듬해인 을사년 정월에는 議政府 左贊成에 제배되었으나 병 때문에 나아가지 않았다. 2월에 중종의 장례에 참여하고자 상경하던 도중에 병이 위중해져서 永川客館에 머물면서 사의를 표했으며, 병이 좀 나아진 4월에 상경하여 知經筵春秋館事를 겸임하였다.

이처럼 불가피하게 관직을 유지하고 있던 상황에서 즉위한 지 8개월밖에 안된 仁宗이 서거하는 변고가 생기고 말았는데, 그는 貳相으로서 院相에 임명됨으로써, 비로소 정국운영의 핵심에 근접하였다. 8월에는 忠順堂에서 있었던 文定王后의 引對에 참여하였고, 명종 즉위에 따른 공훈으로 衛社功臣에 책록되고 驪城君에 봉해지자 힘껏 사양했으나 받아들여지지 않았다.

이때 소윤파가 대윤파를 제거하려고 乙巳士禍를 일으켰는데, 회재는 判義禁府事를 겸하고 있었으므로 委官을 맡을 수밖에 없었다. 그는 충순당에 입시하여 文定王后가 內旨를 承政院에 내리지 않은 부당성을 지적하고, 尹任・柳灌・柳仁淑 등 대신들과 사림파의 치죄를 완화할 것을 주장하는 등 사태가 확대되지 않도록 힘썼다. 그러나 대신이자 위관이었던 탓에 당대 이래로 物議[33]의 대상이 되었다. 이는 權橃이 강경한 내용의 상소를 올리려 했을 때, "형세가 이미 이에 이르렀으니 말하면 헛되이 뜻밖의 일을 일으킬 뿐이지 무슨 이익이 있겠는가?"[34]라면서 만류한 데서 볼 수 있는 그의 온건한 대응에 말미암은 현상이다. 사림의 피해를 줄이려는 고육책으로 그렇게 한 것으로 보이거니와, 을사사화를 전후한 시기의 『명종실록』의 기록을 면밀히 살피면, 그런 자세가 사림의 피해를 축소

33) 李滉・柳成龍・李恒福 등은 피해를 줄였다고 옹호한 데 대하여, 曺植・李珥・鄭仁弘 등은 피해를 막지 못했다고 비난하였으며, 후대에도 남인과 북인 사이에 논박이 계속되었다.

34) 李滉, <有明朝鮮國贈大臣輔國崇祿大夫議政府左議政兼領經筵監春秋館事, (중략), 權公行狀>, 『沖齋集』 권8. "勢已至此, 言之徒惹起不測耳, 奚益?"

시키는 데 일정한 기여를 하였음을 부정하기 어렵다. 戚族政治의 음모가 깊이 진행된 마당이어서 강경대응이 오히려 사림의 피해를 확대할 가능성이 컸던 상황이었기 때문이다. 이때 그가 남들이 고충을 알아 주지 않는 데 대하여 느꼈던 답답한 심정은 다음 시에서 드러난다.

나이가 쉰일곱 살이니
천명을 알고 또 지나간 잘못을 아네.
흰 머리는 해마다 쇠약하게 드리워지는데
외로운 신하는 운수가 또한 기박하네.
천시는 비록 태평함을 만났지만
인사는 또한 외면함을 당하네.
온 세상사람이 알아 주지 않지만
하늘만은 나를 알아 주리.

春秋五十七, 知命又知非.
鶴髮年垂耋, 孤臣數亦奇.
天時雖遇泰, 人事亦離睽.
擧世無相識, 蒼蒼獨我知.

– <丁未元朝有感>(권3)

그는 12월부터 省親을 이유로 呈辭하던 끝에 이듬해 3월에는 判中樞府事로 체직되었고, 이때 문정왕후의 수렴청정이 옳지 않음을 논하는 등 小尹一派와 대립했으므로, 9월에 李芑·尹元衡 등의 계청에 의하여 삭탈훈작당했다. 그리고 이듬해인 명종 2년 9월에 터진 良才驛壁書[35] 사건에 연루되어 윤9월에 江界로 유배되었으니 이때 그의 나이는 57세였다.

35) 이 벽서는 9월 18일에 副提學 鄭彦慤과 宣傳官 李櫓가 良才驛壁에 붙었던 것이라면서 제출한 익명서로 "女主執政于上, 奸臣李芑等弄權於下, 國之將亡可立而待, 豈不寒心哉? 時維仲秋晦."라는 내용이 있었는데, 이에 연루시켜 宋麟壽·李若氷을 사사하고 李彦迪 등 29명을 유배시켰다.

다음은 유배 도중에 지은 작품인 <登鳳山嶺>(권4)의 제2수이다.

평생 동안 학문을 쌓으며 성현을 사모했고
충성과 효도의 뜻 보존하며 천성을 어기지 않았네.
이제 흰 머리로 시절의 변고를 만났지만
우러러보고 내려다보아도 여전히 뜻이 호연할 수 있다네.

積學平生慕聖賢, 志存忠孝不違天.
如今晧首遭時蹇, 俯仰猶能意浩然.

억울하게 귀양가는 마당에도 불평이나 원망보다는 담담한 심정을 읊고 있거니와, 유배 중에 지은 시에서도 가족에 대한 그리움과 걱정을 드러낼 뿐 비회를 강하게 드러내지 않고 있다.

그는 유배된 이듬해 7월에 모친상을 당하여 神位를 설치하고 조석으로 통곡하였으며, 10월에는 생질 李純仁을 보내어 치제하였다.[36] 7년 동안 유배생활을 하는 동안에 『大學章句補遺』·『續大學或問』·『奉先雜儀』·『求仁錄』·<進修八規>·『中庸九經衍義』·『關西問答錄』[37] 등 많은 저술을 남겼으며, 해배되지 못한 채 명종 8년(1553) 11월에 63세로 서거하였다.

『明宗實錄』의 卒記에서는 그의 성품과 행실에 대하여 "남달리 영특하였고 타고난 자질이 도에 가까웠다. 어버이를 섬김에 효성이 지극하였고 성현의 학문에 뜻을 두어 잠심역행하였으며, 예가 아니면 행하지 않았고 성품이 또한 과묵하였으며 힘써 재능을 숨겼다."[38]라 하고, 學問과 爲人

36) <祭先妣孫夫人文>(『晦齋集』 권8)은 이때 지은 것인데, 이를 가사체로 개작한 金文基 所藏의 필사본 <회재 선생이 모친께 올린 제문>(林基中 編, 『歷代歌辭文學全集』 권30 所收)이 남아 있어 흥미롭다.

37) 유배에 隨從했던 아들 全仁(1516~1568)이 學問·儀禮·德行 등에 대하여 질의하고 회재가 답변한 것을 전인이 기록하여 목판본 24장으로 간행한 것으로, 李端相·李喜朝·李采의 跋이 각각 乙巳(1691), 庚子(1751), 辛未(1811)에 지어진 것으로 보아 세 차례 간행된 듯하다.

을 총평하여 "비록 위에서 받은 곳은 없으나 스스로 斯道에 분발하였고, 은연중 해처럼 밝게 드러나서 덕이 행실에 부합되었으며, 환하게 글을 지어 후세에 말을 남겼으니, 동방에서 찾으면 거의 비견할 사람이 드물다."[39] 라고 찬양하였다.

한편, 이황은 行狀에서 그의 학문에 대하여 "연원은 宋朝의 四賢에서 나왔고 계통은 우리나라 세 儒臣을 이었다."[40]고 지적하고 나서, 특히 '立言垂後'한 공을 예찬했거니와, 柳希春은 『國朝儒先錄』에 金宏弼·鄭汝昌·趙光祖와 함께 자세한 행적을 기술하는 한편으로, 銀臺注書의 單子에 "一代理學之宗"[41]이라고 적혀 있다고 증언하였다. 이런 점과 이황이 생전에 그를 알지 못했다고 말한 점을 감안하면, 그는 "당대의 사림을 총체적으로 영도할 만한 독보적 위치"[42]에 있지는 못했으나 중종 말~명종 초에 사림 사이에서 크게 명망을 얻었던 것은 분명한 것으로 보인다.

그의 사후 13년만인 명종 21년(1566)에 관작이 회복되었고, 2년 후인 宣祖 1년에는 영의정으로 贈職되었으며, 다음 해에 文元이란 시호를 받고 明宗廟庭에 배향되었다. 또 1572년 獨樂堂 아래에 玉山書院이 세워지고 이어서 곧 賜額되었으며, 東方四賢 또는 五賢으로 불리며 유림의 추앙을 받던 가운데, 光海君 2년(1610)에 이르러 文廟에 配享되는[43] 영예를 누렸다. 그에 대한 강한 비판이 몇몇 인사에 의하여 제기되었지만, 결국 묘정배향·문묘종사라는 확고부동한 위치를 차지한 것은 "일국사림

---

38) 『明宗實錄』 권15 8년 11월 壬申條. "英悟出人, 天資近道, 事親至孝, 勵志聖賢之學, 潛心力行, 非禮勿動, 性又寡嘿, 務自韜晦."

39) 위의 책, 같은 곳. "雖上無受之處. 而自奮於斯道. 闇然日章. 而德符於行. 炳然筆出. 而言垂于後者. 求諸東方. 殆鮮其倫."

40) 李滉, <晦齋李先生行狀>, 권13. "淵源宋賢四, 統緖國儒三."

41) 柳希春, 「眉巖日記」, 『眉巖集』 권5.

42) 이병휴, 앞의 책, 412면.

43) 선조가 자기 부친의 이복형인 鳳城君 岏의 죽음에 회재의 혐의가 있다는 것과 이이·정인홍의 회재에 대한 비판을 이유로, 수차 회재의 陞廡에 대하여 강하게 반대했기 때문에 실현되지 않다가 이때에 와서야 이루어졌다.

의 공론"[44]의 귀결이라 할 만하다.

이와 같은 회재에 대한 추숭은 퇴계의 노력에 힘입은 바 크다. 퇴계는 회재의 아들 전인이 부친을 伸寃하고 顯揚하고자 하는 사업에 적극적으로 협찬하였고, 자신이 회재의 유고 교정과 행장찬술 등으로 회재의 추숭에 심혈을 기울였다. 이는 선량한 사류들이 더이상 일방적인 피해를 당해서는 안 된다는 것과 사림정치의 도래는 기정사실인 만큼 그것이 자리잡을 수 있는 토대를 확고히 다져야 한다는 차원 높은 경륜을 발휘하고자 한 퇴계의 노력의 일환이었다고 할 수 있다.[45]

3. 修養的 삶의 詩化

일찍이 權應仁은 晦齋의 <慶山客館, 次徐剛中韻>의 起頷聯을 인용하고서 "시학에 專心하지 않았으나 성정에서 자연스럽게 우러나온 것이 이러하였으니, 품성이 고명하면 애쓰지 않아도 이런 시를 얻을 수 있음을 알겠다."[46]라고 한 바 있다. 이는 그가 일삼아 시를 지은 시인이 아니라 수양과 학문에 힘쓰는 일상적인 삶의 도정에서 자연스럽게 표출된 시를 남긴 시인이라는 뜻으로 볼 수 있을 것이다.

이언적의 시는 『晦齋集』 권1~4에 262제 392수가 실려 있는데, 고시 4제, 배율 1제를 제외하면 모두 절구·율시이다. 이것들은 拾遺詩를 빼고는 창작시기 순서대로 실려 있는데,[47] 이 중 30대까지 지은 시가 70제 미

44) 李樹健, 『嶺南學派의 形成과 展開』(일조각, 1995), 381면.

45) 위의 책, 379면.

46) 權應仁, 『松溪漫錄』 上. "不專於詩學, 而自發於性情, 是知稟質高明, 則不勞而得也."

47) 권1에는 문과에 급제한 24세부터 31세에 파직될 때까지 지은 작품 69제, 권2에는 파직 이후 48세에 복직할 때까지 지은 작품 74제, 권3에는 복직 이후 을사사화의 여파로 유배될 때까지 지은 작품 72제, 권4에는 유배기의 작품 36제 및 습유시 15

만이므로 현전시의 대부분은 그의 학문이 원숙기에 이른 시기의 작품이라 할 수 있다. 절반이 넘는 應酬詩를 제외하고 살피면, 자신의 평소의 공부에 대하여 읊은 것과 忠孝·友愛를 주제로 한 작품이 많은 반면에, 당대현실이나 역사에 대한 관심을 표명한 작품은 극히 드물다.

단형인 절구·율시에 치중하고 있을 뿐 아니라 평생 지은 작품이 400수에도 못 미치는 데서 그가 전문적 문사가 아님이 드러나거니와, 작품의 실상을 살펴보면 의도적 창작의 결과라 할 작품이 많지 않음을 알 수 있다. 현전시의 태반이 贈答詩·次韻詩·追悼詩·送別詩 등 일상적 應酬의 소산인 점은 기이할 게 없지만, 그 나머지가 거의 자신의 일상적 修養, 山居, 流配生活 등의 느낌을 읊은 작품인 점에서도 유사한 경향을 발견할 수 있다. 이는 그의 시의 본령이 수양이나 학문을 중심으로 하는 일상적 삶의 표백임을 말할 뿐 아니라, 그의 시의 특성을 살피는 단서를 시 자체에서 찾게 하는 징표라 할 것이다.

회재는 청년기의 시에서 "平生志業在窮經"(<山堂病起>, 권1)이라고 술회하였는가 하면, 장년에는 "學道未成身欲老"(<病中書懷 寄曹容叟>, 권2)라고 안타까워했다. 또 노년에는 "自嘆平生心事謬, 養眞經世兩堪羞."(<奉次惠韻> 제2수, 권3)라거나 "養眞經世兩無成"(<次一善東軒韻>, 권3)라고 한탄한 바 있다. 이를 통해서 우리는 그가 일관되게 '養眞經世', 즉 經世濟民과 學問硏磨를 삶의 목표로 하였음을 알 수 있다.

이러한 두 가지 포부 가운데 경세에 대해서는 본인의 한탄을 어느 정도 수긍할 수 있다. 그가 南袞·沈貞·金安老 등 己卯士禍 후의 勳戚이 지배하던 정치상황에서 주로 관직생활을 하였고, 宰相에 오른 만년에는 尹元衡·李芑 등 척신과 갈등을 빚은 나머지 을사사화의 희생자가 되었던 탓에 뜻을 제대로 펼 수 없었기 때문이다.[48] 게다가 경세적 관심은 시

제가 실려 있고, 습유시 중 7제는 창작시기를 알 수 있다.

48) 현실정치에서 국가경영 역량을 제대로 발휘하지 못한 점은 부인하기 어렵지만,

에 구체적으로 나타나 있지 않다. 따라서 그의 시세계를 검토하는 데에는 그가 '窮經'·'養眞'·'學道'라고 한 삶의 목표와 관련된 것이 주대상이 될 수밖에 없다. 그러므로 그가 시를 통하여 '학도·양진' 등과 관련하여 어떤 의식과 태도를 드러내고 있는가를 주로 살펴보아야 할 것이다.

그의 시를 개관하면 우선 매우 빈번하게 사용되는 시어들이 있음을 간파할 수 있다. 그것들은 學道·窮經·探眞, 存養·養性·養性靈·養眞·求心·見性, 觀物·觀世·萬象·妙理·眞源·本體, 眞樂·眞興·淸樂·淸興·獨樂 등 네 가지 부류로 나눌 수 있다. 이를 통하여 도리의 탐구라는 목표를 어떤 방법으로 추구하고, 그 결과 어떤 정서적 상태에 이르렀는가를 시에서 주로 문제삼고 있음을 짐작할 수 있다. 따라서 여기서는 그의 시에서 삶의 주된 목표가 어떻게 기술하고 있는가, 그것을 이루기 위한 방법은 어떠한가, 그 과정에서 얻은 것은 무엇인가, 그 결과 도달한 정서적 상태는 무엇인가 하는 것을 순서대로 살펴보고자 한다.

회재는 김안로 일파의 미움을 받아 경주에서 은거하고 있던 시기의 작품인 <病中書懷, 寄曹容叟>(권2)에서 "도를 배움을 이루지 못했거늘 몸은 늙으려 하고, 책 읽는 것을 오래 그만두었지만 병은 늘 몸을 얽어매네.(學道未成身欲老, 觀書久廢病常纏.)"라고 하여, 평생의 목표가 '學道'이고 그것을 추구하는 방법이 '觀書'임을 밝힌 바 있다. 또 24세에 지은 작품인 <山堂病起>(권1)의 起頷聯에서 "평생에 뜻한 사업은 경서를 궁구하는 것이라, 구구하게 명리를 도모하지 않네. 선을 밝히고 몸을 정성스럽게 함은 孔孟을 희구함이요, 마음을 다스리고 도를 보존함은 朱程을 사모함이네.(平生志業在窮經, 不是區區爲利名. 明善誠身希孔孟, 治心存

<一綱十目疏>를 비롯한 수차의 상소와 유배 후에 지은 『中庸九經演義』·<進修八規>를 통하여 천하국가를 다스리는 절목이나 君主論에 대하여 깊이 있게 논의하였으므로 반드시 경세에 실패하였다고 할 것은 아니다.

道慕朱程.)"라고 술회하였다. 그가 이처럼 경전을 궁구하는 것은 그것이 고금을 일관하여 변하지 않는 天地의 大經과 사람의 常道를 담고 있는 책이기 때문이고, 그것은 자신만이 아니라 이 세상 선비 모두의 목표라야 할 것이다. 그래서 慶州州學 教官으로 있을 때에 지은 <勸學者>(권1)에서는 후학들에게 다음과 같이 당부하였다.

> 학문을 함은 반드시 성인을 배워야 할지니
> 성인의 공적은 원래 인륜에 근본을 둔 것이라네.
> 몇 편의 훌륭한 말은 참으로 법도이니
> 자세히 읽고 정밀하게 통하여 자신을 단속해야 하리.
>
> 爲學應須學聖人, 聖功元是本彝倫.
> 數篇格語眞繩墨, 熟講精通可律身.

그는 학문이 성인이 이룩한 경전을 공부하는 데서 시작되어야 하며, 거기서 얻은 덕성으로 몸을 단속해야 한다고 하였다. 그가 <書鏡吟>(권3)에서 "觀書正吾心"이라 한 대로 그것은 마음을 바르게 하기 위한 것일 뿐, <送李進士乙奎向洛>(권2)에서 "軒冕如雲道義重, 只求心得不求知." 라고 한 대로 지식을 얻기 위한 것이 아니다. 결국 窮經 또한 觀書와 마찬가지로 마음을 닦기 위한 것이다. 여기서 회재가 '存養'을 학도·궁경과 함께 삶의 목포로 내세운 이유가 나타난다.

存養은 "그 마음을 간직하고 그 본성을 기르는 것이 하늘을 섬기는 것이다."[49]라고 한 맹자의 말에 근원을 둔 것으로 存心養性의 준말이다. 여기서 말하는 마음은 四端인 仁義禮智에 근거한 惻隱·羞惡·辭讓·是非 등의 本心을 뜻하므로, '存心'이란 결국 사단의 보존을 통해 仁義禮

49) 『孟子』「盡心 上」. "存其心, 養其性, 所以事天也."

智를 회복함을 뜻한다. 그리고 '養性'이란 인간이 본래부터 가진 성품을 길러 자라게 한다는 것이다.

그러므로 존심양성은 修養論의 성격을 띤 것으로서, 내적 성찰에 의하여 자신에게 구비된 보편적 인간본성을 자각하면 天命·天理를 알 수 있다는 논리를 지닌 개념이다. 이는 공자가 말한 '修己以敬'과 함께 유가의 수양론의 핵심을 이룬다.

회재는 을사사화의 여파로 江界에 유배되어 있던 시기에 임금에게 帝王學을 진강하는 내용의 <進修八規>를 지은 바 있다. 그는 거기서 八規 가운데 첫 번째로 '明道理'를 들고, 道理를 얻기 위해서는 窮理가 선행되어야 하며, 궁리의 요체는 讀書라고 하였다.

이는 北宋代 이래의 성리학자들이 孔孟의 수양론을 발전시킨 논리를 그대로 다른 논지이다. 성리학자들은 인간의 심성을 本然之性과 氣質之性, 人心과 道心, 天理와 人欲 등으로 나누고 본연지성·도심·천리를 추구되어야 할 것, 기질지성·인심·인욕을 지양되어야 할 것으로 보고, 후자를 버리고 전자를 추구하는 수양의 방법으로 居敬窮理와 誠意正心을 내세웠다. 이를 통하여 우리는 회재가 성리학적 수양론을 견지했을 뿐 아니라, 그런 자세를 시를 통하여 표현하고자 하였음을 잘 알 수 있다.

이처럼 居敬窮理는 성리학적 수양방법의 요체이다. 거경은 仲弓이 공자에게 "공경하게 거처하고 간소하게 행하여 백성에 임하면 또한 옳지 않습니까?"50)라고 문의한 말에 근거를 둔 개념으로, 마음을 성찰하여 성실하게 起居動作을 절제하는 내적 수양방법이다. 한편, 궁리는『周易』「說卦傳」에서 유래한 말로 널리 사물의 이치를 궁구하여 정확한 지식을 획득하는 외적 수양방법이며,『대학』에서 致知는 格物에 있다고 한 데에서 취하여 窮格이라고도 한다. 程頤는 修養의 요체를 敬, 進學의 요체를 致

50)『論語』「雍也」. "居敬而行簡, 以臨其民, 不亦可乎?"

知라고 하였는데, 朱子가 이를 계승하여 학자의 공부는 오직 居敬窮理에 있다고 하였다.

그럼 회재의 시에는 이러한 수양론이 어떻게 나타나 있는가를 살펴보기로 하자.

陰陽의 大法 속에서 내 몸이 나누어졌는데
모습은 먼지와 같고 행적은 구름과 같네.
영욕과 사생을 똑같이 보면서
다만 성과 경을 보존하여 하늘을 섬기리.

兩儀中有一身分, 形似塵埃跡似雲.
榮辱死生渾一視, 只存誠敬事天君.

<誠敬吟>(권4)이란 제목의 시이다. 誠을 敬과 함께 말한 것은 그것이 수양공부에 핵심적으로 추구되는 덕목으로서 敬과 밀접한 관련이 있기 때문이다. 회재는 이러한 관점에서 자신의 마음을 성찰하여 성과 경을 보존함으로써 '事天', 즉 天命·天理를 보존하고자 했던 것이다.

회재는 그러한 경을 유지하는 방법이 거경, 즉 심신의 집중을 통하여 이루어질 뿐 아니라, 그것이 자신의 일상적 공부임을 <山窓卽景>(권1)을 통해 드러내고 있다.

맑은 새벽에 의관을 정제하고 고요히 앉아 있노라니
산봉우리 꼭대기에 해가 돋으니 창이 환해지네.
一默一言이 모두 존양하는 것이라
읊은 것에 성정 아닌 것이 없네.

淸曉衣冠靜坐, 峯頭日出窓明.
默言皆是存養, 吟咏無非性情.

이 시는 심신을 집중한 가운데 一動一靜에서 존심양성을 위한 노력을 하고 있는 자세를 읊고 있다. 程頤에 의하면 거경은 '主一無適', 즉 오로지 심신을 통일하거나 집중하는 것이다. 다시 말하면 일에 전념함에 있어서 심신이 통일되거나 집중되는 경지를 가리킨다. 이러한 主一無適은 '存天理遏人欲', 즉 천리를 보존하고 인욕을 없애고자 하는 명제의 구체적인 실천내용이자 義를 행하기 위한 전제이기도 하다. 이러한 정이의 관점은 주자에게 계승되었는데, 주자의 경 사상은 단순한 정신상태만을 가리키는 것이 아니라, 일정한 도덕적 수양목표를 가지고 있어야 한다는 것이다. 따라서 動靜語默之間에도 잠시의 틈이 있을 수 없으며, 독서나 일을 함에 있어서도 항상 敬한 마음을 내재시켜야만 한다. 위의 시는 이러한 거경의 자세를 그대로 보여 주고 있을 뿐 아니라, 詩作行爲조차 일동일정에 포함되는 것이므로, 그렇게 길러진 마음이 시에 그대로 드러남을 '吟咏無非性情'이라 하였다.

다음에 드는 <新雪>(권2)은 그러한 과정에 의한 수양의 결과 어떤 정신적 경지에 이르게 되는가를 표현한 예이다.

> 근래에 도를 탐구하여 참된 본성을 길렀더니
> 상쾌하게도 마음 속에 먼지가 없어졌네.
> 누가 알랴? 누항에서 한 소쿠리 밥에 만족함을.
> 눈은 산 속 시냇가에 가득하고 나는 가난하지 않네.
>
> 探道年來養性眞, 爽然心境絶埃塵.
> 誰知顔巷一簞足? 雪滿溪山我不貧.

시적 화자는 존심양성을 통하여 도리를 얻은 나머지 마음 속에 한 점의 잡념, 달리 말하면 私慾마저 없어진 나머지 극도의 즐거움의 경지에 이른 데 대하여 만족감을 표하고 있다.

성리학자들의 수양론에서 거경은 궁리를 위한 준비단계이므로, 결국 존양은 궁리에 의하여 이루어진다. 그러므로 회재도 거경과 궁리의 관계 및 궁리의 구체적 방법에 대하여 다음과 같이 밝힌 바 있다.

> 대개 궁리의 요체는 반드시 글을 읽는 데 있고, 독서의 방법은 또 순서에 따라 정밀한 데 이르는 데 있다. 정치한 데 이르는 근본은 마음에 있는데, 마음이라는 사물은 지극히 허령하고 신묘함이 헤아릴 수 없어, 늘 일신의 주인이 되어 만사의 실마리를 잡는 것이니, 잠깐이라도 보존시키지 않을 수 없다. 한 번 스스로 깨닫지 못하고 달리고 날아오르게 하면, 몸 밖에서 물욕의 부림을 받아 일신에 주인이 없고 만사에 실마리가 없게 되어, 보아도 보이지 않고 들어도 들리지 않으니, 또 어찌 성현의 가르침을 연구할 수 있으랴? (중략) 진실로 엄숙하고 공경하며 두려워하는 자세로 이 마음을 보존하여, 그것으로 하여금 종일토록 분명하여 거울처럼 맑고 물처럼 고요하여 물욕의 침란을 받지 않게 할 수 있다면, 그것으로 독서를 하고 그것으로 이치를 살펴서 장차 어디이든 통하지 않음이 없게 될 것이요, 그것으로 일에 응하고 그것으로 사물에 접하면 어디이든 마땅하지 않음이 없을 것이다. 그러므로 거경이라고 하는 것은 성학의 처음을 이루고 끝은 이루는 것이라고 말한다.[51)]

윗글은 궁리가 도리를 밝히기 위하여 가장 요긴한 것이며, 그 방법으로 독서와 관찰이 중요하다는 것을 밝히고, 그 전제가 거경임을 지적하고 있다. 이처럼 궁리는 독서·관찰, 또는 體驗省察에 의하여 이루어진다. 관찰의 대상은 외물일 수도 있고 자신의 마음일 수도 있는데, 먼저 觀物 즉

---

51) <進修八規>, 권8. “盖窮理之要, 必在於讀書, 讀書之法, 又在於循序而致精. 至於致精之本 則在於心, 而心之爲物, 至虛至靈, 神妙不測, 常爲一身之主, 以提萬事之綱, 不可有頃刻之不存者也. 一不自覺而馳騖飛揚, 以徇物欲於軀殼之外, 則一身無主, 萬事無綱, 視之而不見, 聽之而不聞, 又安能硏窮聖賢之訓? 講究義理之歸, 察倫明物, 極其所止乎? (중략) 誠能嚴恭寅畏, 常存此心, 使其終日儼然, 如鏡之明, 如水之止, 不爲物欲之所侵亂則以之讀書, 以之觀理, 將無所往而不通, 以之處事, 以之接物, 將無所處而不當矣. 故曰居敬者聖學之所以成始而成終者也.”

외물을 관찰하는 방법에 대하여 읊은 작품을 살펴보기로 하자.

> 구름 드리운 샘 앞에 집을 짓고 산 세월이 깊으니
> 손수 심은 소나무와 대나무가 다 숲을 이루었네.
> 안개와 놀에는 아침저녁으로 새로운 모습이 많지만
> 오직 푸른 산은 예나 지금이나 같네.
>
> 卜築雲泉歲月深, 手栽松竹摠成林.
> 烟霞朝暮多新態, 唯有青山無古今.
>
> – <感物>

독락당에서 은거하던 시기에 지은 작품으로 그의 대표작이라 할 수 있는 <林居十五詠>[52]의 제8수이다. 이 작품은 주변의 사물을 관찰한 결과, 풍물은 조변석개하지만 청산은 군자의 절개처럼 고금에 불변함을 깨달은 데 대한 감회를 차분하게 기술하고 있다. 이처럼 변하는 것과 불변하는 것에 대한 깨달음이 觀物이라는 궁리의 결과라는 것이다. 이는 어쩌면 상식적인 깨달음이라 할 수도 있겠는데, 관물이 이런 상식적인 깨달음에 그치는 것만은 아니다.

> 대본이 하늘로부터 나옴을 알겠거니
> 잠심하니 도처에 천리가 있음을 징험하네.
> 중화에 비록 주객이 있는 것 같지만
> 一動一靜 사이에도 두루 흐름은 정해진 때가 없네.
> 체험하고 관찰하는 공부는 끝내 진실이지만

52) <林居十五詠>은 7언절구 15수로 이루어진 연작시로 詩作을 비교적 의욕적으로 하던 시기에 지은 점과 <無爲>·<觀物> 등 가장 널리 알려진 작품이 포함되어 있는 점 외에, 溪亭과 獨樂堂을 공간배경으로 하고 春夏秋冬을 시간배경으로 하면서 自然親和·事物觀察·存心養性·學問探究·忠君愛民 등 자신의 생활전반에 대한 압축적인 진술이 나타난 점에서도 대표작이라 할 만하다.

공허한 논설은 마침내 사실이 아니라네.
천지 사이에 사노라면 사물을 어기기 어려운데
도를 행하면서 어찌 도리어 사람을 멀리 하랴?

大本明知出上旻, 　潛心到處驗秋春.
中和雖似有賓主, 　動靜周流無定辰.
體察工夫終是實, 　空虛論說竟非眞.
身居天地難違物, 　爲道如何却遠人?

<次忘機堂韻>(권4) 5수 중 둘째 수인 윗시는 거경궁리하여 얻는 것이 우주만물의 이치와 그것을 아는 데서 연유한 中和의 경지임을 분명히 말하고 있다. 이 작품에는 그가 <答忘機堂第四書>에서 내세웠던 靜할 때의 공부인 主敬存心과 動할 때의 공부인 體驗省察을 통하여 上學天理와 下學人事를 다 추구하는 자세가 포괄적으로 나타나 있다. 다시 말하면 성리학적 공부의 전과정과 목표를 두루 갖추어 말하고 있는 것이다. 이를 통하여 거경궁리가 목표하는 것이 '상달천리'와 '하학인사'를 포괄하는 것임을 알 수 있거니와, <上洛路上卽事>(권1)는 그 가운데 '상달천리'에 이른 기쁨을 읊은 경우이다.

하늘과 땅 사이에 萬象이 품겨 있는데
넓고 유구하며 또 끝이 없네.
강과 산은 늘 흐르고 솟으며
해·달·별은 서로 숨고 드러나네.
옛날부터 지금까지의 세상 변천을 보는데
봄에 태어나고 가을에 죽음은 천도의 드러남이네.
그 중에 무엇이 이를 실천할 수 있는가?
一本이 밝디밝게 홀로 主宰한다네.

大塊之中萬象藏, 　廓然悠久更無彊.

江河山岳長流峙, 日月星辰互隱彰.
古往今來觀世變, 春生秋殺見天常.
箇中何物能爲此? 一本昭昭獨主張.

만상의 유행과 변천을 관찰하여 궁리한 결과 그것을 주재하는 주체가 '일본', 즉 태극이라고 하였다. 태극은 만물을 생성시키는 本源이자 만물이 생성되기 이전부터 존재하는 궁극적 실체이므로 그것을 일본・일원이라고도 하는데, 이 작품을 통하여 회재가 지닌 성리학적 우주론의 일단을 확인할 수 있다. 다음에 드는 <足聯句>(권2)는 '하학인사'에 대한 관심을 표명한 예이다.

강에 산 그림자가 잠기니 고기가 놀라 달아나고
봉우리가 안개기운을 띠니 학은 놀라 깃드네.
만물은 비색하면 본디 환망함에 미혹되지만
사람은 통달하여도 어찌하여 동서를 그르치는가?

江沉山影魚驚遁, 峯帶煙光鶴怕棲.
物塞固宜迷幻妄, 人通何事誤東西?

이 작품의 起承句는 스스로 붙여 놓은 "물고기는 뭍으로 나왔는가 의심하여 놀라고, 학은 그물 속에 들어갔는가 의심하여 두려워한다.(魚疑出陸而驚, 鶴疑入網而畏.)"라는 주석처럼, 물고기와 이 산그림자와 안개기운을 육지와 그물로 착각하여 두려워한다는 깨달음을 표현하였다. 그것은 동물은 비색한 지경에 놓이면 헛된 것에 미혹된다는 物理로부터 통달한 사람조차 사리를 구분하지 못한다는 人事의 이치를 이끌어내기 위한 전제이다. 이처럼 이 작품은 관물을 통한 궁리의 결과를 인사에 적용하는 공부를 표현한 셈이다.

그러한 궁리는 외물에만 적용되는 것이 아니라 자신의 마음에 대해서도 적용된다. 다음은 거경의 상태를 거쳐 자신의 마음을 관찰하여 얻은 느낌을 읊은 경우로서 <林居十五詠>(권2)의 제13수이다.

> 한 밤중에 빈 산에서 의관을 정제하노라니
> 한 점 푸른 등불 앞에는 한 조각 마음이 있네.
> 본체는 이미 분명한 데서 징험하였는데
> 참된 근원은 다시 고요함 속에서 찾네.
>
> 空山中夜整冠襟,　一點青燈一片心.
> 本體已從明處驗,　眞源更向靜中尋.
>
> － <觀心>

이 작품은 '空山中夜'라는 靜寂의 상태에서 마음을 집중하여 거경의 상태에 이르고 이어서 궁리의 단계를 거친 끝에 '본체'와 '진원', 즉 태극이나 천리가 자신의 마음을 주재하는 힘이라는 이치를 체득하였음을 표현하고 있다. 주일무적한 거경의 상태에서 궁리의 단계로 이행한 결과 심성의 이치를 알아낸 기쁨을 이렇게 은근히 표현하고 있는 것이다.

한편, 그렇게 살핀 자신의 마음은 "천리와 인욕이 서로 이기려고 하는(常思理欲互相勝)"(<夢覺有感>, 권1) 상태일 수도 있지만, 거경궁리가 바람직하게 이루어져서 인욕이 다 사라진 상태일 수도 있다.

> 부슬부슬 내리는 산 속 비에 저절로 꿈을 깨니
> 창 밖에서는 문득 꿩의 울음소리 들리네.
> 인간세상의 온갖 속된 생각은 다 사라지고
> 다만 마음만이 한 점으로 환하네.
>
> 山雨蕭蕭夢自醒,　忽聞窓外野鷄聲.
> 人間萬慮都消盡,　只有靈源一點明.

<林居十五詠> 가운데 한 작품인 <存養>이다. 시인은 마음이 한 점의 빛처럼 밝게 빛나는 상태에 이른 것이 수양의 결과 인간세상의 온갖 잡념, 즉 물욕이 사라진 때문이라고 하였다. 따라서 이 시는 인욕을 제거하고 천리·도심·본연지성을 유지하게 된 데 대한 기쁨을 드러낸 것이라 하겠다. 다음에 드는 <林居十五詠>의 제9수에서 무위의 경지에 이르렀다고 하는 것도 비슷한 발상이다.

> 만물은 변전하기에 정해진 모양이 없는데
> 한적한 이 몸은 절로 때를 따르네.
> 근래에는 일 꾀하는 노력을 점차 줄이느라고
> 늘 푸른 산을 바라보기만 할 뿐 시를 읊지 않네.
>
> 萬物變遷無定態, 一身閑適自隨時.
> 年來漸省經營力, 長對靑山不賦詩.
>
> – <無爲>

이 작품의 제목인 무위는 노장사상의 그것과 달리 『논어』의 "함이 없이 다스린 분은 舜이시다. 무슨 일을 하셨으리요? 몸을 공손히 하여 임금 자리에 계실 따름이셨다."[53], 또는 『중용』의 "이와 같은 것은 보이지 않아도 나타나고, 움직이지 않아도 변하며, 하는 것이 없어도 이루어지는 것이다."[54]라는 데서 유래한 유가적 개념이다. 만물은 천변만화하지만 거경의 상태에 이른 자신은 고요한 마음을 즐길 뿐이고, 그런 상태를 유지하려고 세상일을 잊으니 푸른 산을 보면 절로 떠오르게 마련인 시도 짓지 않는다고 하였다.[55] 이러한 경지야말로 수양을 통한 깨달음이 없이는

53) 『論語』「衛靈公」. "無爲而治者, 其舜也與. 夫何爲哉? 恭己正南面而已矣."
54) 『中庸』. "如此者, 不見而成, 不動而變, 無爲而成."
55) 李鍾默, 앞의 논문, 71～2면 참조.

불가능한 것이므로 許筠의 『國朝詩刪』에서는 '깨달아서 나온 말(悟通之言)'이라고 한 지적은 적절하다 할 것이다. 이처럼 궁리는 거경의 상태에서 사물과 마음을 관찰하여 천리를 깨달아 유지하려는 노력인데, 회재는 그것을 일상적으로 시로 표현하고자 하였으므로, 회재의 대표작 두어 편을 검토하고서 그 특성을 가리켜 '관물찰기의 시학'56)이라고 이른 것은 요체를 얻은 설명이라 할 것이다.

위에서 이미 회재가 관물찰기하는 기쁨을 노래한 경우들을 보았거니와, 이런 관점에서 그의 시에 眞興 · 淸興 · 眞樂 · 淸樂이라는 시어가 자주 등장하는 점은 주목할 만하다. 이런 시어들 가운데에는 산수와 조화를 이루면서 사는 흥취나 즐거움을 말한 경우도 있지만, 수양의 결과 도달한 정서적 상태를 나타내는 경우가 흔하기 때문이다.

> 구름이 덮인 숲에 봄이 드니 경물이 새로운데
> 시냇가의 복숭아꽃과 살구꽃이 다 정묘하고 신기하네.
> 이제부터 죽장망혜의 삶을 시작하여
> 물에 가고 산에 오르면 흥이 더욱 참되리.
>
> 春入雲林景物新, 澗邊桃杏摠精神.
> 芒鞋竹杖從今始, 臨水登山興更眞.

<林居十五詠>의 제1수인 <早春>이다. 이 작품은 체험성찰을 통하여 봄이 오면 모든 것이 새롭게 소생하는 자연질서의 신묘함을 알고, 그로 말미암아 세속의 구속을 벗어나서 사는 것이 옳다는 깨달음을 얻은 경지를 '진흥', 즉 참된 흥취라고 표현하였다. 이 시에 나타난 흥취는 국문시

---

56) 위의 논문, 70면.

가나 한시에서 흔히 볼 수 있는 자연과의 친화 또는 합일에 따른 그것과 유사한 점도 있지만, 다음에 드는 <春日登亭>(권3)에는 그것이 시인의 체험성찰이라는 수양의 결과임이 더 뚜렷이 나타나 있다.

봄이 깊어지자 교외의 언덕에는 푸른 풀이 교외 가득하기에
잠시 부앙하며 만화의 근원을 찾네.
뭇꽃이 다 떨어져도 한 구절의 시도 없건만
누가 알랴? 참된 즐거움이 말 없는 가운데 있음을.

春深碧草遍郊原,　　俯仰聊探萬化源.
謝盡千紅無一句,　　誰知眞樂在無言.

이 작품은 그가 거경궁리를 통하여 우주・만물・인생의 이치를 깨달은 나머지 말이나 시조차 필요없는 경지에 이른 극도의 즐거움을 '眞樂'이라고 하였다. 이렇게 보면 그의 산수시나 철리시는 수양에서 얻은 깨달음뿐만 아니라, 거기서 획득하는 정서적 상태인 眞興・眞樂을 표현하고자 한 것으로 볼 수 있을 것이다. 특히 다음에 드는 작품에는 그런 요소가 두루 나타나 있다.

구름 속의 샘을 산보하니 병든 다리가 가벼운데
산에 가득한 붉은 숲은 온통 가을 소리이네.
충만함과 공허함이 태극의 묘리임을 누가 알랴?
번성함과 초췌함에서 애오라지 만물의 정을 보네.
참된 즐거움을 문득 한가한 가운데서 얻는데
신령스러운 근원은 반드시 고요 속에서 분명하네.
근래에는 속념을 모두 잊고서
다만 그윽한 회포를 멀리 부처 보내네.

散步雲泉病脚輕,　　滿山紅樹盡秋聲.

盈虛誰識一元妙?　榮悴聊觀萬物情.
眞樂便從閑裏得,　靈源端向靜中明.
年來世慮都消遣,　只把幽懷寄遠行.

3수로 된 <山中贈別>(권2)이란 시의 제3수이다. 그는 거경의 상태에서 궁리하여 우주만물의 이치를 깨닫고 인욕을 물리치고 천리를 유지하는 상태를 밝히고 나서, 거기서 맛보는 즐거움을 역시 진락이라고 하였다. 그런데 그는 그러한 진락에 만족해하면서도 그런 회포를 멀리 부쳐보낼 뿐이라는 말을 덧붙임으로써 그것을 홀로 즐길 수밖에 없음을 아쉬워하고 있다. 이처럼 수양의 결과 도달한 고양된 정서상태인 眞興·眞樂을 홀로 즐길 뿐이라는 시적 태도는 "조용한 새가 봄을 즐기니 봄은 더욱 고요하고, 노는 고기가 물을 뿜으니 물에는 물결이 이네. 무심한 가운데 맑은 즐거움을 아는 이 없는데, 종일토록 난간에 기대어 흰구름을 짝하네. (幽鳥弄春春更靜, 游魚吹水水生波. 無心淸樂無人會, 竟日憑軒伴白雲.)" 라고 읊은 <山亭卽景>(권2)에는 더욱 분명히 나타나 있다. 시인은 天理를 깨닫고 '無心', 즉 '無慾'을 유지하는 상태에서 '청락'을 아는 이가 아무도 없다고 하여 그것을 혼자 누릴 수밖에 없음을 강조하고 있는 것이다.

여기서 우리는 그가 가장 열심히 학문을 연마하고 시를 짓던 시기에 거처하던 집의 당호가 '獨樂'임을 떠올리게 된다. 박인로는 가사 <독락당>에서 다음과 같이 말한 바 있다.

尙友千古ᄒᆞ며 吟咏을 일을 삼아 閒中靜裏예 潛思自得ᄒᆞ야 혼자 즐겨ᄒᆞ시덧다 獨樂 이 일홈 稱情ᄒᆞᆫ 줄 긔 뉘 알리 司馬溫公 獨樂園이 아무려 조타ᄒᆞᆫ둘 其間眞樂이야 이 獨樂애 더로손가 尋眞을 못ᄂᆡᄒᆞ야 養眞菴의 도라드러 臨風靜看ᄒᆞ니 ᄂᆡ 뜻도 瑩然ᄒᆞ다 退溪先生 手筆이 眞得인 줄 알리로다

박인로는 독락당이 司馬光의 '獨樂園'이라는 원명과 같기는 하지만 회재가 수양을 통하여 진락을 얻어 홀로 즐긴 것은 사마광의 경우와 다르다고 하였다. 이로써 보더라도 독락이라는 당명은 主敬存心·體驗省察을 통하여 上學天理·下學人事에 이르고자 하면서도 그 과정에서 얻는 즐거움은 홀로 누리는 데 그치는 것이기 때문에 이런 이름을 지었을 것이다. 이는 분명히 兼善이 아니라 獨善을 지향한 태도라 하겠거니와, "옛 사람이 뜻을 얻으면 은택을 백성에게 더하고, 뜻을 얻지 못하면 몸을 닦아서 세상에 드러나니, 궁하면 홀로 그 몸을 착하게 하고 달하면 곧 천하를 겸하여 착하게 할 것이다."[57]라고 한 맹자의 말을 참고하면, 독선·독락은 그가 지향하고자 한 것이 아니라 뜻을 얻지 못하여 궁색한 처지에 있었으므로 불가피하게 초래된 것임을 알 수 있다. 이는 <임거십오영>의 <獨樂>에서 "무리를 떠났으니 누구와 함께 읊으리요? 바위의 새와 시내의 고기는 내 얼굴을 잘 아네.(離群誰與共吟壇, 巖鳥溪魚慣我顔.)"라고 한 대목에서도 엿볼 수 있다.

이처럼 그는 수양을 통하여 몸과 마음을 닦고 사물의 이치를 깨달음으로써 眞樂의 경지에 이를 수는 있었지만, 그것을 홀로 즐길 수밖에 없었으므로, <觀物>(<林居十五詠> 제10수)에서 다음과 같이 읊었다고 할 수 있다.

> 요순이 이룬 사업은 천고에 높은데
> 한 조각 뜬 구름이 태허를 지나네.
> 씻은 듯한 작은 정자가 푸른 시냇가에 있어
> 종일토록 마음을 깨끗하게 하고 노는 고기를 바라보네.
>
> 唐虞事業巍千古, 一點浮雲過太虛.
> 蕭灑小軒臨碧澗, 澄心竟日玩游魚.

57) 『孟子』「盡心 上」. "古之人得志, 澤加於民, 不得志, 修身見於世, 窮則獨善其身, 達則兼善天下."

요순이 성취한 경세적 사업이야말로 '養眞經世'라는 그의 평생의 목표 가운데 한 방향의 이상적 경지이지만, 척신의 횡포로 인하여 관직을 떠난 그로서는 현실적으로 이룰 수 없는 꿈이었던 것이다. 이처럼 겸선이 불가능해진 시기에 그가 할 수 있는 일은 양진 즉 수양을 통한 獨善이다. 그러므로 뜬구름과 같은 세속적 욕망이 마음의 바탕이라 할 수 있는 태허를 흐리게 하는 까닭에 사욕이 없는 물고기의 마음을 배움으로써 흐려진 본성을 맑게 하고자 하는 의지를 드러내고 있는 것이다.[58]

4. 결론

회재 이언적의 시는 성리학도적 수양자세를 두드러진 표현대상으로 하고 있다. 그것들은 거경궁리와 체험성찰을 통해 자신과 우주만물이 지닌 天理를 확인하고 사욕을 없애기 위한 작업의 일환이라 할 수 있다. 그는 그 과정에서 얻은 깨달음과 그 결과로 맛보는 즐거움을 읊거나 그런 즐거움을 혼자 누릴 수밖에 없는 안타까움을 드러내었다.

이처럼 일상적인 수양생활을 주된 표현대상으로 하였으므로 그의 시는 정감을 자연스럽게 표출하고 있을 뿐 아니라, 그의 학문과 수양의 높이를 반영하고 있는 특징을 지닌다. 그러므로 李睟光은 "말과 뜻이 매우 높아 구구하게 시를 짓는 자들이 미칠 수 있는 바가 아니다."라고 평가하였고, 申緯는 "회재선생은 수식 배우기를 즐겨하지 않아서, 늘 푸른 산을 마주하면서도 한 구절의 시도 없었다. 즐겨 선생을 향하여 수양하던 곳을 바라보노라면, 이 몸 또한 요와 순이 되는구나."[59]라고 평한 바 있다. 이러

58) 이종묵, 앞의 논문, 63면 참조.
59) 申緯, <論詩絶句>, 『警修堂集』 제10책. "晦齋不屑學操觚, 長對青山一句無. 好向先生觀所養, 一身還是一唐虞."

한 평가들은 성리학적 문학관을 지닌 비평가가 흔히 드러내는 것이기도 하지만, 회재의 시가 수양의 높은 경지를 자연스럽게 토로함에 따라 저절로 높아진 것임을 증명하는 것이라 할 것이다. 즉 회재의 시는 사물을 관찰하면서 심성을 수양하는 한편으로 수양된 심성의 경지를 시로 드러냄으로써 정신적 높이를 지니게 되었던 것이다.

그리고 회재의 시는 어구를 애써 가다듬어 이루어낸 것이 아니라, 평이한 산문성을 기반으로 하였다는 특징을 지니고 있다. 이 또한 그가 성정에서 자연스럽게 우러나오는 정감을 읊은 데 유래하는 것으로 보이는데, 權應仁이 <慶山客館, 次徐剛中韻>의 "鳴鳩枝上七, 飛燕雨中雙."을 인용하면서 회재가 "시학에 전심하지 않았으나 성정에서 자연스럽게 우러나온 것이 이러하였으니 품성이 고명하면 애쓰지 않아도 이런 시를 얻을 수 있음을 알겠다."라고 한 말은 이를 간파한 지적이라 하겠다. 그리고 그런 산문취향이 그가 학문뿐 아니라 시에 있어서도 宋人들의 영향을 받은 때문임은 물론이다.

이러한 특성으로 볼 때 회재의 시는 김종직·조광조 등 전대 사림파와는 상당한 거리가 있는 한편으로, 기교주의를 반대하고 현실을 멀리하면서 인욕을 씻고 청징한 정신을 지니려 했던 이황과 유사한 성격을 지닌다고 할 수 있다. 특히 수양에 의하여 고도로 정화된 정신세계를 시를 통하여 표현한 점은 그를 도학파적 시의 길을 본격적으로 연 선구적 시인으로 이해하게 한다고 본다.

〈『韓國漢詩作家研究』 5(1999) 수록〉

藥圃 鄭琢의 삶과 詩世界

1. 序言

明宗·宣祖代의 문신 鄭琢(1526~1605)은 壬辰倭亂 중에 李舜臣 장군을 死地에서 구원한 노력으로 주목받거나, 退溪 李滉의 제자 가운데 정치적으로 성공한 인물의 하나로 기억되었을 따름이고, 문학적으로는 거의 관심의 대상이 되지 않았다. 역대의 選詩集에 뽑힌 작품이 하나도 없을 뿐 아니라, 詩話에서도 전혀 거론되지 않은 데서, 그의 시가 높이 평가받지 못하였음이 드러난다. 따라서 이제 와서 새삼스럽게 그의 시를 검토하는 데 대해서는 회의적 시각이 있을 수 있다. 그러나 韓國漢詩史 전체를 자세히 정리하는 작가론을 마련할 경우에는 도외시하기 어려운 점도 지닌 시인이다. 그러므로 그 생애와 시세계를 대략적으로 정리하는 것도 의미있는 작업이라 할 것이다.

2. 生涯

본관이 淸州, 자가 子精, 호가 藥圃·栢谷인 鄭琢은 縣監 元老[1]의 증

손이자 贈縣監 以忠의 둘째 아들이다. 中宗 21년(1526) 10월에 外鄕인 醴泉郡 金堂谷 三九洞第에서 부친과 모친 進士 韓終傑의 딸 사이에 출생하여, 11세에 부친을 따라 향리인 安東의 佳丘村으로 이거하였다. 13세에 평생의 知己인 栢潭 具鳳齡(1526~1586)과 함께 金沙寺에서 독서하였고, 15세에 仲父 三嘉縣監 以興에게 수학하였으며, 17세부터 退溪先生의 문하에 출입하였다. 20세에 다시 금당곡으로 이거하고, 23세에 부친상을 마치고 孝子 觀物堂 潘沖의 딸에게 장가들었으며, 27세이던 明宗 7년(1552)에 生員試에 급제하고, 28세에 紹修書院에서 독서하였다. 33세에 式年文科에 丙科로 급제하여 35세에 校書館 正字가 되고, 成川·晋州의 教授, 成均館의 博士·典籍, 司諫院 正言, 司憲府 獻納 등을 거쳐, 1568년에 春秋館 記注官으로서『明宗實錄』편찬에 참여하였다. 42세에 弘文館의 副修撰·副校理·校理를 거치면서 經筵에 참여하기 시작하여 30년 동안 經筵官을 지내면서 啓沃한 바가 많았다. 45세 되던 해인 宣祖 3년(1570) 12월에 恩門인 退溪先生의 상을 당하였고, 이듬해 修撰으로 退溪에게 내리는 賜祭文을 製進하였다.

吏曹佐郎·舍人·副應教·同副承旨를 역임한 뒤에 50세에 都承知를 거쳐 大司成·觀察使에 올랐으나 掌令 鄭仁弘, 持平 朴光玉과 의견이 맞지 않아 吏曹參判으로 遞任되었다. 54세에 도승지·大司憲을 거쳐 漢城府判尹으로 있던 1582년에 進賀使로 明나라에 갔다가 이듬해에 돌아와서 다시 대사헌이 되었다. 58세에 工曹判書를 맡은 이래로 禮曹·刑曹·吏曹·兵曹의 판서를 두루 역임하고, 64세에 謝恩使로 다시 명나라에 갔다가, 이듬해 4월에 돌아오던 도중에, 鄭汝立의 獄事에 연루된 崔永慶의

---

1) 원래 淸州鄭氏 가운데 鄭頔系는 安東에 정착하고 그 아우 鄭誧系는 畿湖地方에 분포하였는데, 포의 6대손 應祥이 金宏弼의 사위가 되어 星州에 정착하자, 그 손자 逑는 동향인인 金宇顒과 함께 退溪·南冥의 문하를 두루 출입하였으며, 안동에 살기 시작한 鄭賥의 4대손이 元老이고 琢은 그 손자인데, 琢부터 外鄕인 醴泉의 高坪에 世居하기 시작하였다.

아우를 천거한 일로 탄핵받아 파직되었다. 같은 해 겨울에 知中樞府使로 復官되고, 예조판서를 거쳐 右贊成 겸 知經筵春秋館事에 올랐다.

67세이던 선조 25년(1592) 5월에 壬辰倭亂이 일어나 왜병이 도성에 근접하자 內醫院 提調로서 왕의 西行에 호종하여 寧邊까지 갔다가, 곧 世子貳師에 제배되어 東宮을 陪從하여 江界·春川·伊川·成川·安州·肅川을 거쳐 寧邊에 이르렀다. 이듬해 정월에 동궁의 명을 받아 安州에 있는 明나라 都督 李如松의 군영에 다녀왔으며, 이어서 동궁을 모시고 定州에 있던 임금을 배알하였다. 이때 선조의 명으로 龍川의 良柵館에 있던 經略 宋應昌을 迎慰하고 돌아왔으며, 4월에도 송응창의 군영에 다녀왔다. 8월에는 본직으로 判義禁府事·知經筵事·世子貳師를 兼帶하였고, 龍灣에 가서 명나라의 諸將을 위로하고, 11월에 都城으로 돌아와 明將을 접대한 경험을 기록한 「龍灣聞見錄」을 임금에게 올렸다. 이듬해 봄부터 7월까지 동궁을 모시고 全州·公州·洪州 등지를 왕래하였으며, 8월에 서울로 돌아가서 備邊司에서 일을 보기 시작하였다. 70세이던 1595년 2월에 議政府 右議政에 올랐다가 知中樞府事로 옮기고, 이듬해 2월에는 金德齡을 伸救하여 석방되게 하였으며, 다음 해 3월에는 拿獄된 李舜臣을 두 차례에 걸쳐 伸救하였다. 74세이던 1599년에 병으로 귀향하였다가 이듬해에 左議政에 올랐으나 곧 判中樞府事로 옮겼으며, 78세에 領中樞府事로 致仕하였다. 다음 해에 扈從三等功臣에 녹훈되고 西院府院君에 봉해졌다.

80세 되던 해인 선조 38년(1305) 9월 19일에 향리인 예천군 高坪에서 서거하였는데, 訃音이 조정에 들리자 同副承旨를 보내어 弔問하고, 禮曹佐郎를 보내어 致祭하였다. 이듬해에 衛聖功臣 一等에 추록되고 領議政에 추증되었으며, 仁祖 13년(1635)에 貞簡으로 贈諡되었다. 인조 18년에 郡內의 士林이 鄕賢祠를 세워 位版을 奉安하였고, 肅宗 26년(1700)에는 사림이 평소에 노닐던 곳에 서원을 세웠으며, 景宗 3년(1723)에 향현사의 位版을 이곳에 옮기고 道正書院이라고 이름하였다.

정탁은 17세부터 李滉의 문하에 출입하기 시작하였는데, 退溪가 42세일 때에 이미 門人이 되었다는 데서 그가 退溪에게 직접 수학한 문인 가운데 가장 선배세대에 해당한다는 것을 알 수 있다. 『師友淵源錄』에 기록된 퇴계의 문인 가운데 鄭之雲・柳希春・盧守愼・黃俊良・朴淳・奇大升 등은 직접 수학했다고 보기 어려운 이들이므로, 직접 가르침을 받은 문인으로는 吳健・金八元・趙穆・鄭琢・具鳳齡 등이 가장 선배 세대[2]라 할 수 있기 때문이다. 이는 『石潭日記』의 선조 6년 2월 기사에서 임금이 조정에 있는 이황의 제자로 누가 있느냐고 물었을 때에, 副提學 柳希春이 鄭惟一・鄭琢・金就礪를 들었다고 기술하고 있는 데서도 확인된다. 栗谷은 이들 3인이 도학을 공부한 제자가 아니라고[3] 폄평하였지만, 후대에 가장 두드러진 문인으로 인정받은 김성일・유성룡을 제쳐두고 月川・藥圃 등을 거명한 것은 이들을 가장 선배급으로 인식하였기 때문일 것이다.

한편, 그는 鄭蘊이 墓誌銘에서 "퇴계와 남명 두 선생을 스승으로 섬겨 훈도가 더해짐이 많았다."[4]고 한 대로 曺植의 문하에도 출입하였다.[5] 南冥을 애도한 시를 남기거나 그 문인인 吳健・金宇顒과 절친했으리라고 짐작케 하는 시문이 여러 편 있는[6] 점은 이에 말미암았을 것이다. 결국

---

2) 이들은 1521~1526년생이므로 1531~1533년생인 權好文・金富倫・鄭惟一보다는 한 세대, 1538~1542년생인 金誠一・權春蘭・柳成龍보다는 두 세대 가량 선배이다.

3) 李珥, 『石潭日記』 上 宣祖 6년 12월조. "上謂侍臣曰, '曺植・李滉弟子有立朝者乎?' 副提學柳希春曰, '李滉弟子立朝者, 鄭惟一・鄭琢・金就礪其人也.' (중략) 謹按, 鄭惟一・鄭琢・金就礪, 雖曰游李滉之門, 而實非道學弟子也. 惟一粗雜無檢制, 琢昏弱無執守, 況就礪諂佞, 只趨走服勞而已. 以此三人, 名之曰弟子, 則其爲李滉之辱, 不亦甚乎? 柳希春只讀古書, 而實無識見 昧於是非如此, 良可嘆也."

4) 鄭蘊, <貞簡公西院府院君鄭公墓誌銘>, 『藥圃集」 권7 附錄. "師事退溪南冥兩先生, 多有薰陶之益."

5) 藥圃가 南冥의 門人임은 英祖 40년(1764)에 간행된 『南冥集』 권1의 <與子强子精書>・<又與子强子精書>・<又與子强子精書>, 別集 권3 「師友錄」의 <鄭藥圃貞簡公>에서 드러나며, 『藥圃集』 「附錄」에서 『退溪門人錄』을 인용하여 "又從南冥"이라 하거나 『儒學淵源錄』에 퇴계・남명의 문인으로 다 등재된 데서도 입증된다.

6) 鄭蘊이 墓誌銘을 짓고 鄭逑가 제문을 지은 점, 그가 崔永慶의 아우를 천거한 점,

그는 남명의 제자인 吳健·鄭逑가 퇴계의 문하를 드나든 것과는 반대로 퇴계를 주로 섬기는 한편으로 남명을 사사하였던 것이다.

약포의 交友關係는 현전하는 그의 시문을 통해서 살필 수밖에 없는 탓에 자세히 알기 어렵다. 시문을 통하여 드러나는 교우의 대부분은 퇴계의 문인이지만, 일부는 남명의 문인이거나 관직생활의 동료이다.

약포와 가장 가까웠던 벗이 月川 趙穆이었으리라는 것을 酬贈詩文이 50여 편을 상회하는 데서 짐작할 수 있다. 월천과 가장 가까웠던 것은 그가 약포와 동년배의 동문이자 동향인이었기 때문일 것이다. 雪月堂 金富倫은 10여 편의 시문을 준 점과 거기에 나타난 정의 농도로 보아 월천에 못지 않게 친밀한 사이였던 듯하다. 역시 퇴계의 문인인 金誠一·柳成龍·鄭惟一·具鳳齡 등과 남명의 문인인 吳健·金宇顒과도 가까웠던 듯하다. 이 밖에 李山海·沈守慶은 등렬 가운데 친교가 깊었던 인물로 보이며, 임란를 구원하러 왔던 명나라 장수들인 宋應昌·李如松과 선비 胡煥 등과도 외교적 접촉으로 인하여 교분이 깊었을 것으로 보인다.

정탁의 사람됨에 대하여 『宣祖實錄』의 卒記에서는 "탁은 사람됨이 유순하고 부드러웠는데, 과거에 급제한 초기에는 명성이 없어 오래 교서관에 막혀 있었다. 일찍이 향실에서 숙직을 하던 날에 문정왕후가 향을 취하여 불사에 제공하고자 하니 탁이 안 된다고 고집하면서 끝내 올리지 않았다.[7] 이로 말미암아 그 시절에 중망을 받아 현달한 길로 통할 수 있었다. 뒤에 임금을 호종한 공로로 등급을 뛰어넘어 높은 관품을 제수받았고, 오래지 않아 발탁되어 재상이 되었으나 글을 올려 사퇴하기를 청하였으니, 옛 사람이 치사한 풍모가 있었다. 작위를 탐하여 늙어도 물러나지

그의 아들 允穆이 成汝信 등 南冥의 문인들과 교유한 점도 같은 현상이다.

7) 이에 대해서는 『涪溪記聞』(『大東野乘』 권72)에 "以草莽奮起登第, 拜校書正字, 直宿香室 文定稱制將供佛, 命取香於香室. 公曰此是供郊社之物, 拒不從, 文定大怒, 命下吏, 物議多之, 名聲藹然, 歷敭顯淸, 竟至鼎鉉."이라는 더 구체적인 기술이 있다.

않는 자들보다 어짊이 멀다."[8]라고 기술하였다. 또 桐溪 鄭蘊은 묘지명에서 "퇴계와 남명 두 선생을 스승으로 섬겨 훈도가 더해짐이 많았다. 이에 爲己之學이 있음을 알고, 실천하는 공적을 더하여 口耳之學을 일삼지 않았으며, 經史를 꿰뚫지 않은 것이 없었다."[9]라고 한 데 이어, 그가 『周易』·『中庸』·『大學』·『小學』 등에 두루 심취하여 밝았음을 찬양하고 나서, "天文·地理·象數·兵家의 유파에 이르기까지 널리 통하여 섭렵하지 않은 것이 없어 그 취지를 얻었으며, 선비가 병법을 모르면 대임을 맡는 데 부족하다고 여겼으므로 八陣·六花 등의 법에 대하여 더욱 뜻을 더하였다."[10]라고 하였다.

동계의 진술에 의하면 그가 성리학 이외의 여러 학문에 두루 조예가 깊었고, 특히 병법에 밝았음을 알 수 있는데, 병법에 밝았다는 것은 임진왜란에 대응하는 자세에서도 엿보인다.[11] 이런 면모로 말미암아 "정탁·유성룡의 임란 당시 '국정운영'을 살펴볼 때 그들의 경세적 일면은 陸王學的 지식에서 도출되었다고 본다."[12]고 평가받기도 한다. 그가 燕京에서 陸象山의 문집을 구해온[13] 점 외에도 육왕학과 관련을 맺을 계기[14]가

---

8) 『宣祖實錄』 권191 38년 10월 癸卯. "琢爲人柔順和厚, 登第初未有名, 久滯於校書館. 嘗直香室之日, 文定王后將欲取香以供佛事, 琢執不可, 終不上之. 以此見重於當世, 得通顯路, 後以扈聖功, 超授崇品, 未幾擢拜爲相, 上章乞退, 有古人致仕之風. 其賢於貪戀爵位, 老而不退者遠矣."

9) 鄭蘊, <貞簡公西院府院君鄭公墓誌銘>, 『藥圃集』 권7 附錄. "師事退溪南冥兩先生, 多有薰陶之益. 於是, 知有爲己之學, 而加踐實之功, 不以口耳爲事, 於經史, 無不貫通."

10) 위의 글. "至於天文地理象數兵家之流, 無不旁通涉獵, 得其趣旨, 以爲士不知兵, 不足以當大任, 故於八陣六花等法, 尤加意焉."

11) <決策討賊疏>(권2)에서 水陸幷進挾攻策을 건의하고 <與明儒胡煥>(권2), <書示胡相公>(권6) 등에 전투에 대한 의견을 개진한 것은 그런 예일 것이다.

12) 李樹健, 『嶺南學派의 形成과 展開』(일조각, 1995), 40면.

13) 위의 책, 같은 곳.

14) 정탁이 누차 만났던 明의 經略 宋應昌이 양명학을 역설하였다는 주장(李能和, 「朝鮮儒界之陽明學派」)이나 南冥의 師友門人들이 '육왕학'적 일면이 있다는 지적(李樹健, 『嶺南學派의 形成과 展開』)도 그의 육왕학에 대한 관심과 연관이 있을 것이다.

있었던 점으로 보아, 西厓가 陽明學에 관심을 지녔지만[15] 퇴계의 영향으로 그것을 비판하는 글을 남긴 것과 유사한 현상이 약포에게도 있었을 것이다.

약포의 생애 가운데 가장 두드러진 업적을 남긴 시기는 임진왜란을 맞은 만년으로 볼 수 있을 듯하다. 그는 67세의 노령에 전란을 만났음에도 불구하고 始終 임금과 세자를 열성적으로 시종했는가 하면, 그런 체험을 「避難行錄」·「龍灣聞見錄」으로 남겼다. 그리고 1594년에 郭再祐·金德齡 등의 명장을 천거하여 큰 공을 세우게 하였으며, 1597년에 丁酉再亂이 일어나자 72세에 이른 노구를 이끌고 南邊으로 가서 민심을 안정시키고 군사의 사기를 앙양시키겠다고 청했다가 왕의 만류로 실행하지 못하였고, 여름에는 <決策討賊疏>(권2)를 올려 水陸幷進挾攻策을 건의하기도 하였다. 특히 정유년 3월에는 옥중의 이순신을 伸救하여 사지에서 벗어나게 함으로써 마침내 큰 공을 세우게 하였는데, 이 사건의 전말은 다음과 같다.

이 해 小西行長의 첩자인 要時羅가 慶尙右兵使 金應瑞에게 加藤淸正이 某日에 바다를 건너올 것이니 수군을 시켜 사로잡으라고 알려오자, 조정의 명에 따라 이순신이 출동했으나, 이미 加藤이 西生浦에 들어간 뒤라서 되돌아갔다. 그런데 당시에 조정에서는 尹斗壽를 비롯한 西人들이 領相 柳成龍을 몰아내는 데 혈안이 되었는데, 마침 유성룡이 추천한 이순신이 죄에 걸려들었기 때문에 유성룡을 축출하고자 이순신을 탄핵하였으며, 慶尙右水使 元均도 모함하는 상소를 올렸다. 이에 실정을 알지 못한 선조가 이순신이 명령을 어기고 출전을 지연하였다는 죄명으로 압송하라고 명하였다. 이순신은 모진 고문을 받는 가운데서도 사실대로 고

15) <書陽明集後>(『西厓集』 권18)에서 17세이던 明宗 13년(1558)에 義州에서 謝恩使 沈通源이 지닌 『陽明集』을 베껴서 애장했는데, 壬亂 중에 왜구가 安東의 집을 불태워 家藏文籍이 다 타 버린 가운데서도 그것이 남아 있기에 거두었다면서, 자제에게 寶蓄하라고 당부하였다.

하였으나, 의심이 풀리지 않아 그 목숨이 경각에 달리게 되었다. 유성룡은 자신이 연루된 일이라 손을 쓸 수가 없었는데, 우의정 정탁이 <論救李舜臣箚>(권2)를 올려 극력 변호함으로써, 마침내 이순신은 사죄를 면하고 權慄의 幕下에서 백의종군할 수 있었으며, 원균이 대패한 뒤인 8월에 마침내 통제사로 복귀하여 鳴梁海戰에서 대승할 수 있었다.

당시에 정탁은 <李舜臣獄事議>(권3)에 이어 1300여자의 장문인 <論救李舜臣箚>(권2)를 올렸는데, 그 가운데 나라와 인재를 사랑하는 그의 마음이 가장 잘 드러난 대목을 살펴보기로 하자.

> 대저 인재는 나라의 利器이니, 비록 譯官과 算士의 무리라 하더라도 참으로 才藝가 있다면 모두 마땅히 사랑하고 아껴야 하거늘, 더욱이 將臣 가운데 재능을 지닌 자처럼 적을 막아내는 데 씀에 가장 관계가 깊은 경우인데도, 그를 한 번 법률을 적용함에 맡기도록 허가하여 조금도 용서함이 없겠습니까? 순신은 진실로 장수의 재능이 있고 재주가 해전과 육전을 겸하여 못하는 일이 없으니, 이런 인물은 쉽게 많이 얻을 수 없으며, 변방 백성들이 촉망하는 바요 또한 적들이 꺼리는 바입니다. 만약 죄명이 매우 엄중하여 조금도 용서할 수 없어, 공로와 죄를 서로 견주어 봄을 따지지 않고 효능이 있고 없음을 생각지 않으며 그 정세를 천천히 살피지 않고서, 마침내 크게 문책하는 데 이르면, 공이 있는 자는 스스로 힘쓰지 않고 능력이 있는 자는 스스로 애쓰지 않을 것입니다. 비록 감정을 품고 있는 원균과 같은 자도 아마 또한 스스로 편안하지 못할 것이며, 중외의 인심이 한꺼번에 아울러 흩어질 것이니, 이는 실로 걱정스러운 징조이며 다만 적들의 다행이 될 뿐입니다. 순신 하나의 죽음은 실로 아깝지 않지만, 국가에 관계됨이 가벼운 것이 아니니, 어찌 우려스럽다고 이를 만큼 중대하지 않겠습니까?[16]

16) 鄭琢, <論救李舜臣箚>, 『藥圃集』 권2. "大抵人才, 國家之利器, 雖至於譯官算士之類, 苟有才藝, 則皆當哀惜, 況如將臣之有才者, 最關於敵愾禦侮之用, 其可一任用法, 而不爲之饒貸也? 舜臣實有將才, 才兼水陸, 無或不可, 如此之人, 未易多得, 邊民之所囑望, 敵人之所嚴憚. 若以律名之甚嚴, 而不暇容貸, 不問功罪之相準, 不

윗글에는 나라의 장래를 걱정하는 마음과 유능한 장수를 버림으로써 전쟁에 바르게 대처하지 못하는 일이 생기지 말기를 바라는 충정이 절실하게 담겨 있다. 이 글로 말미암아 충무공이 다시 큰 역할을 할 수 있게 한 공적 하나만으로도, 약포가 임진왜란을 치르는 동안 대신의 책무를 훌륭하게 수행했다고 평가하지 않을 수 없을 것이다.

3. 藥圃의 詩世界

『藥圃集』 14권 6책은 原集과 續集으로 이루어져 있으며, 총 451판 분량이다. 원집은 黃海道 觀察使이던 五代孫 玉이 英祖의 명에 따라 家藏草稿를 바탕으로 編次하여 1760년 海州에서 목판본 7권으로 간행하였고, 속집은 후손 光翊·必奎 등이 수집·편차하여 1818년에 목판본 4권으로 간행하였다.

원집에는 詩 148수, 書·疏·箚·啓·獻議·祭文·記·序·跋·墓誌·雜著 등 文 101편, 「避難行錄」·「龍灣聞見錄」이 실려 있고, 속집에는 시 248수와 書 107편을 포함한 132편의 문이 실려 있다.

한시는 원집 권1에 68제 148수, 속집 권1에 94제 248수가 실려 있는데, 속집 가운데 9제는 원집에 실린 작품의 補遺이므로, 전체적으로는 153제 396수이다.[17] 이것들은 五言古詩 4수와 四七言 雜言古詩 1수를 제외하면 모두 근체시이며, 근체시는 五言絶句 164수, 五言律詩 31수, 七言絶句 117수, 七言律詩 78수이다. 오언절구가 가장 많을 뿐 아니라, 칠언율

念功能之有無, 不爲徐究其情勢, 而終致大譴, 則有功者無以自勸, 有能者無以自勵. 雖至挾憾如元均者, 恐亦不能自安, 中外人心, 一并解體, 此實憂虞之象, 而徒爲敵人之幸. 一舜臣之死, 固不足惜, 於國家所關非輕, 豈不重可謂之慮乎?"

17) 원집에 실린 시는 판각시에 '缺'로 표시된 글자가 1자, 판본의 마모로 결락된 글자가 1자 있고, 속집에는 판각시에 '缺'로 표시된 글자가 7개소 9자이다.

시가 칠언절구와 비슷할 만큼 많아서, 우리 한시작가 일반의 경향과는 차이가 있다. 이를 통하여 약포가 오언절구와 칠언율시를 선호하였던 시인임을 짐작할 수 있다.

『약포집』의 시는 원집과 속집 모두 창작시기순으로 편차되어 있다. 원집에는 40대부터 만년까지 지은 것이 실려 있다. 첫머리에 실려 있는 작품인 <玉堂秋夜>의 "三年待漏鑾坡上"이라는 술회로 보아 副修撰이 된 지 3년째 되는 44세 이후의 작품부터 수습된 것으로 보이는데, 壬辰倭亂 이전의 작품이 68제 가운데 15제이다. 그리고 맨 뒤에 실린 작품인 <亂後紀行>에서 "八十衰朽臣"이라 한 데서 작고할 무렵에 지은 작품까지 포함되어 있음을 알 수 있으며, 임란이 일어난 뒤에 지어진 것은 53제이다.

속집에도 임란 이전에 지어진 것보다 전란이 일어난 뒤에 지어진 것이 훨씬 많다. 일곱 번째 작품인 <輓金久菴就文>이 1570년에 지어졌을 터이므로 그 앞의 <閑居感興十二絶> 등 6제는 1570년 이전의 작품일 것이다. 그리고 <輓柳監司仲郢>·<輓金伯榮富仁二首>·<桃村八詠> 등 난리 전에 죽은 이들과 연관된 작품들이 이어지는 점으로 보아, 94제 가운데 32제는 임진왜란 이전에 지어진 작품인 듯하다. 결국 62제가 임란이 일어난 뒤에 지어진 작품인 셈인데, 1603년에 죽은 金宇顒을 弔喪한 시가 남은 데서 원집과 마찬가지로 만년의 작품까지 수습되었음을 알 수 있다.

따라서 현전하는 약포의 시는 대체로 40대부터 만년까지 지어졌으며, 그 가운데 3/4 이상이 노년기인 67세 이후에 지어진 것이라고 할 수 있다.

위에서 밝힌 대로 약포의 현전시는 152제 396수에 이르므로 양적으로 적다고 할 수는 없다. 그러나 40대 이전의 작품은 거의 남지 않았다고 할 정도로 청장년기의 작품은 제대로 수습되지 않았으며, 게다가 전체의 3/4 가량이 노년기의 작품이다. 그러므로 현전시는 그의 시세계를 제대로 반영하고 있다고 보기 어려운 점이 있다.

그런데 약포의 시는 시풍이나 기법상의 두드러진 특징을 지녔다고 보기 어려울 뿐 아니라, 스스로 문학관·시인식을 밝히거나 선호하는 시풍·시인에 대하여 언급한 경우도 없어, 제재와 의미의 관점 이외에 그의 시세계를 살필 방법을 생각하기 어렵다. 이런 점을 감안하여 현전시를 개관하면, 약포시의 두드러진 주제 내지 제재는 儒學에 대한 의지, 師友에 대한 정회, 전란에 대한 감회, 나라와 백성의 고난에 대한 염려, 전란에 대한 구체적 증언 등이라 할 수 있다. 그러므로 여기에서는 이러한 주제들을 크게 두 부류로 묶어, 그것들이 어떻게 형상화되어 있는가를 검토해 보기로 한다.

1) 儒學에 대한 意志와 師門에 대한 情懷

사대부가 시를 통하여 유학, 특히 성리학을 탐구하고자 하는 의지를 강하게 드러냄은 당연한 일이지만, 약포의 장년기 시에는 특히 그런 경향이 두드러지게 나타나 있다. 1570년에 죽은 金就文을 추도한 <輓金久菴就文>보다 앞에 실려 있어 45세 이전에 지어졌을 것으로 보이는 <閑居感興十二絶>(속집 권1)은 오언절구 12수로 이루어져 있는데, 이것들은 모두 성리학자들이 중시한 공부방법이나 덕목을 읊고 있다. 그 가운데 세 번째 수에서는 "경이란 한결같이 오로지함이니, 학문의 처음과 끝을 꿰뚫는다네.(敬是主於一, 貫徹終始學.)"라고 하여 수양론의 핵심인 '居敬'을 읊었다. 그리고 여섯 번째 수에서는 역시 수양덕목인 '誠'을 지향하는 뜻을 "의지에 어찌 선과 악이 있으랴? 성실을 가장 귀하게 여긴다네.(意幾有善惡, 誠之最爲貴.)"라고 밝혔다. 다음은 아홉 번째 수이다.

> 우리 도는 중용에 있으니
> 어찌 지나치거나 미치지 못하랴?
> 군자가 되고자 하기 때문에

착한 일을 골라 굳게 잡네.

吾道在中庸, 奈何過不及?
所以爲君子, 擇善而固執.

위의 시는 성리학도들이 최고의 정신적 경지로 여기는 중용에 도달하기 위하여 애쓰는 자세를 밝힌 것이다. 이처럼 유가적 수양에 몰두하는 자세에서 그가 경세가에 그친 사람이 아니라 학문에도 매우 열성적이었던 선비였음을 알 수 있다. 다음은 그러한 공부에 있어서 앞에서 살폈던 居敬의 단계를 거쳐 窮理의 단계에 몰입한 체험을 읊은 작품인 <鳶魚吟>(속집 권1)이다. 1573년에 죽은 柳仲郢, 즉 西厓의 부친을 추도한 <輓柳監司仲郢> 바로 뒤에 실린 것으로 보아 50세 무렵에 지은 작품으로 보인다.

솔개는 하늘에서 날고
물고기는 연못에서 뛰네.
날고 뜀을 스스로 알지 못하지만
내려다보고 쳐다보니 이치가 현묘하지 않은가?

飛而鳶戾天, 躍而魚在淵.
飛躍不自知, 俯仰理不玄?

위의 시는 솔개가 날고 물고기가 뛰는 것과 같이 天理가 자연스럽게 실현되는 모습을 관찰을 통하여 확인하는 데서 맛보는 기쁨을 읊고 있다. 그러므로 이 작품은 성리학도들이 사물을 관찰함으로써 存心養性을 성취하고자 하는 자세를 읊은 시인 觀物詩라 하겠는데, 그는 장년기에 특히 이런 시를 많이 지은 듯하다. 『약포집』 속집 권1에 실린 <讀邵子易四絶>·<觀書寓感二絶>·<讀周易七絶>·<春秋二絶>·<禮記>·<綱目>·<勉學

三絶> 등이 그런 예인데, 다음은 <讀邵子易四絶> 가운데 제3수이다.

지극한 도는 은밀한 곳에 숨어 있고
사방에서는 어지럽게 물산이 생겨나네.
그 종류가 수없이 많지만
그 이치는 하나에 근본을 둔다네.

至道藏於密, 紛紛生四物.
厥類雖百千, 其理本乎一.

성리학 형성기의 학자인 邵雍의 易을 읽고 난 느낌을 읊은 시인데, 그가 邵易을 깊이 공부했다는 것은 이 작품에서 소옹의 '以理觀物'이 간접적으로 인용된 데서도 확인된다. 그는 이러한 탐구를 통하여 다음에 드는 <觀物吟四絶>(속집 권1) 첫 번째 수에서 볼 수 있는 바와 같은 성리학적인 태극설과 이기론을 검증하고자 하였다.

한 기가 쉬지 않고 운행되는데
하늘은 절로 가리네.
고금에 성쇠가 있음은
음과 양에 적고 큼이 있기 때문이네.

一氣運無歇, 乾元自覆盖.
消息古而今, 陰陽有小大.

一氣・乾元・陰陽과 같은 성리학적 술어들이 그대로 사용된 理語詩라 하겠는데, 시인은 主理的 理氣二元論者인 퇴계의 문하생답게 우주만물의 원리적 측면을 '건원', 즉 天理로 파악하고 운행적 측면을 '일기', 즉 氣로 인식하고 있으며, 사물의 성쇠를 태극의 음양적 원리로 이해하고 있다.

이처럼 성리학적 관점에서 사물을 이해하였다면 異端에 대하여 강한 배척의지를 지녀야 마땅할 터인데, <觀物吟四絶>(속집 권1)의 제4수에 그런 관점이 나타나 있다.

음과 양으로 밤과 낮이 구분되니
이 이치가 매우 분명하네.
석씨는 어떤 견해를 가졌던가?
윤회로 죽음과 삶을 풀이했다네.

陰陽限晝夜, 此理甚分明.
釋氏有何見? 輪廻說死生.

인간의 삶과 죽음이 천지에 함유된 음양의 조화라는 이치를 들어 釋迦의 윤회설이 옳지 않음을 비판한 내용이다. 이런 이단관은 불교·도교뿐만 아니라 유가의 이단학설에도 적용되어야 옳겠는데, <慕古八絶>의 제3수에 그런 자세가 나타나 있다.

천년 동안 참된 선비가 없었고
순임금과 하나라의 시대는 멀어졌도다.
신불해와 한비자는 시끄럽게 어지럽혔는데
누가 다시 끊어진 실마리를 찾았던가?

千載無眞儒, 遠哉虞夏世.
申韓紛雜亂, 誰復尋墜緖?

유가의 성현이 다스렸던 三代의 德治를 따르지 않고 法家를 표방했던 이단적 사상가들인 申不害·韓非子를 강하게 배척하고 있는데, 같은 시의 제4수에서 "楊子와 墨子는 제각기 치우쳤는데, 중용을 잃음은 똑 같다네.(楊墨各偏倚, 失中斯所同.)"라고 읊은 것도 같은 예이다.

정탁의 經世家的 자세에는 陸王學의 영향이 작용했을 것이라는 시각이 있음을 앞에서 이미 밝혔지만, 시에서는 그것을 이단시한 경우만 확인된다. 다음은 "중국에서 오로지 육학을 숭상하기 때문에 언급했다.(中朝專尙陸學故及之)"라는 주가 붙어 있는 <次月川韻四絶>(속집 권1)의 제3수이다.

> 九州가 도도한 육학의 형세에 침몰되는데
> 본래 이단의 술법은 인심을 무너뜨린다네.
> 모름지기 위대한 우임금이 홍수를 다스렸음을 안다면
> 소통시킨 신이한 공로에 감탄을 금하지 못하리.
>
> 九有滔滔勢陸沉, 從來異術陷人心.
> 須知大禹治洪水, 疏決神功不嘆[18]禁.

이 시는 陸學, 즉 陸象山의 학풍이 중국에 미만한 것을 지적하고 그것이 이단이므로 인심을 헤침을 경계하고 있다. 이로써 보면 그는 象山學·陽明學의 '心卽理'에 바탕을 둔 先知後行說·知行合一說 등을 배척하고 朱子學을 신봉했던 스승 퇴계와 같은 입장을 지녔다고 볼 수 있다. 그러나 육왕학에 대한 그의 이런 태도에는, 서애의 경우처럼 호의적 관심을 지니고서도 스승이 그것을 강하게 배척한 점을 고려하여, 표면적으로는 이단시할 수밖에 없었던 측면도 없지 않았을 것으로 보인다.

정탁의 현전시 가운데 절반 정도는 次韻詩나 酬贈詩이고, 그 대부분은 師友에 대한 회포를 읊은 것이다. 이는 그가 師門에 대하여 남다른 애착을 지녔다는 증좌일 터인데, 그는 퇴계의 문인이므로 師友에 대한 감회도

18) 원전에 '缺'로 표시되어 있어 原字를 알 수 없지만, 의미맥락에 따라 '嘆'으로 추정하였다.

퇴계학파를 중심으로 개진되어 있다.

약포는 퇴계의 문인 가운데 비교적 선배세대이므로 스승에게 올린 글을 매우 많이 지었을 것으로 보인다. 특히 그는 스승의 訃音이 조정에 전해졌을 때에, 경연에서 "동방에 학문을 한 사람이 비록 간혹 있었지만 조예가 정밀하고 깊은 데 이르고 실천이 순일하고 확고한 사람은 오직 이 한 분뿐입니다. 그 進退出處와 辭受取予가 모두 뒷사람의 모범이 될 만합니다."[19]라고 퇴계의 학문을 격찬한 바 있다. 이에 대하여 왕이 御醫를 보냈으나 작고하고 만 데 대하여 悼恨을 표하자, "그 도를 반드시 쓰고 나서 바야흐로 어진 이를 대우하는 도리를 극진히 해야 할 것"[20]이라고 진언할 정도로 스승을 존숭했다. 그러나 약포의 遺文 중 퇴계와 직접적으로 연관된 글은 산문 2편[21]과 시 2편에 불과하다. 그 중 <敬次仙夢臺退溪先生韻, 示曹汝益, 五首>는 스승을 숭앙하는 뜻을 간접적으로 드러낸 데 그친 작품이지만 <慕古八絶>(속집 권1)의 제8수에는 다음과 같이 강한 존경의 뜻이 담겨 있다.

> 도산에서 옛 도를 연구하시니
> 해외에서도 모두 북두성처럼 우러러보았네.
> 선비들이 선생을 공경하니
> 우리 동방에서는 문물이 사라지지 않으리.
>
> 陶山講古道,　海外皆斗仰.
> 函丈士摳衣,　吾東文不喪.

---

19) 『藥圃集』 卷首 <藥圃先生年譜>. "東方學問之人, 雖或有之, 至於造詣之精深, 踐履之純固, 則唯此一人而已. 其進退出處, 辭受取予, 皆可爲後人之模範."
20) 위의 글. "必用其道, 然後方盡待賢之道也."
21) 文昭殿位向에 대한 견해만 기술한 서간 <上退溪先生>(권1)과 제문인 <祭退溪先生文>(권3)을 말한다.

1584년 경에 지어진 이 작품은 퇴계의 학문이 높아 해외에까지 떨쳤을 뿐만 아니라 나라의 師表가 되어 문물이 융성하게 할 것이라고 찬양하고 있다. 이는 그가 <祭退溪先生文>(권3)에서 “伊洛으로 거슬러 올라가고 洙泗의 근원을 탐구하여, 높은 도와 고귀한 덕으로 우뚝하게 서시니, 삼한 천년의 우리 도가 바로 여기에 있네.”[22]라고 찬송한 것과 같은 취지이다.

약포는 이러한 위대한 스승을 함께 모셨던 동문들에게도 매우 빈번히 시를 통하여 우호적 감정을 표현하였다. 다음은 서간 47편과 시 7제를 보낸 점으로 보아, 그와 가장 가까웠던 동문으로 짐작되는 月川 趙穆에게 보낸 <次趙月川士敬韻三首>(권1)의 제2수이다.

> 어지러운 이설에 세인들이 미혹되는데
> 구제하는 요점은 인심을 바르게 함에 있네.
> 사해의 안을 모두 이와 같게 하려고
> 형께서 홀로 무너지는 것을 막음이 안타깝네.
>
> 異說紛拏惑世沈,　救之要在正人心.
> 從敎海內皆如此,　摧陷憐兄獨力禁.

작품 뒤에 붙인 주에서 “형이 한 지역에서 살면서 사해를 확청시키는 일에 종사하려고 생각하니 어찌 매우 훌륭하지 않으랴?(兄生一域, 有思做廓淸四海之功, 豈不佳甚?)”라고 주를 달아 놓은 것을 참고하면, 벗이 참된 학문에 힘쓰는 데 대한 무한한 존경의 뜻을 표하고자 한 시이다. 이 한 편의 시를 통해서도 月川이 鶴峰·西厓와 더불어 퇴계의 가장 뛰어난 제자로 손꼽힌 까닭을 대략 짐작할 수 있다.

雪月堂 金富倫은 월천에 못지 않게 약포와 가까웠던 벗으로 보이는데,

22) <祭退溪先生文>, 『藥圃集』 권3. “遡波伊洛, 窮源洙泗, 道尊德崇, 所立卓爾, 三韓千載, 吾道在是.”

설월당에게 준 시에는 특히 인간적인 친밀감이 두드러지게 나타나 있다. 다음에 드는 <送別雪月>(속집 권1)은 그 가운데 두드러진 예이다.

> 내 그대를 붙들고자 하여도 그대는 머물지 않더니
> 그대가 가 버리니 마침 나는 근심에 빠지네.
> 남쪽고을에서는 세밑이라 맑은 기운을 실컷 맛볼 텐데
> 기러기를 따라 고개마루를 넘지 못함을 안타까워하네.
>
> 我欲留君君不留,　君歸政使我沉愁.
> 南鄕歲晩饒淸賞,　恨不隨鴻度嶺頭.

뜻이 맞는 벗과 함께 있고 싶어하는 감정이 절절히 나타나 있어, 설월당이 약포와 인간적으로 매우 가까웠던 인물임을 엿보게 한다. 시의 경우에는 설월당에게 준 것이 월천보다 2제 많은 9제에 이를 뿐 아니라, 정의 농도가 위의 시처럼 짙게 담긴 경우가 많은 데서 그런 점이 잘 드러난다.

> 큰 집이 기울려고 하는 날에
> 마음을 오로지 하여 나뭇가지 하나로 버티네.
> 특별한 현명함을 만인이 알고
> 외로운 충심은 성주께서 아시네.
> 지난날의 친밀함 때문에 혼은 끊어지고
> 새로운 이별로 눈물이 넉넉하네.
> 어느 곳 서리와 얼음이 쌓인 길에서
> 아득히 홀로 머뭇거릴까?
>
> 大厦將傾日,　專心一木支.
> 獨賢萬人諳,　孤忠聖主知.
> 魂因舊好斷,　淚以新別滋.
> 何處氷霜路,　迢迢獨去遲?

유성룡에게 준 <寓懷>(권1)인데, 戊戌年 겨울에 柳西厓가 논박당하여 고향으로 돌아갈 때 지었노라고 註記되어 있다. 1598년에 明의 經略 丁應泰가 조선이 일본과 연합하여 명나라를 공격하려 한다고 본국에 무고한 데 따라, 서애가 탄핵당했을 때에 지어진 작품임을 말할 것이다. 당시에 서애는 명나라에 변명하러 가야 한다는 공론에도 불구하고 가지 않은 일로, 북인들에게 탄핵받은 끝에 관직을 삭탈당하고 낙향한 바 있다. 당쟁의 성격을 띤 다툼으로 생긴 일이므로 같은 南人으로서 지닐 수밖에 없었던 정서가 포함되었으리라는 것을 고려하더라도, 위의 시에는 동문이자 동향인 후배에 대한 따뜻한 정과 존경의 뜻이 절실하게 토로되어 있다.

약포가 남명의 문인이기도 하였다는 사실은 南冥師門과 연관된 시가 꽤 여러 편 있는 데서도 확인된다. 다음은 『南冥集』「附錄」에도 <挽章>으로 실려 있는, 남명의 죽음을 애도한 <輓曹南冥先生>(권1)이다.

曺夫子를 공경하나니
숲 속의 집에서 도가 절로 높았네.
임금이 세 번 초빙해도 끝내 사양하고
가난한 삶을 바꾸지 않았네.
嚴光의 절조로 도와 일으키고
賈誼의 말로 다스려 편안하게 하였네.
만 길이나 되는 頭流山처럼 우뚝하여
천년토록 모범으로 남으시리.

景仰曹夫子, 林居道自尊.
終辭三聘幣, 不改一簞飧.
扶起嚴陵節, 治安賈傅言.
頭流萬仞立, 千載典刑存.

남명의 생애와 학덕에 대하여 무한한 찬사를 바치고 있거니와, 애도시의 의례성을 감안하더라도 큰 스승에 대한 존숭의 뜻이 읽는 이의 가슴에 와 닿도록 절실하다. 또 그런 스승의 문하를 함께 드나든 동문인 德溪 吳健의 죽음을 읊은 <輓吳子彊>(권1)에는 다음과 같이 짙은 슬픔이 나타나 있다.

한 번 먼 동남쪽에서 이별한 뒤에
삼년 동안 그대를 보지 못하였다네.
어찌 형제처럼 정다웠다고 하랴?
문득 사생이 나뉘어지네.
道로 하는 交際를 장차 누구와 맺으랴?
충직한 말을 다시는 들을 수 없네.
전에 놀던 곳을 지나가노라니
오늘은 유독 혼이 스러지네.

一別東南逈, 三年不見君.
云胡弟兄好? 忽作死生分.
道契將誰託? 忠言更莫聞.
經過舊游地, 此日獨消魂.

德溪 吳健은 河西·退溪의 문하에도 출입하였지만, 주로 남명의 문하에서 수학하였던 학자이다. 그런 동문이 54세라는 많다고 할 수 없는 나이에 유명을 달리하자 이처럼 절절한 슬픔을 토로함은 당연한 일이다. 이와 같은 정회는 역시 남명의 문인인 金宇顒의 죽음을 애도한 <輓金東岡肅夫三首>(속집 권1)의 둘째 수에서 "평생 두터운 情誼로 교와 칠처럼 투합하였는데, 한결 같은 절조는 처음부터 다른 것을 도모하지 않았네.(平生情好漆膠投, 一節從初不異謀.)"라고 읊은 데에도 나타나 있다. 그리고 東岡에게는 동문으로서의 정을 담은 <奉別金東岡肅夫宇顒>(권1)을 주기도 하였다.

이른 봄에는 오로지 술맛이 빼어남을 생각하는데
어찌하면 深厚한 정으로 근심스런 마음을 위로할까?
동풍에 한 번 옥과 같은 사람을 보내고 나서
홀로 높은 난간에 기대노라니 더욱 구슬퍼지네.

春淺偏思酒味長, 情深何以慰愁腸?
東風一別人如玉, 獨倚危欄倍悵望.

지금까지 살펴본 퇴계·남명의 師門에 대하여 읊은 시에는 스승에 대한 존숭의 뜻, 그들에게서 배운 학문을 탐구하고 실천하려는 의지, 동학들에 대한 따듯한 애정과 존경 등이 매우 절실하게 담겨 있음을 잘 알 수 있다.

2) 戰亂에 대한 證言과 憂國愛民의 情緖

정탁은 임진왜란을 맞아 매우 현저한 역할을 하였고, 그가 남긴 시문 또한 그와 관련된 것이 질량 양면에서 가장 두드러지다. 그의 산문 가운데 가장 널리 알려진 것은 李舜臣을 伸救하고자 올린 상소문이지만, 「龍灣聞見錄」과 「避難行錄」도 임란에 대한 매우 값진 증언이라는 점에서 중요하다.

『용만문견록』은 『약포집』 권6의 앞 부분에 실린 16판 정도의 분량으로 된 비교적 긴 紀事文으로, 정탁이 임란이 일어난 이듬해에 왕명을 받아 명나라 諸將을 접대한 전말을 적어 왕에게 바친 것이다. 이 글은 첫머리에 글을 짓게 된 동기를 간단히 적고 나서, 명의 經略 宋應昌·都督 李如松 등 장수 7인과 儒士 胡煥에 대한 간략한 소개와 함께 그들을 접대한 전말을 기재하였고, 끝에 호환에게 보낸 서신 2편과 회답 1편이 부기되어 있다. 그러므로 이 글은 임란 중의 대명교섭 자료 가운데 중요한 것이라고 평가할 수 있다. 1책 36장의 필사본[23]도 현전하는데, 이 책 끝에는 『약포집』「雜著」의 <楊大樸倡義事蹟>이 <楊大樸倡義錄>이라는 제목으로 부편되어 있다.

「避難行錄」 上下는 『약포집』 권4의 뒷부분 34판과 권5 37판에 실려 있다. 이 글은 壬辰年 4월 30일부터 이듬해인 癸巳年 정월 28일까지의 견문과 자신의 행적을 기록한 일기로서 大駕와 分朝를 시종하며 견문한 내용이 중심을 이룬다. 왕과 세자의 동정, 國政의 추이, 전란의 경과, 자신의 행적 등이 자세히 기술되어 있어 임란 초기의 사실기록으로서 중요한 가치를 지니며, 특히 그가 內醫院 提調와 世子貳師로서 왕과 세자를 至近距離에서 모시면서 체험한 내용을 담고 있어 전란 초기 國事의 중요상황을 소상하게 증언한 점에서 의의가 크다.

임란 관련 산문이 지닌 이러한 성격에 상응하는 시도 여러 편 있는데, <上宋經略幕府二首>·<上李提督幕府二首>·<上通判陶爺行臺>·<有懷楊經理奉呈陶爺>·<亂後紀行>(이상 권1) 등이 그런 예이며, 이 가운데 압권은 <亂後紀行>이다. 이 작품은 5언 162구, 810자에 이르는 대장편으로서 임진왜란을 제재로 한 한시 가운데 가장 편폭이 큰 작품으로 보이는데, 212자에 이르는 행적이나 인명·지명에 대한 주가 붙어 있는 점까지 고려하면, 창작의욕이 예사스럽지 않은 詩史라 할 수 있음이 분명하다.

이 작품은 의미단락을 다섯으로 나누어 이해할 수 있다. 첫 단락은 첫 구절 '皇明紀萬曆'부터 제42구인 '城空誰拒敵'까지이다. 초유의 대전란을 만나 임금이 창황하게 播遷할 때에 시인이 내의원 제조의 직임을 띠고 호종하면서 碧蹄·東坡館·開城·平壤을 거쳐 寧邊에 이른 과정을 술회한 내용으로 '戰亂의 勃發과 大駕의 西遷'이 소주제라 할 수 있다. 그 가운데 첫머리를 들면 다음과 같다.

---

23) 『奎章閣韓國本圖書解除』 史部 1(서울대학교규장각, 1981).

명나라 萬曆 기원 중에
壬辰年 여름 4월이었네.
문득 급히 온 羽書에 놀라니
왜적의 배가 바다를 덮으며 넘어왔다네.
열흘 만에 벌써 鳥嶺을 넘어서
천리나 떨어진 도성에 근접하였네.
마침내 스무여드렛날에
밤중인데도 임금의 수레가 떠났네.
臣僚들이 반도 따르지 못하였거늘
어찌 호위하는 병사를 갖추었으랴?
나는 당시에 內醫院의 提調로서
오직 약물을 쌌을 뿐이네.
御駕가 서쪽 성문을 나갈 때에
마음 속에는 다만 울분뿐이었네.
하늘은 또 무엇 때문에
쏟아붓듯이 큰 비를 내렸던가?

皇明紀萬曆, 壬辰夏四月.
忽驚羽書急, 倭艘蔽海越.
一旬已踰嶺, 千里逼京闕.
遂於念八日, 中夜乘輿發.
臣僚半未從, 何況備衛卒?
我時提內醫, 所裹唯藥物.
扈出西城門, 中情徒憤鬱.
天公又何事, 大雨如注沐?

둘째 단락은 제43구인 '大駕仍西狩'부터 제82구인 '還向寧邊堞'까지 40구이다. 임금은 계속 서쪽으로 가고 동궁[24]은 동쪽으로 향하면서 계책

24) 光海君은 평양에서 세자로 책봉된 데 이어, 만약의 일을 대비하여 分朝를 맡아 國事權攝의 권한을 위임받았고, 7개월 동안 강원도·함경도 등지에서 募兵을 비롯한

을 세웠으나 여의치 않아 영변으로 가게 되었는데, 이때 자신은 임금을 호종하다가 도중에 世子貳師를 맡게 되어 세자를 시종하였다는 내용으로, '世子의 活躍'을 읊은 대목이라 할 수 있다.

셋째 단락은 제83구 '歲序改新正'부터 제130구인 '難報皇上德'까지 48구이다. 해가 바뀌면서 명나라에 구원을 청한 결과 李如松이 이끄는 원군이 와서 도성을 수복함으로써 임금은 환도하였으나, 세자는 여전히 분조를 맡아 兩湖를 慰撫하였는데, 자신은 龍灣에서 分朝로 와서 호종하였음을 기술하면서, 팔도를 수복하게 한 명의 은혜가 큼을 특기한 내용이다. '明의 救援과 都城의 收復'이 소주제이다.

넷째 단락은 제131구인 '我朝二三子'부터 제150구인 '終然無一人'까지 20구로 金誠一·高敬命·趙憲·郭再祐·權慄·李舜臣 등의 특별한 활약을 기술하고 그 공적을 찬양한 대목으로, '우리나라 將帥들의 活躍'이 주제라 하겠는데, 전문은 다음과 같다.

> 우리 조정의 몇몇 분들이
> 요망한 기운을 거의 씻어내었네.
> 나의 벗 金士純은
> 힘써 주선함이 가장 많았네.
> 당당한 儒將의 기상은
> 늠름하게 가을볕과 다투었네.
> 檄文을 지은 高而順의
> 충성스러운 遺骨은 구렁텅이에 딩굴었네.
> 절개를 지켜 죽은 趙大夫는
> 의병을 규합하여 적을 많이 베었네.

분조활동을 하다가 行在所에 합류했으며, 명의 구원으로 서울이 수복된 뒤에 명의 요청으로 설치된 軍務司의 업무를 주관했다. 1594년에 尹根壽를 명에 보내어 세자책봉을 주청했으나 長子 臨海君이 있다는 이유로 거절당했고, 1597년에 丁酉再亂이 일어나자 전라도에서 모병·군량조달 등의 활동을 전개했다.

지모가 깊은 郭男兒는
의로운 깃발이 얼마나 빛났던가?
행주에서 통쾌하게 승첩을 바친
기이한 공적은 權慄의 것이네.
장수 李舜臣은
적의 배를 크게 무질렀네.
곳곳에서 힘을 기울이고
절절이 衷心을 다했네.
끝내 한 사람도 남지 못했으니
風后와 力牧과 같은 분들이었네.

我朝二三子, 妖氛庶淸廓.
吾儕金士純, 最是多宣力.
堂堂儒將氣, 凜凜爭秋色.
草檄高而順, 忠骨飄溝壑.
死節趙大夫, 糾合多斬賊.
沈機郭男兒, 義旗何輝赫?
幸州快獻捷, 奇功屬權慄.
閫帥李舜臣, 賊帆大摧折.
處處輸筋力, 區區罄衷曲.
終然無一人, 如風后力牧.

마지막 단락은 제151구 '欲說亂離事'부터 마지막 구절 '聖壽享萬福'까지 12구이다. 끝내 왜적에게 다 복수하지 못하고 향리에 퇴거하였으나 가족을 보전하고 훈록에 참여함이 임금의 은혜라면서 임금의 壽福을 빈 내용으로 '王恩에 대한 感謝'가 주제이다. 전문은 다음과 같다.

난리에 대한 일을 말하려니
어찌 통곡을 견딜 수 있으랴?
宣陵·靖陵에서 棺을 파헤쳤으니

만세토록 복수하기 어려우리.
나는 이제 田里에 물러나 있는데
다행히 온 가족이 화를 면했네.
어떻게 이럴 수 있었는가?
오로지 임금의 은택을 입었기 때문이네.
늙고 쇠약한 여든 살 신하가
어찌하여 훈록에 참여하였던가?
다만 비노라, 태평을 회복하였으니
임금께서 장수와 만복을 누리시기를.

欲說亂離事, 豈唯堪痛哭?
二陵出金椀, 萬世讐未復.
我今退田里, 幸脫全家屬.
何以能至此? 恩波偏沐浴.
八十衰朽身, 何故忝勳祿.
但祝回太平? 聖壽享萬福.

이 작품은 後序에서 "青蛇仲夏上浣"이라 한 것으로 보아, 몰년인 을사년, 즉 선조 38년(1606)에 예천 고평의 望湖堂에서 만년을 보낼 때에 지어진 것이므로, 약포가 남긴 마지막 작품이라 할 수 있다. 임진왜란을 제재로 한 작품 가운데 가장 규모가 크다는 점뿐만 아니라, 나라의 중책을 맡은 대신으로서 직접 경험한 바를 자세히 증언한 점과 서사성과 서정성을 조화시켜 형상화한 기법이 만만치 않은 수준이라는 점에서도 매우 의의가 큰 작품이라 할 수 있다.

약포의 시 가운데 임란과 연관된 다른 한 방향의 시는 고난에 처한 나라·가족·백성에 대한 애정과 염려의 정을 표현한 것으로서, 시인의 충신다운 정회가 잘 드러나 있는 작품들이다.

먼저 그가 임란이라는 초유의 대전란을 당하여 지니고 있던 심정을 표현한 작품들을 살펴보기로 하자. 전란이 2년째에 접어든 1593년에 지어진 것으로 보이는 <排悶二首>(권1) 가운데 첫수로서, 극변까지 피난하면서 고초를 겪는 자신의 처지를 중심으로 하여 읊은 작품이다.

옷이 해지고 말은 여윈데다 동복마저 얼었는데
하늘 끝이라 물색이 절로 같지 않네.
오랜 성첩은 용만의 달에 멀리 이어지고
황량한 대는 압록강의 바람을 가까이 끌어당기네.
이태 동안의 전란에 몸은 빨리 늙고
천리나 떨어진 고향과는 서신이 통하지 않네.
천자의 군사가 어느 날에 이를까 하고 다시 바라는데
온 나라에는 사악한 기운이 아직 다 없어지지 않네.

弊貂羸馬又寒僮,　物色天涯自不同.
古堞遙連龍塞月,　荒臺近挹鴨江風.
二年金革身先老,　千里鄉關信不通.
復望王師何日到,　一方氛氣未全空.

임금이 더 갈 곳이 없는 極邊까지 피난한 마당이라서 시종하는 대신마저 추위와 굶주림에 떠는 참상을 겪는 데 대한 처량한 심정을 토로한 데 이어, 우리나라 스스로 오랑캐의 칼날을 막지 못하여 명나라의 구원을 기다릴 수밖에 없었던 한심한 처지를 탄식하였다. 그런 처지에서 지냈던 가족에 대한 염려의 정은 <排悶四首>(권1)의 첫수를 통해 살필 수 있다.

난리 초에 아들아이가 병든 어미를 따라가더니
옛집을 찾으려고 동남쪽에서 유랑하였네.
죽고 산 것을 알려 주는 이가 있었으니

만약 기갈이 없다면 다행이 아니었으랴?
이태 동안 이어지는 적의 기세는 지금도 여전히 급박한데
천 리에서 오는 집의 서신은 근래에 또 성그네.
쓸쓸한 강 가의 성에서 한 해가 저묾에 놀라
몇 번이나 밤중에 홀로 옷깃을 적셨던가?

兒隨病母亂離初, 漂泊東南尋舊廬.
得免死生有傳者, 苟無飢渴非幸歟?
二年賊氣今猶急, 千里家書近又疎.
寥落江城驚歲晩, 幾回中夜獨霑裾?

병화에 쫓기고 기갈에 떨면서 유랑하는 처자에 대한 걱정과 그들을 보호하지 못한 채 동분서주하느라고 세월마저 잊어 버린 노대신의 회포를 아울러 읊고 있다. 가족에 대한 사랑이 더할 데 없이 절실하게 담겨 있음을 느낄 수 있을 뿐 아니라, 겪은 사람이 토해낸 말의 진실성과 호소력을 맛볼 있는 작품이다.

약포가 고대했던 대로 명의 원군이 온 데 따라, 명군과 우리 관군이 합세하여 평양성을 수복하였는가 하면, 강화를 조건으로 하여 왜군이 서울에서 퇴각하자 선조는 1593년 10월에 환도하게 되었다. 이렇게 1년 반 만에 수복된 도성을 지나가면서 맛본 느낌에 대해서 약포는 <漢都感事二首>(권1)에서 다음과 같이 읊었다.

삼년 만에 처음으로 도성 동쪽을 지나가노라니
다만 산의 모습만 지난날과 같네.
화표주의 학의 울음에는 슬픔이 다하지 않는데
주나라의 곡식이삭에 대해서는 원망이 언제나 끝나랴?
시장과 조정은 저무는 해의 바깥에서 쓸쓸한데
궁궐과 전각은 가을풀 속에서 텅 비었네.

하늘은 이런 화란을 아직도 끝내지 않고
천리에 해골이 멋대로 떨기를 이루게 하네.

三年始過洛城東, 只有山形昔日同.
華表鶴聲哀不盡, 宗周稷穗怨何窮?
市朝寥落斜陽外, 宮殿虛無秋草中.
此禍蒼天猶未悔, 任教千里骨爲叢.

도성 안이 불타고 무너져 완전히 피폐해진 가운데서도 전란이 끝날 조짐이 없는 극한상황이 지속되는 데 대한 한탄이 잘 나타나 있다. 이러한 상황이니 백성은 더욱 고난을 겪게 마련이겠는데, 5언고시 <憫饑古風>(속집 권1)은 그 실상을 자세히 묘사하고 소회를 피력한 작품이다.

왜놈들이 감히 난리를 일으키니
이 때문에 조선의 재앙이 오래 되었네.
여염은 괴롭게 분탕질을 당하고
들판은 오래 거칠어지네.
수많은 사람이 참고 달리면서
창 끝과 살촉에 마구 다쳤네.
골짜기 안에는 쌓인 시체요
길 옆에는 걸린 목이네.
백성들이 놀란 새처럼 흩어지고
굶주리며 술지거미로 고생하네.
급히 먹이를 달라고 시끄럽고
달리면서 병사의 행렬을 따르네.
군량미를 겨우 자급하는데
어찌 남은 양식이 있으랴?
수많은 노인과 어린아이가
병영 옆에서 쓰러지네.
밤낮으로 수십명이

머리를 나란히 하고 모두 죽네.
순찰하다가 때때로 한 번 보고받으면
흐르는 눈물이 옷을 적시려 하네.
급히 지아비가 맞아 죽었다고 외치는데
어미는 여우가 죽자 우는 토끼꼴이네.
이처럼 쇠잔한 목숨을 가엾게 여겨
갖은 계책으로 한 병의 간장을 마련하네.
또 쌀까지 구걸하여
죽을 쑤어 분주히 살려 내네.
금방 죽을 것을 조금 늦출 뿐인데
어찌 사사로운 은혜를 늘 베풀 수 있으랴?
차마 보고들을 수 없지만
애오라지 나의 마음을 다할 뿐이네.

倭奴敢稱亂, 　稔此朝鮮殃.
閭閻苦焚蕩, 　田野久蕪荒.
忍驅億萬人, 　橫罹鋒鏑傷.
積屍溝壑內, 　懸首路歧旁.
遺黎驚鳥散, 　饑餒艱糟糠.
嗷嗷待哺急, 　奔走隨兵行.
軍儲僅自給, 　何得有餘.糧?
紛紛多老穉, 　顚仆柳營傍.
日夕數十人, 　騈首皆淪亡.
徼巡時一報, 　涕淚浴沾裳.
亟呼椎埋夫, 　母令狐兎埸.
哀玆殘喘者, 　百計備壺漿.
更乞兼稻米, 　作粥活恓惶.
少緩須臾死, 　私惠詎能常?
不忍於見聞, 　聊以罄吾腸.

그가 남긴 시 가운데 5제에 불과한 고시의 하나이니 그만큼 할말이 많아서 지은 작품이라 하겠는데, 백성들의 참상을 일일이 열거하고 나서 백성에 대한 사랑과 왜적에 대한 증오심을 토로함에 있어서, 서정성과 서사성을 잘 조화시켜 표현한 솜씨가 만만치 않다.

4. 結論

정탁은 33세에 文科에 급제한 이래로 청요직을 두루 거쳐 좌의정을 그만둘 때까지 국정에서 중요한 역할을 하였고, 67세라는 노령에 임진왜란을 만나 시종 국왕과 세자를 시종하면서 국난을 구하고자 애쓰거나 李舜臣을 伸救하여 큰 공을 세우게 하는 등 두드러진 활약을 남겼다. 그는 이른 시기부터 李滉을 사사하는 한편으로 曺植의 문하를 출입하였으므로, 친교가 깊은 벗들도 주로 퇴계의 문인인 趙穆·金富倫·具鳳齡·金誠一·柳成龍 등과 남명의 문인인 金宇顒·吳健 등이었다. 그는 성리학뿐만 아니라 天文·地理·象數·兵家에도 두루 밝았는데, 임란에 대한 대응이나 국정운영에서는 陸王學의 영향으로 보이는 이런 성향이 엿보인다. 그의 행적 가운데 가장 두드러진 업적은 임란 중에 국왕·세자를 모시는 가운데, 명장을 천거하거나 伸救하고 水陸幷進挾攻策을 건의하는 등 전란의 종식에 도움이 되는 실질적인 역할에 힘쓴 것이라고 할 수 있다.

약포의 현전시 153제 396수는 4수를 제외하면 모두 근체시로서 40대부터 만년까지 지어진 것인데, 그 중 3/4 이상은 임란 발발 이후에 지어졌다. 그의 시는 유학에 대한 의지, 師門에 대한 정회, 전란에 대한 증언, 우국애민의 정서 등의 주제로 나누어 살펴볼 수 있다.

약포의 시에는 성리학을 탐구하고자 하는 의지가 강하게 드러나 있으며, 居敬窮理를 통한 存心養性이나 觀物體驗을 형상화한 예가 많다. 현전시 가운데 가장 큰 비중을 차지하는 것은 師友에 대한 회포를 읊은 것들인데, 이런 시편들은 스승인 退溪·南冥에 대한 존숭의 뜻과 그 문인들인 趙穆·金富倫·柳成龍·吳健·金宇顒 등에 대한 애정을 절실하게 표현하고 있다.

임진왜란에 대한 체험을 장편의 筆記로 기술한 바 있는 그는 그것에 상응하는 시를 여러 편 남겼는데, 그 가운데 압권은 <亂後紀行>이다. 5언 162구에 이르는 대장편인 이 시는 다섯 단락으로 나누어 이해할 수 있는데, 각 단락은 '戰亂의 勃發과 大駕의 西遷'·'世子의 活躍'·'明의 救援과 都城의 收復'·'우리나라 將帥들의 活躍'·'王恩에 대한 感謝' 등의 소주제를 표현하고 있다. 이 작품은 임란을 제재로 한 시 가운데 가장 장편이라는 점뿐 아니라, 충신이 직접 체험한 중요한 國事에 대하여 자세히 증언하고 서사성과 서정성을 조화시킨 훌륭한 기법을 발휘했다는 점에서 큰 의의를 지닌다.

임란을 다룬 시 가운데 다른 한 부류는 나라와 백성에 대한 애정과 염려를 강하게 표현한 것들이다. 이것들은 백성의 고난을 걱정하고 나라의 처지를 탄식하는가 하면, 백성의 참상을 열거하고 왜적에 대한 증오심을 토로하기도 했다. 이런 시들에는 시인의 충신다운 정회가 절실하게 드러나 있다.

정탁은 전문적 문사로 보기 어려운 사람이므로 지은 글이 제대로 수습되었더라도 양적으로 풍부하지 않았을 테지만, 현전시에도 작품세계의 다양성을 찾을 수는 없다. 그러나 거기에 나타난 학문에 대한 탐구의지, 師門에 대한 존경과 애정, 전란에 대한 증언, 우국애민의 정 등은 상당한 수준으로 형상화되어 있으며, 특히 전란을 자세히 술회한 <난후기행>은 매우 큰 의의를 지닌 작품이라고 평가할 수 있다.

〈『韓國漢詩作家研究』 6(2000) 수록〉

鶴峯 金誠一의 삶과 詩

1. 序言

자가 士純, 호가 鶴峯인 金誠一(1538～1593)은 中宗 33년에 安東府 臨河縣 川前里第에서 義城金氏 安東派인 생원 金璡의 넷째 아들로 태어나서, 壬辰倭亂으로 국운이 風前燈火일 때에 戰場을 누비다가 病死할 때까지, 유학자・관료・문인으로서 두루 뚜렷한 업적을 남겼다. 그의 삶은 寒岡 鄭逑가 지은 祭文[1]에 압축적으로 표현되어 있거니와, 그 업적은 대체로 다음과 같은 다섯 가지로 정리할 수 있다.

첫째, 19세부터 직접 수학한 李滉의 嫡傳[2]으로서 유학을 연구하고 전수한 학문적 공로이다. 둘째, 31세에 출사한 이래로 직언・직필로 임금을

---

1) 『鶴峯先生文集』 부록 권4. (이하 문집을 인용할 때에는 『鶴峯先生文集』 元集은 따로 밝히지 않고 卷數만 밝히며, 『鶴峯先生文集』 續集은 『속집』, 『鶴峯先生文集』 부록은 『부록』, 『鶴峯先生逸稿』는 『일고』로 밝힘.) “孝成于家, 行著于鄕, 早就有道, 得聞大方. 立朝事君, 謇諤堂堂, 奉使異國, 大節彌彰. 死生在前, 神色陽陽. 及遭亂離, 忠憤激昂, 一道風靡, 義氣橫蒼, 濁浪滔天, 公以手障. 忠義骨髓, 道理心腸, 古人此言, 公實承當.”

2) 선조 2년에 李滉이 임금에게 朝臣과 門下生 중의 인재로 李浚慶・奇大升・金誠一을 천거한 일, 선조 40년에 史臣이 柳成龍・趙穆・金誠一을 退陶門下의 領袖라고 한 말, 현대에 이르러 金誠一・柳成龍・鄭逑를 退門三傑로 꼽는 사실 등에서 두루 확인된다.

보좌하고 애민·애국으로 일관한 관료활동의 공적이다. 셋째, 백년 만에 보낸 日本通信使行의 일원으로 가서 온갖 장애에도 굴하지 않고 나라의 體貌를 지키고 君命을 욕되지 않게 하고자 애쓴 외교적 활동이다. 넷째, 임란이라는 초유의 國難을 만나 경상도의 招諭使·監司로서 義兵募集·饑民救活 등에 진력한 救國活動이다. 다섯째, 『鶴峯集』·『鶴峯逸稿』에 실린 다양한 작품을 통하여 성취한 문학적 성과이다.

이러한 업적들로 인하여 그는 光國原從功臣·宣武原從功臣 一等에 錄勳되고 吏曹判書에 추증되며 文忠이란 시호를 받았는가 하면, 1607년 臨川鄕祠에 位版이 봉안된 이래로 廬江書院·虎溪書院·景賢祠 등 십여 군데의 祠宇에 배향되었다. 그리고 현대에 이르러서는 활발한 연구가 이루어짐으로써, 학문·사상적 업적[3], 대일 외교활동[4], 임란중의 구국활동[5] 등이 두루 학문적 조명을 받은 바 있다.

학봉의 유문은 『鶴峯先生文集』과 『鶴峯逸稿』로 정리되어 있다. 『학봉선생문집』은 원집과 속집으로 나뉘어 초간되었는데[6], 현전본은 후손 鎭龜·鎭華 등이 定齋 柳致明과 함께 초간본을 교정하여 考異와 頭註를 붙이고 拾遺를 더하여 再編한 뒤에 臨川書院에서 목판으로 간행한 중간

---

3) 학문 전반에 대해서는 李樹健, 『嶺南學派의 形成과 展開』(일조각, 1995) ; 유명종, 「鶴峯 金誠一」, 『한국인물유학사』 2(한길사, 1996) ; 琴章泰, 『退溪學派의 思想』(집문당, 1996) ; 權五榮, 「鶴峯 金誠一의 學問性向과 歷史意識」(민족문화추진회 주최 학술회의, [鶴峯 金誠一의 學問과 救國活動], 2002.10.24) 등이 있고, 禮學에 대해서는 金彦鍾, 「鶴峯先生의 禮學」, 『鶴峯의 學問과 救國活動』(여강출판사, 1993) ; 고영진, 『조선중기예학사상사』(한길사, 1996) 등이 있다.

4) 金泰俊, 「鶴峯 金誠一의 日本日錄」, 『明知語文學』 8(명지대, 1976) ; 方琪喆, 「鶴峯 金誠一의 日本觀」(건국대 석사논문, 1999) 등을 들 수 있다.

5) 李載浩, 「慶尙右道에서의 鶴峯의 討賊救國活動」, 『鶴峯의 學問과 救國活動』 ; 許善道, 「鶴峯先生과 壬亂義兵活動」, 같은 책 등을 들 수 있다.

6) 原集인 『鶴峯先生文集』은 廬江書院 山長 李弘祚와 從孫 是榲 등이 散佚되고 남은 글을 수집·편차하여 1649년에 廬江書院에서 목판으로 간행했고, 속집인 『鶴峯先生文集續集』은 嗣孫 柱國 등과 大山 李象靖이 수집·편차하여 1782년 여강서원에서 목판으로 간행했다.

본이다. 분량은 원집 7권, 속집 5권, 부록 4권, 총749판이며, 賦 2편, 詞 1편, 辭 2편, 文 142편, 시 471제가 실려 있다.

『鶴峯逸稿』는 安東 金溪古宅에 보존된 遺草와 자료를 『逸稿』 4권과 「逸稿附錄」 3권으로 편집한[7] 것으로 학봉의 글은 『일고』에만 실려 있는데, 이는 시 458제, 부 3편, 문 18편, 「朝天日記」·「己卯日記」·「北征日錄」·「喪禮考證」으로 이루어져 있다.

학봉의 유문은 그 양이 적지 않을 뿐만 아니라, 詩·文·辭·賦 등의 정통적 갈래에 속하는 글과 日記·史傳·言行錄 등의 특이한 갈래에 속하는 글이 두루 있으며, 그 중에는 주목할 만한 작품들이 많다. 그의 문학적 성과는 시와 산문을 함께 다룬 단행본 한 권[8], 시를 검토한 몇 편의 논문[9], 「海槎錄」을 다룬 논문[10] 등을 통하여 대체로 밝혀졌다고 할 수 있다. 그러나 다른 활동에 대한 연구의 열기나 900여제의 시와 200여편의 산문을 남긴 점을 고려하면, 활발하게 거론된 편이라 할 수는 없으며, 특히 그 정수인 시에 대해서는 더 검토될 여지가 있는 것으로 보인다.

학봉의 시에 대해서는 조선시대 문인들도 그다지 주목하지 않아 詩話類에도 본격적으로 논의된 예가 없고, 다만 『於于野談』에 임란 때에 海州를 침범한 倭寇가 芙蓉堂 板上韻 가운데 鄭磵·金誠一의 것만 두었다고 한 일화[11]가 있을 뿐이다. 또 選詩集의 경우에도 『箕雅』에 <己卯書感>이 선발되고 『大東詩選』에 <己卯書感>·<漢江留別>·<矗石

---

7) 성균관대 대동문화연구원에서 1972년에 『鶴峯全集』에 포함시켜 영인한 바 있다.

8) 金時晃, 『鶴峯文學研究』(영남사, 1998).

9) 申翼澈, 「鶴峯 金誠一詩의 研究-民族的 詩世界를 中心으로」(성균관대 석사논문, 1988) ; 金周漢, 「鶴峯의 詩世界」, 『嶠南漢文學』 4(교남한문학회, 1992) ; 洪禹欽, 「北征錄에 나타난 鶴峯의 愛國精神」, 같은 책 ; 宋載卲, 「鶴峯의 義理精神과 紀行詩에 나타난 劍의 이미지」, 『鶴峯의 學問과 救國活動』 등이 있다.

10) 金榮淑, 「鶴峯 海槎錄 研究」, 『嶠南漢文學』 4가 있다.

11) <年譜>에서는 46세에 지은 <次芙蓉堂韻>이 그것이라면서 체일시에 보인 강직함을 존중하여 고을의 관청과 민가가 다 불탔으나 부용당은 시판과 함께 남았다고 하였다.

樓> 등 9제가 선발되는 등 그다지 높이 평가받지는 못하였다.

학봉의 시는 『원집』 권1・2, 『속집』 권1, 『일고』 권1・2에 실려 있다. 세 책이 모두 「湖堂朔題」가 포함된 30대의 작품, 40세에 明에 書狀官으로 다녀올 때 지은 「朝天錄」, 42세에 咸鏡道 巡撫御史를 지낼 때 지은 「北征錄」, 46세에 黃海道 순무어사를 지낼 때 지은 「海西錄」, 46~49세에 羅州牧使를 지낼 때 지은 「錦城錄」, 53~54세에 日本通信副使로 다녀올 때 지은 「海槎錄」을 중심으로 구분되어 실려 있다. 이 구분은 편의적이어서 관련이 없는 작품이 더러 섞이거나 구분을 떠나서 편차된 경우도 있지만[12], 원래의 분류를 존중하여 제수를 밝히면 다음 표와 같다.

구 분	元 集	續 集	逸 集	계
<湖堂朔題> 외	25	20(3)	129(23)	174(26)
朝 天 錄	36	15	15(2)	66(2)
北 征 錄	64	28(3)	42(5)	134(8)
海 西 錄	22	10(1)	30(8)	62(9)
錦 城 錄	55	32(6)	101(11)	188(17)
海 槎 錄	134	299(1)	220(30)	383(31)
기 타	2(壬辰年作)	13(拾遺)		15
계	338	147(14)	537(79)	1022(93)
비 고		원집 중복 14제	원・속집 중복 79제	총 929제

이 표에 의하면 학봉이 남긴 시는 중복되는 제수를 빼면 모두 929제로서 首數로는 1,500여 수 가량이다. 이는 外職・使行과 같은 특수직무와 연관된 작품을 중심으로 남은 결과임을 고려하면 적지 않은 양이다.

12) 『일고』 권1의 끝에는 進士試를 볼 때의 작품이라고 註記한 7언고시 18수가 실려 있고, 『속집』 권1의 뒷부분에는 나주목사에서 파직된 뒤부터 일본에 사신으로 가기 전까지 지어진 작품이 30여 제 실려 있으며, 『일고』 권1의 말미에도 시기를 상고할 수 없다고 밝힌 작품이 10여 제 실려 있다.

학봉은 文學觀이나 詩認識을 구체적으로 밝힌 글을 남기지 않았지만, 7언고시 <有聲畵>에서 시를 바른 소리[正音]를 담는 그림으로 규정하고 그 모범이 『詩經』의 風·雅에 있다면서, 朱子·周子를 예찬한[13] 데에서 대략적 詩觀을 엿볼 수 있다. 그릇보다 담기는 물건이 중요하다면서 북송의 성리학도들을 예찬한다는 것은 시를 載道的 관점에서 인식하여 文辭보다는 내용을 중시한 태도라 할 것이다.[14]

그런데 학봉의 현전시는 대부분이 목사·순무어사·사신을 지낼 때에 지어진 작품[15]일 정도로 여행을 하거나[16] 외직에 있을 때에 지어진 작품이다. 그것들을 일별하면 학자·수양인보다는 관료·생활인의 입장에서 떠오른 감정과 사유를 형상화하고 있다는 것을 알 수 있다. 그리고 거기에는 理學的 수양과 탐구를 읊은 理學詩·濂洛體가 별로 없는 반면에, 인간적 윤리나 사회적 모순을 제재로 한 교훈시·사회시의 비중이 매우 높다는 것도 쉽사리 눈에 띈다. 이를 통하여 스스로 宋儒의 시를 예찬하였음에도 불구하고, 시가 담아야 할 '道'를 형이상학적 진리보다는 현실적 도리로 인식하였다는 것을 알 수 있다.

학봉시를 개관할 때에 발견할 수 있는 또 하나의 특성은 평이한 산문적 표현을 통하여 사물이나 삶의 이치를 논의하는 경향이 강하다는 점이다. 학봉의 시가 산문적으로 의론에 힘쓰는 성향을 지녔다는 것은 선인들도 대체로 파악하였음을 趙絅과 鄭逑의 글을 통하여 확인할 수 있다. 趙絅은 문집의 서에서 "사·부·시율 또한 평담하게 진술하고 크게 창달하여 넉넉히 韓愈·歐陽脩의 방에 들어갔다."[17]라고 하였다. 또 鄭逑는 행

13) 『일고』 권1. "雖然聲畵貴正音, 宋人筆法無人爭. 傍花隨柳寫千里, 霽月光風奇態生."

14) 신익철, 앞의 논문, 27면 참조.

15) 「북정록」·「해사록」에 실린 작품만도 1,500여 수의 절반이 넘는 765수에 이른다.

16) 송재소는 앞의 논문에서 대부분을 기행시로 보고 그 내용상 특성을 충군·우국·애민으로 요약하면서, 劒의 이미지를 통하여 의리정신을 형상화하고 있는 점을 주목하였다.

17) 趙絅, <鶴峯先生文集序>, 『鶴峯先生文集』 卷首. "詞賦詩律亦皆平鋪洪暢, 優入

장에서 "문장을 짓는 데에는 명백하고 전아하며, 애초에 위험하여 사람을 놀라게 할 말이 없으며, 평이하고 적확하여 절로 그렇게 된 점을 미치기 어렵다. 대체로 저술하려고 붓을 들면 바로 문장이 되었다. 시율도 맑고 깨끗하며 이치가 周到하고, 특히 5언고시를 잘 지어, 陶潛·蘇軾의 시체를 깊이 터득하였다."[18]라고 했다. 이런 평가를 통하여 龍洲·寒岡도 학봉시가 宋詩風과 유사한 평이하고 서술적인 시풍을 띤 것으로 이해하였음을 알 수 있다.[19]

이런 점들을 고려하면, 학봉의 시는 기교·형식이나 격조·표현보다는 의미나 내용을 중심으로 검토해야 마땅할 것이다. 그러므로 여기에서는 지금까지의 연구성과를 참고하면서 그의 시에서 커다란 비중을 차지하는 몇 가지 의미지향을 시인의 삶과 연관시켜 살펴보고자 한다.

2. 學問探究의 姿勢와 性向

학봉은 6세에 부친 金璡에게서『孝經』을 배우기 시작하면서 수학의 길에 들어섰다. 부친은 靑松 安德의 학자인 고모부 權幹에게서 수학한 후, 소과에 급제하여 성균관에서 공부하면서 金麟厚를 비롯한 사림과 교유하다가 科業을 포기하고 귀향하여, 서당을 세워 자제들을 가르치며 성리학적 윤리를 실천하였던 분이다.[20] 그는 10세부터 부친이 세운 傳巖書

韓歐之室."

18) 鄭逑, <行狀>,『속집』권2. "爲文章, 明白典雅. 初無險棘驚人語, 而平易的確, 自然不可及. 凡有著述, 援筆成章, 詩律亦沖淡理到, 尤善於五言古詩, 深得陶蘇體."

19) 학봉이 기본적으로 宋詩風을 지닌 가운데, 以文爲詩를 바탕으로 하되 難解詩로 흐르지 않고, 說理에 기울면서도 理學詩에 빠지지 않으며, 교훈과 윤리를 강조하면서도 관념으로 흐르지 않고 刺詩的 館閣風에 기울어 있는 점은 스승인 퇴계와 크게 다른 경향이다.

20) 權五榮은 앞의 논문에서 학봉의 학문연원을 家學과 退溪의 가르침에서 찾으면서,

堂에서 배웠는데, 부친의 학문이 권간의 가르침을 바탕으로 하였으리라는 것을 다음 시를 통하여 알 수 있다.

> 안덕문중의 남은 가르침이 우리 집에 미치니
> 시서와 예의의 물결이 넓고 커서 후손을 넉넉하게 하네.
> 깊은 은혜를 갚으려고 하지만 또한 길이 없어서
> 산 속의 집에서 묵묵히 술통만 마주한다네.
>
> 德門餘敎及吾門, 詩禮洋洋裕後昆.
> 欲報深恩更無地, 山齋嘿嘿對淸樽.
>
> − <權子述兄遠來相訪, 感其繾綣, 聊賦一絶>(『일고』 권1)

숙부를 대신하여 지었음을 밝힌 挽詞의 둘째 수에서 "우리 집안의 시서와 예의의 학문은, 안덕문중에서 전해진 것이네."[21]라고 한 말과 일치하는 것으로, 보아 선친 형제들이 모두 권간에게서 학문적 기반을 확보하였음을 알 수 있다. 권간의 학문을 이은 부친에게서 주로 科業을 익혔을 것으로 보이는 그는 19세이던 명종 11년(1556)에 紹修書院에서 독서하다가 부암서당 동학인 黃俊良의 소개로 처음으로 退溪 李滉의 문하에 나아가 수학하기 시작하였다.[22] 56세의 원숙기에 접어들어 禮安에 머물면서, 『朱子書節要』를 완성하던 도학의 거장에게 직접 훈도받게 되었으니, 깊은 감화를 받았을 것은 의심할 나위가 없다. 그는 21세에 퇴계선생에게 『書傳』·『易學啓蒙』을 수업받고 『心經』·『大學』의 의문처를 질의하였

가학의 연원은 여말의 入鄕祖로 『三國史記』의 발문을 쓴 金居斗와 權幹에게 수학하여 무속적 토속을 성리학적 예속으로 바꾼 부친 김진으로 보았다.

21) <權參奉挽詞六首>, 『일고』 권1. "吾家詩禮學, 爰自德門傳."

22) 이때 함께 독서하던 아우 復一에게 "선비가 세상에 태어나서 다만 과거공부에만 힘쓰고 자신을 위한 학문을 모른다는 것은 매우 부끄러운 일이다. 퇴계선생은 지금의 儒宗이시니 가서 가르침을 청하지 않겠는가?"라고 하면서 爲己之學에 힘쓸 것을 결심했다.

으며[23], 24세에는 陶山에서 『大學』·『太極圖說』을 읽고, 25세에는 『朱子書節要』를 수학하는 등 정통적 성리학의 학습에 힘썼다. 26세에 진사 향시를 거쳐 27세에 회시에 2등으로 급제한 후, 태학에서 잠시 공부하다가 科業을 그만두었다. 이듬해 겨울에도 도산에서 공부하려 하였으나, 다음 해 1월에 퇴계가 召命을 받은 탓에 머물 수 없었다. 이 무렵 퇴계는 그에게 <題金士純屛銘> 80자를 지어 주었는데, 이 글은 堯舜 이래로 성현들이 서로 전한 心法의 淵源正脈과 요점을 밝힌 것이다. 퇴계가 敬을 중심으로 하는 心法의 道統을 요약한 글을 주었다는 것은 후인들로 하여금 학봉이 퇴계의 학문적 후계자라고 주장하게 하였다.[24] 이처럼 10여 년을 두고 가르침을 받으며 가까운 데서 스승의 학덕을 몸소 보고 겪었기에, 등제한 이듬해에 지은 <敬次退溪先生韻>에서 "배움이 하락의 연원을 다 거슬러오르니, 주고받음이 분명하여 참다운 도를 천명하시네. 천년 뒤에 묘한 비결 누가 깨달았는가? 책을 쓰다듬으며 부질없이 거울이 티끌에 묻힘을 탄식하네."[25]라고 읊거나 <退溪先生挽詞>(권1) 3수 중 첫수에서 다음과 같이 읊은 데에서는 강한 진실성이 느껴진다.

> 하늘이 사문을 보호하니
> 빼어난 기운이 진유에게 모였네.

---

23) 이때 퇴계는 어떤 이에게 준 편지에서 "김사순이 도산에 와서 거처하는데 극심한 더위를 무릅쓰고 산을 넘어 오가면서 의심나는 것을 묻는다. 이 사람은 민첩하고 배우기를 좋아하니 함께 공부하며 매우 유익함을 느낀다."라 하거나, "김사순은 행실이 높고 학문이 정밀하다. 내가 본 가운데 그에 비길 만한 사람을 보지 못하였다."라고 격찬하였다.

24) 이를 두고 조카 金涌은 "그 촉망과 기대가 다른 제자와 달랐음을 알 수 있다."(「叔父鶴峯先生言行錄」, 『雲川文集』 권5)라고 하였고, 후학 李玄逸은 "퇴계 선생의 은미한 뜻이 어디에 있었는지를 알 수 있다."(「鶴峯金先生言行錄」 拾遺, 『부록』 권3)라고 하였다.

25) 『속집』 권1. "學窮河洛遡淵源, 授受分明闡道眞. 妙訣千秋誰領得, 撫書空歎鏡埋塵."

통서는 민락에서 전수받고
연원은 사수에 닿았네.
진퇴에는 시절의 의리가 컸고
헌체에는 조정의 계책이 얽혔네.
교화의 비를 동해에 보태니
백성의 윤리가 변하지 않네.

斯文天未喪, 間氣鍾眞儒.
統緖傳閩洛, 淵源接泗洙.
卷舒時義大, 獻替廟謨紆.
敎雨添東海, 民彝賴不渝.

빼어난 자질을 타고나고 학문의 연원이 공자·정자·주자에 닿아 있는 진유인 퇴계가 출처의 대의를 지키면서 政事와 德性을 펴서 백성을 교화한 공이 지대함을 찬양하고 있다. 또 그는 퇴계 사후 4년째인 선조 8년(1575)에 일시 체직되어 학문에 전심하다가, 7월에 막 낙성된 陶山書院에 가서 하룻밤을 묵으면서 스승에 대한 그리움을 이렇게 읊었다.

유정문은 저녁구름 가에 닫혀 있는데
아무도 없는 뜰 옆에는 달빛만 가득하네.
천 길을 날아오르던 봉황은 어디로 갔는가?
해마다 벽오동과 푸른 대만 절로 자라네.

幽貞門掩暮雲邊, 庭畔無人月滿天.
千仞鳳凰何處去? 碧梧靑竹自年年.
- <陶山梧竹滿庭, 乘月徘徊感淚潸然>(권1)

<오동나무와 대나무가 뜰에 가득한 도선서원에서 달밤에 배회하노라니 느꺼운 눈물이 줄줄 흐르다>라는 제목에 이미 스승에 대한 무한한 사

모와 존경의 정이 담겨 있거니와, 봉황처럼 존숭하는 스승이 돌아가신 뒤에 그런 역할을 하는 사람이 없어진 적막감으로 인한 비회가 진하게 담겨 있어 감동을 준다.

그가 1588년 2월 石門精舍 옆에 송나라의 曼卿 石延年이 석실에 복숭아나무를 심은 고사를 모방하여 紅桃와 碧梧桐을 심어 봉황이 날아와 앉기를 기다리며 다음과 같이 읊은 데서도 비슷한 감회를 확인할 수 있다.

> 청성산에서 푸른 옥가지를 찾아다니노라니
> 산승이 서려 있는 용의 허리를 잘라서 주었네.
> 살고자 하는 뜻을 문득 꺾었다고 말하지 말라.
> 뒷날에는 천 길이나 자라 봉황을 부를 수 있으리
>
> 爲覓淸城碧玉條,　山僧旋斫蟄龍腰.
> 莫言生意便摧折,　千仞他年鳳可招.
> － <是日移碧梧紅桃, 三首>(『일고』 권1)

역시 봉황이 벽오동에 날아와 앉기를 바라는 간절한 심정을 표현하고 있다. 이런 심정을 토로한 데에는 스승이 서거한 지 10여 년이 지나도록 학문과 사업이 정리되지 못하고 학통이 뚜렷이 정립되지 못한 아픔이 개재되어 있다. 학봉은 1581년에 月川 趙穆(1524~1606)에게 보낸 편지에서 "스승님의 뒷일이 하나도 실마리가 잡힌 것이 없어서 염려스럽습니다."(<與趙月川>, 『속집』 권4)라고 하여, 衣鉢의 소재가 불분명한 데 대한 우려를 나타낸 바 있는데, 같은 시기에 스승의 손자와 작별하면서 읊은 시에서도 그런 심정을 엿볼 수 있다.

> 누가 용문에서 아름다운 거문고 소리를 이었던가?
> 낙수에는 갠 하늘에 부질없이 달만 밝네.

이제까지 의발을 부탁받은 사람이 없는데
그대를 천 리 먼 곳으로 보내노라니 눈물이 마구 쏟아지네.

龍門誰續瑤琴韻? 洛水空留霽月明.
衣鉢至今無付託, 送君千里淚縱橫.

－ <送李逢原安道下第南歸>(권1)

起句는 程頤가 용문에서 공자의 아름다운 歌頌을 이은 것을 뜻하며, 承句는 퇴계의 학문이 지속적으로 계승·발전하지 못함을 비유한다. 이러한 상황에서 자신은 관직에 얽매여 있을 뿐 아니라, 스승의 손자는 과거에 낙방하여 하향하는 서글픈 일을 당하니, 위와 같이 비회에 젖지 않을 수 없었던 것이다.

학봉은 나주목사로 부임한 이듬해인 1584년 봄에 大谷書院을 세워 金宏弼·鄭汝昌·趙光祖·李彦迪·李滉 등 五賢의 위패를 모셔서 고을의 유생으로 하여금 師宗으로 삼을 바를 알게 하였다. 그리고 1585년에는 퇴계의 「聖學十圖」·「溪山雜詠」을 간행하고, 이듬해에는 『朱子書節要』·『退溪先生自省錄』을 간행하였다. 이는 퇴계가 서거하던 해에 <退溪先生史傳>을 짓고 1587·8년에 걸쳐 『퇴계집』을 교정한 일과 함께, 그가 스승에 대한 紹述과 尊奉에 얼마나 열성적이었는가를 알게 한다. 그러므로 그가 스승이 후진을 가르치는 데에 立志를 선무로 삼고, 主敬과 窮理로 공부하는 첫머리를 삼아, 간곡하게 타이르고 인도하여 도와 주어 계발한 뒤에 그쳐야 한다[26]고 한 대로 후진을 가르쳤던 것[27]은 당연하다.

학봉이 퇴계에게서 배운 학문은 주로 心學·禮學이었다. 그는 퇴계의 性卽理·心本善 등을 중심으로 한 심학, 즉 理學을 배워 큰 영향을 받았다

26) 金誠一, <退溪先生史傳>, 『속집』 권5.
27) 「言行錄」(張興孝錄), 『부록』 권3. "一日, 先生坐於堂上, 興孝入見, 信足而步, 先生責之曰, '行第一步, 心第一步上, 行第二步, 心第二步上, 斯可矣.'"

는 것[28]은 <敬次退陶先生韻二首>(『일고』 권1)를 통해서 확인할 수 있다.

> 온 세상사람들이 세차게 이단을 숭상할 때에
> 누가 다시 용감하게 시냇물을 막아서 물결을 되돌렸던가?
> 상공께서 처음으로 전수받은 심법을 천명하시니
> 해와 달이 동해 사이에서 다시 떠올랐네.
>
> 渾世滔滔尙異端, 障川誰復勇回瀾?
> 相公始闡傳心法, 日月重昇東海間.

나주목사로 재직 중에 社稷壇에 불이 나서 齋室이 다 탄 일로 인하여 파직되어 향리에 머물고 있던 1587년에 지어진 것으로 보이는 작품인데, 퇴계선생이 심법을 천명하여 이단의 횡행을 막음으로써 유풍을 바로잡은 공적을 찬양함으로써, 자신도 그런 공부에 관심이 큼을 드러내고 있다. 또 학봉은 유생들에게 준 시에서 "경과 의를 함께 지녀야 공부의 과정이 치밀하고, 명과 성을 아울러 추진해야 선 자리가 넓다네."[29]라고 읊은 바 있는데, 이는 바로 퇴계가 학봉에게 공부를 함에 있어서 "敬과 義를 함께 지니고, 思와 學이 서로 의지하게 하라.(敬義夾持, 思學相資.)"라고 충고한 데 따른 것이다.[30] 이를 통하여 그가 敬의 자세로 사유하고 義의 자세로 실천하는 것을 심학의 기본자세로 삼았음을 알 수 있다. 그러므로 "꿈속의 관문[31]이 어두우면 귀신이고, 옥으로 된 자물쇠를 열면 사람이네."[32]라는 구절에 대한 小註에서 "誠이 鐵門關이고 敬이 玉鎖匙이다."라고

28) 퇴계의 심학과 그것이 학봉에게 미친 영향은 권오영, 앞의 논문, 10~16면에 자세하다.

29) <大谷書堂董役, 偶得進退體, 示諸生>, 『속집』 권1. "夾持敬義工程密, 幷進明誠地步寬."

30) 권오영, 앞의 논문, 12면.

31) 夢關은 夢覺關의 준말로 人鬼關과 함께 宋儒들이 『大學』의 誠意를 선악의 분기점으로 인식하여 비유적으로 쓴 말이다.

한 것은 바로 이를 말한다. 결국 그는 誠意의 문을 敬이라는 열쇠로 열어 正心에 이름으로써 修身·齊家·治國·平天下로 나아가고자 하였던 것이다.[33] 그러나 산문과 마찬가지로 시를 통해서도 理學的 思惟를 구체적으로 개진한 경우는 찾기 어렵고, 다음과 같은 觀物詩가 더러 보일 뿐이다.

조물주가 기이한 재주를 마음대로 부려
붉은 꽃은 붉고 흰 꽃은 희네.
어찌 꽃을 볼 벗이 없으랴?
하늘의 기밀은 누가 맛보고 탐색하는가?
우중에 소식이 생겨나고
달밤에는 정신이 자라네.
해마다 저절로 피었다가 지니
일기는 멈추고 쉼이 없다네.

造化逞奇巧, 紅紅與白白.
豈無看花伴? 天機誰玩索?
消息雨中來, 精神生月夕.
開落自年年, 一氣無停息.

– <白雲亭十二詠> <春花>(권1)

邵雍流의 염락체임을 쉽게 알 수 있거니와, '天機·消息·精神·一氣'와 같은 이학적 용어를 직접 쓰면서 觀物을 통하여 천리를 깨닫는 기쁨을 노래하고 있다. 그러나 이런 시가 매우 드물 정도로 학봉은 성리학적 탐구의 자세나 내용을 거의 읊지 않았다.

학봉의 유학사상을 검토한 이들은 흔히 그 정수가 예학이라고 지적한 바[34] 있는데, 그가 예에 관심이 많았다는 것은 퇴계에게 질의한 내용 가

32) <次車五山天輅韻>, 권2. "夢關迷處斯爲鬼, 玉鎖開來是卽人."
33) 권오영, 앞의 논문, 16면.

운데 儀禮에 대한 것이 理學에 대한 것보다 많다는 점뿐만 아니라, 『喪禮考證』·<奉先諸規>·<吉凶慶弔諸規> 등을 저술하고 居喪을 철저히 하였으며, 使行時에 禮法에 집착하는 등 예를 구체적으로 실천한 사례를 통하여 쉽사리 알 수 있다. 그가 예를 중시한 까닭은 그것이 理學과 불가분의 관계에 있기 때문임은 말할 나위가 없다. 儒者가 居敬·窮理를 근간으로 하여 이루고자 하는 형이상학적 목표가 天理라면, 禮義를 力行하여 달성해야 할 실천적 목표도 천리이기 때문이다. 이처럼 예의에 대한 관심이 투철하였으므로, 그는 사행시에 내외국인을 막론하고 非禮를 힐책하던 가운데서도 표류하여 일본에 와서 10년이나 머문 중국선비가 시를 폐백으로 삼아 찾아오자, 그 사연을 137자나 되는 긴 詩題로 밝히고는, "태학생은 일찍이 글을 읽은 사람이지만, 이역이라 누가 예의를 지닌 몸인 줄을 알랴? 오랑캐의 옷을 입은 무리 속에서 선비의 옷을 보니, 객당에서 잠시 보고도 문득 마음이 가까워지네."[35]라고 읊었던 것이다.

학봉이 性理論과 같은 철학적인 문제에 집착하지 않은 가운데, 예의의 인식과 실천에 매우 힘쓴 점은 스승인 퇴계의 면모와는 다르다고 할 수 있다. 이런 차이가 그로 하여금 사회적 폐단의 퇴치와 정치적 당면과제의 해결을 주장하게 하고, 왜의 침략에 맞서 강인한 저항의리를 주장하고 실천하게 한 동력으로 작용하였다고 할 것이다. 이는 두 사람이 당면한 시대적 과제가 달랐던 데에도 말미암겠지만, 한편으로는 그 학문적 경향이 달랐던 점과도 관련이 깊을 것이다. 그런 결과 학봉은 修己와 治人, 修身과 行道에 다 철저했던 사대부로 평가받을 수 있었다고 하겠다.[36]

---

34) 유명종과 金彦鍾의 앞의 논문이 그런 예이다.

35) <唐人南京太學生稽玉泉, 戊寅歲往福建地方, 渡海遭風, 漂到南蠻國. (중략) 賜之酒, 仍次其韻以贈之>, 권2. "坐監曾是讀書人, 異域誰知禮義身. 卉服叢中見儒服, 客堂傾蓋便心親."

36) 금장태, 앞의 책, 70~71면 참조.

3. 民生에 대한 關心

김성일은 42세이던 선조 12년(1591) 9월 1일부터 이듬해 4월 24일까지 咸慶道 巡撫御史가 되어 적설한풍 속에 險山을 넘나들면서 각 고을과 鎭堡의 軍器・倉穀 등을 점고하고, 병사들을 위무한 바 있다. 이때 지어진 시를 모은 「北征錄」에는 공무를 철저히 수행하는 자세와 함께 나라의 안위와 백성의 질고를 진심으로 걱정하는 마음이 잘 나타나 있다. "꾀죄죄한 여남은 집이라 고을이라 할 게 없는데, 바다 모퉁이로 겨우 한 자쯤 하늘이 보이네. 흉년에 수자리 서는 가운데 부세마저 무거우니, 창생들의 살길이 온통 가여워할 만하네."[37]라고 읊은 <次瓮津東軒韻>은 변경의 산촌에 사는 궁민들의 赤貧한 살림살이를 선명하게 그리면서, 그것을 구제하기는커녕 악화시키는 관가의 혹정을 비판하고, 아울러 그런 고난을 해결해 줄 능력이 없음을 안타까워하는 마음을 표현하고 있다. 절구라는 짧은 형식에다 景과 情을 아우름으로써, 小詩로는 다 감당하기 어려운 뜻을 담아 낸 솜씨가 돋보이는 작품이다. 題註로 "깊은 골짜기 안에 있어 夏至가 되어야 비로소 해를 볼 수 있다."라고 밝힌 <甘坡堡>[38]는 같은 의경을 이보다 더 구체적으로 펼친 예이다.

다음은 1583년 3월부터 7월까지 黃海道 순무어사로 역시 주로 軍政을 안찰할 때 지은 작품을 모아 놓은 「海西錄」에 실린 시로, 그런 궁핍을 구제할 의지를 지니고 있으면서도, 그럴 형편이 아니기에 답답한 심정을 토로한 예이다.

---

37) 『일고』 권1. "區區十室不成邑, 海角纔分尺許天. 戍苦歲荒仍重賦, 蒼生活計儘堪憐."

38) 권1. "嗟哉一黍谷, 僻在萬山阿. 虜穴通三面, 民居只數家. 歲荒人食乾, 戍久士無戈. 救汝終無策, 吾心將奈何."

해가 돋을 무렵에 광암을 출발하여
멀리 풍천으로 향하여 가네.
푸른 바다에는 아침해가 솟아오르고
먼 산에는 묵은 안개가 걷히네.
시골사람의 집이 들판에 널려 있는데
장사꾼의 배는 나루터에 매여 있네.
보리가 없으니 백성의 양식이 걱정스럽고
병사는 쇠잔하여 수자리의 고생이 염려스럽네.
좋은 경치를 만나도 흥겹지 않으니
귀를 기울여 백성들의 訟辭를 듣네.
백성을 구제할 이눈 누구인가?
평소에 계책이 없어 스스로 탄식하네.
말고삐를 잡고서도 차마 떠나지 못하는데
회포가 있지만 이야기할 사람이 없네.

平明發廣巖,　遠指豊川路.
碧海盪朝旭,　遙山褰宿霧.
村居撲平野,　賈舶依津渡.
無麥虞民食,　兵殘念戍苦.
遇景不成興,　側耳聞牒訴.
誰爲濟物人?　自嘆策無素.
攬轡不忍去,　有懷無與晤.

– <許沙途中>(권1)

농가와 어가가 섞여 있는 해변의 정경을 담담하게 그려나가다가, 보리 흉년과 힘든 防戍로 인한 백성의 고난을 깊이 동정하면서, 그것을 구제하는 것이 자신과 같은 관료가 힘써야 할 일이지만, 능력이나 여건이 미치지 못하여 어찌할 바를 모르겠다는 심정을 토로하였다.

김성일은 39세이던 선조 9년(1576) 여름부터 12월에 퇴계선생의 시호를 받들고 예안으로 내려갈 때까지 東湖에서 賜暇讀書한 바 있다. 이때 지은 시편들은 「湖堂朔題」라는 이름으로 묶여 있는데, 그 가운데 가장 이채를 띤 작품이 <母別子>이다. 전편이 60구로 이루어진 이 장시는 세 단락으로 이루어져 있다. 8구로 된 序詞는 어떤 모자가 남북으로 헤어지며 슬피 우는 장면을 묘사하고 나서, "내가 묻기를 '그대들 모자는 서로 목숨을 이어 주어, 골육 사이의 은정이 하늘처럼 끝이 없네. 이제 어찌하여 길 가는 사람처럼 서로 버려서, 도리어 천륜을 스스로 헤치는가?' 하였네."[39]라고 사연을 묻는 내용이다. 本詞 40구는 다음과 같다.

> 말하기를, '저희들은 본디 소작하는 농민으로
> 저는 길쌈하고 남편은 농사를 지었습니다.
> 해마다 때를 맞추어 갈고 길쌈하여
> 여덟 식구가 달게 먹고 살았지요.
> 지난해에는 여름에 가물고 가을에도 비가 오지 않았고
> 올해에는 또 온 들판에 풀 한 포기 안 났습니다.
> 논밭에 먼지만 일어 씨앗을 뿌리지 못하였으니
> 토지가 있은들 무슨 수로 곡식을 심겠습니까?
> 날씨가 추운 세모에도 네 벽이 텅 비니
> 온 식구들 굶주림이 얼마나 심했겠습니까?
> 관가의 부역은 오히려 더욱 많아지고
> 수령의 호령소리는 성화처럼 급했습니다.
> 독촉하는 아전은 이웃에 연좌시켜 官租를 찾느라고
> 어지럽게 매질하면서 다투어 긁어갔지요.
> 눈 앞의 고통을 다스리지도 못하는데
> 고조부와 증조부의 포흠까지 독촉했습니다.
> 유사들은 오히려 관가의 경비가 모자랄까 걱정하여
> 날마다 기한을 대면서 갚으라고 다그쳤지요.
> 백성에게 부역을 잘 시키면 유능한 관리가 되고

39) <母別子>, 권1. "問爾母子互爲命, 骨肉恩情天罔極. 今胡相棄若路人, 天性之倫還自賊."

세금 독촉을 잘하지 못하면 반드시 견책당했습니다.
성군께서 비록 애통하다는 조서를 내렸지만
고난에 빠진 저희들이 은덕을 입지 못하니 안타까웠습니다.
이 때문에 살아 갈 길이 날로 아득해지니
한 마을 사람이 수도 없이 흩어져서 떠났지요.
올해에는 2월에 벌써 새 고치실을 다 팔았으니
이제 무엇으로 햇곡식을 사 먹겠습니까?
논밭은 부잣집이 다 차지해 버리고
사방을 둘러봐도 서까래만 남은 집이었답니다.
남편은 지난달에 병으로 죽고
어린 자식은 오늘 아침에 구렁텅이에 버렸습니다.
구사일생으로 우리 모자만 살아남았지만
실낱과 같은 목숨이 오늘내일 합니다.
서로 기르고 봉양해 주기는 틀린 듯하여
제각기 흩어져서 살길 찾아 나섰지요.
각자 이곳저곳 떠돌며 살길을 찾지만
바라는 것은 다만 잠시 연명하는 것일 뿐입니다.
아득한 세상에 외로운 저희들이라
이젠 죽었는지 살았는지 소식 알길 없겠지요.' 하네.
다 듣지도 않았는데 문득 서로 갈라지더니
걸음마다 돌아보며 울음을 삼키네.

自言本是佃家戶,　女事蠶織男耕植.
耕桑歲歲不失時,　八口之家甘食力.
去年夏旱秋不雨,　今歲仍逢千里赤.
塵飛南畝種不入,　有田何由藝黍稷?
天寒歲暮四壁空,　全家饑饉何太迫?
公門賦役尙塡委,　縣官號令星火急.
迫胥連保索官租,　鞭扑狼藉爭掊克.
眼前瘡疣醫未了,　高曾逋負來相督.
有司猶懷經費虞,　日將期會申戒勑.

深於賦民是能吏, 拙於最科必見劾.
聖君雖下哀痛詔, 嗟我顚連不見德.
以玆生理日微滅, 同里幾人遭蕩析.
年來賣盡二月絲, 此日於何糴新穀?
田園盡入富民家, 四顧惟餘懸磬屋.
良人前月病不興, 赤子今朝棄溝壑.
九死餘生有母子, 軀命如絲在朝夕.
相生相養如已矣, 任爾仳離尋樂國.
東西糊口各自謀, 所希只欲延晷刻.
茫茫天地一身單 死生存亡從此隔
聞言未了忽相分 十步九顧猶掩抑

結詞 12구는 시인이 자신도 시골에서 성장하였기에 농민의 삶을 잘 알면서도, 출사한 뒤에 국록으로 살게 되어 백성의 질고에 무심하였음을 뉘우치며, 관료보다 더 깊숙한 데 사는 임금이 이를 알기를 바란다고 술회한 내용이다.

湖堂朔題로 지어진 점과 "한 번 거처를 옮기고도 오히려 캄캄한데, 하물며 대궐 안에서야 농사일을 어찌 알랴? 누가 다시 流民圖를 그려, 특별히 궁궐에 바쳐 밝은 촛불이 되게 하랴?"40)라는 결말부의 술회로 보아, 그 참상을 임금에게 알게 하고자 지은 작품임을 짐작할 수 있다. 이 작품은 제목과 첫머리의 "母別子子別母"라는 표현이 똑 같을 뿐 아니라 정서와 어투 등도 유사한 점이 많은 점으로 보아, 白居易의 <母別子>의 영향을 받은41) 듯하거니와, 白樂天의 新樂府에 못지 않게 애민의 정과 사회적 모순에 대한 비판의식이 강하게 나타나 있다.

흉년으로 기근이 심한데다가 관청의 부역과 前代의 逋欠에 대한 독촉

40) 같은 글. "一爲居移尙有阻, 況乃九重知稼穡. 何人重寫流民圖, 特獻丹墀作明燭."
41) 김시황, 앞의 책, 148~50면.

까지 받아 신음하던 佃戶農民이 남편을 비롯한 여섯 식구가 죽음에 이르는 환란을 당하자, 더 이상 견디지 못하고 어린 아들과 함께 유랑하던 끝에, 그마저 어려워져서 제각기 살길을 찾으려고 정처없이 헤어지는 극단적인 참상을 표현하였다. 백성의 참담한 현실을 동정하고, 그런 모순을 낳은 관료를 비판하며, 관료인 자신의 한계에 대하여 반성하는 뜻이 절실하여, 형이상학에만 치우치지 않은 학자였던 학봉의 면모가 잘 나타나 있다고 하겠다. 이러한 시적 형상성은 피지배계급에 대하여 거리감을 지니지 않고 문자 그대로 濟民에 고심하는 치민의식을 지니고 바라보아야 가능한 것이어서, 읽는 이에게 그만큼 큰 감동을 준다고 할 수 있다. 다음은 雜言詩 <次友人哀窮民韻>(『속집』 권1)이다.

> 불쌍한 백성들의 심장에 있는 살점이
> 王侯의 곳간에 가득하네.
> 죽은 사람[42]이 수놓은 비단옷을 입고
> 마굿간의 말은 그 곡식을 실컷 먹네.
> 어찌 알랴? 수많은 우리 창생들이
> 옷과 밥이 없어 밤중에 통곡하는 것을.
> 바라노니 사또께서 시 한 편을 써서
> 묘당의 고기 먹는 모든 이들에게 부치시게나.

> 小民心頭肉, 　　　充牣王侯宅.
> 土木衣文繡, 　　　櫪馬厭其穀.
> 安得知百萬億蒼生, 　　　無食無衣中夜哭?
> 請書使君詩一通, 　　　寄與廟堂諸肉食.

40세를 전후한 시기의 작품에 현실에 대한 관심이 높은 경향에 맞게

42) 土木은 墳墓와 棺材인데, 여기에서는 죽은 사람을 가리킨다.

41세경에 지어진 작품인 듯한데, 앞의 경우와 달리 지배계급과 피지배계급의 삶의 격차를 분명히 대조하면서 관료의 임무가 백성을 고난을 살펴 치유해 주는 것임을 강조하고 있어, 刺詩的 강도가 두드러진 예이다.

학봉은 황해도를 순무할 때 군정의 폐단을 極論한 <黃海道巡撫御史時疏>(『속집』 권2)[43]를 올린 바 있는데, 다음은 같은 뜻으로 폐단을 규탄한 시이다.

> 조정에서 전란에 미리 대비하느라고
> 수의어사 네 명이 동쪽과 남쪽으로 나가네.
> 임금의 신하가 호령함은 위엄을 세움에 달렸거니
> 임무가 무거운데 어느 겨를에 백성이 피폐함을 슬퍼하랴?
> 먼저 매를 들고 뭇 고을을 닦달하니
> 모든 고을이 풍문을 듣고 놀라 벌벌 떠네.
> 병든 이와 머슴을 뽑아 눈 앞의 급함을 떼우고
> 머리 늘어뜨린 어린애를 남김없이 병졸[44]로 삼네.
> 삼년 동안 조그만 병적을 작성하느라고 분주하였지만
> 개와 닭도 들어간 빈 장부를 만들었네.
> 항오 중의 반은 이름만이 있는 자이고
> 뭇 병영에는 다리 절고 약한 병사만 남았네.
> 약한 병사마저 債帥의 침학에 걸려드니
> 창에 기대어 궁리해도 편안하게 살 길이 없네.
> 죄를 짓고 달아나는 자가 이어지니 고을과 마을은 텅 비고
> 풀에 묻힌 밭은 경작하는 이가 없네.
> 군문에서는 숫자가 부족하다고 문책하고

43) 7條 중 '其七'의 원문이 일실된 가운데서도 4800여나 되는 장문으로, ① 일족을 침해하여 추징하는 폐단, ② 노인, 불치병자의 군역을 면제하지 않는 폐단, ③ 수군과 육군의 留防과 赴防에 따른 폐단, ④ 武備를 해이하게 하는 폐단, ⑤ 旅外의 군사를 헛되이 늘리는 폐단, ⑥ 부역을 면제하지 않는 폐단 등의 원인과 대책을 자세히 논의한 것이다.

44) 團結은 宋代 地方民兵의 丁壯組織, 또는 그런 조직의 士兵이다.

날마다 문서를 보내어 교체하라고 재촉하여 긁어내네.
한 장정이 떠돌고 도망하면 구족이 다 고통을 당하니
궁벽한 마을마다 원통하다고 울부짖는 소리이네.
외적이 오기 전에 나라의 근본이 기우니
천리가 전란을 겪은 듯이 시끄럽네.
내 들으니 추읍의 맹자는 齊와 梁에서 유세할 때에
나라를 다스림은 장정을 뒤지는 데 있지 않다고 하였다네.
조세와 부역을 가볍게 하여 먼저 서민을 부유하게 할지니
忠信과 孝悌는 백성의 마음에 말미암는다네.
임금을 가까이 하고 어른을 섬기면 형세가 절로 튼튼해져서
진나라와 형나라도 채찍으로 매질할 수 있다네.
어찌 반드시 구구하게 軍士點檢을 일삼아서
부질없이 백성들을 지치게 하랴?

朝家有備先陰雨, 繡衣四出東南行.
王臣號令在立威, 任重豈暇哀疲氓?
先將捶楚鞭列城, 列城震慴聞風驚.
抽羸括傭救日前, 團結不遺垂髫嬰.
三年奔走尺籍成, 鷄犬亦與編空名.
行間半是影射人, 列閫只餘尫羸兵.
羸兵更被債帥侵, 倚矛無計安其生.
逋逃相繼邑聚空, 野田草沒無人耕.
軍前有責見在數, 文字日日催爪更.
一夫流離九族痛, 窮鄕處處寃號聲.
外寇未至邦本傾, 千里騷然兵火經.
吾聞鄒孟說齊梁, 爲國不在搜民丁.
輕徭薄賦先富庶, 忠信孝悌因民情.
親君事長勢自壯, 折箠加笞秦與荊.
何必區區事蒐乘, 空使赤子魴尾赬?

– <籍兵行>(『일고』 권1)

편차로 보아서는 정해년(1587)에 지어진 작품인 듯한데, <黃海道巡撫御史時疏>에서 거론한 군정의 폐단 가운데 일부를 구체적으로 詩化하고 있다. 농민의 포망이 보편화되고 병적이 유명무실해진 모순적 현실을 주로 다루면서, 병사가 모자란다고 인원수를 충당시키기 위하여 노약을 搜括하는 지방관들의 횡포와 愁怨에 찬 농민의 모습과 심정을 사실적으로 표현하고 있다. 외적의 침공을 미리 대비한다는 것을 빙자하여, 어사가 위엄만을 앞세워 3년 동안이나 다니면서 작성한 병적에는 짐승과 어린애까지 올라 있는가 하면, 그나마 태반은 이름만 오른 空名簿인데다가, 債帥의 노략질까지 당한다고 하였다. 결국 이러한 모순이 다시 민중의 포망에 의한 저항으로 이어지는 악순환을 지적하고 있는 것이다. 이런 작품은 두 차례의 순무어사 직무를 성실히 수행한 결과 군정의 실상을 잘 알았기 때문에 지어질 수 있었을 것이다. 긴 제명으로 60세에 이르러도 군역을 면제하지 않는 폐단을 강력하게 비판한 시[45]도 있어 이런 관심이 절실했음을 입증한다.

4. 使行詩에 나타난 忠憤

일본의 정권을 잡은 豊信秀吉은 무력과 상업자본의 힘에서 얻은 자신감을 바탕으로 하여, 1589년에 對馬島主 宗義智로 하여금 조선에 가서 朝鮮國王의 來朝를 요구하라고 명령하였다. 그러나 藩國을 자인하면서 조선과의 교역을 중요한 경제기반으로 삼아 왔던 사정 때문에, 난처한 입장에 빠진 종의지는 窮餘之策으로 玄素를 正使로 내세우고 자신은 副使가 되어 와서, 통신사 파견을 요청하는 詐術로 대응하였다. 조선은 이러

45) <成丁爲兵, 六十除軍, 法也, 守宰不良. 委諸奸吏之手. 除軍之際. 無問老少. 而惟視賂之多少. 鮐背鶴髮. 猶編行伍. 持牒號訴者常滿庭>, 권1.

한 요청을 거부하던 끝에 鹿島事件[46]을 저지른 일본의 해적과 조선의 반란민을 잡아보내고 被虜人을 송환하면 보내겠다는 조건을 제시하였고, 일본측이 이를 수락하자 통신사를 파견하기로 하였다. 成宗 10년(1479)을 마지막으로 중단되었던 통신사행을 재개하기로 한 조선은 1589년 11월 18일 上使에 黃允吉, 副使에 金誠一, 書狀官에 許筬을 임명하였다. 김성일・허성이 외교적 경험이 있거나 일본에 대한 소신이 분명한 사람들인 점[47]으로 보아 일본의 정세변화를 감지하여 실정을 탐지하려는 의도가 개재된 人選이었을 것으로 보인다.

그에 따라 이듬해인 1590년 2월 28일에 日本의 海賊 三浦羅, 朝鮮의 叛民 2인, 被虜人 116인이 조정에 도착하였고, 통신사 일행은 3월 6일에 일본사절과 함께 都城을 출발하였다. 당시에 부사였던 학봉이 사절로서 어떤 사명감을 지니고 있었으며 일본에 대하여 어떤 인식을 하고 있었는가를 시를 통하여 살펴보기로 하자. 安東府界에 이르러 지었을 것으로 보이는 <途中, 述使旨, 示同行>(권2)이다.

> 임금님의 위엄과 교화가 동쪽으로 퍼져간 지 몇 해이던가?
> 원한을 우호로 바꾸려고 섬나라의 사신들이 절로 잇달았네.
> 어제 밝게 빛나는 궁전에서 섬나라의 포로를 바쳤는데
> 아침에 자줏빛 안개 낀 땅으로 한나라 사신이 달려가네.
> 뗏목 타고 간 박망후는 부질없이 기이한 일을 적었는데
> 바다로 들어 간 徐市은 그릇되게 신선을 찾았네.
> 누가 알랴? 성스러운 임금님께서 먼 나라를 따르게 하시려는데
> 한 번 통신사로 가서 사방의 변경을 조용하게 할 수 있을지를.

---

46) 『宣祖實錄』 권21, 20년 2월 26일조에 따르면 왜선 18척이 興陽地境을 침범하여 鹿島權管 李大源을 죽이자, 右尹 申砬이 군관 30인을 인솔하고 防禦使로 출동한 사건이다.

47) 김성일은 12년 전에 명나라에 서장관으로 다녀왔을 뿐 아니라 이때 禮賓寺正으로 玄素 일행을 접대했으며, 허성은 통신사의 파견을 강력하게 주장한 바 있다.

威化東漸問幾年? 輸平島客自聯翩.
蠻俘昨獻明光殿, 漢使朝馳紫渤堧.
博望乘槎徒迹異, 徐生入海枉求仙.
誰知聖主綏懷遠, 一信能令靜四邊.

시인은 사신 파견의 원인을 우리나라의 교화를 받은 오랑캐들이 누차 와서 우호를 요청한 데서 찾고, 그 임무를 문명국의 왕명을 받들어 오랑캐를 교화하여 변경을 진정시킴으로써 평화를 이루는 것이라고 인식하였다. 일본을 交隣國으로 인정하면서도 小中華인 조선의 교화대상인 夷狄인 '倭'일 따름이라고 생각하였던 것이다.[48] 더욱이 대마도에 이르러 왜인들의 삶을 직접 체험하자, 夷狄에 대한 경멸감이 더욱 뚜렷해졌음을 <次五山二十八宿體>(권2)에서 볼 수 있다.

동쪽바다 귀퉁이에 오랑캐들이 사는데
성품과 氣習이 교만하고 구역은 유별나네.
오랑캐들 중에서도 이들이 가장 교활하여
물웅덩이와 벌집이 바닷가 굴에 기대어 있네.
마음씨는 이리와 같고 목소리는 올빼미와 같은데
꼬리에 독이 있는 전갈이라 가까이 하기 어렵네.
걸터앉거나 쭈그리고 앉는 것을 예절로 여기고
度量衡의 도구는 성인의 법도와 다르네.
(중략)
오랑캐와 화친한 정원후는 나라에 복을 가져온 분인데
장건이 절역까지 간 횟수를 어찌 헤아리랴?
온통 忠信을 지니고 성조를 도우리니

48) 漢族 이외의 이민족에 대한 이런 태도는 <雪後登雲頭城三十韻>(『속집』 권1)에서 "羯屬金爲衽, 蠻軍錫作鐶. 戎心劇狼虎, 衣服雜彪彪."라고 한 것처럼 倭人에 국한된 것이 아니지만, 교린국에 사신으로 가면서도 공공연하게 말하는 점은 생각해 볼 문제일 것이다.

월나라에서 자루에 재물을 실어옴[49]은 하고 싶은 일이 아니네.

有夷生在海東角, 性氣驕亢區域別.
氐羌之中爾最黠, 水渦蜂房依海窟.
心如狼子音如鴞, 蠆尾有毒難可狎.
箕踞蹲坐是爲禮, 斗斛權衡非聖法.
(중략)
和戎定遠一福星, 肯數張騫窮絶域?
都將忠信翼聖朝, 越槖連軫非所欲.

대마도에서 왜의 성품·습속·예절 등을 실제로 보고 나서 그들을 야만인시하는 인식이 더욱 강해진 한편으로, 조선이 성인의 가르침을 그대로 실천해 온 문명국이라는 자부심을 더욱 분명히 지니게 되었음을 알 수 있다. 따라서 그가 關伯에게 禮重받던 승려 宗陳이 보여 준『大明一統志』에 조선의 풍속이 터무니없이 야만적으로 기술된 데 분개하여,「朝鮮國沿革考異」·「風俗考異」(이상 권6)를 지어 풍신수길에게 전하게 함으로써, 우리나라의 역사·문화·예절 등에 대한 인식을 바로잡고자 한 것은 당연한 반작용이라 할 것이다.

통신사 일행은 5월 4일 대마도에 도착할 때까지 특별한 문제없이 임무를 수행하였으나, 도착 이후에는 빈번하게 일본측과 마찰을 빚거나 일행 사이에 의견대립을 지니게 되었다. 이는 그들이 수차 외교적 관례에 어긋나는 처사를 자행한[50] 데서 말미암았지만, 三使 사이에 이견이 생긴 점

49) 漢 文帝 때 陸賈가 南越使로 가서 왕의 예물을 가져온 일을 가리키는데, 이런 일이 실제로 일어나자 5언고시 <有感>(권2)에서 "時同行有賣買事"라 題註를 붙이고서, 위험을 무릅쓰면서 장사하여 이익을 좇는 왜인의 풍속을 경멸한 다음, 말미에서 "珍重同事人, 莫謂吳儂憨. 揮手謝越槖, 免使遠人慙."이라고 읊은 바 있다. 학봉은 왜인의 贈物을 현지에서 散與했으므로 귀국시의 행탁에는 石菖蒲·棕櫚木 數盆이 있었을 뿐이었다고 한다.

50) 대마도 도착시 迎接使가 나오지 않은 문제, 島主가 사신이 좌정한 곳까지 가마를

은 더 심각한 문제였다.

학봉은 교린외교의 관례와 예의에 어긋나는 그들의 잘못을 날카롭게 지적하면서 강경하게 시정을 요구한[51] 데 대하여, 상사·서장관은 적당히 대처하거나 묵과하고자 하였다.[52] 학봉이 철저한 名分論과 禮義觀을 바탕으로 하여 일본측과 우리 사신들에게 잘못을 조목조목 논리적으로 지적하였던 사실은 『학봉집』 권5에 실린 <答黃上使>·<答許書狀> 등 조선사신 2인에게 준 書簡 6통, <答上官玄素>·<答平調信> 등 일본측에 보내거나 보내려고 했던 서간 10통, 그리고 <客難說答上使>·<入都出都辨> 등 雜著 4편에서 분명히 확인할 수 있다.

학봉은 대마도에서 견문한 그들의 야만적 문화와 무례한 외교적 대응, 우리 사절들의 명분과 예의에 벗어난 무사안일한 대응과 비겁한 처신에 대하여 빈번히 시를 통해 논란하였는데, 그 중 <對馬島記事>(권2)는 가장 두드러진 작품이다.

문득 보니 가마 한 채가 이르는데
앞뒤에서 창을 들고 호위하였네.
당돌하게 중문으로 들어오기에

타고 들어온 문제, '朝鮮使臣來朝'라고 기록된 禮單志를 보내거나 받은 문제 등이다.

51) 조선은 대마도를 藩屛視하고, 성리학적 華夷觀에 따른 小中華 意識을 바탕으로 交隣國인 일본을 小國視했으므로, 일본의 無禮는 명분상 용납할 수 없는 것이다. 그러나 일본도 군사력을 근거로 明·朝鮮의 服屬을 주장하던 상황이었던 탓에 의도적으로 그렇게 하였다고 볼 수 있다. 결국 학봉은 표면적으로 대등관계를 인정하지만 명분상으로는 상하관계로 보려는 조선조의 입장을 다른 사신보다 철저히 지키고자 하였던 셈이다.

52) 학봉이 선위사가 온 뒤에 대마도에서 출발하자고 하고, 자신이 도주의 향연을 받지 않고 돌아간 이유를 병 때문이라고 한 역관 陳世雲에게 杖刑을 가하며, 대마도주에게 강경하게 항의하여 도주의 가마꾼이 죽음을 당하게 한 데 대하여, 두 사람은 어긋나는 행동이나 인식을 드러내면서 日程遲延과 왜인의 무지 등을 이유로 용인하자고 하였다.

그 까닭을 아무도 알지 못하였네.
섬돌을 거쳐 막 당에 오르자
일행이 유린당하였네.
발을 걷자 깎은 머리가 드러나니
바로 대마도의 도주였네.
자리에 있던 모든 사람들이 비로소 팔을 걷어붙이고
서로 보며 번갈아 입을 다물지 못하였네.
내가 차탄하며 정사에게 고하여
이 수치스러운 치욕은 참기 어렵다고 하였네.
곧 객관으로 돌아가는 게 낫지
어찌 무릎을 대고 어울릴 수 있으랴?
정사는 관용에 힘쓰는 분이라
짐승들과 다투지 않았네.
나는 본래 본성이 좁아서
발끈해서 수래채를 재촉하여 돌아왔네.
山田과 五山[53]도
서로 의논하지 않았지만 거취가 같았네.

忽看一轎至, 前後擁戈矛.
唐突入中門, 莫知其所由.
歷階且升堂, 一行被躪蹂.
擧簾露圓頂, 乃是馬州侯.
四座始扼腕, 相顧迭呀咻.
嗟余告正使, 此辱難包羞.
不如且還館, 何可接綢繆?
正使務寬容, 不與較馬牛.
余性素狷狹, 奮然催還輈.
山田與五山, 去就同不謀.

---

53) 山田은 書狀官 許筬의 호이고, 五山은 從事官 車天輅의 호이다.

5언 140구로 이루어진 장시 가운데 대마도에 이른 뒤에 倭의 향연을 받게 된 경위를 읊은 서두 22구 다음 부분이다. 對馬島主가 國分寺에서 향연을 베풀기로 한 데 따라 사신들이 먼저 도착하여 있을 때, 도주 平義智가 가마를 탄 채 사신들이 앉은 곳까지 이른 일을 문제삼아, 학봉이 연회를 받지 않고 허성·차천로와 함께 돌아간 일에 대한 회포를 읊고 있다. 이때 허성은 학봉과 함께 연회장을 떠나기는 하였지만, 뒤에 대마도주가 과오를 가마꾼에게 떠넘겨 죽인 데 대하여 불만을 표했으므로, 생략한 부분에서 체모를 들어 나무라기도 하였다.[54] 학봉의 이런 태도는 평소에 도학에 힘쓴 풍도가 있다고 할 만큼 당당한 대응이라 할 것이다.

통신사 일행은 6월에 一岐에서 '朝鮮國使臣來朝'라고 적힌 禮單志을 보내고 받은 일로 또 한 차례 실랑이를 벌리게 된다. 학봉이 뒤늦게 이를 알고 돌려주어야 한다고 하였으나, 상사와 서장관은 무식하고 무례한 자들의 소행일 뿐 아니라 예물로 온 음식을 이미 하인들에게 나누어 주었으니 묵과하자고 하였다. 그러나 학봉은 끝내 시장에서 사서 돌려보내게 하였고, 왜가 改書하여 가져와서 한문을 모른 탓에 생긴 잘못이라고 사죄하자 다시 받았다. 결국 王使를 예우하지 않는 것은 그들 자신의 치욕이 될 뿐이라는 학봉의 주장이 저들을 감화시켰던 것이다.

통신사 일행은 7월 21일에 일본의 수도인 京都에 도착하였는데, 이때 학봉은 상사·서장관이 계속 禮服을 입지 않고 便服을 입은 것이 예의에 어긋남을 지적하면서 혼자 예복을 입었다. 또 풍신수길의 東征과 宮殿未成을 이유로 국서 전달이 늦어지던 가운데 平義智가 악공을 빌려 달라고 하자, 국서를 바치기 전에는 빌려 줄 수 없다고 버티다가 상사 등의 주장으로 빌려 주기도 하였다. 이 일을 두고 지은 46구의 장시가 <有感>(권 2)인데, 다음은 제25구부터 38구까지이다.

---

54) "移罪其轎人, 頸血濡髑髏. 陽川驚且懼, 責我書屢投. 余笑謂行臺, 此事君莫憂. 人命雖可惜, 疢疾今始瘳. 國恥如未雪, 何以示千秋."

평의지는 어떤 자인가?
굴혈에서 큰 나라를 의지하네.
우리의 번신이나 다름없는데
어찌 감히 저런 僭越한 뜻을 지니는가?
마침 내가 그윽한 근심을 품고 있는데
어찌 당돌하게 악공을 청하는가?
아직 국서를 담은 함뚜껑을 열지 못하여
강개한 마음이 뼈에 사무치네.
어찌 감히 임금님의 악공을 내어 주어
오랑캐에게 먼저 연주하리요?
왕명을 전하지 못하였음을 구실로 하면
또한 타이름에 할말이 있으리.
어찌하여 같이 온 사람들은
내가 사정에 어둡다고 이르는가?

義智何爲者? 大邦依穴窟.
無異我藩臣, 敢有志越厥?
屬我抱幽憂, 請樂何唐突?
芝函尙未開, 慷慨痛至骨.
何敢放天樂, 先之向夷羯?
諉以命未傳, 開諭亦有說.
云胡同事人, 謂我事情闊?

도일한 지 5개월이 지나도록 국서를 전하지 못하는 것만 해도 통분을 금치 못하는 상황에서 악공까지 빌려 주는 것은 나라의 체통을 손상시킬 뿐만 아니라 사신이 굴욕을 당하는 일이므로 방자한 요구에 굴종할 수 없다는 뜻을 이렇게 읊은 것이다.

국서전달이 지연된 데 따라 황윤길이 저들에게 뇌물을 주어서라도 전달을 도모하자고 주장하자, 학봉은 "사신된 도리는 다만 마땅히 의리로 반복하여 타일러야 합니다. 만약 털끝만큼이라도 비굴한 일이 있으면 왕명을 욕되게 하는 죄가 비로소 커지게 되어 씻을 수 없을 것입니다."[55]라고 책망하였다. 그는 "이때 뇌물을 써서 왕명을 전하자는 의론이 있었다.(時有行賂傳命之議.)"라고 註를 붙인 40구의 잡언고시 <有感>에서 서두에서 "아! 슬프도다(噫于嘻)"란 말을 두번씩이나 쓰면서 강한 통탄을 표하고 나서, "외국에 사신으로 온 것은 일이 아주 중대하니, 누가 예의를 버리고 왕명을 욕되게 할 수 있으랴? 심상한 작은 일도 소홀히 하기 어려운데, 하물며 대절에 임하여 어찌 공경스럽지 않겠는가?"[56]라고 한탄하였다. 孔子가 『論語』「子路」에서 말한 "使於四方, 不辱君命."을 실천해야 하는 선비의 도리를 들어 엄중하게 항의하고 있음을 볼 수 있으니, 상사와 부사 중 올바른 사신구실을 제대로 하고자 한 이가 누구인지 잘 드러난다고 할 것이다.

조선의 국서는 11월 7일에 關伯에게 전달되었는데, 이때 또 관백에 대한 拜禮의 형식이 큰 논란거리가 되었다. 황윤길·허성은 관백을 국왕으로 인정하여 庭下拜를 하자고 주장한 데 대하여, 학봉은 관백은 왕이 아니라 大臣임을 내세워 楹外拜를 주장하여 관철시켰다. 그리고 11일에는 '來朝'가 명기된 禮單志와 함께 예물이 오자 학봉은 홀로 받지 않았다. 경도에서 백리나 떨어진 堺濱으로 옮기라는 일본의 요구에 반대하다가 역시 상사의 주장에 동의하여 옮겨가서 머물던 중, 11월 20일에 마침내 答書인 書啓가 왔는데, 거기에 또 몇 가지 용어상의 시비거리[57]가 있었다. 그러나 이보다 더 심각한 문제는 "한 번 뛰어 바로 명나라에 들어갈 것이니, 귀국이 앞장서서 입조하라(一超直入大明國, 貴國先驅入朝.)"라는 극단적으로 패역한 말이 있는 일이었다. 君國을 욕되게 할 뿐만 아니

55) <客難說答上使>, 권6. "爲使臣之道, 但當以禮, 反覆開諭而已. 若有一毫卑屈之事, 則辱王命之罪始大, 而不可洒矣."

56) 권2. "使乎四方事莫重, 誰能去禮義而不辱其命. 尋常小德且難忽, 況當大節胡不敬?"

57) '閣下方物'이라는 悖慢한 표현이 학봉의 항의에 따라 '殿下禮幣'로 수정되었다.

라 事大國인 明에 대하여 송구스러울 수밖에 없는 표현에 대하여 학봉은 玄素에게 강력하게 항의하였지만, '一超直入大明國, 貴國先驅入朝.)'에 대해서는 일본이 명나라에 조공하러 들어가니 귀국이 먼저 명나라에 입조하라는 뜻이라고 끝내 고집스럽게 변명하면서 고쳐 주지 않았다. 결국 황윤길 등의 용납하자는 의견을 따라 그대로 받기는 하였지만, 학봉은 그 부당성을 황윤길과 현소에게 여러 차례 서신을 보내어 시비함으로써 일관된 주장을 폈다. 이때 그가 황윤길·허성이 나라의 치욕을 알면서도 포악한 왜인들에게 겁을 먹고 무사안일하게 대응한 데 대하여 크게 분개하였음은 두 사람에게 보낸 서신에 극단적인 언사[58]를 쓴 데서도 잘 드러난다. 이런 점으로 보아 학봉은 사신으로 임명된 직후에 지은 7언율시의 결련에서 "나의 보답이 작은 물방울만큼도 없지만, 이번 걸음에는 오히려 목숨이 가벼움을 아네."[59]라고 하면서 『論語』「泰伯」에 나오는 공자의 "臨大節而不可奪"이라는 말과 같이 죽음을 각오하고 완강하게 고집하였음을 알 수 있다.[60]

조선의 사신 일행은 12월 11일에 계빈을 발행하여 대마도를 거쳐 이듬해인 1592년 2월 초에 부산포에 도착하였다. 그 동안 비굴한 행적을 일삼았던 황윤길[61]은 왜적의 소굴을 벗어나 부산에 도착하자 곧 馳啓하여,

---

58) <與黃上使>(권5)에서는 "後若有悔, 莫謂今日夷簡不言也."라고 하였고, <與許書狀>(권5)에서 "嗚呼! 今玆之行, 出於百年之後, 非但遠人之所觀瞻, 後來之矜式, 亦係於今日, 凡百擧措, 其可輕乎?"라고 한 데 이어, <與許書狀>(권5)에서는 "自今以後 各尊所聞 各行所知焉可也 復何相與焉?"라고 하였다.

59) <三月初五日丙子 賜酒闕庭>, 권2. "小臣報效微涓滴, 此去猶知性命輕."

60) 奉使時의 자세는 출발할 때에 수백명에게서 송별시를 받았지만 "先生何處酹一杯 堤上忠魂應不死"라고 읊은 金允安에게만 읍을 하였다는(<奉使日本時贈行詩>, 『부록』 권4) 점이나, <次五山對馬島三十韻排律>(권2)에서 이를 인용하여 "오천의 풍절에 지난날의 역사를 흠모하고, 제상의 충혼에 한 잔 술을 올리네.(烏川風節欽前史, 堤上忠魂酹一杯.)"라고 읊은 데서도 분명히 확인된다.

61) 이에 대해서는 李睟光의 "倭酋傑驁, 事多不測, 黃畏㥘, 每事依違. 而金性强, 守正不少撓, 倭人甚敬憚之."(『芝峯類說』 권4)라는 말이 적절한 지적일 것이다.

"반드시 전란이 있을 것(必有兵禍)"이라고 보고하였고, 조정에 도착한 뒤에도 상사·서장관은 같은 말을 하였다. 그러나 학봉은 이와 다르게 "저는 그런 낌새가 있음을 보지 못하였습니다(臣不見其有是.)"라고 復命하여 물의를 남겼다.

이에 대하여 西厓 유성룡이 만약 병란이 일어나면 어찌할 것이냐고 묻자, 학봉은 "난들 어찌 왜가 끝내 움직이지 않는다고 기필할 수 있겠소마는, 황윤길의 말이 너무 심하여 중외가 놀라서 어찌할 바를 모르므로 이를 풀어 준 것이오"라고 하였다. 또 白沙 李恒福과의 대화에서도 왜의 내침을 걱정하면서도 민심이 소요하면 왜적이 이르기도 전에 무너질 것이기 때문에 그렇게 말하였다고 한다.

그러나 임진왜란이 일어난 직후 서인들은 학봉의 과오로 더 큰 피해를 입었다면서 탄핵하였는가 하면, 安邦俊의 『壬辰錄』과 金時讓의 『涪溪記聞』 등에서도 당쟁적 심리로 그릇되게 보고하여 방위를 이완시킴으로써 나라에 큰 피해를 입게 하였다고 주장하는 등 후대에 두고두고 시비가 이어졌다.

그러나 학봉이 忠義觀이 투철한 인물이었다는 점이나 滯日時의 의연한 대응으로 볼 때, 지나치게 禮貌로 인물이나 정세를 판단한 나머지 일본인의 본질을 간과한 데 따른 견해차일 수는 있지만, 의도적으로 상사와 상반되는 입장을 취했다고 보기는 어려울 듯하다. 이는 "성일은 윤길 등이 일본에 갔을 때 겁이 나서 체모를 잃은 것에 분개하여 말마다 이와 같이 서로 달랐던 것이다."[62]라고 하거나, 澤堂 李植이 <海槎錄跋>에서 상사 등이 유순하고 나약하게 대처한 치욕을 호도하려고 적정을 과장한 데 대하여 논란하던 끝에 말이 지나쳐 책잡힌 것이라고 한 견해가 실상에 가까울 듯하다. 7개월 동안이나 체류하면서 '一超直入大明國'을 공언

62) 『宣祖修正實錄』 권25 24년 3월조 "盖誠一, 憤允吉等, 到彼恇怮失體, 故言言相左如此."

하는 일본의 정세가 심상치 않다는 것은 학봉도 알았을 터이지만, 현지에서는 타협적 · 고식적 대응으로 일관하였던 그들이 자신들의 과오를 엄폐하려고 강경한 보고를 한다고 판단한 나머지 감정적으로 격앙될 수 있었을 것이기 때문이다.

결국 학봉은 침략의도를 대체로 간파하였으나 확실한 증거가 없는데다가 민심이 붕괴될 우려가 있으므로, 내침 가능성을 떠벌리지 않으면서 대비하는 것이 상책이라는 판단으로 그런 발언을 하였다고 보는 것이 온당할 것이다.

5. 外侵에 대한 憂慮와 國防에 대한 意志

학봉이 사행 후에 왜의 침공이 없으리라고 복명하고, 임란 직전에 <請停築城, 仍陳時弊疏>(권3)를 통하여 內地에 축성하는 일을 중지하기를 청한 것이 전란을 대비하지 말자는 의도에서 나온 것은 아니다. 이는 그가 內政 가운데 軍政에 대하여 가장 빈번하게 관심을 드러낸 데서 단적으로 드러나며, 우리나라 주변의 오랑캐의 침입에 대하여 우려하거나 변경을 개척하고 외침을 방비한 역사적 성과와 인물에 대하여 빈번하게 시적 관심을 드러낸 데서도 입증된다. 그는 한 고시에서 "오랑캐는 마음이 자주 뒤바뀌어, 영남의 바닷가에서 전란을 일삼는다네."[63]라고 영남 안찰사에게 倭變을 방비할 것을 당부하였는가 하면, 한 율시에서는 "언제나 오랑캐가 없어지랴? 오늘도 관하는 근심에 잠겨 있네."[64]라고 북변 오랑캐의 존재를 염려한 바 있다. <題廟坡堡>(권1)는 이러한 정서가 두드러진 예이다.

---

63) <送人按嶺南二十韻>, 『일고』 권1. "蠻獠多反側, 嶺海事戈鋋."
64) <馬上望黃草嶺 白雪巉天 夕宿草芳院>, 권1. "胡虜何時盡? 關河此日愁."

몇 해 전 유월에 오랑캐가 장벽을 엿보아
빈틈을 타고 들어와서 창궐하였네.
외로운 아이들을 물고기 뱃속에 장사지내고
장정은 북쪽사막에 잡혀갔네.
만번 죽음 끝에 목숨을 건져서
삼년 만에 고향으로 돌아왔네.
'강물은 옛날과 같건만
골육은 어디로 흩어졌던가?'

六月胡窺障, 乘虛勢陸梁.
孤兒葬魚腹, 丁壯入龍荒.
萬死存餘命, 三年歸故鄉.
江流依舊在, 骨肉散何方?

함경도 변경의 백성들이 오랑캐에게 입은 피해를 말미에 붙인 小註[65]에서 언급한 것처럼, 몇 해 전에 한 집안의 온 가족이 입은 인명피해를 통하여 부각시키고자 한 작품이다. 부모와 처자를 모두 오랑캐의 손에 잃은 참혹한 불행을 객관적으로 서술하고 나서, 유일한 생존자의 말로 골육의 혼백이 이산하고 만 망극한 슬픔을 호소하게 한 수법이 감동을 불러일으킨다. 다음 작품은 이러한 오랑캐의 내침과 조악한 생활환경으로 인하여 변방 주민들의 삶이 피폐한 실상과 그런 큰 근심거리가 없어지기를 바라는 마음을 형상화한 경우이다.

성곽은 풍이의 소굴을 누르고
사람은 섬과 포구 사이에 사네.
하늘의 모습이 물에 완전히 거꾸로 박히고

65) "병자년(1576)에 오랑캐가 몰래 강을 건너와서 나루터의 뱃사공을 포로로 잡아갔는데, 딸 둘과 손자 하나는 배가 전복되어 빠져 죽었다. 뱃사공만 홀로 살아남아서 오랑캐땅으로 잡혀갔다가 무인년(1578)에 비로소 刷還되었다고 한다."라고 하였다.

고래 같은 물결은 산을 반쯤 잠기게 하네.
오랑캐 기운이 사나운 절역이요
바닷가 풍속이 모진 벽지이네.
옛날부터 전쟁이 잦은 곳인데
변방의 흔단이 어느 때에나 없어지랴?

城壓馮夷窟, 人居島溆間.
天形全倒水, 鯨浪半枕山.
絶域胡氛惡, 窮陲海俗頑.
古來征戰地, 邊釁幾時刪?

오랑캐의 사나운 기운이 사라지지 않는 탓에 궁민들이 文教의 습속을 갖추지 못한 채 겨우 목숨을 부지하는 데 대한 안타까움을 표하고, 아울러 북쪽 오랑캐로 인한 근심이 사라질 날을 손꼽아 기다리는 심정을 읊고 있다.

오랑캐에 대한 우려가 이처럼 간절한 시인에게 과거에 변경의 국토를 개척하거나 오랑캐를 방비한 영웅이나 그 위업이 쉽게 떠오르는 것은 당연하다. 학봉은 「북정록」에서 수차 尹瓘이 女眞族을 征伐하고 九城을 축조한 일과 金宗瑞가 六鎭을 개척하고 두만강을 국경으로 확정시킨 공적을 찬양한 바 있다.[66] 다음은 두 先烈의 북방개척을 찬양한 두드러진 예이다.

고을은 어느 때에 폐지되었는가?
봉강은 어느 날에 개척되었는가?
九城은 高麗氏의 자취요
六鎭은 相臣의 재주이네.

---

66) 韓方信·李成桂의 從事官으로 女眞族을 물리치는 데 공적이 있었던 圃隱 鄭夢周의 시를 다섯 차례나 차운한 것도 같은 의도의 소산이다.

戶口는 일찍이 남쪽에서 옮겨왔고
藩籬는 스스로 북쪽에서 왔네.
또 중화와 이적의 천지를 구분하느라고
천리에 걸친 두만강이 돌아흐르네.

郡邑何時廢, 封彊幾日開.
九城麗氏蹟, 六鎭相臣才.
戶口曾南徙, 藩籬自北來.
華夷天又限, 千里萬江回?

– <次圃隱東征韻, 記六鎭事蹟>(『일고』 권1)

圃隱의 <洪武壬戌, 從李元帥東征>(『圃隱集』 권2)에 차운한 시이거니와, 윤관·김종서라는 희대의 명장이 북변을 개척하여 오랑캐의 침입을 방비한 공로를 높이 찬양하였다. 그러나 현실은 그러한 國土恢拓과 外敵防衛의 위대한 공적을 찬양만 할 수 있는 형편이 아니었다. 그러므로 위의 작품에서는 고을이 없어진 것을 아쉬워하는 데 그쳤지만, 7언고시 <次圃隱中秋韻>의 말미에서는 "밤중에 칼을 뽑아 길게 탄식하노라니, 근심스러운 마음으로 부질없이 기약할 뿐이네. 붓을 휘둘러 匡州의 벽에 크게 쓰지만, 태사 가운데 누가 나의 시를 거두어 줄까?"[67]라고 읊어, 당시의 국가의 무능력에 대하여 강한 개탄을 표하고 있다.

학봉이 일본에서 돌아와서 한 발언은 결과적으로 실정에 매우 어긋난 것이었지만, 그것이 당파심이 작용하거나 애국심이 부족한 데에서 연유한 것이 아님은 전란 중에 그가 펼친 영웅적 구국활동으로 입증되었다. 그는 임란이 일어나기 직전인 선조 25년(1592) 4월 11일에 慶尙右兵使를 제수받자 즉시 발행하였는데, 많은 사람들이 문신이 병사로 出補된 것을 위로한 바 있다. 이때 "죄가 크고 책임은 무거우니 하늘과 같은 은혜가 망극

67) 권1. "中宵拂劍長太息, 耿耿此心空有期. 揮毫大書匡州壁, 太史何人收我詩?"

합니다. 이 몸이 죽지 않는다면 오직 온 힘을 다할 뿐이고 성패는 말할 바가 아닙니다."라고 하였던 데에는, 그의 타고난 忠憤뿐만 아니라 자신의 잘못된 복명에 대한 贖罪意識이 개재되어 있었을 것이다. 학봉이 이처럼 충분과 속죄의식에서 우러난 一死報國의 의지를 지녔음은 당시에 전송하던 이들에게 준 <漢江留別>(권2)에 잘 나타나 있다.

> 부월 들고 남쪽으로 가는 길에 오르면서
> 외로운 신하는 한 번 죽음을 가볍게 여기네.
> 종남산과 위수로
> 머리를 돌리노라니 남은 정이 있네.
>
> 仗鉞登南路,　孤臣一死輕.
> 終南與渭水,　回首有餘情.

轉結句의 '종남산과 위수로, 머리를 돌리노라니 남은 정이 있네.'라는 표현은 의지가 남산·한강처럼 바뀌지 않을 것이라는 의미와 그쪽에 계신 임금에게 다짐하려니 과거의 恩義가 떠오른다는 의미를 아울러 지닌 重義的 표현이라고 볼 수 있다. 그렇다면 이 작품은 문신으로 병사가 되어 위험이 예견되는 변방으로 나가면서도, 두려워하기보다는 죽음을 가볍게 여긴다는 뜻을 공표하면서, 그것이 불변할 것임을 임금에게 다짐하고자 한 시로 이해할 수 있을 것이다.

그는 이때 忠州에서 釜山浦·東萊가 함락되었다는 소식을 듣고 길을 재촉하여 宜寧에 이르렀는데, 왜적이 이미 부근에 있으니 晋州를 거쳐 咸安으로 가는 것이 좋겠다는 麾下의 진언을 묵살하고, 왜적과 직접 충돌하여 首級을 베는 위험을 뚫고 昌原本營에 도착하였다. 그러나 전년에 복명할 때 한 말이 나라를 그르쳤다는 탄핵이 제기된 데 따라 拿命이 있다는 소식을 듣고 상경하던 중에, 공을 세워 허물을 씻게 하자는 柳成龍

등의 救援으로 구제되어 초유사로 임명되어 영남으로 돌아갔다. 그는 湖南을 경유하여 咸陽에 이르러 <招諭一道士民文>을 지어 도내에 포고하고, 召募官을 차임하며, 金沔·鄭仁弘을 義兵將으로 삼는 등 널리 알려진 구국활동에 매진하였다.

이런 활동을 하던 시기에 지어진 시는 한 작품밖에는 남아 있지 않다. 국난을 만나 동분서주하느라고 시를 지을 여유가 없었기 때문일 것이다. 임란 중에 지어진 현전하는 유일한 시는 흔히 <三壯士詩>로도 불리는 <矗石樓一絶>(권2)이다. 연보에 의하면 이 작품은 5월에 진주에 이르러 지었는데, 전문은 다음과 같다.

> 촉석루에 오른 세 장사가
> 한 잔 술로 웃으면서 장강의 물을 가리키네.
> 긴 강의 물은 세차게 흐르는데
> 물결이 마르지 않듯이 충혼도 죽지 않으리.
>
> 矗石樓中三壯士,　一杯笑指長江水.
> 長江之水流滔滔,　波不渴兮魂不死.

이 시는 원문[68], 작자, 창작배경 등에 두루 분분한 논란이 있어 왔던 작품이다. 작자가 학봉이 아니라 崔慶會라고 기록된 문헌[69]이 있을 뿐

68) "一杯笑指長江水, 長江之水流滔滔."가 "一杯笑指菁川水, 菁川萬古流滔滔.", 또는 "一杯笑指淸江水, 淸江萬古流滔滔."로 된 곳도 있다고 한 데서 논란이 많았던 작품임이 드러난다.

69) 『龍蛇日記』·『鶴峯集』·『釣隱集』·『大笑軒事蹟集』·『浮査集』 등에는 鶴峯 金誠一作으로 되어 있고, 『湖南節義錄』·『南原旌忠錄』·『牧民心書』·『晋州旌忠錄』·『日休堂實記』에는 日休堂 崔慶會작으로 되어 있다. 李載浩, 「歷史記錄의 虛實에 대한 검토」-특히 矗石樓 <三壯士詩> 作者의 境遇, 『釜大史學』 8(부산대 사학과, 1984)에서 관련기록과 이견이 제기된 경위를 자세히 검토하면서 체험의 직접성, 시기의 근접성, 아전인수적 의도와의 관련 등을 들어 松巖 李魯의 『용사일기』가 신빙성이 크다고 보면서 明澄하게 논의하였다.

아니라, '삼장사'[70]가 누구인가에 대해서도 이설이 분분하다. 이처럼 특이한 관심이 쏠렸던 이 작품의 창작동기를 『학봉집』·『용사일기』를 중심으로 하여 요약하면 아래와 같다.

> 초유사 학봉이 진양에 도착했을 때 목사 李璥은 지리산에 숨었고 軍民이 모이지 않아 성 안이 텅 비어 있었다. 공이 슬픔과 울적을 견디지 못할 때에 趙宗道·李魯가 宜寧에서 와서 '晋陽은 거진이고 牧使는 名宦인데 이와 같으니 다시 착수할 곳이 없는 형편이므로 빨리 죽는 것이 나은 듯합니다. 令公과 함께 강물에 빠져서 적의 칼날에 쓰러지지 않기를 바랍니다.' 하였다. 공이 웃으면서 '언제라도 죽을 수 있는 법인데 헛되이 죽어 무엇하겠소? 나는 부녀자가 小節을 묵수하는 일을 하지 않겠소. 만약 여러분의 창의에 힘입어 열읍 선비들의 호응을 얻는다면 백성들이 따르지 않겠소? 그 뒤에 군사를 나누어 要害地에 웅거하여 적을 막는다면 적은 군대로도 나라를 회복할 수 있을 것이오. 만약 여의치 않으면 唐의 張巡처럼 지키다가 죽어도 좋고 顔杲卿처럼 적을 꾸짖다가 죽어도 좋을 텐데, 어찌 그렇게 서두시오? 내 말이 거짓이 아님은 강물이 증명할 것이오. 나는 죽기를 두려워하지 않소.'라고 하였다. 이에 눈물을 뿌리면서 크게 통곡하고 헤어졌다.
>
> 일설에는 처음에는 공도 죽을 생각으로 마주 앉았는데, 술이 없어 성중의 인가에 구해서 한 잔씩 마시고서 공이 시를 읊었다. 마침내 몸을 서로 얽고 다람쥐바위[鼯岩]로 걸어가다가 공이 헛되이 죽음은 이익이 없다고 생각하고 마침내 죽기를 단념하였다.

영원히 끊이지 않고 흐르는 강물을 두고 한 번 죽어 나라의 은혜를 보답하고자 하는 마음이 아무런 비유적 표현없이 진솔하게 드러나 있어 독자로 하여금 눈물을 금하기 어렵게 하는 작품이다. 이 시에 드러난 학봉

---

70) 金誠一·趙宗道·金誠一·金誠一·郭再祐·姜希悅, 崔慶會·崔慶會·金千鎰·高從厚 등으로 매우 분분한데, 金誠一·趙宗道에다 李櫓를 포함시켜 추증을 윤허받은 사실이 『純祖實錄』에서 확인되므로 이 세 사람으로 보아야 할 듯하다.

의 충절을 두고, 大山 李象靖은 『용사일기』의 발문에서 <三壯士詩>를 외우면서 팔을 걷어붙이고 분격하여 감탄하면서 인품을 사모하지 않은 적이 없다고 한 바 있다.

학봉은 1년여 동안 초유사·감사로서 의병규합에 진력하고 郭再祐 등의 의병장의 활동을 도우며 관군과 의병의 협조를 이끌어내는 데 진력하는 한편으로, 군량미 확보와 기민 구제를 위해서도 힘썼다. 전투력의 강화와 軍民의 위무에 힘쓰면서 항왜전을 독려하였던 것이다. 그리하여 나라의 한 구석인 慶尙右道가 보존되도록 하기 위하여 영웅적으로 활약하던 그는 선조 26년(1593) 4월 19일에 전염병에 걸려 신음하면서도 뒷일을 걱정하다가 29일에 晋州公館에서 서거하였다. 捨生取義하고 殺身成仁한 이런 종말은 그야말로 <後出師表>의 말미에 나오는, 나라를 위하여 힘을 다하고 죽은 뒤에야 그만둔[鞠躬盡瘁, 死而後已.] 諸葛孔明의 자세와 같았으므로 史官도 "盡瘁王事, 卒於軍中."[71]이라고 논평하였다.

학봉의 이러한 구국활동은 "살아서는 열사가 되고 죽어서는 충혼이 되라"[72]고 한 말을 스스로 실천한 것이었으므로, 光海君 원년 8월에 내린 <賜祭文>에서는 "왕명을 받들고 사신으로 가매, 오랑캐 추장의 혼이 달아났네. 부월을 들고 왜적을 토벌하는 임무를 맡으니, 진유라서 맞설 만한 상대가 없었네."[73]라고 하고, 鄭逑의 祭文에서는 "충의를 골수로 하고, 도리를 심장으로 하였다.(忠義骨髓, 道理心腸.)"라고 하는 등 찬양을 아끼지 않았다.

---

71) 『선조실록』 권211 40년 5월 을해조

72) <通諭玄風士民文>, 권3. "生爲烈士, 死作忠魂."

73) <賜祭文>, 『부록』 권4. "銜命乘槎, 蠻酋褫魄, 仗鉞專征, 眞儒無敵."

6. 結語

학봉 김성일은 900여제라는 적지 않은 시를 남겼는데, 그것들은 평이하고 산문적인 표현을 통하여 삶의 도정에서 부딪혔던 중요한 관심들을 두드러지게 형상화하고 있다. 이러한 그의 시세계는 그 의미지향을 크게 學問探究의 姿勢와 性向, 民生에 대한 關心, 使行詩에 나타난 忠憤, 外侵에 대한 憂慮와 國防에 대한 意志 등으로 나눌 수 있다. 학봉의 시에는 학문에 대한 진지한 자세, 스승에 대한 열렬한 紹述과 尊奉, 심학을 탐구하는 자세 등이 잘 나타나 있는가 하면, 백성들의 질고에 대한 동정, 軍政을 비롯한 중요한 폐단의 구체적 실상, 모순을 제거하는 데 무력한 국가와 관료에 대한 비판, 백성의 질고를 치유하지 못하는 관료로서의 자성 등이 적극적으로 표현되어 있다. 그리고 일본에 다녀오면서 지은 시들에는 왜인들의 무례와 포악에 대한 경멸과 분노, 조선의 문명에 대한 자부, 목숨을 걸고 君命을 욕되게 하지 않으려는 의지, 예의에 바탕을 둔 올바른 善隣觀 등이 잘 드러나 있다. 또 순무어사로 나가서 지은 시들에는 외침에 대한 우려와 국방에 대한 의지가 강력하게 표백되어 있으며, 임란 전후에 지어진 시에는 목숨을 가볍게 여기면서 나라와 임금에게 보답하려는 강한 의지가 개진되어 있다.

학봉은 한국 유학의 적통을 이은 선비이면서도 뛰어난 성리학자로서는 예외적이라 할 만큼 관념적 성향을 강하게 드러내지 않은 반면에, 사회적 현실에 대하여 적극적으로 사유하고 자신의 신념을 실천으로 옮겼던 관료였다. 그의 시에는 이런 유학자·관료로서의 학봉의 특성이 잘 나타나 있다고 결론지을 수 있다.

〈『韓國漢詩作家硏究』 7(2001) 수록〉

荷谷詩 考察

1. 序言

荷谷 許篈(1551~1588)은 文集이 남아 있을 뿐 아니라 穆陵盛世의 중요한 시인의 하나로 인정되면서도, 그의 實弟인 許筠이 빈번하게 高評한 것을 제외하면 당대 이래 크게 주목받지는 못해 온 문인이다. 하곡에 대한 기존연구는 그가 許筠의 삶과 문학에 상당한 영향을 준 사실을 주목하고 許門才子의 일원으로서의 그의 능력을 인정하거나, 『海東野言』·「朝天記」가 문학사의 기술에서 단편적으로 언급되고, 이 책들이 번역될 때 그 解題에서 그의 생애와 사상이 개괄적으로 검토된 것[1]이 그 전부이다. 따라서 하곡의 문학에 대한 본격적 연구는 이루어진 바 없고, 특히 시는 검토대상에서 소외되었다고 할 수 있다. 그리고 그의 문집인 『荷谷先生集』이 影印되지 않았고 詩作도 몇 작품을 제외하고는 번역되지 않았으므로 그의 작품은 일반에게 거의 공개되지도 않은 상태이다.

이 글은 이런 점을 감안하여 그의 시세계를 범박하게나마 이해하기 위

---

1) 『海東野言』은 『大東野乘』에 포함되어 전하는데, 민족문화추진회와 李民樹에 의해 번역된 바 있으며, 그 해제는 金斗鍾과 李民樹가 맡았으며, 「朝天記」는 민족문화추진회에서 번역하고 尹南漢이 해제했다.

하여 시도되는 것이다. 필자는 현재로서는 詩의 세부적인 諸特質을 구명할 준비가 되어 있지 않으므로, 그의 생애를 간략히 살피고 시의 전반적 면모를 개괄한 다음, 주제와 정서 및 시체상의 두드러진 몇 가지 특질을 검토하는 데 머물고자 한다. 따라서 이 글은 荷谷詩에 대한 본격적 연구라기보다는 시의 전반적인 면모를 일별한 것이라 할 수 있다. 본고는 國立圖書館 소장 『荷谷先生集』을 텍스트로 하면서, 서울大學校 奎章閣 소장 『荷谷詩鈔』를 참조하기로 한다.

2. 生涯와 爲人

許篈은 明宗 6년 陽川人으로서 大司諫·大司憲·觀察使를 지냈고 花潭 徐敬德의 高弟이자 退溪 李滉의 門人인 草堂 許曄(1517~1580)의 둘째 아들로 태어났다. 吏曹判書를 지낸 岳麓 筬(1548~1612)은 異腹兄이고, 楚姬(1563~1589)와 筠(1569~1618)이 同腹妹弟들이며, 이들 兩代가 모두 문재가 뛰어난 사람들임은 널리 알려진 사실이다. 문집에 실린 허균이 찬한 年譜에 의하면, 그는 어릴 때부터 총명하여 7세에 이미 글을 지을 줄 알았고, 10세 때에는 經史에 능통하고 詩文이 純熟하여 일가를 이루었다고 한다. 그는 18세에 生員試에 장원급제했고, 22세이던 宣祖 5년의 春塘臺榜에 丙科로 등과했으며, 『國朝榜目』에는 宣祖 1년에 이미 武科에도 급제[2)]한 것으로 기록되어 있다. 그는 등과 후 곧 承文院 副正字, 藝文館 檢閱을 거쳐 이듬해 湖堂에 들어가 賜暇讀書하는 영예를 누렸고, 다음해에는 禮曹佐郎이 되었다.

하곡은 24세이던 선조 7년에 朴希立의 聖節使行에 書狀官을 자청하

2) 尹南漢, <조천기 해제>, 『국역연행록선집』 I(민족문화추진회, 1976), 241면.

여 質正官 趙憲 등과 함께 중국에 다녀와서, 「朝天日記」를 지은 重峯과 마찬가지로 「조천기」를 쓰는 의욕을 보이기도 했다. 귀국해서 弘文館 修撰·吏曹佐郎·司憲府 掌令·弘文館 應敎 등을 거친 그는 咸鏡道 御史와 遠接使 李栗谷의 從事官을 역임했고, 33세이던 宣祖 16년(1583)에는 從三品인 弘文館의 典翰에 올랐다. 그는 등제한 뒤에 허다하게 관직의 拜命에 응하지 않았다[3]고 하면서도, 弘文館을 주로 한 淸宦을 역임하면서 순탄하게 승진한, 능력 있고 전도가 양양한 관료였으며, 학문과 저술에도 의욕을 지닌 사대부였다고 할 수 있다.

그런데 전한에 오른 이 해에 그는 東人의 領首인 李潑, 癸未三竄으로 일컬어졌던 朴謹元·宋應漑 등과 함께 兵曹判書 李珥를 배척하는 時論에 참여했다가 큰 물의가 일어나 문책받게 되어 昌原府使로 부임하려던 때에, 더욱 문제가 커져서 배명이 취소되고 가장 멀고 험한 지역인 咸鏡道의 甲山으로 유배되는 큰 화를 입게 되었다. 湖堂에서 같이 독서한 柳成龍 등의 적극적인 도움으로 2년 뒤에 해배되었으나 白雲山에 들어가 독서하고 나서, 仁川·春川 등지의 산수를 유람했고, 이어서 金剛山에 들어가 소요자적하였다. 그가 유배에서 풀린 뒤 관직에 불렀으나 나아가지 않았다고 하는 것은 유배시부터 유랑하던 때까지 상당히 방탕한 생활을 하면서 매우 비관적인 세계관을 지니게 되고, 아울러 관직에도 뜻이 없어진 탓이라고 생각된다. 그는 선조 21년(1588)에 결국 방탕한 생활 속의 과음으로 인하여 깊어진 寒痰이란 고질로 고생하다가 이를 치료하기 위해 상경하던 중 金化郡 生昌驛에서 38세라는 한창 나이에 객사하고 말았다.

그의 생애는 22세까지의 修學期, 33세까지의 仕宦期, 그 이후의 流配 및 放浪期로 크게 나누어질 수 있다. 그는 학문적으로는 徐敬德·李滉을 다 師事한 부친 許曄과 李滉의 영향을 크게 받아 道學에 관심이 깊었던

3) <荷谷先生年譜>, 『하곡집』 참조.

학자적 사대부였다. 그가 24세에 조천사의 서장관을 자청한 것은 이 사행이 표면상으로는 聖節使였으나 「조천기」의 내용으로 보아 宗系辨誣와 陽明學論斥이 주요한 임무였던 듯함[4)]을 고려하면, 그가 朱子學의 정통성에 얼마나 철저했던 선비인가를 단적으로 알게 하는 단서라 할 수 있다. 그리고 그 제자인 琴愘이, "나는 허하곡에게서 배웠는데 하곡은 바로 스스로 울리는 사람이다. 또 일찍이 몸소 퇴계 선생의 경해를 받았으니 퇴계 선생이 다하지 못한 뜻을 완수할 사람이 하곡을 버리고 그 누구이겠는가?"[5)]라 했다거나, 『陶山及門錄』에 그의 자세한 행적이 언급된 데서 그가 退溪의 충실한 문도임을 알 수 있다. 그리고 「조천기」에서 李珥의 『聖學輯要』를 길게 인용하면서 깊은 관심을 보였으며, 『讀易管見』·『儀禮删註』 등의 저술을 지은 바 있다는 점도 그의 도학에 대한 깊은 관심을 엿보게 한다. 이처럼 그는 성리학에 상당한 관심과 조예를 지녔던 사대부였던 것이다.

許篈은 家系와 師門으로 보아 정치적으로 東人系列에 속한 인물이다. 그러나 그가 이제 黨論이 막 일기 시작하던 시기에 살았고, 그의 형인 岳麓이 日本使行後 동인인 金誠一과 상반된 주장을 했으며, 평소에 매우 존경했고 서로 친교가 깊었으면서도 율곡을 강력하게 논척하는 것으로 보아, 그들 형제가 당론에 그다지 철저했던 인물이라 하기는 어려울 것 같다. 그러므로 그가 宗系辨誣와 陽明學論斥을 위한 사행의 서장관을 자청한다든가, 율곡을 과감하게 배척했다는 것이 정치적인 문제에 대한 자신의 신념을 실행에 옮기는 데 있어서 적극적이었음을 뜻한다고 할 수 있다. 그리고 그는 10여년 동안 환로가 순탄하여 33세에 종3품의 淸職인

4) 尹南漢, 앞의 글 참조.

5) 琴愘, <日洞記>, 『釣臺寃稿』(李家源, 『韓國漢文學史』, 普成文化社, 1979, 254면에서 재인용). "愘學許荷谷, 荷谷乃自鳴者也. 又嘗親承謦欬於退陶, 則遂退陶未遂之志者, 捨荷谷伊誰也."

홍문관 전한에 이르렀으니 관직생활에도 철저했다 하겠으나, 제수된 관직에 여러 차례 불응하였고, 해배 후에도 관직에의 복귀를 포기했으므로 집착이 강했던 인물은 아니었다고 할 수 있다. 이는 당대의 정치현실이 治道가 무너진 상태라고 보는 정치관[6], 그의 풍류시인적 기질, 그리고 시론에 참여했다가 화를 입은 탓으로 인한 관직에 대한 염증 및 패배의식 등에 기인한 탓일 것이다.

하곡은 蓀谷 李達, 白湖 林悌와 가장 가까이 교유하여 문학적으로도 이들과 상당한 공감대를 지닐 수 있었다고 생각되는 문인이다. 대단한 詩才를 지녔으나 세상에 쓰일 수 없는 처지였던 시인과 양반관료이면서도 方外人的 기질을 지녔던 문사와 교유한 데서 그의 사대부적 성향이 엿보이거니와, 더욱이 四溟堂과 친교가 깊었을 뿐 아니라 『荷谷先生集』에 불승에게 부친 시가 매우 흔하다는 데서도 그가 유교적 정통성에 철저하면서도 사상적으로 상당한 융통성을 지닌 사대부였음을 알 수 있으므로, 그가 허균에게 커다란 영향을 준 것이 문학만의 일이 아님을 알 수 있다. 그리고 이 점이 바로 그의 문학이 사대부적 전통에 철저한 한편으로, 그것과 상반되는 사상적 토대와 계층적 성향도 포용하는 특질을 지닐 수 있게 하였다고 할 것이다. 그래서 그의 시는 사대부적 한시의 전통에 충실하고자 하면서도, 민요적 취향을 두드러지게 보이고, 유교적 통치질서에 대한 비애를 짙게 드러내고 있기도 한 것이다.

허봉은 「조천기」를 포함하고 있는 『荷谷先生集』과 『海東野言』 등 현전 저술 외에도 『北邊記事』·『荷谷粹語』·『夷山雜述』·『儀禮刪註』·『讀易管見』 등 많은 책을 지었다고 한다. 이는 상당 기간 방랑생활을 했고 젊은 나이에 죽었으면서도 이처럼 관심의 폭이 넓은 많은 저술을 남길 만큼 근면하고 깊이 있는 학자이자 문인이었음을 뜻할 것이다. 그러나

6) 「朝天記」에서 이런 뜻을 몇 차례 펴고 있다.

기행문인 「조천기」와 편저인 『해동야언』을 제외하고는 일부의 시문이 실린 문집만 남아 있어 그의 학문과 문학의 전모는 알기 어렵다. 그의 저작이 이처럼 일부만 남은 것은 그 자신과도 연관된 일일 터이지만, 주로 아우인 허균의 역모로 인한 伏誅에 말미암았을 것이다. 그러나 그가 實學風이 크게 일기 이전에 이미 이와 같이 百科事典的이라 할 만큼 광범위한 저술을 남긴 점은 주목되어야 할 것이다. 따라서 그는 詞章·道學·諸家에 두루 능했던 사대부이지만, 현재로서는 주로 시인으로 능력을 발휘한 인물로 평가될 수밖에 없는 인물이라 할 수 있다.

하곡은 본격적으로 문학을 논한 글을 남기고 있지 않다. 따라서 그의 문학관이나 시론에 대해서 직접적으로는 그 편린을 엿보기 어렵고, 다만 허균의 글을 통해서 간접적으로 확인할 수 있을 뿐이다. 許筠에 의하면 그는 詩와 文에 두루 관심이 많았고 또 능력을 발휘한 인물이었으며, 처음에는 蘇東坡를 중심으로 한 宋詩를 공부하다가 『唐詩品彙』를 통해 시가 淸健하게 되고, 唐詩를 시의 모범으로 여기는 시관을 갖게 되었으며, 이어서 유배시에 李白의 시집을 갖고 가서 그 시세계에 심취함으로써 三唐詩人과 함께 學唐派의 대표적 시인이 되었다고 한다.[7] 그리고 학당에 있어서도 애초에는 晩唐의 杜牧을 배움으로써 시가 높지 못하였다고 했으니 晩唐風을 거쳐 盛唐風에 접근하고자 했던 것으로 보인다. 그리하여 그가 고평했다는 시인들에 江西派인 李荇도 있지만, 國初부터 이미 당시에 근접하고자 했던 시인들인 金宗直·金淨 등과 당대인으로는 盧守愼·高敬命·李達 등의 당시풍을 지닌 시인들과 임제와 같은 豪放不羈한 시인이 중심을 이루게 된 것이다.[8]

---

7) 허균, 『鶴山樵談』 참조.
8) 위의 책 참조.

3. 荷谷詩의 全般的 特質

허봉의 문집인 『하곡선생집』은 「荷谷詩鈔」·「荷谷詩鈔補遺」·「附錄」(文)·「續補遺」(詩)·「雜著補遺」·「朝天記」 上·中·下와 그 부록인 「過江錄」으로 이루어져 있다. 이 중에서 「荷谷詩鈔」, 「荷谷詩鈔補遺」, 「附錄」은 허균이 遂安郡守로 있을 때인 선조 38년(1605)에 편간한 것이다. 그 뒤 이것의 목판이 유실되자 하곡의 손자 許墀가 여기에다 시문의 補遺 및 「조천기」와 그 부록인 「과강록」을 덧붙여 肅宗 33년(1707)에 간행한 것이 현전 『하곡선생집』이다.[9] 여기에는 296수의 시와 29편의 文이 실려 있는데, 앞에서 들었던 여러 저술들 외에도 많은 시문들이 散佚되고 일부만 남은 결과이다. 이런 점은 시에 한해서 보더라도 허균이 다음과 같이 말한 데서 잘 드러난다.

> 일찍이 마음 속으로 외워 보니 겨우 오백편이었는데, 이를 베껴서 세상에 전하는 까닭은 이것이 썩어 없어지지 않을 작품임을 믿기 때문이지만, 그러나 이 또한 형님이 쓰신 것 가운데 태산의 터럭 하나에 지나지 않는다.[10]

『鶴山樵談』이 하곡이 타계한 지 5년 뒤에 지어진 저술이라는 점에서 많은 시작 가운데 일부에 불과한 분량으로 이때까지 남을 수 있었던 500여수조차 다 남지 않게 될 만큼 대부분이 유실되었던 사정을 짐작할 있다. 이처럼 그의 시문의 유실이 심한 것은 그의 생시에 이것이 정리되지 않았던 점과 허균의 복주로 인해 세인이 가형인 그의 글조차 관심 밖에 두려 한 탓으로 보인다.

---

9) 許墀, <荷谷先生集跋文> 참조.

10) 許筠, 앞의 책. "嘗誦念則僅五百餘篇, 欲寫以傳世, 以期不朽. 然亦泰山之一毫芒爾."

현전 296수의 시를 시체별로 보면, 7언절구 100수, 7언율시 77수, 5언율시 41수, 장단구 및 5언절구 31수, 잡체 30수, 5언고시 9수, 7언고시 5수, 5언배율 2수, 7언배율 1수인데, 5언시보다는 7언시가 많고 고체시보다는 근체시가 많은 조선조 일반의 추세에 부합되는 양상이다. 일부의 작품만 남았으므로 단정하기는 어렵지만, 그가 대체로 7언근체와 長短句에 능했던 시인이었다고 볼 수 있게 한다고 할 것이다.

그런데 비슷한 세대인 三唐詩人과 비교할 때 崔慶昌·白光勳이 장단구를 거의 짓지 않은 반면에 이달은 20여 수를 남기고 있고, 이달·허봉이 장단구와 齊言體를 통해 歌·行·曲·吟·引·詞 등의 제명으로 된 원래 음악적 바탕을 지녔던 시를 많이 짓고 있는 점은 이들 두 시인이 인간적으로 가까울 뿐만 아니라 시풍에서도 유사한 측면이 있음을 시사한다. 따라서 그런 시들이 대체로 女性的 情調에 바탕을 둔 艶情詩임도 우연한 일치가 아니라고 생각된다. 그리고 허균이 『惺叟詩話』에서 최경창·蘇世讓·黃廷彧·이달·백광훈·허난설헌과 함께 하곡의 시를 넣어 책 하나를 만들 때에 그의 작품으로는 古歌行을 넣었다고 하면서, 거기에 실린 시들이 "음절과 격률이 모두 옛 사람의 것에 가까웠다."11)고 하고, "나의 죽은 형님이 지은 가행은 이태백의 것과 비슷하다."12)고 한 말에서 그 가운데서도 특히 고가행이 우수하다고 평가되었음을 알 수 있다. 그리고 古風 <淸平山迎送神曲, 贈誾上人>에 대해 蓀谷이 "이 작품은 곡절이 순탄해서 성당 가행의 법식을 깊이 얻었다."13)고 격찬했다는 것도 이를 수긍하게 하는 점이다. 따라서 그가 7언근체시와 고가행에 특히 뛰어났던 시인임이 분명하다고 할 수 있을 것이다.

한편 그의 시고가 착실히 수합되지 못한 탓이겠으나, 현전하는 그의 시

11) 許筠, 『惺叟詩話』. "其音節格律, 悉逼古人."
12) 위의 책. "吾亡兄歌行, 似太白."
13) 『國朝詩删許門世藁』. "蓀谷云, 此篇曲折婉轉, 深得盛唐歌行法."

는 대부분이 유배 이후의 만년에 지은 것이라는 점도 현전 작품의 전반적 특질과 상당히 깊은 연관이 있는 요인이라 할 수 있다. 그가 만년에 孤臣으로 변새에서 지내거나 愁客으로 유랑하는 생활을 했으므로, 이 시기에 지어진 시가 주로 남은 현전시의 분위기가 전반적으로 애상적이고 여성적인 정서를 지니게 된 것으로 보인다. 무과에도 급제하고 주자학의 정통성을 역설하기 위해 조천사행을 자원했으며 당론에 참여하여 평소에 숭앙하던 大儒를 論斥할 정도로 장쾌한 기질을 지녔던 탓에, 詩話類에서 '超敏·敏豪'라고 품평된 대로 호방한 기상을 지닌 시를 많이 지었을 것이다. 그러나 현전 작품들은 전반적으로 매우 연약하고 비장한 정조를 보여 주고 있는 바 이 또한 그의 시의 두드러진 한 특질이라 할 수 있다.

하곡은 시화류에서 크게 주목받지 못한 시인이다. 허균이 『학산초담』에서 가장 빈번하게 논의하고(18則), 『성수시화』에서도 몇 차례 언급한 가운데 삼당시인에 버금갈 만큼 고평한 것을 제외하면, 『小華詩評』·『壺谷詩話』·『霽湖詩話』·『芝峰類說』·『於于野談』 등에서 거론한 것이 전부라 해도 과언이 아니다. 아우의 평가가 전적으로 객관적인 것은 아니겠으나 임제·이달 등도 그의 시를 높이 평가하고 있으므로, 근거 없는 것도 아니다. 따라서 이들 시화류에 나타난 두드러진 평가들을 살펴봄으로써 시의 전반적인 특질을 추출하는 단서를 찾을 수 있을 듯하다.

첫째, 唐詩의 格調를 얻은 뛰어난 시인이라는 점이다. 盛唐詩의 體格과 律調를 들어 詩必盛唐을 표준으로 삼으려는 기풍이 높던 시기에 그런 경향을 지녔던 뛰어난 시인인 盧守愼은 하곡을 두고 "당나라 시인보다 뒤떨어지지 않는다고 매우 칭찬했다."[14]고 한다. 그리고 당시풍의 최고봉인 삼당시인의 하나인 이달도 그의 시 <淸平山迎送神曲, 贈誾上人>에 대해 "이 작품은 곡절이 순탄해서 성당 가행의 법식을 깊이 체득했다."[15]고 격

14) 許筠, 『鶴山樵談』. "蘇齊相公甚稱賞之, 以爲不減唐人."
15) 주 13)과 같음.

찬한 바 있다.『학산초담』에 의하면 이 밖에도 임제·權應仁·高敬命 등 당대의 명가들이 그의 시를 격찬하고 있어, 實弟의 저술임을 감안하더라도 그가 당풍의 묘경에 근접한 뛰어난 시인으로 평가되었음을 인정할 수 있다고 생각된다. 그런데 허균의 역옥사건 이후에는 그에 대한 공개적 논의가 크게 줄어들 수밖에 없었을 것임에도 불구하고『小華詩評』과『霽湖詩話』는 谿谷 張維가 "동국의 시인 중에서 하곡이 최고이다."[16]라고 말했다고 한다. 그래서 梁慶遇는 이를 바탕으로 하곡이 "絶代詩才"[17]라고 수긍하였는가 하면, 洪萬宗은 두 사람의 말이 믿을 만하다[18]고 했다. 장유의『谿谷集』과『谿谷漫筆』에는 이런 언급이 없어 그 신빙성이 문제가 되겠으나, 이들이 근거없이 이런 인용을 했다고 보기도 어려울 것이다. 따라서 그는 당대 이래 걸출한 시인, 특히 당시에 근접한 높은 경지에 이른 뛰어난 시인으로 평가되었던 사람임이 분명하다고 하겠다. 그러나 그의 현전작품은 纖弱하고 流麗한 면모도 흔히 보이고 있어 격조가 높고 평이하면서도 깊은 意境을 지닌 성당풍에 얼마나 가까운지는 의문이다. 이는 그 자신이 "나는 평생에 杜牧을 숙독한 죄를 입어 문장이 높지 못하구나."[19]라고 한탄했다고 하고, "작은 형님의 시는 처음에 소동파를 배워 전실하고 온숙하였지만, 호당에 뽑혀『唐詩品彙』를 숙독하는 데 이르러서야 시가 비로소 맑고 굳세게 되었다."[20]고 말한 점으로 보아, 만당풍과 송시풍에서 아주 벗어나지는 못한 점이 그 원인의 일단이라 할 수 있을 것이다. 그러나 전반적으로는 그의 시가『당시품휘』와 이백의 시를 읽은 뒤에는 성당의 격조에 가까이 이르렀다고 평가되었다고 할 것이다.

둘째, 시의 風格上의 특질에 대한 것이다. 하곡시의 풍격에 대한 언급

16) 洪萬宗,『小華詩評』. "谿谷稱, 東國詩人荷谷爲最."
17) 梁慶遇,『霽湖詩話』.
18) 洪萬宗, 앞의 책. "方信二人所言."
19) 許筠,『鶴山樵談』. "仲氏嘗恨曰, 我平生坐熟讀樊川之罪, 文章不高."
20) 위의 책. "仲氏詩, 初學東坡, 典實穩熟. 及選湖唐, 讀唐詩品彙, 詩始淸健."

이 흔하지 않아 객관성이 문제가 되겠으나, 대체로 超敏·敏豪로 평가받았던 듯하다. 이 말들은 기상이 호방하고 굳셈을 가리키고자 한 것들로 보이는데, 위에서 인용한 대로 허균도 『당시품휘』를 읽고 시가 淸健해졌다고 하거나, 이백을 읽은 뒤에는 “말을 달리는 듯한 기세”[21]가 있었다고 하였으니, 하곡시의 두드러진 풍격의 하나를 氣象의 豪健으로 보아도 좋을 것이다. 현전 작품 가운데 이러한 풍격을 보여 주는 것으로는 『許門世藁』에서 “그 호탕함을 드날렸다.(揚其豪宕)”고 한 <出塞曲>과 장단구들인 <醉歌行贈安伯共>·<淸平山迎送神曲贈閶上人> 등을 들 수 있다. 그러나 『하곡집』에 실린 시들은 전반적으로 悲壯하고 纖弱하여 豪健한 기상을 보여주는 예가 흔하지는 않은 듯하다. 이는 만년의 유배 및 방랑 생활을 하던 시기의 작품이 주로 남아 있는 탓일 터인데, 「허문세고」에도 批가 붙은 다섯 작품 가운데 “不忍再讀”·“無恨悲慨”라 한 이런 성향의 두 작품이 있다. 따라서 『국조시산』은 그의 시의 풍격상의 두 가지 특질인 豪健과 悲慨를 잘 반영한 선집으로 볼 수 있다.

셋째, 앞에서도 밝힌 대로 古歌行을 많이 지은 가운데, 齊言詩 중에도 歌·曲·吟·行 등이 많은 점이다. 이는 음악적 바탕을 지닌 시에 관심을 많이 보였다는 점에서도 주목되지만, 女性的 情調가 두드러지고 艶情詩가 흔하며 民謠的 취향을 지닌 이런 작품 중에 佳篇이 많다는 점에서 더욱 주목된다. 이와 같은 특질에 대해서는 뒤에서 자세히 검토하기로 한다.

하곡의 시는 원래 호건한 기상과 섬약한 정조, 성당풍과 만당풍이 혼재한다는 점에서 복합적 성격을 지녔다고 할 수 있는데, 현전작품은 만년에 지어진 것이 많은 탓에 비장미가 두드러진 근체시와 여성적 정조를 지닌 고가행이 주류를 이루게 된 것으로 볼 수 있다.

---

21) 위의 책. “驅馬氣勢.”

4. 삶의 悲哀와 그리움

허봉은 남성적인 豪健한 기상을 노래하고, 자연을 벗하는 삶의 평화로움을 읊으며, 수많은 승려들을 포함한 벗들과의 友情을 토로한 시들을 남기기도 했지만, 현전작품은 대체로 연약하고 애절한 정서를 바탕으로 한 悲壯美를 두드러지게 보여 준다. 하곡시의 이러한 정서적, 미적 특질은 주로 30대 때의 유배와 방랑생활에 연유할 터이지만, 그의 성격적 특징과도 연관된 일로 보인다. 그가 이 시기에 깊은 좌절감에 빠져서 끊임없이 고독과 비애에 몸부림쳤다는 것이 시편들에서 잘 확인된다.

(전략)
천년 전에 부러진 짧은 창은 모래에 묻혀 있고
십리에 이르는 무성한 들판에는 비가 지나가니 비린내가 나네.
옛일은 아득하여 물어 볼 곳이 없는데,
몇 줄기 피리소리는 차마 듣지 못하겠네.

(전략)
千年折戟沈沙短, 十里平蕪過雨腥.
舊事微茫問無處, 數聲橫笛不堪聽.[22)]

7언율시 <居山驛>의 頸・尾聯인 위의 시에서 시인은 천년 전의 전란과 자신의 나그네 신세, 그리고 그때 이래로 남은 비린내와 오늘의 소리를 대조시키면서 서글픈 심정을 강하게 토로하고 있다.

변새에서 추위 속에 슬피 바라보니
인가의 연기는 귀신의 땅에 이어지네.

---

22) <居山譯>, 『하곡집』(이하 『하곡집』은 생략하고 詩題만 밝히기로 한다.)

산은 외로운 봉우리 밖으로 둘러 있고
물은 허물어진 언덕 옆으로 흘러드네.
초라한 집에서 한 해 동안 앓노라니
푸른 싹에는 하룻밤 사이에 서리가 내렸네.
높은 곳에 오르니 매우 쓸쓸한데
쇠약한 살쩍과 나뭇잎은 다 누렇다네.

塞國悲寒望, 人烟接鬼方.
山圍孤堞外, 水入壞陵傍.
白屋經年病, 青苗一夜霜.
登臨最蕭瑟, 衰鬢葉俱黃.[23)]

변새에 와 있는 늙고 병든 나그네의 슬픔을 자연현상에 의탁하여 읊고 있다. 앞에 들었던 <居山驛>은 宣祖가 北邊의 觀察使가 보낸 狀啓를 통해 듣고 여러 차례 감탄한 바 있고, 특히 頸聯인 '千年折戟沈沙短, 十里平蕪過雨腥.'에 이르러서는, "시의 구절을 짓는 법은 모름지기 이와 같아야 하지 않겠는가?"[24)]라 격찬했다고 하는 작품이다. 그리고 뒤의 시 <壓胡亭>은 白湖 林悌가 크게 칭찬하며 和作을 지으려고 애쓰다가 짓지 못한 채, "초라한 집과 푸른 싹은 열 글자로 된 역사이네."[25)]라고만 했다는 작품이다. 두 편 모두 선명한 이미지를 통해 나그네가 맛본 서글픔을 부각시킨 가작이라 할 수 있다. 이처럼 孤臣과 病客으로서의 슬픔이 두드러진 것이 그의 시의 기본적인 情調이다. 이러한 슬픔은 그리움을 동반하기도 하는데, 그것은 대상에 따라 국왕, 자신의 영예로웠던 과거, 가족, 벗, 고향 등에 대한 것으로 나누어지며 그 정서적 반응도 차이가 있게 된다.

연보에서 "날마다 <離騷>와 이백의 시를 백번씩 읽었다."[26)]고 한 대

23) <壓胡亭>.
24) 許筠, 『鶴山樵談』. "作句法不當如是耶."
25) 위의 책. "白屋青苗十字史."

로, 그는 屈原을 사모하여 孤臣으로서의 戀君之情을 자주 읊었다. 그래서 <贈元參學>에서는 자신을 楚客이라 하고, <夷山八絶>의 한 수에서는 屈原의 <懷沙賦>를 읊으며 쫓겨난 신하가 운다고 했으며, 또 한 편의 7언절구에서는 이렇게 노래하였다.

> 개천의 물은 동쪽과 서쪽으로 나뉘어 흐르는데
> 오색구름이 덮인 궁궐을 길을 가다가 바라보네.
> 곳곳의 성 모퉁이에는 향기로운 풀이 많은데
> 누가 외로운 신하가 흰머리로 우는 것을 염려하랴?
>
> 溝水分流東復西, 　五雲宮闕望中途.
> 城隅處處多芳草, 　誰念孤臣白首啼?[27]

죄를 입고 변새에 와 있거나 해배되고도 관직에 나아가지 않고 유랑하고 있지만, 왕은에 감읍하면서 자신의 결백과 관직에의 복귀를 믿는 한편으로, 늙고 병든 탓에 더욱 비장감에 젖어들지 않을 수 없었던 시인의 나약한 정서를 엿볼 수 있다.

이러한 좌절감에 빠져 있었으니, 과거의 영화로운 벼슬살이가 그리운 반면에, 오늘의 처지가 더욱 비참하게 느껴질 것은 당연한 일이다. <吉城秋懷>는 이런 예로 들 수 있는 가편인데 『小華詩評』에서 장유가 "하곡이 동국의 시인 중에서 최고"라 하였다거나 양경우가 "絶代詩才"라고 하였다는 말이 믿을 만하다고 할 때 인용한 작품이다.

> 금문의 자취는 점점 희미해지는데
> 누런 느릅나무 잎이 다 떨어져도 아직 돌아가지 못하네.

26) <荷谷先生年譜>. "日讀騷李百遍."
27) <感事>.

변새의 밤 피리소리는 신선의 꿈에 들려오는데
고개 위의 나지막한 구름은 시신의 옷을 적시네.
공명 때문에 잘못 기린각의 화상을 기대하더니
세월 속에서 부질없이 반딧불이 나는 것에 놀라네.
지난해에 세 관서에서 숙직한 일을 회억해 보니
錦城의 은촛불이 밤 종소리 속에 희미하였다네.

金門蹤跡轉依依, 落盡黃楡尙未歸.
塞角暗吹仙杖夢, 嶺雲低濕侍臣衣.
功名誤許麒麟畵, 歲月空驚熠熠飛.
憶得去年三署直, 錦城銀燭夜鐘微.[28)]

궁궐에서 재주를 뽐내며 벼슬살이하던 때를 회상하면서 아직도 돌아가지 못하는 서글픔과 삶의 무상함을 토로하였는데, 시인의 처지와 마음이 선명하고 설득력 있게 그려져 있지만, 미래에 대한 희망적인 욕구는 전혀 드러나 있지 않은 채 허무의식만 담겨 있다. 따라서 유배에서 풀려나 돌아가면서 지은 것으로 보이는 시에서 다음과 같이 읊은 것 또한 필연이다.

햇빛을 받으며 돌아가는 사람은 삭풍을 등지고서
바다와 같은 성은에 끝없이 흐느끼네.
郵亭에 앉아서 평생의 일을 헤아려 보니
金華殿의 玉署가 꿈속과 같네.

日下歸人背朔風, 聖恩如海泣無窮.
郵亭坐筭平生事, 玉署金華似夢中.[29)]

28) <吉城秋懷>.
29) <赦後到咸原驛>.

왕은을 입어 돌아가게 된 데 끝없는 감사를 표하면서도 환희보다는 과거에 대한 애잔한 회상에 젖어 있는 것과 함께 보면, 이런 것이 만년의 그를 지배하던 심리상태라 할 수 있을 것이다. 『大東詩選』에는 <蒙赦回題咸原驛>[30]이란 題名으로 실려 있는 이 작품은 햇빛과 삭풍, 성은과 눈물, 옥서・금화와 꿈이라는 밝음과 어두움의 상반된 이미지를 맞세우고 있으나, 환희보다는 비애에 역점이 두어져 있어 해배 후의 여생이 불운할 것임을 예고하는 비극성을 지니고 있다. 이는 그가 유배되기 전에 옥당에서 숙직할 때 꿈에 얻은 시[31]라는 <夢作>에서 이미 예견된 것이었다.

> 텃밭을 가꾸는 솜씨는 나아졌지만
> 안개가 낀 하늘은 꿈에도 희미하네.
> 쇠약한 賈誼의 눈물만이
> 밤마다 차가운 옷을 적시네.
>
> 稼圃功夫進,　　烟霄夢寐稀.
> 唯殘賈生淚,　　夜夜濕寒衣.

죄를 입어 유배된 형편과는 전혀 다른 상황인데도 강한 비감을 표출한 점에서는 일치하고 있어, 유배의 詩讖으로 지적받은 일이 기이하다 할 게 없다. 따라서 그의 만년의 시가 비극성이 두드러진 점은 현실적 불운과도 연관된 것이지만, 유배 전후를 막론하고 그가 운명적 비극의식에 휩싸여 있었던 데 더 근본적으로 연유한다고 할 것이다.

이러한 의식상황에 있었으므로, 그는 헤어져 있는 가족에 대해서도 유난히 가냘프고 애잔한 그리움을 토로하였다. <傷懷贈舍弟>에서는 "처마에서는 풍경이 쟁그렁 울리고 이경이 되려 하는 때에, 잠들지 못하고 먼

---

30) 張志淵 외 편, 『大東詩選』 권3.
31) 許筠, 『鶴山樵談』 참조

데서 들려오는 글 읽는 소리를 듣네. 그대 때문에 다시 술을 따르고 양친을 그리워하며 눈물짓는데, 한강의 남쪽에서는 또 풀이 돋아나겠지."[32]라고 읊으면서 어린 동생과 양친을 그리워하며 애태우고, 다른 한 편의 허균에게 부친 시에서는 이렇게 읊었다.

팔월 대보름날 밤에
홀로 비로봉 꼭대기에 서 있네.
계수나무에 내리는 서리는 차가운데
서풍 속에는 외기러기의 그림자가 있네.

八月十五夜, 獨立毗盧峰.
桂樹天霜寒, 西風一雁影.

형님은 순천부에 계시고
아우는 명례방에 있다네.
해마다 이별의 한으로
괴로운 눈물이 가을서리를 적시네.

兄在順天府, 弟居明禮坊.
年年離別恨, 苦淚濕秋霜.[33]

이 작품 2수에는 삼형제가 모두 따로 떨어져 사는 가운데 시인은 유랑 속에서 추석을 맞은 서글픈 현실 앞에서 자신을 짝 잃은 기러기로 비기면서 눈물짓는 연약한 정감이 잘 나타나 있다. 그의 시편 중에서 벗을 그리워하는 주제가 가장 흔한 것도 이런 맥락에서 이해되는 현상인데, 이별을 얼마나 슬퍼했는가 하는 것은 "세상의 변고로 이별이 많고, 사람의 삶

32) <傷懷贈舍弟>. "簷鐸丁當欲二更, 不眠遙聽讀書聲. 因君更酒思親淚, 漢水南邊草又生."
33) <楓岳寄舍弟>.

에는 얼굴을 마주함이 드무네."[34]라 한 연구에서 단적으로 드러난다. 그리고 『芝峰類說』에서 갑산으로 귀양갈 때 친구와 헤어지면서 지은 시[35]라 한 다음의 7언절구는 벗과의 이별을 영결로 받아들이면서 죽음에 대한 예감을 드러낼 정도로 처절한 절망감을 보여 주는 예이다.

> 날이 저물 무렵에 차가운 숲에서는 갈가마귀가 우는데
> 술 한 병을 가지고 와서 초나라 신하의 슬픔을 위로해 주네.
> 이승에서 다시는 서로 만날 날이 없을 테니
> 응당 저승에서 뒷날에 만나기로 기약해야 하리.
>
> 寒樹鴉啼欲暮時, 一壺來慰楚臣悲.
> 此生無復相逢日, 應指重泉作後期.[36]

이제까지 荷谷의 시가 전반적으로 비장미를 두드러지게 보여 줌을 살폈거니와, 이는 그의 기본적인 시적 정서가 자신의 삶에 대한 비극적 인식과 여성적 정한을 바탕으로 하였고, 특히 유배 이후에는 그것이 더욱 강화됨으로써 깊은 더욱 깊은 체념과 절망에 빠진 탓이라 할 수 있다. 이러한 경향의 시편들은 대상들에 대한 그리움과 그것으로부터 분리된 삶의 고독과 비애를 아름답고 평이하게 읊는 가운데 深長한 意境을 구축해 보여 주는 미덕을 지니고 있다. 그러나 지나치게 나약하고 건강하지 않은 정서로 일관함으로써 굳센 풍격을 지닐 수 없게 한 단점을 초래하지 않을 수 없었다. 그럼에도 불구하고 이런 시편들은 삶에 대한 비극적 인식이 잘 형상화되어 있어 독자를 끌어들이는 강한 호소력을 발휘하고 있음은 분명하다고 할 것이다.

---

34) 5언율시 <別西京>의 起聯. "世故離別多, 人生會面稀."
35) 李睟光, 『芝峰類說』, "許荷谷竄謫甲山, 留別親舊詩."
36) <贈別>.

5. 女性的 情恨과 世態諷刺

앞에서 하곡이 古歌行을 여러 편 남기고 있고 그것들 속에 우수성을 인정받는 가편이 많다는 지적을 한 바 있거니와, 그가 <浣溪沙>·<女冠子>와 같은 본격적 詞牌를 여러 편 남겼고, 몇 편의 口號를 지었으며, 허균·허난설헌 또한 詞作에 관심이 상당했던 점으로 보아, 하곡 형제들은 노래로 불리는 漢詩詞에 관심이 많았음을 알 수 있다. 또 그는「조천기」에서 唐歌·琴歌·翰林曲에 대해 언급한 바와 같이 누차 음악에 대해 관심을 드러낸 바 있다. 다음은 그런 예로 두드러진 경우이다.

> 우리나라의 풍악은 가곡이 음란하고 외설스러우며 소리가 슬퍼서 사람의 마음을 슬프게 하며, 그 춤의 진퇴하는 것이 경박하고 촉급하므로 똑바로 볼 수가 없는데도, 세상 사람들은 바야흐로 또한 이를 즐겨 보며 밤낮을 다하면서 싫증을 내지 아니하니 유독 무슨 마음 때문인가? 그러한 소위로써 신과 인간을 조화시키고 위와 아래가 질서지어지기를 구하는 것은 또한 이상하지 아니한가?[37]

우리나라 歌舞의 전반적 상황과 특성에 대한 전문가적 식견을 드러내고 있음을 볼 수 있거니와, 이어서 世宗의 禮樂整備와 成宗朝의『樂學軌範』에 대해 상당히 자세하게 논한 데서도 하곡이 중국과 우리나라의 음악에 대한 깊은 관심과 조예를 지녔음이 확인되며, 그가 선호한 것이 雜樂·俗樂이 아니라 神人·天地를 조화시키는 음악인 雅樂임도 알 수 있다.

따라서 본격적인 사나 구호뿐만 아니라 歌·行·吟·曲을 여러 편 짓거나 <山鷓鴣詞>와 같은 <行路難> 계열의 노래를 남긴 현상은 그가 음악과 관련이 깊은 漢詩體에 관심을 지닌 결과라 할 수 있다. 그리고 이

---

37)「朝天記」上, 296~7면.

것들과 마찬가지로 제언체에서 詞·謠·曲·歌라는 제목을 붙여 民謠的 정서와 措辭를 드러낸 작품이 흔한 점도, 크게는 이런 맥락에서 이해된다. 그러나 이것들은 托諷遊戱之作의 성격을 지닌 경우가 많아서 본격적으로 민중들의 노래에 접근했다고 볼 수는 없는 예들이다. 그러므로 이러한 일련의 작품들은 노래에 바탕을 둔 古歌行이나 詞에 노래가 아닌 시적 차원의 관심으로 접근한 소산이거나 민요적 정서·어법을 한시의 범주에 끌어들인 데서 산출된 것으로 보아야 할 것이다.

그런데 이러한 음악과의 관련뿐만 아니라 고가행이나 민요풍의 제언체 모두 전반적으로 여성적 정서와 화법을 두드러지게 보여 주는 점은 특히 주목할 만한 일이다. 앞에서 검토한 시들도 넓게 보아서는 여성적 정서와 무관하지 않지만, 그것은 시인 자신의 목소리로 여성적인 연약함이나 가냘픈 비극의식을 표출한 것들이다. 그러나 지금 논의하려는 시들은 여성의 목소리를 가탁하여 노래하고 있다는 점에서 그것들과는 다소 다르고, 거기서 남녀 사이의 사랑을 솔직하게, 또는 노골적으로 읊거나 미약하게 나마 세태를 비판하고 있다는 점에서도 다른 성격을 지녔다고 할 수 있다. 이런 시들은 그가 嗜酒風流客임이 「조천기」에서도 확인되고, 『於于野談』에 이런 시가 곁들인 그의 好色逸話[38]가 있으며, 『학산초담』에도 24명의 기녀와의 艶事를 적은 것으로 실전된 『北邊記事』로 추정되는 책에 林悌가 시를 부친 일이 언급되어 있는 점으로 보아, 대체로 유배 이후에 그가 嗜酒好色의 방탕한 생활을 하던 때의 소산일 것이다. 이것들은 일차적으로는 여성편향의 염정시로 이해될 수 있으나, 그 중 상당수는 표면상으로는 그런 주제를 지니면서도, 이면적으로는 세태를 풍자하는 이중성을 지니고 있다.

<鏡囊詞>는 남편을 멀리 보낸 여인이 덮개를 짜서 거울을 그 안에 넣

38) 柳夢寅, 『於于野談』.

어 두고서 때때로 그것을 보면서 님을 그리워하는 심정을 읊은 7언고시이고, <擣衣曲>은 여인이 다듬이질을 하며 먼 곳에 가 있는 남편을 그리워한다는 내용의 장단구이다. 그리고 <盪槳詞>는 뱃사공의 아내가 험한 풍랑과 싸우는 남편의 안전을 기원하면서 기다리는 심정을 읊었고, "춘심이 사라지자 부질없이 슬퍼져서, 짧은 꿈에도 부질없이 비단이불에 들어가네."[39]라 한 <無題>는 춘정에 몸부림치는 여심을 노래한 장단구들이다. 이와 같이 헤어져 있는 남편을 염려하고 그리워하는 정에 몸부림치는 여심이 가장 잘 부각된 예는 역시 장단구인 다음 작품이다.

> 빈 방이라 등불이 썰렁한데
> 귀뚜라미가 규방에서 우네.
> 규방 안에서는 미인이 가위와 자를 들고 있는데
> 깊은 밤에도 등불은 빛나네.
> 슬피 울고 또 슬피 우는 것은
> 낭군이 멀리 북산의 북쪽에 있기 때문이네.
> 푸른 넝쿨이 우거진 북산으로
> 한 번 가시더니 소식이 없네.
> 와삭거리는 붉은 비단과 가는 비단으로
> 낭군의 몸에 견주어 길고 짧게 옷을 마르네.
> 낭군의 몸은 평안하신지 아니 하신지?
> 낭군의 마음은 진실할까 그렇지 않을까?
> 장안의 수많은 집에는 한 조각 달이 비치는데
> 양대에는 아침저녁으로 무산의 구름이 덮였으리.
> 낭군께서는 마음이 구름과 달처럼 변하지 말고
> 원컨대 동벽성의 빛을 돌려서 저를 비추시라.

---

39) 장단구 <無題>의 마지막 두 구절. "春心已矣空惆悵, 短夢虛勞入錦衾."

空房燈火冷, 絡緯鳴中閨.
中閨美人把刀尺, 夜深燈火照.
悲啼悲啼復悲啼, 良人遠在北山北.
北山綠蘿深, 一去無消息.
丹綺纖羅紛綷緌, 裁縫長短稱君身.
君身宜下宜, 君心眞不眞.
長安萬戶一片月, 陽臺朝暮巫山雲.
君心莫變雲與月, 願分東壁之輝回照妾.40)

이 시는 은은한 그리움과 뜨거운 춘정, 그리고 남편에 대한 염려와 독수공방의 눈물·한숨을 섬세하고 아름답게 서정화한 것으로서, 고통과 불안 속에서도 끈질기게 기다림으로써 이별을 극복하려는 여인의 자세가 아름답게 형상화되어 있어, 하곡시의 여성편향의 극단을 보여 주고 있다. 여성화자의 독백어법을 취함으로써 정서표출의 부자유를 벗어나고 장단구를 택함으로써 형식적 제약을 극복하고자 한 작품이므로, 주제적 지향이 남편·친구·부모·군왕 등을 포괄할 수 있어, 주제의 다양성도 누린 시라 할 것이다.

<盧書房歌>·<明禮坊引>은 모두 盧書房의 행각을 읊은 장단구들인데, "盧書房一雙眼, 仰看天俯看地."(<盧書房歌>), 또는 "半面痿黃半面黑, 一眼看天一眼赤."(<明禮坊引>)이라 한 것으로 보아, 사팔뜨기이면서 얼굴이 몹시 추하게 생긴 남성이 삼백만금의 청동을 하루저녁의 청루환락에 다 쓰고 죽어도 한이 없겠노라면서 여색을 찾아다니는 행각을 희화적으로 그린 작품들이다. 두 편 다 눈이 사팔뜨기인 듯이 묘사하고 있는 점으로 보아, 盧子, 즉 눈동자를 인격화하여 盧書房이라 하면서 극히 못 생긴 남성이 청루에서나마 그 짝을 찾고자 하는 가련한 모습을 형상화한 듯하다. 그러나 그것이 매우 희화화되어 있어 표면상으로는 그러한

40) <牽情引調金仁伯>.

주제로 읽히지만, 이면적으로는 용모가 추하거나 권력이 없는 사람을 쉬 받아들이지 않는 세태를 풍자하는 의미를 지닐 수 있으므로, 자신의 신세를 노서방에 가탁해서 풍유했다고도 볼 수 있을 것이다.

한편, <狼川艷曲>은 적극적으로 사랑하는 남성을 찾아나서는 여인의 심정을 읊은 시인데, 그 정조나 어법이 민요에 방불하여 狼川의 婦謠를 한시의 격식에 맞게 옮긴 것이 아닌가 하는 느낌을 지니게 한다. 여섯 수로 된 연작 중에서 세 수만 들어 보기로 한다.

'고생스럽게 바윗길을 지나서
구불구불 하늘로 올라갑니다.
정의 깊고 얕음을 묻지 마세요.
동해도 뛰어넘을 수 있답니다.'

崎嶇尋磴棧, 屈曲上雲霄.
莫問情深淺, 東溟亦可超.

'강에는 비가 부슬부슬 내리고
검은 구름과 푸른 이내가 휩싸고 있네요.
아마 저를 소중하게 여기실 테니
阮郎[41]께서 돌아가도록 놓아 주지 않겠습니다.'

江雨下霏霏, 暝雲籠翠微.
應緣妾意重, 不放阮郎歸.

'비단으로 치마띠를 만들어
가는 허리를 한 바퀴 묶습니다.

41) 阮郎은 後漢 明帝 때 會稽郡 剡縣의 阮晨·阮肇가 天台山에 약초를 캐러 갔다가 아름다운 두 선녀를 만나 장가들었다는 전설에서 유래하여 미인과 인연을 맺은 남자를 대유한다.

뒷날에 스스로 푸는 날에는
마침내 낭군[42]께서 돌아오시겠지요.'

錦作羅裙帶, 　　纖腰束一圍.
他年自解日, 　　定覺藁砧歸.[43]

어떤 시련과 고난이 따르더라도 극복하고 낭군에 대한 사랑을 버리지 않겠다는 의지를 드러낸 적극적인 염정의 노래여서, 규중여인의 수동성을 벗어난 경지의 능동적 애정관을 엿볼 수 있다. 이러한 의식을 표현하는 데 쓰인 시어나 정서가 민요적 차원에 가까운 데서 제목에 '염곡'이라 한 단서를 찾을 수 있을 법하다. 그리고 세상엔 옛날부터 이별이 많아 무정한 산 너머의 길은 왜 여러 갈래냐는 원망을 통해서[44], 사랑뿐만 아니라 삶의 일반적 고난을 아울러 형상화하고자 한 주제의 이중성을 엿볼 수 있다.

앞의 <牽情引調金仁伯>이 전대의 고풍한시의 격식을 따른 시이고 이 <狼川艶曲> 또한 5언절구의 격식에 충실한 예이지만, 이들 작품에 반영된 삶의 양상과 정서 · 표현에 있어서는 민요적 성향을 다분히 지니고 있는 것으로 보인다. 이들을 포함하여 지금까지 살핀 여러 시편들은 비교적 구속이 덜 심한 시형과 여성적 정서 · 어법을 통해 인간의 진솔하고 자유로운 애정을 읊는 한편으로, 그것이 제약되는 세태를 부드럽게 비판한 것들이다. 이러한 시편들에서 우리는 여러 형식의 한시를 진지한 태도로 창작하려는 실험의식과 여성을 포함한 인간본연의 분방한 정서를 표현하고 민풍을 반영함으로써, 민중들의 노래에 근접하고자 한 문학의식을 엿볼

42) 藁砧은 남편의 은어로 옛날에 사형을 집행할 때 죄인을 짚자리[藁] 위의 모탕[砧]에 엎드리게 하여 도끼로 목을 벤 데서 유래하여, 도끼를 뜻하는 鈇와 夫가 음이 같다고 하여 남편을 가리키게 되었다.
43) 6수 중 차례대로 제3, 제4, 제5수이다.
44) 제6수. "世故常爲累, 從來有別離. 無情山外路, 何事亦分岐."

수 있다.

荷谷은 李達처럼 세상에서 천대받던 신분에 속한 시인과 절친했고, 林悌처럼 당대질서에 크게 반발하던 지식인과 가까웠으며, 명승 四溟堂같이 이단에 속했던 사람과 지우를 맺었던 사람이다. 그리고 자신도 오랜 유배와 방랑생활을 통해 삶의 비애를 맛보고 여러 지방을 돌아다니면서 현실의 모순을 두루 체험했으므로 민중과 여성들의 애환에 익숙했던 인물이라 할 수 있다. 그러므로 그는 사회에 대한 상당한 비판의식을 지녔을 것으로 보인다. 따라서 「조천기」에서도 護送軍의 民弊를 강력하게 규탄하고, 塗炭에 빠진 민생을 크게 걱정하고, 당대를 治道가 저하되어 말세에 이르렀다고 개탄한 바 있다. 그러므로 그가 만년에 방탕한 생활에 빠져버리기까지 하는 것은 모두 이러한 문맥에서 이해될 수 있을 것이다. 그러나 현전시에서는 비슷한 시기의 시인들인 李達·權韠에게서 볼 수 있는 강력한 비판의식을 지닌 社會詩를 보기 어렵다. 이는 그가 權門勢家에 속했던 사람이고, 만년에는 깊은 패배의식과 비극적 운명론에 젖어 있었을 뿐만 아니라, 효용보다는 성정의 표현에 주력하고자 한 소극적인 시의식을 지녔던 데 말미암을 것이다.

그래서 그의 시에서 볼 수 있는 현실비판은 앞에서 살핀 바와 같이, 자신의 비극적 삶에 대해 슬픔·울분을 토로하고, 염정을 노래하면서 세태의 풍유를 아울러 지향한 시편들에서 볼 수 있는 바와 같은 소극적인 것이 대부분이다. 따라서 앞의 것들과 크게는 같은 범주에 속하면서도 비교적 풍자적 의도를 뚜렷이 보여 주는 경우는 따로 살필 필요가 있을 것이다.

하곡은 5언율시 <感遇>에서 신의가 무너진 세태를 풍자하였다.

> '낭군님은 강둑 옆의 버들을 좋아하시지만
> 저는 고개 위의 소나무를 좋아한답니다.

버들솜은 갑자기 바람에 휘날려서
바람을 따르기에 일정한 자취가 없지요.
소나무는 몹시 추운 때에도 자태를 지녀
푸르디푸르러 엄동에도 꼿꼿한 것만 못합니다.
괴롭게도 좋아하고 싫어함이 일정하지 않기에
부질없이 근심만 한답니다.'

君好堤邊柳, 妾好嶺頭松.
柳絮忽飄蕩, 隋風無定蹤.
不如歲寒姿, 青青傲窮冬.
好惡若不定, 憂心徒忡忡.

『하곡집』에서는 이 작품을 명나라 사람의 『列朝詩集』에서 뽑아 실었다고 하면서 학곡이 지은 것인지 아닌지 의문이 있으나, <牽情引>·<鏡囊詞> 등의 詞들이 모두 문집에 있는 데서 그의 작품임이 증명된다고 하면서, "명나라 사람이 관직이 옮겨지는 것을 평한 작품이 많다고 서술한 것은 망령된 말이다."[45]라고 註記하여 둔 작품이다. 앞에서 살핀 고가행들처럼, 여성의 입을 빌어 지조가 없는 것을 좋아하고 굳은 절조를 지닌 것은 싫어하는 사람을 버드나무와 소나무에 비유하면서 풍자하였으므로, 풍자의 대상인 '君'은 남편이나 벗일 수도 있지만, 글자 그대로 임금일 수도 있어, 명인의 말이 꼭 틀린 것은 아니라 할 수 있다. 앞의 염정시들과도 취의가 통하면서 보다 분명하게 세태를 풍자한 시로 볼 수 있다.

다음은 <羅嗊曲>[46]이다.

---

45) 이 시의 주석 전문은 다음과 같다. "右詩載明人列朝詩集, 而不見於遺稿中, 姑未可考信. 但詩集所付, 牽情引及鏡囊等詞, 俱在文集, 此爲可證. 然明人之叙官遷評題多, 妄云."

46) 羅(囉)嗊은 중국 金陵에 있던 누각으로 南朝 陳의 後主가 세운 것인데, 唐代의 妓女 劉采春이 지은 <나공곡> 이래로 詞牌가 되었다.

'시집와서 수군의 아내가 되었는데
수군이라 배를 잘 저었지요.
아침마다 백사장과 포구에 나가서
고생스레 물결머리를 바라보았습니다.
마을의 胥吏는 우리에게 농사를 짓기를 권하고
품관은 우리에게 밭을 갈기를 권하더군요.
쓸쓸한 울타리 옆에서 짖던 개 한 마리는
도리어 품관에게 삶아 먹혔답니다.'

嫁作水軍婦, 水軍能盪舟.
朝朝沙浦口, 辛苦望潮頭.
里胥勸我農, 品官勸我耕.
寒籬一吠犬, 還爲品官烹.

수군의 아내가 겪는 고달픈 삶을 동정하고, 아전과 품관이 그녀를 동정하는 척하고 들락거리다가 개를 잡아먹었다면서, 관이 백성을 수탈하는 모순을 고발하고 있다. 수군의 아내가 고생하는 것 자체가 나라의 탓이건만, 나라의 일을 맡은 이들이 도리어 재물을 탈취하고, 나아가서는 어쩌면 그녀마저 집적거렸을 것이니, 민생에 관심이 컸던 시인으로서는 지나칠 수가 없었을 것이다. 그가 남긴 민중・여성의 고난을 동정하거나 힘을 가진 자의 횡포와 불의를 비판한 내용의 시는 이 정도뿐인데, 이것들도 모두 여성화자를 내세운 민요적 체취를 지니고 있으므로, 앞에서 살핀 것들과 크게는 같은 범주에 든다.

하곡은 고가행을 포함한 노래에 관심이 많았으며, 민요적 정서와 어법이 반영된 시에서 여성화자의 입을 빌어 남녀의 애정에 대해 주로 관심을 드러내었다. 그리고 그다지 적극적인 것은 아니지만, 자신의 삶과 여성이나 민중들의 삶을 핍박하는 세태를 비판함으로써 민풍을 반영하고자 하는 데에도 관심을 드러내었다.

6. 結論

하곡 허봉은 허엽의 둘째 아들로 태어나 22세에 문과에 급제하고, 이듬해 호당에서 사가독서한 뒤, 24세 때 조천사행의 서장관으로 다녀와서 「조천기」를 지었다. 그 이후에는 관직생활이 순탄하여 33세에 이미 홍문관의 종3품직인 전한에 올랐다. 그러나 같은 해에 율곡을 탄핵한 일이 큰 물의를 빚어 갑산으로 유배되었고, 해배 뒤에도 유랑과 독서로 일관하다가, 38세이던 선조 21년에 병으로 객사하였다.

그는 이황의 영향을 크게 받은 성리학자이자 동인계열의 정치인으로서 諸家에도 조예가 깊었던 학자였을 뿐 아니라, 시와 문에 두루 능한 사장파이기도 한 다재다능한 사대부였지만, 대체로 시인으로서의 재능이 특히 뛰어났던 사람이라고 평가할 수 있다. 그는 문학적으로 이달·임제 등과 가까이 교유하여 그들과 상당히 근접되는 경향을 지녔고, 사제 허균에게 깊은 영향을 주었다. 그는 광범위한 저술에 힘썼으나 현전하는 것은 『하곡선생집』과 『해동야언』 뿐이다.

『하곡집』은 허균이 편간한 것을 숙종 때에 하곡의 손자 許墀가 보유하여 간행한 것인데, 「조천기」와 그 부록인 「과강록」, 그리고 296수의 시와 29편의 문이 실려 있다. 이 시문들은 주로 허균의 복주로 말미암아 대부분 유실되고 일부만 남은 결과이다. 296수의 시는 여러 시체를 고루 갖추고 있으나 대부분이 근체시이고, 특히 7언근체가 많아, 7언시에 특히 빼어났다고 보게 하지만, 꽤 높은 비중을 지닌 고가행 가운데에 가편이 많은 점도 주목된다. 현전시는 대체로 만년에 지은 것들이 전반적으로 비장미가 두드러진다.

역대의 시화는 그가 성당풍을 얻은 대표적인 시인이자, 超敏·敏豪한 풍격을 보여 주었으며, 고가행에 뛰어난 시인으로 평가하였는데, 대체로 그의 시의 실상과 부합되는 평가로 볼 수 있다. 현전시를 전반적으로 살핀 결과, 그의 시는 대체로 만당의 섬약하고 유려한 시풍을 지닌 채 성당풍에 근접한 것으로 보인다.

현전 하곡시는 豪健한 기상을 보인 시가 흔하지 않고 悲壯美가 두드러진 특질을 지녔다. 이는 대체로 그의 전생애를 지배한 듯하지만, 특히 만년의 불우한 생활에 기인한 것으로 孤臣과 病客으로서의 비애가 밀도 있게 형상화되어 있다. 이런 시편들에는 자신의 과거를 연약하게 그리워하며 앞날에 대한 희망보다는 절망과 체념을 주조로 한 퇴행적 회상이 강하게 표출되어 있다. 거기에는 이와 같은 비애와 허무의식을 선명한 이미지로 아름답고 평이하게 읊어 깊은 의경을 표출함으로, 강한 호소력을 지니게 하는 한편으로 지나치게 섬약하고 퇴행적인 정서가 강하게 나타나 있다.

하곡은 음악에 대한 관심이 크고 노래로 불리는 한시체에 조예가 깊었던 탓에, 본격적인 詞와 口號를 지었을 뿐 아니라, 古歌行에 뛰어났던 시인이다. 그는 고가행과 많은 제언체를 통해 남편과 헤어져 있는 여성의 입을 빌어 임에 대한 그리움과 때로는 애틋하고 때로는 뜨거운 애정을 노래했다. 이런 시편들은 표면적 주제를 염정으로 하면서 벗과 군왕에 대한 그리움을 함께 노래한 것으로 이해할 수 있고, 일부는 세태를 반영한 작품으로 볼 수 있다. 이런 시편들 중에서는 역시 여성의 입을 빌어 세태를 풍자하는 성격을 띤 것들도 있으며, 민요적 정조와 어법을 지닌 것들도 있다. 이것들은 사대부의 시가 갖는 형태나 정서상의 제약을 상당히 벗어나 인간의 진실한 감정을 자유롭게 담고 민풍을 반영하고자 한 문학의식의 소산이라 할 수 있다.

본고는 하곡시에 대한 시도적 접근인 탓도 있지만, 방법론과 시의 여러 측면에 대한 통찰이 미비하여 본격적인 연구라기보다는 하곡시의 한 단면을 살피는 데 그쳤다. 따라서 적절한 방법론과 깊이 있는 분석에 의한 시의 특질 파악과 삼당시인을 비롯한 당대의 여러 대표적 시인과의 대비를 통하여 그 시사적 위치를 보다 분명히 해명하는 작업이 뒤따라야 할 것이다.

〈『睡蓮語文論集』 14(1987) 수록〉

색 인

■ 書名

[ㄱ]

『稼亭集』 235

『谿谷漫筆』 456

『谿谷集』 456

『桂苑筆耕集』 188, 194

『高麗史』 12, 13, 27, 36~41, 45, 48, 52, 62, 76, 106, 122~124, 183, 196, 210

『高麗史節要』 30, 45, 52, 76

『關西問答錄』 348, 351

『九僧集』 168

『求仁錄』 351

『국역동문선』 219, 230

『國朝榜目』 448

『國朝詩刪』 305, 306, 312, 316, 366, 457

『國朝儒先錄』 352

『龜鑑』 188

『近思齋逸藁』 195

『及菴詩集』 20, 41

『箕雅』 55, 61, 306, 407

[ㄴ]

『懶翁和尙頌歌』 211, 215

『南冥集』 391

『南陽詩集』 46, 187

『論語』 365

『楞嚴經』 127, 138

[ㄷ]

『唐文粹』 186

『唐詩品彙』 452, 456, 457

『唐音』 313

『大覺國師文集』 196, 211, 215

『大覺國師外集』 196, 211

『大東詩選』 55, 61, 407, 462

『大東稗林』 266

『大明一統志』 430

『大樂後譜』 12, 26, 32

『大學章句補遺』 351

『大學』 357, 378, 411

『德陽遺稿』 303~306, 320, 327, 335

『陶山及門錄』 450
『陶隱集』 13, 127, 132, 134, 144, 145, 147, 155, 162, 168, 169, 234
『讀易管見』 450, 451
『東閣雜記』 236
『東國文鑑』 53, 55, 186, 188, 190, 192, 197, 198, 212, 213, 225
『東國輿地勝覽』 183, 210, 212, 231
『東國李相國集』 187, 188, 223, 232, 235
『東國通鑑』 183, 210
『東文選』 13, 43, 55, 56, 59, 61, 64, 72, 76, 183～187, 190, 192, 194～196, 198, 199, 201～205, 208～218, 222, 225, 231～238, 241, 242, 247, 252, 255, 258
『東文粹』 193, 213
『東人文』 207
『東人文寶』 193, 213
『東人詩話』 53, 74, 76, 88, 170, 173, 198, 209, 215, 233
『東人之文』 186, 187, 189, 191～193, 196, 198, 206, 213
『東人之文四六』 187, 227
『東人之文五七』 53, 55, 166, 185, 188, 198, 199, 214, 223, 225, 235
『東人之文千百』 189, 213
『杜詩諺解』 168
『櫟翁稗說』 19, 24, 55, 70, 208

[ㅁ]

『梅溪年譜』 265
『梅溪先生文集』 265
『梅溪集』 261
『梅溪叢話序』 267
『梅溪叢話』 266, 268, 269, 292
『孟子』 89
『鳴巖集』 230
『明宗實錄』 349, 351, 374
『牧菴集』 196
『牧隱藁』 235, 236
『牧隱文藁』 79, 129, 195, 224, 235～237
『牧隱詩藁』 13, 21, 56, 79, 90, 106, 111, 129, 139, 164, 206, 225, 233
『牧隱集』 79
『無衣子詩集』 211, 215
『戊寅記聞』 303
『文鑑』 199, 209, 214
『文選』 186, 192

[ㅂ]

『白谷集』 143
『白氏世譜』 45
『丙辰丁巳錄』 310
『補閑集』 188, 208～210, 215, 228, 233
『服齋先生文集』 304, 306
『奉先雜儀』 351

『涪溪記聞』 437
『北邊記事』 451, 466

[ㅅ]

『史記』 114
『四六』 187, 189, 191, 192, 194, 195
『師友淵源錄』 376
『思齋摭言』 307, 309
『三國史記』 210
『三國史節要』 210
『三韓詩龜鑑』 55, 188, 202, 214, 223, 228, 232, 233
『瑞山柳氏族譜』 119
『書傳』 411
『西河集』 233
『石潭日記』 376
『選粹集』 55, 57, 77, 192, 195, 196, 206, 213, 214
『宣祖實錄』 377
『性理大全』 296, 344
『惺叟詩話』 91, 454, 455
『成宗實錄』 263, 270
『聖學輯要』 450
『世宗實錄』 23
『謏聞瑣錄』 220, 264, 285
『小學』 262, 378
『小華詩評』 307, 324, 455, 456, 460
『小華集』 187
『續大學或問』 351
『續東文選』 261, 286
『續東人文』 56, 77, 206, 214
『松都錄』 277
『宋文鑑』 186
『松齋集』 305
『詩經』 33, 84, 409
『時用鄉樂譜』 12
『息影庵集』 196
『新高麗史』 39
『新增東國輿地勝覽』 212, 230
『心經』 411
『十抄詩』 188, 196, 197, 199, 214
『雙梅堂篋藏集』 236

[ㅇ]

『樂章歌詞』 12, 14, 26, 30
『樂學軌範』 12, 465
『藥圃集』 381, 384, 393
『御選明詩』 55
『於于野談』 407, 455, 466
『女戒』 39
『易經』 318
『易學啓蒙』 411
『燕山君日記』 265
『列朝詩集』 472
『禮記』 11, 262
『睿宗唱和集』 187
『五山說林草藁』 128
『五七』 187～191, 197～199, 201～

204, 206, 209～212, 214, 215
『龍樓集』 187
『龍蛇日記』 444, 445
『慵齋叢話』 92, 186
『圓鑑國師謌頌』 211
『圓齋集』 231
『月汀漫筆』 307, 313
『柳巷詩集』 231
『儀禮刪註』 450, 451
『夷山雜述』 451
『益齋亂藁』 20, 41, 235
『林祭主百家衣詩集』 211
『壬辰錄』 437

[ㅈ]

『資治通鑑』 44, 50, 54
『雜書』 188, 208, 215
『傳燈錄』 96
『佔畢齋集』 263, 264
『靜明國師詩集』 211
『精華錄』 16
『霽湖詩話』 455, 456
『周易』 357, 378
『朱子書節要』 411, 415
『竹磵集』 211
『中觀集』 143
『中山覆簣集』 188, 194
『中庸九經衍義』 351
『中庸』 365, 378
『芝峰類說』 455, 464
『眞淨國師湖山錄』 211, 215

[ㅊ]

『惕若齋學吟集』 234
『千百』 187, 189, 191, 192
『千峯詩藁』 211, 215
『千峯集』 167
『靑丘永言』 23
『靑丘風雅』 48, 53, 55, 61, 197, 199, 214, 234
『靑箱雜記』 71
『忠錄』 330

[ㅌ]

『太古和尙語錄』 132, 211, 215
『太極圖說』 412
『泰齋集』 220
『太宗實錄』 237
『太玄經』 290
『退溪先生自省錄』 415
『退溪集』 415

[ㅍ]

『破閑集』 188, 208, 209, 215, 224, 228, 232
『稗官雜記』 266
『圃隱集』 136, 152, 159, 160, 234, 441

[ㅎ]

『荷谷先生集』 447, 448, 451, 453, 474
『荷谷粹語』 451
『荷谷詩鈔』 448
『荷谷集』 457
『鶴峯先生文集』 406
『鶴峯逸稿』 406, 407
『鶴峯集』 406, 431, 444
『鶴山樵談』 302, 307, 453, 455, 456, 466
『漢書』 114
『海東野言』 447, 451, 474
『海東曹溪宓庵和尙雜著』 196
『海東曹溪第六世圓鑑國師謌頌』 196
『許門世藁』 457
『虛庵遺集』 268
『夾注名賢十抄詩』 197
『壺谷詩話』 307, 308, 316, 455
『餬本集』 188
『晦齋先生集』 337
『晦齋集』 353
『孝經』 410
『後漢書』 330

■篇名

[ㄱ]

「經解」 11
「溪山雜詠」 415
「過江錄」 453, 474
「錦城錄」 408
「己卯日記」 407

[ㄴ]

「魯誓」 192
「魯頌」 192

[ㄷ]

「東國四詠」 14

[ㅂ]

「北征錄」 408, 419, 440
「北征日錄」 407
「費誓」 192

[ㅅ]

「喪禮考證」 407
「商頌」 192
「選擧志」 122
「說卦傳」 357
「聖學十圖」 415
「世家」 52
「世德」 52, 119

「小樂府」 13, 15, 18, 19, 21, 32～36, 41
「新羅本紀」 210

[ㅇ]

「樂志」 12, 13, 16, 21～27, 35～39, 41, 42, 62, 210
「驪興吟」 140
「列傳」 210
「龍灣聞見錄」 375, 379, 381, 393
「六十銘」 318

[ㅈ]

「子路」 435
「長湍吟」 177
「朝鮮國沿革考異」 430
『朝天記』 447～453, 465, 466, 471, 474
「朝天錄」 408
「朝天日記」 407, 449

[ㅌ]

「泰伯」 436

[ㅍ]

「風俗考異」 430
「避難行錄」 379, 381, 393, 394

[ㅎ]

「荷谷詩鈔補遺」 453
「咸昌吟」 138
「海西錄」 408, 419
「海槎錄」 407, 408
「許門世藁」 457
「峴山三十詠」 230
「洪範」 82

■ 作品題目

[ㄱ]

<駕行東京獻王內相融, (후략)> 209
<甘露寺次惠素韻> 232
<甘露寺次惠袁韻> 232
<甘露寺次惠遠韻> 232
<感物> 361
<感遇> 471
<感秋回文> 209
<甘坡堡> 419
<甲辰中秋有懷> 234
<江都懷古> 281
<江頭暮行> 235
<江陵送安上人之楓岳> 228
<綱目> 384
<江上> 308, 314, 336
<江行> 235
<蓋寬饒> 327, 336
<改封壽春侯沉爲桂城侯教書> 232
<改詩> 89
<客難說答上使> 431
<居士戀> 34, 39
<居山驛> 458, 459
<乞退> 209
<乞退書> 195
<牽情引調金仁伯> 468, 470
<決策討賊疏> 379
<鏡囊詞> 466, 472
<京都> 199
<慶山客館, 次徐剛中韻> 353, 371
<敬次仙夢臺退溪先生韻, 示曹汝益, 五首> 388
<敬次朱子竹窓韻> 271
<敬次退溪先生韻> 412
<敬次退陶先生韻二首> 416
<敬天寺> 283
<鷄林八觀> 268, 276,~278, 282
<杲菴記> 130
<古意> 275
<故參知政事鄭克溫配享神宗> 227
<古風> 85
<告風伯一章> 13, 18, 41
<哭內院監主龜谷大禪師> 142
<過東峯館河橋> 201
<過梅溪有感> 268
<過昇平郡> 200
<過淸虜鎭> 210
<過海州> 211
<觀擊毬> 112
<觀物> 100, 369
<觀物吟四絶> 385
<觀書寓感二絶> 384
<觀心> 364
<管仲> 326
<狂辨> 235
<廣程驛> 306
<教坊少娥> 205

<驅儺行> 13, 112
<九月初八日, (중략), 首相又題七律示予曰> 322
<九日和鄭書記> 200
<救荒> 272
<國子監直廬 (후략)> 199
<窮居冬日> 57
<宮詞> 66
<權友生家飮酒> 58
<權子述兄遠來相訪, 感其繾綣, 聊賦一絶> 411
<勸學者> 341, 356
<歸途望天磨諸山> 99
<閨情詩> 208
<近思齋逸藁跋> 195, 224
<近思齋逸藁後序> 195, 224
<金明殿石菖蒲> 199
<金公緖讓判少府監事不允批答> 231
<金純夫父母墓表> 195
<金就礪行軍論> 195
<起居表> 253, 255
<記夢> 307, 309, 320, 336
<己卯書感> 407
<寄密城李使君釋之> 231
<紀事> 110
<寄省郎諸兄> 105
<寄示種善> 140
<寄吳德全> 209
<寄月窓砧上人> 220
<寄隱峯禪師> 145
<寄呈幻菴> 139
<寄贈金敬叔少監> 55, 85
<寄贈從弟存愼三首> 286
<寄姪彦沖> 223
<寄許獻之琛三首> 268
<吉城秋懷> 460
<吉凶慶弔諸規> 418

[ㄴ]

<懶殘子携崔拙翁選東人詩, (중략), 吟成一首> 166
<羅嗊曲> 472
<洛山觀音腹藏修補文, 幷頌> 223
<洛山寺> 229
<樂安北寺詠竹> 233
<樂軒李侍中, (중략) 地勢一日東傾> 20
<亂後紀行> 394, 404
<南京別曲> 22, 41
<南遷過漢江> 286
<狼川艶曲> 469, 470
<盧書房歌> 468
<魯仲連> 326
<論救李舜臣箚> 380
<農家麥秋> 336
<農俗> 332, 336

[ㄷ]

<端午石戰> 112
<答忘機堂第四書> 362
<答問> 195
<答上官玄素> 431
<答鄭判樞可臣書> 194
<答竹磵禪師> 171
<答平調信> 431
<答許書狀> 431
<答黃上使> 431
<大唐中興頌> 100
<大同江> 231
<對馬島記事> 431
<大宋睿謀殿御宴應製> 209
<陶山梧竹滿庭, 乘月徘徊感淚潸然> 413
<到嚴十五晦朔, (중략) 無以度日, 殊悃悃也> 268
<桃源歌> 211
<陶隱文集序> 122
<擣衣曲> 467
<途中, 述使旨, 示同行> 428
<途中聞鶯> 228, 245
<途中憶諸兄> 291
<途中偶吟> 266
<桃村八詠> 382
<到會寧書示仲耕> 307
<讀德陽遺稿讜議篇序> 305
<讀杜詩> 91
<獨樂> 369
<獨樂堂> 346, 368
<讀邵子易四絶> 384
<讀詩遣興> 84
<讀李白詩> 90
<讀周易七絶> 384
<東郊觀獵排律三十韻> 270
<童女詩> 227, 245
<東都樂府> 276
<動動> 25
<同來僧渡溪, 墜馬失隻履, 戱作> 95
<東文選序> 186, 198
<東峯館河橋> 233
<東吳八詠> 94
<東人之文四六序> 189
<東人之文序> 187, 189
<洞庭晩靄> 94
<東鶴寺古蹟> 119
<頭流記行錄> 276
<杜詩序> 269
<得無說書> 150
<得法泉大師詩, (중략) 輒用其韻以述所懷> 176
<登鳳山嶺> 351
<燈下戱題, 同韻十首> 307, 324

[ㅁ]

<馬上寄人> 228

<輓金久菴就文> 382, 383
<輓金東岡肅夫三首> 392
<輓金伯榮富仁二首> 382
<晩望> 211
<萬憤歌> 261, 287, 292
<挽船記夢中所爲> 320
<漫成> 201
<輓吳子彊> 392
<輓柳監司仲郢> 382, 384
<挽章> 391
<輓曹南冥先生> 391
<梅溪叢話序> 267
<梅花> 211
<孟秋望日 記事有感> 140
<勉學三絶> 384
<明禮坊引> 468
<名物記> 317
<慕古八絶> 386, 388
<母別子> 421, 423
<暮春聞鶯> 209
<木落> 231
<牧隱先生文集序> 235
<夢> 321
<夢覺有感> 364
<蒙赦回題咸原驛> 462
<夢遊山寺作> 320
<夢作> 462
<茂陵客館> 228
<戊戌正朝> 20
<無失, 爲持上人題> 154
<武烈王陵> 278
<無爲> 365
<無隱菴記> 130
<無題> 467
<無㝵> 25
<聞教坊妓唱布穀歌有感> 13
<文機障子詩> 55, 70, 71
<聞報法老僧燒身, 三首> 158
<文殊寺> 209
<聞李商議邊四宰, (중략), 吟成一首> 107
<聞笛> 331
<物狀> 253, 255
<微雨, 廣明齋公來訪> 149
<憫饑古風> 401

[ㅂ]

<朴丞家盆竹> 209
<朴叢尙書談三教, 旣去, 吟成三篇> 124, 158
<跋松都錄> 277
<跋護法論> 195
<放言> 322
<排悶四首> 399
<排悶二首> 399
<白紵吟> 13, 40, 43, 61, 63, 75
<白氏傳> 235
<白屋嘆> 331, 336

<白雲亭十二詠> 417
<邊安烈傳> 107
<病目> 209
<病中書懷, 寄曹容叟> 354, 355
<本闕古基> 277
<奉別金東岡肅夫宇顒> 392
<奉別慕齋先生金安國觀察湖南> 305
<鳳翔八觀> 268
<奉先諸規> 418
<奉贈雨千峯> 168
<奉次惠韻> 354
<奉和益齋先生詩韻九首> 21
<奉懷幻菴> 144
<浮碧樓> 91, 94
<赴忠清水營時見贈> 305
<北殿> 23
<北風船> 34

[ㅅ]

<賜龜谷書畵讚> 142
<蛇龍> 13, 17, 25～27, 29, 30, 41
<沙里花> 34
<謝復位表> 195
<謝宣諭表> 188
<使臣柳珣鄭摠鄭臣義等速還本國之願> 222
<四月初二日, (중략), 和成二首> 177
<謝恩起居表> 253, 256
<謝崔相國說餞宴> 231
<謝表> 253, 256
<四皓廟, 次唐許用晦韻> 326
<山居> 226
<山堂病起> 340, 354, 355
<山鷓鴣詞> 465
<山亭卽景> 368
<山中贈別> 368
<山窓卽景> 345, 358
<三藏> 13, 17, 21, 25, 27～30, 32, 41
<三壯士詩> 443, 445
<三藏精廬> 34
<上洛路上卽事> 342, 362
<上宋經略幕府二首> 394
<上按部學士啓> 233
<上李提督幕府二首> 394
<上鄭達可書> 127
<上崔政丞宗峻> 67, 227, 245
<賞春亭玉蘂花> 199
<上通判陶爺行臺> 394
<傷懷贈舍弟> 462
<西京> 25
<西京別曲> 34, 37
<西京永明寺> 223
<書鏡吟> 356
<西郊> 233
<書篝燈四面> 296
<書德豐縣公館> 200

<西都> 233
<書忘齋忘機堂無極太極說後> 341
<書星龍寺兩花門> 233
<西征詩> 339
<西湖曲> 36
<書懷> 201, 307
<席上贈白彛齋> 200
<石竹花> 209
<選粹集序> 193, 206
<雪> 199
<雪齋暮春小雨> 74
<誠敬吟> 358
<省中> 225
<世事浮漚> 34
<歲時行> 332
<梳詩> 208
<掃葉> 104
<蕭太傅> 327, 336
<送江陵徐廉使> 234
<送宏幽谷> 143
<送克一上人省親益和縣> 157
<送朴而晦世熹奉使歸關北> 297, 305, 310
<送別雪月> 390
<送沈欽之義欽完山曝曬之行> 310
<送雨千峯上人游方序> 132, 168
<送李逢原安道下第南歸> 415
<送李進士乙奎向洛> 356
<送人> 209, 228
<宋迪八景圖> 205
<送智勝> 209
<送蔡耆之罷官南歸> 274
<松風軒記> 141, 173
<松風軒詩, 絶磵特來索賦> 174
<收都護手宗室狀> 188
<壽安方丈演無說聶伯敬在坐> 170
<水精寺> 34, 36
<壽昌宮> 277
<宿峰城縣> 211
<宿韓相國書齋> 225
<述古> 90
<崧高操. 韓山子望松山而作> 112
<勝蓮寺記> 142, 143
<僧舍晝眠> 228
<示館中僚友> 127
<詩大序> 11
<是日移碧梧紅桃, 三首> 414
<示諸子> 201
<示座客> 209, 228, 246
<臣稽骨酸, (중략), 悵然吟成一首> 13, 22
<新雪> 359
<新寓崇德寺> 102
<新月篇> 68
<新進士三人來參, (중략), 誰知予之望於吾儕之至情乎> 87
<晨興卽事> 97
<實相寺> 308

<失題> 134
<十一月十七日夜, (중략), 今人有感> 13
<雙花店> 26, 27, 30, 31

[ㅇ]

<安東紫靑> 21, 34, 35, 37~39, 62
<安北寺詠竹> 233
<安珦傳> 48
<謁文丞相廟五首> 272, 276
<壓胡亭> 459
<夜深詞> 14, 25
<夜詠> 310
<夜坐> 307
<兩街禪師言賑飢事, 詞氣慷慨, 喜而志之> 157
<楊大樸倡義錄> 394
<楊大樸倡義事蹟> 394
<楊州> 21, 34, 41
<漁父歌> 14
<憶燕都> 110
<嚴谷記> 130
<女冠子> 465
<與隋右翊衛大將軍于仲文> 210
<與趙月川> 414
<與寒暄堂金大猷宏弼書> 291
<驪興淸心樓題次韻> 101
<櫟翁稗說後> 195, 196
<燕都秋夜> 48, 59
<連峯館河橋> 233
<燕山歌> 94
<鳶魚吟> 384
<燕子> 73
<閱史> 326, 336
<靈妙寺> 282
<詠史小樂府二十四首> 16
<詠仙> 320
<詠女史> 276
<靈通寺僧貯山泉, 奉奇見戱> 232
<禮記> 384
<五冠山> 34
<吳仝傳> 235
<玉堂秋夜> 382
<獄中四歌> 300, 307
<穩城> 311
<穩城雜詠> 331
<浣溪沙> 465
<遼陽二首> 279
<蓼花白鷺> 199
<龍宮閑居金蘭溪得培寄詩, 次其韻> 226
<春米歌> 13
<春米行> 13
<寓居天龍寺> 212
<偶唫, 錄奉千峯方外契> 169
<又賦二首自歎> 85
<偶閱忠錄, (중략), 感而題> 330
<又呈虛菴> 268

<偶題> 90, 112
<寓懷> 391
<遇興龍溪有感呈李蒙菴> 199
<雲> 228
<雲錦樓記> 235
<原道> 81
<圓照卷子> 160
<元興曲> 39
<月精花> 21, 24, 34, 41
<爲鋒禪者, 題刃菴> 153
<爲崔侍中祭先考文> 195
<遊家君別業 (후략)> 199
<有感> 86, 433, 435
<有明朝鮮國桓王定陵神道碑銘, 幷序> 237
<有聲畵> 409
<遊松都錄> 277
<遊月宮> 209
<有懷楊經理奉呈陶爺> 394
<有懷幻菴> 137, 152
<倫絶磵來過> 141
<倫絶磵韻> 174
<擬古> 223
<義相異蹟> 230
<義州途中憶昆季> 285
<夷山八絶> 460
<離騷> 459
<李舜臣獄事議> 380
<李子春神道碑銘, 幷序> 237
<李花> 201
<仁王挽詞> 231
<仁王遺教> 227
<仁王罪己教書> 227, 246
<仁政殿早朝律詩> 270
<一綱十目疏> 347
<林居十五詠> 361, 364~366, 369
<臨淸臺記> 290
<入都出都辨> 431
<立柱> 336

[ㅈ]

<自京師東歸途中作> 225
<自挽> 305, 307
<自寫醉睡先生眞題云> 200
<紫青調> 39
<紫霞洞> 14, 25
<昨見郭翀龍, (중략), 作二篇挑之> 33
<岑侍者告歸開天, 走筆寄呈幻菴國師> 138
<雜興> 234
<雜興九首> 234
<雜興三首> 112
<將赴沃州, 漢江船上, 用華嚴信聰師韻> 229
<長巖> 34
<籍兵行> 426
<田家> 233

<田家四時> 201
<全州牧上按察賀年狀> 188
<全州李氏移居朔方以來墳墓記> 195, 236, 237
<絶句> 209, 228, 246
<鄭瓜亭> 13, 34
<貞觀吟> 112
<貞觀吟, 楡林關作> 94
<定遼衛> 234
<丁未元朝有感> 350
<鄭石歌> 34
<井邑詞> 21, 24, 41
<靜坐聞猫狗將接, (중략), 得猫狗鬪一篇> 105
<停止房> 227, 245
<停止寺> 227, 245
<丁丑七月, 禁直詠懷, 示季雅> 305, 310
<題伽倻山讀書堂> 209
<題權學士 (후략)> 209
<題金士純屛銘> 412
<題牧菴卷> 154
<題牧菴詩卷> 155
<題廟坡堡> 438
<題茂珍客舍> 228
<題墨竹後> 208
<題文昌侯傳後> 275
<題栢庭詩卷> 148
<題栢庭行卷> 148
<題舍浦營> 233
<除夜四首> 310
<題玉田禪師松月軒. (후략)> 147
<題圓證國師語錄> 132
<濟危寶> 34, 35, 37, 38
<題靑山禪師詩卷> 83, 126, 156
<題千峯詩藁後> 170
<祭退溪先生文> 389
<題幻菴卷> 144
<曹鸞> 336
<祖師禮懺兼發願文> 222
<趙相國獨樂園> 209
<朝宋務館次途中韻> 233
<弔義帝文> 263, 264
<早春> 366
<足聯句> 363
<存養> 365
<從靈通寺僧覓酒, 僧樽貯山泉寄來見戱> 232
<主上除太傅瀋陽王> 64
<酒泉縣> 305
<竹西樓> 307
<中寧山皇甫城記> 195, 196
<重修院雜詠> 233
<重遊北山> 199
<卽事> 88, 96, 113, 233
<贈無邊僧> 152
<贈少年李異同> 67
<贈隋右翊衛大將軍于仲文> 223

<贈僧> 160
<贈陽山聰上人> 136
<贈元參學> 460
<贈休上人序> 129
<地藏寺詩老杜韻> 20
<止止堂集序> 270
<砥平縣彌智山潤筆菴記> 130
<織錦獻唐高宗> 210
<進東文選箋> 204
<進三國史表> 190
<進修八規> 351, 357
<陳時務書> 123, 127, 195, 196
<眞宗寺記> 124
<晉州山水圖> 209
<窒慾穴> 319

[ㅊ]

<次記夢詩> 307, 310
<次李眉叟過漁陽韻> 221
<次忘機堂韻> 341, 362
<次木菴師韻, 師連賦兩篇效古人體> 162
<次牧隱先生詩韻, 贈日東茂上人> 161
<次成安齋重卿任韻三首> 287
<次五山二十八宿體> 429
<次瓮津東軒韻> 419
<次友人哀窮民韻> 424
<次韻> 227, 245
<次韻答順菴> 235
<次韻答鄭淳夫二首> 289
<次韻酬蔡耆之, 壽權叔强健韻六首> 276
<次月川韻四絶> 387
<次杻城公館壁上韻> 209
<次一善東軒韻> 354
<次子剛張玉韻> 310
<次趙月川士敬韻, 三首> 389
<次鑽木菴詩韻三首> 163
<次圃隱東征韻, 記六鎭事蹟> 441
<次圃隱中秋韻> 441
<次河東東軒韻> 348
<次虛菴韻二首> 290
<次晦軒安相國珦韻, 上座主鄭雪齋可臣> 47, 66
<處容> 34
<天冠寺> 209
<青丘風雅序> 56, 207
<淸讌閣記> 231
<請停築城, 仍陳時弊疏> 438
<請贈諡表> 195
<淸平山迎送神曲, 贈誾上人> 454, 455
<淸平山迎送神曲贈誾上人> 457
<淸風客舍寒碧軒> 212
<草堂書懷> 201
<草屋子傳, 幷贊> 223
<草屋子傳> 223

<招諭一道士民文> 443
<矗石江> 266
<矗石樓> 407
<矗石樓一絶> 443
<叢籬> 318, 336
<秋夜> 58
<秋夜感懷十首> 128
<秋日奉懷懶殘子, (후략)> 131, 140
<秋日城頭> 307, 315, 336
<秋日雨中有感> 13
<鞦韆> 13, 17, 41, 112, 270
<秋興> 21
<春陰三首> 99
<春日江上卽事> 223
<春日登亭> 367
<春日次白淸讌禁池之作> 73
<春秋二絶> 384
<春花> 417
<出塞曲> 457
<忠宣王眞容, 移安于海安寺> 20
<醉歌行贈安伯共> 457
<醉時歌> 201
<醉題翰院> 59
<褫郡職> 227, 245
<七夕> 140
<七月二十日, 婢有難産者, 記之> 105
<七月初六日夜久不寐> 58
<寢屛六詠> 205

[ㅌ]

<盪槳詞> 467
<太古圓證國師塔碑> 129
<太古和尙語錄序> 129
<太白醉歸圖> 199
<太平曲> 30
<退溪先生挽詞> 412
<退溪先生史傳> 415

[ㅍ]

<婆娑府> 111
<浿江渡吳學士韻> 201
<風入松> 14, 25

[ㅎ]

<賀年兩府狀> 188
<賀冬宗室狀> 188
<賀新承宣李公老> 209
<賀元帥尹侍中> 209
<夏日> 21
<賀陳翰林澕生女> 205
<賀親行釋奠頌> 270
<賀平定安南箋> 195, 196
<賀表> 253, 255
<漢江留別> 407, 442
<閑居感興十二絶> 382, 383
<漢都感事二首> 400
<翰林別曲> 14, 17, 25, 113
<韓相國江居> 225

<寒松亭> 13, 16, 41
<寒松亭曲> 210
<漢陽> 234
<解關西問答> 348
<海棠> 211
<解事漢> 113
<海槎錄跋> 437
<行到祖江有作> 75
<行路難> 465
<許沙途中> 420
<獻仙桃> 71
<胡家務館次途中韻> 233
<胡不歸行> 98
<洪武壬戌, 從李元帥東征> 441
<和> 229, 245
<華嚴宗大選敬如在妙覺寺, (중략), 賦詩以贈> 164
<花園> 280
<幻庵卷子> 159
<黃驪江泛舟> 211
<黃龍寺> 34
<黃龍寺雨花門> 233
<黃山江臨鏡臺> 209
<黃海道巡撫御史時疏> 425, 427
<皇華賦> 270
<懷沙賦> 460
<會于讀書堂, 贈柳天章成春, 落職歸鄕> 305
<晦日夢詩> 321, 336
<懷鄕> 311
<曉起> 209
<曉霧後篇> 82
<後儒仙歌. 歌拙翁次韻> 92
<後儒仙歌> 19, 20
<後殿眞勻> 21, 22, 41
<後庭花> 23
<後出師表> 445
<熏脩院雜詠> 233
<黑雲橋> 34
<興王寺 (후략)> 209
<戲南溪聽首座> 148
<喜舍弟新除翰林> 229
<喜雪, 應製> 305
<喜僧惠文得寺> 233
<喜雨> 270
<喜贈惠文得寺> 233

■作家名・人名・字號

[ㄱ]

加藤清正 379
稼亭 190
賈太后 276
覺謙 154
覺囧 133
覺菴 130
覺玗 130
覺雲 129, 130
覺珠 130
姜邯贊 187
姜伯珍 272
康好文 221
姜淮伯 208
姜希孟 262
蓋寬饒 327
敬蘭 132
敬如 164, 166
景元 130
慶州孫氏 338
谿谷 456
高敬命 396, 452, 456
高唐愈 231
高陽 141
孤雲 93
高而順 396
古樗 129
高兆基 231
古嵒 132
孔孟 124, 290, 291
孔子 33, 84, 124, 357, 413, 415, 435, 436
郭預 77, 200, 202
郭再祐 379, 396, 445
郭翀龍 20, 32
觀物堂 374
宏禪師 144
宏演 211, 215, 219
宏哲 129
龜谷 129, 142, 167, 169
具鳳齡 374, 376, 377, 403
歐陽脩 409
歐陽玄 110
國華 56, 207
屈原 460
權幹 410
權健 263
權公可遠 122
權近 56, 117, 195, 208, 213, 222, 237, 250~252, 255, 256~257
權昍 201
權檥 349
權溥 47
權思復 207
權陽村 115
權五福 264

權慄 380, 396, 397
權應仁 353, 371, 456
權適 221, 227, 228, 233, 245
權韠 471
權漢功 20, 45, 51, 54, 70, 77
圭齋 110
琴恪 450
琴儀 204
汲都尉 272
及菴 15, 16, 18～22, 24, 26, 28, 32, 33, 35, 38, 40, 41, 273
奇大升 376
奇大恒 304
箕子 108
奇子敬 313
奇自獻 304
奇遵 295, 296, 299～308, 312, 313, 316, 324, 326, 331, 335, 336, 344
奇轍 284
奇皇后 284
奇禶 296
吉再 118
金公敬之 122
金季醞 193
金闓 231
金宏弼 263, 264, 352, 415
金絿 296, 299
金坵 71, 204, 77, 195, 211, 213, 255, 257
金九容 117, 208, 234
金君綏 221
金克己 77, 187, 189, 190, 195, 198, 200～203, 209, 213, 221, 233, 250, 251, 256, 257
金祿延 211
金大柔 313
金德齡 375, 379
金倫 20
金孟性 263
金沔 443
金楙 265
金富倫 377, 389, 403, 404
金富軾 13, 121, 187, 189, 190, 195, 198, 211～213, 215, 232, 233, 250, 251, 255～257
金富儀 228
金士純 396
金惰 211
金誠一 377, 396, 403, 405, 407, 419, 420, 428, 446, 450
金恂 45, 47, 51
金時習 324
金時讓 437
金湜 296, 299
金莘尹 231
金安國 344
金安老 345, 346, 347, 354, 355
金良鏡 202, 204, 209, 231

金緣　231
金永吨　20
金宇顒　376, 377, 382, 392, 403, 404
金元祥　26, 30
金元冲　313
金庾信　278
金應瑞　379
金怡　48
金仁鏡　231
金仁存　231
金麟厚　410
金馹孫　263, 264
金佇　105
金詮　323
金淨　297, 299, 304, 312, 452
金正國　296
金宗瑞　440
金宗直　56, 62, 109, 207, 262～264, 276, 277, 371, 452
金仲賢　132
金祉　55, 192
金之甲　52
金璡　405, 410
金鎭龜　406
金鎭華　406
金贇　205, 227, 245
金闡　231
金就礪　376
金就文　383
金台鉉　53, 186
金澤榮　39
金八元　376
金晅　53, 200
金訢　262, 263, 269
金希磾　210

[ㄴ]

螺髻王　80
懶菴　140
懶翁　129, 130, 175, 211, 219
懶翁和尙　91
懶殘子　129, 131, 133, 140, 165
南袞　298, 300, 301, 323, 354
南冥　347, 376, 377, 391, 392, 403, 404
南龍翼　306, 307, 316
盧守愼　376, 452, 455
老子　84, 115, 127, 128
老莊　82, 83
鹿皮翁　80

[ㄷ]

檀君　110
達摩　96
唐彦謙　63
大山　445
德溪　392
德陽　296

陶隱 115, 118, 120, 122, 127, 128, 132, 134, 138, 144, 154, 162, 163, 167, 169, 179, 180
陶潛 290, 410
東岡 392
東京老人 209
桐溪 378
東方四賢 337, 352
東坡 33, 85, 165, 173
杜牧 452
杜甫 15, 91, 95
屯雨 132, 167
遁村 119

[ㅁ]

摩騰 174
曼卿 414
萬福 52, 54
卍雨 167, 181
万雨 211
卍雨禪師 167
忘機堂 341
忘齋 341
梅溪 262, 269, 276, 277, 282, 287, 290, 292
孟子 369
牧老 173
牧菴 154, 155, 163, 164
牧隱 18, 21, 22, 41, 79, 82～180, 186, 192, 196, 206, 208, 235, 236, 237
蒙莊 115
無失 154
無說和尙 150
無畏 195, 213
無隱 130
墨子 386
文懋 303
文烈公 115
文元 352
文毅 53, 54
文靖公 91, 238
文正公 55, 186, 192
文定王后 349, 377
文天祥 272, 276
文忠 406
閔光鈞 220
閔思平 13, 41, 207
閔安仁 56, 206, 208

[ㅂ]

朴公尙衷 122
朴公襄 232
朴公子虛 122
朴光玉 374
朴謹元 449
朴祥 297, 299, 312
朴尙衷 117

朴瑄 65
朴世熹 299, 344
朴淳 305, 376
朴宜中 117
朴仁老 346, 368
朴仁範 197
朴全之 50, 188, 206, 207
朴椿齡 220
朴忠元 304
朴浩 190, 220
朴孝修 45, 52, 64, 188
朴薰 299
朴希立 448
潘沖 374
放翁 268
白簡美 45
白居易 423
栢谷 373
白光臣 46
白光勳 454
白吉 45
栢潭 374
白樂天 423
白文擧 46
백문보 178, 207
白文節 77
白賁華 46, 187
白沙 437
白思柔 45
伯顔禿古思 52
白良臣 45
白宇經 45
白元恒 13, 40, 43~64, 67, 70~72, 75~77, 188, 220, 227, 245
白頤正 46, 117, 206, 207
白仁傑 344
栢庭 132
白眞生 44, 46
白昌稷 45
白天儒 54
白卓 45, 46
白湖 451, 459
白揮 45
法泉大師 177
卞季良 56, 195, 207, 213, 255~257
邊安烈 107
普覺國師 159
普愚 211
濮國大長公主 45
宓菴 195, 213
服齋 296, 312, 313, 336
鋒 153
峯上人 129
復古 338
富弼 273
分上人 130
佛陀 127
飛錫羅漢 96

[ㅅ]

斯近 132
司馬光 369
司馬溫公 346, 368
四溟堂 451, 471
謝枋得 330
士純 405
嗣宗 289
三峰 115, 133, 139, 173
三隱 117～121, 128, 133, 143, 151, 154, 158, 161, 174, 178～180
三浦羅 428
商山四皓 327
尙衡 132
徐居正 74, 85, 88, 89, 95, 106, 109, 170, 174, 208～210
徐敬德 448, 449
西厓 379, 384, 389, 437
西浦 28
釋迦 115, 386
釋戒膺 209, 221, 247
釋宏演 13
釋大覺 211, 220, 226, 246, 247
釋無畏 247, 256
釋宓菴 246, 247, 255, 256
釋始寧 211, 226, 245, 247
釋息影菴 221, 256
石延年 414
石屋淸珙 129
釋寥一 209
釋圓鑑 226, 246, 247, 250, 251, 257
釋月窓 220
釋益莊 229, 230
釋眞淨 211
石天卿 26
石天補 26
釋天因 209, 221, 222, 247
釋坦然 209
石顯 328
釋煦 226, 246, 247
鮮于樞 36
偰遜 195, 207, 250, 251
雪岳上人 130
雪牛 130
雪月堂 377, 389
雪齋 47, 67, 74
成侃 168
成謹甫 193
省敏 132
成石璘 208
成任 168
成俔 167, 186, 193, 263, 277
蘇東坡 63, 268, 282, 452
蕭望之 328
小西行長 379
蘇世讓 454
蘇軾 268, 290, 410
邵雍 101, 385, 417

蘇黃 85
孫季暾 341
蓀谷 451, 454
孫昭 339
孫仲暾 338, 339
宋可中 286
宋莒公 72
宋廣平 289
宋復古 94
宋祀連 301
宋宣獻 72
宋應漑 449
宋應昌 375, 377, 393
松風軒 141, 175
松軒 106
勝曼 278
昇上人 130
施肩吾 60
息影庵 195, 213
申光漢 296, 312
申不害 127, 386
申緯 370
申從濩 263
神駿 228, 245
沈守慶 377
沈彦光 346
沈貞 298, 301, 354
沈休文 94

[ㅇ]

阿難 174
岳麓 448, 450
顔杲卿 444
安瑭 300, 301, 324
安邦俊 437
安上人 130
安淳之 200
安處謙 302
安軸 20, 43
安琛 277
安珦 48, 53, 117, 121, 202
冶隱 119
埜隱 233
藥圃 373, 376~382, 388, 389, 391, 398, 400, 403
梁慶遇 456, 460
楊貴妃 276
楊大年 72
陽明 379, 387, 450
楊士弘 313
楊愼 63
揚雄 290
楊維楨 15
楊子 386
楊鐵崖 16
陽村 56, 115, 133, 207
楊熙止 271
魚世謙 263

魚叔權 266
嚴谷 130
嚴光圓公 140
嚴光圓大禪師 140
呂祖謙 186
燕許 72
延興君 50
濂溪夫子 81
廉興邦 130, 221, 280
永茂上人 132
猊山 166
猊山農隱 55
醴泉府院君 70
吳健 376, 377, 392, 403, 404
吳祈 26
吳道子 282
吳世才 24, 41, 209
吳洵 228
吳潛 30, 51
吳廷碩 228, 245
吳處厚 71
吳漢京 53, 188
五賢 337
玉田禪師 147
王岐 70
往曼 278
王士禎 16
王世貞 335
王安石 88, 269
王維 282
要時羅 379
龍洲 410
雨千峯 133, 168
禹倬 220
雲師 143
雲上人 133
雲庵 173
圓鑑 211, 215
圓鑑國師 196
圓公 129
元均 379
元龍 93
元松壽 206, 207, 221
圓照 161
元次山 100
圓天台 140
月精花 24
月川 376, 377, 389, 414
韋楊 72
魏齊萬 24
魏天祐 330
柳璥 211, 215, 226, 245, 247
幽谷 144
柳灌 349
柳方善 168, 220
柳方澤 119
柳伯淳 119
柳西厓 391

柳成龍 376~379, 391, 403, 404, 437, 442, 449
柳淑 13, 206
兪升旦 200, 209, 221, 231
柳伸 202
兪元淳 231
柳允謙 168, 269
柳仁淑 349
惟一上人 129
柳子光 263
庾資諒 229, 230
柳宗元 290
柳仲郢 384
有天祐 129, 163
柳淸臣 51
柳致明 406
劉勰 317
兪好仁 262, 263, 271
柳休復 168
柳希春 352, 376
陸放翁 268
陸象山 378, 387
陸王 271, 378, 387, 403
陸游 268
倫 141
尹公紹宗 122
尹瓘 440
尹根壽 313
尹金孫 302
尹斗壽 379
尹庇東 119
倫上人 173
尹碩 45, 51
尹宣佐 44, 48, 50, 64
尹紹宗 117, 221, 250, 251
尹莘傑 44, 48, 50, 64
尹元老 347
尹元衡 350, 354
尹任 349
尹自任 299
尹奕 220
栗谷 376, 449
隱溪 177, 178
隱峯禪師 146
乙支文德 210, 223
義天 196
義砧 168, 220
李璥 444
李季甸 115
李穀 77, 117, 121, 178, 189, 193, 195, 207, 213, 250, 251, 255~257
李公升 209
李公子安 122
李奎報 71, 77, 165, 187~191, 194, 198, 200, 202, 204, 205, 209, 211~213, 222, 223, 227, 232, 235, 246, 250, 251, 255~257, 324
李克均 264

李克墩　263
李芑　350, 354
李魯　444
李達　451, 452, 454, 455, 471
李達衷　208, 250, 251, 257
李陶隱　114
李杜　90, 166
李文順公　70
李文靖公　91
李潑　449
李白　15, 90, 91, 452, 456, 457, 459
李蕃　338
李封　115
李山海　377
李象靖　445
李穡　13, 17, 41, 55, 56, 78, 131, 167, 168, 186, 195, 206, 208, 213, 220, 225, 233, 237, 250, 251, 255 ~257
李成桂　106
李誠彦　297
李松縉　187
李需　204
李晬光　370
李舜臣　373, 375, 379, 396, 397, 403
李純仁　351
李崇仁　13, 78, 117, 118, 128, 167, 168, 195, 208, 213, 223, 234, 250, 251, 255~257
李承休　53, 187, 228
李植　437
二氏　81, 124, 125
李嵓　207
李彦迪　337, 338, 344, 347, 353, 370, 415
李如松　377, 393, 396
李穎　211
李攋　209
李元弼　227, 245
李維　15
李裕元　25, 39
李由之　205
李允甫　209
李栗谷　449
李異　48
李珥　449, 450
李仁老　71, 77, 187, 189, 195, 198, 211~213, 221, 224, 233, 250, 251, 256, 257
李仁復　77, 124, 193, 207, 250, 251
李仁任　280
李資諒　209
李子琳　46
李子春　236
李長坤　300
李藏用　77, 202, 205, 211, 221
李迪　338
李瑱　188, 206, 207

李仝仁 348
二鄭 106
李正叔 302
李廷馨 236
李齊賢 13, 41, 71, 77, 117, 121, 178, 193, 194, 213, 235, 250, 251, 255, 256
李存吾 206, 207, 219
李知深 209
李之氐 220
李稷 208
李集 119, 208
李詹 195, 208, 213, 221, 235, 250, 251, 255～257
李冑 312
李太白 454
李沆 345
李恒福 437
李海朝 230
李荇 312, 452
李混 53, 187, 200, 221～223
李滉 352, 371, 373, 376, 403, 405, 411, 415, 449, 474
益莊 230
益齋 15～21, 32, 34, 35, 37, 41, 158, 196
刃菴 154
一漚 130
一齋 70
林堅味 280
任景謙 205
林桂一 205, 211, 215
林光庇 229, 245
林民庇 245
任瑞 52
林億齡 307
林惟正 211, 215, 251
任懿 46
臨濟 129
林悌 451, 452, 455, 456, 459, 471
林宗庇 228, 229, 232, 245
林椿 77, 121, 187, 189, 191, 194, 198, 209, 213, 229, 233, 250, 251, 255～257

[ㅈ]

子敬 296
紫溪翁 338
子美 63
子山 197
玆上人 130
子精 373
自休上人 132
岑侍者 138
章懋 15
張巡 444
張延祐 210
張維 456, 460

張鎰 200
莊子 84, 170
張長弓 15
張籍 93
張之翰 15
張晉公 16
張表臣 64
齋公 149
儲泳 64
錢謙益 55
田祿生 233
全英甫 50, 54
全元發 226
絶磵 130～133, 141, 167, 173～175, 181
佔畢齋 208, 262, 263, 276, 292, 339
鄭可臣 47, 48, 66, 67, 74, 226, 228, 231, 245
貞簡 375
鄭公達可 122
鄭光翊 381
鄭光弼 300
鄭逑 377, 405, 409, 445
鄭道傳 106, 117, 122, 126, 127, 195, 208, 213, 222, 250, 251, 255～257
鄭夢周 78, 106, 117, 118, 126, 128, 208, 234, 250, 251, 257
程文海 330
鄭思道 221
鄭士龍 312
鄭敍 14, 208
鄭襲明 209
程頤 357, 359, 415
靜庵 296, 303, 344
鄭與齡 209
鄭汝立 374
鄭汝昌 264, 352, 415
鄭玉 381
鄭蘊 376, 378
鄭元老 373
鄭惟一 376, 377
鄭允宜 53
鄭膺(譍) 344
丁應泰 391
鄭以忠 374
鄭以興 374
鄭麟趾 27
鄭仁弘 374, 443
程子 124, 413
鄭子厚 220
定齋 406
程朱 340
鄭仲夫 231
鄭知常 43, 198, 209, 220, 221, 233
鄭之雲 376
鄭樞 13, 208, 231
鄭琢 373, 376, 377, 378, 380, 387, 393, 403, 404

鄭誧 77, 250, 251
鄭圃隱 114
鄭必奎 381
鄭沆 220
鄭興 47, 211, 226, 231, 245
貞熹大妃 275
鄭希良 263, 268, 290
鄭礩 407
鄭頎 207
諸葛孔明 445
趙絅 409
曺繼門 262
曹係芳 226
曹繼芳 226
趙光祖 296, 299, 303, 322, 343, 352, 371, 415
曹鸞 330
趙穆 376, 377, 389, 403, 404, 414
曺錫文 262
曺述 265
曺植 347, 376, 403
曺伸 95, 265, 266, 270
趙延壽 52
趙永仁 221
趙云仡 223
曺偉 261～272, 275～277, 281, 285～287, 290, 292
趙仁奎 201
趙宗道 444
趙州禪師 149
趙準 202
曺倜 286
趙沖 204
趙通 221
曺漢輔 341
趙憲 396, 449
拙翁 56, 94, 187, 188, 192, 206
宗義智 427
宗陳 430
周公 84
朱悅 212
朱子 124, 159, 358, 387, 409, 450
周子 124, 409, 413
周程 124
竹磵(澗) 91, 170, 172, 181
重峯 449
中菴壽允 129
指空 129
陳瑾 228
眞德秀 347
晉陽公子 108
陳與義 269
眞淨 215
陳黃 322
陳澕 77, 199, 200, 202, 205, 211, 212, 221, 250, 251
澄淸叟 173

[ㅊ]

車天輅 128, 433
欑 163
粲英 126, 129
昌黎 93
蔡無擇 346
蔡壽 262, 277
蔡洪哲 45, 51, 54
千峯 168, 170
天因 211, 215
天台圓(元)公 140
草堂 448
聰上人 132
崔慶昌 454
崔慶會 443
崔孤雲 187
崔匡裕 197
崔讜 228
崔斯立 76
崔奭 228
崔詵 228
崔淑精 56, 198, 207
崔承老 121
崔承祐 187, 197
崔瑩 280
崔永慶 374
崔瑀 204, 232
崔元茂 50
崔元祐 228
崔惟善 208
崔惟淸 187, 190, 195, 200, 213, 220, 234, 255, 257
崔滋 43, 187, 189, 195, 198, 200, 205, 213, 221
崔拙翁 55, 166, 186
崔宗峻 228
崔冲 209, 228, 246
崔忠獻 204, 228, 246, 281
崔致遠 187～191, 194, 197, 198, 209, 213, 250, 251, 255～257, 275
崔沆 46, 209, 228, 232, 246
崔瀣 19, 94, 121, 166, 178, 187, 189, 193, 194, 213, 220, 221, 223, 250, 251, 257
崔顥 91
崔鴻賓 233
崔淪 209
鄒國公 80
春亭 56, 207
忠武公 381
冲菴 313

[ㅋ]

快軒 53, 55, 186
쿠빌라이 60

[ㅌ]

坦然 221

太古 129, 143
太古和尙 128, 132
太虛 262
澤堂 437
退溪 347, 353, 368, 373~379, 385, 387, 389, 392, 403, 404, 411, 413, 415~417, 420, 448, 450

[ㅍ]

平山處林 129
平義智 433
廢妃愼氏 297
廢妃尹氏 274
圃隱 115, 118, 120, 127, 128, 132, 136, 138, 139, 148, 149, 152, 159, 160, 162, 179, 180, 297, 441
表沿沫 264
豊信秀吉 427, 430, 433

[ㅎ]

荷谷 447, 448, 464, 471, 450~460, 465, 468, 473~475
河崙 118, 120
河西 392
學南 132
鶴峰 389
鶴峯 405~418, 424, 425, 428, 431~446
寒岡 405, 410
韓歐 81
韓萬福 45
韓明澮 281
韓方信 219, 221
韓非子 127, 386
韓山子 168
韓蘇 166
韓脩 13, 130, 208, 231
韓彦國 224
韓愈 409
韓終傑 374
韓忠 305
韓就 221
許筠 91, 306, 307, 312, 314, 316, 320, 366, 447, 448, 452, 453, 455~457, 463, 465, 474
許蘭雪軒 454, 465
許篈 307, 447, 448, 450~454, 458, 474
許筬 428, 433, 448
許曄 448, 449
許穎陽 91
許墀 453, 474
許楚姬 448
許琛 262, 263, 271, 277
玄素 427, 436
邢君紹 220
惠勤 129
惠素 232

慧素　232
慧諶　211
惠遠　232
胡武平　72
胡仔　63
浩亭　133
胡煥　377, 393
混修　129, 130
洪侃　53, 77, 199, 200, 203, 221
洪景舟　298
洪功佐　71
洪貴達　263
洪萬宗　307, 456
洪義孫　44, 50, 54
洪長老　132
弘慧　129
花潭　448
幻菴　129～133, 136, 138～145, 160, 167, 169, 173, 174, 179
幻翁　152
桓祖　237
黃瑾　229
皇甫湜　93
黃允吉　428
黃允吉　435, 436
黃庭堅　89, 268
黃廷彧　454
黃俊良　376, 411
晦齋　337, 338, 343, 345, 347, 353～360, 363, 366, 369～371
熙庵　133

여운필(呂運弼)

경북 예천 출생
서울대학교 인문대학 국어국문학과 졸업
동 대학원에서 석사·박사학위 취득
현재 신라대학교 국어국문학과 교수
저서 『李穡의 詩文學 研究』, 『高麗後期 漢詩의 研究』,
『역주 목은시고』 1~12(공역) 외 논저 다수

韓國 中世의 漢詩 研究

초판 1쇄 인쇄 • 2010년 10월 12일
초판 1쇄 발행 • 2010년 10월 19일
지은이 • 呂 運 弼
펴낸이 • 박 성 복
펴낸곳 • 도서출판 월인
서울특별시 강북구 수유2동 252-9
등록번호 • 제6-0364호
등록일 • 1998년 5월 4일
대표전화 • (02) 912-5000
팩스 • (02) 900-5036
http://www.worin.net

ISBN 978-89-8477-471-1 93810

값 30,000원